“一带一路”国际工程法律实务指南丛书

—— 丛书编委会主任　曹义孙　丛书主编　朱树英 ——

INTERNATIONAL
PROJECT BIDDING AND SIGNING

国际工程
招标投标与签约

赣江新区国际仲裁院　授权

上海市建纬律师事务所　编

陈　军　主编

宋玉祥　李靖祺　副主编

法律出版社 LAW PRESS · CHINA

—— 北京 ——

图书在版编目(CIP)数据

国际工程招标投标与签约 / 上海市建纬律师事务所编 ; 陈军主编. -- 北京 : 法律出版社, 2022
(“一带一路”国际工程法律实务指南丛书 / 朱树英主编)
ISBN 978-7-5197-6323-7

Ⅰ. ①国… Ⅱ. ①上… ②陈… Ⅲ. ①国际承包工程-招标-法规②国际承包工程-投标-法规③国际承包工程-承包合同-合同法 Ⅳ. ①D996.1

中国版本图书馆CIP数据核字(2022)第004279号

“一带一路”国际工程法律实务指南丛书
国际工程招标投标与签约
GUOJI GONGCHENG ZHAOBIAO TOUBIAO YU QIANYUE
上海市建纬律师事务所 编
陈 军 主编
策划编辑 冯雨春
责任编辑 冯雨春 张 颖
装帧设计 汪奇峰

出版发行 法律出版社
编辑统筹 法律应用出版分社
责任校对 王 丰 王 皓 王语童
责任印制 刘晓伟
经 销 新华书店
开本 710毫米×1000毫米 1/16
印张 45 字数 760千
版本 2022年3月第1版
印次 2022年3月第1次印刷
印刷 三河市兴达印务有限公司

地址:北京市丰台区莲花池西里7号(100073)
网址:www.lawpress.com.cn
投稿邮箱:info@lawpress.com.cn
举报盗版邮箱:jbwq@lawpress.com.cn
销售电话:010-83938349
客服电话:010-83938350
咨询电话:010-63939796

书号:ISBN 978-7-5197-6323-7
定价:198.00元
凡购买本社图书,如有印装错误,我社负责退换。电话:010-83938349

丛书编委会

丛书编委会主任：曹义孙

丛　书　主　编：朱树英

丛书编委会委员：祝先进　王一凡　陈美玲

本书编委会

本书主编：陈　军

本书副主编：宋玉祥　李靖祺

编写人员（按编写章节顺序排列）：

李俊华　唐　浩　赵飞龙　袁乾莅　邓南平　何红霞　杨　凯　金哲远
谢晴影　王术友　刘　翔　王明凯　王子硕　唐　梅　李　崇　王　贤
颜　园　石　鹏　车　丽　杜欣越　顾增平　张　晗　夏　晶　张梦雨
杨漪虹　符馨予　朱　亚　蔡东升　鲁忠江　王成胜　王小超　刘颖杰
计小龙　林　桢　林芳漩　何青霞　郝　运　雷　涛　肖　仙　田顺升
赵家伟　安　乐　贾云杰　额尔敦朝鲁　戴勇坚　黄江华　吴　扬
何郁宁　王馨苡　邢冠华　周　超　牛俊杰　严　宇　王明卓　张晓玲
梁慧敏　郭长渊　宋玉祥　易　星　徐海亮　朱命强　张建伟　漆　诣
朱　俊　张维帆　谢　玮　戴儒杰　沈哲驭　韦雅宁　韩燕云　张雨松
茹作栋　赵　蕾　荆　晶　刘彦林　王　鹏　成　沂　朱滟琳　王化水
屈楚樵　任奕达　魏俊民　唐　航　邓熙妍　吴永成　张豪威　李　师
韩树源

为者常成，行者常至

——“指南”系列为“走出去”企业赋能

2013 年，中国国家主席习近平先后提出了共建“丝绸之路经济带”和“21 世纪海上丝绸之路”的重大倡议；2015 年，亚洲基础设施投资银行正式成立；2017 年，第一届“一带一路”国际合作高峰论坛在北京举行；2017 年，推进“一带一路”建设被写入党章；2019 年，第二届“一带一路”国际合作高峰论坛在北京举行。

“一带一路”作为中国提出的全球重大经济发展倡议，为中国及世界的经济发展注入了巨大能量。随着习近平主席的不断阐释，“一带一路”倡议的内涵逐渐明晰。“一带一路”倡议的形成，立意高远却又目标清晰，当今世界，各国、各地区的经济联系从来没有如此紧密。若要尽快推进与实现区域全面经济合作，必然要将“丝绸之路经济带”、“21 世纪海上丝绸之路”以及跨国合作等多种形式结合在一起。

在“一带一路”倡议的实施中，加强基础设施建设，推动跨国、跨区域互通互联，是共建“一带一路”的优先合作方向，随着中国企业对“一带一路”国家投资规模的扩大和项目的增加，新签工程合同及各类投资合作也呈上升趋势，与此同时，我国国际工程承包企业的合同管理水平和能力亟待提高，不少企业面临工程项目投标、签约经验不足，合同履行的签证和索赔水平低下，项目管理水平薄弱等问题。通过总结“一带一路”国际工程司法实践的经验和教训，为“走出去”企业升级赋能，是国内注重国际争议的仲裁机构的共同责任。

赣江新区国际仲裁院于 2017 年 10 月 28 日由赣江新区管理委员会正式批复，于 2017 年 11 月 7 日经江西省司法厅核准办理行政登记，英文全称为“The International Arbitration Court of Ganjiang New District”，英文简称“IACG”。赣江新区国际仲裁院立足于服务赣江新区与江西全省经济发展，同时面向全国、面向世界，积极投身“一带一路”倡议，致力为“走出去”的中国企业以及中外合作投资项目、中外国际贸易等提供快捷、高效的仲裁法律服务。

赣江新区国际仲裁院设有办公室、立案调解部、案件审理部、综合部等工作机构，同时将逐步分设“房地产建设工程PPP争议仲裁中心”“金融保险仲裁中心”“海事海商仲裁中心”“环境资源仲裁中心”“知识产权仲裁中心”“石油化工行业仲裁中心”等专业仲裁机构，以及“永修分院、共青城分院”等境内区域分支机构。同时还将与仲裁机构、华人商会等组织开展合作，逐步设立面向国际的“香港庭审中心”“美国庭审中心”“澳大利亚庭审中心”“马来西亚庭审中心”“新加坡庭审中心”“葡语系国家及地区庭审中心”等境外区域分支机构。赣江新区国际仲裁院以打造我国中部地区区域仲裁中心为目标，为建设具有中国特色的仲裁事业贡献自己的力量。

2021年5月25日，赣江新区管理委员会批复《关于调整赣江新区国际仲裁院组成人员名单的请示》，由我任主任。

连任的朱树英副主任所在单位上海市建纬律师事务所，受赣江新区国际仲裁院委托，为本院的文库编写“一带一路”国际工程法律实务指南丛书，在已正式出版的“避雷针”系列《“一带一路”国家工程与投资法律制度及风险防范》《“一带一路”国际工程合规与风控实务》两书的基础上，继续编写丛书的“指南”系列书籍，本书为“指南”系列的第一部，也是全系列的第三部。本书在内容安排上，力求反映国际工程招标投标与签约的最新研究成果及先进实践经验，在重视理论体系完备的同时，也注意内容的实践性和指导性。企业“走出去”要做好充分准备，为防范相应风险，服务“一带一路”建设，本院全力编写本“指南”系列书籍，以期为我国“走出去”企业从事建设工程活动提供指引，使我国“走出去”企业及涉外仲裁员在业务实践中可以做到有备无患。

“为者常成，行者常至。”我们国际仲裁机构有义务、有责任与各方共同努力，成就彼此，为“一带一路”奋力书写新时代的新答卷。

赣江新区国际仲裁院主任　曹义孙

2021年6月

目　　录

第一篇 | 国际工程招标投标

第二篇 | 国际工程的签约

第三篇　国际工程投标与签约实务案例

PART

1

第一篇

国际工程招标投标

第一章　国际工程招标的演进

第一节　工程招标概述

招标，是由交易发起方在一定范围内公开标的特征和采购条件，邀请多个投标人参与投标，并依照特定程序对多个响应方提交的报价及方案进行评审，从中择优选取交易对象并确定全部交易条件的一种市场交易行为。招标投标是运用技术、经济与市场竞争机制有序展开的择优成交方式，作为商品经济高度发展的产物，其已逐渐演进成为一种国际惯例。

招标源于英国，第二次世界大战以来，英国的影响力不断扩大，辐射至欧美国家及世界银行等国际组织，招标投标方式因而在物资采购、工程承包中被大量采用。近年来，发展中国家也日益重视和采用招标投标方式，将之视为一种成熟的交易方式。招标投标在世界范围内得到广泛认可，进而在更多的国家和国际组织中得以运用，其重要性和优越性不言而喻。

国际招标，是指在国际相应领域范围内，公开发布招标信息，选择合同对象进行交易的一种方式。国际招标可分为国际公开招标和国际邀请招标，前者邀请不特定的潜在投标人参加投标，后者邀请特定的潜在投标人参加投标，两种方式招标都应按照法律规定的程序从中选择交易对象。

国际招标既要遵守国内有关法律法规，又要遵守有关国际法、贸易规则、国际惯例。国际招标投标的程序漫长、流程严密、时间相对较长，适用于技术复杂且标准高、国内招标难以达到需求目标的项目。在外国政府贷款项目和国际金融组织贷款项目中，资金提供方常常要求贷款人采用国际招标方式，以确保可以在全世界范围内选择合适的合作方及资金使用安全。

第二节　招标制度的历史渊源

一、英国的招标制度

招标制度肇始于英国，一开始仅仅针对英国国内项目。但对于部分大型工程项目，政府需要吸引外国合作方对工程进行承包时，国内招标的模式就演化为国际范围内的公开招标。在国际工程项目中招标投标是选择交易对象最常用的方式，发包人和承包人通常都是以招标投标的方式来缔结合同，确立双方法律关系。许多国际组织对其相关项目通常也要求采用国际招标，如世界银行规定，凡利用世界银行贷款资金进行兴建的工程项目，都必须采用国际竞争性招标，即由若干个国家的公司参加的公开招标、邀请招标或者两阶段招标。另外，世界银行还有专门针对国际竞争性招标方式的实施规则。由于公开招标在国际工程项目中被广泛采用，因此它已形成比较完善的程序和方法。招标的一般程序包括：招标人（机构）发出招标公告、投标人资格预审、现场勘察、审定招标文件和制作标底。投标的一般程序包括：投标前的准备（该准备过程比较烦琐，包括获取招标信息、进行项目追踪、办理注册手续、取得法定资格、确定合作对象、聘请可靠的代理人、调动精干力量等）、制作投标报价（报价是国际工程招投标的核心部分，也是招标人和投标人就工程承包进行谈判并最终达成合同的基础）、投标①。

招标投标是保证国际工程项目能够公开、公平与公正进行的有效手段，同时，亦是改善资源配置、节约社会成本的重要举措。国际工程招标具有如下特征。首先，国际工程招标具有项目招标的一般特点，即一次性、复杂性、不确定性等特点。此外，国际工程招标一般为大型建设施工项目，不仅工程体量大，且参与方常为不同国家和地区的多个主体，涉及专业门类众多，技术要求高，项目本身的不可复制性也使合同交易过程和后续合同履行极为复杂。其次，从交易方式上来看，国际

① 投标一般有狭义和广义之分。狭义的投标，是指投标人在投标截止日期之前，将制作好的投标文件密封送达给招标人，自递交投标文件之日起至开标日这一期间，投标人可随时撤回、更正或修改投标文件，而在明确开标时间后直到公布中标日的这一期间，任何投标人均不得撤回、修改或更正其投标文件。广义的投标，通常是指工程招标投标的全过程，不仅包括招标投标前的准备、投标价格的制定，还包括公开招标的全过程。

工程通常属于交易金额大、交易对象复杂、交易过程漫长的工程，为减少和避免不必要的纠纷和风险，国际招标往往会有组织、有计划地进行，尤其是有固定的规则和条件，对整个招标过程事先有一系列时间安排和程序，必须按照既定的规则进行。最后，从招标特征上来看，国际工程招标具有公开性与公平性。国际工程招标要求招标人通过公开发布公告或邀请投标人，并以公开开标的形式宣读投标人的名称、国别、报价及工期等主要信息。国际工程招标投标对工程招标投标参与主体一般没有国别、等级和身份上的限制，特别是对投标人，只要具有履行合同义务能力并遵守招标文件提出的条件，愿意和招标人合作承揽工程的投标人均可自愿参加投标。

如前所述，招标投标最早起源于英国，系作为"公共采购"的方式出现的。因此，论述招标投标不得不从"公共采购"谈起。西方资本主义国家的购买市场按购买者的不同，可划分为公共市场和私人市场，前者主要包括各级政府部门、学校、医院或慈善机构等，其购买的目的并非为谋取利益，而是直接用于满足自身需求；后者则由除政府和公用事业单位以外的企业和商人组成，其完成购买后还需通过再加工或转售方式获利。基于公共市场和私人市场间的差异，同时也存在公共采购与私人采购之分。私人采购的方法和程序是任意的，完全取决于采购人的喜好，或通过洽谈签约、或从拍卖市场买进、或直接市场问询，形式不受约束；而公共采购的方式则必须通过招标，只有当招标不可能或不具成本效益时，才能以谈判方式进行采购。究其原因，这是由于公共采购，即政府机构和公用事业部门采购，所用的开支主要源于税收，开支的使用需要对公众负责。因此，政府和公用事业单位有义务确保其购买行为合理有效。为便于公众行使知情权与监督权，公共部门的采购需要最大限度地保证透明和公开。

1782 年，英国政府设立国家文具公用局，初期仅开展办公用品的采购，采用公开招标的购买形式。英国政府于 1803 年颁布法令以大力推行公开招标。此后，许多国家设立了专门机构或通过专项法律来明确公开招标的重要地位。英国政府过去的招标采购主要集中于物资和工程方面，而对诸如维修、安装、清洁等市政服务项目的采购给予特殊待遇，不要求采用竞争性方式。19 世纪 80 年代以来，英国政府出台了一系列法律和政策，要求公共部门的服务需求使用竞争性方式采购，这使英国成为第一个有系统地在服务业中运用招标的国家。此后，英国政府采购，无论是物资、工程还是服务，都提倡和要求使用招标方式。然而，20 世纪 50

年代,英国出现严重的劳动力短缺情形,私营企业对服务行业高成本、低盈利的经营形势缺乏了兴趣,有关公共利益的服务行业转由政府包揽。这一转变虽然保证了国家和地方的非营利产品和服务有提供者,但却使英国政府付出了巨大代价——相关服务提供的效果不尽人意,服务成本高昂、生产率低下、经营管理混乱等情况频现。经过长期研究,英国政府颁布了一项在公共部门实行强制竞争的法律规定。据此,政府和其他公共部门的采购只要超过规定的金额限度,就应采用竞争招标的方式签订合同。如果适用邀请招标程序,至少应有 3 个投标人,可包括私营企业。招标公告应至少在一家地方报纸或工商业杂志上刊登,对任何参与竞争的企业不得进行限制或有任何阻碍竞争的行为。新的招标法令实施以来,英国政府的开支得到了更严格的监督和更合理的使用,政府的经营效率大大提高,经济管理也更为科学。

而不同方面的招标采购法律法规构成了当代英国招标投标法律制度体系的主要内容。目前,与此相关的法律法规主要有:1991 年 12 月制定的《英国公共工程合同规则》、1993 年 1 月制定的《英国公共设施供应的公用事业工程合同规则》以及 1994 年 1 月制定的《英国公共服务合约法规》等。此外,为确保投标活动的有序与高效,英国相关行业协会还联合制定了通行于英国国内且具有法律效力的招标文件标准格式,参与招标投标的各方当事人均须参照执行。

从内容上看,英国政府采购的操作程序是:(1)制订采购计划。首先需要规划采购进行的各项流程,使采购程序之间能够相互衔接,政府采购能够在统一规范下进行。(2)指定采购项目总负责人,并由律师作为助理,为其提供法律意见,同时还需要一名会计师或该部门内部的审计师作为助理,提供会计、金融方面的建议。依据英国法律相关规定,该采购项目的总负责人也可选定其他助手,但直接同买方协商沟通的政府官员及向投标人提供服务的政府官员不得参与招标文件的编制和招标采购的组织工作。(3)制定进度表。该进度表可作为总负责人和各部门负责人的工作计划和方案。(4)发布采购信息。由律师起草相关采购信息,并在法律规定的报纸杂志上发表。(5)安排咨询。信息发布后,需要安排专人接待来访人员和潜在投标企业。(6)投标人资格审查。(7)招标采购。招标采购程序结束后,由项目总负责人撰写报告,报招标委员会审核查验。

二、美国的招标制度

美国是另一招标投标制度相对完善的国家。1861 年,美国国会就制定并颁布实施了《联邦采购法规》,明确规定若政府采购项目达到一定金额限度,联邦政府就必须启用公开招标,并对公开招标的形式和程序做了细则性规定。美国国会于1868年又通过了相应立法,明确公开开标和授予合同的程序。此外,工程承包需经过招标投标成了一个总趋势,无论是何种类型的工程,均可在日常的工程招标广告中看到,一些专业杂志也常刊登已中标项目及对应的中标企业。招标采购在美国已发展得相当成熟。

美国是一个联邦制国家,这种政治体制的特点在招标采购制度中也有相应的体现,即由此可分为联邦政府招标采购和州政府招标采购。上述两种采购方式有着不同的法律渊源。美国国会授权美国政府支付国家债务并为民众提供国防和福利服务,在宪法上为联邦政府进行招标采购提供了依据。而州政府的招标采购权则源于州立宪法,由州立法机关制定并颁布的其他法律予以补充。绝大多数州都授予其下属的地方政府设立招标采购组织的权力。美国联邦的招标采购法律制度体系由基本法和实施规则组成。其中,基本法律主要包括《联邦财产与行政服务法》、《联邦采购政策办公室法案》、《合同竞争法》和《小企业法》,实施规则主要包括《联邦采购法规》和联邦政府各部门为招标而制定的部门采购规则。其中,最值得一提的是国防部发布的,以严密、完备的规定以及充分良好的执行而闻名的《联邦国防采购补充规则》。与他国相比,美国的政府招标采购制度的适用管理范围更加全面,包含了五大基本制度:(1)招标制度。政府采购需采用招标程序,并统一所需单据及文件格式,以实行规范化管理。(2)运营标准化制度。政府采购部门除依法律法规办事外,还应按照《联邦采购法规》严格履行采购程序。(3)供应商评审制度。依据美国《联邦采购法规》,凡有意向政府部门提供货物或服务的企业,一般应按照国家标准局规定的标准,向有关部门提出申请登记,审核并索取相关项目资料,对分析评估合格的企业进行分类归档,并公布合格供应商名单。(4)审计监察制度。审计监察的内容分为采购审计和管理两部分。采购审计的内容包括:审查采购部门的政策是否合规、程序是否合法、采购的数量与成本价格是否合理,以及采购过程中发生的所有财务事项。管理审计则是审查供货企业的组织结构、数据体系和资料系统等。同时,还将对采购部门工作计划的制订及进度情况进行考核与评估。根据审计制度按进行期间的不同,可分为定期和不定期两种,内部审计与外部审计在过程中相互衔接。(5)交货情况跟踪制度。

三、其他国家的招标制度

日本是世界贸易组织（World Trade Organization，WTO）协定项下的《政府采购协议》的首批签署国之一，中央、地方政府及相关的公共法人均被视为《政府采购协议》的主体，且规定了不同采购类别的最低限额。与此同时，日本的民法、商法及贸易相关法律也都针对招标投标程序、规则做了具体的规定。但日本对政府采购市场的开放实际上历经了一个漫长的过程，这与日本市场准入的演进过程密切相关。从第二次世界大战至今，以 1988 年为界，可分为两个阶段。1988 年以前，日本市场相对闭锁，此后才逐渐变得相对开放。以工程招标为例，日本工程建筑业的承包方式最初有投标和特命两种。在日本，招标通常在公共工程范围内进行，指明投标模式较为常见，即指定由几家具备相关资质的企业参与投标。而所谓特命则是指不通过招标投标，直接指定一家建筑企业承包工程。工程的承包企业只有具备相当信誉，工程质量好且人脉良好，才有可能得到特命。国外的其他企业实体如想在日本参与招投标活动，首先必须在日本取得一定的业绩，而取得业绩的前提则是与日本本土企业进行合作。由此可见，日本的招标投标最初并不开放。1983 年，日本中央建设审查委员会为此向国家有关部门和地方工会等公共工程的发包人提出了招标制度合理化的对策建议。随后，日本建设大臣于 1991 年发布了《关于新时期招标合同制度的要求书》，广泛征求建筑界对现行招标制度的意见。1992 年，日本政府方根据座谈会上的意见，形成了完善招标承包制度的基本观点，进一步明确了公共工程发包人与承包人的责任分配情况。

韩国此前关于招投标和政府采购的法律法规较为零散，相应规定主要见于《预算会计法》中。直至 1995 年，财政经济院国库局先后制定《政府合同法》和《政府合同法实施准则》等系列法律法规，才对招标投标作出详细规定。

新加坡于 1997 年加入关税及贸易总协定后，政府采购开始依照《政府采购协议》的规定施行。为了更好地履行该协议涉及的义务，新加坡特此制定了《政府采购法案》，其中对招标投标也有了更为细节性的规定。

除了世界各国非常重视招标投标的发展以外，一些在国际上有较大影响的国际组织为了与经济全球化进程的发展相一致，也规定了一些关于招标投标的法律文件，其中主要的有：国际咨询工程师联合会（Fédération lnternationale Des

Ingénieurs Conseils,FIDIC)为准备招标的建设项目业主制定的《土木工程施工合同条件》(FIDIC 条款),亚洲开发银行制定的《贷款采购准则》,欧盟理事会制定的《关于协调给予公共服务合同的程序》、《关于协调政府物资采购合同的程序》以及《关于协调给予公共工程合同的程序》,世界银行制定的《国际复兴开发银行贷款和国际开发协会信贷采购指南》,世界贸易组织的《政府采购协议》,联合国国际贸易法委员会(United Nations Commission on International Trade Law,UNCITRAL)制定的《货物、工程和服务采购示范法》等。这些文件的制定,保证了资金合理、透明地使用,提高了使用效率,促进了国际竞争和国际贸易自由化,在经济全球化过程中起到了重要的作用。

四、欧盟的招标制度

在《欧洲经济共同体条约》的指导下,欧盟相继在公共采购各领域颁布了委员会指令,共同构成了独特的招投标采购法律体系。在这一法律体系中,既有实体法,又有程序法。其中,《关于协调授予公共服务合同的程序的指令》、《关于协调授予公共供应品合同程序的指令》、《关于协调授予公共工程合同的程序的指令》和《关于协调水、能源、交通运输和电信部门采购程序的指令》四个指令为实体性法律,《关于协调有关对公共供应品合同和公共工程合同授予及审查程序的法律、法规和行政条款的指令》和《关于协调有关水、能源、交通运输和电信部门的采购程序执行共同体规则的法律、规则和行政条款的指令》则为程序性法律。上述指令确立了欧盟范围内的国际政府采购制度,是适用于欧盟范围内的主要招标采购的规则。欧盟各成员国均有义务采取相应措施,使指令中规定的条款在其国内法中具有约束力。例如,奥地利于 1989 年就制定了一项适用于内部的公共采购规则,并于 1994 年正式以法律的形式颁布实施,即《联邦采购法》。1993 年,比利时通过了《关于公共市场和一些为公共市场服务的私人市场的法律》,规定了公共采购的总体框架,并授权国王就具体事项颁布法令。1996 年,比利时两个关于传统公共采购和公用事业单位采购实施措施和程序的皇家法令得以颁布。这些法律规定与欧盟采购指令一致,实际上是欧盟采购指令在成员国的实施。

欧盟招标采购法律制度的内容主要包括:(1)明确招标采购合同的适用范围及主管机构,并在相应附件中列明主管机构的名单,并可按规定程序修订。(2)规定了授予合同的程序和信息披露的要求,据此,主管机构可采用公开、限制和谈判三种程序。(3)为防止歧视的产生而列举了一系列选择服务提供者的标准,同时规定了两个中标合同的授予标准:一是价格最低的投标;二是经济上最有利的投标。为了清晰界定经济上最有利的含义,指令还详细列明了具体标准,如价格、交货或竣工日期、技术价值、质量、采购能力、功能特性、运营费用、售后服务及技术支持等。(4)为了在发生违反指令行为出现的情况下,能采取有效和迅速的补救措施,确保采购领域的透明和非歧视,其规定了详细的救济措施和渠道。如设立审查机构,赋予其解决冲突的权力;如果有明显违反欧共体规则的行为,欧盟委员会有权通知有关成员国和主管当局,要求其予以纠正;此外,还规定了一种独特的证人监督和审查机制,即由在成员国宣誓的证人发表证词,证明该实体在特定时间段内进行的采购活动是公平的、无歧视且符合欧盟规则的要求;任何服务提供者如认为自身利益受到主管机构非法侵害,均可不受限制地直接向委员会提出申诉,受害方可在国内法院开始进行审查程序的同时向委员会提出申诉,且不以国内法院的司法审查作为前置条件。

第三节　国际招标投标的发展趋势

20 世纪 80 年代以来,西方国家为了发展经济,进行了一系列改革,包括招标采购的改革。归纳起来大体有四个方面:一是扩展招标采购的范围;二是细化规范的招标方式和程序;三是通过招标推行采购竞争;四是通过公开招标提高政府采购的透明度。其中,以公开招标促进政府采购的透明度是未来招标采购的发展趋势,因为公开是最好的防腐剂。世界贸易组织《政府采购协议》(1994 年版)第 17 条规定,各缔约方应鼓励采购机构说明对待非缔约方供应商投标的各项条件,包括与竞争性招标程序和提出异议程序的不同之处。但为了提高双方合同授予的透明度,非缔约方应做到:(a)按第 7 条规定(技术规格)明确合同内容。(b)用 WTO 的一种官方语言发布第 9 条规定的采购公告,包括第 9 条第 8 款规定的采购摘要公告,明确受理本协议缔约方供应商投标的条件。(c)确保在采购期间一般不会改变采购规则;不可避免改变规则的,应保证有满意的补救方法。能够遵循第 1 款(a)~(c)项规定的非缔约方政府,有权在通知各缔约方后,以观察员身份参加委员会。当前,世界各国都在为招标采购程序的透明化而努力,从各个方面推进贸易和市场管理的透明化,各国政府都希望通过政府采购的日益透明化促进世界各国政府市场管理透明度的增长。1996 年,新加坡部长级会议设立了政府采购透明度工作组,工作组的主要任务便是研究政府采购中的透明度问题,并在此基础上提出一个透明度协议的基本框架。这一新的透明度协定,为《政府采购协议》,无论是在开放国际政府采购市场方面,还是在扩大协议的参与基础方面,都打下了使其走向成功的良好基础。透明化的特点具体体现在以下几点:一是招标条件的透明化,招标文件通过各种媒介向社会发布。二是非招标采购的透明化,加强非招标采购的透明化可有效防止不公平和腐败现象的产生。三是充分利用互联网和电子信息拓展,例如,美国政府机构已经开始采用电子贸易的形式来提高其招标采购信息发布后的接收效率与广度。电子贸易是指通过计算机进行的商业信息交换和商业交易,包括电子邮件、采购卡、资金划转以及电子信息交流。美国的政府采购网也可通过互联网,无偿向有意愿与政府进行交易的企业或相关人士分发必要且有用的商业信息。亚洲开发银行、欧盟理事会也都有自己的专用网站,专门进行互联网招标投标的信息发布、经济和统计数据的发布以及进行有关的业务指导与答疑。

第四节　国际工程招标的主要模式及共性特征

一、美国的工程招标投标制度

美国的招标投标制度也被认为是世界上较为成功的公平交易体制,其有效保障了采购机制的顺利实施,维护了商业公正,扩大了市场竞争,同时也降低了制度性管理成本和交易费用。具体体现在以下几点:

1. 招标范围广泛性。美国的政府采购均需实行招标投标,大到千亿美元的国防军用飞机,小到 1 万美元的公厕公共设施,几乎涵盖政府出资的所有工程。民间工程也大多采用招标方式。

2. 招标法律制定主体多元化。美国作为联邦制国家,有联邦政府发布的联邦政府合同格式标准,同时,也有各学会或协会制定的推荐性条款、准则等,如美国建筑师协会(American Institute of Architects, AIA)制定的合同条款、美国工程师合同文件联合会(Engineers Joint Contract Documents Committee, EJCDC)的建筑合同标准条款以及美国总承包商协会(Associated General Contractors America, AGC)的建筑工程分包合同标准格式等;美国各个州政府也都制定了完善严格的招标投标法规。

3. 实行公开招标竞争。招标公告发布后,通过资格预审的投标人均可参加后续流程,保证了真正的竞争。

4. 最低价中标的原则。投标人需经专门的中介机构预审其资质和信用后,才能在核定的资格范围内承揽相应的工程项目。通过资格预审后,最低报价的投标人几乎就是中标人。当然,招标人对最低报价的投标会详细核查,确保合同有效实施。

5. 具有健全的信用体系。以最低报价中标的投标人的报价存在低于成本价的可能性,为防止出现其在合同实施过程中因报价过低而无法完全履行合同约定内容或偷工减料造成采购人损失的情形,采购人将会要求投标人提供银行担保函,为其全面履行合同约定提供相应担保,在发生合同履行不能的情况时,提供担保的银行应划拨资金以保证投标人能全面履行合同所约定的义务。而且,一旦违约,中标人的信用将会受到较大影响,并很可能造成今后无法在市场上立足,甚至破产倒闭,因此中标人会极力避免此种情况的发生。当然,银行提供担保时也会十分慎重,避免牵连波及。

二、英国及英联邦国家的工程招标投标制度

英国和英联邦国家当前推行的招标投标制度主要起源于英国。除英国外,大部分英联邦国家属于发展中国家,故大型工程通常需要向世界银行或国际机构贷款。此时,发包工程时应遵循国际机构的要求,但也要结合英联邦国家的传统特色,即以改良的方式实行国际招标。在招标文件发布时,通常会将其他已发送标书的潜在投标人的相关信息告知投标人,以便其衡量利弊,避免盲目投标。由于英国土木工程师协会(The Institution of Civil Engineers, ICE)认为,国际公开招标浪费时间和资金,效率低下,并常常以无结果而终,导致众多投标人浪费资金和机会成本。因此,英联邦国家将国际有限招标作为主要招标方式。

英国土木工程师协会、英国咨询工程师协会(Association of Consultancy and Engineering, ACE)和英国土木工程承包商联合会(The Federation Civil Engineering Contractors, FCEC)作为权威的社会组织,在规范工程招投标活动中发挥了示范和指导作用,项目双方只需按其格式化的程序进行招标并推进各阶段工作,就可使

运作变得规范。ICE 制定的规则通常给投标人较长的投标期，投标人具有充足的时间进行投标各阶段的研究和分析以确保投标有效。

三、日本的工程招标制度

日本受到大陆法系的影响，招标区分私人项目和公共项目，对应不同的规制。私人项目主要采用直接签约的总价包干形式，基础是项目业主、承包人和分包商之间在长期合作中形成的信任关系。

而公共项目则必须进行邀请招标，其特点有：(1)总承包商在工程市场中占据主导地位。据统计，日本约有 59 万家工程承包商，其中排名前 100 位的总承包商所占市场份额超过 1/4。大型具有实力的承包商在建筑市场中占据了主导地位。总承包商通常不直接参与施工活动，具体施工内容通过分包完成，总承包商通过任命、委派项目经理的方式对分包商进行有效管理。(2)价格因素至关重要。业主一般根据官方价格指数确定工程的最高限价，投标过程中专家几乎不对承包商的资质和技术等因素进行评审，能否中标完全取决于报价。(3)存在地方保护主义。在日本，人情世故、人际关系等传统伦理导致一定的地方保护主义，甚至出现“倒挂分包”方，而且近年来该比例还有上升的趋势。

四、法国及法语地区的工程招标投标制度

与英国及英联邦招标投标制度一样，法国及法语地区推行的招标投标制度，主要源于法国。其制度的主要特点是采用询价式招标和拍卖式招标来发包项目。询价式招标是法国及其他法语地区工程招标的主要方式，其具体做法与世界银行的竞争性招标类似，其主要特点是允许投标人根据标书要求提出多个方案，招标人选择空间较大；开标方式是秘密的。法语地区的招标模式有效约束了腐败、串通投标等非规范行为。而拍卖式招标的主要特点如下：(1)投标人的标底可以报总价或单价。标底即投标底价，是指内部掌握的建设单位对拟发包的工程项目准备付出全部费用的额度，通常分为总价标底和单价标底。总价标底是招标人根据工程综合因素计算出的能够接受的最高限价；单价标底是以某特定行业价目表或单价为基础的最小降低数或百分比或在招标人确定工程量不确定基础价的情况下能够接受的投标最高单价。(2)对各投标人的报价分开宣布。(3)至少有一家报价低于标底的就当然中标(自动评标)。若所有报价均超过投标底价的 20%，

则招标失败，招标人可对原招标条件作出适当修改，修改完成后重新组织招投标。

以上的招标方式避免了不规范操作的现象，确保招标公平公正。综上所述，询价式招标和拍卖式招标，评标和定标的程序较为简单，重点在于前置资格审查，当众开标后，若无其他低于投标控制价的报价时，可向最低报价者宣布临时授标，评标委员会可以当场要求投标人重新报价，如仍无低于投标控制价的报价，则评标结束，招标宣告失败，需另行组织。

五、世界银行工程招标投标制度

作为国际组织，世界银行对项目采购强调和贯穿三个基本理念：一是项目的组织和实施需注重经济效益；二是项目事务的处理需公平公正，给予所有投标人平等的竞争机会；三是对借款国采取优惠措施（如评标时借款国投标人可以享受一定幅度的优惠），以促进借款国经济产业的发展。

世界银行项目发包方式主要是国际竞争性招标，项目管理的指导原则是FIDIC的合同条款，主要依据为第一部分的“通用条款”。此外，合同双方还应当遵照世界银行颁发的《货物、工程和非咨询服务采购指南》《国际土木工程建筑合同条款》《货物、工程和非咨询服务监理指南》等文件规定的细则执行。经世界银行批准，在有合理理由或特殊原因的情况下，可以采用国际有限招标方式；如不适宜或不需要进行国际招标的项目，也可采用国内竞争性谈判、直接采购、政府承包或自营等发包方式。

六、国际咨询工程师联合会招标投标制度

国际咨询工程师联合会对于一般国际工程招标投标的程序步骤从邀请承包人参加资格预审起至授予合同止，共可分为 12 个。对于大型国际工程，招标的首要步骤即是进行资格预审。招标人在报刊上或其他媒介发布某项目资格预审公告，简要说明工程简况、工程分标、资格预审文件提交日期等核心要素内容。对该招标投标工程项目有意向的承包人可购买资格预审文件并按要求填写报送。招标人对递交资格预审文件的所有投标人进行严格审核后，通知其认为有资质和能力进行本工程承包的投标人购买招标文件。招标文件的编制一般由工程师协助招标人共同进行，其中包含投标邀请函、投标须知、标书格式、合同签订的基础条件及附件等内容。通过资格预审的投标人获取招标文件后，应先仔细研究分析文

件,并按照招标文件规定的地点和日期送交业主。招标人根据标书,最终确定中标人并与之签订正式合同,开展项目。

国际上招标投标法律制度尽管在内容和体系上有所不同,具体程序也不同,但还是存在共同点:首先,两者均以基础法律为准则来制定具体规则,形成了较为完善的法律规制体系,有基本法和具体实施规则两大体系。例如,美国联邦政府制定基础法律,确立基本原则,各州立法以联邦基础法律的基本原则为指导;欧盟各成员国在采购方面的法律法规均是以欧盟规则为基础,虽然部分程序性规定有所不同,但总体必须符合欧盟基础法的原则。其次,关于公共采购可以强制性招标的规制。世界上有些国家没有制定专门的招标投标法,而是在公共采购法中对招标投标进行规定,使招标投标作为公共采购的主要方式。该普遍规定一般是:凡政府部门、国有企业或对公共利益有重大影响的部分私营企业进行的采购项目,达到一定的金额限度,则应进行公开招标。再次,竞争、平等、公开的原则在法律规定中的体现,主要表现在以下几个方面:(1)最大限度满足采购人在价格、质量、响应速度等方面的要求,坚持报价最低或条件最优中标原则;(2)促进和鼓励国内外供应商参与投标,以此促进国际贸易;(3)坚持公平、公正对待所有参加投标的供应商;(4)坚持信息公开原则,提高招投标程序的透明度;(5)招标采购过程中,各方权益受到侵害时,能及时获得法律救济。最后,应适当保护国内产品和企业。在采购中,能否给予国内投标人一定的优惠且保证该优惠不至于影响公平竞争,是各国采购法律中都涉及的一个敏感话题。例如,美国的采购法律规定,10万美元以上的采购,必须购买相当比例的美国本土产品;招标人在招标文件中必须给予国内企业一定的优惠幅度。美国国防采购法律还作出特别规定,对以下投标企业实行特殊照顾:(1)残疾人企业;(2)少数民族企业;(3)中小企业;(4)劳改企业;(5)对人体产生危害的生产企业。欧盟虽反对在成员国内部实行优惠,但在对外政策上仍实行一定的限制条件。欧盟法律规定不得给予发展水平较低的成员国优惠,但可以在劳动保险方面给予支持,如资金转移等,以促进成员国发展;从对外角度来看,欧盟也采取了相应保护性政策,对属于其成员国的投标人在采购中给予一定优惠。此外,美国和欧盟均在加入世界贸易组织的《公共采购协议》时,对本国公共采购市场的对外开放作出法律保留。例如,美国并未向欧盟开放其电信领域市场。除上述外,世界各国的公共采购的方法灵活多样,不仅有常见的公开招标,还有邀请招标、非竞争性招标及两阶段招标等。

第二章 国际工程招标及通常要求

第一节 国际工程招标方式的介绍

国际工程,泛指一个工程从咨询、投资、招标投标、承包、设备采购、监理等环节包含多个国家或者地区的参与主体,并且按照国际上通用模式进行管理的工程。国际工程的核心要素是涉外性,最大的特征在于受到的多个国家(地区)的法律规制,同时还需要遵守国际商业惯例。

国际工程招标广泛适用于各种采购,但并非所有工程都要进行招标,需要招标投标的采购项目一般都有数量或者规模上的限制。各国和各国际组织对招标具体限额的规定并不完全相同,典型的工程项目的招标限额均比货物和服务项目的限额高得多,而政府采购或者公共采购则要比其他招标采购更加严格。

国际工程项目招标坚持和贯彻公平、公正、平等竞争、及时有效的原则,具体体现在以下方面:(1)工程项目招标的信息公开发布,所有潜在投标人对信息有同等的了解;(2)工程项目招标的范围和内容具体、明确,招标人应明确地介绍工程项目的情况,包括招标的范围、内容、具体要求;(3)工程项目招标的程序和规则应事先公开;(4)招标过程中,当事人的权利、义务和责任应明确、科学合理;(5)招标投标过程中,招标人不得与投标人进行谈判;(6)投标截止后,投标人不得对标书做任何修改,招标投标过程透明公开,没有暗箱操作可能;(7)工程项目招标应使用公开竞争招标,在不能使用公开竞争性招标方式时方可采用其他方式;(8)投标人应在价格、质量、技术、期限、方案、服务等方面尽可能满足招标文件要求;(9)招标人应给予所有参加投标的供应商以公平和同等的待遇,不得对不同国别的公司实行歧视或者差别待遇;(10)招标人应加强管理,保证招标投标有序进行,还要保证所有投标人在权利受到侵犯之时有法律救济手段。

国际工程招标按照竞争开放的程度大致可以分为五种类型:(1)国际竞争性招标(亦称国际公开招标或国际无限制性竞争招标);(2)国际有限招标(亦称国际有限竞争性招标或国际选择性招标);(3)两阶段招标;(4)议标(亦称邀请协商);(5)其他方式。

一、国际竞争性招标

国际竞争性招标,是指在国际范围内,采用公平竞争方式,按预先确定的规则,无任何倾向地对所有具备要求的投标人一视同仁,根据其投标文件所展示的投标要素,如工期要求,可兑换外汇比例,投标人的人力、财力和物力及其拟用于工程地设备等因素,进行评标和定标的招标方式。采用这种方式可以最大限度地开展竞争,形成买方市场,使招标人有充分的挑选空间,取得对自己最有利的成交条件。

国际竞争性招标是目前世界上最普遍采用的成交方式。采用这种方式,招标人可以在国际市场上找到最有利于工程实施的投标人,无论是在价格和质量方面,还是在工期及施工技术方面都可以最大限度地满足项目要求。国际竞争性招标最为显著的特点是公平、公正和公开。尽管在评标、定标工作中不能完全排除一些不公开因素,但比起其他方式,国际竞争性招标由于影响力大、涉及面广,当事人不得不有所顾虑,因而与其他招标方式相比,其较为公平合理。

国际竞争性招标一般适用于以下项目:

1. 按资金来源划分。根据资金来源,实行国际竞争性招标主要有以下情况:

(1)由世界银行及其附属组织国际开发协会和国际金融公司提供贷款的工程;

(2)由联合国多边援助机构,国际组织和地区性金融机构提供援助性贷款的工程;

(3)由某些国家的基金会和政府提供资助的工程;

(4)由国际财团或多家金融机构投资的工程;

(5)两国或两国以上合资的工程;

(6)需要承包商提供资金即带资承包或延期付款的工程;

(7)以实物偿付(如石油、矿产或其他实物)的工程;

(8)发包人拥有足够的自有资金但自己无力实施的工程。

2. 按工程性质划分。按照工程性质，国际竞争性招标主要适用于以下情况：

(1) 大型土木工程；

(2) 施工难度大，发包人在技术或能力方面没有经验的工程；

(3) 跨越国境的国际工程；

(4) 超大规模的工程。

二、国际有限招标

国际有限招标是一种有限竞争招标，相较于国际竞争性招标，它有其局限性，即投标人选择有局限，不是任何对发包工程有兴趣的承包商都有资格投标。国际有限招标包括两种方式：一是一般限制性招标。该种方式虽然也是在世界范围内招标，但对投标人选有一定的限制。一般限制性招标与国际竞争性招标颇为类似，只是在评标时更强调投标人的某些条件，如资信、业绩、地域等。二是特邀招标。特邀招标即特别邀请性招标。采用该种方式的，一般不在公开媒介发布消息，而是根据招标人自己的经验或由咨询公司提供承包商名单，由招标人在取得贷款或资助机构的同意后，专门针对特定的投标人发出邀请。经过资格预审后，再通知其提出报价，递交标书。这种招标方式的优点是投标人经过初步筛选，在经验、技术和信誉等各个方面实力较强，对工程质量和进度的保障度较高。但缺点也是显而易见的，由于发包人所知晓掌握的承包商数量有限，在邀请时很可能漏掉一些优质的、具有竞争力的承包商，丧失了与之签约的机会。

国际有限招标是国际竞争性招标的一种限缩方式，一般适用于以下情况：

1. 工程规模不大，潜在投标人数目有限或有其他不适合竞争性招标的正当理由。

2. 专业性很强的工程项目，只有少数几家合格投标人可以参与竞标。

3. 工程性质导致有专门经验的技术队伍和熟练的技工以及专用技术设备，只有少数投标人能够胜任。

4. 由于工期紧迫或保密要求或其他原因不宜竞争性招标。

5. 工程规模太大，普通投标人不能胜任，必须邀请大规模、具有知名度的投标人投标。

6. 招标公告发出后无人投标，或投标人数量稀少，不具备竞争性。

三、两阶段招标

两阶段招标从本质上看是一种无限竞争与有限竞争的结合，即国际竞争性招标与国际有限招标相结合的招标方式。第一阶段按照国际竞争性招标的方式进行招标，再邀请其中报价较低或条件最优的若干家投标人进行第二次评审。第一阶段主要起到广泛筛选的作用，吸引有兴趣的投标人参与，并做简单分析比较；第二阶段则是有针对性地完成评审工作，在若干家较为有实力的投标人中最终确定中标人。

两阶段招标方式往往适用于以下三种情况：

1. 工程内容不确定，需在第一阶段招标中博采众议，选出最新最优方案，然后在第二阶段中邀请被选中方案的投标人进行详细评选。

2. 招标人对项目认识模糊，相关方案无法精确描述，需要借助潜在投标人的能力帮助招标人进行明确。

3. 第一次招标失败，只得在现有基础上邀请投标人再次评选。

四、议标

议标也就是谈判协商，严格来说由于不具备竞争性从而不属于招标方式。然而，随着时代的发展，议标也从传统的"一对一"方式衍生出新的内涵。目前，在国际工程实务中，发包人一般不再和一家承包人议标，而是同时与多家承包人进行谈判协商，最后无任何约束地择优将合同授予其中一家承包人。议标能够节省时间，且没有相关程序的约束，还可以充分利用议标形成承包人心理波动，使之给予更加优惠的报价，从而达到理想的成交目标。当然，由于议标完全不需要遵守公开的要求，属于参与者之间的谈判，"暗箱操作"的可能性较高，相关的公正性和合理性容易受到质疑。

议标通常是在以下情况下采用：

1. 以特殊名义缔结合同。

2. 出于紧急情况或急迫需求。

3. 需要保密或者涉及国家安全、外交的工程。

4. 属于国防需要的工程。

5. 发包人实施过工程，新的项目技术与实施过工程类似。

6. 项目性质导致只有唯一的合格投标人。

五、其他招标方式

1. 保留性招标，是指发包国为了保护本国承包商的利益，将工程留下一部分专门给本国承包商的招标方式。这种方式适用于资金来源是多途径的项目，如世界银行贷款项目。

2. 地区性公开招标，由于资金来源属于某一地区组织，只有该组织的成员国才能参加投标。

3. 排他性招标，在出口信贷或双边贷款条件下，贷款国要求借款国在其贷款工程发包时排除第三国的承包商。

4. 平行招标（亦称分项招标），是指业主根据项目的具体情况把一个较大的工程分成若干个互相联系的子项工程，分别单独招标的招标方式。

5. 多层次招标，是指大型项目在招标结束后，中标人在取得发包人同意的情况下，以招标人的身份再次将工程的一部分转包给其他专业承包商，从而形成多层次的招标方式。在这种情况下，总承包商对转包出去的工程仍然承担责任。

以上是国际工程招标的主要方式，这些方式主要用于政府或公共工程。如果是私人工程，可以借鉴以上的招标方式。招标方式的选择是招标工作的首要工作，确定招标方式时要对项目特点进行分析，在不违背法律法规的前提下，选择对自己最有利的方式，最终选择合适的招标方式。

第二节　国际工程招标的通常要求

国际工程招标具有多种方式，联合国国际贸易法委员会的《公共采购示范法》、世界贸易组织的《政府采购协议》、欧盟的“公共采购指令”体系以及世界银行的《货物、工程和非咨询服务采购指南》是公认的四大国际招标规则。目前国际工程实务中，采用最多、最广的招标规制，当数联合国国际贸易法委员会的《公共采购示范法》和世界贸易组织的《政府采购协议》。二者属于国际权威组织制定的规程，且制定之初就参考各个国家（地区）的成熟经验做法，适用范围也没有特别的限制，故在国际工程招标中运用最广，相关内容要求也具有一定的普世性和共通性。特别是联合国国际贸易法委员会的《公共采购示范法》，反映了国际上招标的最佳做法，并具有国际公约的属性，成为最具代表性的国际工程招标规制。

一、《公共采购示范法》

（一）历史沿革

联合国国际贸易法委员会在第二十六届会议上审议通过了《货物、工程和服务采购示范法》（1993年），此后通过了配套的《货物、工程和服务采购示范法立法指南》。在1994年第二十七届会议上，联合国国际贸易法委员会通过了《货物、工程和服务采购示范法》（1994年）。2004年，贸易法委员会第三十七届会议上提出对1994年《货物、工程和服务采购示范法》进行修订。第一工作组从2004年8月第六届会议开始，到2010年11月第十九届会议最终完成了《公共采购示范法》草案的修订工作，接着在2011年3月第二十届会议上开始《公共采购示范法颁布指南》的修订。在2011年联合国国际贸易法委员会第四十四届会议上，大会审议通过了《公共采购示范法》，与之相配套的《公共采购示范法颁布指南》在2012年联合国国际贸易法委员会第四十五届会议上审议颁布。

（二）《公共采购示范法》的目的

《公共采购示范法》对国际各国对本国采购法律和实务进行评价；在目前尚无采购立法的情况下，给各国建立采购立法提供了参考；并支持各国在国际层面协调统一采购规则，以此促进国际贸易。

（三）《公共采购示范法》的适用范围

《公共采购示范法》适用于颁布国的公共采购，包括国防和国家安全相关的采购。

（四）通则性规定

1. 信息传递。《公共采购示范法》规定，采购实体应按照要求传递采购过程中产生的任何文件、通知、决定或其他信息，包括与质疑程序有关、在会议期间传递或构成采购程序记录一部分的任何文件、通知、决定或其他信息，所采用的形式应当能够提供信息内容的记录，并且能够调取供日后查用。《公共采购示范法》也允许在某些情况下暂时以不留有信息内容记录的形式传送某些类型的信息，但是在传送信息之后必须立即以规定的形式向接收人确认该通信。采购实体应在邀请供应商或承包商参加采购程序之初明确全部的形式要求。采购涉及机密信息的，如果采购实体认为必要，应确保在必要级别为机密信息提供保护所需要的措施和要求;采购实体或其代表向供应商或承包商或者向任何人传递信息,或者供应商或承包商向采购实体或者代表采购实体行事的其他实体传递信息的,应明确通信所应采用的手段;为满足本法对书面信息或签字的所有要求,应明确采用的手段;应明确举行任何供应商或承包商会议所应采用的手段。

2. 供应商条件。《公共采购示范法》规定供应商或承包商不论国籍均应当被允许参加采购程序,但采购实体基于本国采购条例或其他法律规定列明的理由,决定根据国籍限制对采购程序参加的除外。除法定理由外,采购实体不得为限制供应商或承包商参加采购程序而设定可能造成歧视或者区别对待的要求。如果限制供应商参加采购,要求采购实体在邀请供应商或承包商参加采购程序之初就要声明限制参与的范围,并应当在采购程序记录中载明采购实体所依据的理由和情形,特别是要指明限制参与理由所援引的法律来源。采购实体可在采购程序任何阶段确定供应商的资格。采购实体在评估供应商资格时,应当仅使用与特定采购目的相适应的标准,具体包括:履行采购合同所必需的专业、技术和环境方面的资格;符合本国所适用的道德标准和其他标准;具有订立采购合同的法律能力;未处于无清偿能力、财产被接管、破产或结业状况;履行了缴纳本国税款和社保的义务;供应商及其董事或高管人员未曾被判犯有涉及职业操守或涉及假报虚报资格订立采购合同的任何刑事犯罪或被取消其他资格。《公共采购示范法》也规定了采购实体取消供应商资格的理由,包括:采购实体在任何时候发现所提交的关于某一供应商或承包商资格的资料有假或构成虚报,应当取消该供应商或承包商的资格;采购实体不得以所提交的关于某一供应商或承包商资格的资料在非实质性方面失实或不完整为由取消该供应商或承包商的资格,但是,供应商或承包商未能在采购实体提出要求后迅速补正此种缺陷的,可以取消该供应商或承包商的资格;供应商或承包商已通过资格预审的,采购实体可以要求其按照原来对其进行资格预审时使用的同样标准再次证明资格,供应商或承包商凡未能按要求再次证明资格的,采购实体应当取消其资格。

3. 采购标的说明。为了禁止歧视性的措施,《公共采购示范法》规定,有资格预审文件或预选文件的,此种文件应当载列采购标的说明;采购实体应当在招标文件中列出其将用以评审提交书的采购标的的详细说明,其中包括提交书被认为具响应性而必须达到的最低限要求,以及拟适用这些最低限要求的方式。

4. 评审标准。《公共采购示范法》规定了评审标准的基本原则,即评审标准必须与采购标的相关。具体的评审标准包括以下几点:一是价格。二是货物操作、保养和维修费用或工程费用,交付货物、完成工程或提供服务的时间,采购标的特点,如货物或工程的功能特点和环境特点,以及采购标的的付款条件和保证条件。三是涉及根据不通过谈判征求建议书、通过对话征求建议书和通过顺序谈判征求建议书进行采购的,供应商或承包商以及参与提供采购标的人员的经验、可靠性、专业能力和管理能力。除与采购标的相关的评审标准外,评审标准还可以包括:本国采购条例或其他法律规定允许或者要求考虑的任何标准,本国采购条例、其他法律规定允许、要求给予国内供应商或承包商或者给予国产货物的优惠幅度或其他任何优惠。

5. 采购估值。为了避免采购价值计算中的主观性,《公共采购示范法》规定采购实体不得为限制供应商或承包商之间的竞争或者为以其他方式规避本法规定的义务而将采购业务分割,或者采用特定估值方法对采购进行估值。采购实体进行采购估值,应当包括采购合同的最大估计总价值,或框架协议下所设想的整个期间所有采购合同的最大估计总价值,同时考虑所有付酬形式。

6. 采购文件。《公共采购示范法》规定了文件语言的规则,有资格预审文件或预选文件的,此种文件以及招标文件应当以颁布国列明的官方语言编制,如果颁布国官方语言不是国际贸易常用语言,除使用官方语言外,还要以国际贸易常用语言编印文件。《公共采购示范法》同时规定,有资格预审申请或预选申请的,申请书以及提交书可以分别以资格预审文件或预选文件以及招标文件的语言编写和递交,或者该文件所允许的其他任何语言编写和递交。资格预审申请书或预选申请书的递交方式、地点和截止时间,应当在资格预审邀请书或预选邀请书中列明,如适用,还应当在资格预审文件或预选文件中列明。提交书的递交方式、地点和截止时间,应当在招标文件中列明。《公共采购示范法》还规定,资格预审申请书、预选申请书或提交书的递交截止时间,应当以具体日期和时间表示,并应当给供应商或承包商编写和递交申请书或提交书留出足够时间,同时考虑采购实体的合理需要。供应商或承包商可以请求采购实体澄清招标文件。对于供应商或承包商提出的澄清招标文件的请求,只要是在提交书递交截止时间之前的合理时间内被采购实体收到的,采购实体均应作出答复。采购实体应当在能够使该供应商或承包商及时递交提交书的时限内作出答复,并应当将澄清事项告知由采购实体提供了招标文件的所有供应商或承包商,但不得标明请求的提出者。在提交书递交截止时间之前的任何时候，采购实体可以出于任何理由，主动或根据供应商或承包商的澄清请求，以印发补充文件的方式修改招标文件。补充文件应当迅速分发给由采购实体提供招标文件的所有供应商或承包商，并应当对这些供应商或承包商具有约束力。

7. 投标担保。《公共采购示范法》规定，采购实体要求递交提交书的供应商或承包商提供投标担保。对于投标担保，需注意以下几点：一是此种要求应当适用于所有供应商或承包商。二是招标文件可以规定投标担保出具人和可能提出的投标担保保兑人，以及采购实体所能接受的其他投标担保的形式和条件。三是虽有上述规定，只要投标担保和出具人在其他方面符合招标文件中列明的要求，采购实体不得以投标担保不是本国出具人出具的为由拒绝该投标担保，除非采购实体接受此种投标担保将违反本国法律。四是在递交提交书之前，供应商或承包商可以请求采购实体确认所提出的投标担保出具人可否被接受，采购实体要求提出保兑人的，可以请求采购实体确认所提出的保兑人可否被接受，采购实体应当对此种请求迅速作出答复。五是确认所提出的出具人或可能提出的保兑人可被接受，并不排除采购实体以出具人或保兑人已无清偿能力或者已在其他方面失去信誉为由，拒绝该投标担保。六是采购实体应当在招标文件中具体说明对出具投标担保者的要求以及对所需投标担保的性质、形式、数额和其他主要条件。此外，《公共采购示范法》还规定了采购实体退还投标担保的情形，具体包括：投标担保期满；采购合同生效后按招标文件要求提供的履约担保；采购被取消；在提交书的递交截止日期之前撤回提交书，除非招标文件规定不得撤回。

8. 取消采购、否决异常低价提交书和排除供应商。《公共采购示范法》规定，采购实体可以选择提交书递交截止日期之前的任何时候取消采购，在提交书被接受的供应商未能按要求签订采购合同或者未能提供履约担保的情况下，还可以在中选提交书已获接受之后取消采购。采购实体不得在决定取消采购之后开启任何投标书或建议书。《公共采购示范法》还规定，如果采购实体确定，供应商的投标价格结合提交书的其他构成要素相对于采购标的异常偏低，由此引起采购实体对递交了该提交书的供应商或承包商履行采购合同能力的关切，采购实体可以否决该提交书，条件是采购实体采取了下列行动：采购实体已经以书面形式请求该供应商或承包商就引起采购实体对其履行采购合同能力关切的提交书提供细节，并且采购实体已考虑该供应商或承包商在这一请求之后提供的任何信息以及提交书中列入的信息,但在所有这些信息的基础上继续持有关切。此外,《公共采购示范法》规定,供应商或承包商有下列情形的,采购实体应当将其排除在采购程序之外:该供应商或承包商直接或间接提议给予、实际给予或同意给予采购实体或其他政府当局的任何现任或前任官员或雇员任何形式的酬礼,或提议给予任职机会或其他任何服务或价值物,以影响采购实体在采购程序方面的行动或决定;或者该供应商或承包商违反本国法律规定,有不公平竞争优势或利益冲突。

9. 采购合同生效。《公共采购示范法》规定,除非有下列情形,否则采购实体应当接受中选提交书:取消了递交中选提交书的供应商或承包商的资格;取消了采购;以价格异常偏低为由否决了评审结束时确定的中选提交书;根据规定的理由将递交中选提交书的供应商或承包商排除在采购程序之外。《公共采购示范法》还规定了采购合同生效方法,主要包括以下三种:一是发出接受通知书时生效,二是签署书面采购合同生效,三是主管机构批准时生效。《公共采购示范法》规定,提交书已获接受的供应商或承包商未能按要求签署书面采购合同,或者未能提供所要求的任何履约担保的,采购实体可以取消采购,也可以决定根据本法和招标文件中列明的标准和程序,从其余仍然有效的提交书中选出下一份中选提交书。在后一种情况下,本条的规定应当经变通后适用于第二份中选提交书。在采购合同生效并且供应商或承包商按要求提供履约担保时,即应迅速向其他供应商或承包商发出采购合同通知,列明已订立采购合同的供应商或承包商的名称和地址及合同价格。采购合同生效时或者订立框架协议时,采购实体应当迅速发布采购合同或框架协议的授标公告,列明被授予采购合同或框架协议的一个或多个供应商或承包商的名称,以及采购合同的合同价格。同时规定,授标公告的规定不适用于合同价格低于采购条例中列明的阈值的授标。采购实体应当定期、累积发布此种授标的公告。

10. 保密和记录。《公共采购示范法》规定,在采购实体与供应商或承包商的通信或者与任何人的通信中,如果披露信息是保护国家基本安全利益所必需的,或者披露信息将违反法律、妨碍执法、损害供应商或承包商的正当商业权益,或者将妨碍公平竞争,则采购实体不得披露任何此种信息。除根据规定提供或发布信息之外,采购实体处理资格预审申请书、预选申请书和提交书,应当避免将其内容披露给其他竞标供应商或承包商,或未被允许接触此类信息的其他任何人。《公共采购示范法》也对特定采购程序提出了保密要求。一是采购实体与供应商或承包商之间根据特定程序进行的任何讨论、通信、谈判和对话均应保密。二是采购涉及机密信息的，采购实体可以对供应商或承包商规定旨在保护机密信息的要求，并且要求供应商或承包商确保其分包商遵守旨在保护机密信息的要求。《公共采购示范法》还规定，采购实体应当保持采购程序记录，其中包括两种程度的披露：一是信息记录部分应当在中选提交书被接受后，或者在采购被取消后，提供给请求得到此种记录的任何人。二是在不违反规定的情况下，规定的记录部分应当根据请求提供给已知悉中选决定的递交提交书的供应商。采购实体应当根据本国采购条例或其他法律规定，记录、归档并保存与采购程序有关的文件。

（五）招标程序主要规定

考虑到各国的不同实践与需要，《公共采购示范法》规定了多种采购方式以供颁布国根据需要进行选择。主要根据采购标的的复杂程度来选择采购方式，着眼于特定采购情形，并在实际可行的限度内力求实现最大限度的竞争，而不是以拟采购标的是货物、工程还是服务为依据。

1. 公开招标。根据《公共采购示范法》的规定，采购实体必须使用公开招标，除非有正当理由使用另一种采购方法。因此，使用公开招标是无条件的，任何采购都可以使用公开招标，而使用其他采购方法是有条件的，属于例外情形。公开招标的采购程序包括：

（1）征求投标书。《公共采购示范法》规定了征求投标书程序，采购实体应当根据规定，通过登载投标邀请书征求投标书。供应商或承包商凡是按照投标邀请书中列明的程序和要求对投标邀请书作出答复的，采购实体均应向其提供招标文件。已经进行资格预审程序的，采购实体应当向通过资格预审并支付收取费用的供应商或承包商提供一套招标文件。

（2）提交投标书。《公共采购示范法》规定了投标书的提交，应当按照招标文件列明的方式、地点和截止时间递交投标书。采购实体应当向供应商或承包商提供一份显示其投标书收讫日期和时间的收据，应当保全投标书的安全性、完整性和保密性，并应当确保仅在按照本法开标之后方可审查投标书内容。采购实体不得开启在投标截止时间之后收到的投标书，并应当将其原封不动退还给递交该投标书的供应商或承包商。《公共采购示范法》也规定了投标书的有效期、修改和撤回。投标书有效期期满前，采购实体可以请求供应商或承包商将有效期延长一段规定的时间。除非招标文件中另有规定，否则供应商或承包商可以在投标截止时间之前修改或撤回投标书而不丧失其投标担保。此种修改或此种撤回通知，在投标截止时间之前被采购实体收到的，即为有效。

(3)投标书的评审。一是开标。应当在招标文件列明的地点，按照招标文件列明的方式和程序开标；采购实体应当允许所有递交了投标书的供应商或承包商或其代表参加开标；供应商或承包商的投标书凡是被开启的，其名称和地址以及投标价格均应在开标时向出席者当众宣读，应当根据请求告知递交了投标书但未出席或未派代表出席开标的供应商或承包商，并应当立即载入采购程序记录。二是投标书的审查和评审。首先，采购实体应将符合招标文件中列明所有要求的投标书视作响应性投标书；投标书即使稍有偏离但并未实质改变或背离招标文件列明的特点、条款、条件和其他要求的，或者投标书虽有差错或疏漏但可以纠正而不影响投标书实质内容的，采购实体仍然可以将其视作响应性投标书。其次，采购实体应当根据招标文件列明的标准和程序对未被否决的投标书进行评审，以便确定中选投标书。中选投标书的价格是唯一授标标准的，应当是投标价格最低的投标书；或者价格标准结合其他授标标准的，应当是最有利的投标书。最后，无论采购实体是否进行了资格预审程序，投标书已被确定为中选投标书的，采购实体可以要求递交该投标书的供应商或承包商按照招标文件规定的标准和程序再次证明其资格。三是禁止与供应商或承包商谈判。《公共采购示范法》明文禁止采购实体与供应商或承包商就该供应商或承包商提交的投标书进行谈判。

2. 限制性招标、询价和不通过谈判征求建议书。限制性招标、询价和不通过谈判征求建议书这些方法一般用于的情形是，采购需要很明确，不需要采购实体与供应商或承包商进行讨论、对话或谈判，而且存在不适用公开招标的正当理由。

(1)限制性招标。限制性招标是指采购实体可以在特殊情形下，仅邀请数目有限的供应商或承包商参加投标。《公共采购示范法》规定了限制性招标的使用条件为：采购标的因其高度复杂性或专业性只能从数目有限的供应商或承包商处获得；或者审查和评审大量投标书所需要的时间和费用与采购标的价值不成比例。使用限制性招标应服从透明度保障措施，要求登载采购预告，其程序遵从公开招标的程序，但有关招标办法的程序除外。公开招标的规定大多适用于限制性招标，只在公开招标中征求投标书、公开招标中登载投标邀请书的内容和提供招标文件等方面的规定不适用于限制性招标程序。

(2)询价。询价为采购标准化的低价值项目提供了适当的方法。《公共采购示范法》规定了询价的使用条件：所采购的现成货物或服务并非按采购实体特定说明专门生产或提供，并且已有固定市场的，采购实体可以使用询价方式进行采购。

(3)不通过谈判征求建议书。不通过谈判征求建议书适合相对标准的项目或服务的采购，这种采购不必与供应商讨论、对话或谈判就可以对建议书的所有方面进行评审。如采购实体希望考虑特定技术解决方案是否有效，或者希望评价关键人员的素质等。《公共采购示范法》规定了不通过谈判征求建议书的使用条件：采购实体需要在建议书的质量和技术方面审查和评审完成之后才对建议书的财务方面单独进行审议的，采购实体可以使用不通过谈判征求建议书的方式进行采购。

3. 两阶段招标、通过对话征求建议书、通过顺序谈判征求建议书、竞争性谈判和单一来源采购。这些方法在使用上并无一种固定的方式，但它们有一个共同的特点，即采购实体将与供应商或承包商进行讨论、对话或谈判。

(1)两阶段招标。两阶段招标允许采购实体与潜在供应商从技术和质量方面讨论采购实体的需要，讨论后公布明确的采购需要和技术规格等要求，供应商和承包商按照该说明提交投标书。《公共采购示范法》规定了使用两阶段招标的条件。有下列情形之一的，采购实体可以使用两阶段招标的方式进行采购：采购实体经评价认定，为了使采购实体的采购需要得到最满意的解决，需要与供应商或承包商进行讨论，细化采购标的说明的各个方面，并按照要求的详细程度拟订采购标的说明；或者进行了公开招标而无人投标，或者采购实体取消了采购，并且根据采购实体的判断，进行新的公开招标程序或者使用限制性招标程序、询价程序、不通过谈判征求建议书程序等采购方法将不可能产生采购合同。《公共采购示范法》规范了两阶段招标的程序，基本原则是公开招标规则适用于两阶段招标，但可按照两阶段招标的特有程序做必要修改。具体包括：①第一阶段征求初步投标书。招标文件应当邀请供应商或承包商在第一阶段递交初步投标书，在其中载明不包括投标价格的建议。供应商或承包商的初步投标书未根据规定被否决的，采购实体可以在第一阶段就其初步投标书的任何方面与其进行讨论。②第二阶段的程序步骤。采购实体应当邀请初步投标书未在第一阶段被否决的所有供应商或承包商根据一套经修订的采购条款和条件递交列明价格的最后投标书。在修订有关的采购条款和条件时，采购实体不得修改采购标的，但可以细化采购标的说明的各个方面，但此种删除、修改或增列只能是由于对采购标的技术特点、质量特点或性能特点作出改动所必需的。供应商或承包商无意递交最后投标书的，可以退出招标程序而不丧失该供应商或承包商原先可能被要求提供的任何投标担保。采购实体应当对最后投标书进行评审，以确定中选投标书。

(2)通过对话征求建议书。《公共采购示范法》规定了使用通过对话征求建议书的条件，是为采购相对复杂的项目和服务而设计的程序。通过对话征求建议书的程序包括两个阶段：在第一阶段，采购实体发出邀请书，对采购实体的需要作出说明，这些都是指导供应商拟订建议书的条款和条件。在第二阶段，程序中包含对话，对话结束时供应商和承包商提出可满足这些需要的最佳和最终报盘。《公共采购示范法》对使用通过对话征求建议书的采购程序加以规范，具体程序包括：一是邀请书。《公共采购示范法》规定采购实体应登载参加通过对话征求建议书程序的邀请书，并规定了邀请书必须包含的最低限度内容。二是资格预选。采购实体可以为限制向其征求建议书的供应商或承包商数目而进行预选程序。预选文件应当列明通过预选的供应商或承包商的最高限数以及选定这一限数的方式。在确定这一限数时，采购实体应当考虑确保有效竞争的必要性。采购实体应当按照预选邀请书和预选文件中列明的排名方式，对符合预选文件列明的标准的供应商或承包商进行排名。采购实体预选的取得最佳排名的供应商或承包商，应当限于预选文件所列明的最高限数，但至少应为三个。三是征求建议书。《公共采购示范法》要求采购实体向符合要求的供应商或承包商发出征求建议书，并规定了征求建议书应包含的内容。四是对话。凡是递交了响应性建议书的供应商或承包商，采购实体均应在所适用的任何最高限数之内邀请其参加对话。采购实体应当分派若干位相同代表，在同一时间进行对话。对话过程中，采购实体不得修改采购标的、任何资格标准或评审标准以及任何最低限要求，不得修改采购标的说明的任何要素，也不得修改不属于建议征求书所列明的对话内容的任何采购合同条款或条件。五是授标。中选报盘应当是按照建议征求书列明的建议书评审标准和程序确定的最符合采购实体需要的报盘。采购合同应当授予中选报盘，而中选报盘应当根据建议征求书中规定的建议书评审标准和程序加以确定。

(3)通过顺序谈判征求建议书。顺序谈判征求建议书方法适用于为采购实体设计的项目或服务的采购，而不适用于比较标准的项目或服务的采购。因此，通过顺序谈判征求建议书程序适合用于较复杂标的的采购，即建议书可能有很多变量,在采购开始时无法全部预测,必须在谈判过程中加以细化和商定。《公共采购示范法》规定了通过顺序谈判征求建议书的使用条件:采购实体需要在建议书的质量和技术方面审查和评审完成之后才对建议书的财务方面单独进行审查,而且采购实体经评价认定需要与供应商或承包商进行顺序谈判才能确保采购合同的财务条款和条件为采购实体接受的,采购实体可以使用通过顺序谈判征求建议书的方式进行采购。

(4)竞争性谈判。竞争性谈判是只能用于紧急情况、灾难事件和保护颁布国的基本安全利益等例外情形的采购方法。《公共采购示范法》规定了竞争性谈判的使用条件,在下列情况下,采购实体可以进行竞争性谈判:对采购标的存在紧迫需要,使用公开招标程序或者其他任何竞争性采购方法都将因使用这些方法所涉及的时间而不可行,造成此种紧迫性的情形既非采购实体所能预见,也非采购实体办事拖延所致;由于灾难性事件而对采购标的存在紧迫需要,使用公开招标程序或者其他任何竞争性采购方法都将因使用这些方法所涉及的时间而不可行;或者采购实体认定,使用其他任何竞争性采购方法均不适合保护国家基本安全利益。

(5)单一来源采购。《公共采购示范法》规定了单一来源采购的使用条件,包括:采购标的只能从某一供应商或承包商获得,或者某一供应商或承包商拥有与采购标的相关的专属权,所以不存在其他合理选择或替代物,并且因此不可能使用其他任何采购方法;由于灾难性事件而对采购标的存在极端紧迫需要,使用其他任何采购方法都将因使用这些方法所涉及的时间而不可行;采购实体原先向某一供应商或承包商采购货物、设备、技术或服务的,现因为标准化或者需要与现有货物、设备、技术或服务配套,在考虑到原先采购能有效满足采购实体需要、拟议采购与原先采购相比规模有限、价格合理且另选其他货物或服务代替不合适的情况下,采购实体认定必须从原供应商或承包商添购供应品;采购实体认定使用其他任何采购方法均不适合保护国家基本安全利益;向某一供应商或承包商采购系实施本国社会经济政策所必需,条件是向其他任何供应商或承包商采购不能促进该政策,且须经颁布国指定的审批机关批准,并且事先发布公告并有充分机会进行评议。

(6)电子逆向拍卖。电子逆向拍卖涉及供应商或承包商在规定期限内相继提交出价,以及利用信息和通信技术系统自动评审这些出价,直至确定中选出价人。

《公共采购示范法》规定了电子逆向拍卖方式进行采购的使用条件,包括:采购实体拟订采购标的详细说明是可行的;存在供应商或承包商的竞争市场,预期有资格的供应商或承包商将参加电子逆向拍卖,从而可确保有效竞争;并且采购实体确定中选提交书所使用的标准可以量化,且可用金额表示。采购实体也可以在根据规定酌情使用的采购方法中,使用作为授予采购合同前一个阶段的电子逆向拍卖,或在有第二阶段竞争的框架协议程序中为授予采购合同而使用电子逆向拍卖。只有在采购实体确定中选提交书所使用的标准可以量化,且可用金额表示的条件时,才可使用电子逆向拍卖。

(7)框架协议程序。框架协议程序是指在一段时期内进行的两阶段采购方法。第一阶段甄选将加入与采购实体的框架协议的一个或多个供应商或承包商,第二阶段将框架协议下的采购合同授予已加入框架协议的一个供应商或承包商。《公共采购示范法》规定了框架协议程序的使用条件:对采购标的的需要预计将在某一特定时期内不定期出现或重复出现;或者由于采购标的的性质,对该采购标的的需要可能在某一特定时期内或在紧急情况下出现。采购实体认定有上述情形之一的,可以进行框架协议程序。

二、《政府采购协议》

世界贸易组织《政府采购协议》由序言、条款、附录组成,既是世界贸易组织多边贸易体系中的一个重要协议,又是规范缔约方政府采购的多边框架协议,它由世界贸易组织的成员方自愿参加。

(一)历史沿革

世界贸易组织《政府采购协议》于 1979 年 4 月 12 日在日内瓦签订,1981 年 1 月 1 日生效。1993 年 2 月,世界贸易组织缔约方在关贸总协定乌拉圭回合多边谈判中就制定新的《政府采购协议》达成了意向,并于 1994 年 4 月 15 日在马拉喀什签署了新的《政府采购协议》,新的《政府采购协议》于 1996 年 1 月 1 日开始实施。《政府采购协议》(1994 年版 GPA)首次确立了国际性的政府采购贸易权利与义务框架,历经近 15 年的谈判和协商,为适应全球经济、社会管理和科技进步对政府采购的影响,2012 年 3 月 30 日 WTO 政府采购委员会召开正式颁布了 GPA 新文本,完善了 1994 年版 GPA 文本在内容和形式上存在的一些问题。

(二)《政府采购协议》的目标

《政府采购协议》旨在建立一个有效的政府采购的法律、规则、程序以及权利和义务的多边框架，扩展世界贸易和促进世界贸易的自由化，扩大和改善世界贸易运行的国际环境和国际框架。各成员方政府的采购法律法规不应对国内或本地区内产品与服务的供应商提供保护，并与国外或本地区外产品与服务的供应商实行差别待遇；各成员方政府应提高政府采购的透明度，建立通知、磋商、监督和解决争端的国际秩序，维持权利与义务的平衡；考虑发展中国家的需要。

（三）《政府采购协议》的适用范围

1. 采购主体。各成员方在加入协议时要提交一份清单，列出国内或本地区内服从《政府采购协议》的全部实体的名单，名单以外的实体可以不受协议的约束。名单列入《政府采购协议》的附录。

2. 采购对象。《政府采购协议》适用于任何合同形式的采购，包括购买、租赁、期权购买等。

3. 采购限额。《政府采购协议》适用于合同价大于《政府采购协议》附录一规定的限额的任何采购。合同价包括一切形式的酬金、奖金、佣金、利息等。《政府采购协议》第3条规定了协议不适用的例外情况，如采购武器、弹药或战争物资；涉及国家安全或为国防目的；保护公共道德、秩序或安全；保护人类及动植物的生命或健康；知识产权；或者涉及残疾人、慈善机构，监狱囚工提供的货物或服务的需要，采取或实施的特殊措施。

（四）《政府采购协议》的原则

1. 国民待遇和非歧视性待遇。《政府采购协议》第4条规定，各国对国外产品、服务和供应商提供的待遇应该不低于对国内产品、服务和供应商提供的待遇，也不低于对任何其他一方所提供的产品、服务和供应商提供的待遇。

2. 发展中国家的特殊待遇和差别待遇。《政府采购协议》第5条详细规定了应该对发展中国家，特别是最不发达国家特殊待遇和差别待遇，保证这些国家的国际收支平衡，有充足的外汇，发展国内工业、农业和落后地区家庭手工业和其他经济的发展。《政府采购协议》从适用范围、例外条款、技术援助、抵偿和审议等方面为发展中国家特别是最不发达国家提供特殊待遇和差别待遇。

3. 透明度原则。《政府采购协议》第17条规定协议成员国应该鼓励本国实体公开本国政策，受理非成员国的投标的条件，采购要求和诉讼的条件，保证程序的透明度。

（五）招标程序主要规定

《政府采购协议》第 7 条至第 14 条规定了详细的招标程序，其中第 8 条为供应商资格审查程序，第 9 条为招标邀请，第 11 条为招标和交货期限，第 12 条为招标文件，第 13 条为投标、受标、开标和授予合同，第 14 条为谈判。协议规定了三种招标程序，包括公开招标，选择性招标（第 10 条）和限制性招标（第 15 条）三种程序。

1. 投标限制。公开招标时全部感兴趣的供应商均可投标；选择性招标指符合《政府采购协议》第 10 条第 3 款的规定，由招标实体邀请特定的供应商投标；限制性招标指符合《政府采购协议》第 15 条的规定，招标实体可以与各供应商个别联系。

2. 招标公告和招标时间。《政府采购协议》第 9 条规定，公开招标的招标公告必须刊登于《政府采购协议》附录二所列的刊物上。《政府采购协议》第 11 条规定公开招标的招标时间从刊登广告至提交投标书的截止时间为 40 日，选择性招标为 25 日。

3. 授予合同。《政府采购协议》第 13 条规定，只有在开标时符合招标文件的基本要求的供应商才能中标。如果供应商的投标价异常低，可以要求该供应商对遵守合同条件和履行合同的能力做出保证。合同应该授予确信有能力履行合同的供应商，并且其投标无论从国内和国外获得的产品和服务都是最有竞争力的投标，或者按照招标文件规定的评标标准衡量被确认为最具优势的投标。

4. 权利救济。《政府采购协议》第 20 条规定，投诉应优先采用磋商的方式解决，供应商应在知悉或应知悉投诉事项起的 10 日内提起投诉，并通知采购机构。投诉案件应由法院或与采购结果无关的独立公正的审议机构进行审理。争端可以通过争端解决机构（Dispute Settlement Body，DSB）的专家组审查，建议和裁决，监督建议和裁决的执行。

（六）2012 年版《政府采购协议》

2012 年版《政府采购协议》对 1994 年版《政府采购协议》作出了一些实质性与形式性的改进。形式性的改进主要是对文本内容进行了简化、重整，使文本的整体结构更清晰，条款之间的联系更合理。实质性的改进主要为：增加政府采购电子工具应用的有关规定，以适应现代社会发展及提高政府采购的效率；《政府采购协议》规范的范围从经济领域扩展至社会管理领域，增强了打击腐败的重要性；

完善了加入《政府采购协议》的发展中国家的特殊待遇规定；重新排列了采购程序规则，包括：发布采购通知规定（2012 年版《政府采购协议》第 7 条），关于采购通知中所涉及主要事宜的规则以及投标文件规定（2012 年版《政府采购协议》第 8 ~ 14 条），投标处理和合同授予规定（2012 年版《政府采购协议》第 15 条），公开合同授予信息规定（2012 年版《政府采购协议》第 16 ~ 17 条）；修改了附件结构，由原先的 5 个附件增至 7 个附件，货物单独作为附件 4，并将总注释纳入附件 7。

第三章　国际工程投标可行性分析

第一节　国际工程投标可行性分析概述

一、国际工程投标可行性分析的概念

投标可行性分析是承包商在获得国际工程项目招标信息或投标邀请书之后进行的首要工作，是承包商决定是否参与该国际工程项目投标的重要依据。承包商通过对工程项目所在国（地）的情况进行详细的调研（如民族和宗教、政治形势、经济形势、当地法律法规、经济形势、自然条件等），对招标人的资信情况、工程项目基本情况、招标文件要求、投标项目的竞争形势、承包商自身条件等内容进行前期调查分析，确认该项目可能存在的主要风险因素。

二、国际工程投标可行性分析的意义

在激烈的国际工程市场上，面对数量庞杂的招标信息，每一位国际工程承包商的人力、物力、财力、信息等资源都是有限的，不可能参加所有项目的投标，如何选择合适的招标项目进行投标，是承包商需要踏出的第一步。只有在正确的国际工程投标可行性分析的基础上，承包商才能有效地作出是否参与项目投标的决策。同时，如果在不了解当地工程市场、不了解项目所在国（地）政治、经济、法律等国情环境、不了解招标工程项目背景信息的情况下，承包商就此盲目的参与国际工程投标则犹如“盲人摸象”一般，既耗费了承包商的时间精力，又很难取得较好的投标效果。因此，优质精准的国际工程投标可行性分析对承包商有着举足轻重的意义：(1)它是提升中标有效率的重要手段。通过正确的国际工程投标可行性分析，承包商在有限的资源内，挑选最适宜的项目进行投标，保证了投标质量和中标有效率。(2)它是实现经营目标的保证。它能够保证国际工程

承包商实现公司发展战略，提高市场占有率，达到规模经济。(3)它是获取利润的前提。承包商通过国际工程可行性分析，不仅可以为是否参与投标的决策提供依据，而且与承包商的投标报价具有直接关系，可以为正确合理的报价提供相关的信息和资料。

三、国际工程投标可行性分析的难点

由于国际工程具有国际地域性、风险性、不确定性、货币和支付方式的多样性、工程项目内容的复杂性等特点，承包商在进行国际工程投标可行性分析时是十分困难的，主要体现在如下几点：

1. 影响投标可行性的因素数量众多

不同的国际工程项目，其所对应的自然地理条件、社会经济条件以及投标竞争环境均具有独特的属性，所以承包商应从工程项目所在国(地)的民族和宗教等基本情况、承包人自身的资源及优劣势情况、潜在竞争者的情况等多个角度进行测算考量后，再进行投标可行性分析。每个方面又包含很多项错综复杂的影响因素，这些数量众多且错综复杂的影响因素必然导致国际工程投标可行性分析具有一定程度的复杂性和困难性。

2. 影响投标可行性的因素具有性质各异的属性

影响投标可行性分析的条件因素大多只能进行定性分析，少量因素条件虽然可以进行定量分析，但这些定量因素同时也存在较大的随机性和不确定性。这些影响因素性质各异的属性都会对国际工程投标可行性分析指标体系的建立、分析模型的建立带来很大的困难。

3. 影响因素的函数对应关系不明确

在国际工程投标可行性分析中，由于各个工程项目具有独特的项目特点，且每个特定项目在投标可行性分析时涉及的方面和影响因素众多、关系错综复杂，很难找到确定的数学函数对应关系，这对国际工程投标可行性分析模型的建立和求解是相当不利的。

4. 投标可行性分析受个人的主观影响

由于影响投标可行性分析的因素绝大部分只能进行定性分析，所以对于影响因素的评定判断容易受专家经验、决策人知识水平及其性格作风等个人主观因素的影响。

5. 对参与投标人员的外语水平提出了较高的要求

国际工程项目在招标时为兼顾各国的潜在投标人，其招标文件的编制通常采用英语作为主要编写语言。并且，投标人与招标人在招投标过程中的一切文书往来也均要求使用英语作为主要语言。所以，这就要求投标人在组建投标小组时不仅要考虑成员的安全意识及技术、经营等专业能力，同时还要考虑小组成员的英语运用能力。在国际工程招标投标时，除常用英语作为主要交流语言外，在某些特殊的地区和国家，还存在使用当地语言作为主要编写语言的情况。例如，部分阿拉伯地区的国家，这对投标人的外语水平就提出了更高的要求。

6. 不同国家（地区）的法律及政策制度不一致导致投标人的风险增加

国际工程项目本身涉及众多的法律法规及政策文件，除了当地的建筑法等与工程建设相关度较高的法律法规之外，通常还涉及环境保护、劳动人事、进出口管理、税法等当地法律及政策制度。所以，投标人在决定进入一个新的国际市场或行业领域之前，必须对当地的法律法规及政策制度进行详尽地调研，以此降低投标人承建项目的法律风险。国际工程项目的承包商可采取如下措施：首先，投标人可从公司内部的人员架构出发，建立独立的国际法务部门或团队，在项目前期的跟踪过程中，指派法务人员前往项目所在国（地）调研当地的法律法规及政策制度情况；其次，投标人可以聘请项目当地的律师收集整理相关法律信息。

第二节　国际工程投标可行性分析的主要内容

承包商在构建数学模型对拟投标项目进行可行性分析之前，需要完成相关的前期调研工作，主要内容包括对工程所在国（地）的政治、经济、社会、市场、交通等状况和业主资信情况、项目本身特点、投标竞争环境、投标人自身实力条件等诸多方面的内容。承包商可利用已掌握的信息资源，并借助其代理人和其他各种合理渠道，根据拟投标工程项目的特定情况有选择性地对前述内容进行重点调研。在此基础上，承包商可提取出影响该工程项目的主要风险因素。

一、工程所在地的国情调查

承包商对工程所在地的国情进行调查，主要包括项目所在地政治、经济、法律、社会环境、自然条件及投标市场状况等直接或间接影响投标可行性分析及合同履行的因素条件。具体调研项目如表 1－3－1 所示。

表 1－3－1　工程所在国(地)情调查的主要内容

影响因素	调研内容
政治	(1)工程所在国(地)的政治环境及整个社会的结构制度
	(2)工程所在国(地)政治格局的稳定性情况，当地是否存在反政府的武装力量团体，如果存在反政府的武装力量团体，其对当地政局稳定的冲击性及破坏性有多大，当地是否还存在由于民族矛盾、罢工等引发社会混乱的可能性
	(3)工程所在国(地)与邻近地区或国家之间是否会出现边境冲突
	(4)工程所在国(地)的政府与我国之间的国际交往关系是否友好，当地民众对我国的态度是否友好
经济	(1)工程所在国(地)的社会经济状况及自然资源的赋存开发情况
	(2)工程所在国(地)的外汇管理规定
	(3)业主的国际支付能力及工程所在国(地)的外汇储备情况
	(4)工程所在国(地)的生活开支水平以及生活物资的保障供应状况
	(5)工程所在国(地)的人工工资水平
	(6)工程所在国(地)海关的货物通关条件
	(7)工程所在国(地)的交通运输及联络通信状况
法律	(1)工程所在国(地)的宪法
	(2)与工程项目建设相关的建筑法、经济法、劳动法、公司法、环境保护法、税法、金融法、外汇管理法[重点关注工程所在国(地)有关资金汇入和汇出的实际操作制度]、合同法等法律法规以及纠纷地的诉讼或仲裁程序等
	(3)与工程所在国(地)之间是否存在有效的双边投资保护协定、避免双重征税的协定；工程所在国(地)是否为《解决国家与他国国民投资争端公约》《承认及执行外国仲裁裁决公约》的成员，工程所在国(地)加入前述国际公约时是否有保留条款
	(4)工程所在国(地)的民法和民事诉讼法
	(5)工程所在国(地)与该工程开工建设相关的其他法律法规及政策制度，如土地的使用、员工的招聘与解聘、设备及原材料的进出口等
	(6)对非当国(地)企业参与工程项目的建设是否存在限制性或优惠性政策

续表

影响因素	调研内容
社会环境	(1)当地的风俗习惯
	(2)当地居民的宗教信仰
	(3)当地民族与部落间的关系
	(4)当地的治安状况
	(5)当地的历史和当地居民的文化背景
自然条件	(1)工程所在国(地)的自然地理环境(如水文、地质等情况)
	(2)工程所在国(地)的气候条件,包括年平均气温、年最高温、年最低温、大气湿度、年降雨雪量、季节交替变换的特点等
	(3)地震、洪水和冰雹等及其他自然灾害情况
投标市场情况	(1)工程的竞争状况,尤其需要考虑注册在当地的同类型企业的竞争优势与竞争能力
	(2)外国企业是否被允许参与相关工程项目的直接竞争
	(3)可能涉及的材料、设备的价格情况
	(4)当地招募工人的劳务用工成本情况
	(5)外汇汇率和银行信贷利率

二、业主的资信调查

在工程项目中,业主的资信主要是指业主对工程款的支付能力和守约信用情况。对业主资金、信用风险的调查主要包括业主资金来源、业主管理水平、业主支付信誉,以及业务银行对业主的信用评价、银行和融资机构提供的融资贷款数额和比例、资金安排情况等。具体调研项目如表1-3-2所示。

表1-3-2　业主资信调查的主要内容

影响因素	调研内容
业主资金来源	(1)业主的资金来源是政府、或国际金融贷款、或私营、或合营
	(2)业主是否要求承包商垫资、贷款、融资等
业主管理水平	(1)业主的管理制度、管理队伍
	(2)业主过往的项目管理经验

续表

影响因素	调研内容
业主的支付信誉	(1)业务银行对业主的信用评价
	(2)银行和融资机构提供的融资贷款数额和比例
	(3)合同条件中"业主的资金安排"条款
	(4)履约保函额是否符合一般惯例
	(5)业主在历史项目中的工程支付信誉

三、项目情况及招标条件分析

承包商在对拟投标的项目情况进行调研时,需要认真研究招标文件,并对项目相关情况做好全面的调查研究。具体调研项目如表1-3-3所示。

表1-3-3 项目情况及招标条件分析的主要内容

影响因素	调研内容
工程概要	(1)项目的性质、规模、地点和发包范围
	(2)投标期限、地点、方式、投标保证金等投标相关信息
	(3)交通运输情况
	(4)给排水、供电、通信等情况
地质情况	(1)工程现场周边地形特点
	(2)现场土质、岩性情况
	(3)地下水位、潮位及现场排水情况(施工所在地的水文资料)
气候概况	(1)项目所在地的气温、雨量、雪、风沙、湿度、地震等情况(施工所在地的气象资料)
	(2)气候条件对施工的影响程度
机械和材料	(1)当地市场的工程机械价格或租金
	(2)当地市场的材料价格
	(3)当地市场材料价格的变动情况

续表

影响因素	调研内容
劳务情况	(1)当地劳务用工基准法和其他法规(如劳务申请、日工作时间、休息日、年带薪休息日、加班费等);特别需要注意的是项目所在国(地)宗教习俗对有效工作日的影响程度
	(2)当地劳务用工解雇手续及劳务用工相关费用
	(3)当地劳务人员工资标准和外国劳务人员情况
技术要求	(1)项目的业主标准
	(2)项目所在国(地)的官方标准
	(3)技术的复杂程度
	(4)特殊的技术要求
	(5)项目的技术规模
	(6)项目的材料性能
	(7)工人的技术水平
工期要求	(1)合同工期
	(2)工期索赔的条件;延期违约金;提前竣工的奖励金等

四、投标项目的竞争形势分析

国际工程投标是多方参与的活动,承包商在进行投标可行性分析时不能单纯地以自身能力作为判断标准,而应该对潜在的竞争对手进行全面的调研(如竞争对手的特点;竞争对手的能力状况;竞争对手的经营方式等)。对投标的竞争形势进行充分的判断分析,发现承包商自身所具有的比较优势和相对劣势。同时,承包商应尽量回避那些纯粹与当地公司竞争的项目,某些利用世界银行贷款或其他金融机构贷款的项目可能对当地承包商有保护性的优惠条件(如世界银行和亚洲开发银行贷款的项目对借贷国的当地承包商可给予7%的优惠,即在其他条件相同的条件下,外国公司必须比当地公司的价格低7%以上,才有中标的机会。针对这一情况,对于想要进入当地的外国承包商,若不可避免地与当地公司进行竞争,则应采取合适的投标策略:压低利润降低报价;寻找一家有实力的当地公司作为合作伙伴,成立项目联营体投标;通过向业主提供资金性支持,如延期支付,提供部分买/卖方信贷或同意按实物支付等);使用先进的技术或管理手段以降低成本等。对投标项目竞争形势的分析主要包含如表1-3-4所示的内容。

表1-3-4 投标项目竞争形势分析的主要内容

影响因素	调研内容
行业内竞争环境	(1)本行业内是否存在技术绝对领先的企业
	(2)同类型投标项目,参与竞标企业的名称、性质和数目
各企业的投标经历	(1)过去参与行业内投标的项目
	(2)参加的次数、中标的次数
	(3)开标后降价的幅度
	(4)使用的投标策略和技巧等
潜在竞争对手的实力	(1)目前的经营状况
	(2)技术水平、设备水平
	(3)企业资金实力
	(4)企业知名度等
潜在竞争对手的特点	(1)突出的优点:如与项目所在国(地)有较好的合作关系等
	(2)明显的弱点:如用工成本高、采购成本高等
竞争对手的项目情况	(1)在建工程的数量、规模
	(2)在建工程的进展情况,是否即将完工等

五、投标人自身投标条件分析

国际工程承包商在进行投标可行性分析时,不仅应对招标项目的外部环境因素[如项目所在国(地)国情、竞争环境、项目基本情况等]进行充分的调研,还应从承包商自身的内部条件进行分析,知己知彼方能在投标可行性分析时做到全面客观。通过对自身投标条件进行分析,判断投标人是否符合业主的招标要求、是否能提供足够的垫付资金、是否有类似的工程项目经验、是否有足够的材料和设备资源、是否有配置合理的人力资源等。同时,承包商还应对自我的应变能力进行测评,应变能力指承包商适应各种外界自然或人为因素变化的能力。是否具有应变能力是决定承包商能否承担风险的重要条件,也是决定承包商能否盈利的关键因素之一。如果承包商没有足够的手段保证以最经济的成本完成该招标项目，自然将失去这方面的竞争能力。投标人对自身投标条件的分析主要包含如表1－3－5所示内容。

表1－3－5　投标人自身投标条件分析的主要内容

影响因素	调研内容
技术、设备条件	(1)评估自有机械设备是否达到招标人的相关施工要求
	(2)评估自己设备的先进高效程度，是否可以利用技术的优势达到提效降费的目的
	(3)业主对工程设备是否有特殊要求，这些要求自己能否满足
	(4)公司自身是否拥有专有技术或设备
人员条件	(1)境外工程技术人员和管理人员的外语水平
	(2)境外项目管理人员的海外经验、组织协调能力、决策能力
	(3)境外工程技术、管理团队的年龄结构
资金条件	(1)是否满足项目前期资金投入的需要
	(2)设备的购置、升级、改造和零部件的资金储备
	(3)应急事件的资金储备
	(4)对于存在国际贷款的情况，承包商应关注自身是否符合相关国际金融机构合格供应商的标准和要求，是否处在被制裁处罚中，是否能够面对和接受国际金融机构严苛的合规要求
信誉与合作能力	(1)企业的国际知名度及银行等金融机构的信誉评价
	(2)是否有长期合作的国际工程企业
	(3)是否存在有合作意向的当地企业
竞争水平	(1)相关的国际工程案例，是否获得国际工程奖项
	(2)历次竞标的中标概率
当地代理关系	(1)是否有关系较好的当地代理或中间人，承包商与当地代理或中间人之间是代理关系、经销商关系、合伙人关系，还是普通的合作关系
	(2)与当地代理或中间人的沟通是否顺畅

六、获取调研信息的主要方式

掌握充分的信息资源对国际工程承包商而言是至关重要的，特别是针对复杂的国际工程项目，如果因不能及时掌握招标项目相关信息[如项目所在国(地)民族和宗教、政治形势、经济形势、当地法律法规、经济形势、自然条件等信息；招标人的资信情况、工程项目基本情况、招标文件要求、投标项目的竞争形势、承包商自身条件等信息]而缺乏投标的必要准备，往往会错失很好的投标机会；或承包商在信息不全的情况下盲目低价中标，最终导致企业陷入巨大的风险泥潭。相反，如果承包商能系统、及时地掌握国际工程招标项目各方面的信息，承包商就可以有充分的时间进行投标可行性分析，从而决定是否参与该工程项目的投标，以避免盲目投标带来的资源浪费。因此，国际工程项目开发的第一步就是获取调研信息，而获取信息首先要拥有稳定、广泛的信息来源。信息来源是多样的，如何拓展信息渠道，获得更多及时有效的工程项目相关信息是每个国际承包企业所关心的重要问题。一般情况下，我国的国际工程承包商可以通过下列途径收集国际工程的相关调研信息。

1. 国际信息网络

在网络时代，现在有很多提供国际工程项目相关信息或招标文件的网站，一般分为区域性网站和国家性网站两种。区域性网站，在一些中东地区或者东欧地区都有，但是这类网站规范性较差，或是把从某个国家基础设施部、电力部或能源部获取的项目信息，简单制作就公布在网上；或是直接链接某个国家招标网站，并没有经过分析和确认，不确定性很大。国家性网站，如经济较发达国家有招标网，会公布项目招标信息；欠发达地区一般会有主要政府部门的门户网站，此网站会公布较新的项目信息，即使没有相关的项目信息，也会有联系方式，可以通过电话或电子邮件联系对方获得项目信息或对信息进行确认。但是大部分网站都以营利为目的，重要的项目信息都需要付费购买，在可以看到的页面里只有对项目的简单介绍。所以，承包商应在多方确定的情况下，再决定是否购买该项目信息。另外，亚洲、非洲、拉丁美洲国家的大部分官方网站和招标网站都缺少维护和更新，很多项目信息早已过期，有些根本就是无效信息，这也是我们在利用网络寻找项目信息时需要注意的。同时，承包商也可充分利用我国商务公共信息服务体系。自 2001 年以来，商务部政府网站内容不断丰富，各国外经贸政策环境数据库、国内涉外政策法规数据库等若干大型数据库建设先后启动，为商务公共信息服务提供了信息资源保障。

2. 国外驻华使馆

大部分驻华使馆都配有商务参赞，商务参赞的主要职责就是负责两国之间的贸易往来，其中就包括工程领域。目前中国为促进经济发展而制订发展规划的做法已经传播到了世界各地，亚洲、非洲、拉丁美洲国家也有了自己的 5 年或 10 年发展规划（时长与政府换届相同），在规划完成后，会最终确立该国近 5 年的项目列表。该表会列出项目的预计投资额、规模，所属部门或公司，以及联系人和联系方式等基本信息。通过项目列表就可以对该国的基本经济和建设情况进行初步了解。但是该表只是对项目的初步介绍。在实际中有些项目可能还未进行可行性研究，有些项目已经进入商务谈判阶段，还有些项目甚至已经完成，这就需要我们和商务参赞进行沟通，希望参赞能够落实企业感兴趣项目的现实状况。同时他们会从实际情况出发，建议一些承包商放弃自认为可行而风险较大的项目。但是在与参赞或使馆工作人员交流时应当注意，很多参赞来中国工作之前可能在该国某些企业工作了多年，在对该行业非常了解的前提下，就会主动介绍与个人背景相关领域的项目信息；另外大多数人可能受地域影响，会对自己家乡的项目格外重视，因此在他们提供的信息中可能会有较多的主观因素，如果不加以识别就可能会对承包商下一步的决策产生误导。在某些国家里，商务参赞的工作由一等秘书负责。

3. 我国商务部及驻各国经参处

我国商务部及各驻外经参处，都有相关网站。这些网站上有较多的项目招标信息、国家介绍、资源情况和政策法规等信息。而且经常会有项目信息更新，包括部分招标文件、采购信息和国家政策等。通过这个平台可以充分了解目标国家的政策方针和经济发展走向。该网站一般也有相关的汇率、金融政策和部分该国工程领域或其他经济建设领域的负面消息，对下一步工作能起到警示和指导的作用。另外，如果承包商对已获得的信息有任何疑惑需要进一步确认的，在该网站会有经参处的联系方式，一般由一名秘书负责援建或项目优贷，另外一名负责招标投标和当地市场。承包商前期可以通过电话咨询，如果条件允许，后期可以实地拜访，经参处的工作人员会对该项目和当地市场进行初步的介绍。另外，经参处的工作人员还可为承包商引见当地目标项目的负责人，以便承包商直接拜访，获取更详细的项目信息。

4. 企业的海外办事处

为获得准确的项目信息，较好的方式是在国外成立办事处，长期观察市场动向，进行具体分析，对当地的风土人情、法律法规、物资供应等会有较为深入的了解。同时还可以广交朋友，建立一定的人际关系，对以后公司在当地和周边地区的发展都会产生巨大的推动作用。例如，在非洲不仅有非盟，还有东部非洲经贸共同体、南部非洲经贸联合体等其他地区性组织，这些机构的相应部门经常组织例会，官员之间互通有无，尤其在很多跨国联合项目上。因此，如果企业和东道主国建立了良好的业务关系，会为企业以后进入周边国家市场提供很大优势。但是这种方式费用相对较高，不一定适合每个企业。

5. 进行项目实地考察

对于没有设置海外办事处的企业，可以在投标决策阶段组织考察队伍赴项目所在国（地）进行实地考察。现场考察小组应由项目商务人员、工程地质技术人员、水文气象人员、国际法务人员等专业人士组成。考察小组应编制详细的现场考察计划，对工程项目现场的水文地质、交通运输、地形地貌、生态环境等条件进行详细的踏勘，并收集整理当地的气象水文资料、相关法律法规等资料。同时，还应对当地的市场环境（如材料设备的采购、租赁价格，劳务市场的用工成本，分包商的询价等）、政策环境等进行详细的调研。

6. 国际金融机构

对于一些采取国际金融贷款的项目，提供资金的国际机构也是项目信息来源的重要渠道，如联合国粮食及农业组织、联合国开发计划署、世界银行、亚洲开发银行、非洲开发银行、欧洲发展基金、石油输出国发展基金等。上述国际金融组织除在有关刊物杂志上发布信息外，还会在其相关的网站（如亚洲开发银行网、世界银行网、中国国际招标网等）的"新项目"、"批准的技术援助项目"或"招标通知"中发布项目信息。而且这些金融机构所投资的项目一般资金比较充裕、风险小、可执行性较强，项目前景也较为明朗。

7. 国外代理商

代理是承包商开拓新市场和进一步发展已有市场的重要手段。代理长期在目标国居住具有得天独厚的优势，对当地市场、办事流程、语言、文化、法律等方面都比较熟悉，对当地的信息较为敏感，办事效率较高。因此，可将公司的需求或是擅长领域告知代理，由代理在当地负责项目调研的实施。但是，应该注意的是，很多代理原来可能是医生、政府官员、公司经理或是某些国家高层的亲属等非专业人员，缺乏项目相关专业知识，所以对工程项目信息不懂得如何分析，甚至连基本的识别工作也无法完成，只能将一些简单的项目信息呈交给承包商，有时只提供一个项目名称，连造价、工期等基本信息都没有。另外，在很多情况下，承包商和代理签订合同时并没有规定只有项目成功中标才支付佣金，这时很多代理为了增加收入或完成每个月的基本任务额会经常提供信息，而这些信息准确性较差，会对公司产生误导。因此，承包商应尽量选择有一定专业水平的或是已有成功案例的代理商，在签订代理合同时，一定要说明只有项目成功中标且收到工程启动款或预付款后，才支付佣金。

第三节　国际工程投标可行性分析的主要方法

国际工程承包商在对拟投标项目进行充分的前期调研后，可以掌握大量的项目信息情况，如工程所在国(地)的政治、经济、社会、市场、交通等状况和业主资信情况、项目本身特点、投标竞争环境、投标人自身实力条件等。这些信息中又分别包含了多种影响投标可行性的因素，各种因素之间的关系错综复杂，项目的风险点繁多。承包商在构建数学模型对拟投标项目进行投标可行性分析之前，需要对影响投标可行性的主要风险因素进行分析，并在主要风险因素相互独立的情况下，构建国际工程投标可行性分析的指标体系。在指标体系构建的基础上，承包商利用模糊数学、灰色系统、模糊神经网络等现代数学理论，采用模糊综合评价法、灰色综合评估法等方法构建数学模型，对拟投标的国际工程项目进行投标可行性分析，为承包商是否参与该国际工程项目投标提供决策依据。

一、国际工程投标可行性分析指标体系的建立

1. 指标体系建立的原则

国际工程投标可行性分析指标体系设置的基本原则主要包括如下五点：全面性、科学性、独立性、可测性、可操作性。

(1)全面性原则

将指标体系作为一个整体进行评价,需全面地描述出目标工程的整体特性,在构建指标体系的过程中,应当注重总分目标、体系准则及指标之间的独立性、相关性和整体性,使其既保持各自的独立性,又能构成一个有机的整体,只有建立起这样的指标体系才能使承包人在投标时作出合理的投标决策。

(2)科学性原则

客观、公正和科学是指标体系建立应遵守的基本准则。以统计理论、管理与决策等理论为依据,科学地建立指标体系,公正、客观地反映拟投标国际工程项目的本质性特征。

(3)独立性原则

所选择的各指标之间应具有相互独立的特征,避免把信息相互重叠的指标同时纳入指标体系中。

(4)可测性原则

可测性原则是指所选取的指标应能够根据相应的标注进行直接的度量,并可以得到相对确定的结果。

(5)可操作性原则

在评价方法的选择和指标的选取上,既要考虑所构建指标体系的全面性、科学性、独立性、可测性,又要考虑所选取的指标在评价过程中是否具有可操作性。

2. 指标体系的框架建立

根据本章第二节中,国际工程投标可行性分析的主要内容可构建如下的可行性分析指标体系,如表1－3－6所示。该指标体系将运用模糊综合评价法、灰色综合评估法等方法。

表 1－3－6　国际工程投标可行性分析指标体系

总指标－A	一级指标－B	二级指标－C
投标项目选择 A	工程所在国(地)情 B1	政治情况 C1
		经济情况 C2
		法律情况 C3
		社会情况 C4
		自然情况 C5
		市场情况 C6
	业主资信情况 B2	业主资金来源 C7
		业主管理水平 C8
		业主的支付信誉 C9
	项目情况及招标条件 B3	工程概况 C10
		地质情况 C11
		气候情况 C12
		机械和材料情况 C13
		劳务情况 C14
		技术要求 C15
		工期要求 C16
	投标竞争情况 B4	业内竞争环境 C17
		各企业投标经历 C18
		潜在对手的实力 C19
		潜在对手的特点 C20
		潜在对手的项目情况 C21
	投标人自身情况 B5	技术、设备情况 C22
		人员情况 C23
		资金情况 C24
		信誉与合作能力 C25
		竞争水平 C26
		当地代理情况 C27

3. 采用专家调查法确定指标的权重

通过前述内容的研究，对于国际工程投标可行性的分析共选取了 27 个细分评价指标，但由于各个评价指标在整个国际工程投标可行性中所处的地位和重要性不同，因此，要根据各个指标的重要性和具体条件的合理性确定其相应的指标权重系数。在这里，我们采用常见的专家调查法确定国际工程投标可行性分析指标体系的权重系数。

(1)专家调查法的含义

专家调查法又被称为“特尔斐法”，是指围绕某一具体的主题或问题，向相关专家学者或业内权威征询看法和意见的调查方法。这种调查的对象只限于专家这一层次，调查是多轮次的，一般为 3～5 次。每次都请调查对象回答内容基本一致的问卷，并要求他们简要陈述自己看法的理由根据。在下一轮调查时将前一轮次整理的调查结果向所有被调查者公布。这种调查法最早用于技术开发预测，目前已被广泛应用于对政治、经济、文化和社会发展等许多领域问题的研究。

(2)专家调查法的具体步骤

利用专家调查法确定指标权重具体步骤如下：制作调查问卷→选择 15 名左右的专家组成专家组→匿名征求专家意见→归纳、统计→匿名反馈→归纳、统计→若干轮后直至得到一致的意见。

(3)国际工程投标可行性分析指标赋值专家调查表的制作

对于各指标的打分级数可以是 0～10 分，共十一级；也可以是 1～5 分，共五级。通常，我们采用 0～10 打分法，以便专家具有更大的评价选择余地，进而可以充分地表达专家的意见态度。制作国际工程投标可行性分析的专家调查表，对各一级指标进行专家赋值，如表 1－3－7 所示，并分别对各一级指标项下的二级指标进行专家赋值，如表 1－3－8 所示。

表 1－3－7　国际工程投标可行性分析各一级指标专家赋值调查

指标	分值										
	0	1	2	3	4	5	6	7	8	9	10
B1										□	
B2						□					
B3								□			
B4				□							
B5		□									

表 1－3－8　各一级指标项下各二级指标专家赋值调查

指标	分值										
	0	1	2	3	4	5	6	7	8	9	10
C1										□	
C2						□					
C3								□			
C4				□							
C5		□									
C6						□					

4. 国际工程投标可行性分析指标权重的计算

将专家组的信息进行汇总，如表 1－3－9 所示。由此，得出各一级指标项下所有专家选中某一分值的频数，用罗马数字进行表示（如“Ⅰ”表示对于某个特定的指标，专家组所有成员选中某一分值的频数值为 1）。然后，将每一指标针对不同分值所得到的频数进行加权平均。利用其加权平均数 Xi 计算各指标的权重系数 W1i，即 $W_i^1 = X_i / \sum_{i=1}^{m} X_i$，其中 i＝1、2、3、4、5。

表 1－3－9　各一级指标专家指标赋值情况汇总

指标	分值					加权平均值
	0	1	2	……	10	
B1				Ⅲ	Ⅰ	X1
B2			Ⅱ	Ⅳ		X2
B3		Ⅴ			Ⅰ	X3
B4	Ⅲ		Ⅵ			……
B5		Ⅱ				X27

利用同样的方法计算出国际工程投标可行性分析一级指标 B1［工程所在国（地）情］项下的各二级指标 C1、C2、C3、C4、C5、C6 在一级指标 B1 体系下的权重系数 W2i，用 W2i × W1i 即可得出各二级指标在整个指标体系下的权重系数 Wi。

二、模糊数学及模糊综合评价法的基本理论与方法

1. 模糊数学的基本概念与理论发展

模糊数学是一个较新的现代应用数学学科,它是继经典数学、统计数学之后发展起来的一个新的数学学科。统计数学是将数学的应用范围从确定性领域扩大到了随机领域,也就是从必然事件拓展到了随机事件;而模糊数学是将数学的应用范围从确定性的领域范围扩大到了模糊性领域,即从精确现象到模糊现象。在科学领域中,所涉及的各种量总是可以分为确定性和不确定性两大类。对于不确定性问题,又可分为随机不确定性和模糊不确定性两类。模糊数学就是研究属于不确定性,而又具有模糊性的量的变化规律的一种数学方法。

在1965年,"模糊集合"的概念由扎德(美国控制论专家)首次提出,并在描述差异的中间过渡时引入了"隶属函数"的概念,由此,模糊数学作为一门新的数学分支应运而生。

2. 模糊综合评价法的概述

模糊综合评价法是以模糊数学为基础的一种综合评价方法。该方法通过模糊数学中的隶属度理论将定性的评价转化为定量的评价,也就是通过模糊数学对受多因素影响的对象作出总体性的评价。与普通的决策方法相比,模糊综合评价法具有如下的特点:第一,可以定量地对各种影响因素进行分析评价,从而提高分析结果客观性,为科学、准确的决策提供依据;第二,在评价过程中全面地考量了所分析对象的中介过渡性质,关于阈值的浮动性选择提供了一系列不同水平或指标下的分析评价结果,为人们的决策提供广泛的选择余地。

3. 模糊综合评价法运用的主要步骤

在构建模糊综合评价模型时,首先要确立三项基本要素,即因素集、评价集、单因素评价。在这三个要素的基础上便可得到相关的决策模型。按照模糊决策理论,模糊综合评价法的运用主要有如下主要步骤:

(1)确立因素集

因素集,是指由影响评价对象的多种因素条件共同构成的集合体,而这些影响因素一般具有各种程度上的模糊性。

(2)确立权重集

一般状况下,各个影响因素对所需要评价对象的影响程度是不相同的,为了

表达出各个影响因素对所评价对象的重要程度,对各元素应赋予相应的权数,故因素的权重分配可视为因素集上的模糊集。

(3)确立评价集

评价集是由评判者对评判对象可能各种结果所组成的集合,模糊综合评判的目的就是在综合考虑所有影响因素后,从评价集中得出一最佳的评判结果。

(4)单因素模糊评判

从定义上来看,单因素模糊评价是指从某项单一的影响因素出发对目标对象进行评价分析,从而明确所评价对象对评价因素集的隶属程度。单因素模糊集从本质上可以看作是影响因素集与评价集之间的某种模糊关系,所以可以用评价矩阵 R 将单一的因素评价进行综合。

(5)多因素模糊综合评判

运用模糊综合评价法时,我们的主要目的是考虑各种因素的综合影响后,得出较为准确的评价分析结果,而单因素模糊评判,仅仅只能表示出某个单一的因素条件对所评价对象的影响程度,这显然难以达到我们的评判目的,这时就需要开展多因素的模糊综合评判——多种因素综合后的评判可视为因素集中的模糊集。

(6)评判结果分析评价

根据不同的实际状况,选择最为合适的方式方法对产生的评判结果进行评价和分析。

4.多层次模糊综合评判

多层次模糊综合评判步骤如下:

①将因素集 Ui 按不同的属性分为 s 个子集($i=1,2,3\cdots\cdots s$);

②分别对每一个子因素集 Ui 进行综合评判分析,设有评价集 V,Ui 中各因素的权重为 Ai,则一级模糊综合评判为 $Bi=Ai\times Ri$;

③将每个 U 视为一个因素,其评价矩阵为 R,其权重分配记为 A,则可得到二级模糊综合评判:$B=A\times R$。

三、模糊综合评价法在国际工程投标可行性分析中的应用

1.确立国际工程投标可行性分析的因素集

通过本章第三节第一部分的研究内容,承包商在进行国际工程投标可行性分

析时,投标可行性分析主要受如下指标因素的影响:工程所在国(地)情 B1;业主资信情况 B2;项目情况及招标条件 B3;投标竞争情况 B4;投标人自身的情况 B5。各影响因素 B 下又分别包含若干子因素 C,详见表 1－3－6 国际工程投标可行性分析指标体系。

2. 确立国际工程投标可行性分析中的因素权重集

通过本章第三节第一部分的研究内容,利用专家评分法可计算出如下的权重集合:

工程所在国(地)情 B1 项下的因素权重集为[$W_1^2 W_2^2 W_3^2 W_4^2 W_5^2 W_6^2$];

业主资信情况 B2 项下的因素权重集为[$W_7^2 W_8^2 W_9^2$];

项目情况及招标条件 B3 项下的因素权重集为[$W_{10}^2 W_{11}^2 W_{12}^2 W_{13}^2 W_{14}^2 W_{15}^2 W_{16}^2$];

投标竞争情况 B4 项下的因素权重集为[$W_{17}^2 W_{18}^2 W_{19}^2 W_{20}^2 W_{21}^2$];

投标人自身情况 B5 项下的因素权重集为[$W_{22}^2 W_{23}^2 W_{24}^2 W_{25}^2 W_{26}^2 W_{27}^2$]。

因素集 B 的权重集为[$W_1^1 W_2^1 W_3^1 W_4^1 W_5^1$]。

3. 对国际工程投标可行性分析中的子因素层进行模糊评价

利用专家调查法对影响国际工程投标可行性分析的五大因素的子因素分别进行征询(以“工程所在国(地)情”为例)。采用专家评判方式对 15 位专家进行征询,如表 1－3－10 所示。之后使用概率和数学期望方法对 15 位专家的评判结果进行统计,并形成 B 指标子因素的评判矩阵。

表 1－3－10　B 指标子因素专家评判[工程所在国(地)情]

指标因素	评语				
	优	良	一般	差	极差
政治情况					
经济情况					
法律情况					
社会情况					
自然情况					
市场情况					

经过统计：有 a1B1 的人认为政治情况优，a2B1 的人认为政治情况良，a3B1 的人认为政治情况一般，a4B1 的人认为政治情况差，a5B1 的人认为政治情况极差。其中 a1B1、a2B1、a3B1、a4B1、a5B1 为持有各评判意见的专家人数百分比。因此，可以求出 B1 指标工程所在国（地）情政治情况的模糊评判向量为（a1B1，a2B1，a3B1，a4B1，a5B1）。

同理，可求得：

经济情况的模糊评判向量为（b1B1，b2B1，b3B1，b4B1，b5B1）；

法律情况的模糊评判向量为（c1B1，c2B1，c3B1，c4B1，c5B1）；

社会情况的模糊评判向量为（d1B1，d2B1，d3B1，d4B1，d5B1）；

自然情况的模糊评判向量为（e1B1，e2B1，e3B1，e4B1，e5B1）；

市场情况的模糊评判向量为（f1B1，f2B1，f3B1，f4B1，f5B1）。

所以，B1 指标工程所在国（地）情的评判矩阵为：

$$R^1=\begin{bmatrix} a_1^{B1} & a_2^{B1} & a_3^{B1} & a_4^{B1} & a_5^{B1} \\ b_1^{B1} & b_2^{B1} & b_3^{B1} & b_4^{B1} & b_5^{B1} \\ c_1^{B1} & c_2^{B1} & c_3^{B1} & c_4^{B1} & c_5^{B1} \\ d_1^{B1} & d_2^{B1} & d_3^{B1} & d_4^{B1} & d_5^{B1} \\ e_1^{B1} & e_2^{B1} & e_3^{B1} & e_4^{B1} & e_5^{B1} \\ f_1^{B1} & f_2^{B1} & f_3^{B1} & f_4^{B1} & f_5^{B1} \end{bmatrix}$$

同理，可求得：

B2 指标业主资信情况的评判矩阵为：

$$R^2=\begin{bmatrix} a_1^{B2} & a_2^{B2} & a_3^{B2} & a_4^{B2} & a_5^{B2} \\ b_1^{B2} & b_2^{B2} & b_3^{B2} & b_4^{B2} & b_5^{B2} \\ c_1^{B2} & c_2^{B2} & c_3^{B2} & c_4^{B2} & c_5^{B2} \\ d_1^{B2} & d_2^{B2} & d_3^{B2} & d_4^{B2} & d_5^{B2} \\ e_1^{B2} & e_2^{B2} & e_3^{B2} & e_4^{B2} & e_5^{B2} \\ f_1^{B2} & f_2^{B2} & f_3^{B2} & f_4^{B2} & f_5^{B2} \end{bmatrix}$$

B3 指标项目情况及招标条件的评判矩阵为：

$$R^3=\begin{bmatrix} a_1^{B3} & a_2^{B3} & a_3^{B3} & a_4^{B3} & a_5^{B3} \\ b_1^{B3} & b_2^{B3} & b_3^{B3} & b_4^{B3} & b_5^{B3} \\ c_1^{B3} & c_2^{B3} & c_3^{B3} & c_4^{B3} & c_5^{B3} \\ d_1^{B3} & d_2^{B3} & d_3^{B3} & d_4^{B3} & d_5^{B3} \\ e_1^{B3} & e_2^{B3} & e_3^{B3} & e_4^{B3} & e_5^{B3} \\ f_1^{B3} & f_2^{B3} & f_3^{B3} & f_4^{B3} & f_5^{B3} \end{bmatrix}$$

B4 指标投标竞争情况的评判矩阵为：

$$R^4=\begin{bmatrix} a_1^{B4} & a_2^{B4} & a_3^{B4} & a_4^{B4} & a_5^{B4} \\ b_1^{B4} & b_2^{B4} & b_3^{B4} & b_4^{B4} & b_5^{B4} \\ c_1^{B4} & c_2^{B4} & c_3^{B4} & c_4^{B4} & c_5^{B4} \\ d_1^{B4} & d_2^{B4} & d_3^{B4} & d_4^{B4} & d_5^{B4} \\ e_1^{B4} & e_2^{B4} & e_3^{B4} & e_4^{B4} & e_5^{B4} \\ f_1^{B4} & f_2^{B4} & f_3^{B4} & f_4^{B4} & f_5^{B4} \end{bmatrix}$$

B5 指标投标人自身情况的评判矩阵为：

$$R^5=\begin{bmatrix} a_1^{B5} & a_2^{B5} & a_3^{B5} & a_4^{B5} & a_5^{B5} \\ b_1^{B5} & b_2^{B5} & b_3^{B5} & b_4^{B5} & b_5^{B5} \\ c_1^{B5} & c_2^{B5} & c_3^{B5} & c_4^{B5} & c_5^{B5} \\ d_1^{B5} & d_2^{B5} & d_3^{B5} & d_4^{B5} & d_5^{B5} \\ e_1^{B5} & e_2^{B5} & e_3^{B5} & e_4^{B5} & e_5^{B5} \\ f_1^{B5} & f_2^{B5} & f_3^{B5} & f_4^{B5} & f_5^{B5} \end{bmatrix}$$

4. 对国际工程投标可行性分析中的指标因素进行一级模糊综合评价

B1 指标工程所在国(地)情的模糊综合评价为：

$$
B_1=[W_1^2 W_2^2 W_3^2 W_4^2 W_5^2 W_6^2]\times\begin{bmatrix} a_1^{B1} & a_2^{B1} & a_3^{B1} & a_4^{B1} & a_5^{B1} \\ b_1^{B1} & b_2^{B1} & b_3^{B1} & b_4^{B1} & b_5^{B1} \\ c_1^{B1} & c_2^{B1} & c_3^{B1} & c_4^{B1} & c_5^{B1} \\ d_1^{B1} & d_2^{B1} & d_3^{B1} & d_4^{B1} & d_5^{B1} \\ e_1^{B1} & e_2^{B1} & e_3^{B1} & e_4^{B1} & e_5^{B1} \\ f_1^{B1} & f_2^{B1} & f_3^{B1} & f_4^{B1} & f_5^{B1} \end{bmatrix}
$$

$$
=[x_1^{B1} \quad x_2^{B1} \quad x_3^{B1} \quad x_4^{B1} \quad x_5^{B1}]
$$

B2 指标业主资信情况的模糊综合评价为：

$$
B_2=[W_7^2 W_8^2 W_9^2]\times\begin{bmatrix} a_1^{B2} & a_2^{B2} & a_3^{B2} & a_4^{B2} & a_5^{B2} \\ b_1^{B2} & b_2^{B2} & b_3^{B2} & b_4^{B2} & b_5^{B2} \\ c_1^{B2} & c_2^{B2} & c_3^{B2} & c_4^{B2} & c_5^{B2} \\ d_1^{B2} & d_2^{B2} & d_3^{B2} & d_4^{B2} & d_5^{B2} \\ e_1^{B2} & e_2^{B2} & e_3^{B2} & e_4^{B2} & e_5^{B2} \\ f_1^{B2} & f_2^{B2} & f_3^{B2} & f_4^{B2} & f_5^{B2} \end{bmatrix}
$$

$$
=[x_1^{B2} \quad x_2^{B2} \quad x_3^{B2} \quad x_4^{B2} \quad x_5^{D2}]
$$

B3 指标项目情况及招标条件的模糊综合评价为：

$$
B_3=[W_{10}^2 W_{11}^2 W_{12}^2 W_{13}^2 W_{14}^2 W_{15}^2 W_{16}^2]\times\begin{bmatrix} a_1^{B3} & a_2^{B3} & a_3^{B3} & a_4^{B3} & a_5^{B3} \\ b_1^{B3} & b_2^{B3} & b_3^{B3} & b_4^{B3} & b_5^{B3} \\ c_1^{B3} & c_2^{B3} & c_3^{B3} & c_4^{B3} & c_5^{B3} \\ d_1^{B3} & d_2^{B3} & d_3^{B3} & d_4^{B3} & d_5^{B3} \\ e_1^{B3} & e_2^{B3} & e_3^{B3} & e_4^{B3} & e_5^{B3} \\ f_1^{B3} & f_2^{B3} & f_3^{B3} & f_4^{B3} & f_5^{B3} \end{bmatrix}
$$

$$
=[x_1^{B3} \quad x_2^{B3} \quad x_3^{B3} \quad x_4^{B3} \quad x_5^{B3}]
$$

B4 指标投标竞争情况的模糊综合评价为：

$$B_4 = [\, W_{17}^2 W_{18}^2 W_{19}^2 W_{20}^2 W_{21}^2 \,] \times \begin{bmatrix} a_1^{B4} & a_2^{B4} & a_3^{B4} & a_4^{B4} & a_5^{B4} \\ b_1^{B4} & b_2^{B4} & b_3^{B4} & b_4^{B4} & b_5^{B4} \\ c_1^{B4} & c_2^{B4} & c_3^{B4} & c_4^{B4} & c_5^{B4} \\ d_1^{B4} & d_2^{B4} & d_3^{B4} & d_4^{B4} & d_5^{B4} \\ e_1^{B4} & e_2^{B4} & e_3^{B4} & e_4^{B4} & e_5^{B4} \\ f_1^{B4} & f_2^{B4} & f_3^{B4} & f_4^{B4} & f_5^{B4} \end{bmatrix}$$

$$= [\, x_1^{B4} \quad x_2^{B4} \quad x_3^{B4} \quad x_4^{B4} \quad x_5^{B4} \,]$$

B5 指标投标人自身情况的模糊综合评价为：

$$B_5 = [\, W_{22}^2 W_{23}^2 W_{24}^2 W_{25}^2 W_{26}^2 W_{27}^2 \,] \times \begin{bmatrix} a_1^{B5} & a_2^{B5} & a_3^{B5} & a_4^{B5} & a_5^{B5} \\ b_1^{B5} & b_2^{B5} & b_3^{B5} & b_4^{B5} & b_5^{B5} \\ c_1^{B5} & c_2^{B5} & c_3^{B5} & c_4^{B5} & c_5^{B5} \\ d_1^{B5} & d_2^{B5} & d_3^{B5} & d_4^{B5} & d_5^{B5} \\ e_1^{B5} & e_2^{B5} & e_3^{B5} & e_4^{B5} & e_5^{B5} \\ f_1^{B5} & f_2^{B5} & f_3^{B5} & f_4^{B5} & f_5^{B5} \end{bmatrix}$$

$$= [\, x_1^{B5} \quad x_2^{B5} \quad x_3^{B5} \quad x_4^{B5} \quad x_5^{B5} \,]$$

5. 对国际工程投标可行性分析中的指标因素进行二级模糊综合评价

一级模糊综合评判仅是对一类中的各个因素进行综合，即对各指标 B 项下的因素 C 进行评价。为了全面考量各种因素条件的综合性影响，还应当在各个一类之间进行综合，这就是所谓的二级综合评判，即对 B1、B2、B3、B4、B5 进行综合评价。很明显，在进行二级模糊综合评判时的单因素评判，应是相应的一级模糊综合评判。所以，二级模糊综合评判的单因素评判矩阵，应该是一级模糊综合评判矩阵。国际工程投标可行性分析的二级模糊综合评价为：

$$B = [\, W_1^1 W_2^1 W_3^1 W_4^1 W_5^1 \,] \times \begin{bmatrix} x_1^{B1} & x_2^{B1} & x_3^{B1} & x_4^{B1} & x_5^{B1} \\ x_1^{B2} & x_2^{B2} & x_3^{B2} & x_4^{B2} & x_5^{B2} \\ x_1^{B3} & x_2^{B3} & x_3^{B3} & x_4^{B3} & x_5^{B3} \\ x_1^{B4} & x_2^{B4} & x_3^{B4} & x_4^{B4} & x_5^{B4} \\ x_1^{B5} & x_2^{B5} & x_3^{B5} & x_4^{B5} & x_5^{B5} \end{bmatrix}$$

$$= [\, x_1 \quad x_2 \quad x_3 \quad x_4 \quad x_5 \,]$$

根据二级模糊综合评判的结果可以得出，针对该国际工程项目的投标，有人数占比为x_1的专家认为优，占比x_2的专家认为良，认为一般、差、极差的专家隶属度分别是x_3、x_4、x_5。若认为该国际工程投标为优和良的专家占比之和大于50%，则该国际工程投标对承包商而言是可行的。反之，则该国际工程项目的投标对承包商而言不具有可行性，应予放弃投标，以避免资源的浪费。

第四章　国际工程投标响应策略

国际工程投标竞争的成功与否主要取决于各投标人的综合能力，同时，也依赖投标人正确灵活地选取投标策略并使用投标技巧。通常而言，投标人投标策略是要使公司更好地体现公司的整体实力并发挥自身优势，在决定投标成功的各项关键因素先人一步，从而夺标并实现工程的盈利。国际投标过程中的策略与技巧主要包括以下几个方面。

第一节　确定投标原则

国际工程招标投标中，投标的对象是工程的整体，其工期、施工环境和施工条件均为业主给定，且基本上均是系统工程，所以投标的原则必须明确。另外，确定投标原则的必要性还在于，参加投标工作的部门与人员众多，涉及不同专业、不同工序。所以，只有在确定投标原则的情况下，各部门才能协调工作，统一报价的口径，作出适当的投标报价。

确定投标原则主要包括以下方面：

1. 货币及汇率

由于一个国际工程项目的成本费用所涉货币通常包括当地货币、人民币和其他货币，投标书中的投标价格一般约定为美元、欧元等外汇和/或当地货币，那么外汇和/或当地货币的汇率（包括其当地货币与国际硬通货币之间的汇率以及国际硬通货币与人民币之间的汇率）就成为投标时要重点关注的问题。该问题会直接影响项目的投标总价、成本核算基础，以及项目可能面临的风险。

一般国际工程项目在招标时会确定投标截止日前28天当天项目所在国（地）中央银行的外汇牌价的中间价为当地货币与外币的汇率。无论今后国际市场汇率发生何种变化,这个约定的汇率在整个项目实施期间不变。而投标人可按照经验自行确定人民币与外币的汇率,没有经验的投标人则需在咨询业内人员后确定。

值得承包商特别关注的问题是,由于当地货币与外币的汇率、人民币对外币尤其是美元的汇率不断变动,货币的汇率风险一直存在且可能导致较大的现金流风险,甚至当地的工程成本支出无法覆盖。因此,项目投标乃至实施时的一个重要风险即为汇率,汇率确定得不准确,既可能导致标价过高而失标,也可能标价过低而出现亏损。承包商也可以考虑与国际金融机构合作,采用货币工具对汇率风险进行管理,并作为投标的加分项进行考虑。

2. 当地货币与外币的比例

通常,国际工程项目中,业主的支付可能由本国货币(对于承包商而言是外币)、国际硬通货币以及承包商所在国(地)货币等多种货币构成。支付的货币来源既可能是当地政府,也可能是国际金融机构。投标人的标价中当地货币比例的高低是投标人准备使用多少当地资源的标志,而当地政府则希望项目能多采用当地的生产要素和资源,因此,业主支付的各货币的比例,以及当地货币是否可以自由兑换、汇率风险因素的程度,也是评价货币风险的指标之一。若承包商索取的外币比例高时,表明投标人对当地货币信心不足,对投标将产生负面作用;若承包商索取的外汇支付比例低时,又会增加承包商自身的经营的风险,尤其是当工程所在国(地)对兑换外币或者汇出外币有严格的限制。因此,就承包人而言,适当的提高工程款中的外币比例是需要重视的问题。

投标人需以当地货币为基准计算,在工程所在地支出的成本及费用,以人民币(换算成美元或欧元)计算在中国的成本费用,以国际硬通货币计算在第三国支出的成本费用。工程中相关的不可预见的费用可按一定的比例计提,预期利润按外币计算,再考虑当地货币的汇率变动,尤其在一些政权不够稳定的国家,以及在国际金融机构获取贷款较为困难的国家,这时应当确定当地货币和外币的比例。一般而言,在外汇管制较为严格的国家可以把当地货币比例确定得相对低一些,即使本地的工程成本难以覆盖也可以在必要时用外汇来换取当地货币使用。

国际通用外币具有硬通货的坚挺性。一些国家存在较为严重的通货膨胀,导致当地货币币值下降,购买力也随之下降。但是,如果合同有价格调整条款的规定,则可作为例外情况,适当提高当地货币的比例。在合同履行阶段需要调价时需要将收取当地货币的比例调高,以期获得更高幅度的调差。如果没有价格调整条款,则应把收取国际硬通货币或我国货币的比例确定得相对高一些。

3. 当地工人和中国工人的比例

若项目所在国(地)对外籍劳工没有限制,则可不必考虑使用当地工人。

出于保护本国劳动力市场、促进当地国民就业的考虑,绝大多数国家会制定法律法规,要求每签发一个外籍劳工的工作许可,承包商必须雇用一定数量的当地工人。部分国家的劳动局会定期进行工地检查。对这样的国家,投标人必须考虑当地工人和中国工人的比例问题。

还有一种情况则可能是,由于当地工人的工资较低,可通过雇用当地工人而降低工资支出,降低标价,提高投标人的竞争力。对于这样的国家,投标人也需要确定当地工人和中国工人的比例。

随着人民币不断升值,出国劳务人员的工资水涨船高,承包商雇用中国劳动力的成本越来越高,故承包商必须善于利用当地市场劳动力资源,保持和提高自己的竞争能力。而使用当地劳动力,可给当地人民带来切实利益,同时也给承包商提供融入当地社会的机会,是实现可持续发展的重要手段。

具体而言,在项目中使用当地工人的比例,既依赖于中国工长的水平,也依赖于工种的技术复杂程度。在非洲,一个中国工长可带 5 ~ 20 个当地工人。而管理水平比较高的工长,可把当地工人分成小班组,其只需管理带班的当地人。

同时,在确定当地工人比例时,也应考虑一定的工效折减系数,由于历史、文化及生活习惯的差异,当地工人的工作效率往往不能与中国工人相比。

4. 材料费

在工程项目的工程量清单中可以通过计算各分部分项工程的主材用量,如混凝土、砂石、钢材,同时可以将该等主材用量列在报价清单中,当然,并非所有材料的数量在投标时都必须详细罗列其数量与百分比,因为这是极其困难且非必要的,因此投标人只需要把主要材料大致列明而对于其他零星材料只做一个价格区间的计算即可,从而获得整个项目材料的价格。这个百分数即为投标原则中应考虑的重要一环。

投标阶段投标人还需要对海运的费用进行确定。海运费的承担需要考虑采购形式与国际货运条款的选择,同时需要考虑该项目需要的材料的采购途径。海运费的组成要素相对较多,包括港口仓储、检查、装卸、保险、接驳运输、清关的相关费用。海运费对于材料采购价格有较大的影响,决定了采购行为是否可以节约成本,因此需要加以关注。

除海运费以外,其他运杂费用难以精确地计算,故可按照材料总价确定一个百分数作为这些运杂费的总和。在不同的国家承接工程,由于采购来源不同,轮船班次频繁程度不同,运费是不同的,因此百分数的确定,既要依据调查数据,也需要承包企业构建良好的国际物流信息网。

5. 机械折旧率

机械折旧率需要考虑的首要条件就是机械的采购价,或者说是机械原值,其主要的构成包括机械购置费、国际海运费,国内运杂费与保管费,税费等,机械折旧是在机械原值与残值的差的基础上逐步计入项目成本的。投标原则中仍需要确定机械折旧率,这样有利于计算单位时间内的项目成本。

由于国际工程的经营特点,相较于国内工程机械的折旧有两个问题需要单独考量:一是投标人是打算长期在项目所在国(地)经营还是将要更换主要经营地,即一个项目结束后,机械是否要再次转移、使用,这实际取决于经营者是否打算或保证其能够取得其他项目,是否可以长期在项目所在国持续经营;二是通用机械和专用机械的折旧率存在差异,尤其是不同国家对残值、折旧方法的选取也存在不同的政策。

如果投标人在该国能够长期经营,机械折旧率的确定则相对容易。但如果投标人只有一个项目,并不知道是否有后续项目时,机械折旧则相对难以确定。

如果是通用机械,由于在工程结束后可直接转移到其他项目上去使用,或转手给其他人,这时可以通过降低残值要求、变更折旧方法的形式,将折旧的年限适当加长一些,降低项目成本,并提高投标人的竞争力。而对于部分专用设备,因其特殊性难以转手销售,无论项目工期多长,都应考虑提足折旧甚至一次性计入项目成本,从而降低投标人的风险。

由于各国会计制度中对机械折旧率的规定不同,且不同的承包商自身规定也存在差异。当承包商自身的企业机械折旧率与当地政策或会计准则有出入时,建议企业进行自身财务调整,达到符合当地财务规范的目的,并符合企业经营实际需要。

6. 人工、材料、机械等直接价格的调整系数在调整公式中的比例

对于允许进行合同履约过程中价格调整条款的工程,投标人需要仔细研究价

格调整公式，主要关注其中直接费用（如人工、材料、机械）的比重，以及直接费用的价格指数确定方式。价值指数通常以政府公示的信息为依据，并且直接代入公式计算，无须经过特别的调整。而公式的确定，尤其是直接费用的占比需要由承包商在谈判过程中确定。

价格调整中人材机等直接价格的调整比重决定了承包商在工程履约过程中额外可以获得的补偿数额，即在该等生产要素发生价格波动时获取补偿的数额。反之，投标人将遭受损失。但若权重过于不平衡，可能也会遭到业主的反对。为了确定适当的权重，投标人应详细周密地进行市场调查，要以科学的方法确定权重，尤其要避免物价上涨快，导致生产要素权重确定过低。因为直接费用占比关系到价格调整的幅度与风险防范的力度，需要承包商仔细研究并根据当地的市场行情、风险波动作出适当调整与准确判断。

7. 风险费

承包商很难在投标阶段就对所有的风险事项有完整而准确的判断，即使估算的方式基本正确，但由于工程项目受到自然环境、偶然因素等的影响，可能会出现很多意外事项，以及发生一些意外事故，导致费用无法闭合。

在不同工程中，由于具体情况相差甚远，投标人无法预见意外事故是否会发生，也难以列表说明各种意外事故。若完全不考虑意外事故发生的可能性，则必然导致失标。因此，投标人列支一项风险费用是明智的做法，该方法类似于国内工程项目中由业主列支的暂定金额与预备费，是对风险的充分预估与防范，虽然有可能在投标时小幅度地提高报价，但对正常履约以及创造施工单位良好形象是有很大正面作用的。

第二节　国际工程投标准备工作

一、组织投标团队

在我国，投标团队也被称为投标小组。投标团队对投标结果会产生较大影响，若缺少投标团队，就会缺乏专业的指导，此时投标人几乎不可能中标。即使勉强能够中标，也会带来经营亏损。

通常，投标团队应包含市场、商务、营销、工程和科研、生产或施工、采购等人员,各人员之间必须有较强的配合及专业交流。

从投标团队的人员的选聘看,一般可从投标人内部调取,也可以自外部聘请。

在组织架构上,投标团队会设投标经理,主要负责组织投标,投标文件的制作和报价的确定和调整,也应在指定的期限内和在确定的预算要求范围内完成投标工作的责任。

除了投标团队人员组成需要精心设计,投标小组的工作也应当合理分配。投标小组首要任务是分析国际招标公告或邀请的内容,按具体要求确定投标团队将投入的资源。

具体而言,投标团队的工作包括以下方面:

其一,确定工作日程。按照投标期限,确定各工作的日程。确定投标小组成员各自应负责完成的任务和进度。

其二,明确小组成员分工。根据成员专业的不同,明确范围和组织方法。通常而言,各方将进行如下工作:

一是工程和科研方面。负责投标的全部技术内容,包括但不限于填报有关施工或生产方面的投标表格,确定设计构思。

二是生产或施工方面。生产方面主要负责有关材料的加工、组装等工作;施工方面则主要负责施工工艺、技术、进度等。需制订出详细、准确的报告和计划,并制订质量控制和监督的方法。

三是采购方面。负责向供货商询价,并获取投标授权书。

四是财务方面。负责统计有关投标的各项成本,核算总成本。根据本公司经营目标确定投标价格。

五是合同方面。负责分析招标文件,尤其是合同条款要求与结构,结合本公司的实际情况,完善投标条件和合同结构。相关人员则应解释合同条款内容及可能承担的风险。

六是市场营销方面。负责研究国际招标项目及业主的工作程序,同时,应了解标底(由工程师进行造价估算),分析竞争对手情况,与业主进行沟通,寻找项目所在地的代理人,寻找投标咨询公司等。

为了能在国际工程投标中脱颖而出,一些公司也会通过协议形成一个临时性的组织,以多个企业联合的方式发挥各公司的特长,增强各自的竞争力。这种投标方式为联合体投标。

1. 联合体投标的优缺点

通常而言,以联合体的方式参与投标有以下优点:

(1)可增强融资能力和融资实力。大型建设项目的招标投标,一般都要求投标人提供巨额的履约保证金和周转资金,使资金实力不足以承担此类项目的单一主体获得投标机会。即使是资金实力雄厚的承包商,可能也无法同时支付多个项目。而采用联合体的方式可有效解决上述问题。通过联合体的方式,每一家公司的资金负担减轻,各公司均可实现以较少资金参加项目建设。

(2)分散风险。除资金投入减少外,联合体成员在国际工程项目中也可以相互分担分项,可起到了分散风险的效果。

(3)弥补技术力量的不足。大型国际工程项目,对专门技术有很高要求,一般企业无法同时具备所有必需的技术,尤其对技术薄弱和经验少的公司更是无法承担。因此,这类公司与技术力量雄厚、经验丰富的公司可组成联合体,各公司可取长补短。

(4)报价可互相检查。在联合体报价中,项目的各项内容尤其是报价需经过联合体成员共同制定,各方需经过细致地讨论以确定合适的价格。各方将对报价内容进行复核,以确认报价的可靠性。

(5)确保项目按期完工。联合体通过对合同责任的共同承担,为项目按期完工提供了较好保证。

(6)可以通过与发达国家的公司组建联合体,并向发达国家的公司学习技术经验等。此外,投标人也可与当地公司组成联合体,在与当地公司组成联合体后,投标人可享受一定的价格优惠。通常,若有当地公司参加投标,可享受7.5%的价格优惠,部分国家的价格优惠可达到15%。

在组成联合体时,投标人可以选择国际上的承包商、国内承包商或者当地承包商作为合作伙伴或分包商。但是,无论采用何种合作形式,都必须符合招标文件中的要求。一般来说,各联合体成员在资格审查阶段应签订备忘录;在投标阶段,应签订联合体协议;项目中标后,联合体成员应确定联合体章程。在各文件中,最主要的是明确联合体各成员的股权比例、各成员的分工和权利义务,以及项目追踪期间各种费用的分担。

联合体可重新起名,以一个新的名称对外;也可以牵头方的名称对外;在部分项目中,也有以联合体当地合作伙伴的名义对外,此种方式可以增强联合体在投标中的亲和力。但是,仍需注意的是,由于联合体是由多个公司,通过协议的方式组成,所以对投标及项目实施过程中的重大决策,往往需要联合体成员协商并达成一致意见,沟通效率可能下降。若联合体成员无法对特定问题达成一致,可能影响项目的顺利实施。

因此,联合体在组建时就应明确各成员的权利和义务,并应选定一名经验丰富的项目经理统一协调、指挥和管理联合体。

2. 联合体的特征

(1)由一个牵头方和若干成员组成。

(2)共同制订参与投标项目的各项内容,并对权利、义务、利润和损失进行约定。

(3)在资格预审前,完成联合体的组建,各方应签订协议。若投标成功,则项目实施过程中应按照相关协议执行;若投标失败,则联合体立即解散。

二、研究项目的特点

投标团队对投标文件的评价主要为以下内容:(1)技术方面;(2)财务方面;(3)合同与管理方面。其中,若以最低标价参与投标,则从财务方面看最为有利。若技术与合同管理可接受这样的报价,则该标为最佳标价。

在大型工程招标中,一般而言,业主会选择价格最低的前三标进行第二轮筛选和比较,因此有经验的投标人既要在打通业主方面下功夫,又要想办法进入前三标。要达到此目的,尤其需要注意两方面的内容,一是要摸清主要竞争对手的标价,通过与供应商合作得到有价值的信息;二是合法合理地争取得到竞争对手的情报,以确定自己的价位。

在技术报价方面,还需对内容进行分析。除了投标环境调查外,在编制报价表之前,必须对整个项目有一个初步的施工方案,此方案是根据专家和报价人员分别考察现场后得出的,必须综合分析这些因素,这也是投标报价的策略,该方案中至少包括:

(1)近几年内物价上涨指数及未来几年的趋势的估计。

(2)同类设施的一般造价。

(3)当地能生产的材料价格(根据标书列出材料清单)。

(4)当地水、电、油的价格。

(5)当地劳务价格,各类劳务人员的工资水平、劳动效率。

(6)当地主要生活物资的价格水平。

(7)当地工机具的租赁费。

(8)根据标书列出当地不生产而需要进口的材料、设备清单(包括名称、规格、大致数量、主要技术要求、交货大约时间、地点)以函电的形式询价、要清楚报价的有效期和有效性。

(9)进口物资所到达的港口的各项费用,清关、报关、运输等费用。

(10)为办理各种保函、保险的手续及所需费用。

(11)工程所要交纳的税种及其税率。

(12)信贷手续及利率,根据信贷手续及利率,确定工程进度需要投入多少施工设备;大宗的施工材料采购方法;当地劳工和国内人员的比率;流动资金的来源和使用。

标书中要求、当地政治、地理、环境、施工条件等也是应当考虑的因素。根据施工方案来测算实际成本,从而得出具有竞争性的报价。

由于国际投标工程的投标完全由市场经济决定,这就要求报价人员不但要熟悉预算定额,更要了解施工工艺和技术、商务条件、投标人的实际成本和人员要素。在此基础上提出的适合企业经营状况的调价幅度,这样才能使最终报价更加科学合理且具有较强的竞争力。

通常,投标人中标取胜主要体现在既能中标,又能盈利。为达到中标取胜,应注重研究投标决策和编标报价的取胜策略,经过风险分析,决策投标的情况通常为:招标项目资金可靠并已落实,风险能通过风险管理转化,属于投标人主营或兼营的能胜任的项目。

编标报价的胜出策略应当建立在充分了解招标文件的基础上,应着重分析合同中的权利义务条款和风险分担条款,理解总承包的范围、施工要求以及任务量与工期的吻合性。编制标价文件应首先完成技术标,由于总承包报价是固定总价,故报价应不漏项、不错算并有一定的弹性空间。

三、考虑报价策略

投标人在招标前应仔细研究招标项目的特点,并根据工程类别、施工条件等来综合考虑报价策略。

在国际工程评标工作中，投标人在报价时会采用以下几种策略：

1. 研究工程性质与特点。充分考虑业主的接受价位区间，最后根据投标经验来确定投标价。

2. 适当采用不平衡报价法。不平衡报价是指一个工程项目的投标报价，在总价基本确定以后，调整内部各分项的报价，以期既不提高总价，不影响中标，又能在结算时得到更理想的经济效益。

3. 计日工报价。若单纯报计日工的价格，报价可提高一些，方便日后业主用工或使用机械时有一定盈利空间。但是，如果招标文件中已经假定了计日工的“名义工程量”，则需要具体分析是否报高价，以免提高总报价。

4. 报选择性方案（建议方案）。有的招标项目，可对工程设计或工艺流程进行优化，在主报价的基础上，再提供选择性报价。为吸引业主，选择性方案的报价一般要求低于主报价。

四、重视现场考察和标前会议

现场考察是投标程序中不可或缺的环节。投标人提出的报价单应建立在现场考察的基础上，在投标人向业主提出报价单后，投标人无法提出修改投标报价或提出补偿等要求。

现场考察既是投标人的权利，又是投标人的责任。因此，投标人在报价前，必须认真地进行考察，需全面、仔细地调查工地及其周围的政治、经济等情况。现场考察结束后，针对招标文件中出现的不清楚的地方，业主一般会安排标前会议，回答投标人提出的问题。

五、合理使用辅助中标手段

国内承包商参加国际投标时，主要可在合理的技术方案和较低的投标价格上充分考虑，以争取能顺利中标。但是还有其他一些手段对中标有辅助作用，具体如下：

1. 技术交流

通过与业主的技术交流，投标人可了解业主对招标的总体设想、工程范围等要求，也可将承包商或供应商的生产规模、技术水平、产品规格和技术性能、财务能力、商业信誉等加以介绍和宣传，通过这样的方式，投标人给业主留下良好的印象。

特别在业主尚未确定招标文件的技术部分和具体规格、性能的情况下，这种技术交流更可以给投标人带来实质益处。一般来说，好的技术交流可以影响业主对招标文件中的技术规格、技术方案、工程范围或供货范围等有关部分的编制，促使业主考虑或倾向于投标人的特点，更甚者可能直接将投标人的某些优势列入招标文件。该种做法对投标人而言十分有利，为投标取胜打下一个良好基础，达到先声夺人的成效。

2. 优惠条件

投标报价中也附带优惠条件，此种做法在实务中行之有效。在评标时，业主除了考虑报价和技术方案外，还要分析其他因素。因此，在投标时，投标人可主动提出提前竣工、低息借款、赠给施工设备的措施，也可免费转让新技术或某种技术专利、免费技术协作、代为培训人员等条件，以此吸引业主。

3. 选择合适的投标代理人

在投标活动中，国际投标的代理人往往发挥着重要作用，他们可以给投标人提供多方位的服务，如提供可靠的招标、投标信息等。投标代理人通过积极活动，能够广泛收集项目建设计划和招标信息，并进行有重点的项目跟踪，因此，选择当地信誉好、有影响力、社会地位较高的公司作为投标代理人较为有利。

4. 选择较好的投标咨询公司

目前，国内外也有专门从事投标及国际市场开拓方面的咨询公司，这些公司集中了一批懂技术、商务和国际政治经济关系的专家，可充分利用他们的优势，以实现项目的中标。

5. 与当地公司联合投标

借助当地公司力量的方式，投标人可分享当地公司的优惠待遇。通常，当地公司与官方及其他本国经济集团关系密切，与当地公司联合，更便于了解与工程相关的信息。

6. 外交活动

一些大型工程招标活动，往往政府要员也会参与其中，同时利用自身影响力，促使本国公司中标。

第三节　国际工程投标策略

如同在国内承揽工程一样,工程投标需要根据不同特征的项目采取不同的投标策略,需要综合考虑包括项目总体特点、施工技术难点、企业特质与项目的适配性、参与竞争的投标人的特征以及环境因素等各方面因素。在国际工程招标投标中,受制于不同的招标投标管理规范,以及与国内清单计价规范不同的计量与计价规范,可能需要考虑采取略有不同的响应策略。具体的投标报价操作将在本书的其后章节加以描述,本节是从宏观战略上探讨国际工程投标可以采用的响应策略,以期可以在投标竞争中战胜对手、脱颖而出并最大限度维护企业利益。

一、先亏后盈法

承包商可以考虑采用先亏后盈法设计投标策略。拟议的施工计划必须先进且可行,投标文件必须“充分响应”。同时,有必要加强对公司优势的宣传,使中标人对拟议的施工方案感到满意,并认为招标文件中关于如何满足施工招标文件要求的措施期限,质量和环境保护都是可行的。否则,即使报价很低,投标人也可能不会选择它。相反,投标人会认为投标存在重大缺陷。对于大型分阶段建设项目,在对项目的第一阶段进行投标时,可以将部分间接成本分配给项目的第二阶段,并且可以少报利润以赢得投标。这样,在招标项目的第二阶段时,第一阶段的经验,临时设施和已建立的信誉使其更容易获得该项目的第二阶段。但是,应注意分析获得项目第二阶段的可能性。如果发展前景不明确,后续资金来源不明确,项目第二阶段的实施还很遥远,则不考虑先亏损再获利的方法。

二、不平衡报价法

不平衡报价是通过调整内部各子项目的报价,在维持总价基本不变的情况下,尽量提高中标率并维持整个工程的盈利能力。

不平衡报价应当首先避免不平衡报价过于明显而导致投标被否决。采用不平衡报价投标策略时应考虑被识别的风险。不平衡报价中调高或降低报价要考虑一定的限度,不能超出合理范围,因为实际工程量和工程量计价清单中的工程量可能不一样，当增价科目的实际工程量减少，而减价科目的工程量增加时，工程的总体盈利能力将下降。

因此，不平衡报价需要在对项目的实际工程量有细致的测算，并对招标工程量清单有详尽的研究。不平衡报价应把增价与减价均控制在合理幅度范围内（如一般调价在20%以内）。另外，价格形成过程中需要综合施工量进行量化分析，最终决定采取何种报价法。例如，对于分期付款的项目，按照施工组织的先后顺序以及项目付款条件，将前期收款的项目提高报价，将后期收款的项目相应降低报价，以减少项目实施前期的资金压力。对于投标时还未确定是否要进行的暂定项目，或某个子项目要在开工后由建设方研究决定是否实施，且可能分由其他承包商实施，则可对该暂定项目或子项目调低单价，其他确定的项目相应调高单价。对于工程量在招标清单中明显被少记的项目，适当提高单价；而对于工程量被多记的项目，适当降低单价报价，这样一来，在维持总价不变的基础上，实际工程量的增减发生时，承包商将获得更多收益。

三、增加建议方案

一些招标文件提出了较为初期的设计计划，但允许投标人不受限制地提出新的设计计划。此时，投标人可以对原始设计方案进行研究，根据新设计进行施工计划。组织设计和报价工作；承包人可以根据原始设计方案报价，以便施工方进行比较，并从降低总项目成本或缩短总项目工期或提出具有成功实施经验的先进技术施工方法中进行优化。

一般来说，招标文件中方案文件与合同条款等文件是不能改动的，面对投标人不能接受的合同条件时，投标人除了放弃投标外，还可采用有条件投标的策略。

在面临一些不公平的合同条款或施工方案时，投标人可以考虑采取的应对措施就是提出有条件的报价：第一，先给出一个正常报价，并在报价的同时文字说明附带一些条件；第二，在正常报价的基础上外加15%～20%的成本和费用应对不可预见损失，如果业主可以修改合同条款，投标人则承诺可以考虑降价。这样，投标人可以及时响应，与此同时，可以使自己免除或降低中标后项目实施的风险，并对招标人的一些不合理条款提出适当的抗辩与分析。在评标阶段，投标人如能获得优先资格，可能有机会参与签约前合同谈判，也就有可能提出一些条款的修改，有利于控制造价。

四、灵活采用分包商报价

国际市场的各种市场要素繁杂且不稳定，加上国际工程往往需要各方技术力量参与，总承包的投标人为了满足技术、商业、法律政策的需要，将专业性较强的工程内容分包，或利用当地资源进行合作，如特种材料供应、设备进出口、爆破、危险物质处理等。

在国际工程投标过程中，总承包商应至少要求两家分包商分别报价，之后与较为优质的分包商约定其作为本分包工程的合作者，且该等约定最好是独家的。该等做法可以将双方利益共同化，使分包部分的价格更为稳定，减少事后价格变动的风险，同时可以将分包商的报价作为投标的组成部分，使之具有竞争力，进而提高投标的成功率。

采用该等策略时，应当及时组织分包商报价、与分包商签订有约束力的绑定协议，并在投标时尽量披露该分包商的信息以达到绑定、竞争力最大化的优势。

五、计日工报价策略

计日工在我国的《工程量清单计价规范》以及招标投标实务中，是作为其他费用单独报价，在国际工程中，计日工(day work)也是类似的单独报价的项目。计日工的报价成功与否，决定了日后零星用工或者计取某些合同外费用(如赶工费)时是否可以给承包商带来利益。若是非计入总计的单独报价计日工单价，建议报价标准可以适当提高，在合同外工作量时可以盈利；但如果计日工单价要计入总价，则应当分析工程过程中可能使用的零散的计日工数量，结合该项目的分包结构，看是否需要找当地专业分包商(如管线、特种设备)。总承包投标人可以先对分包商进行询价，先取得有经验的、当地资源较丰富的分包商的报价，并在此基础上加上管理费作为计日工单价。为了防止分包商报价价格在工程履约过程中有较大波动，建议投标人在投标前应根据计日工用工数量多少、首付款比例、收款来确定接受采纳分包商报价的数额。

六、突然降价法

投标报价一般来看保密性很高，然而竞标人可能会利用多种多样的渠道、方式方法来获取竞争对手的报价，作为商战的情报。

因此,在制定投标报价过程中,应当注意保守商业秘密,同时应对总报价有灵活处理的空间。例如,在临近截止投标时突然将总价按照比例进行下调,使竞争对手即使事先获取情报也无法反应,可以保证企业在评标时的有利地位。

七、多标段项目投标策略

多个标段的大型项目有两种情况:一种是若干标段同时招标,如化工工程可以分为生产部、生活部、动力部、仓储部,或者机场、港口工程由不同的部分构成;另一种是由于业主融资或者各标段设计完成时间原因,需要拆分不同时间分别招标,如一条国家级公路项目,在数年之内分段招标实施。一般而言,一个大项目切成几个标段招标,对投标人的要求会降低,从而吸引更多的投标人参加投标,通过激励竞争达到降低造价的目的。同时,在第二种情况下的拆分标段,中标第一段的承包商是最有竞争优势的,后面各段的标价往往会越来越低。

八、高价竞标

高价竞标并非一种增加成功率的策略,相反地,是一种权宜之计,是在特定情况下投标人中标意愿并不强烈且不愿意直接退出竞标的前提下采用的一种方法。例如,该项目重要性较高且符合投标人业务范围,若彻底不参与投标会影响承包商声誉;或者业主邀请投标人参加,投标人若放弃竞标将破坏长期合作的基础;或者投标人因为手头项目繁多,无法顺利在一处调动资源,不得不放弃该项目但却又必须参加投标。

在上述情况下,投标人使用高价竞标,有利于维护声誉,保持和业主关系,从长远角度看也有利于承包商在该地区发展。

第五章　国际工程投标澄清与述标

第一节　澄清的含义

澄清，按文义解释，是弄清楚认识或者问题，阐明或者阐释的意思。在牛津词典里，澄清的含义是，使陈述或者情形更少误解，或者令人理解更加清晰顺畅。

国际工程投标的澄清是指具体发生在国际工程招投标程序中的澄清。这里的澄清，主要包括两种：一种为投标人要求的澄清，多见于工程投标报价阶段；另一种为招标人要求的澄清，常见于投标结束后的评标阶段。本章接下来会分别介绍这两个阶段的澄清。

第二节　国际工程投标人要求的澄清

通说认为，国际工程的含义为针对某一个工程项目，它的参与者来自不止一个国家，并且按照现有的相关国际工程项目管理模式来进行项目管理的工程。所谓的国际工程承包，具体而言，是指从事国际工程项目的公司或者企业，在国际上利用招标投标或者其他方式与外国的业主签订相应的国际承包合同，按照合同承建工程并获得相应报酬的国际商务活动。国际工程招投标方式是国际上通行的交易方式。在这种交易模式下，业主通常会根据自己的需求和条件，通过国际招标和投标方式，与履约能力、资金能力等各方面条件相匹配的国际工程承包商按某些约定条件来签订国际发承包合同。与此同时，作为国际工程承包企业，其主要工作内容是严格遵循业主提出的条件以及各种相关的要求，依据一定的国际惯例，向业主提出包含相关劳务、设备、资本和技术的服务，用以承建目标国际工程。

在这个合作过程中，业主主要支付相关费用，而承包商主要承建并交付建设工程项目。

从以上招标投标过程，我们可以看出，其实招标投标的本质是一个双方匹配和选择的问题。而在这个过程中，其实最重要的关系莫过于承包商的国际工程报价。国际工程的投标报价，是指工程承包企业针对招标人提供的所有招标文件的设计图纸或工程数量表和投标须知等文件，以价格条件说明等为基础，结合调研和现场考察获得的情况，根据有关价格资料，有关费用资料，以及相关定额等一系列指标，综合计算出承建该国际工程全部费用的技术的过程。其中的报价书无疑是投标书中主要内容，其很大程度上决定中标与否，所以很多时候，投标书又被往往被称为“投标报价书”。

在纷繁复杂的国际工程市场，由于招标投标双方来自不同国家，在语言、标准等方面难免存在差异，为了在最大限度内消除偏差和误解，从承包人角度来讲，对招标文件某些不清楚的地方提出澄清进而得到业主的补充说明，其实是非常常见和必要的。

一、必要性和目的性

国际工程投标人要求的澄清要具有必要性和目的性。

国际工程投标澄清的必要性，是指假如不对相关国际工程进行澄清，会使投标人一直对招标文件等资料不清楚、不确定或不明白，从而无法对招标文件作出相应的理解和响应，进而影响投标人胜出的可能性以及整个招标投标过程的意义。

之所以关注国际工程投标澄清的必要性问题，其实是基于国际工程现状考虑。许多国家，尤其是对于包括我国在内的发展中国家，因其进入国际工程承包市场的时间比较晚，起步较慢，现行的国际工程承包市场存在分配不平衡的问题。通说认为，国际工程承包业务早在19世纪中叶萌芽并起步，在第二次世界大战时国际工程承包业务迅速发展并迈入黄金期。步入21世纪以来，国际工程已经覆盖了世界许多国家和地区，业务领域也较为全面和多样，例如，国际工程已全面渗入交通运输、基础设施、水利以及其他诸如能源、石化等各种服务和各个行业。分析国际工程承包商可以轻易地发现，无论是在数量或者在体量，或者说是在市场份额方面，发达国家如美国、加拿大、日本等都有绝对的优势地位。不可否认的是，包括我国在内的许多国家由于进入国际工程市场较晚，发展相对受限，其市场占有和市场发展潜力方面都有待提高。这种情况在国际工程市场表现得更加明显——很多国际工程承包商自身就有诸多问题，例如，非常多的国际工程承包商在投身国际工程前根本就不熟悉相关的国际工程惯例，自然就存在抵御风险能力差、风控意识不足、融资能力差、资金供应不足等问题。具体到国际工程招标投标中，就主要表现在承包商常常面临报价失误、无法中标或者亏本承包等情况。而国际承包市场存在的问题远不止于前文列举。此外，国际工程承包市场又出现一些新的发展趋势，比如，伴随世界经济增长而引起的建筑规模变大，全球化建筑市场的开放等，就使承包商在投标过程中合理适时地要求招标人澄清显得非常必要。

国际工程投标澄清的目的性，是指投标人通过要求招标人予以澄清的方式，去强调双方之间可能存在的针对理解或者陈述的不一致或者偏差，并对这种不明确或者不一致在最大限度予以消除或者达成共识。

之所以关注国际工程投标澄清的目的性问题，其实是基于对国际工程种种问题的解决的考虑。当今许多国家都对承包国际工程抱有极大的热情，其热情的背后其实存在许多的问题亟待解决。比如，从承包商角度上讲，许多国际承包商缺乏相应规范的、可操作性的报价工程程序，报价的准确性无法得到科学明确的论证，报价计算方法往往缺乏科学的依据，无法有针对性地运用各种不同的报价策略或者技巧，无法用科学的发展战略和精准到位的市场分析来判断是否投标等。从国际市场角度上讲，科技革命和标准化要求承包商有更加敏锐的反应，国际竞争的形式和实质变得扑朔迷离，不完全竞争和完全竞争并存使获取项目的难度大大加大，资金的作用越来越深入渗透到工程承包中。从解决上述问题的角度上讲，一个切实可行的切入点，就是认真对待澄清环节，发挥澄清应有的作用和效果，使澄清服务于投标，服务于激烈的国际竞争，服务于提高中标率和提高盈利率。

二、深刻研究招标文件

国际工程投标人要求的澄清，必须立足于深刻地研究招标文件。

国际工程投标中的报价，实际上是一项复杂的系统工程，它非常需要遵循一定的标准、系统与原则，并适用合理的投标报价程序。在这个程序中，一切的出发点和立足点应该是对招标文件深刻的研究。只有深刻理解招标文件的内涵,才能使最开始的步骤方向不偏离。正如前文所述,国际工程投标澄清非常必要,而澄清的基础应该是找到澄清的基础或事实。任何国际工程承包人在编制投标报价前,都必须要仔仔细细、认认真真地研读招标文件,具体到每一句话、每一个字,弄明白招标文件的所有要求和关于报价应该注意的问题。

对于作为投标人的承包商而言,在阅读和理解国际工程相关的招标文件,包括投标人须知、通用或者专用合同条款、工程量清单、图纸、技术参数或技术规范、保函等内容时,必须对包括但不限于以上的所有内容格外重视并保持格外注意。只有对招标文件做全面深刻的研究之后,才能找到自己作为承包人在投标以及承包工程之后所必须要提前了解的问题。如果投标人遇到招标文件中任何不清楚的问题或者有疑问,就应该充分利用时间要求招标人对招标文件予以澄清。要求澄清既是对自己研究招标文件的总结,也是对疑惑内容与报价之间问题的梳理。

以国际工程施工招标文件中某些问题为例,作为承包商的投标人可能遇到以下需要招标人澄清说明的问题。首先,关于保函,需要注意招标人在招标文件中对于保函的要求和限制是否前后一致,是否具有现实可行性或者时间上是否具有可操作性,保函的有效期是否有特别要求,开具保函的银行是否有具体要求,是否对转开保函或者转递银行有区别对待的情况等。存在以上问题时,承包人可以要求招标人予以解释澄清,因为这对承包人计算保函手续费以及计算资金占用费等有重要影响,也直接影响承包人报价。其次,需注意工程款的支付币种,是支付国际硬通货,还是当地货币,如果是当地货币,是否允许自由兑换,或者汇率是否浮动,是否涉及在业主国代扣代缴费等问题。如果是政府项目,由于前期运行时间较长,那么投标报价的有效期如何确定?对于索赔事项,是否有明确具体可行的约定?尤其是在工期较长的工程中物价和人工费浮动的约定是否明确无疑义等。这一系列的问题都是承包人反复研究招标文件才能发现的问题。因此,国际工程投标人要求的澄清,必须立足于深刻研究招标文件。

三、作为一种报价技巧

国际工程投标人要求的澄清,可以作为投标人的一种报价技巧。

国际工程承包商一旦决定参与投标,就要认真选择合适的报价策略并匹配最为合适的报价方法或者技巧。投标人之所以参与投标,其最重要的目的是赢取项目，即国际工程投标人欲在所有投标人中脱颖而出从而中标。那么，为了增加自己中标的可能性，选择合乎时宜的投标技巧显得尤为重要。只有综合恰当运用各种技巧，才能发挥投标报价的作用，这也是整个投标报价中最关键的地方之一。

在种类繁多的报价技巧中，意义较为深远且作用发挥明显的，要数要求澄清这一技巧。作为一种报价技巧的要求澄清，其含义为国际工程投标人针对其在招标文件中发现的相关问题或疑问，在开标以前用书面形式向业主（或咨询工程师）予以提出，并且要求业主（或咨询工程师）在一定时间内对该疑问作出书面的答复。这个过程中业主（或咨询工程师）所作出的任何澄清招标书文件都将视为招标文件一部分，其效力与招标文件一致。恰当使用这一方法，往往能够在消除疑问的同时便于自身报价，并且还有利于增强自身竞争实力，为报价甚至中标作出良好铺垫。此外，看待这种报价技巧，眼光要长远。首次合作项目其实是国外业主熟悉和了解国内承包商的很好机会。即使这次不中标，好的印象分也有利于承包商的后续其他项目。

以国际工程施工投标报价为例，笔者对作为承包商的投标人利用要求招标人澄清的技巧予以说明。一方面，针对招标文件中可能存在的模糊的、释义不明的甚至错误的条款，若其可能造成工程量或者工程报价增加，则建议招标人予以澄清。这样既可以提醒自己将来承接工程有亏本风险，又可以利用澄清文件提醒其他潜在竞争对手增加相应报价，从而使自身报价更具有竞争力。另一方面，针对可能对自己有利的模糊或者不一致的内容，建议不做相应的要求澄清，给自己将来承包工程留取一定盈利空间。

四、作为一种重要的权利

国际工程投标人要求的澄清，是投标人的一项重要权利。

从应然角度来讲，国际工程招标文件的所有组成内容都应是非常严谨且相当细致的。但是，由于国际工程项目种类繁多，类型千差万别，涉及的内容比较多，这就使标书中会出现前后不一、陈述不清、错误或矛盾等问题。对于这些问题，投标人被赋予在开标之前要求招标人针对其提出的问题予以书面澄清的机会。

其实，在国际工程招投标过程中，投标人向招标人提出澄清的要求，从本质上来讲，是投标人的一项重要权利。实践中，针对竞争性招标，世界银行就对澄清予以了相应的保障，这主要体现在世界银行贷款项目《货物、工程和非咨询服务采购指南》中对程序的具体原则和要求。世界银行贷款项目一般可以分为以下九个步骤:刊登招标总公告、资格预审、编制招标文件、发售招标文件、投标、开标、评标、授标、签订合同。其中,要求招标人澄清发生在投标环节。投标人根据自身的实际情况编制自己的投标文件,并向招标人提出自己认为需要招标人澄清的问题。招标人在收到投标人提出的书面问题后应及时澄清或解答。值得注意的是,招标人对问题解答或澄清,可以是点对点的,也可以是针对所有投标人。在所有的解答、解释或者澄清中,如果是属于对投标人要求的范畴的,那么该解答、解释或者澄清应被视为招标文件的组成部分,应以书面形式送达给各个投标人。

世界银行和亚洲开发银行也对该权利予以了保障。前者在其招标文件范本的第二章第6条,后者在其贷款招标范本的第1条第8款,都规定了一个相关条款,名为"招标文件的澄清"。依据这个条款,投标人可以行使要求澄清的权利。该条名为"招标文件的澄清",具体是指,如果投标人在购买相关招标文件后,发现内容上前后不一致,有所疏漏,或者含义模糊不明,混淆不清等情形时,有权向招标人提出书面要求,并且要求招标人在相应的时间内予以澄清、解释或者更正。

以国际工程投标人要求澄清的内容为例,笔者对招标人较为常见的澄清函内容予以介绍。实践中,针对招标文件的差错,含糊之处和未尽事宜,国际工程投标人往往会要求招标人修正或出具澄清的书面文件。国际工程招标人可能会对包含相关工程的设计修改,合理地降低设计标准,对工程当地分包在内的问题作出更加详细和明确的说明,并以书面澄清函的形式送达投标人,以达到自身权益最大化。

此外,关于标前澄清会,依据现行的国际惯例,招标人往往会在开标日期前举行一次开标前的澄清会议。招标文件一般会对召开标前澄清会的时间和地点予以规定,这种规定多见于投标者须知。澄清会议的主要目的是招标人对所有投标人提出的问题予以统一解答或澄清。有时候针对招标文件存在的错误,疏漏或混淆之处,招标人也会利用该会议进行相应的修正或补正。在这个会议上,往往招标人还会给出自己对招标工程的心理期望,方向、倾向,以及其他有关项目的信息资料。实践中,招标人会在会议结束后将会议中的问题和相应的解答整理成会议纪要并送达给各个投标人。该会议纪要将作为招标文件的组成部分,与招标文件效力相同。其中,利用国际金融机构进行贷款的项目,该会议纪要还需经贷款机构予以审查并备案存档。就承包商而言,这个标前澄清会是一次非常难得的机会，投标人应该在仔细研究招标文件，将自己发现的相关需要澄清的问题予以整理，并要求招标人予以澄清解答。

五、相关案例

某工程为某城市市区中运河8.6千米河段的环境治理工程，具体工作项目包括运河两岸的护壁预应力混凝土板桩工程、软地基处理、护壁结构交汇平台、河道淤泥清浚、市区供水主管的不间断供水改道、跨河桥梁桥台改造、绿化及其他工程。工程设计和施工监理单位（项目顾问公司）为某国际工程咨询公司，工程执行FIDIC条款。

参与本工程投标的竞争企业除中国建筑集团有限公司（以下简称中国建筑）以外，还有日本联合体、韩越联合体、泰国联合体。通过对工程及参与竞争情况的分析，中国建筑设定投标的原则为：务必中标、务必盈利。务必中标要求中国建筑必须提出最低的报价；而一个亏损的项目是无法达成务必盈利这个目标的。因此，为了处理、协调务必中标与务必盈利之间的矛盾，达到既定的目标，中国建筑对项目认真研究，制定和采用了有效的投标对策。

在实际操作中，中国建筑采用了不平衡报价对策、设计优化对策、技术澄清与确认对策等。笔者主要对技术澄清与确认对策进行分析。

有关工程技术方面的FIDIC条款合同主要由工程的设计文件以及合同的技术规范（specification）确定。投标时必须充分了解、理解工程项目的技术要求。同时，对于一些特定的技术要求，应及时在投标书中提出，以获得未来进行技术澄清的机会。不充分理解工程技术规范、不进行技术澄清，往往会在工程实施过程中造成各方矛盾、误解、争议，对工程的顺利进行极为不利。

本工程的背景是，设计公司和顾问公司是同一家公司，为避免其设计风险，其编制的技术规范条文需要经常设置相关内容，这也给承包商将工程技术与商务相结合以规避风险提出了要求。

1. 有关设计风险的澄清

由于本工程的部分设计是由承包商负责，在技术规范条文中多处涉及承包商的设计责任，于是顾问公司有意混淆责任。

本工程最重要的设计问题是护岸板桩的稳定性设计。而这种设计涉及工程沿线的地质勘察资料的可靠性。根据标书文件中提出的资料，设计公司在设计阶段所做的地质勘察是不充足的，基于此资料的护岸设计比较粗糙，存在设计不可靠的可能。但在技术规范中，多次提道：(1)承包商要为采用标书提供的地质资料负责任；(2)承包商在施工过程要进行护岸变形的实时监测；(3)承包商在施工过程中要进行必要的结构分析、模型分析、稳定性分析等；(4)承包商在施工过程中要避免发生滑坡、坍塌事故等。

由于板桩的规格、尺寸、力学性能指标是由设计公司负责，而板桩的材料参数又由承包商设计，一旦出现板桩稳定性问题，顾问公司就可以把责任加给承包商而避免自己作为设计方的风险。由于顾问公司在合同中处于强势方，承包商很难摆脱困境。因此，中国建筑非常清楚地提出澄清并经过多次会议得到了确认：(1)承包商使用标书中地勘资料的风险仅限于其施工行为，承包商不为此承担任何与设计有关的风险；(2)承包商施工过程中实施护岸结构的实时监测不代表其要为护岸结构的设计包括稳定性设计，承担责任；(3)承包商实行的各种结构分析只服务于其本身的施工行为，这并不说明承包商要为护岸工程的稳定性设计负责，承包商所有的结构分析、复核工作都不能消除设计公司及业主提供可行及可靠的设计文件的责任，以确保工程的顺利实施；(4)承包商有责任避免由于其施工行为造成的滑坡、坍塌事故，但由于设计问题造成可能的滑坡、坍塌事故不属于承包商责任。

这样的澄清非常明确地把工程最重要的护坡稳定性设计责任确定为设计公司及业主。这样，一方面可以明晰责任，另一方面可以提高设计(顾问)公司在项目实施过程中的配合程度，特别是对一些技术不合理的设计可以得到及时的改善、变更，有利于不平衡项目预测目标的达成，有利于项目的顺利实施。

2. 板桩施工方法的确定

合同技术规范提及了很多板桩的施工方法，其很明显的用意是要求采用静力压桩的方法。这是顾问公司为自己推卸责任而不顾现实情况强加的要求。由于施工场地周边是密集的居住区，顾问公司担心板桩的施工会产生噪声和振动，从而同周边居民发生冲突，于是根本不顾现实技术情况提出了无振动、无噪声的静力压桩方法。但事实上针对本工程，大吨位的预应力板桩全世界也没有静力压桩的设备及工程实践。通用的施工方法是振动锤加高压射水沉桩法，这也是当地普遍采用的方法。如果不在投标时提出澄清并确认施工方法，此工程将在顾问公司的为难下无法正常展开。经过艰难的标后谈判，在各方的压力下顾问公司只好同意了中国建筑提出的现实方法，避免了重大风险。

上述工程投标过程的实例，展示了技术澄清与确认等投标对策的应用。采用前述投标对策，中国建筑以最低标价成功中标上述工程。在实际的项目实施中，采取有效的管理措施加以引导，促使项目按投标对策的指导安排推进各种工作，最终取得了良好的效果。而与之形成对比的另一关联工程，是相同项目下的另一标段工程，由另一家中国的大型承包公司中标。但由于没有研究应用相应的投标对策，中标后项目实施极其困难，并发生重大亏损。

结合案例，可以得出三点启示：

第一，在高度市场化、高度竞争的国际工程投标过程中，应该认真研究并应用有针对性的投标策略，才能既取得市场又赢得利润。

第二，国际工程承包的投标与实施是一个工程商务与工程技术综合运用的过程，两者相互依存，相互支持，同等重要。

第三，中国企业参与国际工程承包，人才是其竞争力和综合实力的根本体现，对具有工程商务与工程技术综合知识及运用能力的复合型人才的培养是一个需要重视的问题。

第三节　国际工程招标人要求的澄清（投标澄清）

一、投标澄清的概念

投标澄清，是指评标委员会要求投标人对于投标文件中表述不明确、表述不一致或者有明显错误（如文字和计算）的内容，作出必要的澄清、说明或者补正。投标澄清应当在投标文件的范围内或者不能改变投标文件的实质性内容，投标澄清采用书面形式。

二、投标澄清的介绍

通常情况下，国际工程投标要经过多个阶段，包括承包商获取项目信息、投标准备、正式投标、投标收尾等。

在投标准备阶段，承包商广泛收集信息并进行分析工作，在此基础上作出是否参与投标的决定并编制资格预审文件，做好投标准备；在正式投标阶段，承包商组织投标小组、完成投标文件编制工作并递交发标人；在投标收尾阶段，承包商应对发标人澄清并展开合同谈判工作，最终签订项目合同。投标收尾阶段是整个投标过程的末端，投标澄清、签订承包合同、总结投标工作等均在该阶段出现。

开标在投标截止日后进行，具体时间和地点在招标公告中确定，一般不得改变。参与开标的每份投标文件应当符合程序要求，符合递交期限要求；逾期投标资料一般视为不符合要求，不得参与开标，但非因投标人原因导致逾期时除外（这种情况下一般作为流标处理）。

一般来说，开标时，招标人对投标人的表述，发现疑问的可以要求投标澄清、召开澄清会等予以说明、补正。此种情况下，参加开标的投标人有权对投标文件进行澄清、解释、说明并纠正错误等，但对于投标报价、工期、质量等实质性内容不得调整。

要说明的是，投标文件及投标澄清说明与合同具有同等法律效力，投标人必须清楚并重视其法律意义。

三、投标人应当重视并利用投标澄清机会

对于投标人来说，应当充分利用澄清机会。有经验的投标人可以通过澄清会，说明意图，施展竞标手段，更改或补正表述，促进招标人对自身的了解，增加中标的机会。招标人会对初步评审的投标书进行澄清、答疑（包括商务、报价、技术、合同等条款的澄清）。此时，如果重视并充分利用这个机会，全面而详尽地做好准备工作，加强与招标人的沟通，阐述自己的综合优势，就可以增加中标的胜算，这是机智的投标人的做法。

开标环节建议投标人务必重视，这一环节一定到场，且安排参与开标环节的组成人员应当有具体制作标书、熟悉标书内容的人员，不要由不相干的人员代替。另外，通常情况下，开标环节要进行唱标，开标时唱出的情况对是否中标影响很大。通过开标唱标，投标人一方面可以了解其他投标人（竞争对手）的优劣势，另一方面可以评估自身中标可能性的大小，以规划下一步动作。

开标之后，认为中标可能性高的投标人更应该充分利用澄清机会。很显然，就招标人而言，不是每个投标人都必须澄清，但是潜在中标人对投标书中不清楚、不正确、易混淆的部分，必须进行澄清、说明、补正，而不能任凭招标人的想象做判断。

在澄清问题上，投标人应注意三个问题：

1. 按要求澄清。对于招标人的澄清要求，投标人应予以响应，否则，可能被认为放弃夺标，并做废标处理。所以，有意夺标的投标人，应按要求（按时书面回答或按时出席当面回答）澄清，并做好充分准备。

2. 合理组织澄清人员。出席澄清的人员应当由对工程技术和工程商务熟悉、能力强的人员组成，必要时，为表示重视可由领导带队出席。澄清会上，应做好会议记录，参会人员签字捺印，详细留存双方澄清交流的内容。投标人回答招标人的问题应当慎重、谨慎、笃定，不做含混不清的答复，遇到招标人问题不明确时，可以要求招标人解释清楚；遇到自身拿不准如何答复时，可以要求会后或回单位核实或计算，弄清楚后再行答复（这是容许的，只要在商定日期内予以答复即可）。

3. 满足合理要求。在投标人澄清时，通过双方的交流，招标人可能会提出一些其他意见和建议，在不违反原则的前提下，可以满足合理要求。总的来说，澄清机会是非常重要的一环，投标人应当重视并充分利用。

第四节　国际工程中的投标述标

一、述标的含义

所谓述标，就是指投标人将自己的优势以及对标的的想法、理解、建设思路，以面对面交流的方式向招标人或评标评审专家进行现场展示以及阐述的过程。述标的最大目的是表达综合优势。

二、述标的使用

目前大部分项目其实是没有述标环节的。但在实践中，尤其是在采用竞争性磋商或竞争性谈判方式的工程中，有时需要投标人向招标人或评标评审专家介绍投标人对拟投项目的理解和建设思路。后来这种操作也渐渐被引入采用公开招标的方式中，常见于服务类或大型工程类招标项目。在这个面对面的“述标”沟通中，投标人可以利用宝贵的机会向招标人或者评标评审专家阐述自己将来履约的优势所在，自己计划的措施，并通过现场的招标人或者评审专家的答疑与互动，弥补自己在投标文件中存在的不足。因此，述标目前常见于公开招标的工程、服务性质的项目(需求难描述、内容主观因素较强)和谈判方式的采购项目。

述标有别于唱标。唱标往往是指由组织招标的机构在规定的时间和地点公开宣读各投标人参与某项目招标的情况,包括投标人名称、投标人投标报价、投标保证金交费情况,其参与者往往是所有的投标人。而述标指的更多的是在评标过程中,由投标人向评标评审专家简要介绍本公司对拟投项目的理解和建设思路。现实中,一般都是遵循先唱标、再述标、再评标的一系列过程。

述标,重在"述"。述标环节往往也是投标人激烈角逐之处。述标,非常讲究现场述标技巧,也存在一些必要的注意事项。不得不说,一场优秀的述标,其实是充足的准备和卓越的现场演绎的完美结合。因此,后文将探讨现场述标的技巧及注意事项,希望对投标人有所帮助。

三、述标的内容和注意事项

实践中,述标常常包括四个方面的主要内容:(1)公司简介。这里主要是指行业定位、规模、注资、资质、荣誉、团队、优势亮点。(2)投标人已经实施的成功案例或业绩。(3)投标人针对本项目的理解及解决方案。(4)针对本工程的实施措施和服务承诺。

述标并不是简单的点的集合,而是一项内在逻辑清晰且系统完整的较为复杂的工程。想要做好一份述标文件,往往需要从以下几个层次考虑问题:投标人对项目述标进行尽职的前期准备工作,投标人具体项目管理团队介绍及工程概况解析,投标人对设计方案的理解和深化的思路分析,如果有条件还可以就如何解决施工重难点向招标人提出合理化建议,在述标中配合相应的专业技术分析,对总包管理结构及相应的管理思路进行介绍或者分析,针对项目整体进度管理,质量管理以及安全管理提出自己的理论思路。

具体而言,首先,在准备述标材料时,投标人应该突出自己的亮点。投标人应尽可能熟悉项目述标基础流程框架,明确项目述标的目的、述标组成、述标前该准备的工作。懂得如何通过分析项目背景资料、竞争对手实力策略、项目架构表优化等作出有别于对手、差异化的前期述标汇报。其次,投标人应该特别注意在技术方面打动招标人。投标人可以在深化设计、施工重难点分析等专业技术层面上下功夫,以赢得招标人认可。述标侧重点可以包括从深化设计方案方面对设计方案提议项目优化建议,可以进行项目综合布点分析,预测项目施工中可能出现的重难点问题并提出相应的合理化建议，或者提出相应的专项施工方案等。再次，投标方可以适当发挥或利用科技手段丰富演讲效果。对于项目中可能用到的科学专业技术，述标现场予以展示或者介绍，如三维扫描技术、远程监控系统、建筑信息模型（Building Information Modeling，BIM）系统运用等技术。这些专业技术的恰当运用，往往是招标人评价投标项目团队作战能力的实力加分项，有些时候非常关键。最后，突出投标人的过程综合把控意识，突出自己资源整合能力。在述标的收尾环节，往往招标人应该对项目管理团队的相应配套资源和专业对接方面进行分析，阐述投标人对进度、质量、安全的全过程综合把控，使招标人充分认识到投标人的强大履约能力和决心。

关于述标，投标人有许多需要注意的地方，在此分为述标内容注意事项和述标现场注意事项两方面。

述标内容注意事项：(1)准确把握述标的核心目标。投标人应该明白述标工作的最终极目标或者最重要的目标应该是突出展示自己的履约能力，让招标人得以认可和接受。(2)深刻理解招标条款要求。所有的述标文件，都不应该与招标文件的要求相违背。述标前应该特别注意招标文件中的评分标准，得分或扣分的依据，相应的指标或者权重。(3)切勿过分重复投标文件。招标人的专家已经对投标方提交的投标文件有了认识或印象，而不需要投标人在述标中对既有的内容做过多的重复，而应该利用宝贵的机会展示投标文件以外的自己情况。(4)加大对主观评分方面的精力投入。因为客观评分标准方面因涉及硬性条件，不存在更改或者灵活处理的空间，因此投标人在述标时应该在主观评分方面下功夫，打动评审专家。在主观分上，分分必争。(5)根据项目特性提出理解和解决方案。述标的倾斜点应该是在项目特性基础上总结而来的，而不是大而空，讲一些放之四海皆可行的空话。建议有的放矢，逻辑严谨，分条陈述，简洁明了。特别是工程类述标，一定要抓重点、抓重心、抓亮点，在设计、施工、安全、应急预案等方面有亮点展示。

述标现场注意事项：(1)遵守时间观念，在最短时间内发挥述标现场最大价值。从实践中的招标投标来看，现场述标非常体现水平，述标往往时间短但内容多，这就要求述标人深入浅出，做到字字珠玑。同时，在国际工程招投标中，有些招标文件会明确规定述标环节，有些是招标投标过程中招标人通知投标人参加述标，有些还存在述标大会。但是，无论是哪种情况，投标人都要严守时间观念，防止错失大好机会。(2)选好述标人员,适当提前排练。现场述标人员应尽可能是对本项目招标要求、投标文件,以及本公司基本情况比较熟悉的人员,这样在述标现场才能有更好的整体发挥。(3)认真做好述标 PPT,做到美观大方。现场述标往往以 PPT 形式呈现,因此要认真做好述标 PPT,使其内容突出重点且有针对性,形式上美观醒目(少用大段文字,可用图表等)。(4)鉴于述标有时间限制,因此要注意现场时间管理问题。现场述标往往采用 PPT 形式,可以适当进行排练或者模拟,在排练中练习或者熟悉时间管理方法和效果。(5)述标现场礼仪与礼貌问题。在述标演讲过程中,注意不要大段朗读文字或者自言自语,尽量避免过多使用口头禅,还应避免一些小动作,如抖腿、托下巴、身体晃动、猛拍桌子等。此外,应该充分尊重当地人的风俗习惯,避免一些引人尴尬或者令人误解的动作。(6)从容应对专家的提问和答疑。专家提问时,身体要面向所提问的专家,有目光接触,认真倾听。听不清楚或未理解专家问题时,应礼貌地请专家再说一遍,并实事求是地予以回答。如果遇到专家的提问与标书涉及方面有不确定的地方,不要现场与之争论,而是委婉请示研究再答复。(7)做好答疑的功课。招标人组织述标的目的在于选出产品性价优、综合实力强、售后服务好、后续管理便捷的履约公司。因此投标人应该注意提前要设想招标人会提出的问题,并对问题提出相应的预案,防止无所适从。

综上所述,述标在评标过程中有非常重要的作用,投标人针对述标需要引起足够的重视,应该注意相关的述标问题,以认真态度对待述标,增强自己的中标能力。

四、关于述标的相关案例

国际热核聚变实验堆(ITER)项目位于法国南部小城卡达拉舍,由中国、美国、印度、日本、韩国、俄罗斯和欧盟七方参与建设,是占全球约一半人口的国家参与的国际合作项目,也是迄今我国参加的规模最大的国际科技合作计划。项目计划建造期 10 年,运行期 20 年,去活化期 5 年。该计划旨在验证和平利用核聚变能源的科学和技术的可行性,其成功与否关系国际核聚变和平利用的未来。

作为一个核聚变项目,相比以往的核裂变工程,ITER 项目在国际上并没有太多成熟经验可供借鉴。尽管如此,相对核裂变工程,国际热核聚变实验堆主机安装一号合同(TAC1)对某些基本素质要求是相通的,如工程总承包能力、科研实力、工人技艺水平等。

投标人分析了这个项目的需求，由中国核电工程有限公司牵头，携手中国科学院等离子体物理研究所、中国核工业二三建设有限公司、核工业西南物理研究院、法国法马通公司，组成了一个新的团队。这是一个强强联合的团队，其中既有国内顶尖的核聚变研究机构，又有在法国很有影响力的国际知名大公司，还有具有丰富工程施工、承包经验的公司。

就中国核电工程有限公司来说，其先后完成了10台核电机组的总承包，已建成的核电机组整体运行良好；在建以及签订总承包合同的核电机组达20余台。其正在建设的“华龙一号”全球首堆，作为我国研发的第三代百万千瓦级压水堆首堆项目，在进度、投资、质量、安全四大方面控制符合预期，特别是在进度上，可以按时甚至提前完成相关节点，这在世界首堆建设中是从没有过的。这也是这次投标过程中打动招标人的一个很重要的因素。因为迄今为止，世界上的核电首堆建设没有能够按进度节点完成的。

中国科学院等离子体物理研究所是中国热核聚变研究的重要基地，其高温等离子体物理实验及核聚变工程技术研究处于国际先进水平，并有一系列国际先进或独具特色的成果。

核工业西南物理研究院是我国最早从事核聚变能源开发的专业研究院，经过40多年的努力，拥有较完整的开展核聚变能源研发所需的学科及相关实验室，先后承担了“中国环流器一号装置研制”“中国环流器二号A(HL－2A)装置工程建设项目”建设任务，取得了一批创新性的科研成果，实现了我国核聚变研究由原理探索到大规模装置实验的跨越发展。

中国核工业二三建设有限公司则先后承担我国秦山核电、大亚湾核电等11台机组的核岛安装工程任务，其几十年不间断从事核电站核岛安装，具有大型项目管理能力、工程施工能力、质量与安全能力等核心竞争力，在一系列国家重点工程施工中取得令人瞩目的成绩。

法国法马通公司则是法国主要的核反应堆供应商，有着丰富的核电机组建设记录。

对于本次项目，各方可以说是强强联手，共同创造核能工程领域的新奇迹。

在各成员方的共同努力下，按照招标人的截标要求，中法联合体经过两年多的大力协同、优势互补、精诚合作，充分发挥各自优势，特别是以“华龙一号”海内外四台机组工程建设各节点均按期或提前完成为成功案例进行了投标，于 2018 年 12 月 31 日完成标书提交工作，最终在全球多家竞争对手中脱颖而出，成功中标。

梳理一下该项目中标的时间线。2018 年 9 月，法国法马通公司加入联合体，共同应标 TAC1 项目；同年 12 月 31 日，经过多方协同努力，完成标书提交工作；2019 年 1 月，中法联合体代表到法国 ITER 项目现场做技术述标。然而述标过去两个月后，到预计授标的时间点了，中法联合体没有收到相应的二次报价材料，这让团队成员们有些担心。但在 2019 年 4 月出现转机，中法联合体与招标人面对面进行了一次竞争性谈判及工程技术、工程商务一致性的澄清，双方开诚布公，对彼此关切的问题进行了深入交流，双方有了更深入的了解。

根据这次谈判结果，2019 年 5 月，中法联合体在更加全面了解招标人的要求后，提交了具有竞争力的最后方案（best and final offer，BFO），以进一步展示中法联合体各方的综合技术实力，包括全球首堆建设能力等。与此同时，为满足招标人对技术、商务标一致性的要求，商务报价人员通过测算、调整报价策略，在 BFO 中提供了具有竞争力的商务报价。

中法联合体认为标书可能还没有完全体现自身能力，便又主动给招标人提交了一份技术文件，以证明技术资质、经验与实力等。项目负责人及团队成员并没有坐等结果，而是积极地沟通，增进了招标人对中法联合体的实力的认识，增强了招标人授予 TAC1 项目给中法联合体的决心。在参与过程中，随着工作的推进，投标工作团队慢慢感觉到自身很多方面并非不如其他西方国家，他们的信心越来越足。最终，中法联合体获得了希望的结果。

第六章　国际工程项目投标与议标策略对比分析

议标又称谈判招标(negotiated bidding),属于非竞争性招标。议标一般由发包人直接与意向承包人进行合同谈判。一些因造价过低不值得招标的工程项目,或工程所需专业由一家或几家公司垄断,或工期较为紧迫,或属于政府协议工程等情况下,多采用议标方式。

综观国际工程承包市场,国际上知名的承包人每年约有90%的工程项目是通过议标方式取得,可见,议标方式在国际发承包工程市场中具有重要地位。

第一节　议标策略与公开投标的比较

公开招标一般为一对多进行谈判,而议标是一对一进行谈判。从已知的一些工程建设、物资采购项目中可以看出,议标项目形式一般多样且灵活;议标项目选择供应对象一般没有特定数的概念,有采用一对一的谈判方式,也可以采用类似公开招标方式进行。议标的实质是在"议"上,从实践上看,在公开招标方式中,报价及技术性条款一般不得谈判,而议标项目则允许就报价、技术性条款等进行谈判。一旦确定了中标人,招投双方可以就标的实质性的东西,如报价、时间、程序等,进行讨价还价。对招标人来讲,议标可以使标价降低或各种实质条件更有利于自己;同时,对投标人来说,通过议标,可以帮助其理解对含混不清的内容,改善合同条件,提升中标可能。议标尽管也要求投标人递交投标书及报价,在协商过程中双方可以就合同条件、付款方式、合同价格、材料供应等内容讨论修改。①

---

① 参见张天伟、夏杰:《在招投标工作实践中关于议标的思考》,载《建筑管理现代化》2007年第6期。

议标项目承包人具有较高的控制权，不利于招标企业节约资金。公开招标、邀请招标方式的基本属性是有组织的竞争、公开、公平、公正，而议标在发包人和承包人之间展开，通过一对一谈判达到招标目的，不具有公开性和竞争性。

议标使企业更依赖信息获取及谈判，而忽略增强专业竞争力。招标投标活动中，承包人要想得到中标的机会，就要不断提高专业能力占领市场，而提高企业专业竞争力，就需要从提高质量、高效管理、节约成本、缩短工期等方面进行。议标过程缺少竞争对手，企业容易忽视专业能力的提升，不利于企业的长期发展。

第二节　议标项目的工作流程和谈判技巧

一、议标项目的工作流程

施工企业可以根据企业自身的条件制订适合本企业的工作流程，以下为议标项目的工作流程：

1. 项目准备阶段

首先，企业应积极获取项目信息，并对项目信息进行筛选。议标类项目的信息来源主要有以下三个方面：

(1)我国驻外使馆推荐。如果企业在国内相应的行业中已具备一定的知名度及信誉水平，当外方有这方面项目时，企业可能会得到使馆的推荐。

(2)中介提供的信息。在许多国家需要中介与项目所在地政府部门、发包人进行沟通，利用他们熟悉当地习惯，以及受政府官员和发包人员信赖的优势，促进和推动项目。

(3)企业驻外办事机构。如果企业在当地已经设立了办事机构，可以通过办事机构取得项目信息。

议标项目要重点突破，确定了重点跟踪的项目，就可以对这些项目集中人员和资源的优势。

其次，企业应做好项目建议书，并对相应工作持续跟进。承包人应确定重点跟踪项目，与发包人进行初步沟通后，根据发包人需求作出初步技术方案，商务人员依据该技术方案作出相应报价，并出具项目建议书。在与发包人就项目建议书进行交流后，发包人如果对该项目建议感兴趣，会要求承包人提供更加详细的技术方案并对技术方案进行项目报价。

最后,应尽早请施工相关人员介入议标项目,此行为可以使报价更为准确。通常来说,承包人对项目进行报价,应先请设计单位的概算人员根据现有技术方案估算项目成本,再由企业的商务人员考虑中介费、融资费、企业利润等,最终提出商务报价。但由于设计单位的概算人员并不了解当地施工的各种信息,甚至有些设计概算人员对施工也不熟悉,估价难以准确。提前要求施工人员介入,可以使企业提前判断施工中可能存在的问题,如果议标前期施工可能存在的问题过于严重,将会影响项目的可行性。

国外议标项目中,承包人应提早与我国使馆经参处做好沟通,对项目立项登记,以便于我国使馆参与后续的协调工作。同时,企业也应当及时向我国商务部、机电商会、工程承包商会办理立项手续,为项目融资打下基础。承包人在与发包人谈判时,应与发包人签订备忘录或合作协议,以巩固谈判的结果,为合同的签署做好准备。①

2. 项目运作阶段

我国企业所在的国外市场多数为发展中国家或地区,基础设施条件相对落后,需要建设的项目很多,且可得到的融资资金较为紧张,项目所在地的施工企业建设能力有限。很多时候资金决定了项目是否能够成功。解决资金问题,有时需要借助我国的优惠贷款或买方/卖方信贷或国际金融组织贷款政策。偿还该贷款,需要项目发包人用资源产品或者企业产品来偿还,此时如果可以得到借款国家利用其主权进行担保,贷款问题将更加容易得到解决。

融资资金到位后,企业就可以开工建设。建设完成后,发包人用资源或企业产品来偿还贷款,这样议标项目就运作完成了。议标项目的顺利完成,存在各种各样的问题需要解决,这需要企业的决策层和工作人员共同克服和解决。

二、议标项目的谈判技巧

由于议标项目的发包对象较少,谈判是控制合同价款的重要手段。要将合同金额控制在合理的区间,同时要在合理工期内保质保量地完成施工任务,针对此情况,合同谈判宜做好以下工作:②

---

① 参见谢隆安:《国外大型 EPC 议标项目的开发》,载《世界有色金属》2013 年第 8 期。

② 参见狄小格:《浅谈独家议标施工项目的合同谈判》,载《湖北水力发电》2009 年第 1 期。

1. 谈判准备阶段

(1)明确目标。发包人希望通过谈判得到更低的工程造价,并要求承包人承担更多的责任;而承包人希望通过谈判减少竞争对手,从而获得更多的项目利润。若是谈判双方都坚持这样的想法,则合同谈判难以进行。确定合理的谈判目标是双方合作的基础,双方应各自降低心理期望值,通过谈判获得双赢。

(2)收集资料。一般来说,议标施工项目的施工方案在谈判前需报送发包人审批,承包人提出的方案是从便于施工角度考虑的,而忽视由此带来的高造价。因此发包人会严格审核,保证谈判建立在合理的施工方案基础之上。此外,承包人应了解选用哪些定额及子目是适宜的,并知悉类似定额之间的差距,为制订谈判方案做准备。然后,承包人应了解同类项目的竞争性价格,为最后决策提供依据。

(3)方案的制订。议标项目的合同谈判往往比招标投标项目的合同谈判难度更大,会反复进行多轮。习惯做法是制订 2 ~3 个差异性方案,依谈判情形适时抛出。在谈判中,让对方明白哪些属于不可让步的原则性条款,哪些属于可协商的部分。

2. 谈判阶段

(1)工作内容。关于施工合同工作内容的描述,一定要范围清楚、全面具体、责任明确。确定工作内容可以采用工程量清单进行计量,工程量清单各项应与相应定额计价原则配合,预估的工程量要留有余地,涉及主材的项目要注明外观、质量和型号,要注意区分各专业之间的边界条件。对于清单中的总价项目,需配合相关资料(如图纸、施工方案)在合同条款中将内容阐明,不能模糊,以免承包人在实施过程中提出变更索赔。

(2)合同价格。价格是议标谈判中的核心。影响价格的因素有现场条件、施工方案、作价规则、收益预期等,发包人应尽量提供可以直接施工的现场环境条件,审核并批准合理的施工方案,同时现场条件、施工方案应在谈判前基本落实确定。

首先,谈判时要尽量降低承包人的预期收益水平,由于议标项目竞争性较公开项目小,承包人已获得优势,谈判中发包人会要求合同价格具备竞争性。即使发包人要求价格具备竞争性,承包人还是应回避投标风险并节约投标成本,使预期收益更加合理现实。其次,发包人在方案筹划阶段应确定合理的作价原则,即价格水平总体上不高于区域内同类项目的竞争性报价。相同作价原则计算的各子项目价格仍会有高有低,若在谈判过程中,有利于承包人的价格就调低,有利于发包人的价格就回避,那样将使双方失去信任,降低工作效率。

(3)项目工期。议标施工项目一般工期较为紧张,为了尽早实现项目功能,发包人一般要求承包人尽快完成项目。很多事实表明,工期紧张给安全、质量、材料供应都带来不利影响。发包人应参照同类项目的合理工期制订项目预计工期,并考虑议标项目存在的特殊环境,在保证质量、安全、造价等前提下,与承包人协商合理工期的期限。

(4)主材供应。发包人负责供应主材时,由于发包人采购主材价往往低于市场价,为防止承包人未能合理使用主材,发包人会在谈判阶段提出主材的核销。一般可以分两个阶段进行核算:统一核销,在签订合同阶段,双方根据初步方案,结合定额单耗计算主材用量,并将此用量写进合同,作为控制计划量;在竣工结算阶段,双方结合定额单耗计算主材竣工阶段用量,与实际用量对比,若实际用量超过计算的理论用量,要在竣工结算中按照施工期主材市场价进行核销。

(5)违约责任。合同出现违约情况时,如没有造成严重的后果,双方应协商解决。建议针对每个工程的特点以及容易出现违约的情况,专门订立违约条款,一旦有违约情况发生,在双方协商解决的基础上,保留守约一方追索的权利,避免给守约方造成损失。

三、议标过程中需注意的问题

1. 议标准备阶段

(1)发挥好中介的作用。要与中介签好代理协议,加强对中介风险管控,多方核查中介提供的信息,尤其是投标材料的准备,将中介的利益和项目具体的推动工作挂钩,及时清除"滥竽充数"的中介。目前,海外中介的评价体系尚不完善,有些中资企业因未能及时有效核查中介信用,轻信中介提供的信息,提交与招标要求不一致的材料甚至虚假不实进行投标,最终被招标企业、投资银行制裁。

一般来说,中介机构与承包企业单独签订服务合同,以议标项目能否最终获取、项目标的数额等计算中介费用,中介机构对于施工过程中存在的风险不承担责任。同时,承包人可以通过经销商获得项目信息,经销商会在施工过程中要求施工单位采购其经销的产品以获得项目收益,承包人应综合考虑产品采购风险及项目获取可能。有些当地施工企业可以获取项目信息,但不具备项目施工运作的能力,中资企业可以与当地施工企业组成联合体,共同施工获取项目利润,鉴于当地企业对于项目所在地市场、施工环境等更为熟悉,中资企业可以提供施工人员、资金、技术方案等内容,双方通过协议约定权利义务。

(2)项目前期要与合作方签好协议。合作方主要是指承包人在国内合作的设计院和设备供货商,承包人应与合作方提前签好协议,锁定价格以保证项目利润。避免项目执行过程中相互推卸责任,影响项目顺利进行。

(3)物流、仓储工作。国外项目较之国内项目一个很大的不同,就是距离问题。要充分考虑物流仓储的时间、成本,承包人要事先勘察设备、材料运输路线,确定运输预案或方案。建立完备的仓储管理制度,使设备、材料保存完好,以便于施工安装。

(4)重视翻译工作。国内许多商务、技术人员掌握英文,能够对外进行交流、谈判。随着中国企业走出国门,走向越来越多的国家,如南美主要是使用西班牙语、非洲地区主要是使用法语,掌握这些语言的商务、技术人员比较少见。对外签约过程中要尽量争取使用英语进行交流,图纸等文件应当尽量使用英文,但如果双方要使用英文之外的语言,就要求我们在工期中考虑翻译的时间因素,甚至在项目成本中也要考虑聘用翻译人员或翻译公司的费用。

2. 议标谈判阶段

(1)保持良好的心态。谈判结果与谈判的心态有很大关系。议标施工项目参与议标的承包人较少,谈判难度较公开项目会大一些。就承包人而言,可能认为项目势在必得,滋生自满心理。

(2)注意谈判的策略。在这样的谈判中发包人一般采取以守为攻的策略,谈判中更多倾听承包人的要求。承包企业应迅速摸清发包人真实意图和心理期望,尽量让其将全部要求一次性提出来,切忌每次谈判抛出新的议题。谈判应当从原则到细节,由整体到局部。

(3)捆绑有利部分和不利部分。在一个项目中,各子项目之间利润分配往往是不平衡的,双方都希望保住对其有利部分,迫使对方让步。谈判中将有利部分与不利部分捆绑,更容易找到双方谈判的平衡点。

(4)熟悉现场情况和施工工艺。承包人常常以现场情况、施工工艺复杂,与定额差异大为由要求提高单价。由于不同工程的现场情况各不相同,编制定额时应综合各种工况全面考虑。

3. 合同签订阶段

(1)谈判前要仔细分析研究标书中的合同条件和技术规范要求，准备好谈判提纲，对拟提出的建议事先论证充分。承包企业应对发包人可能提出的各类问题准备好回答的意见。

(2)投标时应将合同条件中存在的问题以投标致函形式向发包人提出，作为以后议标时的书面依据。

(3)要由熟悉业务和外事谈判的技术干部和领导干部配合，配备能力强的外语翻译，组成议标合同谈判的团队。

(4)谈判中既要争取对自己有利的合同条款，又要善于把握时机灵活机动，一种方案谈不成，变通另一种方案。即使双方未能达成协议，也要使发包人感到合同未能签订的原因在于发包人要求过于严苛。

第七章　国际多边金融机构贷款项目的投标规则

第一节　世界银行贷款项目的投标规则

一、世界银行及其招标管理制度概述

1. 概述

(1)世界银行

世界银行系世界银行集团的简称,其成立于1945年,1946年6月开始营业,由国际复兴开发银行、国际开发协会、国际金融公司、多边投资担保机构和国际投资争端解决中心五个成员机构组成。

其中,国际复兴开发银行、国际开发协会共同向发展中国家的政府提供资金、政策咨询及技术援助。国际复兴开发银行的援助重点为中等收入国家及信用良好的较贫困国家,而国际开发协会则主要支持最贫困国家。国际金融公司、多边投资担保机构和国际投资争端解决中心则是侧重加强发展中国家私营机构的发展。世界银行集团通过这三个成员机构,向各国的私营机构提供资金、技术、政治风险担保及争端解决。

世界银行集团及其五家成员机构作为向发展中国家提供资金和知识来源的机构,致力于消除极端贫困,推动共同繁荣,并促进可持续发展。其每年通过投资项目贷款在130多个国家实施总价值约150亿美元的业务采购。因其规模巨大、实施范围广并影响深远,世界银行采购体系历来受到各国广泛关注,其采购制度

是其他国际组织和各国构建采购体系的主要参考制度之一。①

(2)投资项目贷款

投资项目贷款是世界银行向各国提供银行资金的方式之一,主要为减少贫穷及可持续发展所需的社会基础设施的建设及相关活动提供资金。贷款主要采取国际复兴开发银行贷款或国际开发协会的授信、赠与或者担保的形式。世界银行对其贷款项目的招标投标有监督职能,如我们代理过的某国际工程案件中,因为资金来源是世界银行,在标准的 FIDIC 合同条款"Inspections and Audits by the Bank"部分,需要按照世界银行要求加入下述子条款:The Contractor shall permit, and shall cause its Subcontraction and sub – consultants to permit, the Bank and/or persons appointed by the Bank to inspect the Site and all accounts and records relating to the performance of the Contract and submission of the Bid, and to have such accounts and records audited by auditors appointed by the Bank if requested by the Bank. The Contractor's and its Subcontractors' and sub – consultants' attention is drawn to Sub – Clause [Fraud and Corruption] which provides, inter alia, that acts intended to materially impede the exercise of the Bank's inspection and audit rights provided for under Sub – Clause constitute a prohibited practice subject to contract termination (as well as to a determination of ineligibility) pursuant to the Bank's prevailing sanctions procedures)。即世界银行要求在投标书征询文件和世界银行资助的合同中包括一条子条款,投标人、咨询顾问、承包人、供应商、分包商、分包咨询顾问、代理商、相关人员,允许世界银行检查与世界银行资助合同的采购程序、选择和合同实施有关的所有账目和文件,并由世界银行指定的审计师审计。

为保障世界银行贷款项目招标投标活动的顺利进行,我们在此专章介绍世界银行的招标采购规则。

2. 适用范围及招标管理制度

(1)适用范围

投资项目贷款适用于具有明确发展目标、能够付诸实践并且最终可以取得显著成果的项目。贷款审批放款后,主要用于采购货物、建筑(工程)、其他非咨询和

① 参见夏玲:《世界银行采购体系改革及启示》,载中国政府采购网,http://www.ccgp.gov.cn/gjdt/201904/t20190417_11918807.htm。

咨询服务。

(2)招标采购管理制度

2016年7月,世界银行对投资项目贷款(IPF)所适用的招标管理制度进行了修订与调整,发布了新采购体系(New Procurement Framework)以加强对IPF资金的使用管理,适应全球范围内新技术发展、采购模式创新等形势变化。在此之后批准的投资项目贷款项目按照新采购体系执行,不再执行原《货物、工程和非咨询服务采购指南》与《咨询顾问选聘指南》,而以《世界银行投资项目贷款(IPF)借款人采购规则》(以下简称《采购规则》)为主要适用制度。

世界银行贷款项目的政策覆盖整个采购周期,包括项目设计、采购规划、招标、合同管理和实施,实现了闭环管理。考虑到目前适用《货物、工程和非咨询服务采购指南》与《咨询顾问选聘指南》的IPF项目较少,故后文主要介绍新的采购体系的相关规定及适用内容。

新采购体系由大致43个文件组成,所有文件均可在世界银行官方网站的采购主页上获取。[①] 文件层级和效力由高到低的顺序为:《采购政策》—《采购规则/采购指令》—《采购程序》—《采购指导文件》,前三者为具有约束力的文件,《采购指导文件》是为方便快速了解制度的梗概介绍以及根据主题编写的刊物。其中,由世界银行董事会通过的《IPF和其他业务采购政策》具有最高效力,其他采购制度文件均以此为依据。这些文件包括[②]:《IPF借款人采购规则》,《IPF和其他业务采购指令》,《IPF和其他业务采购程序》,涉及借款人入门指南、利益冲突、合同管理、合同价格调整计算手册、竞争性对话、环境社会健康安全采购、PPP、采购策略、可持续采购、评审标准、采购投诉等事项的27个《采购指导文件》,采购策略、采购计划、采购公告、意愿函等文件模板,用于货物、工程、咨询服务和非咨询服务的通用标准采购文件,以及医疗卫生、教育、成套设备、管理服务、信息系统等专业领域的标准采购文件。

3. 基本原则

根据《世界银行投资项目贷款的采购——借款人入门指南》规定,投资项目贷

① 参见世界银行官网:https://www. worldbank. org/en/projects - operations/products - and - services/brief/procurement - new - framework。

② 参见夏玲:《世界银行采购体系改革及启示》,载中国政府采购网,http://www. ccgp. gov. cn/gjdt/201904/t20190417_11918807. htm。

款的核心基本原则由物有所值、经济、诚信、符合目标、效率、透明、公平七个部分组成，具体如下：

（1）物有所值原则，是指贷款资金的适用需要与最终效果、项目效率和经济性相匹配。因此，需要在审核时对贷款项目的成本、利润、风险识别、全生命周期等进行评估。

（2）经济原则，主要从质量、可持续性、非价格因素及生命周期等入手，以实现物有所值。该原则允许将借款人的经济、环境及社会因素作为采购审核的考虑因素，也可吸纳借款人自身的可持续采购政策作为可持续标准。

世界银行贷款通常都将项目自身的质量作为监管的核心，各项规定都是为了确保贷款项目可以保质保量地完成，从而确保贷款的回收。

（3）诚信原则，资金、资源、资产、职权的利用及行使，均应当符合借款人在投标时承诺的预期目的及使用方式，同时亦不能违背社会公共利益及公序良俗。世界银行要求参与采购的各方及其关联方（包括但不限于借款人、其他受益人、供应商、投标人、承包人、分包人、咨询顾问），在采购及合同履行过程中遵守最高道德标准，并杜绝发生欺诈和腐败的行为。

（4）符合目标原则，该原则要求采购必须以满足发展目标、实现项目结果为基本要求，采购时需要将项目的背景、风险、价值和复杂程度作为评判要点。

（5）效率原则，该原则要求采购过程与所开展项目活动的金额和风险相匹配。采购过程要对时效性有严格的要求，规避项目逾期的情况发生。

（6）透明原则，该原则要求借款人和世界银行开展适当的信息披露工作，具体要求为：①相关采购信息可以通过公开渠道及时予以公布，公众能够以合理价格或者免费形式予以查询；②对于采购活动进行适当的披露；③仅在合同约定的情况下行使保密条款。

（7）公平原则，①投标人、建议人、咨询顾问均享有平等的机会和待遇；②借款人、供应商、承包人和投标人、提议人、咨询顾问之间的权利、义务平等；③具备处理与采购有关的申诉及索赔的有效机制。

4. 主要特点

（1）制订基本原则，保障体系正常运作的同时引入创新规定

前文已经提到了《采购规则》的七大基本原则，除了公平、效率、诚信这些法律规范领域中经常存在的基本原则，投资项目贷款还特别引入了物有所值、符合目

标等原则。

众所周知,物有所值评价原则在我国的政府与社会资本合作项目中也有相关的规定,政府与社会资本合作项目的物有所值评价分为定性评价和定量评价。其中包括了对生命周期整合程度、风险识别与分配、绩效导向与鼓励创新等要求,与世界银行贷款项目的基本原则内涵大体一致。

同时,符合目标的基本原则确定了采购体系的总体基调和战略性基础,防止贷款项目偏离目标与现实,从各个环节出发,将要求贯穿整个贷款项目的流程,确保项目达成预期的成果。

(2)建立治理机制,协助借款人提升能力并推动采购改革

《采购规则》明确了借款人、世界银行各自的角色定位及职责。借款人负责按照与世界银行之间的贷款合同开展采购活动,包括制订采购计划、编制采购战略、确定投标文件、签署各类合同等;而世界银行则主要负责向借款人提供培训、建议和监督。

与此同时,世界银行采取了更为系统的方式来提升借款人的能力及采购改革。一方面,其成立了公共治理行业全球发展实践局,通过全球多领域的资源共享来加强借款人的能力建设;另一方面,协助各借款人实施采购项目发展战略,世界银行通过要求借款人在各个贷款项目使用最佳的、正确的采购方案,通过系统化的演练,加强借款人对其国内贷款项目采购系统的优化及改革。

(3)调整审查方式,将事前、事中审查逐步后移至事后监管

在原有的采购框架中,世界银行对诸多非关键因素进行事前、事中审核,增加了审核的环节和流程。在严进宽出的同时,也降低了贷款项目的审批效率,一些项目一旦遭到否决,便无法进入下一个采购环节。

《采购规则》中,世界银行逐步将事前、事中审查工作后移,并将其交由借款人的主管机构进行事后监管,必要时聘请第三方独立机构提供监察服务,进一步提升了效率。

2019 年 9 月,国务院也发布了《国务院关于加强和规范事中事后监管的指导意见》,旨在转变政府职能,深化简政放权、放管结合、优化服务改革,进一步加强和规范事中事后监管,以公正监管促进公平竞争,加快打造市场化法治化国际化营商环境。由此可见,无论在什么领域,简政放权、创新监管方式,均有利于提高

效率,推动经济持续健康发展。

二、招标采购规则及其要求

1. 职责

(1)借款人

在世界银行采购程序中,借款人应负责依照《采购规则》实施世界银行资助的采购活动,包括规划、制定战略、招募和评审申请书/报价/投标书/建议书,并授予和管理合同。借款人可以邀请诚信监督第三方参与不同的采购阶段,包括协商、开标、评估、协商、合同授予决策、合同履行等。当银行要求借款人委任诚信监督方时,该委任需要获得银行的同意。

(2)世界银行

为保证资金仅用于融资的目的,世界银行履行一部分采购职责,包括支持、监督以及基于风险考量对采购整体情况进行把握。

世界银行对于高价值和/或高风险的采购活动会进行事前审查,也会对采购过程进行事后审查,以确定是否符合法律协议①的要求。具体什么采购会受制于审查制度,需要依项目决定,同时也看具体合同类型下的采购风险。该风险由世界银行在项目准备阶段评估,并根据实施进展情况再次评估并更新。如果世界银行根据风险评审的结果决定需要进行独立的采购审查,世界银行将任命独立的第三方进行独立的采购审查,即采购审计。若世界银行认为借款人发生“紧急情况”或“能力受限”,也会提供“手把手”的实施支持。

(3)公司和个人

公司和个人的有效参与和履约是采购过程中不可或缺的一环,通过其有效竞争,可以选择出“最佳投标”,使采购结果“物有所值”。同时,世界银行制定了严

① 法律协议:世界银行提供项目贷款的协议,包括采购计划和作为参考而引入的全部文件。如果世界银行与实施项目的实体达成项目协议,则该术语适用于项目协议。

格的利益冲突规则确保采购活动的公平公正。①

2. 投标资格

一般而言,世界银行允许任何国家的公司和个人提供货物、工程、咨询与非咨询服务。因此,若非出于投标人履约能力和利益冲突的原因,借款人不可以拒绝投标人参与投标或签订合同。但是在下列特殊情况下,借款人可以否定投标人的资格:

(1)依国家排除

投标人国家或地区或货物制造国家或地区属于借款人法律法规禁止商业往来的国家或地区(若世界银行此时认定该排除未妨碍有效竞争)。

在采购活动会在不同管辖区域内执行(采购涉及多个国家或地区)情况下,若世界银行和所涉国家或地区都同意,可排除某一投标人。

为遵守联合国安理会决定,借款人所在地法律禁止从某国或地区进口货物、禁止向某国或地区或该国或地区个人或法人付款。

---

① 对于如何判断是否存在利益冲突,《采购规则》第 3.15 ~ 3.17 条具体规定:对于货物、工程和非咨询服务,一家公司如有下列情况,应被视为存在利益冲突:a. 该公司提供的货物、工程或非咨询服务源于该公司或其关联公司(关联公司直接或间接地控制该公司,或关联公司被该公司控制,或双方被共同控制)为项目准备或实施所提供的咨询服务,或与该咨询服务直接相关。这一规定不适用于交钥匙或设计和建造合同项下共同承担承包人义务的各种公司(咨询公司或供应商)。或者 b. 该公司,包括其人员,与借款人,或项目的执行机构,或者世界银行贷款的一部分的接受方,或其他任何代表借款人的机构的专业工作人员有密切的业务关系或家庭关系,而该专业工作人员:i. 直接或间接参与采购文件或合同规格的准备及/或该合同的评审过程,或 ii. 将参与该合同的实施或监督,除非这种关系所产生的冲突已经在整个采购和合同履行的过程中以世界银行可接受的方式得到解决;或者 c. 不符合世界银行有关具体采购过程的标准采购文件所规定的任何其他利益冲突的情况。对于咨询服务,咨询顾问不得受聘从事那些与他们以前或目前对其他雇主承担的义务相冲突的工作,或者从事那些可能将其置于不能以借款人的最大利益为出发点来履行其咨询任务的工作。在不限制前面所述的规定的普遍性的前提下,不应在以下几种情况下聘请咨询顾问:a. 借款人受雇于为项目提供货物、工程或非咨询服务的公司,(或该公司直接和间接控制的子公司,或控制或共同控制该公司的其他公司),或其与这些货物、工程或非咨询服务有直接关系的咨询服务工作。这一规定不适用于交钥匙或设计和建造合同项下共同承担承包人义务的各种公司(咨询公司或供应商)。b. 为项目准备和实施提供咨询服务的公司(或该公司直接和间接控制的子公司,或控制或共同控制该公司的其他公司),将不得继续受雇为后续项目提供货物、工程或非咨询服务,或与该准备和实施的咨询服务有直接关系。这一规定不适用于交钥匙或设计和建造合同项下共同承担承包商义务的各种公司(咨询公司,承包商或供应商)。c. 咨询顾问(包括其人员和分包咨询顾问),或其直接或间接控制的子咨询顾问,或控制或共同控制该咨询顾问的其他咨询顾问受雇于与该咨询顾问的其他咨询任务在性质上有利益冲突的咨询任务。d. 咨询顾问(包括其专家、其他人员和分包咨询顾问)与借款人,或项目的执行机构,或者世界银行融资的一部分的接受方,或其他任何代表借款人的机构的专业工作人员有密切的业务关系或家庭关系,而该专业工作人员直接或间接参与:i. 编制该咨询任务的任务大纲;或 ii. 参与该合同的选择过程,或 iii. 参与该合同的监督,将不得被授予该合同,除非这种关系所产生的冲突已经在整个采购和合同执行的过程中以世界银行可接受的方式得到解决。

(2)对国企的排除

非借款国的国企有资格参与竞标,借款国的国企在符合一定条件时可以参与:其财务和制度上有自主权、按照商法运行并且不受合同另一方主体监管。特殊情况下,若国企(包括公立大学、研究中心和机构)提供的货物、工程或服务具有独特性,或者他们的对于对项目至关重要的,世界银行可能会依个案判断并例外接受与其签订合同。

(3)世界银行反腐败规则名单下的排除

在世界银行的《反腐败使用者指南》下,某些公司或个人受到制裁或被列明为无资格的,也被排除竞标。具体名单可见世界银行官方网站。借款人也可以要求世界银行对借款国法律下制裁的公司和个人进行资格排除,只要能够向世界银行证明该制裁出于反腐败反欺诈的要求且经过正当程序审理。

3. 采购程序

世界银行的采购程序如图 1－7－1 所示,主要分为七个步骤:

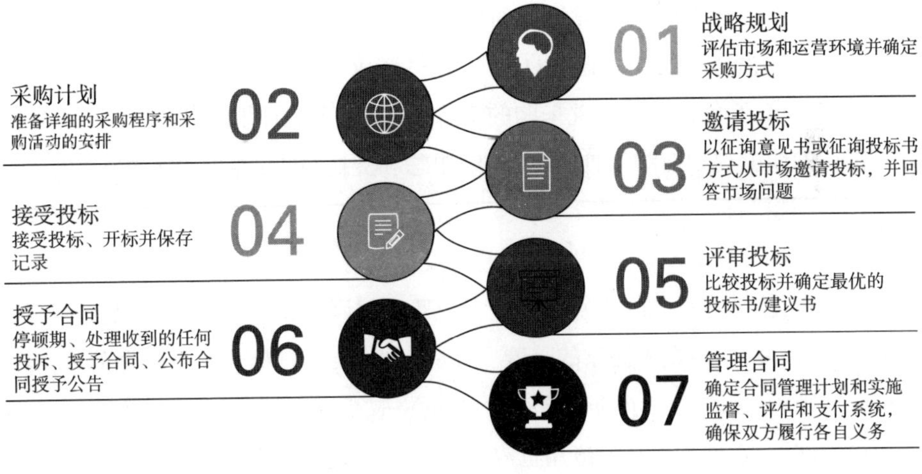

图 1－7－1　采购程序流程

资料来源:世界银行官网:https://projects. worldbank. org/en/projects－operations/products－and－services/brief/procurement－new－framework#framework)。

(1)战略规划

借款人在项目准备阶段需要制定并向世界银行提交采购战略规划报告。报告内容包括评估运营环境、证明借款人能力[提供过往记录并分析市场(潜在竞标者数量、参与价格、影响价格的因素、市场需求、是否有供给短缺等)]。借款人再

根据以上信息,设计合适的采购方式,其中要包括:

①要求/规格:借款人的要求可以是一致性规格或履行性规格,对于前者,借款人需要明确描述需求和实现的方法;对于后者,借款人需要详述想要的结果并允许市场提出不同的解决思路促进更多市场创新。

②合同类型。

③借款人如何从市场获得合适的供应商,包括其是否包含国内或国际竞争。

④比较不同投标人的评估和资格条件,以获得最优投标。

⑤概述合同管理及其监督办法,以保证合同主体的义务履行。

⑥世界银行员工会将战略规划概要加入项目批准文件中,待世界银行董事会批准该项目的融资。需要注意的是,战略规划应尽可能详细并且能够证明采购方式的合理性。

(2)采购计划

借款人还需要提交采购计划。采购计划报告基于战略规划报告作出,在此基础上更详细地描述采购活动并进行时间安排。一份采购计划报告中通常包括:①活动/合同的简要描述;②适用的选择方法;③成本估算;④时间安排;⑤世界银行的审查要求;⑥任何其他有关采购的信息。① 准备采购计划时,借款人可以按照世界银行的线上规划追踪工具(采购系统跟踪和交换系统)进行文件准备。

(3)邀请投标

借款人在市场上发布采购信息并邀请投标。对于公开的国际竞争采购,邀请需要发布在:①浏览量大的当地报纸或者免费访问网站;②联合国发展商业网站;③世界银行外网。借款人提供的采购文件应当包括:①投标人准备标书的指南以及中标规则;②借款人要求的介绍;③标书的格式范本;④草拟的合同副本。对于国际竞争性采购,借款人需要适用世界银行官方网站上提供的标准采购文件。对于需要世界银行进行采购前审查的,借款人需在邀约前提交所有采购文件待世界银行审批。

(4)接受投标

借款人在邀请投标后需要给投标人足够时间准备投标文件,比如,对于国际竞争性采购,需要至少预留 30 天准备时间。在此期间,投标人可以询问并要求招

---

① 参见《采购规则》第 4.4 条。

标人解释招标文件中的具体要求。借款人应及时解答并回复给所有可能的投标人。招标草稿文件需要明确投标的地点和时间,进行公开招标。例外情况下非公开招标也是允许的只要能够证成,如以最终最佳要约、竞争性对话或谈判形式进行的采购。非公开招标并不面向大众,因此需要保证有人监督开标并确保整个过程是公平且符合道德规范的,所有的投标人都被公正对待。该监督人需要出具报告,并且在中标时公开发布。

(5)评审投标

在世界银行规则下,最终中标者的选定依据的是"最优投标"评标标准。最初,在采购的初始阶段就需要确定评标标准并在采购文件中公布出来,以便投标人了解并满足招标人需求。评标标准应与采购物品/服务的类型、性质、市场条件、复杂性、风险、价值和目标相匹配。"最优投标"的程序取决于招标方式的选择,主要有两种评标标准。

价格标准,价格标准是指借款人将合同授予价格最低者。这类标准适用于采购一致性规格(付款人有明确结果要求和交付方式)。一般来说征询投标书会适用此类标准。

打分标准,在一些情况下,价格低者并非性价比最高,基于"物有所值"考量,打分标准是综合考虑价格(包括项目全周期价格)、质量、非价格属性、风险管理和成本/收益因素。这类标准适用于采购履行性规格(付款人有明确结果要求但交付方式由合同另一方决定)。一般来说征询建议书会适用此类标准。

评标过程,借款人必须使用其在采购文件中规定的标准和方法,而不允许任何更改或是不一致的适用。在评标阶段,借款人也许会寻求投标人的明确说明,只要该进一步说明不会实质改变投标书内容。在评标过程中,若某一投标人被认为使用"异常低价"(类似于国内《招标投标法》中的"低于成本价")进行投标,借款人需要遵守一定的规则。在这里异常低价指的是投标书的报价与其他因素相结合后相当低,以致对投标人在此低价下的合同履行能力遭到实质性怀疑。借款人必须要求投标人书面澄清。若投标人无法证明其在此价格下能够履行合同,那么借款人需要拒绝该投标主体。该评标过程需保密,在借款人授予合同意向发出前不可透露给任何未参与评标或者合同授予的人。

同时,世界银行规则禁止泄露评审信息。按照程序,在借款人通知申请书(投标书或建议书)的评审结果出来之前,借款人处理审查、澄清和评审信息应该避免将其内容泄露给任何其他参与选择过程的投标人(及建议人或咨询顾问),或其他任何未经单独授权之人。

(6)授予合同

一旦借款人确定了“最优投标”,即可进入合同授予阶段。借款人并非在中标后简单签订合同,而是需要完成几个步骤以确保公正透明及可追责。合同授予意向通知书(中标通知书):在决定将合同授予最佳投标之后,借款人必须立即向所有投标人发送书面通知,该通知称作为“合同授予意向通知书”(国内“中标通知书”之意)。该通知必须以最快的方式(如邮件)同时送达给所有投标人。该通知发出后,正式启动“停顿期”。

①停顿期:停顿期为合同授予意向通知书送达后的10个工作日,在此期间,借款人和中标者还不能进入合同签订。此制度设计的目的是让未中标者有机会作出反应,比如,他们可以要求“情况说明”,并且给予其时间来提交申诉。无论是要求情况说明还是提交申诉,都有一定程序需要履行。若借款人在被要求进行情况说明而无法及时作出说明时,停滞期将会自动延续。对于需要事前审查的采购项目,借款人需要在正式答复申诉前将意见先交予世界银行审查。

②停顿期结束:在停顿期届满后,如果借款人没有收到未中标的投标人的任何投诉,或申诉得到恰当解决,则可以和中标人正式订立合同。

③合同授予通知:借款人必须公开发布合同授予的通知。该通知称作“合同授予通知”。对于需要披露的内容(参见《采购规则》第5.93~5.95条)①。该通

---

① 《采购规则》第5.93条规定,对于所有的合同,无论是世界银行事前审查或事后审查,借款人应在向投标人/建议人/咨询顾问发出中标后的10个工作日内,发布授予合同的公告(合同授予公告)。第5.94条规定,合同授予的公告应当至少包括适用于该选择方法的下列有关信息:a.借款人项目实施单位承担采购任务的机构的名称和地址,如果不同,借款人的合同管理机构的名称和地址;b.被授予的合同的名称和参考编号,和所使用的选择方法;c.递交了投标书/建议书的所有投标人/建议人/咨询顾问的名称和他们在投标书/建议书开启仪式上宣读的价格和评审后的价格;d.投标书/建议书被拒绝的所有投标人/建议人/咨询顾问的名称和被拒绝的理由,包括未响应或不符合资格标准,或没有进行评审而被拒绝;e.中标的投标人/建议人/咨询顾问的名称,最终的合同总价,合同期限和合同范围的摘要;和f.按采购文件中要求的格式,为采购计划中列明的合同填写的中标的投标人/建议人/咨询顾问的受益所有权披露表。第5.95条规定,在按照第6.57条、第6.58条或第7.33条的规定签订的框架协议的情况下,公开公布合同授予的要求只适用于框架协议的缔结,而不适用于框架协议下的分订单合同。合同授予的公告应当在借款人可免费登入的网站上公示,或者,如果没有网站,至少在借款国国内发行的一种报纸,或在官方公报公示。在国际竞争性采购的情况下,合同授予公告还应当由借款人在联合国发展商业报在线网站(UNDB Online)公布。对于世界银行事前审查的合同,世界银行在收到与签字合同原件一致的合同复印件后将安排在世界银行的外部网站上公布。

知应该在借款人的官方网站上发布并允许免费访问，若如果没有官方网站，至少在借款国国内发行的一种报纸，或在官方公报上进行公示。若为国际竞争性采购，合同授予公告还应当由借款人在联合国发展商业官方网站和世界银行官方网站上公布。借款人需要通过采购系统跟踪和交换系统提交合同授予通知并进行发布。

(7)管理合同

成功的合同履行需要系统性的规划和监督，以保证合同双方主体明确其权责且及时地履行合同项下义务。为保证该目标的实现，借款人需要准备合同管理计划。该计划应该在合同开始履行前制订完成。合同管理的主要目标是确保合同：①在规定的时间内、规定的地点以正确的数量交付。②符合所要求的规格、标准和/或质量。③在协商同意的价格内。

需要注意的是，在借款人发生“紧急情况”或者借款人“能力受限”时，以上采购程序可允许灵活变通或进行简化。这里的“紧急情况”指的是借款国因为自然或人为灾害、战争需要紧急支援的时候。“能力受限”可能是由于小国的脆弱性或特殊弱项导致。这种情况应获得快速的采购回应以解决燃眉之急或采取特定手段以解决能力受限问题。在此情况下，世界银行可以采取适宜的采购方式以快速回应上述特殊情况。它可以确定最适合用途的采购方法、合同安排和市场手段，在必要的时限内得到最佳采购结果。例如，可以利用联合国机构提供货物、工程、非咨询服务和咨询服务。世界银行还可以提供手把手地实践支持，以弥补借款人能力不足。

4.采购方法及投标规则

《采购规则》允许多种选择方法和市场方式，如图1－7－2所示，采购人可根据项目具体情况进行“选择方法＋市场方式＋合同类型”的组合，制订适合其目的、灵活的、定制化的方案。

(1)货物、工程和非咨询服务①

世界银行规定了征询建议书、征询投标书、询价以及直接选择共四种选择方法。还规定了公开、有限、直接、国际、国内、资格预审、初始选择、一阶段、多阶段、最终要约、谈判和打分法共十二种市场方式，以及总包干合同、绩效合同等七种合同类型。根据项目的性质和复杂程度，还提供了商业惯例、电子逆向拍卖等九种特殊安排供采购人选择。

---

① 参见《采购规则》第六章。

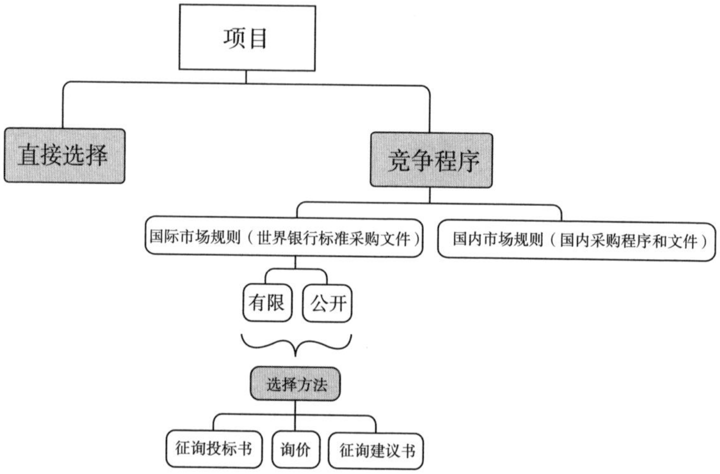

图 1－7－2　采购方法

①竞争性/直接性采购

确定市场方式的第一步是决定是采用竞争性方式还是采用直接性方式。竞争性方式即邀请多家公司参与投标并报价。该方式为世界银行的首选方式，因为它为所有合格的潜在公司提供共同参与竞争的机会。

②国际市场规则/国内市场规则

第二步是确定应采用国际市场规则还是应采用国内市场规则。若经世界银行同意，且采购活动不大可能吸引国外竞争时，可采用国内市场规则。不能吸引国外竞争可能出于以下原因：A. 市场的规模和条件；B. 合同价值；C. 地理上分散、时间分布长、劳动密集型活动；D. 货物、工程或非咨询服务在当地可以低于国际市场价格；E. 接近国际市场的好处明显超过了行政或财务负担。[①] 而采用国际市场规则则是复杂、高风险、高价值项目的首选，它能极大增加竞争。在采用国际市场规则采购时，借款人必须使用世界银行的标准采购文本。采用国内市场规则则可以使用国内采购程序和文件。

③公开竞争/有限竞争

确定适用国内市场规则还是国际市场规则后，则进行第三步选择：采用公开竞争或是有限竞争。公开竞争是世界银行的首选方式，因为它通过及时和充分的广告告知要求，同时为所有符合条件的潜在投标人/建议人提供了平等机会。涉及公开的国际竞争性招标的世界银行资助采购（除涉及进口程序的贷款业务外），

① 参见《采购规则》第 6.15 条。

均需发布总采购通告，向世界银行提交并刊登在联合国发展商业报在线网站和世界银行的外部网站上，①同时借款人应在免费网站上、全国发行报纸上以及官方公报上正式发布采购公告。若借款人不采用公开竞争方式，则需要向世界银行证明其选择的合理性。有限竞争的市场方式指的是通过发出邀请、不登广告而进行招标。若能够证明投标的公司数量有限，或有其他特殊原因而不能采用公开竞争，则可以例外适用有限竞争，如图 1－7－3 所示。

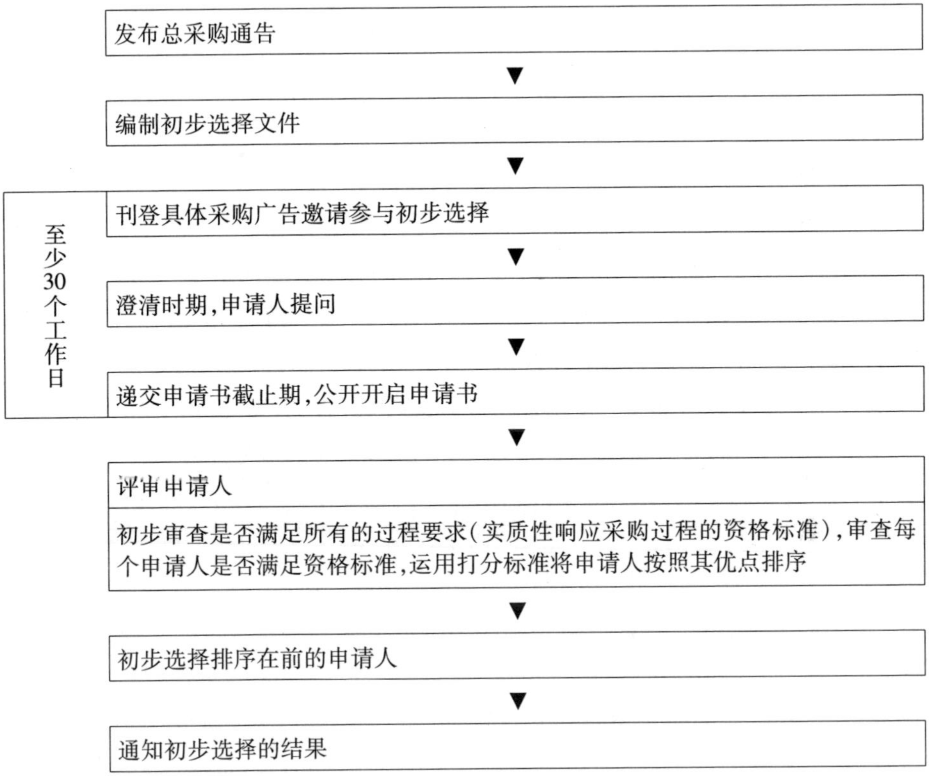

图 1－7－3　初步选择流程

资料来源：世界银行官网：https://projects. worldbank. org/en/projects － operations/products － and － services/brief/procurement － new － framework#framework。

④选择方法：征询建议书/征询投标书/询价/直接采购

第四步则进入选择方法阶段。选择方法是借款人面向市场，发出招标要约的

---

① 参见《采购规则》第 5. 22 条规定，总采购通告的内容包含下述信息：a. 借款人（或预期的借款人）名称；b. 贷款的目的、金额；c. 采购计划中采购的范围；d. 借款人的联系地址；e. 如果有的话，随后刊登具体采购公告的可免费访问的网站的地址；和 f. 如果已知，特定的具体采购机会的日期。

过程。世界银行选择方法有四种：

征询建议书：作为竞争性采购的一种，它通常和一致性规格（付款人有明确结果要求和交付方式）一起适用，市场通过提交投标作出响应，借款人评标并以最低价中标。

征询投标书：作为竞争性采购的一种，通常和履行性规格（付款人有明确结果要求但交付方式由合同另一方决定）一起适用，市场通过提交建议书作出响应，借款人按照打分标准评标并以最佳投标确定中标人。

询价：作为竞争性采购的一种，对要约/报价的价格进行比较。主要用于采购低价值现货和服务。

直接采购：属于非竞争性采购，用于只有一家合适的公司或有充分的理由证明应该仅接触一家公司。

公开的国际竞争性采购给予30天（最短）时间准备投标书（或建议书）。对于复杂的采购，借款人可安排标前会议，潜在投标人可与借款人见面进行问题澄清。投标书（或建议书）的截止时间和地点应在征询文件中规定，届时，潜在的投标人等可通过邮寄、现场递交或电子系统①的方式提交投标书。参与世界银行项目投标的公司还可以组成联营体（类似于国内的“联合体投标”），以提高竞争能力（参见图1－7－4）。

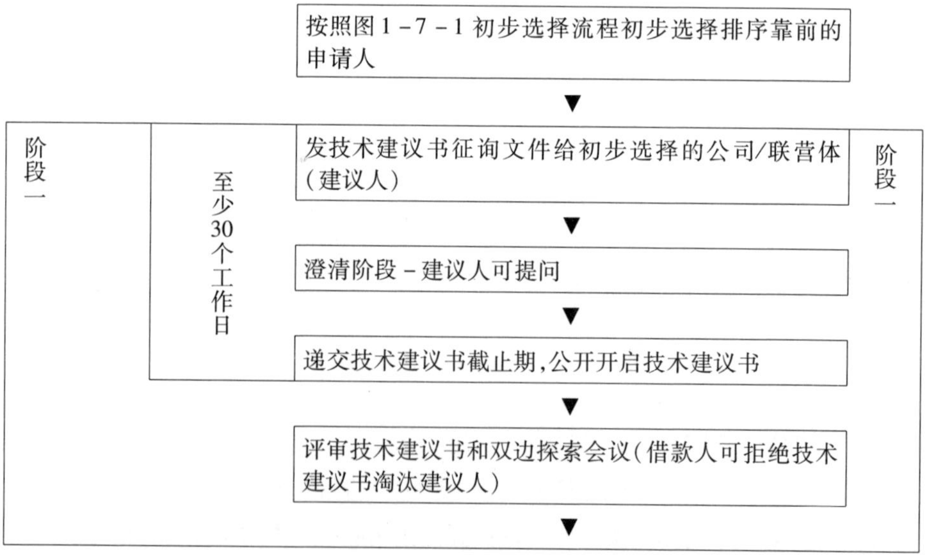

① 《采购规则》第5.8条规定：借款人可使用电子采购系统完成采购程序，包括发布采购文件、接收申请书/报价书/投标书/建议书，并进行其他采购行动，前提是世界银行认可该系统的可靠性，包括对它的可访问性、安全性和诚信、保密性和审计跟踪功能是满意的。

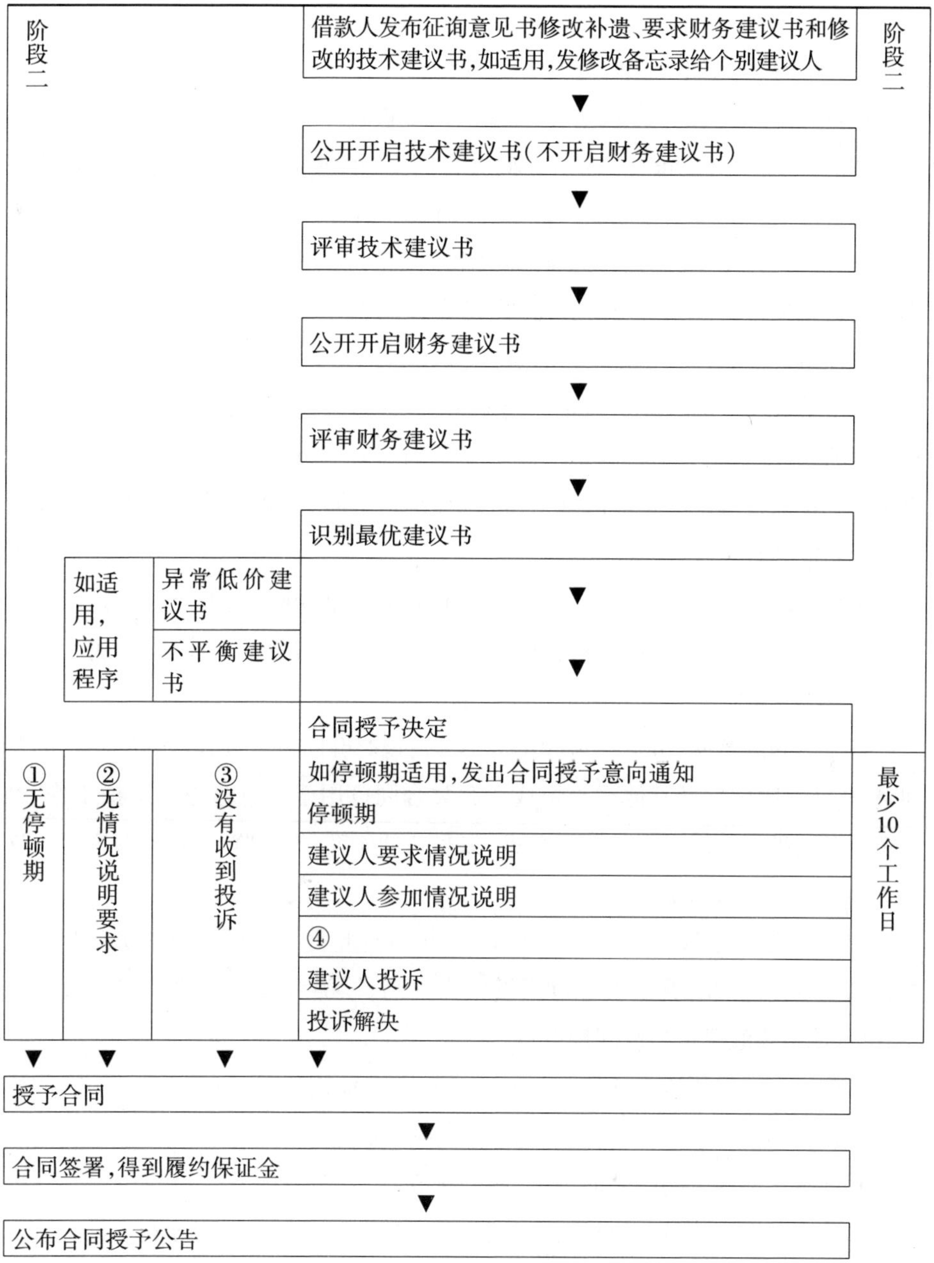

图1-7-4　征询建议书模式流程

资料来源：世界银行官网：https://projects.worldbank.org/en/projects-operations/products-and-services/brief/procurement-new-framework#framework。

⑤合同类型

各类采购性质不同、风险有高有低且复杂性各异，在选择合同时也有多种选择，包括总价包干、基于绩效、单价、基于时间等模式。

总价包干合同(lump - sum)：在此类合同下，承包商(或咨询顾问)同意按照固定的合同金额执行服务范围内的工作。付款进度与金额往往与合同项目完成的里程碑或百分比挂钩。该类合同可适用于简单的土建工程，该类工程有可被量化的交付成果，或者由承包商负责提供已完成的工程、成套设备或是信息技术解决方案，并且按照合同的里程碑以总价包干支付。

基于绩效的合同(performance - based contracts)：该合同不以投入衡量付款金额，而是看其成果是否能够满足功能上要求的质量、数量和可靠性。此类合同适用于如承包商在规定的期限内修复、运行和维护道路，依成果计价的服务以及设备运行功能维护类服务。

单价合同(admeasurement - contract based on unit prices)：此类合同是以具体项目的数量和合同的单位价格为基础，按照实际完成的数量来计价，如建设道路或拦水坝。

基于时间的合同(time - based contracts)：该类合同付款方式是基于约定的时间费率、所花时间以及其他开支组成。此类合同可用于紧急修理与维护工作、难固定服务范围和持续时间的咨询服务，如复杂的研究、施工监理、顾问服务等。这种类型的合同不适用于货物或成套设备。

成本补偿合同(reimbursable - cost contracts)：此类合同付款基于实际开支成本再加上事先约定的管理费和利润等。需注意，该类合同应聘请第三方检查账户，可采取适当激励措施来限制成本。

其他的合同安排还包括签订框架协议以约定固定成果，以及 PPP 模式，如建造—运营—移交和建造—运营—拥有—移交模式。

⑥国际竞争性采购的合同条件(核心条款)

如前文所提及，投资项目贷款有最低限度的合同条件。以国际竞争性采购合同为例，国际竞争性采购的货物、工程、非咨询服务和咨询服务，借款人应使用相应的世界银行标准投标书征询文件/建议书征询文件，进行最低程度修改(仅限世界银行可接受的范围)，作为项目特定的合同条件。如果世界银行没有出版特定类目征询文件，则借款人可使用世界银行接受的其他国际公认的标准合同条件和

合同格式。若没有世界银行接受的其他国际公认的标准合同条件和合同格式可用,借款人应至少包括下列合同规定:

A. 履约保证金:工程和成套设备合同需要承包商提供履约保证金。此保证金应以借款人在征询文件中规定的适当的金额提供。基于保证金的类型和工程或设施的性质和规模,保证金的金额有所不同。除非有行业惯例,通常银行保函的金额不超过合同价格的10%。一部分履约保证金应超出合同或设施的完成日期,以覆盖工程或设施的缺陷责任期或维护期,直至借款人的最后验收。

B. 违约条款:合同中应规定违约条款。

C. 不可抗力:合同中应规定不可抗力免责条款。

D. 违约赔偿及奖励:合同中应规定工期。当延迟误期交付货物或完成工程,造成额外的开支或其他利益受到损失,应在合同条款中规定相应的误期损失赔偿金。如果提前完工,承包商给以奖励。

E. 价值工程:在采取降低成本、提高性能、改进完成时间或其他对借款人有益的措施时,承包商应获得相应奖励。这是对成本控制的激励措施。

F. 合同变更:合同中应明确变更的程序。

G. 支付:合同支付条款应符合相应的国际商业惯例。除合同涉及安装和调试投产之外,否则应在货物交货时全额付款。对于涉及安装和调试投产的合同,一部分款项可在承包商履行了合同规定的全部的义务之后支付。世界银行通常要求提供信用证,以保证及时付款给承包商。对主要的设备和成套设备的合同,应作出预付款的规定,对持续时间较长的合同,在制造或组装期间可采用进度付款。工程合同应规定启动预付款、承包商的设备和材料预付款、常规的进度付款和质保金(在承包商履行了合同规定的义务后退回)。

H. 税金:合同应该规定如何处理各类税目、关税和其他收费,包括合同各方的责任。

I. 价格调整:合同中应规定合同的固定价格,或者是价格调整的条件以反映合同主要成本(如劳动力、材料)的变化。对于在18个月内交付的简单合同,价格调整条款通常是不必要的。但合同期长于18个月的合同需要规定价格调整条款。合同还应明确约定调价公式、适用的价格指数及其使用的基准日期。合同还应该规定如何处理投标书(或建议书)递交截止日期之前的28天内借款国法律和法规发生的变化对合同工期、交付期或合同价格的影响。

J. 国际贸易术语：货物合同应规定使用国际贸易术语解释通则（Incoterms）。

K. 保险：合同应包括承包商提供的保险的类型和条件。通常情况下，规定“一切险”类型的保险单。对于货物和单一责任合同，交通运输保险的赔偿额至少应为进口物品的110% CIP价①，货币是合同货币或可自由兑换的货币，以便及时替换丢失或损坏的商品。借款人也可以安排其他保险，只要证明该保险可随时进行赔付且保险额度覆盖风险。

L. 知识产权：合同中应规定知识产权条款以保护版权和专利权。

M. 适用法律和争端解决：所有国际竞争性的采购合同必须包括适当的独立纠纷解决机制，如争端审查专家或争端审查小组。合同应约定国际商事仲裁在中立地点进行，除非国内条款和仲裁程序被世界银行所接受，即等效于国际商事仲裁且地点是中立的，或合同的中标人与借款国属于一国。世界银行不应被命名为仲裁人或被要求提名仲裁员。但是，国际投资争端解决中心的官员，可作为国际投资争端解决中心的官员自由提名仲裁员。

N. 欺诈和腐败行为：世界银行要求应用和遵守反腐败指南，包括但不限于世界银行的制裁权利和世界银行的检查和审计的权利。

⑦欺诈和腐败

世界银行的反腐败指南适用于世界银行投资项目贷款的所有采购程序。世界银行要求参与采购进程的所有各方，包括但不限于借款和子借款人（及世界银行融资的其他受益人）、投标人、咨询顾问、承包商和供应商、任何分包商、分包咨询顾问、服务提供商或供应商、任何代理人（无论披露与否）及其任何工作人员，在世界银行资助的合同的采购过程中遵守最高的道德标准，以及避免欺诈和腐败。如果世界银行确定该等人员在合同竞争中参与了腐败、欺诈、串通、施加压力的活动或存在阻碍行为，世界银行将拒绝授标。世界银行给予该等行为改正措施机会，若改正仍不能消除影响，则世界银行可以宣布采购无效。同时世界银行有权根据反腐败政策和程序处罚任何公司或个人。世界银行在合同中规定：投标人（申请人/建议人）、咨询顾问、承包商、供应商、分包商、分包咨询顾问、代理商、咨询顾问、服务提供商，应允许世界银行检查他们与世界银行签订资助合同的采购程序、合同实施有关的所有账目、记录和文件，并由世界银行指定的审计师

---

① CIP（Carriage and Insurance Paid to），是指卖方向其指定的承运人交货，其间，卖方必须支付将货物运至目的地的运费，并办理买方货物在运输途中灭失或损坏风险的保险。

审计。

(2)咨询服务

在同个人或公司签约提供咨询服务时,借款人遵循经批准的咨询服务选择方法,这包括:

①基于质量和费用进行选择:基于质量和费用的选择是指进入最终轮名单的咨询公司之间的竞争过程,对最终中标公司的选择应基于建议书的质量和服务的费用。建议书招标文件应规定技术文件的最低分数标准,其他相关考量应取决于质量和根据任务性质决定的费用。随后,在收到的符合技术要求的建议书中,得分最高的(质量和价格指标)建议书应被选为最优建议书。

②基于固定预算进行选择:固定预算下的选择也是确定最终轮名单的咨询公司后其相互之间竞争的过程。选择成功的公司应考虑建议书的质量和服务的费用。在建议书征询文件中,服务费用被规定为一个固定的预算,不得超出。其适用于下列情形:所需求的咨询服务类型简单,可准确地定义;预算估计合理并固定;该预算足以使公司完成任务。建议书征询文件应规定预算和技术建议的最低及格分数。满足固定预算要求的最高技术得分的建议书被认为是最优的建议书。

③基于最低费用进行选择:基于最低费用的选择一般适合于标准或常规件质的任务(如非复杂工程的工程设计),而这类任务一般都有公认的惯例和标准。建议书征询文件应规定技术建议书的最低及格分数。高于及格分且费用最低的建议书被认为是最优的建议书。

④基于质量进行选择:基于质量的选择只评审建议书的质量,不考虑费用。如果建议书征询文件要求递交技术建议书和财务建议书,只有技术上合格且得分最高的几个公司的财务建议书才被打开并评审,以确定最优建议书。但是,如果建议书征询文件仅要求递交技术建议书,则邀请技术建议得分最高的公司递交其财务建议书并进行谈判。其适用于复杂或高度专业化的任务、对下游工作影响大的任务和咨询任务不便于比较的。

⑤基于咨询顾问资格进行选择:对于基于咨询顾问资格的选择,借款人应刊登意向书征询函并附带条件,要求不少于三家有资格的咨询公司递交有关自身经验和资历信息的意向书。借款人从已经递交了意向书的咨询公司中选择具有最优资格和相关经验的公司,并邀请咨询公司提出技术和财务建议书并进行谈判。其适用于不适合编制和评审竞争性建议书的小型咨询任务或紧急情况。

⑥直接选择：基于匹配、适合用途和物有所值的考虑，可能需要采取直接选择（单一来源或唯一来源的选择）的方法，即只与一家公司接触和谈判。当只有一家公司有资格，一家公司具有咨询任务的特殊经验价值，或有理由使用首选公司，这种选择方法可能是适当的。直接选择可适用于下列情况：a. 咨询服务的现有合同初始不是由世界银行贷款自助的，但合同授予的程序世界银行可接受，如果能够证明通过竞争可能无法获得优势且价格合理，则延长类似性质的附加咨询服务合同是合理的；b. 咨询任务是咨询顾问承担的之前12个月之内的工作的自然延续，同样地，咨询顾问的技术方法，获得的经验和职业责任的延续使继续聘用原来的咨询顾问比一个新的竞争更胜一筹，条件是该咨询顾问在原来的任务中的表现令人满意；c. 重新聘用先前已经完成了借款人合同的公司来履行类似的咨询服务合同的理由是合理的，这个理由表明该公司在以前的合同中的表现令人满意，再通过竞争的方式也不能获得任何优势，而且价格合理；d. 采购计划同意的非常低值和低风险的采购；e. 在特殊情况下，如响应紧急情况；f. 只有一家公司是合格的或者一个公司有特殊的经验价值；g. 借款国的国有企业、大学、研究中心或机构在借款国提供的咨询服务有独特的和特殊的性质；h. 按规定直接选择联合国机构。①

⑦商业惯例。

三、采购监督

世界银行通过对风险判断来行使其采购监督职能，程序上包括事前审查、事后审查和特殊情况下的独立采购审查。根据项目采购风险水平的不同，某些项目有强制性审查要求。如果活动/合同评估的风险等级较低或适中，世界银行可确定只作事后审查。对于事后审查，世界银行可雇用第三方如世界银行可接受的最高审计机关，进行事后审查。采购事后审查的目的包括以下内容：（1）核实借款人的采购程序遵循法律协议；（2）确认借款人继续遵守约定的采购安排，包括及时和有效地执行商定的风险控制/管理计划；（3）核实继续遵守合同，包括技术方面的符合性；（4）指出欺诈和腐败的明显迹象和报告任何证据给世界银行的廉政局；（5）确定弥补采购缺陷的应对措施，并告知借款人。

同时采购还需遵守世界银行制裁政策和程序，评审投标书或建议书时，借款

① 《采购规则》第7.14条。

人应从世界银行的外部网站上、世界银行的客户联络（client connection）网站上以及其他世界银行为列出世界银行禁止和中止投标的公司和个人的名单中列出检查投标人/建议人/咨询顾问的是否属于制裁名单、是否具有合格性。

四、评审标准

对于货物、工程和非咨询服务，通常采用资格评审、打分法、费用评审或后两者的组合方式。资格标准是指投标书（或建议书）征询文件中规定的最低要求，通常以合格或不合格的方法评审。打分法，也就是说对非价格属性的优点打分，主要用于利益无法量化（或评审标准不能用货币化来表示）的时候。费用评审包括调整的投标价或生命周期成本，当使用生命周期成本评审时，借款人应在投标书（或建议书）征询文件中规定以下信息：（1）决定生命周期成本的使用年限；（2）计算生命周期中未来成本折算为净现值成本的百分比折现率；（3）用于计算运行、维护和剩余价值的费用的方法。

咨询服务通常使用打分法，借款人对方法和工作计划的充分性、关键人员的相关经验和资格以及公司的相关经验进行打分。借款人通常把这些标准再分为子标准，然后将每个标准的总分再分配至子标准。咨询服务还可适用财务评审，即所报的总价包括咨询顾问的全部薪酬和其他报销和杂项开支。同时咨询服务还可以适用质量得分和财务得分的加权合计确定最佳建议书。

五、申诉机制

世界银行现行的申诉机制，主要由两个文件进行规定。其中之一是《采购规则》，该文件的第 3.26 条至第 3.31 条和附件三规定了贷款项目申诉的强制性内容。另一个文件，即世界银行另行制定的《采购申诉指导手册》①，该文件对申诉的主体、适用情形、时效等做了明确的规定。

1.《采购规则》关于申诉的相关规定

《采购规则》将申诉的种类分为三类，第一类为使用世界银行的标准采购文件合同所产生的申诉行为，按照《采购规则》附件三的规定进行管理并处理。第二类为除了附件三规定情形外的申诉，借款人按照世界银行认可的申诉审查规则进行

① World Bank Procurement – Related Complaints how to Complain.

处理。第三类为涉及欺诈及腐败行为的申诉，该种情况需特殊处理，由借款人与世界银行商议确定最终的处理方案。

2. 具体规则

(1)适用主体

①潜在参与者，即有意向但尚未参与采购的公司或者个人，包括：在资格预审阶段或者征询投标书等申请过程中，有意向但尚未提交申请书、投标文件的潜在的申请人、投标人、提议人或者咨询顾问。

②实际参与者，即已经参与采购，提交了申请书、投标文件的公司或者个人，包括：已提交资格预审申请书的申请人或者已提交投标书、建议书的投标人、建议人或者咨询顾问。

(2)适用情形

仅适用于采用世界银行标准采购文件合同有关的投诉，具体可分为三类：

①对采购文件内容的质疑，包括申诉人对资格预审文件、初选文件、征询投标书等文件的质疑。

②对采购资格认定的质疑，包括申诉人对其未通过资格预审、出售或其他采购阶段的质疑。

③对采购合同签订的质疑，包括申诉人对借款人是否与其签订合同一事的质疑。

(3)申诉时效

①对于采购文件内容的质疑，应当在回复期限届满前 10 个工作日内或者借款人发布修订条款后 5 个工作日内提交，以较晚者为准。

②对采购资格认定的质疑，应当在借款人向申诉人发送不予认定通知的 10 个工作日内提交。

③对采购合同签订的质疑，自签订合同意向通知发送之日起 10 个工作日内(停顿期届满前)提交。

(4)申诉文件的必备内容

①申诉人身份信息，即申诉人名称。

②申诉人联系方式，即联系电话、电子邮件、邮寄地址。

③申诉人主体证明，即该申诉人证明自己系潜在参与者或者实际参与者。

④申诉所涉项目情况，即涉及的具体合同信息，包括项目编号及当前所处的

流程阶段。

⑤申诉的性质,即说明是对采购文件内容、采购资格认定还是采购合同签订进行的申诉。

⑥申诉的证据,即认为涉嫌违规或者违反合同约定的具体条款或者内容。

(5)借款人处理申诉的时效

①对于采购文件内容的质疑,应当在收到申诉人质疑的3个工作日内确认收到,并于7个工作日内进行回应。

②对采购资格认定的质疑,应当在收到申诉人质疑的3个工作日内确认收到,并于7个工作日内进行回应。

③对采购合同签订的质疑,应当在收到申诉人质疑的3个工作日内确认收到,并于15个工作日内进行回应。

第二节　亚洲开发银行贷款项目的投标规则

一、亚洲开发银行及其招标管理制度概述

1. 亚洲开发银行概述

亚洲开发银行(Asian Development Bank,以下简称亚开行),成立于20世纪60年代初,根据亚开行宪章(Agreement Establishing the Asian Devel opment Bank)的记载,"The purpose of the Bank shall be to foster economic growth and co – operation in the region of Asia and the Far East (hereinafter referred to as the 'region') and to contribute to the acceleration of the process of economic development of the developing member countries in the region, collectively and individually."由此可见,亚开行的宗旨是促进亚洲地区的经济增长与合作并对远东区域进程的加速作出贡献。

在过去的数十年中,亚太地区经济速度增速飞快。20世纪80年代和90年代,东亚地区年人均实际国内生产总值增长6%以上,南亚为3%,而同期其他发展中地区尚在为增加人均收入而努力。[①] 自金融危机以来,亚太地区的国内生产

① 参见世界银行《全球监测报告》(2005年)。

总值增速再次加快;1999 年到 2006 年,年均增长率达到 6% ;亚洲占全球出口总额的比重也从 20 世纪 80 年代的 16% 飙升到 27% 。此外,亚洲还拥有全世界最多的外汇储备和最高的储蓄率。鉴于亚洲很多地区经济持续增长,亚开行的发展中成员体在全球发展中国家和地区中最有可能实现“千年发展目标”①的群体。随着“千年发展目标时代”的结束,结果喜忧参半,尽管亚开行的工作帮助亚太地区的极端贫困人口减少了一半以上,但该地区目前仍有近 12 亿人口每天生活费不到 3.10 美元,约有 6 亿人无法用电,17 亿人仍缺乏改善的卫生条件。因此,以新的可持续发展目标为重要指导方针,仍然需要做大量的工作。

2. 亚开行采购政策

(1)采购流程

根据《亚洲开发银行借款人采购规定——货物、工程、非咨询服务与咨询服务》(以下简称《亚开行采购规定》),亚开行的采购流程分为采购计划、资格审查、准备招标文件、评标、授予合同这几个阶段。具体而言不同阶段的情况如下:

①采购计划:采购计划是在对借款人需求和目标的全面评估的基础上,用以说明实现该需求和目标的相关项目活动。

②资格审查:资格审查包括事前审查和事后审查,是亚开行基于风险对借款人的采购程序、文件、评标、授标建议和合同进行审查,以确保采购过程按照商定的程序进行。招标文件应向投标人提供准备响应性投标所必需的所有信息;如必须明确规定借款人对于要开展的采购计划中确定的高风险合同,应得到亚开行的事前审查,借款人须根据亚开行的要求对审查过的文件进行增添、修改或删除。

③准备招标文件:在准备招标文件的过程中,这些文件的详细程度和复杂程度随着所采购货物、工程,或服务的种类以及合同规模而有所不同,但对于应向投标人提供准备响应性投标所必需的所有信息,招标文件都应明确约定;如必须明确规定借款人对于要开展的工作、工作地点、需要提供的货物、交货或安装地点、需要交付的服务、交付或完工的时间表、最低性能要求、质量保证和维修等方面的要求以及任何其他有关条款和条件。

---

① “千年发展目标”由八项有时间限制且可以量化的分目标组成,后者依据 1990 年的基准数据制定,旨在 2015 年之前应对全球发展挑战。具体目标包括:(1)消除极端贫困和饥饿;(2)普及初等教育;(3)促进性别平等,并赋予妇女权力;(4)降低儿童死亡率;(5)加强孕产妇保健;(6)与艾滋病、疟疾和其他疾病作斗争;(7)确保环境可持续性;(8)构建全球伙伴合作关系,促进发展。每项目标的进展情况都通过具体指标衡量。

④评标:评标的主要目的是使借款人实现物有所值,对于评审标准,亚开行要求评审标准应与采购的性质及复杂程度相适应,具体详见本章"评审标准、原则及流程"部分的详细介绍。

⑤授予合同:根据《亚开行采购规定》的要求,有关特定采购过程的合同条款须纳入招标文件,因此,借款人应当尽早设计合同。需要注意的是,合同的详细程度取决于合同的风险与复杂程度,且合同条款应对于双方风险、义务、角色和责任的适当分配。

(2)适用范围

目前亚开行采购政策的适用范围包括其全部或部分融资的项目中借款人所需货物、工程和服务的采购。其中服务包含两种类型:一种是咨询服务,其具有知识性和咨询性,需要对提供量身定制的方法、方式和专门资质专家的技术建议书进行评估;另一种是非咨询服务,包括:①活动的物理方面占主导地位的服务,此种模式能以可量度的物理产出的绩效为基础进行投标和签订合同,该绩效标准能被清楚识别并得到一致应用;②常规服务,尽管需要提供专家意见,此种模式以易于获取、获得认可的标准产出为基础,并且不需要评估定制方法或技术。

此外,对于非亚开行融资的货物、工程和服务合同的采购,借款人可以采用其他采购程序。在这种情况下,亚开行须确信所使用的程序能够履行借款人的义务,使项目得以积极、高效地进行,并使采购的货物、工程和服务可以具有以下几个条件:

①具有令人满意的质量并且符合项目的要求;

②及时交付或完成;

③价格不会对项目的经济和财务可行性产生不利影响。

(3)基本原则

尽管实际上项目实施所遵循的具体采购规则和程序取决于项目的具体情况,但根据《亚开行采购规定》的规定,亚开行对采购的要求一般是基于以下六项核心采购原则(以下统称核心采购原则):

①经济性:在不对项目可行性产生负面影响的前提下,适当考虑价格、质量、非价格因素等。

②效率性:确保采购过程与所需成果和基本项目活动的价值和风险成比例,同时考虑实施能力、时间限制和成本效益。

③公平性：确保 a. 合格的投标人获得平等的机会和待遇；[①]b. 平等分配借款人与货物、工程和服务提供商之间的权利和义务；c. 解决采购相关投诉和提供追索权的可靠机制。亚开行鼓励尽可能优先采用公开竞争的采购方式，最大限度地提升投标机会的公平性。

④透明性：通过适当记录和审查采购活动过程，确保 a. 相关采购信息免费(或收取合理的费用)，通过现时可广泛获得的来源，以一致和及时的方式向所有相关方公开；b. 有适当的采购活动报告；c. 合同中的保密条款仅在有正当理由的情况下使用。

⑤质量：同时考虑采购的背景、风险、价值和复杂程度，制定合理的采购安排，及时、有效地采购投入品并交付符合相关标准的产出，以实现项目成果和发展目标。

⑥物有所值：通过适当地运用核心采购原则，其中可以包括生命周期成本和借款人的社会经济和环境发展目标，使借款人能有效、高效和经济地利用资源获得最佳效益。仅价格本身可能无法充分体现物有所值。

3. 亚开行采购方式和安排

(1)公开竞争性招标

公开竞争性招标(open competitive bidding，OCB)的目标是实现物有所值，因此，它是亚开行融资的项目中优先选用的采购方式。在公开招标的过程中，亚开行通过寻求符合借款人质量和技术要求的投标人参与竞标，向所有合格的潜在投标人及时和充分地告知借款人要求，并给予平等的竞标机会来确保实现该目标。公开竞争性招标适用于货物、工程和服务的采购。要遵循的程序和标准由招标文件根据相关采购的性质而定。

公开竞争性招标方法的关键步骤分为：

①根据具体情况确定合同的类型和规模，并考虑所需的货物、工程和服务的各种要素；

②确定技术要求或任务大纲，并规定要实现的质量和绩效水平；

③采用适当的投标人资格标准；

---

① “投标人”是指按照《亚开行采购规定》中的采购方式之一提交投标书、建议书或报价以达成合同授予目的的自然人或法人。“投标人”可以是货物供应商、工程承包商或者咨询或非咨询服务的提供商。

④采购方式的选择,包括任何特定的程序要求(如采用两步法招标或双信封招标);

⑤编制招标文件和公布采购通告;

⑥根据质量和成本因素,选择最合适的评标标准;

⑦通知提交投标书和开标程序;

⑧合同授予程序,包括事后情况说明;

⑨合同管理。

实践中,亚开行通常根据具体情况,也会允许其他未包括在《亚开行采购规定》中的采购方式和安排,但前提是这些方式和安排符合核心采购原则、合格性要求,以及诚信要求,此外,正如前文对采购流程的介绍,在采购计划中还须包括实施此类采购方式或安排的合理理由及方法。

(2)有限竞争性招标

有限竞争性招标(limited competitive bidding)实质上是一种不公开刊登广告而直接邀请投标人投标的公开竞争性招标。主要适用于:

①潜在投标人数量有限;

②合同金额不够大,不足以通过公开竞争性招标吸引足够多的投标人;

③有其他特殊理由可以证明不公开发布广告是正当的。

在有限竞争性招标程序中,借款人需从广泛的潜在投标人名单中寻求合适的投标人,以保证价格具有竞争性。当只有有限数量的潜在投标人能被确定时,该名单一般应包括所有潜在投标人。除刊登广告和国内优惠之外,公开竞争性招标程序,包括通知和公示合同授予情况的要求,均适用于有限竞争性招标。

(3)框架协议

框架协议(framework agreement)是指通过任一在《亚开行采购规定》中规定的采购方式,在一个或多个采购实体与一个或多个承包商、供应商或服务提供商之间订立的协议。协议的目的是对特定时期内授予的合同确定适用的条款,尤其是价格和在适当情况下预计数量的相关条款。需要注意的是,框架协议也需载明在框架协议期间进行具体采购(分订单)所需遵守的条款和条件。

(4)询价

询价(request for quotations)是对几个供货商(采购货物时)、几个服务提供商(采购服务时)或几个承包商(采购土建工程时)提供的报价进行比较的一种采购方式。询价是适用于采购现成货物、小额标准商品、标准或日常服务,或简单的小型土建工程。询价应明确货物描述和数量、服务描述或工程规格,以及期望的交付(或完成)时间和地点。报价可以通过电子、信件或传真方式提交。对报价的评审需遵循与公开招标相同的原则。已接受的报价条件需包含在采购订单或简明合同中。

(5)电子逆向拍卖

电子逆向拍卖(electronic reverse auction)又称电子拍卖,是一种预定的在线活动,其中经过资格预审的投标人通过报出向下修正的新价格相互竞争。这种方式适用于采购能够准确规定技术规格或要求的标准化产品或服务。

作为询价程序的一种特殊应用,电子逆向拍卖中所有投标人(已根据招标文件中规定的非价格授予标准进行了资格预审)在通过资格预审后立即被邀请参加在线拍卖,日期、时间和网站在邀请书中规定。此外,邀请书还应表明在电子拍卖中用于投标人排序的自动评审方法,以及如何进行电子拍卖的其他相关信息。

(6)直接签订合同

直接签订合同又称单一来源选择法,是指在没有竞争的情况下签订合同,此种采购方式虽然与竞争性采购相比缺乏竞争,难以实现物有所值,但在下列特殊情形下也不失为一种适当的方法:

①根据竞争性程序授予的现有合同需要追加采购更多物品。即亚开行明白,在这种情况下,可能不会获得更好的报价,并且将支付的价格不会超出原来的价格。通常,重复订货需在原订单之后的18个月内进行,而所增加的数量不应超过原合同数量的30%。

②为与现有设备兼容,设备或备件的标准化可以是向原供应商增加订货的正当理由。为了证明此类采购的合理性,原设备应是适用的,新增品目的数量一般需小于现有数量,价格需合理,并且已对从其他制造商或设备来源另行采购的好处进行了考虑并予以否定,否定的理由是亚开行可以接受的。

③所需设备为专利/专营/专卖产品,只能从唯一来源获得;或在采购咨询服务的情况下,只有一家公司符合条件或具有任务必需的特殊经验。

④负责工艺设计的承包商要求从特定供应商处采购关键部件,并以此作为性能保证的条件。

⑤如果将要签约的土建工程或非咨询服务采购是由竞争性招标程序授予的先前的或正在进行的工作的自然延伸，而且可以证明聘用同一承包商将更为经济，并能确保工作质量的一致性。

⑥对于咨询顾问公司前期工作的自然延续的咨询服务任务，其持续性对后续工作具有关键的影响（如同一咨询顾问的技术方法、已获得的经验和职业责任的连续性）并且体现出比重新进行竞争有明显的优势。

⑦针对小规模咨询服务。

⑧在特殊情况下，如应对自然灾害。

需要注意的是，直接签订合同后，借款人需在一份英文报纸上或在公开的、可以自由进入的英文网站上公布货物、工程或服务的提供商的名称，以及价格、合同期限和范围，如每季度可以采用涵盖上一期情况的汇总表形式进行公布。

（7）自营工程

自营工程（借款人使用自有的人员和设备进行施工），此种情形下的采购可能是承建某些种类土建工程的唯一实际可行的方法，因此其适用具有严格的条件限制，即在下列情况下，采用自营工程是正当的：

①无法事先确定所涉及的工程量；

②工程规模小且分散，或在偏远地区，有资格的工程公司不太可能以合理的价格投标；

③需要在不中断当前运营的情况下进行施工；

④不可避免的工作中断风险由借款人承担要比由承包商承担更合适；

⑤需要迅速采取行动的紧急情况。

（8）特殊类型采购安排

除以上几种常见的采购方式外，《亚开行采购规定》还规定了以下几种特殊类型的采购方式：

①咨询顾问的选择：就咨询服务而言，公开竞争性招标允许用于评价和比较投标的方法，根据要获得的咨询服务的具体性质以及获得咨询服务的条件考虑质量和费用。[①] 在实践中，这意味着借款人可以：a. 使用基于质量和费用的选择法（quality – and cost – based selection）来平衡拟提供的服务的质量和费用；b. 通过基

① 参见《亚开行采购规定》附录4《通过公开竞争性招标选择咨询服务》。

于质量的选择法(quality - based selection)或基于咨询顾问资格(consultant's qualification selection)的选择法优先考虑质量;c. 使用基于固定预算的选择法(fixed - budget selection)在可用预算内选择最优质的咨询顾问;d. 通过基于最低费用的选择法(lowest - cost selection)优先考虑成本。

②个人咨询顾问的选择:个人咨询顾问在针对某些服务方面与咨询公司相比更具成本效益,在个人咨询顾问中,借款人可以直接以其个人身份或通过咨询公司、学术机构、政府机构或国际机构等组织招聘个人咨询顾问。

③从专门机构采购:从专门机构的采购限定于下列情形:a. 小批量的货架交货的货物,主要是教育和医疗卫生领域的货物;b. 供货商数量有限的专用产品,如疫苗或药品。即在上述情形中按照其自身的程序,直接从专门机构(作为供应商)采购可能是最适合的采购方式。

④脆弱和受冲突影响情景下的采购:在以下脆弱和受冲突影响情景下,亚开行认为,借款人急需援助,包括:a. 紧急情况,如自然或人为的灾难或冲突;b. 因脆弱性或特定薄弱点(包括小国)导致的能力限制;亚开行可根据采购规定或其他相关程序,接受适当的采购安排,以促进更加积极的资源动员。

⑤采购代理:在借款人缺乏必要的组织、资源和经验的情况下,借款人可能会期望(或应亚开行要求)聘请专门从事采购的机构作为其代理人。代理人需遵守融资协议和《亚开行采购规定》中所述的全部采购程序。

⑥支持政府开展公私合作:如果亚开行向借款人提供公私合作伙伴关系方面的融资支持,则选择相关承包商的采购程序必须:a. 保持透明度和竞争性;b. 包括几个步骤,以得到评价标准的最佳组合,从而得到最经济和最有效的建议书以实现物有所值;c. 符合亚开行的核心采购原则、合格性和诚信要求;d. 确保适当的风险分担。在特殊情况下,亚开行可同意为由自我推荐的建议书促成的政府与社会资本合作项目提供贷款,前提是借款人明确规定了评价、流程和物有所值的授标原则,并获得了亚开行的同意。

⑦采购高级技术:高级技术的采购涉及能够提高所交付服务质量的成熟技术或先进的新技术。在这种情况下,对将要采购的基础设施、设备或服务的质量要求至关重要,并且超过单一的成本评价。对于特别复杂或先进的基础设施、设备或非咨询服务,替代采购方式(如两步法招标或优先考虑非价格因素的评标标准)也许是最佳的实现物有所值和量身定制的适当方法。对于咨询服务,可通过基于

质量的选择法中的成本比率进行适当加权。

⑧基于履约表现的采购：基于履约表现的采购也称为基于产出的采购，是指竞争性采购程序产生的一种合同关系，付款以具体或分散的与履约表现相关的产出为依据，而不以投入为依据。技术规范中规定了预期的结果，以及衡量履约表现和付款所依据的产出或可交付成果。这些产出旨在满足质量、数量和可靠性方面的功能需求。在交付成果满足质量标准的基础上，按照交付的产出数量进行付款。对质量低于要求的产出，可扣减付款（或保留金），在某些情况下，对更高质量的产出可给予额外奖励。招标文件通常不规定承包商或服务提供商的投入或工作方法。承包商或服务提供商可根据对预期结果的充分理解，提出最适合的解决方案，并需证明其能够满足招标文件中规定的质量标准。

基于履约表现或基于产出的采购可以用于：a. 以产出为基础的收费服务；b. 由借款人负责运营的设施的设计、供应、施工（或恢复）和试运行；c. 设施的设计、供应、施工（或恢复）和在试运行后的一段时期内提供运行和维护的服务。如需要设计、供应和/或施工，通常要进行资格预审，并且采用两步法招标程序。

⑨社区参与采购：为了项目的可持续性或实现项目的特定的社会目标，对于选定的项目组成部分，需要当地社区和/或非政府组织参与提供服务，相应的采购程序、规范和合同分包需进行适当调整以反映这些考虑，前提是这些部门的参与是有效率的并且能实现物有所值。

⑩由亚开行提供担保的贷款项下的采购：在需要主权担保的情况下，亚开行担保偿还由另一贷款人提供的贷款，那么由该贷款融资的货物、工程和服务需按照核心采购原则、合格性和诚信要求进行采购。

二、招标采购规则及其要求

1. 基本规则

根据《亚开行采购规定》的规定，亚开行对来源不同的贷款和赠款的用途有不同的要求：源于特别资金的贷款或赠款只能用于采购由该出资的亚开行发达成员体或所有发展中成员体生产和供应的货物、工程和服务；源于亚开行普通资金或亚开行管理基金的贷款或赠款只能用于采购由所有亚开行成员体生产和供应的货物、工程和服务；但董事会另有决定的，不受上述要求的限制。

2. 合格性要求

(1)投标人需具有履行合同的能力和资源

为了促进竞争,亚开行允许所有来自合格国家的投标人为亚开行融资项目提供货物、工程和服务。投标人参与的条件仅限于:投标人有能力和资源履行有关合同这一基本条件。

另外,对于亚开行全部或部分融资的合同,亚开行不允许借款人以任何与成功履行合同的能力和资源无关的理由拒绝投标人的投标;亦不允许借款人以这类理由判定任何投标人无资格投标。

借款人应该谨慎地审查投标人的技术和财务资格,以确保投标人具有履行该合同的能力和资源。

(2)对投标人的资格要求不得具有限制性

借款人对投标人资格有要求的,该要求仅限于旨在表明投标人或投标人团队应具备的必要的专业和技术资格和能力、财务资源、设备和其他实体设施、管理能力、相关的一般和特殊经验、商业信誉以及执行合同能力的相关标准。

借款人可要求投标人提供能够证明其资格和经验的证明文件,包括投标人过去的履约表现。投标人需同其投标书一起提交招标文件中规定的文件和信息。

(3)特殊情况

投标人具备以下情况时,属于特殊情形,需遵守亚开行的特殊规定:

①投标人所在国家属于借款人所在国家因为遵守联合国安理会根据《联合国宪章》第七章作出的决定而就来自投标人所在国家的货物或服务,禁止从投标人所在国家进口任何货物或对投标人所在国家的个人或实体进行任何付款的,借款人可排除投标人参与竞标。

②投标人是借款人所在国家的国有企业,只有经亚开行明确同意,方可作为投标人参加竞标。

③投标人是借款人所在国家的公立大学或研究中心,其提供的服务具有独特性和特殊性,并且其参与对项目实施至关重要,在不属于上述第 2 项的情况下,亚开行可特别同意借款人聘用这些机构。在同样的基础上,大学或研究中心的工作人员可以个人身份在亚开行融资项下签约。

④投标人是借款人所在国家的政府官员和公务员,无论是作为个人或是咨询

公司团队的成员，投标人只有在满足以下两个条件的情况下才可以在咨询合同项下被聘用：a. 不是被其休假前的原工作单位聘用；b. 其参与不会造成利益冲突。

⑤投标人在亚开行规定时限内，被亚开行根据其反腐败指南（Asian Development Bank Anticorruption Guide Lines）予以制裁或暂时中止，投标人不具备参与或被授予亚开行融资或亚开行管理的合同的资格，或者不具备从亚开行融资或亚开行管理的合同中获得财务或其他方面利益的资格。

3. 投标人投标时需披露所有利益冲突

亚开行认为，利益冲突是指一方当事人的利益可能不当的影响该方履行公务或职责、履行合同义务、或遵守适用法律法规的情形。但如果得到适当处理或缓解，利益冲突本身并非在任何情况下均构成对亚开行反腐败指南的违反。

亚开行要求投标人在递交投标过程中披露所有利益冲突。亚开行将采取适当行动来管理此类利益冲突，如果亚开行确定投标人利益冲突损害了任何采购过程的诚信和完整性要求，亚开行可以拒绝合同授予建议。

亚开行要求所有参与亚开行融资的合同采购过程的人员在采购方面不存在利益冲突，并且要保持专业、客观和公正；以及必须始终保持借款人的利益至上的观念，不能够因未来的工作问题而有所避讳，并应当避免与其他工作安排以及其团体和个人利益发生冲突。

4. 不公平的竞争优势

亚开行在对采购中的公平性和透明度方面，要求参与特定合同竞标的投标人不得因其过去已经提供过的与该特定合同有关的货物或服务，而获得在竞标过程中不公平的竞争优势。为此，亚开行或借款人需向所有潜在投标人或咨询顾问公布可能赋予某投标人或咨询顾问不公平竞争优势的所有信息。

5. 提前签订合同和追溯融资

如果借款人在签署相关融资协议之前已经进行了初期采购活动，那么借款人使用的采购程序，包括广告刊登，必须符合《亚开行采购规定》要求，以便使亚开行能够为借款人最终签订的合同提供融资。

此外，借款人需自行承担提前签订合同的风险。亚开行同意采购程序、文件或授标建议不代表亚开行承诺为该项目提供融资。

追溯融资，是指合同已经签订，亚开行偿还在融资协议生效之前借款人合同项下发生的任何费用。

6. 亚开行审查

亚开行对风险的考量采用事前审查和事后抽样审查的方式，审查借款人的采购程序、文件、评标、授标建议和合同，通过审查以确保借款人的采购过程按照商定的程序进行。

7. 违规

违规是指借款人或参与采购过程的其他方未能遵守《亚开行采购规定》，包括该规定中适用的采购要求。

在借款人或参与采购过程的其他方违规的情况下，亚开行除了执行相关融资协议中规定的合同补救措施（如贷款暂停、取消贷款和贷款提前到期）外，还可以采取符合其实施支持和托管角色的适当行动。

8. 投诉

在采购过程中的适当阶段，借款人和/或亚开行可能会收到与采购相关的投诉。对于这些投诉，必须根据透明与公平的原则，客观、及时地予以处理。

9. 诚信

借款人和融资协议的任何其他各方须始终遵照《亚开行采购规定》的要求，在采购过程中遵守最高道德准则，并且借款人和融资协议的任何其他方对资金、资源、资产和权力的任何运用需符合亚开行反腐败指南。

10. 电子采购

为了提高采购过程的透明度和效率，亚开行鼓励借款人推进其采购系统的现代化，包括使用电子方式进行采购（电子采购）。

亚开行建议借款人通过电子采购工具与投标人通信，发布公告，通知和修改、分发采购文件，提交投标书或建议书，以及披露合同授予情况。并且这些安排应当是充分的、有效的和安全的，并且不应阻碍任何潜在投标人的参与。

亚开行要求用于亚开行融资交易的任何电子采购系统都必须是可访问的，该电子采购系统必须是安全的，以确保诚信和机密性，并且该电子采购系统须具备充分的审计追踪功能。

11. 采购计划

借款人应为每个项目制订相应的采购计划，阐述采购活动如何支持实现项目的发展目标，并在风险管理方法下实现物有所值。

采购计划中应当载明选择采购方式的充分理由，并向潜在投标人预报新的采购机会。

12. 非主权业务采购

在亚开行非主权业务下，非主权借款人或（视情况而定）亚开行赠款的受款人利用亚开行贷款、亚开行担保的贷款或向私营部门提供的赠款资金融资进行货物、工程或服务采购，需采取适当的采购方式，确保在可接受的私营部门通用的或商业惯例的基础上实现物有所值，并且利用该等贷款或赠款资金还需符合合格性和诚信要求。

三、评审标准、原则及流程

《亚开行采购规定》对货物、工程、非咨询服务和咨询服务采购的评审标准只做了简要说明，而亚开行于2018年6月出版的《评审导则》①，则在《亚开行采购规定》的基础上详细介绍了评标原则及流程。该导则适用于全部或部分由亚开行融资或亚开行管理基金融资的货物（包含相关的服务②）、工程、设备设计、供应和安装采购。亚开行推荐借款人使用《评审导则》进行评标，但同时明确，若该导则规定与融资协议或招标文件条款不一致，应以融资文件或招标文件的条款约定为准。

1. 评审标准

(1)关键要求

在亚开行规则下，评审标准应使借款人实现物有所值。亚开行要求评审标准应与采购的性质及复杂程度相适应，并且：

①评审标准应与采购内容的类型、性质、市场条件、复杂程度、风险、价值和目标成比例并相适应；

②在切实可行的范围内，评审标准可进行量化（如可转换为货币条款）；

③招标文件或建议书征询文件中应包含完整的评审标准（不包含所有其他标准）及如何应用这些评审标准的完整解释；

④只能通过补遗对评审标准进行更改；

⑤对所提交的所有投标书或建议书适用一致的评审标准。

---

① Guide On Bid Evaluation.

② 根据《评审导则》，此处的“服务”一词不包括具有知识和咨询性质的咨询服务，这些咨询服务要求对提供定制服务、方法和专门合格专家的技术建议书进行评估。

(2)特殊要求

除了上述要求外,评审标准还应反映采购的性质并适当平衡费用和质量因素。

①如果技术要求中的质量标准可轻易地通过参考技术规范或完善的行业标准而制定或衡量,则对于实质性满足该等要求的货物、工程和服务,采用最低评标价法即可实现物有所值。标准的现成货物和设备以及标准的土建工程和其他非咨询服务可采用该评审方法。

②若比较不同供应商的质量时需要评审其资格、经验与业绩(如咨询服务合同),或者若解决方案要求包含货物、工程和服务的组合,则根据借款人的需求及预期的项目发展目标,对费用与质量进行平衡的评审方法更容易实现物有所值。

2. 评审货物、工程、设备采购

(1)基本介绍

对于货物、工程、设备采购合同,物有所值通常凭借最低评标价法进行确定,即在招标文件规定的封标时间之前提交的投标中确定具有最低评标价且实质性响应的投标,但不一定是报价最低的投标。

(2)评标的基本原则

在亚开行规则下,借款人需要在评标中遵循以下原则:

①即时公开的开标:开标时间必须和封标时间一致或在封标时间届满后马上进行。

②程序的保密性:开标后、授标通知送达中标人前,不得将投标审查、澄清、评定、授标建议等信息透露给无关人员。

③文件的优先级:执行机构(executing agency)的权利义务来自招标文件,而非亚开行的指引、规则或融资协议。在特定合同的招标文件发出后,招标活动的指导文件即为招标文件。如果招标文件与《评标导则》规定不一致,应以招标文件规定为准。

④投标的澄清和更改:任何投标人在开标后均不得修改其标书,但可以在不改变投标实质内容或投标价格的情况下向执行机构提出修改申请或由执行机构提出该等修改。

⑤退标:所有有效投标均需根据招标文件中规定的标准、方法和程序进行评审,只有未实质性符合该等规范、投标人资格要求及招标文件其他要求的投标才

可以被拒绝。

⑥评标使用的货币：使用不同货币投标的价格应转换为单一货币以便评审和比较，汇率应采用由招标文件明确由官方来源公布于招标文件规定的日期当日的类似交易的汇率。

⑦投标人资格及业绩：除非招标文件明确允许，否则评标仅考虑投标人自身的资格及业绩，而不会考虑其分支机构、母公司(parent entities)、关联机构或分包商的资格和业绩。对于要求的经验的特定因素或活动，招标文件可允许该部分要求由专业分包商/制造商满足。

⑧投标有效期的延长：投标有效期只会在特殊情形下延长，若执行机构在评标时认为有必要延长投标有效期，则那些已递交投标且未撤回的投标人均将被要求延长其投标有效期。愿意延长投标有效期的投标人不得修改其投标的实质性内容或投标价格，但是将被要求延长其投标保证金的有效期。投标保证金应被返还给未延长其投标有效期的投标人。

⑨拒绝所有投标：若提交的标书均未能实质性响应或均未能满足规范、投标人资格要求或其他要求，或有证据证明缺乏竞争性时，标书可被全部作废。但是，亚开行不接受借款人仅基于价格过高的理由作废所有标书并重新组织招标。当所有投标价格均高于费用概算(cost estimate)，借款人可在与亚开行协商后与具有最低评标价的投标人就降低投标价进行商议。若无法签订满意的合同，则借款人应修改合同范围后重新招标。

(3)评标程序

亚开行以采用资格后审的单阶段单信封招标程序(single - sage：one - envelop bidding procedure)为例，详细介绍了该招标方式下的四个评标阶段，同时也建议、允许招标人基于其采用不同招标方式要求，调整和修改以下评审程序。

①第一阶段：标书公开的初步审查

在此阶段，主要是为了对在实际评标前对收到的标书的实质内容及其完整性进行初步审查。亚开行要求在封标时间之前收到的所有标书应在招标文件规定的日期、时间和地点开标。一份包含收到的所有标书基本信息、标价、投标担保等信息的开标记录应正式编制。在初步审查中，亚开行明确借款人只能以招标文件规定作为评估依据，且亚开行通常允许投标人对轻微缺陷进行修正。在此阶段，投标人可能被要求对标书缺陷等进行澄清。

②第二阶段:标书实质性响应的判定

从亚开行的经验来看,审查标书细节是否实质性响应招标文件条款是评标中最重要的方面之一,且通常花费时间最长。标书与招标文件没有偏离的即视为响应;存在非重大(non - material)或轻微(minor)偏离的、可被接受或修正的,即视为实质性响应;而若与招标文件的关键要求存在的偏差或标书所述条款无法被合理转化为货币价值以进行财务调整的,则视为未实质性响应。不符合商务条款与条件、技术要求可构成作废该标书的正当理由。

a. 对于商务条款与条件,未实质性响应的情形可包含[①]:投标人和标价表上没有授权人的签字;未满足合格要求(投标人、承包人、商品或服务不是来自亚开行的合格产地国,存在利益冲突等);未按照招标文件中的要求提交投标保证金或投标保函;未提交招标文件中要求的用以确定投标书实质性响应的主要支持文件。

b. 对于技术要求,亚开行区分了货物、设备采购与工程采购两种情形下的实质性响应。在货物、设备采购中,未实质性响应的情形可包含:未能按照招标文件要求的供货范围进行投标,而这种不符已明确为不可接受的;对工作中包含的主要项目[②]没有标价等。而在工程采购中,借款人将确认投标人已充分理解合同要求,并可在规定的时间内组织可接受的计划或策略来完成合同约定的工程。

③第三阶段:详细评标

a. 确定详细评标的标书数量

一般而言,所有被认定为实质性响应的标书均会受到详细评审。但是,如果实质性响应标书的数量很多,则需要确定有多少标书能够进入详细评审。亚开行明确确定标书数量的重要原则是,如经各种财务调整后,某一投标有可能成为具有最低评标价的投标,详细评标就不应排除该投标。因此,详细评标应包括存在合理可能成为具有最低评标价的所有实质性响应标书。

b. 价格标的详细评审

确定实质性响应标书数量后,下一步便是系统性审查选出的标书,以按照统一的标准比较和评估该等标书。亚开行推荐借款人使用表格记录和比较各标书的信息。商务条款实质性响应表和技术要求实质性响应表均应注明标书与招标

① 因篇幅限制,此处仅节选亚开行列举的部分情形,详见《评标导则》。

② 亚开行注明,“主要项目”约占总标价的10%或以上,或若遗漏该项目,将使其投标实质性不完整。

文件要求的任何偏离或显著特点，还应说明是否有必要因任何微小偏差或非重大不符合项而需对标书进行财务调整。

c.财务调整

比较标价通常是评标过程中最后且最重要的一环，比较标价的基本原则包括：

为了价格比较，标价应基于允许的和可合理转化为货币价格的偏差进行调整，财务调整应按照招标文件规定计算。

招标文件规定的各调整因素和比价依据必须予以考虑，招标文件中未列明的因素在评标时不得予以考虑。

商务标与技术标均可能受到财务调整。对于商务标，常见的财务调整包含对支付条款的偏离、对到货计划或完工条款的偏离以及对关税、税收缴纳条款的偏离。而对于技术标，通常可对供货范围、技术符合性、特定技术评价因素、备件、运输到项目现场的内陆运输费等内容进行财务调整。

经过上述步骤后，执行机构即可根据招标文件的规定确定具有最低评标价的实质性响应性投标。

④第四阶段：资格确定和授标推荐

作为授标前的最后一步，执行机构应确保具有最低评标价的实质性响应投标的投标人具有足以执行合同的财务与技术能力或资格。若确定了这一点，则合同应授予具有最低评标价的实质性响应投标的投标人。

3.评审咨询服务

对于咨询服务的评标，当借款人采用不同选择方式，其评标标准及流程均不一样。

(1)基于质量和费用的选择法

采用此选择方法的借款人既审查技术标又审查财务标，并对技术分和财务分加权计算得出评标总分，进而在合同谈判前确定咨询顾问建议书的最终排序。其中，财务分的权重是基于对任务的复杂程度及质量的相对重要性的考虑得出的。

(2)基于质量的选择法

在此方法下，价格并不作为选择标准，招标文件仅会要求咨询公司提交技术标。通过与基于质量和费用的选择法一样的方法和标准对咨询顾问的技术标评估和排序后，借款人将要求技术标排名最高的咨询顾问提交一份用于谈判的详细的财务标,包括可能需要被审计的支持文件。

(3)基于咨询顾问资格的选择法

根据基于咨询顾问资格的选择法,借款人将根据咨询公司提交的意向书选择最符合规定的经验和能力要求的咨询公司。被选中的咨询公司则将被要求提交一份基数—财务综合建议书,并受邀进行谈判。

(4)基于固定预算的选择法

若适用此方法,咨询公司在预算范围内以独立的信封同时提交其最佳技术标与财务标。借款人将根据可用预算和“最低及格分”(通常为750分/1000分)。对所有技术标进行评审后,当众拆封达到最低及格分的咨询公司的财务标,并宣布其报价。超过指定预算的建议书将被废弃,在剩下的建议书中排名最高的技术标将被选择并被邀请进行谈判。①

(5)基于最低费用的选择法

对于此方法,咨询公司同时以不同的信封提交其技术标和财务标。招标文件将确定最低及格分(通常为750分/1000分)。借款人将首先拆封技术标并进行评估,拒绝未达到最低及格分的技术标后,当众拆封剩余技术标的财务标。具有最低投标价的咨询公司将被选择并进行合同谈判。

选择个人咨询顾问的评标程序将更为简单、快捷。个人咨询顾问选择将基于其关于咨询任务的资格及经验。当借款人为贷款项目选择个人咨询顾问时,应就最适合咨询任务的咨询顾问类型及适用程序达成一致。

四、投诉机制

在《亚开行采购规定》中,亚开行对与采购相关的投诉提供了相关程序介绍,但同时明确,若投诉与亚开行反腐败指南中明确禁止的欺诈、贪污和/或任何其他行为有关,则需立即上报给亚开行的反腐败和廉政办公室。该指南介绍的投诉流程也不适用于替代性采购安排(alternative procurement arrangement)。

1. 投诉必备信息

(1)基本信息:应包含利益相关方的名称、具体联系方式和地址,并详细说明具体项目、与借款人沟通过的重要函件以及任何其他相关信息。

---

① 参见《亚开行采购规定》附录5《评审标准与方法》。

(2)招标流程所处的阶段:包括资格预审或确定短名单。

(3)声称与规定不一致或违反规定的行为:投诉应明确借款人违反相关采购政策规定和/或程序的情形,同时还应明确该等行为对利益相关方造成的任何实际或潜在的不利影响。

2. 审查流程

根据投诉主张内容、投诉相关的招标流程所处阶段、根据采购计划招标是否受事前审查或事后审查的不同,投诉审查方式及审查时限均存在差异。

(1)事前审查

①封标时间前收到投诉

借款人应立即确认收悉投诉,并及时向亚开行提供投诉、确认收悉文件及其他所有相关信息和文件。及时响应(包括修改招标文件和/或封标时间延期建议)应由借款人起草并报亚开行审查。获得亚开行的不反对意见后,由借款人向利益相关方进行沟通。如有必要,借款人可能被要求发布一份招标文件补遗。

②封标时间后、合同授予通知前收到投诉

借款人应立即确认收悉投诉,并及时向亚开行提交投诉文件、确认收悉文件以及所有其他相关信息和文件。及时响应(如有必要,包括修改评标情况的建议)应由借款人起草并报亚开行审查。若亚开行批准,则借款人应在合同授予的正式通知发出(或作出通知意向)之前,根据需要,对投标书的评审情况进行更改。

③允许在停顿期提交投诉的情况下,在合同授予意向通知发出后、停顿期到期之前收到投诉

借款人应及时起草一份回复(若适合,在非停顿期的情况下,对相关评标情况进行更改)以便亚开行进行审查,并在获得亚开行的不反对意见之后,相应地通知投标人。

(2)抽样事后审查

在此情况下,借款人应自行采用符合实际情况的行为解决投诉。对于亚开行融资的抽样事后审查合同,根据投诉的性质、价值、范围和发生频率,亚开行可根据相关融资协议的约定,采取任何行动以解决不合规情况。

3. 投诉解决

在确保信息获得适当保密的情况下,借款人对投诉主张的回复应是明确的且

有意义的，并至少简明地陈述需解决的事项、相关事实，以及结论和决定的依据、理由。借款人应将最新情况及时告知亚开行。

五、采购责任

1. 借款人责任

借款人对采购负有法律责任，亚开行需要对借款人进行邀请、接收和评审投标并且授予合同，因此其需要获得亚开行同意。但就合同签订主体看，借款人与供应商、服务供应商或承包商签订合同；亚开行不是合同的当事人。因此，项目实施责任以及项目下货物、工程与服务的支付责任仅由借款人承担。

2. 亚开行责任

亚开行负责审查采购活动，保证遵守亚开行的《采购规定》；对已经同意的程序未实质性执行的情况，宣布错误采购；部分或全部使用亚开行贷款的合同都必须遵守亚开行采购指南和程序。具体包括：

(1) 对于采购计划确定的采购合同，其采购文件在发布之前由亚开行进行审查。

(2) 任何时间内，一旦亚开行认为该项采购在实质方面未遵循约定的程序，则亚开行有权宣布违规。若借款人在获得亚开行的不反对意见后已经授予合同，则亚开行将仅在由于借款人提供不完整、不准确或误导性信息而出具不反对意见的情况下宣布违规。

(3) 若亚开行确认借款人或投标人的代表参与腐败或欺诈，则亚开行可能根据《反腐败政策》(1998 年版) 中的规定对相关主体进行制裁。

(4) 对于亚开行已经发布的招标文件范本，借款人可根据任何约定的采购计划中的规定使用这些文件。

(5) 若在采购计划的制订过程中，特别是在脆弱和受冲突影响的情况下，评估实施机构采购能力或者其在此类活动中的资源及以往经验显示其有足够的能力接受采购的挑战且没有重大风险，则亚开行可能同意向借款人提供更深入的采购实施支持。在所有情况下，项目的执行由借款人负责，且深入的实施支持将不会使亚开行代表借款人进行采购。

3. 投标人责任

投标人责任贯穿投标活动始终。从收到资格预审或招标文件开始，投标人应该仔细研究文件,以确定其是否能够符合技术、商务和合同要求;如果是,则继续准备投标。此外,在这个阶段,投标人还应严格审查文件,以确定上述文件是否存在含混不清、遗漏或自相矛盾的表述,或者规格说明、任务大纲或其他条件不明确或出现歧视或限制。一旦发现存在相应问题,投标人应在文件规定的澄清时间内,书面获取借款人的澄清。

在提交投标书之前,若投标人认为招标文件中的任何条款不符合本采购规定,则应向借款人提出该问题,以确保其可以提交充分响应和符合要求的投标书,包括招标文件中要求的所有支持性文件。

在编制投标文件的过程中,投标人应明确中标的选择标准与方法,严格按照招标文件的要求进行编制,若不符合关键要求(技术要求或商务要求),则可能导致投标书被拒绝。若投标人希望提出非关键要求的偏差,或提出替代解决方案,则投标人应首先提交完全符合要求的投标价格,然后分别说明在招标人接受其偏差时可以提供的价格调整。替代解决方案应仅在招标文件允许的情况下提供。

投标后,一旦投标书已经被接收并公开开标,投标人将不会被要求或者被允许更改投标书中的价格和主要内容。

第三节　非洲开发银行贷款项目的投标规则

一、非洲开发银行及其招标管理制度概述

1. 概述

非洲开发银行(African Development Bank,ADB,以下简称非发行)是非洲最大的地区性政府间开发金融机构,其宗旨是促进非洲地区成员的经济发展与社会进步。1963 年,非洲高级官员及专家会议和非洲国家部长级会议在苏丹喀土穆召开,通过了建立非发行的协议。1964 年,非发行正式成立,并于 1966 年 7 月 1 日开始运业。总部设在科特迪瓦的经济中心阿比让。2002 年,因科政局不稳,总部临时搬迁至突尼斯,截至 2013 年年底才开始迁回阿比让。非发行与其附属的非洲开发基金(African Development Fund,ADF)、尼日利亚信托基金(Nigeria Trust Fund,NTF)共同组成非洲开发银行集团(African Development Bank

Group, ADB Group)。

理事会为非发行的最高决策机构,由各成员委派一名理事组成,一般为成员的财政和经济部长,通常每年举行一次会议,必要时可举行特别理事会,讨论制定银行的业务方针和政策,决定银行重大事项,并负责处理银行的组织和日常业务。理事会年会负责选举行长和秘书长。董事会由理事会选举产生,是银行的执行机构,负责制定非发行各项业务政策。截至 2006 年年底,非发行共有 18 名执行董事,其中非洲以外国家占 6 名,任期 3 年,一般每月举行两次会议。

非发行的资金主要来自成员的认缴,截至 2006 年年底,非发行核定资本相当于 329 亿美元,实收资本相当于 325. 6 亿美元。其中非洲国家的资本额占 2/3。这是使领导权掌握在非洲国家中所做的必要限制。

资金来源主要分为普通资金来源和特别资金来源两个部分。普通资金来源包括:(1)核定资本认缴额,最初为 2. 5 亿非发行记账单位,每记账单位价值 0. 888671 克纯金,核定资本分为 2. 5 万股,每股 1 万记账单位;(2)自行筹措资金;(3)用实收资本或筹措资金发放贷款所获得的还款资金;(4)依据该行待缴资本发放贷款或提供担保所获得的收入;(5)不构成该行特别资金来源的其他资金和收入。特别资金来源包括:(1)捐赠的特别资金和受托管理资金;(2)为特别资金筹措的专款;(3)从任意成员处筹借的该国货币贷款,用途是从贷款国购买商品与劳务,以完成另一成员境内的工程项目;(4)用特别基金发放贷款或提供担保所获得的偿还资金;(5)用上述任何一项特别基金或资金从事营业活动获得的收入;(6)可用作特别基金的其他资金来源。

中国于 1985 年 5 月加入非发行,成为非发行集团非洲地区成员,与非发行的合作关系不断发展。中国积极参与非发行股本增资认缴和非洲开发基金集资活动,为扶持非洲国家的建设项目作出了积极的贡献。中国与非发行关系的发展为中国加强与非洲国家的经济合作开辟了一条新渠道。截至 2006 年年底,中国在非发行持股 24,230 股,占总股份的 1. 117% 。

2. 适用范围

根据 Agreement Establishing the African Development Bank 2016 年版(以下简称《非洲开发银行设立协议》),在非发行的经营活动中,银行可为任何成员提供融资便利,贷款对象不但包括该成员的任何政治分区或国家机构,还包括成员领土内的其他任何机构或企业,以及与非洲发展有关的国际或区域机构。

非发行的业务包括一般业务和特别业务。一般业务的资金来源为本行的普通资本。特别业务由银行的专项资金来承担。特别业务贷款的条件非常优惠,可不计利息,贷款期限最长可达50年,主要用于大型工程项目建设。非发行确保以上两项业务会在财务报表中分别列出,以实现两类业务的有效分离。

1967年至2017年,非发行累计审批贷款项目5528项,总计金额1022亿美元。仅2017年,非发行共计批准实施249个贷款项目,总计金额62亿美元。其中为提高非洲人民生活质量的项目占比45.7%。非发行除通过提供投资、贷款和赠款来促进非洲经济和社会发展外,还与联合国有关机构一起帮助非洲国家实施防治艾滋病、疟疾、河盲症和热带地方病等医疗卫生项目,积极参与援助非洲难民、妇女和儿童的活动。非发行的终极目标是尽快帮助成员区域内贫穷国家实现脱贫致富,最终取得经济可持续发展。

3. 基本原则

对于采购程序与规则,虽然在实践中应取决于具体情况,但非发行通常有四个考虑因素:

(1)项目实施过程中所涉及的货物和工程的都应符合经济高效的需要;

(2)银行有责任向所有合格的投标人提供相同的信息和平等的竞争机会;

(3)银行在采购过程中鼓励在借款人所在国发展国内和区域承包和制造业;

(4)采购过程中需要保证透明度。

除此之外,以上考虑因素适用于银行全部或部分资助的货物和工程的所有合同。对于非银行融资的货物和工程的采购,借款人可以采取其他程序。在这种情况下,银行应确信所采用的程序将使项目得到勤勉和高效的执行,并且确保采购的货物和工程:

(1)具有令人满意的质量,并与整体项目的保持相协调;

(2)将及时交付或完成;

(3)定价不会对项目的经济和财务可行性产生不利影响。

4. 主要特点

非洲经济困境导致非发行在运营初期十分艰难。1982年,非发行允许非洲以外国家的加入,这在非发行的历史发展中是十分重要也是极其正确的决定。正是有了境外资本的注入,非发行才能提高自己的投资能力,通过项目投资帮助非洲国家发展经济。同时通过投票权的设置,非洲国家成功地保留了自己在组织内的话语权。

随着世界经济的全球化,非洲各国进一步加强区域间的合作,非发行在其中扮演了重要的角色,通过自身的投资帮助非洲各国建设了大量的基础设施,进一步促进了区域间的融合。目前来看,非发行仍然是几个地区开发银行中实力较为弱小的一个,未来应继续聚焦非洲地区,进一步促进非洲地区可持续发展目标的实现。

二、招标采购规则及其要求

1. 资格

非发行与其附属机构非洲开发基金、尼日利亚信托基金,对于投标人的资格要求是不一样的,其中非洲开发基金的资格范围最为宽松,所有国家的公司和个人都被允许向非洲开发基金资助的项目提供货物、工程和服务。但是,在非洲开发银行和尼日利亚信托基金业务中进行的任何融资所得,仅能用于采购成员方的投标人所提供货物、工程和服务。当然,非发行、非洲开发基金、尼日利亚信托基金对投标人的审查都仅限于对其合同履行能力的审查,不得以其他无关理由否定投标人的投标资格。

上述情况的例外包括:

(1)如果违反借款人所在国的法律或《联合国宪章》第七章[①]的规定,那么投标人将不被允许向贷款项目提供货物、工程和服务。

(2)借款人前期为项目准备、实施聘请了咨询公司,在后期项目采购中,前期提供咨询的公司及其附属公司将会被排除在合格投标人之外。

(3)借款人所在国的国有企业只有在能够证明其独立自主商业运营时,才可以参与。

(4)非发行在期限内的制裁对象不可以参与投标。

2. 信息披露

1997 年 12 月,非发行董事会批准了一项信息公开披露政策,规定了披露信息的程序和类型,该政策所依据的原则是“银行集团在其业务活动中应保持公开和透明”。为了实现上述目标,非发行鼓励参与业务的各方与项目的当地参与者进

① 《联合国宪章》第七章:对于和平之威胁、和平之破坏及侵略行为之应付办法。若联合国安理会认为投标人符合第七章的相关规定,则投标人将不具备投标资格。

行辩论,并不断向项目当地披露信息。非发行的该项政策于 1998 年生效。非发行专门设立了通信部,主要负责向公众提供信息,并负责新闻中心的运作,新闻中心是向公众发布文件和信息的主要媒介。2004 年,非洲开发银行集团汲取了其他多边开发银行的优秀经验,对 1997 年信息披露政策进行了修订,修订是为了进一步加强利益各方的广泛参与。

3. 利益冲突

非发行的政策要求借款人(包括银行融资的受益人)、投标人、供应商、承包商及其代理人、分包商、分包顾问、服务提供商或服务供应商及其任何人员,在采购和执行融资合同的过程中遵守最高的道德标准。

4. 采购政策

(1)国际竞争性投标(该规则与世界银行规则一致)。

(2)其他采购方式。

①有限国际招标

有限国际招标本质上是通过直接邀请进行的国际竞争性招标,无须公开广告。在只有有限数量的供应商,或其他特殊原因导致不适用国际竞争性招标程序的情况下,则可以采用这样的采购方法。根据有限国际招标,借款人应从足够广泛的潜在供应商名单中寻求投标的主体,以确保采购的价格具有竞争力,当供应商数量有限时,则该名单应包括所有有限的供应商。

②国家竞争性投标

国家竞争性招标是借款人所在国通常用于公共采购的竞争性招标程序。国家竞争性招标可能是采购货物或工程的最适当方式,而这些货物或工程就其性质或范围而言,不太可能吸引外国竞争。为了在融资采购中使用,应根据需要对这些程序进行审查和修改,以确保经济、效率、透明度。招标文件可以是银行的任何官方语言,通常使用借款人所在国的货币进行投标和付款。招标文件应当对投标方式、报价方式、投标地点和时间作出明确说明。应为投标书的编制和提交提供足够的响应时间。该程序应规定充分竞争,以确保价格合理。评标和授予合同所采用的方法应客观,并在招标文件中向所有投标人公布,不得任意使用。该程序还应包括公开开标、公布评标结果和授予合同以及对投标人提起申诉的规定。在这种情况下,如果外国公司希望参与,应允许他们参与投标。

③购买

购买是一种采购方法，当采购现货或标准规格的小价值商品或者价值较小的简单土木工程时，可以直接适用此种方法。但应注意适用此种方法时应比较多个供应商（对于货物）或多个承包商（对于土建工程）的报价，至少有三个，以确保采购的商品、工程的价格具有竞争力。报价邀请函应说明货物的要求和数量或者工程规范，以及预期的交付时间和地点。报价可通过信函、传真或者电子方式提交，报价评审应遵循与公开招标相同的原则。

④直接承包

直接承包是指没有竞争（单一来源）的承包，在下列情况可以适用：

a. 根据现有的货物或工程合同，延续原有的合同，采购额外货物或工程。在这种情况下，银行应确信通过新的采购竞争无法获得任何利益，并且延长合同的价格是合理的。如果事先认为有可能延期，则应在原始合同中写明此类延期的规定。

b. 与现有设备兼容的设备或备件可从原始供应商处进行额外采购，但要证明这种直接采购是合理的。为了证明购买的合理性，应考虑能否与原始设备相适用，新设备的数量通常应少于现有数量，并且价格应当合理，还应考虑其他制造商或设备来源的优势。

c. 所需设备为专有设备，只能从一个供应商处获得。

d. 负责工艺设计的承包商要求从特定供应商处采购，以保证顺利完成项目实现最佳性能。

e. 在特殊情况下，如应对自然灾害等情况。

⑤从专门机构采购

在下列情况下，直接从作为供应商的专门机构进行采购可能是最适当的采购方式：

a. 市面上仅有少量现货，主要集中在教育和卫生领域；

b. 供应商数量有限的专门产品，如疫苗或者药物。

⑥代理采购

如果借款人缺乏必要的采购程序的组织、资源和经验，借款人可以聘请一家专门从事采购业务的公司作为其代理人。代理人应遵守融资协议中规定的和银行批准的采购计划中的所有采购程序，包括使用银行标准招标文件（standard bidding documents,SBD)、审查程序和文件。在紧急情况下,如涉及重建、修理、恢复和新建筑的杂项工程,或者涉及大量小型合同的地方,也可以适用代理采购的方式。

三、非发行核心条款

1. 环境和社会条款概述

非发行于1992年发布了环境评估指南,该政策于1990年获得董事会的批准。除了对环境分类和相关环境评估水平的进行定义外,还逐步制定了项目周期各个阶段中与环境评估相关的要求和责任。

1996年,非发行专门设立了环境与可持续发展部门,以制定并更新关于各种交叉主题(环境、性别、减贫、人口)的政策和程序。同时,该部门在项目批准过程中提供咨询意见,这为妥善处理保证项目中交叉性的问题发挥了重要的作用。该机构分为两个具体执行事务的综合体(Operations Complex,OPVP)——OPVP1 针对非洲北部、东部和南部地区的项目;OPVP2 针对非洲西部和中部区域的项目。

此后,非发行还对环境和社会评估程序进行了修订,非发行希望环境和社会评估程序能够加速实现非洲地区可持续发展的目标。

2. 环境和社会政策业务要求

(1)编制方案

方案编制是环境和社会评估的一个重要组成部分,因为它提供了相关信息和基础数据,概述了项目环境和社会的制约因素、战略和方案,使非发行能够将环境和社会层面的影响纳入贷款优先考虑事项。

(2)项目筛选

根据项目性质的不同,需要准备的评估计划也所有不同,主要分为以下四类:

①类项目需要进行全面的环境和社会影响评估,包括编制环境和社会管理计划。这些项目可能会造成不可逆转的重大不利环境影响或社会影响。

②类项目需要制定环境和社会管理计划。因为这些项目可能会产生有限损害的不利环境或社会影响,其不利程度低于第1类项目。

③类项目无须进行影响评估。这些项目不会对环境或社会造成不利影响。

④类项目为银行资金通过金融中介机构投资给可能造成不利环境影响和社会影响的子项目,并根据具体情况决定是否需要制定环境和社会管理计划。

(3)方案准备

非发行通知借款人项目类别,并要求借款人按照上述类别分类所要求的文件来准备方案。

(4)方案审查

一旦借款人完成了项目方案,非发行便立即开始对其进行审查,非发行最迟在启动贷款项目评估任务之前审查环境和社会评估方案。

(5)贷款谈判

根据方案审查的结果,运营部需要在制定贷款项目合同时,考虑项目实施期间需要跟进的任何未解决的环境和社会问题,并将其纳入贷款合同内,以用于借款人与银行间的谈判。

(6)项目实施、监督

借款人有责任按照环境和社会管理计划实施,包括遵守项目实施文件中确定的指标、银行的政策和指南以及贷款文件中包含的环境和社会约定。另外借款人在向银行提交的定期季度报告中应向银行报告环境和社会管理计划的实施情况。

四、投标书的评审标准及评审方法

1. 投标准备时间

编制和提交投标书的时间应适当考虑项目的特殊情况以及合同的规模和复杂性。一般情况下,国际竞争性招标的投标准备时间应自投标邀请函发出之日或招标文件备妥之日起(以较晚者为准)不少于 6 周。如果涉及大型工程或复杂的设备项目,该期限一般不少于 12 周,以便潜在投标人在提交投标书之前进行调查。在这种情况下,鼓励借款人召开标前会议并安排实地考察。投标人可通过邮寄或亲自递交投标书。借款人还可以允许投标人以电子方式提交投标书,在这种情况下,投标人应选择以副本形式提交其投标书。投标邀请书应当载明收标的截止时间和地点。

2. 开标程序

开标时间应与收到投标文件的截止时间相同,或在投标邀请书中随开标地点一起宣布。借款人应在规定的时间和地点开标。投标文件应公开开标;投标人或其代表应出席(当采用电子投标时,应保持在线)。开标时,投标人的名称和每份投标书的总金额，以及任何备选投标书应大声朗读（当使用电子投标时，应在网上公布），并在开标时予以记录，该记录的副本应立即发送给银行和所有投标人。在规定时间后收到的投标书以及开标时未开封和宣读的投标书均不予考虑。

3. 投标书的澄清或更改

在收到投标书的截止日期后，不得允许投标人修改其投标书。在开标后，借款人应要求投标人对其投标书进行必要的澄清，但不得允许投标人更改其投标书的内容或价格。澄清请求和投标人的答复应以书面形式、硬盘或银行批准的电子系统提出。

4. 保密

公开开标后，在公布合同授予之前，不得向投标人或与此过程无关的其他人披露与投标书的审查、澄清和评估有关的信息以及有关授标的建议。

5. 投标书审查

借款人应对投标书进行以下要点的审查：(1)是否符合投标人主体资格要求；(2)是否已正确签署；(3)是否附有规则规定的所需保证或声明；(4)响应招标文件的实质要求；(5)在其他方面基本正常。

6. 投标书的评审和比较

评标的目的是确定每一份投标书对于借款人来说所需付出的成本，以便在其评估成本的基础上进行比较。根据规定，应选择评估成本最低的标书，但不一定是最低价格的标书。

开标若发现投标价格有计算错误，应予以调整。此外，为了评估目的的实现，应对任何可量化的非实质性偏差或保留进行调整。但是，评估中不应考虑适用于合同执行期的价格调整条款。

投标文件的评估和比较包括供应进口货物的 CIP 价格和 EXW 价格[①]，内陆运输和保险费用，以及任何必要的安装、培训、调试和其他类似服务的费用。

投标文件还应说明评标中除价格外还应考虑的其他相关因素。就货物和设备而言，可考虑的其他因素包括：付款计划、交货时间、运行成本、设备的效率和兼容性、服务和备件的可用性、相关培训、安全和环境效益。用于确定最低评标价的价格以外的其他因素应尽可能以货币表示或在招标文件评标条款中给予相对的

① 工厂交货价格，它指卖方负有在其所在地即车间、工厂、仓库等把备妥的货物交付给买方，买方承担将货物自卖方的所在地运至预期目的地的全部费用和风险。

权重。

根据工程中交钥匙合同规则，承包商应承担所有关税及其他税收，投标人在编制标书时应考虑这些因素，投标书的评估和比较也应以此为基础。工程评标应严格以货币计价，任何高于或低于预定评标价的投标将自动被取消资格。如果时间对于所采购的项目来说是一个关键因素，则只有在合同条件规定了对违约行为相应的处罚时，才可根据招标文件中提出的标准考虑提前竣工对借款人的价值。

借款人还应编制一份详细的投标评估和比较报告，说明授予合同所依据的建议的具体理由。

7. 国内和地区优惠

应借款人的要求，在融资协议约定以及招标文件规定的条件下，可在下列评标的情况下提供一定的优惠幅度：

（1）在比较国内货物的投标与国外货物的投标时，货物在借款人所在国或在与借款国签订区域经济制度安排的国家（地区）制造的；

（2）在比较国内承包商与国外承包商的投标时，承包商来自借款人国家（国内）或加入借款国的成员（区域）。

如果允许对国内货物或承包商给予优惠，则在评标和比较投标时应遵循相关的方法。

8. 投标有效期的延长

借款人应在投标有效期的最初期限内完成评标和授予合同，因此无须延期。如因特殊情况需要延长投标有效期，所有投标人应在投标截止日期前以书面形式提出申请。延期应为完成评估、获得必要批准并授予合同所需的最短期限。如果是固定价格合同，只有在延期请求中规定了报价的适当调整机制，以反映延长期内合同投入成本的变化，才允许第二次和随后的延期。延长投标有效期的，不得允许投标人更改其投标报价（基准）或其他条件。投标人也有权拒绝延期。如果招标文件要求提供投标保证金，投标人可以行使其拒绝延期的权利，而不丧失其投标保证金，但愿意延长投标有效期的投标人投标保证金也相应延期。

五、借款人策略

1. 一般注意事项

项目实施的责任，以及项目下合同授予和管理的责任，由借款人承担。就银行而言，其章程要求银行"……确保其提供或担保的任何贷款的收益仅适用于发放贷款的目的，并适当注意经济和效率"，并为此目的制定了包括详细程序。虽然在实践中，项目实施过程中遵循的具体采购规则和程序取决于具体情况，但非发行的要求通常有四个考虑因素：

(1)项目实施过程中追求经济高效，包括所涉及的货物和工程的采购；

(2)银行有责任向所有合格的投标人提供相同的信息和平等的竞争机会；

(3)银行有兴趣鼓励在借款人所在国发展国内区域承包和制造业；

(4)采购过程中保持透明度。

还应注意，公开竞争是有效公共采购的基础。借款人应为具体采购选择最合适的方法。在大多数情况下，国际竞争性招标是最合适的方法，并对国内或地区制造的货物给予优惠，在适当情况下，对国内或区域承包商在规定条件下的工程给予优惠。因此，在大多数情况下，银行要求借款人采用国际竞争性招标以获得货物、工程和服务。如果国际竞争性招标不是最合适的采购方法，则可以使用其他采购方法。

2. 提前签约和追溯融资

借款人在申请借款前，若其项目对采购有前期的需求，则可以在获得融资前就开展采购工作并进行采购的初始步骤。在这种情况下，采购程序，包括广告，应符合非发行的相关规则，以使最终合同有资格获得银行融资，银行应审查借款人使用的提前采购程序。借款人自行承担此类预付款合同的风险，且银行对程序、文件或授标建议的任何同意并不意味着银行承诺为相关项目提供融资。

在签订了合同之后，银行偿还签署融资协议之前借款人签订的相关采购合同的款项，被称为追溯融资，且仅允许在借款协议规定的限额内进行支付。

3. 银行审查

银行审查借款人的采购程序、文件、评标过程、授标建议和合同文本，以确保采购过程按照商定的程序进行。银行批准的采购计划规定的这些审查程序应适用于不同类别的货物和工程。

4. 禁止行为

银行的政策是要求借款人(包括银行融资的受益人)、投标人、供应商、承包商及其代理人(无论是否声明)、分包商、分包顾问、服务提供商或供应商及其任何人员，在采购和执行融资合同的过程中遵守最高道德标准。

(1)就本政策而言,定义了以下术语:

“腐败行为”是指直接或间接提供、给予、收受或索取任何有价值的东西,以不适当的影响另一方的行为;

“欺诈行为”是指故意或不计后果地误导或企图误导一方以获得经济利益或其他利益或逃避义务的任何作为或不作为,包括失实陈述;

“串通行为”是指双方或多方之间旨在达到不正当目的的安排,包括不适当的影响另一方的行为;

“胁迫行为”是指直接或间接损害或伤害,或威胁损害或伤害任何一方或其财产,以不适当的影响一方的行为;

“妨碍行为”是指故意破坏、伪造、更改或隐瞒调查证据材料,或向调查人员提供虚假陈述,以实质性阻碍银行对腐败、欺诈、胁迫或串通行为指控的调查;威胁,骚扰或恐吓任何一方,以阻止其披露其对与调查有关事项的了解;或意图严重妨碍银行行使检查权利和审计权利的行为。

(2)如果确定被推荐授标的投标人或其任何人员或其代理人、或其分包顾问、分包商、服务提供商、供应商及其雇员直接或间接参与腐败、欺诈、串通、胁迫行为,银行将拒绝签发授标建议书。

(3)如果其在任何时候确定借款人或该融资的任何部分的收款人的代表参与腐败、欺诈、串通、胁迫行为,银行将宣布错误采购并取消分配给合同的融资部分。

(4)银行将根据现行的制裁程序,在任何时候制裁一家公司或个人,包括公开宣布该公司或个人无限期或在规定的时间内无资格被授予银行资助的合同。

(5)银行将要求在招标文件和资助合同中包含一条款,即要求投标人、供应商和承包商及其分包商、代理、人员、顾问、服务提供商或供应商允许银行检查所有账户,与投标书提交和合同履行有关的记录和其他文件,并由银行指定的审计员进行审计。

经银行特别同意,借款人可在银行资助的大型合同的投标书中加入投标人的承诺与保证,在竞争和执行合同时遵守招标文件中所列的国家反欺诈和腐败(包括贿赂)法律。银行将接受应借款国的要求引入该承诺与保证,前提是银行认可借款人管理该承诺的相关安排。

5. 采购计划

作为项目准备工作的一部分,借款人应编制并在协商融资协议之前,向银行提交一份银行可接受的采购计划，其中包括：

a. 在初始阶段实施项目所需的货物、工程或服务；

b. 融资协议允许的此类合同的拟议采购方法；

c. 相关银行审查程序。借款人应在项目期间每年或根据需要更新采购计划，借款人应按照银行批准的方式实施采购计划。

六、投标人策略

1. 概述

（1）国际竞争性招标的目标是向所有合格的潜在投标人及时、充分地通知借款人的要求，并为所需货物和工程提供平等的投标机会。

（2）招标文件应明确说明拟签订的合同类型，并包含相应的拟议合同条款。最常见的合同类型规定，付款依据为一次性付款、单价、可偿还成本加费用，或以上类型的组合。只有在特殊情况下，如高风险条件或成本无法预先确定且具有足够准确性时，银行才接受成本补偿合同。此类合同应包括限制成本的适当激励措施。

（3）单个合同的规模和范围将取决于项目的规模、性质和地址。对于需要各种货物以及工程的项目，通常授予不同设备和装置的供应、安装以及工程各自单独的合同。

（4）对于相类似但分开的设备或工程项目，可根据吸引小型和大型公司兴趣的备选合同方案进行投标，这些公司可自行选择对单个合同（切分）或一组类似合同（包）进行投标。所有投标书和投标组合应在同一截止日期前收到，并同时开标和评标，以确定向借款人提供最低评标成本的投标书或投标组合。

（5）在某些情况下，银行可接受或要求使用交钥匙合同，即设计和工程、供应和安装以及完整设施或工程的施工均在一份合同下提供，或者借款人可继续负责设计和工程设计，并就项目组成部分所需的所有货物和工程的供应和安装邀请投标。在适当的情况下，也可接受设计和建造以及管理承包合同。

（6）对于交钥匙合同或大型复杂设施或特殊性质工程或复杂信息和通信技术的合同，提前编制完整的技术规范是不切实际的。在这种情况下，可采用两阶段招标程序，根据该程序，首先是邀请基于概念设计或性能规范的未定价技术标，但需进行技术和商业说明和调整，其次是修改后的招标文件，并在第二阶段提交最终技术标和标价标。

(7)在竞争性投标中,及时通知投标机会至关重要。对于包含国际竞争性招标的项目,借款人需要编制并向银行提交一份一般采购通知草案。银行将在联合国发展商业报在线网站和银行官方网站上发布。通知应包括借款人(或潜在借款人)、融资金额和用途、国际竞争性招标采购范围、名称、电话(或传真)号码、借款人负责采购的机构的电子邮件和地址,以及发布具体采购通知的网站地址。

(8)资格预审邀请函或投标邀请函(视情况而定)应在借款人所在国至少一家全国发行的报纸上刊登具体的采购通知。借款人还可在政府公报或免费访问的电子门户网站上发布这些通知。这种邀请还应在联合国发展商业报在线网站和世界银行的官方网站上公布。需注意,该通知应给予足够的时间,使潜在投标人能够访问获知资格预审程序及招标文件,并准备和提交其答复。

2. 投标人资格预审

(1)资格预审通常适用于大型或复杂的工程,或者在编制高成本投标书时可能阻碍竞争的任何其他情况下适用,如定制设计的设备、工业设备、专业服务、一些复杂的信息和技术以及交钥匙承包合同等,此类项目中资格预审为必经程序。这也确保了只有那些有足够能力和资源的人才能进行投标。资格预审应完全基于潜在投标人令人满意地履行特定合同的能力和资源,并考虑到他们:a. 在类似合同方面的经验和过去的表现;b. 人员、设备、施工或制造设施方面的能力;c. 财务状况。

(2)应按照非发行规定,对特定合同或类似合同组的投标资格预审邀请进行公告和通知。借款人应将合同范围和资格要求的明确声明发送给响应邀请的人。所有符合规定标准的申请人都可以参加投标。借款人应将资格预审结果通知所有申请人,在预审结束后还应向合格的潜在投标人提供招标文件。对于一段时间内将要授予的合同组的资格预审,可根据投标人的资源对授予任何一个投标人的数量或总价值作出限制。在这种情况下,应定期更新通过资格预审的公司名单。资格预审提交文件中提供的信息的验证应在授予合同时予以确认,如果投标人被判定不再具备成功履行合同的能力或资源,则借款人可拒绝该投标人。

第四节　美洲开发银行贷款项目的投标规则

一、美洲开发银行及管理制度概述

1. 概述

美洲开发银行(Inter - American Development Bank,IADB),亦称泛美开发银行,是美国与拉丁美洲国家专门成立的多边金融机构,旨在集中成员资金,为拉丁美洲和加勒比地区经济和社会发展提供资金支持和技术援助,以帮助成员发展经济,改善卫生、教育,推进基础设施建设,是世界上成立最早和最大的区域性、多边开发银行。

1959 年 4 月 8 日美国和 20 个拉丁美洲国家就共同成立美洲开发银行签订多边协定,1960 年 10 月 1 日美洲开发银行正式运营。美洲开发银行有 20 个创始成员,后陆续有其他国家及美洲以外的欧洲、亚洲国家申请加入,1991 年起我国应邀派团以观察员身份参加美洲开发银行年会,1993 年 9 月中国人民银行向美洲开发银行提出加入申请,2009 年我国正式加入该行,成为该行第 48 个成员。美洲开发银行地址设在美国华盛顿,拉美各成员首都设有分支机构,巴黎和伦敦设有办事处。

董事会是银行的最高权力机构,由所有成员各派一名董事(候补董事 1 名)组成,董事任期 5 年,董事会每年开会一次,讨论和决定银行重大方针、政策。执行董事会是董事会领导下的常设机构,负责银行的运营,执行董事会有 14 名执行董事,其中拉美国家 9 名,美国、加拿大和日本各 1 名,其他国家地区 2 名,执行董事任期 3 年,执行董事会通常每周开会一次,除其他职责外,负责批准贷款、担保、提案、政策、国家策略、行政预算、设定利率以及就借款和其他财务事项。行长和副行长在执行董事会领导下主持日常工作;行长由执行董事会选举产生,任期 5 年;副行长根据行长推荐任命或选派,协助行长工作。

董事会和执行董事会的投票权分为两种:一是基本投票权,每个成员有 135 票;二是按认缴资本额分配,美国认缴资本最多,投票权也是最多,其次是阿根廷和巴西。美洲开发银行在美洲各国设有分支机构,代表银行同当地官方和借款人处理有关事务,并对银行资助的建设项目进行监督;在巴黎、伦敦设立了办事机构,以便同区域外成员和金融市场保持经常联系。

银行法定资本分为三种:普通资本(美洲国家认缴)、区际资本(美洲和美洲以外国家共同认缴)、特种业务基金。银行法定资本原定为10亿美元,后吸引了美洲以外国家参加投资,银行资本逐渐增加,美洲开发银行于1989年和1993年分别设立了美洲投资公司和多边投资基金。美洲开发银行通过发行债券在国际金融市场筹借资金,其在美国、瑞士、德国、日本等国家的金融市场筹措了大量资金。美国政府提供资金设立的社会进步信托基金贷款,主要用于资助拉丁美洲及加勒比海地区的社会发展和低收入地区的住房建筑、卫生设施、土地整治、乡村开发、高等教育等方面。2013年,我国在该行设立了20亿美元的中国对拉丁美洲和加勒比地区联合融资基金,支持该地区的经济和社会发展。此外,有的国家还把一些资金交给美洲开发银行掌握使用,美洲开发银行与其他国际金融组织一直保持密切联系和良好的合作。

2. 适用范围

美洲开发银行设立宗旨是为拉丁美洲及加勒比地区的经济和社会发展提供贷款、赠款和技术援助。根据章程,只有26个拉丁美洲国家作为成员能获得银行贷款。与世界银行集团相比,美洲开发银行的利率更低,而其贷款偿还期也更长。贷款分普通业务贷款和特种业务基金贷款,普通业务贷款主要向政府、政府机构(包括国有企业)等公私团体的特定经济项目提供资金,特种业务基金贷款主要为拉丁美洲及加勒比地区经济发展的特别公共项目提供贷款资金。1961年美洲开发银行向秘鲁提供的3900万美元贷款成为银行历史上第一笔项目贷款。据统计,在1961年至1980年,美洲开发银行给巴西、墨西哥、阿根廷和哥伦比亚四国提供的贷款达到95亿美元,涵盖农业、水资源、能源、工业、金融等多个行业,为这些国家的基础设施发展起到了巨大的作用,为拉丁美洲及加勒比海地区国家的投资提供了相当充足的资金。

美洲开发银行的项目除发展经济外,还包括促进性别平等、消除暴力、鼓励技术创新等一系列内容。美洲开发银行的项目未来将主要集中在以下三个方面:首先,消除极端贫困、协助政府建立更具有区分性和针对性的相关财政、扶贫政策,同时在基础建设方面提供更多的助力;其次,继续推进人力资本建设、资助创新项目,营造更适于创新的环境以推进生产水平的提高;最后,在经济全球化方面,银行将力图帮企业整合金融产业链,推动南南合作、促进各国交流和经贸合作。

我国倡导的"一带一路"建设的很多项目,可以帮助大西洋沿岸拉丁美洲国家和太平洋沿岸拉丁美洲国家加强联通,例如,使巴西、阿根廷等国产品抵达智利、秘鲁等国。2019 年度我国参与中标的项目有 40 个,合同金额超过 9 亿美元,中国已经成为拉丁美洲急需的新基础设施项目的主要承建者,"一带一路"建设关于联动、合作和繁荣的全球愿景,引起拉丁美洲国家领导人的强烈共鸣。

3. 项目周期

美洲开发银行通过主权担保贷款为公共部门提供资金,其资助的每一个项目都经过准备、批准、实施、完成和报告等一系列阶段。

(1)准备

美洲开发银行通过与借款国进行有组织的持续对话,定期制定和修订其国家战略。该国和银行主要通过诊断研究、目标制定、替代方案分析以及金融工具的选择来共同确定项目提案,并最终形成一个项目简介。项目简介提供有关该项目的基本信息,包括理由和目标、技术方面及其相关行业背景、拟议的环境和社会保障措施、信托评估、预计的资金数额以及项目执行的初步议程。该项目首先要在资格审查会议上进行评估,该会议会确定项目操作的可行性,项目的发展策略,并会验证项目的时间表和资源要求。在资格审查会议批准项目简介后,会开始起草操作发展提案。操作发展提案会明确准备和监督项目所需的活动、资源和时间表。操作发展提案还包括发展有效性矩阵,监测和评估计划以及经济回报率。操作发展提案可以用来确定是否会正确使用机构的资源。操作发展提案在质量和风险审查中还要接受进一步检查。如果需要,会进行进一步的调整,然后准备贷款建议草案以供运营政策委员会批准。一旦运营政策委员会批准了贷款建议草案,项目团队便可开始准备文件以获得董事会的审议和批准。

(2)批准

一旦董事会批准了该项目,即可与成员签署贷款合同。

(3)实施

签订贷款合同后,项目即开始实施。项目的实施通过进度监控报告定期监控活动和成果,包括活动中对支出、财务管理、采购程序、风险管理和/或保障合规政策的监督、监察活动。

(4)完成和报告

项目执行后,将完成评估以衡量项目的开发成果。由于项目完成报告是有关项目的业绩和成果信息的主要来源，这些报告会有助于银行内部的机构学习，以及改善银行的问责机制。在发展有效性框架下，项目完成报告得到了有效提升，并且其验证的结果可以为项目完成报告中包含的数据建立基线。美洲开发银行还编制影响评估，并由评估和监督办公室收集事后评估数据，以便在综合报告中评估有关项目的普遍趋势。这些评价结论有助于对未来项目进行规划和开发。

4. 基本原则

借款人应负责执行该项目，并因此负责该项目下的合同的授予和管理。《银行设立协定》(Agreement Establishing the Bank)要求美洲开发银行“……采取必要措施确保其提供、担保或参与的任何贷款的收益仅用于发放贷款时的目的，同时应充分考虑经济性和效率”。实际上，在项目实施中要遵循的采购规则和程序取决于具体情况，但都要遵循以下这些核心采购原则：

(1)物有所值：物有所值的原理是指对资源进行有效、高效和经济的使用，这需要评估相关的成本和收益，同时恰当地进行风险和非价格因素的评估。鉴于非价格因素如质量、可持续性、创新和生命周期成本等也可以作为投标的一部分，因此并不能仅从价格来比较投标人的物有所值的程度。

(2)经济：经济原则是指以适当的价格购买适当质量的产品。经济原则会考虑价格和物有所值中的非价格因素，包括质量、可持续性和生命周期成本。经济原则中可能以特定标准来衡量可持续性，以此来支持借款人自己的可持续采购政策。

(3)效率：效率原则要求采购过程与项目活动中存在的价值和风险成正比。

(4)平等：平等的原则在于为发达国家和发展中国家的所有合格投标人提供同样的信息和平等的机会，以此来促进竞争。

(5)透明：透明原则要求向所有利益相关方通过一种易于获取和广泛可得的方式来公开相关的采购信息，并适当报告采购活动，包括授予合同等，可以要求利益相关方支付合理价格或以零成本提供。

(6)廉洁：诚信原则是指将美洲开发银行资助资金用于其预定目的和良好的管理实践，并且还要求参与采购过程的各方在美洲开发银行所资助合同的采购过程和执行过程中遵守最高道德标准。同时需要各方在采购过程中按要求规范自身行为，如果发现采购过程中有违禁行为及时向银行汇报。

5. 主要特点

美洲开发银行是以发展中国家为主发起的跨国开发银行，较早关注经济增长以外的社会发展、社会公平、环境保护、气候变化等问题，是第一个引入环境条款的多边发展银行。1979年美洲开发银行就发布了环境保护政策。20世纪90年代早期，美洲开发银行积极支持和接受可持续发展原则，将其融入自身的环境条款。

可持续发展的目标包括社会和经济的发展目标，以及长期的环境可持续性目标。美洲开发银行的可持续框架包含内容较全面，但是缺少在社区影响和劳动力工作环境方面的政策。

二、招标采购规则及其要求

1. 资格

《美洲开发银行资助的工程、货物采购政策—GN－2349－4》和《美洲开发银行资助的顾问选择和签约政策—GN－2350》中规定银行贷款资金只能用于购买成员生产或提供的货物、工程和服务，来自其他国家的国民无权参与全部或部分由银行贷款融资的合同。

公司或个人以及货物和服务提供来源的国别确定标准如下：

(1)满足以下条件之一的个人的国籍即被视为美洲开发银行成员的居民：

①是成员的居民；

②已在一个成员中以“善意”居民的身份建立了住所，并在法律上有权在该住所所在的国家工作。

(2)满足以下条件之一的公司，其所属国籍即被视为美洲开发银行的成员：

①是根据银行成员法律合法组成或注册的；

②公司资本的50%由成员的个人或公司拥有。

(3)货物来源：

如果货物是在成员处开采、种植、收获或生产的，则其源于成员。对于由几个相互联系的商品组成的商品，需要相互联系，货物的材料、零件或组件的来源或生产、组装、分销或销售货物的公司的国籍并不能决定货物的来源属于成员。

(4)服务来源：

服务来源是根据上述国籍标准确定的提供服务的个人或公司的原籍国。这些标准适用于货物供应的辅助服务、建筑服务和咨询服务。

2. 信息披露

1994 年 10 月美洲开发银行批准第一个《披露政策》，1998 年、2001 年、2003 年对该文件进行了修订和更新，并把它纳入《业务政策手册》。

新政策引入了一种更系统、更快捷地查阅银行档案资料的途径，此外，董事会的年度和季度工作规划现在也予以公布，美洲开发银行成了第一个承诺发布董事会会议纪要的多边开发银行。

3. 利益冲突

私营部门借款人授予的合同应在充分考虑借款人的财务利益，而不是其母公司的利益的基础上进行谈判，当私营部门借款人的股东也作为借款人的承包商时，应向银行证明，购置费用大致相当于概算和市场价格，合同条件是公平合理的，银行不会批准为超过市场价格的收购提供资金。

4. 采购政策

（1）国际竞争性招标是银行采用的最多且占采购金额最多的一种方式。国际竞争性招标是在世界范围内进行招标，国内外合格的投标商均可以投标。招标人要求投标人制作完整的标书，招标人在国际上通过各种宣传媒介刊登招标公告。采购原则：必须注意节约资金并提高效率，即经济有效；要为银行的全部成员提供平等的竞争机会，不歧视投标人；有利于促进借款国本国的建筑业和制造业的发展。以下采购例外：

①如果贷款为进口项目提供融资，国际竞争性招标将简化招标公告和货币准备金。

②国际竞争性招标采购通知的简化规定不需要一般采购通知。除银行官网外，具体采购通知应至少在借款人所在国一家全国发行的报纸上刊登；提交投标书的期限可缩短至 4 周；投标和付款可限于国际贸易中广泛使用的一种货币。

③粮食、动物饲料、食用油、燃料、化肥和金属等商品的市场价格根据特定时间的需求和供应而波动。许多都是在成熟的商品市场上报价的。采购通常涉及对部分数量的多次授予，以确保供应安全，并在一段时间内多次采购，以利用有利的市场条件并保持低库存。可拟定一份通过资格预审的投标人名单，定期向其发出邀请。投标人可被邀请提供与装运时或装运前的市场价格挂钩的价格。投标有效期应尽可能短。通常在市场上定价的单一货币可用于投标和付款。货币应在投标文件中规定。招标文件可允许电传或传真，或以电子方式提交投标书，在

这种情况下，通过资格预审的投标人可不要求投标保证金，或提交在规定时间内有效的长期投标保证金。应使用符合市场惯例的标准合同条件和格式。

(2)其他采购方式。在国际竞争性招标不是最经济和最有效的采购方法的情况下，银行可以使用其他更合适的采购方法。但银行关于国内制造产品合同优惠幅度的政策，不适用于国际竞争性招标以外的采购方法。

①采用借款国采购方式

美洲开发银行支持借款国加强其采购系统，以使其符合国际最佳做法和国际公认的惯例。前提是该系统或子系统已被美洲开发银行接受，并遵守采用国家采购系统指南中的规定。

②有限国际招标

有限国际招标本质上是一种无公开广告的直接邀请的国际竞争性招标。如果只有有限数量的供应商，或者其他特殊原因可能有理由偏离国际竞争性招标程序，则这可能是一种适当的采购方法。根据有限国际招标规则，借款人应从足够广泛的潜在供应商名单中寻求投标，以确保具有竞争力的价格，当供应商数量有限时，该名单应包括所有供应商。国内优惠不适用于有限国际招标规则下的投标评估。

③国内竞争性招标

国内竞争性招标是通常用于借款人所在国公共采购的竞争性招标程序，可能是采购就其性质或范围而言不太可能吸引外国竞争的货物或工程的最适当方式。例如，合同价值很小；工程分散在不同的地理位置或分布在不同时间；工程是劳动密集型的；货物或工程在当地的价格低于国际市场；采用国际竞争性招标的成本将明显超过所涉及的行政或财政负担。

(3)直接承包

直接承包是指没有竞争(单一来源)的承包，可能是一种适当的方式。例如，根据银行可接受的程序授予货物或工程的现有合同，在有类似性质的额外货物或工程延期时，银行应确信通过进一步竞争无法获得任何利益，并且延长合同的价格是合理的。如果事先认为有可能延期，则应在原始合同中标明此类延期的规定。又如，与现有设备兼容的设备或备件的标准化，可以证明从原始供应商处额外采购是合理的。为了证明购买的合理性，原始设备应合适，新设备的数量通常应少于现有数量，价格应合理，并应考虑其他制造商或设备来源的优势，并以银行可接受的理由拒绝接受。其他情况还包括:所需设备为专有设备,只能从一个来源获得;负责工艺设计的承包商要求从特定供应商处采购关键项目作为性能保证的条件;如在应对自然灾害等特殊情况时。

(4)专业机构采购

特定情况下,直接从作为供应商的专门机构,按照自己的程序进行采购可能是最适当的采购方式,包括少量现货,主要是在教育和卫生领域;供应商数量有限的专门产品,如疫苗或药物。

5. 招标采购流程

国际竞争性招标一般分三个阶段进行,即准备阶段、招标投标阶段、评标及签订合同阶段。

(1)除了在美洲开发银行官网外,具体采购通知应至少在借款人所在国一家全国发行的报纸上发布。国际竞争性招标和国内竞争性招标还需在全国性的报纸上刊登招标公告。采购通知应给予足够的准备时间,以使潜在投标人能够获得资格预审或招标文件,并提交其答复。

(2)国际招标留给投标人响应招标公告和编制投标书的时间最少为 6 周,在涉及大型工程或复杂设备品目的情况下,该时间段应不少于 12 周。国内竞争性招标规则最少为 4 周。

(3)国际招标和国内竞争性招标的评价方法为最低价中标法。

(4)在确定实质上符合要求的投标书后,如果投标资料表中有规定,买方可要求投标人提交最佳最终报价。

三、美洲开发银行核心条款

1. 环境条款概述

美洲开发银行为保障其环境条款的顺利运行设置了内部评估机制、执行管理机制和决策机制。环境保障组审查环境影响预评,确认项目分类,对项目实施过程进行监督和事后评估,并由银行的董事会进行项目融资方面的最终决策。

美洲开发银行的环境条款运行起来分为以下几个阶段,第一,项目正式获批前的预评和分类;第二,项目进行中的报告、监测和核查;第三,项目完成后的评估和补偿。

一个项目在预评和分类之后,会进入不同的运行反馈流程。根据项目环境影响等级预评和分类结果的不同,借款方所需要提交的环境影响评价材料,以及在项目运行过程中所要执行的环境影响管理的内容。对于那些具有较大负面环境影响的项目,银行会要求项目执行方提供更为详尽的环境影响评价报告,同时也会要求执行方出具更为具体可行的环境影响修复和管理的计划。

2. 贷款和投资环境条款的内部评估体系

(1)事前评估

在项目获批和执行前,银行资助的所有项目都会按照其潜在的环境影响进行预评和分类。环境影响预评在项目的准备阶段就要开始,评价内容涉及该项目及其关联设施可能造成的直接的、间接的、区域的、长期累积的自然环境影响,同时还包括环境问题等导致的社会和文化影响。根据环境影响预评,银行会对该项目进行分类,从而对其所需提交的环境影响评估报告的类型加以分级分类。整体而言,项目会被分为三大类:

a. A 类项目,是指具有重大负面环境和社会影响,且对自然资源产生深远影响的项目。借款方通常会被要求建立一个咨询专家委员会来对其环境影响评价的过程进行监督和指导,大型基础设施项目往往被划归此类。

b. B 类项目,是指那些具有局域和短期负面环境影响和相关社会影响的项目,这些项目往往已经受到有效的当地环境政策监管。

c. C 类项目,是指那些具有很小或者完全没有负面环境和社会影响的项目。这类项目不需要提交环境社会分析报告,但如果需要,这些项目需要按照要求提供环境保护和监管的信息。环境治理项目和生态补偿项目往往属于此类。

只有 A 类项目需要提交完整的环境影响评价报告。此外,A 类和 B 类项目需要进行环境影响治理咨询,咨询的对象包括潜在的受影响者和利益相关方。A 类项目在其申请过程中至少要经过两轮咨询,而 B 类项目也至少要经过一轮咨询。

银行会对项目运行中的环境条款执行情况进行监督和监控。借款方所提供的环境和社会管理计划必须被包含在项目合同内,具有同等的法律效力。相关的环境指标必须加以明确的定义,并在项目的过程报告书中按时上报,在项目中期检查和结项时,环境指标也必须按照要求上报。这些数据将受到银行系统分析、审阅和核查。A 类项目每年至少要接受一次环境数据核查,所有的数据都会在项目结束后的事后评估中加以进一步分析和核算。

(2)事后评估

项目结束后,银行会对项目进行事后评估。早在2010年美洲开发银行就开始探索事后评估的方法建设和相关评价指标体系的完善问题。事后评估能够为实现大规模基础设施建设的环境管理计划目标提供量化的环境影响评价方法,对项目的长期延续和维护、项目对环境影响的消减至关重要,对当地的可持续发展也具有正向的推动作用。研究发现,事前评估和过程评估在执行过程中往往能够得到妥善的贯彻,而事后评估往往是相对薄弱的环节。

事后评估由评估和监督办公室来完成。主要的数据来自事前环境评估提供的资料(环境影响评价,环境影响声明,环境管理计划),东道国国家环保机构和国际多边机构的相关要求,在项目期内通过环境管理计划完成的相关活动,EPM①(Empresas Públicas de Medellín,Public Utility)提供的环境检测和控制计划中提供的信息(项目进展报告、年度环境管理报告、和环境履约报告),EPM的负责人提供的相关信息。从事后评估所需要的最基本的数据量来看,至少有三个环节的数据是必须的,一是项目实施前的环境本底值,二是项目实施过程中采取环境治理手段之前的参照值,三是采取环境治理手段后的效果值。在不同项目中,相关的环境影响评价领域和指标的选取存在差异,需要根据不同的项目有区别地进行筛选和设计。

3. 环境条款的适用性和灵活性

除了要遵守银行的环境保障条款外,所有受资助项目的执行还需要遵守项目实施所在国的环境法律法规,包括该国国内法和该国签署的多边环境协议。这就保障了银行支持的项目在东道国不受到当地政策的掣肘。这项规定被明确写进美洲开发银行的环境保障导则条款里。

考虑到拉丁美洲的很多国家仍是发展中国家,为了保障其支持的项目保有一定水平的环境标准,银行帮助东道国进行环境管理的能力建设,并以适当的渠道向东道国的政府提供环境管理改进的政策建议,并不定期发布专题报告,向东道国的利益相关方阐述当地环境管理存在的问题和未来的改革方向。

以基础设施和拉丁美洲生态栖息地保护的关系为例,美洲开发银行经过两年的追踪观测,分析和拉丁美洲多个国家多个基础设施建设项目对当地生态栖息地

① 一家公用事业服务公司。

的影响,总结了存在的问题,并最终提供了政策改革的建议。明确指出,在大多数的项目实践中,环境影响评价更多的关注直接近期的环境影响,相应的减缓和补偿措施也仅仅针对这些影响,对长期的项目环境影响关注较少。由项目衍生的、间接的、累计的环境影响,如水电站建设对上下游水域生物多样性的影响,大型基础设施建设对周围生态环境的连带性破坏和动物迁徙廊道的破坏等较少受到关注。为了减少这些长期的、潜在的环境影响,银行建议在未来的大型基础设施建设项目的招标投标准备过程中,要强制要求同时提交项目环评和战略环评报告,并以巴西为最佳案例,将巴西如何将生物多样性保护纳入国家环境补偿法中的具体措施,与其他拉丁美洲国家进行分享,为尚无相关法律的国家提供政策改革的依据。

四、投标书的评审标准及评审方法

采购指南规定了买方评估投标书和确定投标人资格所使用的所有标准,不得使用其他因素、方法或标准。

1. 不使用组合分数时的评估

如果在技术和价格评估中没有使用综合得分,则最有利的报价将是达到最低技术得分或高于最高技术得分的报价,如果合格且满足本合同的所有其他要求,则将授予合同。

2. 综合评估报价

如果技术评审包括得分和权重,则只有达到最高技术得分的投标才被视为实质上满足了技术方面的要求,该得分将计入技术和价格的综合比较中。如果技术评估不包括分数,则财务评估将限制为确定最低投标价格。当在技术评估中使用分数时,最有利的投标将是获得最高综合得分的投标。被授予合同前提是该投标是合格的。

如果在技术评估中不使用分数,则最有利的投标将是达到最低评标价格的投标,如果合格且符合其他要求,则将授予合同。买方将根据规定,对确定为实质性响应的投标文件进行评估和比较。

如果投标资料表中有说明,除成本因素外,则买方对响应性投标书的评估将考虑技术因素。

如果除成本因素外,买方还选择对重要的技术因素给予权重(价格权重 X 在评估中小于1)，评标公式中每一投标的技术总得分将根据以下标准，通过对评标委员会对投标技术特征的评分进行相加和加权来确定。待评估的技术特征一般定义如下，并在投标资料表中明确规定：

a. 性能、容量或功能特性超过技术要求中规定的强制性水平；和/或影响信息系统的生命周期成本和有效性。

b. 影响信息系统生命周期成本和有效性的易用性、易管理性或易扩展性等可用性特征。

c. 投标人初步项目计划的完整性、合理性和响应性，即任务和资源计划，包括一般和具体的，以及管理和协调、培训、质量保证、技术支持、后勤的拟议安排，问题解决、知识转让，以及买方披露的其他要求。

3. 经济评价

(1)时间表

自确定预调试活动完成时间的生效日期起，完成信息系统的时间应在最短和最长之间。在规定的最短期限内完工，不给予计分。超过指定最长期限的投标将被拒绝。

(2)经常性费用

由于所采购系统的运行和维护是实施的主要部分，因此产生的经常性成本将依据规则进行评估。质量保证期后服务期的经常性费用项目，如需评估，应包括在主合同或与主合同一起签订的单独合同中。这些费用应加到投标价格中。

用于计算执行时间表的经常性费用因素包括：实施年限、硬件维护、软件许可证和更新、技术服务、电信服务以及其他服务(如有)。

4. 报价

在确定实质上符合要求的投标书后，如果投标资料表中有规定，买方可根据要求邀请投标人提交最佳最终报价。

5. 技术备选方案

参考投标须知第13.4款邀请，进行评估。

6. 资格

(1)投标人信息

投标人和任何分包商应满足或继续满足资格预审时使用的标准。

(2)财务资源

投标人必须证明其有权或可用的财务资源,如流动资产、无产权负担的实际资产、信贷额度和其他财务手段,但合同预付款除外,以满足合同的总体现金流要求及其当前的供应和服务承诺。

(3)关键人员

投标人必须证明其将拥有满足要求的关键岗位人员,提供拟用关键人员的详细信息及其经验记录。

(4)分包商/供应商/制造商

资格预审中确定的主要供应项目或服务的分包商/供应商/制造商,文件必须满足或继续满足其中为每个项目规定的最低标准。不遵守此要求将导致分包商被拒绝。

如果投标人根据合同提供并安装其未制造或以其他方式生产的主要供应项目,投标人应提供制造商授权书,证明投标人已获得相关制造商或生产商的正式授权在买方国家供应和/或安装该项目的子系统或部件。投标人负责确保制造商或生产商符合投标须知 4 和投标须知 5 的要求,并满足项目的最低标准。

五、投诉机制

1. 停顿期

(1)在国际竞争性采购中,应适用停顿期,使投标人有时间审查授标意向通知,并评估是否应提交投诉。授标意向通知(Notice Inviting Application, NIA)是向每个提交投标的投标人发送的书面通知,通知各投标人将合同授予中标人的意图。

(2)停顿期应从借款人的 NIA 发送给投标人时开始。除非另有延长,停顿期应在此种传送日期之后的 10 个工作日内持续。在停顿期之前或期间不得授予合同。

(3)尽管如此,在下列情况下不应要求停顿期:

a. 只有一个投标/提案是在公开竞争过程中提交的;

b. 直接订约;

c. 持有框架协议的公司之间的注销过程;

d. 美洲开发银行承认的紧急情况。

(4)如果借款人确实在停顿期内收到未中标者的投诉,在投诉得到解决之前,借款人不得继续授予合同。

(5)在停顿期结束时,如果借款人没有收到未中标的投标人的任何投诉,借款人应按照先前通过国家投资管理局通报的授予合同的决定继续授予合同。

2. 银行的行动

(1)投标人可以自由地将其与借款人的问题和问题的通信副本发送给银行,或直接写信给银行;所有函件都应送交银行在借款国的办事处,并抄送银行在华盛顿特区的项目采购部。

(2)在提交投标截止日期之前,银行将酌情把从潜在投标人处收到的参考资料,连同银行的意见和建议提交借款人使其采取行动或作出答复。

(3)开标后收到的来自投标人的来函,包括投诉,将按以下方式处理。对于不受银行事先审查的合同,将向借款人发送信函,供其适当考虑并采取适当行动(如果有的话),这些信函将在银行工作人员随后监督项目期间进行审查。在例外情况下,如果投诉性质特别严重,银行可要求借款人在按照程序进行所有相关文件的事前审查和评论之前发送。如果合同需经过事先审查,银行将与借款人协商,审查来函。如果需要额外的数据来完成这个过程,这些数据将从借款人那里获得。如果需要投标人提供补充资料或澄清,银行将允许借款人获得,并酌情在评估报告中提出评论或纳入评估报告。在充分审查和审议来函之前,世界银行的审查将不会完成。从投标人收到的涉及关于禁止做法指控的来函,由于保密等原因,可能有不同的待遇。在这种情况下,银行在与借款人分享认为适当的信息时应当谨慎。

(4)除确认外,在采购的评审和评审过程中,银行将不与任何投标人进行讨论或通信,直到合同的授予被公布为止。

六、投标人策略

1. 概述

(1)国际竞争性招标的目标是向所有合格的潜在投标人提供及时和充分的借款人要求通知,并为所需货物和工程提供平等的投标机会。

(2)招标文件应明确说明拟签订的合同类型,并包含相应的拟议合同条款。最常见的合同类型规定,付款依据是一次性付款、单价、可偿还成本加费用,或其组合。只有在特殊情况下,如高风险条件或成本无法预先确定且具有足够准确性时,银行才接受可偿还成本合同。此类合同应包括适当的限制激励措施成本。

(3)单个合同的规模和范围将取决于项目的规模、性质和位置。对于需要各种货物和工程的项目,通常授予不同设备和装置的供应和/或安装的单独合同工程。

(4)对于需要类似但分开的设备或工程的项目,可根据吸引小型和大型公司兴趣的备选合同方案进行投标,这些公司可自行选择对单个合同(切片)或一组类似合同(包)进行投标。所有投标书和投标组合应在同一截止日期前收到,并同时开标和评标,以确定投标书或投标组合向借款人提供最低评估成本的投标。

(5)在某些情况下,银行可接受或要求签订交钥匙合同,即设计和工程设计、设备供应和安装以及完整设施或工程的施工均在同一合同下提供,或者借款人可继续负责设计和工程设计,并就项目组成部分所需的所有货物和工程的供应和安装邀请投标。在适当的情况下,设计和建造以及管理承包合同也是可以接受的。

(6)对于交钥匙合同或大型复杂设施、特殊工程或复杂信息和通信技术的合同,提前准备完整的技术规范可能是不可取的或不切实际的。在这种情况下,可采用两阶段招标程序,根据该程序,首先邀请基于概念设计或性能规范的未定价技术标,但需进行技术和商业澄清和调整,随后是修改后的招标文件,并在第二阶段提交最终技术标和标价标。

(7)在竞争性投标中,及时通知投标机会至关重要。对于包含国际竞争性招标的项目,借款人需要编制并向银行提交一份一般采购通知草案。银行将安排其在联合国发展商业报在线网站和银行官方网站上发布。通知应包含借款人(或潜在借款人)、贷款金额和用途、国际竞争性招标采购范围以及名称、电话(或传真)号码,以及借款人负责采购的机构地址以及将发布具体采购通知的网站地址。相关资格预审或招标文件不得提前公开发布一般采购通知。

(8)资格预审邀请函或投标邀请函(视情况而定)应作为具体采购通知在借款人所在国至少一家全国发行的报纸上或在政府公报(如果可以在互联网上找到)上公布,或在借款人公布所有政府商业机会的免费访问电子门户网站上。这种邀请还应在联合国发展商业报在线网站和银行官方网站上公布。应在足够的时间内发出通知,以使潜在投标人能够获得资格预审或招标文件,并准备提交其答复。

2. 投标人资格预审

(1)资格预审通常是大型或复杂工程所必需的,或者在编制高成本投标书时可能阻碍竞争的任何其他情况下是必需的,如定制设备、工业设备、专业服务、一些复杂的信息和技术,以及在交钥匙、设计和建造下授予的合同等。这也确保了只有那些有足够能力和资源的人才能发出投标邀请。资格预审应完全基于潜在投标人令人满意的履行特定合同的能力和资源,并考虑他们:a. 在类似合同方面的经验和过去的表现;b. 人员、设备、施工或制造设施方面的能力;c. 财务方面的能力情况。

(2)应按照规定,对特定合同或类似合同组的投标资格预审邀请进行公告和通知。应将合同范围和资格要求的明确声明发送给响应邀请的人。所有符合规定标准的申请人都可以参加投标。借款人应将资格预审结果通知所有申请人。资格预审结束后,应向合格的潜在投标人提供招标文件。对于一段时间内将要授予的合同组的资格预审,可根据投标人的资源对授予任何一个投标人的数量或总价值作出限制。在这种情况下,应定期更新通过资格预审的公司名单。资格预审提交文件中提供的信息的验证应在授予合同时予以确认,如果投标人被判定不再具备成功履行合同的能力或资源,则借款人可以拒绝该投标人。

第五节 欧洲复兴开发银行贷款项目的投标规则

一、欧洲复兴开发银行概述

1. 概述

欧洲复兴开发银行(European Bank for Reconstruction and Development, EBRD)是一家国际性金融机构,成立于1991年,总部设立于伦敦。建立欧洲复兴开发银行的设想是由原法国总统密特朗(François Mitterrand)于1989年10月首先提出,目的是帮助欧洲战后重建和复兴,该设想得到欧洲共同体各国和其他一些国家的积极响应。1991年,欧洲复兴开发银行拥有100亿欧洲货币单位(约合120亿美元)的资本。欧盟委员会(前欧洲共同体委员会)、欧洲投资银行和39个国家在银行中拥有股权。最大股份拥有者是美国,占10%,其次是法国、德国、意大利、日本和英国,各占8.5%,东欧国家总共拥有股份11.9%,其中苏联占有6%。

截至2020年，欧洲复兴开发银行共拥有71个成员（包括69个成员和2个国际机构：欧盟和欧洲投资银行），成员涵盖了西欧以及中东欧、中亚、东亚等国家。中国于2016年加入该行，成为其股东。

欧洲复兴开发银行的宗旨是：在考虑加强民主、尊重人权、保护环境等因素下，帮助和支持东欧、中欧国家向市场经济转化，以调动上述国家中个人及企业的积极性，促使他们向民主政体和市场经济过渡。投资的主要目标是中东欧国家的私营企业和这些国家的基础设施。

2. 组织构架

欧洲复兴开发银行由五大洲的69个国家以及欧盟和欧洲投资银行共同拥有。这些股东各自出资，形成核心资金。

理事会为最高权力机构，确定银行的总体战略方向，如战略资本框架和银行的地理范围，负责制定政策、方案和预算审查，决定银行成员的资格、股本变动、董事和董事长的任命、准备金和利润的分配。理事会由每个成员委派正副理事各一名，每年举行年会一次。

董事会负责批准银行的主题战略、政策和业务。董事会负责按照理事会设定的总体目标指导银行的经营和政策，代理事会行使对银行的管理权。董事会由23名董事组成，每位董事代表一名或多名股东，董事任期3年。

董事长由理事会选举产生并签约，任期4年，他也是银行的法定代表人和办公室主任。董事长主持董事会会议，并在平等分配的情况下投出决定票。副董事长通常由董事长推荐，任期4年，在董事长缺席或无行为能力时，副董事长应行使董事长的权力并履行其职能。银行行长由董事长担任，在董事会的领导下，行长负责本行的日常业务。

欧洲复兴开发银行的其他部门包括客户服务部、金融部、风险与合规部、行政支持部、中心服务部。

二、欧洲复兴开发银行招标管理制度概述

1. 适用范围

为银行伦敦总部及其在银行业务所在国的常驻办事处提供的货物、工程和服务（如总务、餐饮、安保、维护、IT、家具等）以及支持银行及其客户运营的咨询服务（如可行性研究、尽职调查评估，项目实施、机构建设、法律改革和所有其他咨询服

务)都是通过银行采购业务和交付部门采购的,该采购部门还负责审核和监督银行客户使用贷款收入自行采购主要货物和工程(如基础设施工程、厂房、材料等)。

就采购政策和规则而言,公共部门业务是在经营所在国的业务,具体包括:①扩展至该经营所在国或由该经营所在国提供担保;②由经营所在国的国家或地方政府或政府机构持有或控制多数股权的公共事业组织;③向该经营所在国的国家或地方政府或由其任何一方拥有或控制的机构和企业提供担保,但银行认为在竞争性市场环境中自主经营并受破产法约束的企业除外。该采购政策与规则适用于所有形式的货物、工程和服务的取得(咨询服务除外),包括购买、分期付款购买、租金和租赁等形式。

2. 采购政策

银行可定期审查其业务所在国的采购法律、法规和程序,并可提供咨询服务、技术援助和能力建设,以协助实现与《世界贸易组织政府采购协议》和《贸易法委员会货物、工程和服务采购示范法》等良好国际惯例的一致性。

银行与其他多边金融机构发展资助倡议,如与欧盟凝聚力基金密切合作,通过共同筹资项目,设法增加对相关业务国的投资流量。当项目在联合基础上共同出资时,该政策将适用于共同出资合同。但是,在特殊情况下,银行可根据具体情况并经董事会批准,同意适用其他机构适用的替代采购规则,前提是银行确信这些替代程序是公平和透明的,总体上符合本政策的主要原则和良好的国际惯例,并且有可接受的替代审查程序。如果项目是在平等的基础上共同供资的,共同出资人的采购程序通常适用于由他们资助的合同,银行充分保证合同项目的成功实施。

(1)资格

银行允许所有国家的公司和个人为银行资助的项目提供商品、工程和服务,包括咨询服务,无论该国是否为其成员。鼓励发展中国家的公司和个人以及银行业务所在国的公司和个人在平等条件下参与,从而帮助自己国家的发展进程。授予合同的条件应限于确保符合条件的公司或个人具有履行合同的法律、财务、商业和技术能力所必需的条件。银行客户不会因为与履行合同能力无关的原因,不允许某公司或个人参与投标过程或授予合同,除非该公司或个人:①已被宣布不符合资格,并在相关日期根据执行政策和程序仍然不符合资格。②有利益冲突或不公平的竞争优势。③被判故意犯罪,或公司的附属公司被判故意犯罪,以及任何此类犯罪。在相关国家,定罪为最终判决,从刑事定罪的最终判决之日起至合格评估之日止不超过10年,且银行得出结论,即司法程序规定了银行可接受的适当并正当的程序。④有关国内法禁止与客户建立商业关系,前提是禁令涉及的禁止行为,已通过司法或行政程序以银行可接受的适当程序确定。

根据国际法,如果联合国安全理事会根据《联合国宪章》第七章通过的一项决议,禁止从该国进口货物或向该国的个人或实体付款,则银行贷款、股权投资、担保或赠款的收益不得用于向该个人或实体付款或进口任何货物。因此,此类禁令所涵盖的提供货物、工程和服务的个人或实体或供应商不具备获得银行融资合同的资格。

(2)责任

客户完全负责执行银行资助的项目,包括从规划阶段到合同授予的采购过程的所有方面,以及合同的管理和执行(解决索赔和争端)。银行对采购过程中的采购交付战略和相关文件进行审查,并可就具体项目的采购过程和制度建设向客户提供建议和协助,但银行不是最终合同的缔约方。客户对投标人就本项目提供的货物、工程、服务和咨询服务的权利和义务受客户发布的投标文件或选择文件的约束,而不受银行政策的约束。在银行要求时,客户必须使用银行要求的电子采购门户网站。客户使用电子采购门户采购的,银行不承担任何义务或责任,采购过程仍由银行客户负责。

(3)采购流程

公共部门采购的正常程序包括以下步骤,具体内容如下:

①采购计划,包括一个市场分析和项目交付策略。优质的采购计划至关重要。客户应确定实施项目所需的货物、工程和服务或规定的功能,包括何时必须交付,需要什么标准,实施采购过程和合同所需的资源和能力,对资金的需求以及哪种采购和承包程序适合于合同。客户应编制并完成总体采购交付策略,包括采购计划,银行应在任何采购开始前提供其同意意见。特定程序及其适用的货物、工程和服务由银行与客户之间的协议确定,并在法律文件中予以规定。在银行同意的情况下,可在整个项目期间根据需要继续调整和完善项目交付战略和采购计划。

②招标机会通知。采购计划编制完成后,客户应尽可能早地在项目周期内,发布一份总采购通知,就项目的性质向企业界提出建议。该通知应包括银行融资

金额、用途以及总体采购计划，具体包括适用的规则和程序、货物、工程、服务和咨询、拟采购的服务、预期时间，以及表示感兴趣并获取附加信息的姓名和联系地址。

此通知应在客户自己的网站或官方政府采购门户网站(如有)上发布，或在客户所在国广泛发行的报纸上或官方公报或国际贸易出版物(视情况而定)上公布。此外，通知应提交给银行，银行将在银行网站(www.ebrd.com)或银行的电子采购门户网站上公布通知，以便潜在投标人有适当的时间了解即将到来的机会。银行还将酌情安排在《联合国发展业务》和《欧洲联盟官方公报》上发表。只要还需采购货物、工程、服务或咨询服务，总采购通知应每年更新一次。招标邀请函不得在总采购公告发布前发布。

个别合同的公开招标和简化公开招标，包括必要时的资格预审，应以与一般采购通知相同的媒介和方式进行宣传。为了方便分包商和供应商参与合同或建立合资企业和联合体，客户应根据要求提供正式获得招标文件的潜在投标人名单，以及在进行资格预审的情况下，提供资格预审实体名单。

③适当时进行资格预审。客户应对大型复杂合同的潜在投标人进行资格预审，除非基于合理的理由，且银行事先无异议，所有符合资格预审标准的公司都应被允许提交标书。资格预审文件中规定的资格预审标准应完全基于潜在投标人具有满意的履行特定合同的能力和资源，并考虑他们：第一，在类似合同上的经验和以往履行情况等因素；第二，人员、设备、施工或制造设施方面的能力；第三，财务状况。资格预审程序应旨在确保有能力履行合同的公司尽可能广泛地参与，不得以不合理或非实质性理由限制参与。

④招标及发出招标文件。

⑤提交投标书、评标和授予合同。合同执行和管理，程序的范围和每一步骤应遵循的具体程序将会取决于所使用的招标方法。

⑥合同执行和管理。程序的范围和每一步骤应遵循的具体程序将会取决于所使用的招标方法。

客户应尽职尽责地管理合同，并应监督和定期向银行报告合同履行情况。

在对合同条款和条件的任何修改、弃权或同意延长规定的履约时间之前(除因不可归因于采购实体的不可预见事件引起的极端紧急情况外)，客户应获得银行对拟议修改的同意、弃权或延期。根据合同条款和条件作出的变更或变更令经银行审查后,客户方可对付款提出无异议。

(4)其他采购方法和程序

在下列情况下,可采用直接承包:①根据银行可接受的程序,延长现有合同,以获得类似性质的额外货物、工程或服务,显然是经济和高效的,进一步的竞争不会获得任何好处;②对按照本政策进行的公开招标或简化公开招标的结果不令人满意;③由于所需产品的专有能力、权利或可用性,产品、工程或服务只能由单个供应商或承包商提供;④现有设备的标准化被确定为重要且合理,新项目的数量通常少于现有数量,且其他供应商无法提供兼容的货物;⑤由不可归咎于采购实体的不可预见事件所引起的极端紧急情况。

在这种情况下,客户可在银行事先同意的情况下,邀请一家公司提交投标书,而无须事先公开通知。在银行对已签署的合同无异议之前,客户应向银行提交合同草案,并附上适当的理由及证明合同物有所值的依据。

在下列情况下,按照国内法制定的替代采购程序可能是采购货物、工程或服务的最经济和最有效的方法:①合同价值很小;②工程在地理上分散或分散分布;③货物、工程或服务在当地以低于国际市场的价格供应;④就其性质或范围而言,合同不太可能吸引外国竞标者。

所采用的程序必须为银行所接受,并应提供充分及时的通知和公平竞争,以确保物有所值。评标方法、资格要求和合同条件应为银行所接受,并应向所有投标人公布并公平适用。应该允许外国公司平等地参与。银行可要求使用其标准招标文件,并根据当地规定进行调整,并在其网站上公布投标机会。适用的是国家投诉补救制度,而不是银行的采购投诉机制。银行将鼓励客户在银行可用且可接受的情况下使用国家电子采购平台。

公用事业单位、机构和企业,具有很大程度的私人所有权和控制权,预计会遵循公开招标。但是,如果这些实体采用了健全的采购规则和程序,银行可以同意这些实体按照自己的规则遵循竞争程序,前提是这些程序为银行所接受。为了被接受,用于采购银行资助的合同,其实体的程序应规定充分的国际通知、非歧视性竞争、透明和公平的评估程序、可核查的遵守情况和独立的投诉机制,以及公平和平衡的内容。银行可要求调整程序,以确保符合政策的原则。

(5)大宗商品

为确保供应安全,石油和天然气等商品的采购往往涉及对部分数量的多次授予,并随着时间的推移多次采购以利用有利的市场条件。商品采购比银行公开招标程序具有更大的灵活性,但必须在采购过程中遵守透明度、问责制、经济性和效率等关键原则。在商定适用的程序时,所采用的程序应为银行所接受,因而考虑国际公认的市场惯例。

(6)付款

付款条件和程序应适用于符合上述货物、工程或服务的国际可接受的商业惯例。货物供应合同应按照所使用的国际贸易术语解释通则规定全额付款。对于涉及安装、调试的合同,可以保留一部分款项,直到供方或承包商同意履行其所有义务为止。

(7)禁止的行为

银行要求客户(包括银行融资业务的受益者)以及银行融资合同下的投标者、供应商、承包商和顾问(包括任何次级供应商、次级承包商或次级顾问)在采购、执行此类合同时应遵守最高的透明度和诚信标准。

在采购、授予或执行银行贷款合同中出现或疑似出现被禁止的做法,应按照执行政策和程序的规定处理。公共部门业务采购规则选定的供应商和承包商,以及根据咨询服务采购选定的顾问及其任何分供应商、分承包商或分顾问,以及银行的客户,应与银行一起充分合作调查被执行政策和程序规定的涉嫌禁止行为,并应允许银行或其代表检查与此类调查相关的账户和记录,由指定的审计师审计此类由银行支付的记录和账目。这方面的内容将规定在银行与客户的融资协议中,以及根据公共部门业务采购规则或咨询服务采购授予的任何合同中。

(8)与采购相关的投诉

受政策约束的采购过程参与者有权听取情况汇报,银行可对其进行监督,并根据银行采购投诉流程提交与采购相关的投诉。

当银行根据其采购投诉程序收到有关投标程序的任何方面的投诉时,银行将确保该投诉得到全面审核,并确保银行的结论已传达给投诉人和银行的客户,使其满意。当投诉被提交给客户时,客户应审查并回应投诉。

(9)采购错误

如果在银行资助合同的采购或咨询选择过程中(包括在授予合同之后),银行发现合同的采购、选择、授予或管理(包括对该等合同的任何约定的修改或放弃)并未实质上按照约定的程序执行,则应立即通知客户并说明作出该等决定的原因。如果客户在银行发出通知后继续授予此类合同,且银行通知是基于客户提供的关于采购或合同管理流程的不完整、不准确或误导性信息;或者如果确定客户或中标人从事了禁止的行为,该合同将不再具备融资条件,分配给该合同的融资的未放款部分可能被取消。

(10)预付合同

在某些情况下,客户在签署相关银行融资协议之前签订合同可能会对客户有利。此时,客户自行承担此类预付款合同的风险,银行对授标程序、文件或建议书不提出异议,并不意味着银行就该项目提供融资。所有采购程序都必须符合这一政策,以便在贷款批准前签署的合同有资格获得银行融资。

(11)合同管理

客户应对合同进行尽职调查,并对合同的履行情况进行监测并定期向银行报告。在同意对合同条款和条件的任何修改或弃权或同意延长规定的履约时间之前(除因不可归因于采购实体的不可预见事件引起的极端紧急情况外),客户应获得银行对拟议修改的同意、弃权或延期的意见。根据合同条款和条件作出的变更或变更令应经银行审查后,银行方可同意为该项目分配的融资金额放款。

(12)采购监控和银行审查

①对于所有需经银行事先审查的合同,至少适用以下条款:a. 在资格预审或招标邀请前,客户应将完整的资格预审或招标文件提交银行审核,不得提出异议;b. 敲定一个资格预审列表或授予合同,银行对其审查没有异议,客户应提交一份详细的资格预审或评标报告设定具体理由,预先建议具有资格的企业授予合同;c. 合同签字后,应立即向银行提供已签署的合同副本一份;d. 还应提交银行可能要求的其他资料。

②对于无须事先审查的合同,客户应在合同签署后立即向银行提交已签署的合同副本和投标评价报告,供银行审查,不得提出异议。

银行将定期公布所授予合同的说明、所授予合同实体的名称和国籍以及合同价格。

③作为其项目实施责任的一个组成部分,客户需要准备和保存与采购过程以及合同管理和执行有关的文件和记录,以供银行审查。银行对采购和合同执行过程的持续审查将侧重于确保合同符合银行融资资格所必需的关键步骤,特别是采购计划、招标文件、评标和合同授予建议,以及合同执行过程中的变更和索赔。银

行对采购计划的审查和批准是确定贷款和/或投资赠款收益用途的重要步骤之一。

客户应在采购文件或报告中作出银行可能要求的修改,未经银行同意,批准的文件或报告不得更改。

三、招标采购规则及其要求

1. 公开招标和简化的公开招标

竞争是良好采购实践的基础。除了节省开支和提高效率之外,公共部门还要求在使用公共资金方面具有透明度和问责制,这影响采购方法的选择以及所使用的文件和程序。因此,银行要求其公共部门客户,在所有适当情况下,按照本条规定,通过公开招标或简化的公开招标程序获取货物、工程和服务。在特殊情况下,也可以采用其他方法,具体视待取得的货物、工程或劳务的性质和价值,要求完成的时间和其他因素而定。除公开招标或简化公开招标外,所有采购方法均应明确证明其合理性,经银行同意,并在法律文件中予以说明。

公开招标和简化公开招标程序,是指所有有兴趣的供应商或承包商均获充分通知,且所有这些投标者均有平等机会投标的程序。它为竞争提供了最大的机会,满足了经济和效率的需要。客户必须提前向潜在投标者发出公开招标机会的充分通知,以确定其利益,并准备和提交标书。简化公开招标与公开招标遵循相同的程序,但有一套标准招标文件,这些文件的设计主要适用于低价值、低复杂性的货物或工程合同。除规则另有规定外,如果合同价值估计等于或超过 25 万欧元(货物和服务)和 750 万欧元(工程、供应和安装合同),则应公开招标。不得为了规避本规则而将产生的合同价值降低到这些阈值以下,从而划分采购要求。对于低于这些阈值的货物、工程、服务以及供应和安装合同,鼓励客户遵循公开招标,但可以使用本政策规定的其他程序。

分阶段公开招标对拟提供的货物和工程进行详细设计和工程设计,包括编制技术规格和其他招标文件,通常在重大合同招标之前进行。采购由雇主设计的工程及采购标准生产物料及设备,通常采用单一阶段招标程序。但在下列情况下:①总承包合同,承包商负责详细设计;②大型复杂工厂的合同;③特殊性质的工程;④创新或定制产品;⑤受快速技术进步影响的货物和设备,或可能产生许多技术变量的货物和设备;⑥任何银行可能确定的性质和复杂性类似的其他合同,应采用多阶段公开招标程序,除非基于充分合理的理由,可以采用单阶段程序,且银行未提出异议。在多阶段招标中,首先邀请以概念设计或性能规格为基础的未标价技术标,但需反复进行技术和商务澄清和调整,然后再修改招标文件,提交最终技术方案和标价标书。

2. 招标文件

投标文件是通知潜在投标者有关提供特定货物和服务或建造工程要求的基础,必须包含一切必要的信息,以便投标者提交响应性的标书。招标文件的起草应当以允许和鼓励国际竞争为宗旨。它们应明确规定将提供的工程、货物或服务的范围,采购商、供应商和承包商的权利和义务,以及为宣布投标符合要求而应满足的其他条件。它们应规定公平和无歧视的中标标准。详细程度和复杂性将根据合同的大小和性质而有所不同,但通常应包括投标邀请书,投标人须知,投标书格式,投标保证金要求,资格和评估标准,合同条款,预付款保函和履约保函要求,技术规范和图纸、货物、工程或服务的时间表或要求,以及合同格式。客户应根据采购的种类、复杂程度和价值,使用银行的标准投标文件。

3. 评估标准

投标文件除应说明评标所需考虑的投标价格外,还应说明有关因素以及为确定最具经济效益的投标书而采用的方式。可考虑的因素包括付款时间表、施工或交付的完成时间、操作和维护成本、设备的效率和兼容性、性能和质量、环境考虑因素和要求、服务和备件的可用性,以及微小偏差或遗漏。除用于确定最具经济效益的投标书的价格外,与标的物有关的因素均应以货币表示。如果由于明显的原因无法确定,则应在投标文件的评标规定中给予相对权重。应选择由合格投标人提交的最具经济效益的投标书,但不一定是最低投标价格的投标书。

4. 投标价格

货物供应的投标价格应根据与银行商定的有关国际贸易术语解释通则提出,但评价应确保对当地供应的货物和外国供应的货物进行公平和平等的比较。可要求工程和服务合同的投标价格包括所有关税、税项和其他税费。对投标的评价和比较应在此基础上进行,选定的承包商将负责履行合同中所有的义务和税收。

5. 标准和规范

规范应基于相关质量特性或性能要求。客户应使用国际标准和规范,只要这些标准和规范可用且适当。如果使用特定的国家标准或其他标准，投标文件应予以说明，以确保与规定标准同等或更高的质量或性能。应避免使用会对供应商造成歧视的品牌名称或其他名称。如果有必要澄清产品要求的性质，投标文件应说明可以接受同等或更高质量的产品。

6. 时间限制

规定的准备和提交投标书的时限应足以使所有投标人根据合同的复杂性来准备和提交投标书。准备和提交简单货物的招标书、工程或服务，一般从招标书发布之日起不少于 40 天。对于大型或复杂的工程或设备，应与银行协议延长此期限，以规定有足够的时间准备响应性招标。对于复杂程度较小的小额合同，应遵循简化的公开招标程序或使用电子采购平台，经银行同意，可进一步缩短期限。投标有效期和交货日期应与客户的合理要求相一致，但不得歧视任何潜在的投标人。在特殊情况下，可能有必要要求投标人延长其投标的有效性时间。在这种情况下，不允许投标人更改其投标书，并且经客户要求，若投标人不给予延期，应受处罚。如果招标是按固定价格合同进行的，则必须在招标文件中规定中标人的价格将根据合同授予日之前的通货膨胀进行调整，以降低中标人的风险。

7. 参与投标

投标人只能提交一份投标书，或作为合资伙伴或联合体成员参加每份合同的一次投标。投标人或合资伙伴提交或参与一个合同的多个投标将导致该方参与的该合同的所有投标被拒绝。就本条而言，分包商不被视为参与投标。

除非能够证明客户或客户代理与关联公司之间没有显著的共同所有权、影响力或控制权，否则与客户或客户聘请的采购代理的有任何关联的公司均无资格获得合同授予。

在一家公司、附属公司或母公司，除具有咨询能力外，还具有制造或供应货物或建造工程能力的情况下，当工程的供应商有异议时，除非能够证明不存在显著程度的共同所有权、影响力或控制权，或者这种参与不会为公司提供不公平的竞争优势，否则该公司、附属公司或母公司不得为其提供与合同直接相关的咨询服务的货物。

8. 开标

根据公开招标和简化公开招标程序招标的投标书，应在保证开标的正常性和开标信息可用性的程序和条件下开标。开标的时间、地点和开标时公布的信息，应当严格按照招标文件的有关规定执行。标书应在投标人或其代表在场的情况下开标。如果使用电子招标平台，相关程序应提供本条所述的同等透明度。客户应保存完整的开标记录，并在开标后直接抄送银行。在规定的投标截止日期后收到的投标书应原封退回给投标人。

9. 评标和合同授予

当采用竞争性程序时，客户应根据招标文件中规定的评估标准对投标书进行评估和比较。评标过程应保密，但评标结果和评标总结一经完成，应同时提供给所有投标人。合同应在投标有效期内授予被认定为实质性响应的投标人。根据招标文件中规定的具体评估标准，投标人提交的投标文件被确定为最具经济效益的投标，从而该投标人被确定为完全有能力承担合同。在评标过程中，不得允许或要求投标人更改其投标书，或要求投标人接受新的条件作为授予合同的条件。未经银行同意，本合同的条款和条件不得与招标所依据的条款和条件有实质性差异。只有存在不令人满意的竞争时，客户才应拒绝所有投标，包括收到的投标价格远超过成本估算或可用资金。如果在评估过程中，工程投标被认定为异常低价，并且投标人随后无法通过澄清过程证明其有能力以所提供的价格履行合同，则可以在事先同意的情况下拒绝投标。如果客户建议拒绝所有投标，客户应就应遵循的程序获得银行的同意。

客户应按要求的格式向银行提交一份包含评标结果及其授予合同建议的报告。银行将审查调查结果和建议，作为确定银行融资合同合格性的最后一步。

10. 电子采购

从2020年1月1日起，欧洲复兴开发银行客户规定了关于欧洲复兴开发银行贷款或欧洲复兴开发银行管理的赠款融资合同的所有采购通知，仅可使用欧洲复兴开发银行的客户电子采购门户发布。获得这些商业机会并对其作出反应的供应商和顾问必须首先在欧洲复兴开发银行的客户电子采购门户注册，有些通知可能在过渡期内仍会在欧洲复兴开发银行官网(ebrd.com)上重新发布。

第六节 亚洲基础设施投资银行贷款项目的投标规则

一、亚洲基础设施投资银行概述

1. 概述

亚洲基础设施投资银行(Asian Infrastructure Investment Bank,AIIB,以下简称亚投行)系由中国倡议设立的一个政府间性质的亚洲区域多边开发机构,旨在通过基础设施及其他生产性领域的投资促进亚洲经济的可持续发展,改善基础设施互联互通,并与其他多边和双边开发机构紧密合作,推进区域合作和伙伴关系,共同应对发展挑战。亚投行总部位于中国北京,法定股本为1000亿美元;根据亚投行官网信息显示,截至2020年7月28日,亚投行已有103个会员国加入。亚投行在成立后短短5年多的时间里,已获得103个会员国家的支持,这是国际社会为亚投行投下的信任票,也是对中国倡建亚投行行为的认可。

2. 设立

亚投行由中国首倡并牵头设立。设立亚投行的设想最初由中国国家主席习近平在2013年10月访问印尼期间提出,而后,中国国务院总理李克强在出访东南亚期间再次提出筹建亚投行的倡议;设立亚投行的倡议一经提出,获得了亚洲国家的热烈响应。2014年10月24日,包括中国、印度、新加坡等在内的21个首批意向创始成员正式签署《筹建亚投行备忘录》,决定成立亚投行;2015年6月29日,多数意向创始成员签署《亚洲基础设施投资银行协定》;2015年12月,《亚洲基础设施投资银行协定》达到其生效条件,亚投行正式成立;2016年1月16日,亚投行正式开业。

3. 运营机制

根据《亚洲基础设施投资银行协定》的约定,亚投行设立理事会、董事会及管理层三个治理层级;其中,理事会由各成员的代表组成,亚投行的一切权利归理事会所有;董事会则由12名成员组成,董事会成员不得兼任理事会成员,董事会权利来自理事会的授权;管理层由行长、若干副行长及高级职员、普通职员组成,按亚投行各部门职责分工进行银行事务管理和日常运营。

亚投行根据业务运营规则,将业务分为普通业务与特别业务,两种业务可以根据业务规则同时为同一个项目或规划的不同部分提供融资。同时,《亚洲基础设施投资银行协定》对亚投行的股本缴纳、资金使用、各治理层级的议事规则、投票规则等进行了详细的约定,是亚投行得以成立并投入运营的纲领性文件。

4. 设立意义

亚投行的成立,从实体上进一步支持中国“一带一路”倡议的理念和措施得以在国际社会更好、更远地发展,有助于中国深度参与国际金融格局的变革。同时,亚投行以其区域合作的优势在推动亚洲经济体持续增长、社会发展和提升未来金融危机冲击缓冲力等方面起到了积极作用,加快了亚洲区域基础设施发展的互联互通进程,加速形成亚洲国家互联互通一体化格局,推动亚洲经济,乃至全球经济的发展,连接数十亿人的美好未来。

5. 主要特点

亚投行的核心理念是“精干、廉洁、绿色”,亚投行相对于传统的多边银行有不少特点,主要包括:

(1)平等协商原则

平等协商原则是亚投行决定国际事务的基本原则,这一点让亚投行完全区别于国际货币基金组织、亚开行等,传统的国际金融结构都是按照股权决定话语权,股权比例大的国家掌握金融主导权。

(2)投资范围广泛

亚投行虽然全称为“亚洲基础设施投资银行”,但是亚投行的投资范围却不仅仅集中在基础设施领域,亚投行的投资领域除基本的能源、电力、公路、交通、水利等基础设施领域外,还进行生产性投资。

(3)融资渠道多样

亚投行融资渠道多样,初期资本将以创始成员认缴的方式缴纳,后期亚投行的融资渠道包括股权投资、夹层融资、与商业银行和大规模养老基金合作以及发行债券等。

(4)商业模式运营

亚投行并不是传统意义上的“扶贫”银行,而是以商业模式运营,根据回报率来确定投资项目。

二、项目介绍

1. 投资领域

根据《亚洲基础设施投资银行协定》第 2 条的规定,为履行其宗旨,银行应具备推动区域内发展领域的公共和私营资本投资,尤其是基础设施和其他生产性领域发展的职能。可见,亚投行重点对区域内基础设施和其他生产性领域发展提供融资服务。

2. 适用范围

根据协定,银行可以向任何成员或其机构、单位或行政部门,或在成员的领土上经营的任何实体或企业,以及参与本区域经济发展的国际或区域性机构或实体提供融资。在特殊情况下,银行可以向除上述对象以外的业务对象提供援助,前提是理事会经超级多数投票通过:①确认该援助符合银行的宗旨与职能以及银行成员的利益;②明确可以向业务对象提供的融资支持类别。

贷款分普通业务贷款和特别业务贷款,普通业务,是指由亚投行普通资本(包括法定股本、授权募集的资金、贷款或担保收回的资金等)提供融资的业务。特别业务,是指为服务于自身宗旨,以亚投行所接受的特别基金开展的业务。两种业务可以同时为一个项目或规划的不同部分提供资金支持,但在财务报表中应分别列出。

亚投行的首批四个项目于 2016 年 6 月被批准,分别为孟加拉国电力配送升级和扩容项目、印度尼西亚国家贫民窟升级项目(世界银行联合融资)、巴基斯坦 M-4 高速公路项目(与亚开行和英国贸易发展部联合融资)以及塔吉克斯坦公路项目(欧洲复兴开发银行联合融资),首批四个项目总金额约 7 亿美元。作为由中国提出创建的区域性金融机构,亚投行主要业务是援助亚太地区国家的基础设施建设。在全面投入运营后,亚洲基础设施投资银行将运用包括贷款、股权投资以及提供担保等一系列支持方式为亚洲各国的基础设施项目提供融资支持,以振兴包括交通、能源、电信、农业和城市发展在内的各个行业。未来,亚投行将继续扩大投资,从核心的基础设施领域,延伸到面向未来的基础设施,聚焦应对气候变化,加强亚洲地区互联互通,动员私营资本,缩小亚洲和其他地区的“数字鸿沟”。

3. 贷款方式

根据不同的标准,亚投行的贷款方式有如下分类:

(1)项目贷款和非项目贷款

根据《亚洲基础设施投资银行协定》第2条的规定,为履行其宗旨,银行应具备利用其可支配资金为本区域发展事业提供融资支持,包括能最有效支持本区域整体经济和谐发展的项目和规划,并特别关注本区域欠发达成员的需求的职能。根据投资客体的不同,分为项目贷款和非项目贷款,同时为后期政策性贷款提供空间。

(2)主权贷款和非主权贷款

根据《亚洲基础设施投资银行协定》第3条第3款的规定,“不享有主权或无法对自身国际关系行为负责的申请方,应由对其国际关系行为负责的银行成员同意或代其向银行提出加入申请”。对于不享有主权的申请方,符合相应条件的,亦可同意其贷款。

(3)直接贷款、联合融资、担保以及特别基金等

《亚洲基础设施投资银行协定》第11条第2款规定,“银行可以下列方式开展业务:(一)直接贷款、联合融资或参与贷款;(二)参与机构或企业的股权资本投资;(三)作为直接或间接债务人,全部或部分地为用于经济发展的贷款提供担保;(四)根据特别基金的使用协定,配置特别基金的资源;(五)依照第十五条的规定提供技术援助;(六)理事会依照第二十八条规定经特别多数投票通过决定的其他融资方式”。可见,亚投行贷款方式具有多元化,除了常见的自有资产直接贷款方式外,同时还有允许其他主体参与融资、提供担保、配置特别基金等方式。

(4)贷款项目条件

亚投行贷款项目需满足以下要求,并进行相应的评估:

①拟议项目要求

a.项目有和《亚洲基础设施投资银行协定》第1条第1款[①]相一致的发展目标,从而能够适当评价项目的影响;

b.项目提供了实现这些发展目标所需的具体生产活动;

c.项目不能以亚投行认为不合理的条款和条件获得其他融资,特别是私人资本;

① 《亚洲基础设施投资银行协定》第1条第1款规定:“银行宗旨在于:(一)通过在基础设施及其他生产性领域的投资,促进亚洲经济可持续发展、创造财富并改善基础设施互联互通;(二)与其他多边和双边开发机构紧密合作,推进区域合作和伙伴关系,应对发展挑战。”

d. 项目符合《融资业务政策》及其附件和其他相关政策的要求。

②项目评估内容

a. 技术评估，包括项目的发展目标、范围和设计，用于该项目的所有实质性技术的可靠性，该项目是否适合融资受益人的需求和能力，该项目的实施安排（融资受益人实施该项目的技术和管理、运营和维护其资产的能力）；

b. 经济评估，银行将对项目的经济状况进行评估，采用适合于项目、部门和国家条件的方式方法；

c. 财务评估，银行评估项目的成本、风险和融资计划，项目财务稳健性和可行性，融资受益人以及与之缔结法律协定的其他当事方（成员除外），拟议的融资结构包括审查共同融资来源（如有）以及融资和类似共同融资的条款和条件；

d. 环境和社会评估，银行根据《环境和社会框架》，对项目进行环境和社会的尽职调查；

e. 稳健和财务管理评估，包括项目融资结构的完整性，重点关注所涉及的实体和所在的司法管辖区，以及考虑该项目的财务管理安排是否提供反担保以确保融资款项用于约定的目的；

f. 法律评估，银行对项目以及与之订立法律协议的其他各方（成员除外）进行尽职调查；

g. 采购评估，银行评估项目的采购安排，以确保这些安排符合采购政策；

h. 成本收益评估，在健全的银行业原则的指导下，银行将使用适当的方法，对融资进行成本和效益分析，来确定银行在整个过程中所需的时间和费用以及与这些因素有关的风险；

i. 风险评估，对于每笔融资，银行都要考虑到上述评估和其他相关信息，对实现项目发展目标的风险（实际和可预测）进行综合评估；

j. 依赖第三方评估，在某些情况下，例如，项目将由另一金融机构共同出资，银行可以依赖独立的第三方对上述一个或多个方面进行评估，但前提是银行对第三方的评估能力、流程以及评定感到满意。

（5）已有项目情况

截至 2020 年 7 月 25 日，亚投行已批准项目 87 个，项目涵盖金融、能源、运输、水、市政、信息通信技术等行业，其中采用共同出资方式占比 54%，单独出资方式占比 46%。另有项目准备特别基金批准 12 个，拟议项目 43 个。

三、招标采购政策

亚投行自2016年开始，批准项目逐年递增，虽然2020年上半年的部分项目系用于帮助受新冠肺炎疫情影响的国家。相信随着亚投行的发展，今后亚投行所投资参与的项目将越来越多。正如前文所述，亚投行重点对区域内基础设施和其他生产性领域发展提供融资服务，对于中国企业来说，若想作为承包方参与亚投行投资的相关基建项目，则应对亚投行贷款项目规则和流程有所了解。

1. 亚投行的核心采购原则

按照亚投行规定，借款人应负责执行贷款项目，并负责贷款项目下的合同的授予和管理。《亚洲基础设施投资银行协定》第13条“业务原则”规定亚投行不应对普通业务或特别业务中银行融资项目的货物和服务采购进行国别限制；银行应采取必要措施保证其提供、担保或参与的融资资金仅用于融资所规定的目标，并应兼顾节约和效率。当然，在项目实施中要遵循的采购规则和程序取决于具体情况，但都要遵循以下核心采购原则：

（1）经济：经济原则是指以适当的价格购买适当质量的产品。

（2）效率：效率原则要求采购执行安排在执行能力和时间限制方面与所需成果成比例，具有成本效益。

（3）效益：效益原则要求采购过程有助于实现项目的最终目标，同时考虑借款人的社会经济和其他发展目标。

（4）公平、有效管理：采购过程应是公开的、公平的、非歧视性的，这为投标人和顾问提交投标书和建议书提供了公平的机会和待遇。它还规定了借款人与供应商、承包商与顾问之间明确的权利和义务，采购过程符合有效管理的原则。

（5）物有所值：物有所值原则是指对资源进行有效、高效和经济的使用，采购过程能使借款人在利用资源的同时获得最佳利益。最佳利益不仅包括初期费用，而且还包括采购项目的经济寿命、产出的质量、适用性、及时性和借款人实现其他社会经济和环境发展目标的费用。

（6）符合目的：为了实现物有所值这一目标，采购过程要确保项目借款人采用的采购方法和程序，以及银行监管的性质和程度符合目的。采购方式能恰当地反映项目的战略需要和情况，例如，标准化方法可用于低价值、低风险或低复杂性的采购；又如，如果采购的复杂性、风险和影响都很高，那么使用特定的交易的文档和方法可能是最有效的方法。

(7)透明:透明度是确保良好采购成果的关键因素,银行致力于确保项目实现最高水平的透明度。为此目的,相关信息必须以公开的方式提供给有关各方,并进行适当的审查。

2. 资格

《亚洲基础设施投资银行协定》要求亚投行“不应对普通业务或特别业务中银行融资项目的货物和服务采购进行国别限制”。这与传统多边金融机构对于货物和服务采购的资格限制有很大不同,亚投行关于资格限制的条款规定在采购政策中。

如采购政策所述,亚投行允许来自所有国家的公司和个人为亚投行贷款项目提供货物、工程和服务,无论该国是否为亚投行成员。参与的条件仅限于参与的公司或个人具备履行合同所必需的条件。借款人不得以与公司或个人履行合同能力无关的理由将公司或个人排除在亚投行贷款项目的竞争之外,除非:

(1)根据亚投行关于禁止行为的政策,该公司或个人在一定期限后仍然不符合相关资格;

(2)根据法律或官方规定,借款人所在国禁止与该公司或个人所在国建立商业关系;当然排除的前提是银行确信这种排除并不妨碍对所需货物、工程和服务供应的有效竞争。

如果联合国安全理事会根据《联合国宪章》第七章作出决定,禁止向某个人或实体付款或进口任何货物,银行融资所得不得用于向该个人或实体付款或进口。因此,如果借款人遵守联合国安全理事会根据《联合国宪章》第七章作出的决定,禁止从某一国家、个人或实体进口货物或付款,则该国的公司或在该国制造的货物可被排除在采购竞争外。如果借款人所在国禁止向特定公司或特定货物付款,则该公司亦可被排除在外。

借款人或其聘请的采购代理的关联方均无资格以任何身份参与投标或征求建议书,除非借款人向银行证明,借款人与投标人之间没有显著的共同所有权、影响力或控制权。

借款人的国有企业只有在能够以亚投行接受的方式证明其有资格成为私营实体且不受采购机构监督的情况下,才有资格参与竞争并被授予合同。但是,若国有企业、大学或研究中心提供的货物、工程、非咨询服务和咨询服务具有特殊性,缺乏合适的私营部门替代品,或由于监管框架的影响,或由于他们的参与对项目的实施至关重要,则即使这些实体不符合私人实体的资格,亚投行可例外同意这些实体参与承包。

3. 利益冲突

如采购政策所述,亚投行要求所有参与亚投行贷款项目采购过程的人员在采购方面不存在利益冲突,并且要保持专业、客观和公正;以及必须始终保持借款人的利益至上的观念,不能够因未来的工作问题而有所避讳,并应当避免与其他工作安排以及其团体和个人利益发生冲突。

(1)货物、工程或非咨询服务

货物、工程或非咨询服务的承包商或供应商(包括其人员和分包商)如有下列情况,应被视为存在利益冲突:

①承包商或供应商提供的货物、工程或非咨询服务源于该公司或其关联公司(关联公司直接或间接地控制该公司,或关联公司被该公司控制,或双方被共同控制)为项目准备或实施所提供的咨询服务,或与该咨询服务直接相关。这一规定不适用于交钥匙或设计和建造合同项下共同承担承包商义务的各种公司(咨询公司、承包商或供应商)。

②承包商或供应商与借款人或项目的执行机构,或银行贷款的一部分的接受方,或其他任何代表借款人机构的专业工作人员有密切的业务关系或家庭关系,而该专业工作人员:a. 直接或间接参与合同采购文件或规范的编制和/或该合同的评标过程;b. 参与该合同的实施或监督,除非由该关系引起的冲突已以银行可接受的方式得到解决。

③承包商或供应商未能遵守招标文件或征求建议书中规定的与特定采购过程相关的任何其他利益冲突的情况。

(2)咨询服务

对于咨询服务,咨询顾问不得受聘从事那些与他们先前或目前对其他雇主承担的义务相冲突的工作,或者从事那些可能使其处于无法以借款人的最大利益为出发点来履行其咨询任务的工作。在不限制上述一般性的前提下,借款人不得在下列情况下聘请咨询顾问:

①咨询服务与采购货物、工程或非咨询服务之间的冲突:建议借款人聘请咨询顾问提供由其(或直接或间接控制的子公司、受顾问控制或与顾问共同控制的

任何附属公司)提供货物、工程或非咨询服务产生或直接相关的咨询服务。

②咨询任务之间的冲突:咨询顾问(包括其人员和分包咨询顾问)或直接或间接控制、受咨询顾问控制或与咨询顾问共同控制的任何附属机构被提议从事与顾问的另一项任务产生利益冲突的任务。

③与借款人工作人员的关系:咨询顾问(包括其人员和分包咨询顾问)与借款人的专业人员(或银行融资的任何其他受益人)或其他任何代表借款人的机构的专业工作人员有密切的业务关系或家庭关系,而该专业工作人员直接或间接参与:a. 编制该咨询任务的大纲,b. 参与该合同的选择过程,c. 参与该合同的监督;将不得被允许参与与该合同有关的事项,除非这种关系所产生的冲突已经以亚投行可接受的方式得到解决。

④不公平竞争优势:甄选过程的公平性和透明度要求,竞争咨询任务的顾问或其附属机构不得从提供与之相关的咨询服务中获得竞争优势。为此,借款人将向所有入围咨询顾问提供所有信息,以防这些信息给拥有信息的咨询顾问带来竞争优势。

4. 银行审查

银行审查包括事先审查及事后审查:

(1)事先审查

为确定采购程序是否符合法律协议的要求,银行对其认为高价值和/或高风险合同的采购决策进行事先审查。

(2)事后审查

银行可对借款人未经事先审查的采购决定进行事后审查,以确定其是否符合法律协议的要求,银行可依赖其认可的第三方进行事后审查。

5. 禁止行为

亚投行要求借款人(和贷款项目相关的所有其他受益人)以及贷款项目合同项下的投标人、供应商、承包商、特许权所有人和顾问在此类合同的采购、执行和执行过程中遵守最高的透明度和诚信标准。

以下为亚投行规定的禁止行为:

(1)“胁迫行为”:是指直接或间接损害或伤害,或威胁损害、伤害任何一方或其财产,以不适当的影响一方的行为;

(2)“串通行为”:系指双方或多方之间旨在达到不正当目的的安排,包括不适当的影响另一方的行为；

(3)“腐败行为”：系指直接或间接提供、给予、收受或索取任何有价值的东西，以不适当的影响另一方的行为；

(4)“欺诈行为”：是指故意或不计后果地误导或企图误导一方以获得经济利益或其他利益而逃避义务的任何作为或不作为，包括虚假陈述；

(5)滥用银行资源：即故意或不计后果地滥用银行资源；

(6)妨碍行为：是指 a. 销毁、伪造、变造或隐瞒银行调查的证据材料，妨碍银行的调查；b. 向调查人员提供虚假陈述，以严重妨碍银行对禁止行为指控的调查；c. 不遵守提供与银行调查有关的资料、文件或记录的要求；d. 威胁、骚扰或恐吓任何一方，以阻止其披露与银行调查有关事项的了解或阻止其进行调查；e. 严重妨碍银行行使合同规定的审计、检查或获取信息的权利；f. “盗窃”，即挪用属于另一方的财产。

四、招标采购规则及流程

1. 采购方式

(1)国际公开竞争性招标

在该招标方式下，所有的潜在投标人均能够充分获知项目的情况和合同条件，享有平等的投标权利，通过竞争，能够最大化满足经济和效率原则。因此，对于接受亚投行资金援助的项目，其首选的采购方式为国际公开竞争性招标。

①总采购通知(General Procurement Notice，GPN)

在国际公开竞争性招标的方式下，包括如要求进行资格预审的项目，具体项目情况一般会发布在借款人自己设立的采购网站、官方的政府采购门户网站或在本国范围内受众广泛的报纸上，以及政府公报或者合适的国际贸易的出版物中。亚投行也会在其网站上公布单个项目的具体采购通知。投标和资格预审通知也会发送给已经回复 GPN 意向书的潜在的投标人。亚投行通常还会在联合国发展商业报在线网站上发布相关信息。为了方便分包商、供应商参与合同或建立投标联合体，借款人会向相关各方提供已购买了招标文件的潜在投标人的名单。如果是需要资格预审的项目，则会提供通过资格预审的企业名单。

如图 1 -7 -5 所示，按照第一栏的时间顺序罗列项目所在的经济体(国家)、项目名称及项目部门(Sector)，以及项目的采购阶段类型(Type)，如尼泊尔的 Tamakoshi 水力发电项目、印度 Chennai 地铁项目、印度 Haryana 铁路(HORC)项目等。

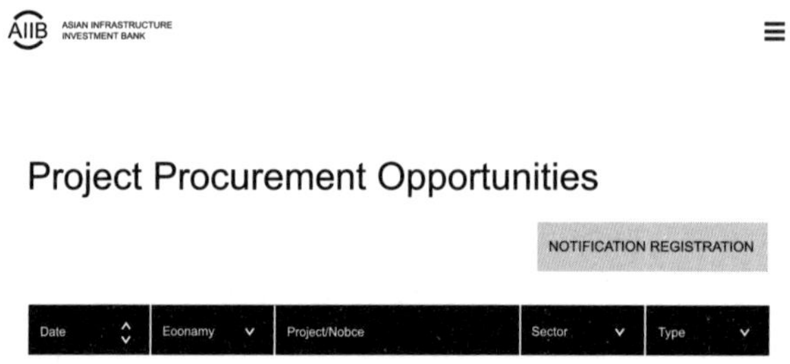

图 1-7-5　亚投行官方网站

资料来源：亚投行所参与投资的项目，均会发布于其官方网站上的“项目采购机会”页面，网址：https://www.aiib.org/en/opportunities/business/investment-procurement/index.html。

项目部门在前文已经有所介绍，包括能源、运输等类型；对于项目采购现阶段类型，亚投行共将其分为 26 种情形，包括意向咨询(Request For Expression of Interest, REOI)、总采购通知、具体采购通知(Specific Procurement Notice, SPN)、招标公告(Invitation For Tender, IFT)、招标邀请(Invitation For Bids, IFB)等。同时，在该页面，相关的信息均可以下载。一般而言，处于意向咨询阶段的项目为启动前期的项目，还在找寻咨询机构。发布总采购通知的项目则已经准备进入具体实施的阶段，发布招标公告的项目已经开始实际建设。对于我国建筑工程企业来说，可随时关注上述信息，若希望参与相关项目的建设，应注意该项目现可参与的阶段，并及时按照要求提供资料或进行投标。亚投行的成员总数现已达到 103 个，除上述亚投行官方网站页面外，各国政府及官方机构网站也会发布相关的项目信息。我国企业若较多承揽某一国家的相关项目，对某一国家较为熟悉，即可关注该国政府及官方机构网站。如印度官方的电子采购网(https://eprocure.gov.in/eprocure)、土耳其的 Istanbul Project Coordination Unit(https://www.ipkb.gov.tr)等。此外，正如前文所述，相关信息也会发布于联合国发展商业报在线网站及各国政府公报中。

②资格预审

在某些情况下，借款人可能要求进行资格预审，即要求潜在的投标人有参与过大型或复杂项目的合同业绩，只有通过资格预审的投标人方能参与投标。在借款人发出中标通知书前，亚投行网站上会公布通过资格预审或附条件资格预审的企业名单。

资格预审的标准(一般会在资格预审文件中详列)制定系为了确定潜在的投标人有足够的能力和资源来履行特定的合同,标准通常会考虑以下这些条件,如投标人的经验、此前的表现、类似的项目业绩、投标人的人员、设备以及建造、制造能力,投标人的财务状况。

③多(分)阶段招标

通常情况下,在发布招标公告或招标邀请时,待采购货物或非咨询服务和工程的详细设计(包括编制技术规格和其他招标文件)通常需在主要合同的招标公告或邀请发出之前完成。但是,对于交钥匙合同或是大型、复杂的设备、厂房等,提前准备完整的技术规格可能是不切实际的。在这种情况下,该采购项目就可能将适用多阶段招标方式。具体流程为:首先根据概念设计或性能规范,先投不含报价的技术标,随后进行技术和商务上的澄清和调整,然后修改招标文件,在后续阶段提交最终确定的技术标和包含报价的标书。其他形式的多阶段招标包括竞争性谈判、磋商以及国际公开竞争性招标中的最佳和最终报价等多种形式。借款人若使用多阶段招标方式,必须满足符合目的和物有所值的原则。

(2)邀请招标(选择性招标)

邀请招标方式与上述国际公开竞争性招标程序类似,但借款人可以预先选择符合条件的公司并向其发出邀请。但邀请招标方式仅能在出现以下一种或多种的特殊情况下适用:

①采购标的复杂性及专业化程度较高;

②特定采购标的的供应商数量有限;

③由于其他特殊条件限制,导致能够满足履行合同条件的供应商数量有限。

出现上述几种情形,在亚投行事先批准后,借款人可向通过非歧视方式选出的符合条件的名单内的公司发出邀请,该名单应当尽可能地包括世界各地的公司。

前文所提到的多阶段招标可适用于邀请招标。

(3)直接发包

直接发包方式只能在以下特殊情况时使用:

①在亚投行可接受的程序下,借款人需要延长现已在履行的合同,以获得额外的货物、工程或类似性质的非咨询服务;

②依照亚投行采购政策及要求进行的国际公开竞争性招标或邀请招标的结果不尽如人意；

③由于专利或其他独占的权利等原因，采购标的只能由唯一的供应商提供；

④对现有设备的校准是必要且合理的，需采购的新零件的数量通常应低于现有零件的数量，且其他供应商不能提供可以兼容的产品；

⑤不可归咎于借款人的不可预见事件所造成的极端紧急情况。

出现上述几种情形，在亚投行事先批准后，借款人可在没有事前公开通知的情况下直接向一家公司发出邀请。

(4)国内竞争性招标

当出现如下情形时，按照国内程序进行竞争性招标，可能是采购货物、工程或非咨询服务最经济和有效的方式：

①合同标的额较小；

②工作分散在各地或分布在一段时间内；

③当地能够提供的相同质量的货物、工程或非咨询服务的价格低于国际市场；

④基于合同的性质或范围，不太可能吸引国外的投标人。

若需进行国内竞争性招标，则该国采购程序必须是亚投行可接受的，同时需符合亚投行的核心采购原则(Core Procurement Principles)，并且应满足以下所有要求：

a. 提供充分的告知和竞争，以确保价格合理。

b. 评审标准应向所有投标人公开并公平适用。

c. 就该项目而言，合同条款公平且恰当。

d. 如若有国外公司希望参与投标，应当允许且应与国内公司适用相同的条款和条件。

出现上述几种情形，在亚投行事先批准后，可在亚投行能接受的条款和条件下进行国内竞争性招标。

(5)询价

询价系简化的竞争性选择方式，与我国工程类项目日常采用的询价方式类似，根据各家公司的报价确定最终的合同相对方。这种方式可适用于采购一定数量内的非定制类货物或非咨询类的服务、标准规格的商品或者简单、低价的土木工程。在上述这些情况下，借款人可在亚投行事先批准后，使用询价方式确定合同相对方。

(6)电子采购

亚投行鼓励借款人使用电子系统来发布采购文件及文件补充说明、接收投标书或报价书，以及实施其他与采购相关的程序，但适用电子采购的前提是亚投行对系统使用的采购方法，系统的可访问性、安全性、完整性、保密性以及审计跟踪功能予以认可。

(7)公私合营与特许权

亚投行可为公私合营模式下的采购合同提供资金，如建造—运营—拥有模式、建造—经营—移交模式、建造—运营—拥有—移交模式以及其他采购方法符合亚投行核心采购原则要求的特许权或类似模式。

2. 招投标规则

(1)招标文件概述

招标文件是通知潜在投标人提供特定货物和非咨询服务或建设工程要求的基础。招标文件提供所有必要的信息，以便投标人提交响应性投标书。招标文件必须符合项目目的，并根据项目的物有所值要求授予合同。起草招标文件是为了鼓励国际竞争。招标文件明确规定了拟提供的工程、货物或服务的范围，购买者和供应商、承包商或服务提供商的权利和义务，还明确定义了投标人中标所要满足的条件，以及选择中标者的公平和非歧视性标准。

文件的详细程度和复杂性因合同的规模和性质而有所不同，但通常包括招标邀请书、投标人须知、投标书格式、投标保证金要求、合同条款、预付款保函、履约保函要求，技术规范和图纸、货物、工程或服务的时间表或要求，以及合同格式。在适当的情况下，借款人使用适用于每种采购类型的标准招标文件，这些文件基于多边开发银行统一标准招标文件。

(2)限制竞争和不正当优势

招标文件中的内容不得旨在限制竞争或为投标人提供不公平的优势。借款人不得向任何潜在供应商、承包商或服务提供商提供任何可能会降低或排除竞争的信息。

(3)标准和规范

标准和规范基于相关的质量特性或性能要求(或两者)。借款人可在适当的地方使用国际标准和规范。如果使用特定的国家标准或其他标准,招标文件应确保具有同等或更高质量、超过规定标准的其他标准或性能也将被接受。应避免使用在供应商之间有区别的品牌名称或其他名称。如果有必要澄清产品要求的性质,则招标文件中应规定可以接受同等或更高质量的产品。

(4)环境与社会规定

招标文件在必要时应包括旨在确保符合亚投行环境与社会政策的规定。

(5)发展国内产业

在特殊情况和条件下,亚投行可以接受成员的立法规定,通过优惠幅度,“附加条件”、“补偿”、优惠方案或类似的创新方法,来促进或鼓励国内产业的发展,但这些规定必须符合核心采购原则。

(6)评价标准

评标旨在确定具有最经济优势的物有所值报价的投标。招标文件除了规定投标价格外,还指明了评标中要考虑的相关因素,以及确定哪个投标书显示了最经济的物有所值报价。

通常需要考虑的因素包括:

①从内陆运输到项目地点的费用;

②付款时间表;

③施工或交付完成的时间;

④运营和维护费用;

⑤设备的效率和兼容性;

⑥性能和质量,环境效益;

⑦服务和备件的可用性;

⑧相关的细微偏差。

用于评标的除价格以外的因素以货币形式表示,若出于明确原因无法表示,以招标文件评标规定中的相对优点权重表示。

(7)投标文件的提交时间限制

招标文件规定的准备和提交投标书的期限必须保证所有投标人能够准备和提交投标书。借款人确保投标的有效期和交付日期符合借款人的合理要求,不得歧视任何潜在投标人。在特殊情况下,可能有必要要求投标人延长其投标有效期,在这种情况下,投标人不得更改其投标书,也不得自行延长投标书的有效期。

如果招标文件是针对固定价格合同的,则必须在招标文件中规定,直到合同授予之日为止,中标人的投标报价应根据通货膨胀进行调整以减轻同意延期的投标者的风险。

(8)通知

招标文件的所有修改均应以书面形式通知原投标文件的注册接收人,并且借款人确保在收到银行融资最终审计报告后1年内保存所有发出和收到的通信记录。

(9)投标价格

根据当时的《国际贸易术语解释通则》要求提供商品的投标价格。

对货物供应投标的评估是根据投标报价进行的,不包括进口货物的进口关税和应缴税款,以及将直接进口部件纳入当地供应货物的应缴税款;与货物供应、交付、搬运和保险至最终目的地有关的所有费用可包括在价格中,以供评估之用。但是,如果合同是由一个次主权公共实体采购的,在评标时可以考虑这种进口关税和税收,在这种情况下,招标文件中应有具体规定,例如,可要求在借款人所在国家/地区实质上实施的工程和非咨询服务的投标价格,包括所有关税,税收和其他征税。此时,投标书的评估和比较是在此基础上进行的,然后由选定的承包商负责合同履行中的所有关税、税收和征税。

(10)货币

在银行事先同意的情况下,借款人确定投标报价所使用的一种或多种货币。借款人还可能要求投标人以当地货币标明投标书的当地成本部分。使用不同货币投标的价格应转换为单一货币以便评审和比较,汇率应采用由招标文件明确由官方来源公布于招标文件规定的日期当日的类似交易的汇率。

(11)付款

付款条款和程序是根据适用于货物、工程或非咨询服务以及相关市场的国际商业惯例制定的。货物供应合同规定,应在交付和检验合同货物时全额付款,但涉及安装和调试的合同除外,在这种情况下,可保留一部分款项,直至供应商或承包商履行完所有义务。

(12)投标保证金

对于货物、工程或非咨询服务的采购,借款人可要求提供投标保证金。投标保证金应符合招标文件中规定的金额和形式,并在足够长的时间内保持有效和可执行性,以便借款人在合理时间内采取行动(如没收保证金)。招标人与中标人签订合同后，投标保证金将退还给未中标的投标人。投标人可以提交由其选择的信誉良好的银行或金融机构直接签发的投标保函。

作为投标保证金的代替，借款人可以要求各投标人签署一份声明，接受在有效期内撤回或修改投标书，或未按招标文件规定的日期提交履约保证金，或投标人中标后不在招标文件规定的时间内签订合同，将被禁止参加招标人任何项目的投标。

(13)合同安排

要使用的合同格式必须适当，并且必须符合目的和项目情况。起草合同条件是为了公平地分配与合同有关的风险，其主要目的是实现最经济的价格和合同的有效执行。合同明确规定了要提供或履行的货物、工程或服务的范围，买方和供应商、承包商或服务提供商的权利和义务，还规定了履约担保和保证，责任和保险，验收、付款条款和程序，价格调整，违约赔偿金和奖金，变更和索赔的处理，不可抗力，合同终止，争议解决和适用法律。除了多边开发银行统一标准中包含的合同格式外，借款人还可以使用包含国际公认条款和条件的版本替代国际标准合同范本。使用替代标准合同范本的理由必须在项目交付策略中提交。

(14)资格预审

如果未对投标人进行资格预审，则借款人应在招标文件中规定适当的资格要求，以确保被推荐授予合同的投标人具有有效执行合同的能力和资格。投标人资格的评估可不考虑其他实体的资格，如其子公司、母公司、关联公司、分包商(招标文件允许的专业分包商除外)或与提交投标书的实体不同的任何其他实体。

五、评审标准及评审方法

1. 开标

借款人按照保证开标正常的程序和条件，接收国际公开竞争性招标、国内竞争性招标和选择性招标方式招标的投标文件，规定的开标时间与规定的最迟递交投标书的时间相同，或在此后立即进行。在招标文件中所述的日期、时间和地点内，借款人应在规定的最迟递交投标书的时间之前打开所有已收到的投标书。投标书必须在希望参加投标的投标人或其代表在场的情况下开标。招标人在开标时应记录投标人的名称和每份投标书(包括备选投标书，如允许)的总金额，并将信息提供给所有投标参与人。借款人需对开标进行完整记录，包括会议记录和开标时产生的任何信息，开标后直接将记录抄送给银行。

2. 评标

借款人评估所有标书,并仅根据招标文件中规定的评估标准进行比较。在投标有效期内,合同授予被评为最具经济效益投标的投标人,借款人应考虑投标书是否实质上响应了:投标书提交要求和投标文件中的具体评估标准。在评标期间,投标人不得(也不得要求)更改其投标书或接受新的条件作为授予合同的条件。未经银行事先书面同意,合同条款和条件不得与邀请投标的条款和条件有实质性差异。只有在竞争不令人满意的情况下,包括收到的投标价格远超过成本估算或可用资金的情况下,借款人才可以拒绝所有投标。在拒绝所有投标之前,借款人应获得银行对所遵循程序的书面同意。

3. 保密

在开标后至合同授予公布之前,借款人处理与投标书审查、澄清和评估有关的信息时,应避免将其内容透露给选择过程中的任何其他参与方或未经授权获取此类信息的任何其他方,借款人不得披露投标人提供的保密信息。

4. 异常低价投标

异常低价投标,是指与范围、方法、技术方案和进度相关的价格过低,以致借款人对投标人成功履行合同的能力表示担忧。如果确定了异常低价投标,借款人要求投标人作出书面澄清,包括对其投标价格的详细价格分析,涉及范围、拟定方法、时间表以及风险和责任的分配。

在对投标人提供的信息和详细的价格分析进行评估后,借款人可以(如果合同需要事先审查,银行事先无异议):

(1)接受投标;

(2)如果合适,要求将履约保证金的金额增加到足以在中标人违反合同的情况下保护借款人免受经济损失的程度,费用由投标人承担;

(3)拒绝投标。

5. 评标报告

如果授予合同的决定需经银行事先审查,借款人应向银行提交一份报告,其中包含评标结果及其授予合同的建议。银行审查的结果和建议,作为确定银行融资合同合格性的最后一步。

6. 授予合同的意向通知

如存在停顿期,借款人应立即以书面形式通知各投标人,其将合同授予中标人的意向。通知应在停顿期开始时完成。向所有投标人发出的通知包含中标人的名称、地址、评估价格和合同价格的详细信息。该通知应单独向未中标的投标人简要说明其投标失败的原因。在任何情况下,投标人在其投标书中提供的任何保密信息不得披露给其他任何投标人。招标中规定的停顿期,在授予合同的意向通知书中应清楚地写明,同时写明发送日期。

7. 合同授予的公布

银行定期公布所授予的银行融资合同的说明、被授予合同的实体的名称、国籍以及合同价格。

8. 合同管理

合同管理是采购过程中不可或缺的一部分。借款人应尽职尽责地管理合同、监督合同的履行情况,并向银行报告。在同意修改或放弃合同条款、条件,或同意延长规定的履行时间之前(除因不可归因于借款人的不可预见事件而导致的极端紧急情况外),借款人应获得银行对提议的修改、弃权或延期的书面同意。根据合同条款和条件作出的变更或者变更令须经银行审查后,银行方可同意支付分配给该合同的融资金额。

亚投行监控合同的履行情况,包括是否存在逾期、成本超支、绩效不佳、争议或合同质量不佳等可能对项目成果产生重大负面影响的情况。如果合同管理风险缓解措施被确定为批准的项目交付策略的一部分,在风险缓解措施落实到位的情况下,银行还可以通过其正常的监督、指导,对项目中遇到合同执行困难的借款人予以指导来促进合同监督。

六、投诉机制

1. 目的

借款人的采购指令规定了借款人根据本指令管理和处理与采购有关的投诉的详细要求。为了促进公开、公平和透明的采购流程,要求借款人按照采购指令和本附件中的要求,以及时客观的方式解决投诉。

2. 投诉的提交

投诉可在任何时候提交给借款人和/或银行,并涉及选择过程的任何方面。投诉应与有关投标或征求建议书以及合同管理澄清的通信区别开来。投诉必须以书面形式提交。借款人在收到投诉后 3 天内以书面形式确认收到投诉。此外,借款人应立即将收到投诉的情况通知银行，无论投诉是否与需要银行事先审查或事后审查的采购活动有关。匿名投诉将根据其自身情况予以考虑和处理。

3. 借款人的责任

借款人对投诉的责任包括：

(1)确认收到投诉，并立即进行审查；

(2)通过及时提供信息来预防和解决问题，公平地处理投诉；

(3)保护商业和金融信息以及商业秘密的机密性；

(4)确保以独立和公正的方式处理投诉；

(5)保留所有投诉及其解决方案的完整记录；

(6)及时向银行提供投诉信息，并按照银行的要求提供所有相关信息。

4. 银行的作用

银行要求借款人及时充分地解决招标过程中收到的投诉，并及时通知银行。如果借款人不履行相应责任，则可能会导致银行根据相关法律协议的条款和条件采取行动。无论何时向亚投行提出投诉，亚投行都会立即将其转发给借款人以进行审查和采取行动。除确认收到投诉外，亚投行不与任何投标人或顾问进行讨论或沟通。

5. 投诉审查程序

借款人处理投诉的方式取决于投诉的性质以及提出投诉的阶段。对于需经银行事先审查的合同，适用以下过程：

(1)在投标截止日期前收到的投诉

如果借款人在提交投标书或建议书的截止日期之前收到投诉，除了确认已收到投诉外，借款人还会在对投诉进行审查后采取所有确定适当的投诉措施，如修改招标文件或征求建议书。同时，借款人将其措施通知银行，并提供所有相关信息和文件，包括对投诉的答复草案，以供银行审查。如果投诉导致要对招标文件或征求建议书进行修改，则借款人应发布补遗，如有必要，可延长投标或建议书提交截止日期，前提是事先得到银行的同意。但是，对于在投标书或建议书提交截止日期前10天收到的投诉，借款人不必受理。

(2)在投标截止日期或投标申请书递交截止日期之后，在发出中标意向通知之前收到的投诉

如果借款人在投标书或建议书提交截止日期之后，但在发出授予合同意向通

知之前收到投诉,则借款人应与银行协商审查投诉。但是,借款人只能在暂停期开始后3天内答复投诉的实质内容。在对投诉进行全面审查和考虑之前,银行不会对招标文件或征求建议书评估进行事先审查。

(3)在通知授予意向后,在暂停期内收到的投诉

如在发出授予合同意向的通知之后,在停顿期结束之前,收到关于未选择投标/提议的理由的投诉,则要求借款人立即采取适当的措施,包括审查投诉,并准备书面答复。同时借款人应通知银行,并提供所有相关信息和文件,包括对投诉的答复草案,供银行审查。

6. 顾问技术建议

如果借款人收到技术顾问关于其没有达到最低技术得分或其技术标被认定为非响应性的投诉,则借款人必须立即审查投诉并采取适当的措施。如果技术标已与密封的财务标一起提交,则财务标最早只能在技术评估结果通知所有参与咨询顾问后的第二天打开。但是,如果借款人在此期间收到与技术标有关的投诉,则在银行同意继续开启财务标之前,不得打开财务标。如果借款人对投诉的审查导致技术评估报告有任何更改,则应向其提供作出该决定的原因,并向银行提出无保留意见的经修订的技术评估报告。

7. 变更授标建议

如果借款人在停滞期结束前收到与合同授予建议有关的投诉,并且如果在审查投诉后,借款人更改了其合同授予建议,则应向银行提供作出该决定的理由并提供修改后的评估报告,以供银行审查,并且在未收到银行对修订建议的同意之前不得授予合同。

8. 未经事先审查的采购投诉

如果采购活动未经银行事先审查,则借款人将酌情处理投诉。借款人将针对投诉所采取的措施通知银行。此外,借款人应向银行提供所有相关文件。

9. 与合同执行有关的通知

银行不是中标合同中的一方,投标人或顾问与借款人在合同项下发生的争议均由合同双方根据合同约定解决,借款人及时通知银行。合同双方在合同执行过程中产生的争议,适用合同中确立的争议解决机制。无论采购活动是否经过银行的事前审查或事后审查,借款人均应将其提议的方式告知银行,以便及时解决合同争议。

第八章　国际工程发包模式及投标报价特点

第一节　国际工程承发包模式的演变

工程项目采购模式从所有者经营模式到现代采购模式经历了多个发展阶段，如图1-8-1所示。14世纪前，工程项目一般由业主直接雇用工匠进行工程建设，后来由营造师负责设计和施工，这与当时社会生产力水平、专业化协作程度以及工程复杂度较低相适应。随着社会生产力的发展和建筑规模的扩大，现代建设项目的投资、结构和技术越来越复杂，设计、施工、供应和管理等专业分工应运而生，国际工程承发包模式由“合”到“分”地发展。分阶段、分专业的平行发包模式已成为主流采购模式。但是，随着业主适应市场需求的变化，加上信息等技术的飞速发展，专业分工的进一步融合再次得到人们的认可，项目采购模式从“分”变为“合”。逐步演变为设计—施工总承包、设计—采购—施工总承包、建设管理、项目管理、管理承包以及建造—经营—移交等多种模式并存的局面。

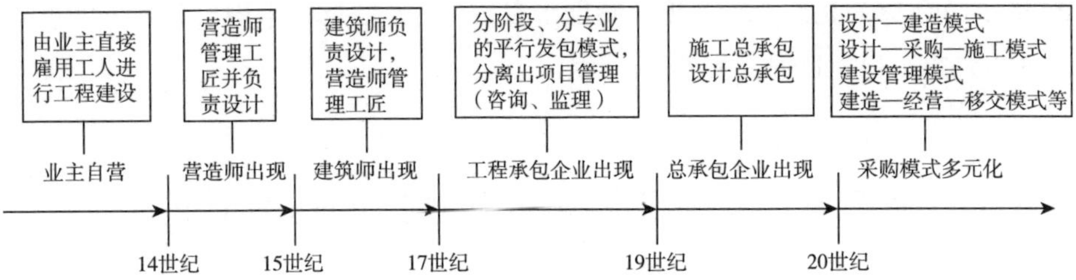

图1-8-1　工程项目采购模式的演变

第二节　国际工程承发包模式的基本内涵

国内建筑业中经常使用的“发包”一词在国际建筑业中被称为“采购”。项目采购是从业主的角度出发,然后以项目为标的,以招标来进行“期货”交易。而“承包”从属于采购,服务于采购。采购决定承包的范围。业主的采购范围越大,承包商通常承担的风险就越大,从而对承包商的技术、经济和管理要求也就越高;但相应的合同额和收益也就越大。为了获得理想的建筑产品或服务,业主必须进行采购,并且采购的效果与采购方法的选择密切相关。项目采购模式(project procurement method,PPM),是指建筑市场买卖双方之间的交易方式或者业主购买建筑产品或服务所采用的方式。

在英国和英联邦国家(澳大利亚等)和我国香港特别行政区,项目采购模式通常被称为“procurement method”或者“procurement system”,这两个名称在含义和用法上没有区别。本书中使用的“采购模式”直接从这两个词翻译而来。在美国和受美国建筑业影响较大的国家中,项目采购模式通常被称为“delivery method”或者“delivery system”,两者在含义和用途上没有区别,将它们直接翻译成中文就是“交付方式”。英国的“procurement method(system)”和美国的“delivery method(system)”从概念上讲是完全相同的。procurement 的意思是采购,它是从买方(业主)的角度来看的;delivery 的意思是交付,它是从供应商(设计师、承包商、咨询经理等)的角度来看的。无论从哪个角度来看,它们都表示交易,因此项目采购模式实质上是指工程项目的交易模式。

第三节　国际工程承发包模式的基本形式

一、传统模式

传统模式,即设计—招标—施工(design - bid - build,DBB)模式,简单地说,是业主将设计和施工分阶段发包,即业主在咨询工程师的协助下,与设计单位签订设计合同委托设计单位完成设计任务;然后通过招标选择施工承包商并与之签订施工合同,委托其完成施工任务,施工单位可再与供应商和分包商签约,各方关系简要表示如图1-8-2所示。

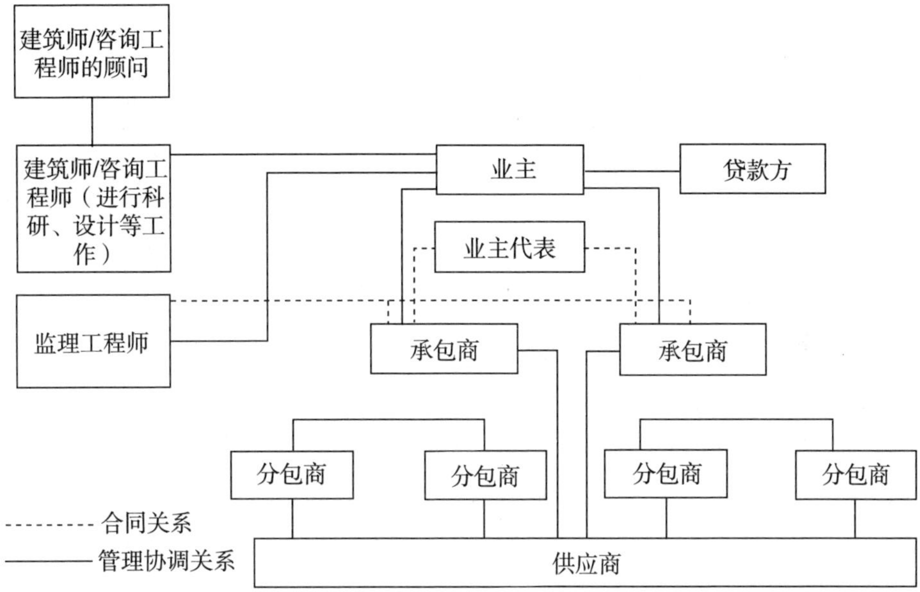

图1-8-2　DBB模式

具体而言,传统模式,是指建筑师/咨询工程师在早期阶段进行各种相关工作,并在项目评估立项后,由设计单位按照业主指示,编制项目设计图、规范和招标文件(包括完整的建筑、结构、管道等图纸、文件和规范等),进行施工招标准备;之后经公开或邀请投标或议标选择一家承包商,业主和承包商一起签订施工合同,相关项目部分的分包和设备、材料的采购此时通常由承包商与分包商和供应商单独订立分包或采购合同然后组织他们实施。业主通常会指派其代表与咨询方和承包商联系,以负责相关的管理工作,但是在实施阶段,管理工作通常授权建筑师/咨询工程师代为执行。建筑师/咨询工程师与承包商之间没有合同关系,但他承担业主对承包商的管理和协调职责。

传统模式在国际上较为通用和流行,在很长一段时间内,世界银行、亚开行贷款项目和采用FIDIC合同条件的项目大多数都采用这种模式。

传统模式的主要特点有:工程项目只能按照顺序依次进行,只有上个阶段结束后,下个阶段才能开始;施工招标时设计工作已全部完成;施工阶段可以采用总承包模式;施工总承包可以是一个总承包商,也可以是一个联合体。

该模式的主要优点有:业主可自由选择咨询设计单位并对设计进行控制,设计质量一般较高,施工阶段一般不会发生重大设计变更;施工招标前设计已全部完成,承包商投标时比较有依据;世界各地长期、广泛采用,已为业主、承包商、工程师等各方熟知和接受,管理方法比较成熟等。

该模式的主要缺点有:施工招标工作在设计基本完成后开始,这对于工期紧张的项目非常不利;项目周期长,业主管理费高,初期投资高;变更容易引起更多索赔,业主对控制成本和工期缺乏信心;发生项目质量事故后,责任不容易明确区分,设计和施工相互推责,业主得不到充分的保护;承包商对设计文件理解上的差异很容易导致纠纷并影响项目的顺利实施;如果设计人员不能及时提供施工图纸,容易产生索赔纠纷。

传统模式中主要有三种合同计价形式:总价合同(lump sum)、单价合同(unit rate)、成本加酬金合同(cost plus fee)。总价合同是指无论实际工程成本如何,承包商按照合同中双方商定的总价获得报酬。单价合同是承包商按合同中商定的各类工作工程量的单价乘以实际完成的工程量获得承包报酬。成本加酬金合同是承包商按照工程实际成本加上双方商定的一定利润获得承包报酬。这三种合同计价形式的含义不难理解,承包商所承担的风险在采用总价合同时最大,采用单价合同时次之,采用成本加酬金合同时最小,而业主所承担的风险大小顺序相反。在实践中,DBB 模式下施工工程的计价,一般采用单价合同模式。

二、建设管理模式

建设管理(construction management,CM)模式,又称阶段发包(phased construction)模式或快速轨道(fast track)模式。

CM 模式与设计图纸全都完成之后才进行招标的传统模式不同。在传统模式中,项目实施分设计和施工两大阶段,但在设计完成之后的施工阶段,项目是连续施工的;而在 CM 模式下,业主委托的建设管理承包商和建筑师组成联合团队,共同组织和管理工作的规划、设计以及施工。在主体设计方案确定后,项目是分阶段发包的,即项目被分解为若干个工作包,设计完一部分就开始该部分的施工,这是有条件的“边设计,边施工”。采用该模式时,设计与施工之间的界限被打破,设计与施工在时间上重叠,从而提高了工程设计与施工的速度,大大缩短了施工周期。传统模式与 CM 模式的比较如图 1-8-3 所示。

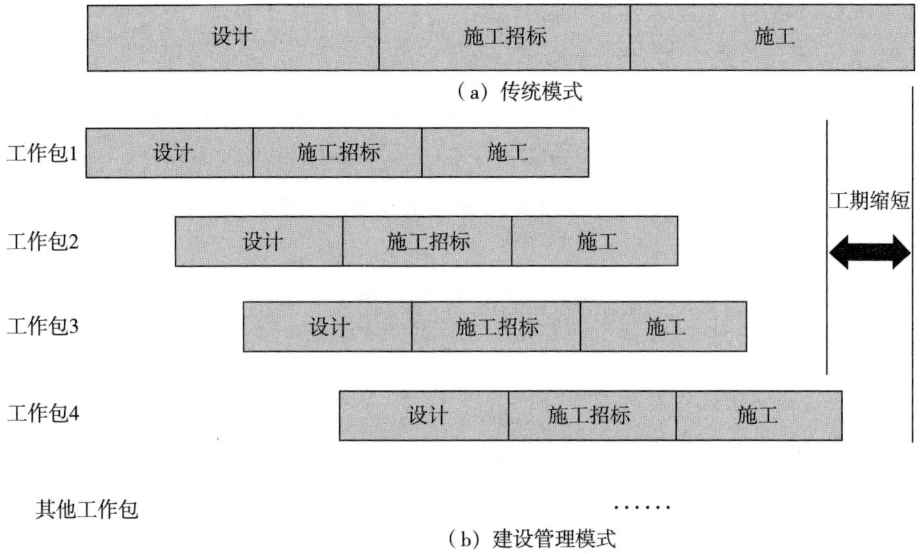

图 1－8－3　传统模式和建设管理模式的比较

应该注意的是，在 CM 模式下，施工阶段已提前到设计工作全部完成之前，但是由于分部工程可以将整个施工合理地分为几个阶段，因此，每个阶段都以完整的这一部分结构图为基础，因此它与我国 20 世纪五六十年代曾出现过的"边设计，边施工"，也就是说，没有设计图纸（或不完整的设计材料）的盲目施工，具有本质区别。另外，尽管建设管理承包商在工程设计阶段就介入项目的实施阶段，并承担项目的管理工作，但它与业主委托的工程咨询公司从事的项目管理模式仍存在区别。

CM 模式具有如下优点：①

其一，建设周期短。这是 CM 模式的最大优点。在组织实施项目阶段，与传统的设计—招标—施工的线性关系不同，而是代之以非线性的阶段施工法（phased construction）。CM 模式的基本思想就是改变工程从规划、设计、施工到交付使用的周期，即采用 fast－track 方法，设计、招标、施工分别为一部分，实现有条件的"边设计，边施工"。在这种方法下，设计与施工之间的界限不再存在，同时在时间上产生了搭接，从而提高了项目的实施速度，缩短了项目的施工周期。

其二，建设管理经理的早期参与。CM 模式改变了项目各方依赖合同调整的

① 参见李启明主编：《土木工程合同管理》（第 3 版），东南大学出版社 2015 年版。

传统模式。相反,他们在项目实施过程中依靠建筑师或工程师、建设管理经理和承包商的合作。业主在项目开始时选择建筑师或工程师、建设管理经理和承包商组成了具有合作精神的项目团队,以完成项目对投资的控制,对进度的计划、质量的控制和设计工作。此方法称为项目团队方法。建设管理经理和设计师之间存在协调关系,建设管理部门可以通过合理的建议来影响设计。

CM 模式的缺点主要包括:

其一,对建设管理人员的要求很高,并且对建设管理部门的资格和信誉应相对较高。

其二,分项招标可能导致更高的合同成本。CM 模式适用于下列三种工程项目:一是具有设计更改可能性的工程项目。二是时间因素最为重要的工程项目。三是由于总体工作范围和规模不确定而无法准确定价的项目。

CM 模式属于管理型承包,建设管理承包商一般由大型施工承包商来承担,主要从事建设管理,其工作重点是协调设计和施工,并对分包商和施工现场进行管理。主要工作包括:为了缩短工期,建设管理承包商必须合理地确定分包结构和招标方案,制定详细的工程进度表,实现设计与施工之间的合理衔接;为了控制项目的总投资,建设管理承包商必须在项目的各个阶段准确编制项目估算并持续调整;建设管理承包商要负责全部招标过程的组织工作;为了高质量地完成施工,建设管理承包商负责直接管理、指挥、协调各分包商。

由此可见,CM 模式是对传统模式的革新,特点是承包商较早地进入了项目的准备工作,在设计阶段就全面介入,有利于全面管理建设项目;建设管理承包商要具有丰富的管理经验并能熟练地掌握和运用各种管理技术,能协助设计单位和施工承包商共同改善设计和施工以降低成本,实施快速施工以缩短工期;建设管理承包商可以提供投资优化、工料估算、价值分析、进度、成本与质量控制、财务分析和决算跟踪等全方位服务。

CM 模式存在多种表现形式,常见的有代理型建设管理(agency construction management)模式和风险型建设管理(at risk construction management)模式两种如图 1 – 8 – 4 所示。

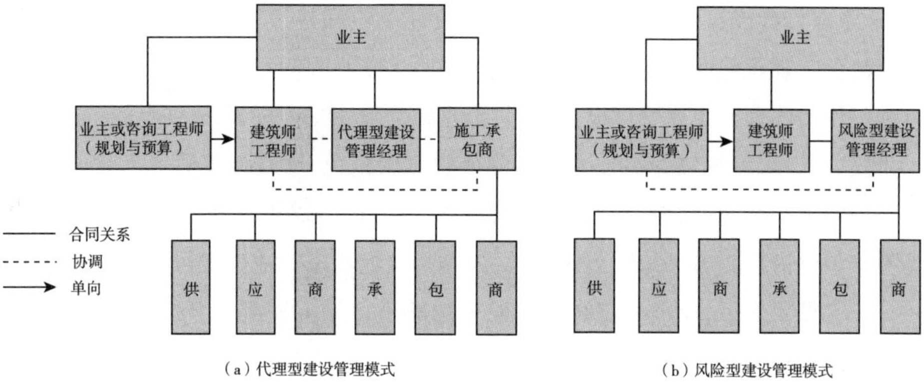

图1－8－4　代理型建设管理模式和风险型建设管理模式

（一）代理型建设管理模式

这是较为传统或纯粹的建设管理模式。在该模式下，业主聘请建设管理承包商与聘请设计单位的时间几乎相同，建设管理承包商是业主的专业顾问和代理（角色与总承包商不同），向业主提供项目某一阶段或全过程的管理服务，但一般既不直接从事设计，也不从事施工工作。它与传统模式中的总承包商不同，建设管理承包商不以其自身的名义与分包商签订合同，而是作为业主代理人协助业主与各阶段承包商签订施工合同（传统模式下通常由设计单位承担的业主代表或咨询工程师的角色在代理型建设管理模式下由建设管理承包商承担），如果各阶段承包商及其分包商未能履约，建设管理承包商不承担与此相关的任何风险，业主要自己承担风险。通常，建设管理承包商不使用自身的劳动力承担任何工程部分，但可能会承担一些相关的辅助工作，如安全监督和场地清理等。建设管理承包商的服务报酬通常按照时间费率或双方协商确定的固定费用计算（与支付给传统模式中的总承包商的费用或风险型建设管理模式中承包商的费用相比，相对较低）。

虽然这种方式在美国多数地区的大型（民营）开发项目上得到广泛应用，但是如果业主是经验丰富的发包商或自身拥有丰富施工经验的机构客户，则很少使用这种模式。这也是建设管理承包商（如设计和施工单位）最热衷的一种方式，因为这种方式下，建设管理承包商承担的风险最低。

（二）风险型建设管理模式

基于风险的CM模式实际上是纯CM模式和传统模式的结合。在这种模式下，业主在设计或施工准备阶段时分别与设计单位和建设管理承包商签约，以便发挥建设管理承包商的各种优势和能力。建设管理承包商在施工准备阶段的角色和工作与代理型建设管理模式相同，都是作为业主的专业顾问和代理。但在施工阶段，建设管理承包商同时也承担总承包商的角色，即建设管理承包商也是业主聘用的独立承包商，而不是业主的代理人。因此，与总承包商的情形一样，建设管理承包商以自身名义与分包商签约，并承担分包商未能适当履行工程的风险。

在这种模式下，业主可与建设管理承包商签订成本加酬金合同，但更多的是签订承诺最高价(guaranteed maximum price，GMP)合同，以保证业主的投资控制。采用成本加酬金合同时，建设管理承包商按照商议的固定费用获得报酬。由于建设管理承包商承担与总承包商相同的风险，因此其报酬通常与付给总承包商的报酬相同。采用承诺最高价合同时，如实际工程成本超过承诺最高价时，由建设管理承包商承担超支部分；如低于承诺最高价，则节余部分归业主所有，但因建设管理承包商额外承担了成本超支风险，因而能够得到事先商定的额外收入，如与业主分享节余部分。

承诺最高价由建设管理承包商在设计进程达到一定程度(如设计完成75%或根据完成的设计足以就重要工作包签发分包合同)，足以估算最高价时确定。业主保留建设管理承包商承诺最高价不令人满意的情况下终止合同的权利。鉴于建设管理承包商熟悉设计情况并且在设计阶段就曾根据设计进行成本估算，因此，承诺最高价一般与业主的预算一致。否则，如果业主认为可通过竞争招标过程获得更低的价格，业主可选择终止合同，并支付建设管理承包商施工准备阶段商定的服务费金额(该报酬通常很少)。在这种情况下，已经签订的分包合同或转让给业主或就此终止。如果承诺最高价在业主预算范围内，但是业主认为项目可以以低于建设管理承包商的承诺最高价的成本完成，则业主还可要求建设管理承包商按照成本加酬金合同完成工程。

该模式通常在大型项目中采用，特别是业主为机构组织且拥有工程项目管理的丰富经验和专业力量或愿意委托独立的专业顾问进行项目管理的情况，建设管理承包商通常是建筑施工企业(而不是设计单位)。由于该模式要求建设管理承包商承担类似于总承包商承担的风险，建设管理承包商通常不青睐这种方式，除非建设管理承包商具有较高的管理和技术水平和经验，承揽项目时竞争较小；或者运作顺利时有可能获取较大的收益，特别是成本控制较好时。

三、总承包模式

总承包模式，是指承包商的承包范围不仅包括全部工程施工任务，还包括设计任务，国外叫作交钥匙（Turnkey）模式，在民用建设项目中又叫设计—建造（design - build，D&B）总承包模式。在以大型装置或工艺过程为主要核心技术的工业建设领域，如大型石化、化工、橡胶、冶金、制药、能源等项目，工艺设备的采购与安装又与工艺的设计紧密相关，因此，在这些领域，总承包模式又称为设计—采购—施工（engineering - procurement - construction，EPC）总承包模式。尽管D&B和EPC都叫作总承包，但它们还是有不同。在国际咨询工程师联合会的合同中，对EPC总承包和D&B总承包分别推荐了不同的合同，分别为“FIDIC设计、采购和施工（EPC）/交钥匙工程合同条件（银皮书）”和“FIDIC生产设备和设计—建造合同条件（黄皮书）”。

要注意的是总承包模式不太适用于纪念性建筑（因为这些项目优先考虑的往往不是造价和进度等经济因素）、新型建筑（因为具有较高的建筑要求，同时结构形式的选择和处理有许多不确定因素）和设计工作量较少的项目（如大型土方工程）。

（一）设计—建造模式

D& B模式是业主首先招募专业咨询公司来研究拟建项目的基本原则。然后选定一家设计—建造承包商负责项目的设计和施工，并对承包工程的质量、安全、工期和造价全面负责，使项目在实施的过程中能够保持单一的合同责任。该模式中项目各方的关系如图1-8-5所示。

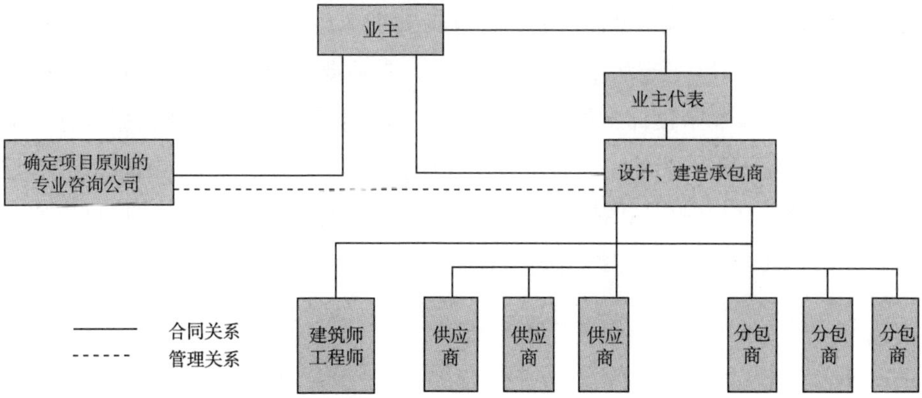

图1-8-5　D&B模式

1. 设计—建造模式按照不同的依据，其分类方式也不相同

第一种是按照设计深度分类。

按照设计的深度，D&B 模式可以分为：传统设计—施工合同、详细设计—施工合同和咨询代理设计—施工合同。

(1)传统设计—施工合同。业主邀请一个或几个承包商在项目的早期阶段投标。承包商要求自己的设计师根据业主的要求或设计任务提出计划和成本估算。业主的设计方案可能仅提出一些基本设计要求。一些业主可能会请咨询公司帮助准备更详细的设计任务书以及招标说明书。一旦中标，承包商必须对项目的工程设计和施工负全部责任，业主只需与承包商打交道，其合同结构如图 1 – 8 – 6 所示。

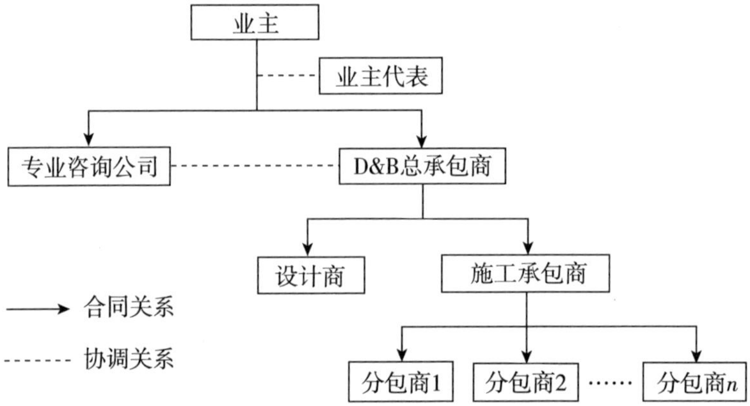

图 1 – 8 – 6　传统设计—施工合同结构示意

(2)详细设计—施工合同。业主自身或从外部邀请设计咨询公司对项目的概念和方案进行设计(一定深度)，再进行招标。然后要求投标公司提出进行该项目详细的设计以及剩余设计工作的建议和设计成本估算。业主通常根据投标人的报价来评估建议书。当业主为将所有设计任务委托给承包商感到担忧，或者希望控制设计过程，但又打算让某一家公司负责项目的详细设计和施工时，可以使用这种方法。其合同结构如图 1 – 8 – 7 所示。

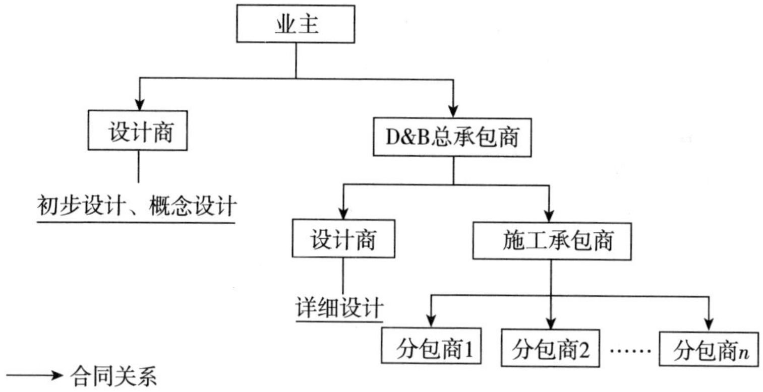

图 1-8-7　详细设计—施工合同结构示意

（3）咨询代理设计—施工合同。与详细设计—施工合同一样，业主首先亲自或要求设计咨询公司进行项目的概念设计和方案设计，然后要求投标公司提交建议书和成本估算。业主在选择承包商时，将委托的设计咨询公司介绍给承包商，承包商与设计咨询公司签订协议。设计咨询单位协助承包商进行详细的设计，完成剩余的设计工作，并在施工阶段提供帮助。转换型合同（novation contract）就属于这种情况，如图 1-8-8 所示。

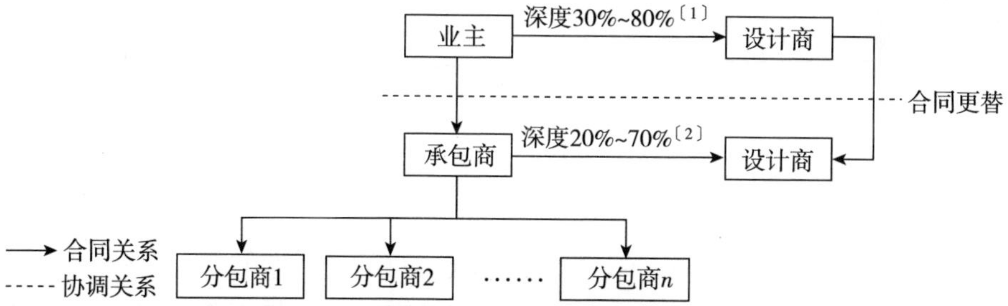

〔1〕业主先进行或要求设计咨询公司进行30%~80%的概念设计和方案设计；〔2〕承包商在设计咨询公司的协助下进行20%~70%的方案设计。

图 1-8-8　转换型合同结构示意

第二种是按照 D&B 承包商的组成形态分类。

D&B 承包商承包项目可以通过不同的组织形态承接工程。区分这些形态的最简单方法是业主、总承包商和分包商的三级层次结构。基本形态为四种：承包商主导形态、设计商主导形态、联营体形态和单一企业形态，如图 1-8-9 所示。①

① 参见李启明主编：《国际工程管理》（第 2 版），东南大学出版社 2019 年版。

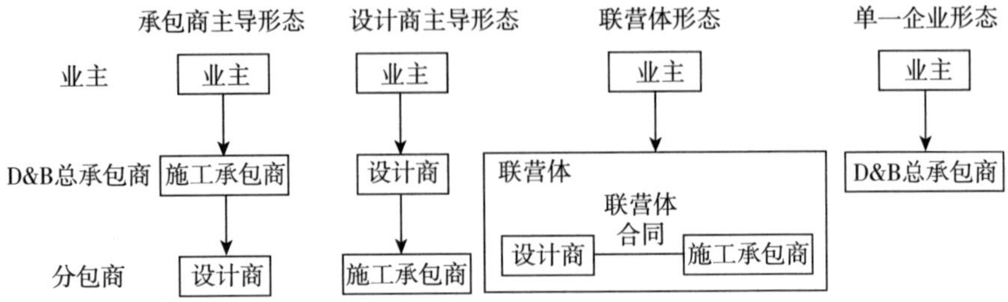

图1-8-9 D&B承包商的组成类型

(1)承包商主导形态(contractor as prime contractor)。也就是说,施工企业是总承包商,设计咨询机构是分包商。

(2)设计商主导形态(architect as prime contractor)。也就是说,设计咨询机构是D&B项目总的承包商,而施工承包商是分包商。

(3)联营体形态(joint venture)。设计咨询机构和施工承包商组建一个单一组织的联营体成为总承包商,二者形成紧密的联合承包关系。如设计商和施工承包商的合作关系为松散型联合,则其组建的单一组织通常称为联合体(consortium)。

(4)单一企业形态(corporation format)。即同时具有设计和施工能力的企业是总承包商。

第三种是按照D&B模式的采购方式分类。

根据业主选择D&B承包商的方式不同,D&B模式可以分为单一阶段、双阶段和基于资格三种招标方式如表1-8-1所示。

表1-8-1 不同招标方式D&B模式的区别

招标类型	设计深度	资格预审	授标标准	授标方式	适用范围
单一阶段	0~50%	否	价格;或者资格、价格	固定总价	小型、简单的项目
双阶段	0~35%	是	资格、价格	固定总价	复杂、风险大的项目
基于资格	0~10%	是	资格;或者资格、价格	谈判	有专利技术的项目

(1)单一阶段招标(one-step)。评标时,对技术建议书和商务建议书(含价格)进行综合评定。

(2)双阶段招标(two-step)。招标分为技术评标和商务(最佳价值)评标两个过程,只有技术建议书被认可的承包商方可进入第二阶段的评标。

(3)基于资格招标(qualifications - based)。在选择 D&B 承包商时通过具有竞争性的谈判方式,通过谈判过程对投标人的技术和资源选择的建议进行评价。对投标人的技术、施工质量、产品功能和管理能力、财务情况、价格、同类工程的经验等进行综合评选,选择最优中标者。

第四种是根据确定 D&B 模式的合同价格的方法进行分类。

D&B 模式合同价格的确定方式有:固定总价、承诺最高价以及成本加酬金三种方式。在 D&B 模式发展的早期,业主一般选择总价合同形式,而随着项目的发展,业主希望对各分包工程进行竞争性招标,就演变出承诺最高价的计价形式。

固定总价合同多用于普通建筑,承诺最高价合同多用于特殊项目,成本加酬金合同主要用于紧急工程,如抢险、救灾,以及一些风险很大的技术创新项目。三种合同的风险在业主与 D&B 承包商之间分担,如图 1 - 8 - 10 所示。在固定总价格合同中,业主承担的风险最小,而 D&B 承包商承担的风险是最大的;与此相对应的是,在成本加酬金合同中,业主承担的风险最大,D&B 承包商承担的风险最小,承诺最高价合同则介于两者之间。

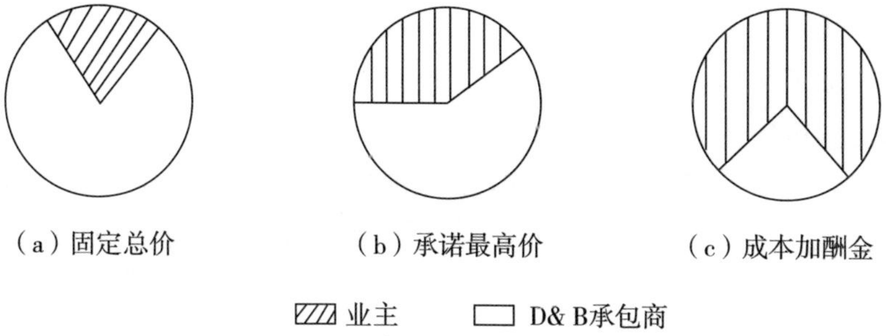

图 1 - 8 - 10　不同合同价格方式的风险承担

D&B 模式的工作流程与传统模式有些相同。业主要拟定详细的资料预审要求(request for qualifications, RFQ)、投标须知(instructions to bidders, ITB)以及建议书要求,这些文件用于确定 D&B 承包商的短名单,其最关键的问题是如何选择合适的投标方案以及具备相应资格和能力的投标人。D&B 承包商最关键的问题是如何编制一套完全符合业主要求的设计图纸和技术要求,以及在项目实施阶段如何满足业主对项目的目标要求。D&B 模式的工程流程如图 1 - 8 - 11 所示。

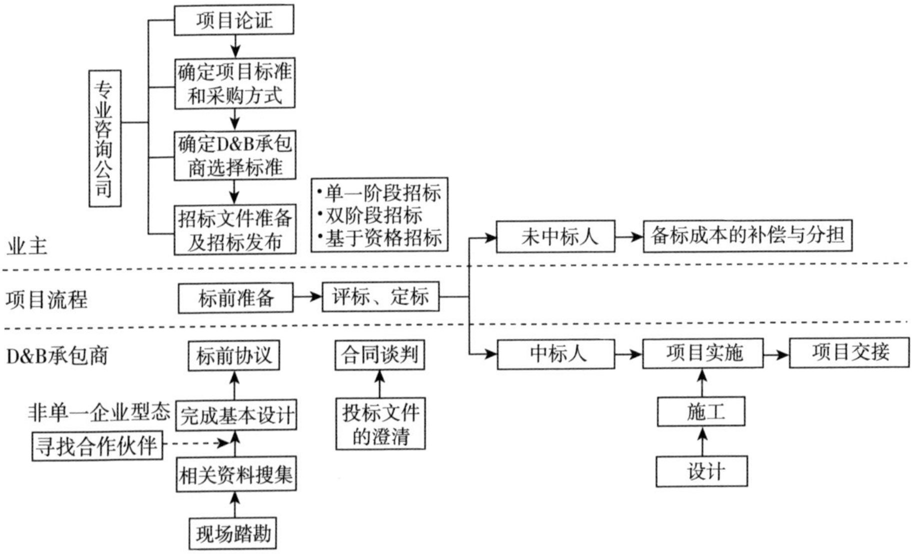

图 1－8－11　D&B 模式的工作流程示意

D&B 模式可能会给业主提供一些有利的方面，但通常不容易衡量有利的方面。若 D&B 承包商信誉不佳或执行成效差，则业主就可能处于风险之中。在 D&B 模式下，业主应该对以下所述问题进行关注：

(1)对 D&B 合同有多大程度的了解？

(2)是不是需要独立的顾问或者代理来准备招标邀请并评估收到的标书？

(3)需要在投标文件中预先确定并规定的拟建项目的设计、成本和进度是什么？

(4)应采用哪种合同形式？

(5)如何评价和比较投标书？（需要同时考虑设计和成本）

(6)如何管理工程？

D&B 承包商通过整合组织内外资源，对工程承担整体的、全局的责任，其主要负责的工作内容包括：

(1)项目的采购与分包管理；

(2)检查和核实业主所提供的项目资料；

(3)对业主及分包工程计价作业；

(4)成本、工期及质量管理等总体控制工作。

在美国设计建造协会(Design－Build Institute of American，DBIA)所制定的

合同条款中,可以了解 DBIA 所规划的 D&B 承包商各成员的主要工作架构如表 1－8－2 所示。

表 1－8－2　D&B 承包商各成员的主要工作

<table>
<tr><td colspan="2">D&B 承包商的主要工作</td></tr>
<tr><td colspan="2">(1)项目的采购与分包管理:
①寻找合适的合作伙伴;
②合同谈判、签订和审核。
(2)检查和核实提供的项目资料:
①地质分析报告;
②项目环境条件评估;
③项目标准和要求。
(3)控制项目质量、成本、工期,了解人员健康状况、安全状况和环境条件。
(4)发放业主工程款与分包商工程款。
(5)项目规划方案的适当更新和调整。
(6)协调处理设计、施工、供应各参与方</td></tr>
<tr><td>设计商</td><td>施工商</td></tr>
<tr><td>(1)工程设计:
①现场踏勘;
②绘制工程设计图;
③制定工程规范设计;
④解释设计图纸;
⑤设计图纸的变更和修订。
(2)帮助 D&B 总承包商编制投标文件。
(3)检查施工承包商提供替代方案的可行性。
(4)提供每月的设计工作状况报告:
①工作进度报告;
②问题报告。
(5)管理及协调设计分包商。
(6)承担所有法定设计责任</td><td>(1)协助 D&B 承包商执行下列工作:
①施工方式的选择;
②控制质量、工期、成本,了解人员健康、安全状况、环境条件;
③施工可行性分析;
④设计图纸和合同的一致性和适用性。
(2)提供施工组织设计。
(3)提供每月的施工工作状况报告:
①工作进度报告;
②问题报告。
(4)提供工程建议和现场情况反馈。
(5)管理和协调分包商并承担相应的责任。
(6)与施工现场其他分包商的合作与协调。
(7)承担所有法定施工责任</td></tr>
<tr><td colspan="2">分包商</td></tr>
<tr><td colspan="2">(1)在符合工作规范的条件下完成其工作;
(2)提供工程建议;
(3)在工地与其他分包商间的合作与协调;
(4)承担所有法定分包的责任</td></tr>
</table>

3. D&B 模式的特点

D&B 模式中,业主对拟建项目的要求和条件,一般通过功能描述书进行详尽而准确的阐述。招标后,设计建造承包商将对所有施工活动进行总承包,如项目建设的规划、设计、采购、施工和竣工,即业主与设计建造承包商将紧密合作完成计划、设计、成本和进度等工作。一个承包商对整个项目负责,有利于组织、协调和控制;在设计时就考虑施工,避免设计和施工的矛盾,显著提高项目的可建造性,减少由于设计疏忽和延误或理解差异引起的变更和由此引起的对业主的索赔,从而降低项目的成本、缩短工期、保证质量,出了事故也容易追究责任;选择承包商时,将设计方案的质量作为主要的评标因素,可以确保业主获得高质量的项目。该模式的缺点有:业主不能够参与建筑师/工程师的选择;设计可能会受施工者的利益或承包商的水平的影响而导致设计质量不高;由于同一实体负责设计与施工,减弱了传统模式下设计单位与承包商之间的制衡关系;业主对最终的设计以及细节的控制能力降低。

在 D&B 模式中,采用的是以设计为先导的招标。因为招标时可能还没有一张图纸,因此招标必须要有功能描述书以及有关要求和条件说明,这样的招标其实就是功能招标。业主在招标文件中,只提出功能性要求(概念设计),要求设计建造承包商负责初步设计、详细设计(如技术设计和施工图设计)。就业主而言,功能说明书是否清楚明确,是项目成功的关键;就总承包商而言,对功能说明书的理解是否准确到位,是项目成功的关键。招标一般采用邀请招标或议标。评标分为两阶段进行,首先对设计进行审查,看是否满足业主的功能要求,其次再进行商务(含价格)的审查,只有设计审查通过,才能进入商务审查。

该模式通常签订的是总价合同,但是价格是可调的。设计建造承包商负责整个项目的成本。承包商在如何实施工程以达到预定目标方面享有很大的自由,可利用本公司的设计和施工力量完成整个项目(要求承包商有综合设计能力和施工能力),也可选择其他设计和施工分包商分别完成设计和施工。如果选择后一种方式,业主通常会在合同中明确规定设计建造承包商包括其设计和施工分包商对完工工程的任何缺陷(而无论是由于有缺陷的设计或有缺陷的材料或工艺造成的)承担连带责任。

D&B 模式通常用于也最适于小型民营项目(如独门独户的住宅)、大型公共项目(如政府支持的住房项目或工业项目)、对设计较简单或外观要求不高的项目。需要注意的是,有些国家的法律禁止 D&B 模式,即施工承包商不得从事设计业务,而设计承包商不得以其职业资质从事施工业务。因此,在禁止未经适当资质认定的企业从事设计的地方承揽项目时,使用 D&B 模式时要特别谨慎,必要时采用联合体承包模式以满足该类法律要求。

(二)设计—采购—施工模式

设计—采购—施工模式,也叫作交钥匙模式,这意味着设计—采购—施工总承包商按照与业主签订的合同承担项目设计、采购、施工、试运行的所有工作,直至完成和竣工移交,并对工程的质量、安全、工期和成本全权负责。总承包商是项目实施过程的核心。业主直接管理项目,可能请 1 ~2 名专家顾问。该模式也是以功能为导向的,设计不仅包括工程图纸的设计,还包括工程规划和整个设计过程的管理工作如图 1 -8 -12 所示。

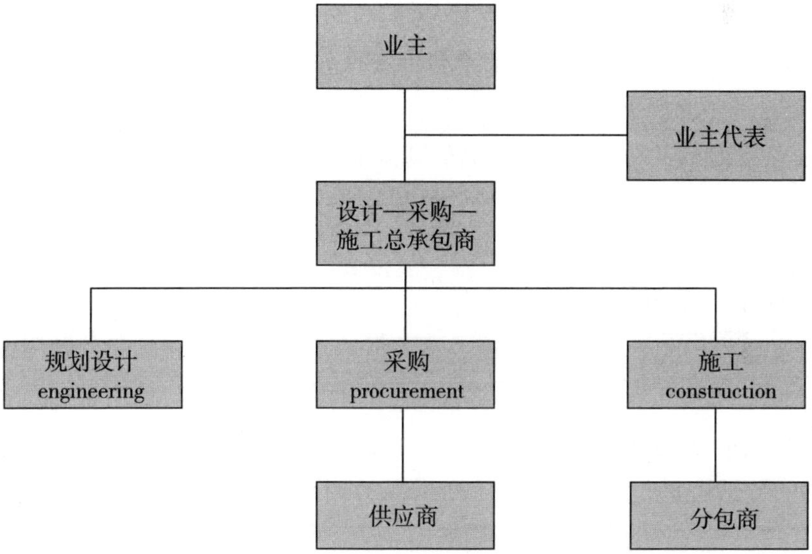

图 1 -8 -12　EPC 总承包模式

EPC 模式具体包括以下三个方面:

一是规划设计:一般包括特定的设计工作,如设计计算书和工程图,以及业主要求中列明的设计工作(如配套公共工程设计、辅助工程设施设计和建筑结构设计等),并且可能包括整个建设项目的总体计划内容以及整个建设项目实施组织和管理的计划和具体工作,甚至包括项目可行性研究这些前期工作。

二是采购:它不仅包括建筑设备和材料的采购,还包括对项目投产所需的专业设备、生产设备和材料的采购,以及对工艺设计中包含的各种工艺、专利产品、设备和材料的采购。

三是施工：设计—采购—施工承包商除了组织自己的直接施工队伍来完成土木工程施工以及设备安装和调试外，还要对大量分包合同进行管理。通常包括全面的项目施工管理，如施工方法、安全管理、成本控制、进度管理和设备安装与调试、工作协调、技术培训等。

在 EPC 模式下，承包商在各个阶段的工作深度是随着具体合同的规定而变化的，并演化出 EPC 的变体形式，如设计—采购—施工—管理总承包和设计—采购—施工—咨询总承包等。对于采购，承包商只能提供供应商清单；它也可能同时提供报价和分析报告；根据充分的询价和比较，它也可能完全负责订购货物。对于施工，承包商可能仅负责协调和管理，或者仅负责部分实施工作。此外，对承包商的付款方式有多种组合。在设计、采购和施工的每个阶段，根据其服务的性质和特点，可以使用服务费的支付、承包价格的支付或两者的结合。

1. 设计—采购—施工合同分类

因为每个项目的特点不同，合同的具体条款并不完全相同，设计—采购—施工总承包的工作范围也不完全相同。设计—采购—施工合同具体可分为以下几种方式。

(1) 设计—采购—施工总承包

常规意义上的设计—采购—施工总承包，是指承包商承担项目的勘测设计、设备材料采购、施工安装和调试试运行全过程工作的总承包。业主仅与总承包商建立合同关系，其他所有项目管理任务均由总承包商承担，并负责项目的最终产品。其合同结构形式如图 1 - 8 - 13 所示。

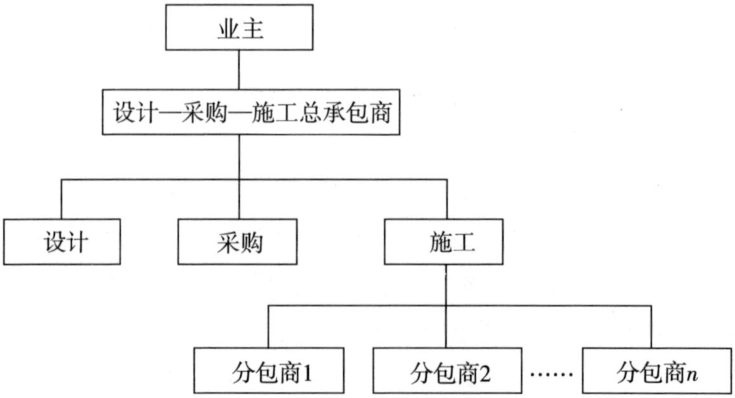

图 1 - 8 - 13　EPC 模式的合同结构示意

(2)设计—采购—施工—管理总承包

设计—采购—施工—管理总承包(engineering procurement construction management,EPCm)是常规 EPC 模式的一个变体形式,指 EPCm 总承包商与业主签订合同,负责项目的设计和采购,并负责施工管理。此外,施工承包商与业主签订施工合同,并根据设计图纸负责施工。施工承包商与 EPCm 总承包商之间没有合同关系,但是施工承包商必须接受 EPCm 总承包商对施工工作的管理。EPCm 总承包商对项目的进度和质量负全部责任。具体的合同结构如图 1-8-14 所示。

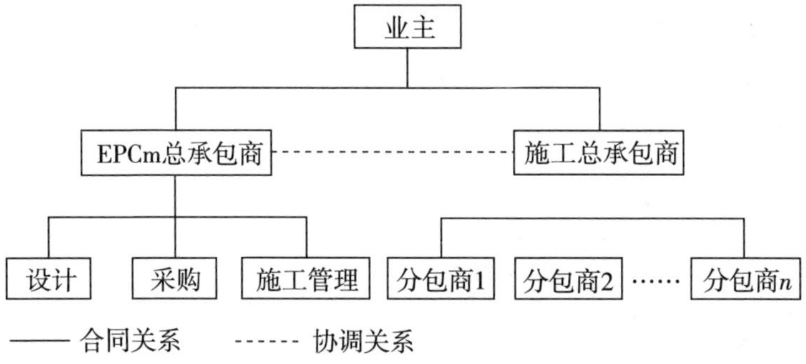

图 1-8-14　EPCm 模式的合同结构示意

(3)设计、采购和施工咨询总承包

设计、采购和施工咨询(engineering procurement construction advisory,EPCa)是常规 EPC 模式的变体,这意味着 EPCa 总承包商负责项目的设计和采购,并在施工阶段为业主和施工承包商提供相关的咨询服务。施工咨询费不包括在合同价格中,而是根据实际工作时间计算或以总价收取。施工承包商和业主应当另行签订施工合同,并按照图纸负责工程建设,对施工质量负责。合同结构如图 1-8-15 所示。

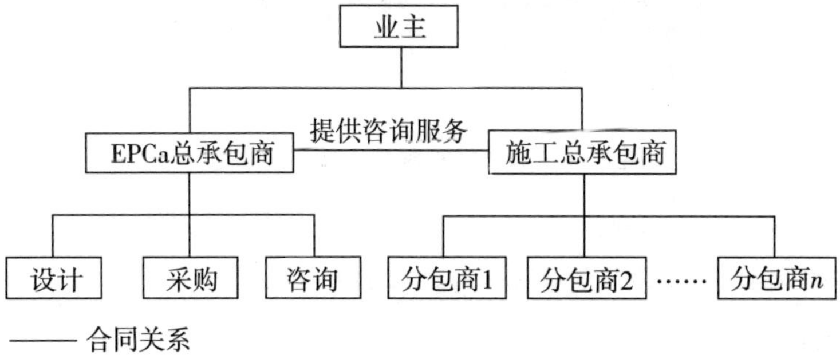

图 1-8-15　EPCa 模式的合同结构示意

2. EPC 模式的工作流程

工程是设计—采购—施工总承包项目的产品,因此涉及工程建设的全过程。对于一个完整的总承包项目,创造项目产品的过程通常经历五个阶段,即计划阶段、设计阶段、采购阶段、施工阶段和调试/移交阶段。

计划阶段的主要内容是制订项目计划,包括业务计划、产品技术计划、设施范围计划、项目实施计划和合同策略这几部分;设计阶段的主要内容是规划设计、详细设计以及施工与采购计划这几部分;采购阶段的主要内容是采买、催交、检验、运输及储存这几部分;施工阶段的主要内容是施工前准备、施工和施工后清理工作这几部分;调试/移交阶段包括项目调试、移交投产以及项目结束等工作。其工作流程如图 1-8-16 所示。

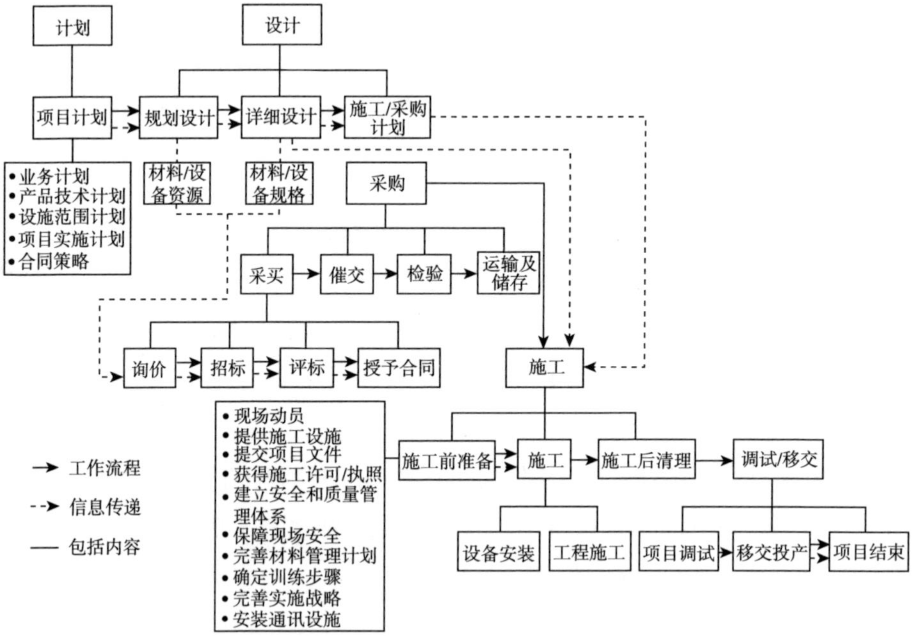

图 1-8-16 EPC 模式工作流程示意

3. EPC 模式的工作内容

在 EPC 模式下,各阶段的具体工作内容如下:

(1)项目策划阶段

设计—采购—施工总承包项目管理就像是一个系统工程,必须高度重视项目计划阶段的工作,重视项目计划阶段的工作通常可以事半功倍。项目策划阶段主要工作内容是描述项目产品所要达到的目标和一般要求,具体工作内容如表1-8-3所示。

表1-8-3 设计—采购—施工项目策划阶段的主要工作内容

序号	工作类型	工作内容
1	业务计划 (business plan)	(1)确定商业目标; (2)确定设施目标和需求容量; (3)市场调查研究和分析; (4)建立愿景和公众联系; (5)项目选址; (6)相关的法律问题; (7)拟定融资计划; (8)原材料资源分析; (9)劳务计划和人力资源问题; (10)确定项目调试要求
2	产品技术计划 (product technical plan)	(1)技术调查和工艺流程分析; (2)产品开发/认证和测试过程; (3)获得专利和执照; (4)签订安全和保密协议
3	设施范围计划 (facility scope plan)	(1)拟定工艺和实施计划; (2)设施效用和远距离监控范围; (3)环境范围; (4)现场计划; (5)详细的工作结构分解
4	项目实施计划 (project execution plan)	(1)确定项目的初始设计标准; (2)建立初始项目组织; (3)完成投资估算; (4)建立主要项目的计划; (5)相关的质量和安全问题; (6)建立初始实施计划; (7)确定项目范围
5	合同策略 (contract strategy)	(1)确定招标工作包范围; (2)拟定可能的设计—采购—施工承包商投标人清单; (3)选定设计—采购—施工承包商; (4)劳务策略

(2)项目设计阶段

设计—采购—施工项目总承包的设计过程是创造项目这一产品的关键阶段,即对项目产品进行详细说明的阶段。在设计阶段完成的设计文件和图纸是采购、施工和设备调试各个阶段的基础。在设计—采购—施工总承包项目中，设计起先导作用，这反映在：

第一，设计工作在整个项目中的重要性。

根据 W. E. Back 在 1998 年对美国 20 个设计—采购—施工项目的统计，平均而言，设计工作消耗承包商劳动力成本的 28% 和整个项目实施时间的 22%，但它对整个项目的影响不仅如此，并且项目投资的 80% 是在方案设计阶段确定下来的，后续控制只影响剩下 20% 的投资；生产率的 70% ~80% 是在设计阶段决定的；40% 的质量问题源于不良的设计。

第二，设计变更对工程的影响。

工程变更的成本随时间推迟呈对数关系上升，因此，虽然设计工作本身所占成本不高，大部分费用由其下游的生产准备、采购和施工过程消耗，但是，这对整个工程项目的成本、投入运营的时间以及整个项目的质量都具有巨大的影响。因此，在设计初期承包商必须在项目建设中全面考虑所有后续环节。否则，更改设计的时间越晚，更改的成本就越大。

有效地管理设计—采购—施工总承包项目的设计过程通常会得到事半功倍的效果。为此，我们有必要了解如何划分设计阶段，如何设置设计专业以及如何有效管理设计版本。国内和国际上划分设计阶段的方法之间存在一些差异。目前常用的划分方法如表 1 -8 -4 所示。

表 1 -8 -4　常用的设计阶段的划分方法

主体	设计阶段	主要文件	用途
专利商	工艺包（process package） 基本设计（basic design）	（1）工艺流程图； （2）工艺控制图； （3）工艺说明书； （4）工艺设备清单； （5）设计数据； （6）概略布置图	为工程公司提供工程设计和技术保证的依据
	工艺设计 （process design）	（1）工艺流程图； （2）工艺控制图； （3）工艺说明书； （4）物料平衡表； （5）工艺设备表； （6）工艺数据表； （7）安全备忘录； （8）概略布置图； （9）各专业条件	把专利商文件转化为工程公司文件，开展专业工程设计，并提交用户审查

续表

主体	设计阶段	主要文件	用途
工程公司	基本设计(basic design)、分析和规划设计(analytical and planning engineering)	(1)管道仪表流程图; (2)设备计算及分析草图; (3)设计规格说明书; (4)材料选择; (5)请购文件; (6)设备布置图; (7)管道平面设计图; (8)地下管网; (9)电气单线图	提供详细设计的信息,并提出设备和材料采购的请购文件
	详细设计(detailed engineering)、最终设计(final engineering)	(1)详细配管图; (2)管段图; (3)基础图; (4)结构图; (5)仪表设计图; (6)电气设计图; (7)设备制造图; (8)其他图纸	提供施工需要的所有详细图纸和文件,作为施工的基础和材料补充订货

第三,设计过程与采购过程的关系。

设计—采购—施工总承包项目整体是一个系统项目,实际上每个阶段都是相交的。这也是设计—采购—施工总承包模式区别于其他模式最大的特点。合理的设计、采购、施工、调试相互交叉,为保证工程质量,缩短工期,降低工程成本提供了保障。采购归入设计过程意味着在设计过程中,应该合理地交叉和紧密协调设计和采购工作,并且可以对设计进行分析,以确保设计产品(文件和图纸)的质量以及产品的质量和购买设备和材料的质量。具体做法为:

其一,设备材料清单和技术规格书由设计人员负责编制。设备材料清单和技术规格书由设计人员根据专门制定的表格和要求编制,这样可以准确地表达设计要求,减少采购过程中的技术错误。同时,也使合同采购部门在与供应商进行谈判时有所准备。

其二,设计人员负责对供应商报价的技术部分进行技术审查,以确保所购买的设备和材料符合设计要求。在大型工程项目的建设过程中,当需要购买设备和材料时,合同采购部门首先组织招标;其次组织各分项目团队的专业工程师和设计部门人员对标书的技术部分进行评估,该标书由供应商提供;最后由设计人员提出意见并进行总结,并将意见提交给合同采购部门,采购部门与供应商进行协商,以确定其是否满足项目所需设备和材料的技术要求,以决定是否与之签订合同。这将在很大程度上避免在未来的施工和调试阶段出现各种问题。除此之外,如果购买的设备和材料存在质量问题,设计人员还可以参与到索赔中并提出自己的建议。

其三,设计人员负责检查和确认供应商的初步和最终确认图纸。合同采购部门与供应商签订采购合同后,设计人员负责审查并确认供应商提供的预确认图,找出缺陷并反馈给制造商,然后制造商作出回应,根据设计人员提出的意见和建议修改初步确认图并提交最终确认图。设计还负责审查和确认供应商的最终确认图纸,以确保设备和材料的质量。

其四,设计人员应分阶段、分批提交设备和材料的采购清单。在整个项目的建设过程中,所需的材料和设备有先后顺序之分。这就要求设计人员及时分阶段、分批提供设备和材料的采购清单,以确保提前订购关键和长期的设备,并缩短采购周期和工程建设总工期。

项目设计阶段的主要工作内容是描述项目产品详细的和具体的要求,具体内容如表1-8-5所示。

表1-8-5 EPC项目设计阶段的主要工作内容

序号	工作类型	工作内容
1	项目最终范围 (final scope)	(1)最终的设施范围计划; (2)确定主要的设备和材料标准; (3)最终的设施效用和远距离监控范围; (4)法规、标准和环境影响要求; (5)获得许可和法律授权、批准; (6)场地评价
2	详细估价 (detailed cost estimate)	(1)估计设备成本; (2)估计安装成本; (3)估计需要提供服务的成本; (4)估计材料成本; (5)估计间接成本; (6)估计其他成本(如通货膨胀、应急费等)
3	详细计划 (detailed schedule)	(1)详细的设计计划; (2)详细的材料管理计划; (3)详细的施工计划; (4)详细的调试计划

续表

序号	工作类型	工作内容
4	详细设计 (detailed design)	(1)详细的工程施工图纸; (2)最终的图纸和施工标准/规程; (3)费用和进度分析; (4)设计/施工审视; (5)获得业主阶段性审查和批准; (6)对变更的审查和批准; (7)对设计的可建造性进行审查; (8)对设计的质量进行审查; (9)对项目的范围和估价进行审查; (10)协调供应和施工; (11)设计文件的发放
5	工作包准备 (preparation of work package)	(1)项目计划方案; (2)拟定材料标准/要求; (3)拟定材料清单

(3)项目采购阶段

创建设计—采购—施工总承包项目产品的整个过程,从采购阶段开始进入实际制造和建设工程实体的过程。

采购过程实际上在项目执行中起着承前启后的作用。一方面,它要购买项目设计阶段确定所需的设备和材料;另一方面,必须将购买的设备和材料应用于该项目。因此,采购过程中的监控和管理环节的好坏可以直接反映在整个项目的质量中。采购在创建项目产品中的具体作用体现在:

第一,工程质量的关键是设备和材料的质量,因此这就要求合同采购部门寻找能够提供合格产品的供应商。

第二,设备和材料准时到达施工现场是保证项目进度的前提。因此合同采购部门要实时监控合同的执行情况,并在保证产品合格的前提下,根据交货日期及时提供产品。

第三,设备和材料成本约占项目总成本的50%~60%。采购成本直接影响项目成本。采购过程的重要性决定了必须在EPC模式中对采购过程实施有效的项目管理。

在EPC模式中,项目组织里通常具有合同采购部门,该部门负责招标投标、谈判、签订合同以及跟踪合同的执行情况。采购阶段的主要内容是根据设计要求购买设备和材料。其具体工作内容如表 1 – 8 – 6 所示。

表 1 – 8 – 6　设计—采购—施工项目采购阶段的主要工作内容

序号	工作类型	工作内容
1	大批商品 (bulk commodities)	(1)详细指明材料; (2)询价; (3)供应招标; (4)供应评标; (5)授予合同; (6)材料运输
2	设备制造 (fabricated items)	(1)最终的材料规格/标准; (2)询价; (3)供应招标; (4)供应评标; (5)授予合同; (6)供应商资料管理; (7)制造设备的材料; (8)材料运输
3	标准设计设备 (standard engineered equipment)	(1)详细指明设备; (2)询价; (3)供应招标; (4)供应评标; (5)授予合同; (6)供应商资料管理; (7)供应商制造; (8)设备运输
4	特殊设计设备 (specialized engineered equipment)	(1)详细指明设备; (2)询价; (3)供应招标; (4)供应评标; (5)授予合同; (6)协调供应商设计; (7)供应商资料管理; (8)供应商制造; (9)设备运输
5	现场管理 (field management)	(1)接收和检查材料; (2)材料的清点、储存和维修; (3)材料问题; (4)供应商检查; (5)引导会计业务

续表

序号	工作类型	工作内容
6	服务 (services)	(1)工作包/服务范围; (2)供应商/分包商的资格预审; (3)供应商/分包商招标; (4)授予合同
7	文件 (documentation)	准备采购的最终报告/移交文件
8	现场设备管理 (field equipment management)	(1)协调材料管理计划; (2)协调材料管理

项目采购工作通常包括采买、催交、检验、运输及存储这几个步骤,如表1-8-7所示。

表1-8-7 设计—采购—施工项目采购的步骤及内容

采购环节	采购的步骤及内容
采买	(1)接受设计提交的采购清单,包括设备、材料采购清单、设备、材料采购说明、询价等; (2)编制询价文件,由技术部分和商务部分组成; (3)选择合格询价厂商从而对合格供货厂商进行资格预审; (4)以设计提供的请购文件为依据向多家供货商询价; (5)报价的技术评审(由设计部门负责)和商务评审(由采购部门负责); (6)确定2~3家潜在的可供选择的供货商; (7)和可能供货商进行合同谈判; (8)签订合同,发放订单; (9)组织供货厂商协调会; (10)签发采买订单(签订采购合同)
催交	(1)向供货厂商落实设备、材料制造计划以及交付计划; (2)向供货厂商落实原材料供应和其他辅料的供应; (3)催促先期确认图和最终确认图快速提交,然后审查确认和返回给制造商; (4)跟踪制造计划和交付计划
检验	(1)落实第三方检验计划和合同的签订; (2)落实业主检验计划; (3)对关键设备、材料安排驻厂监造以及设备材料出厂检验; (4)进出口海关检验; (5)运抵现场开箱检验
运输及存储	(1)选择合理的运输方式; (2)签订运输委托合同; (3)办理或督办运输保险; (4)办理或者委托办理进出口报关的手续; (5)跟踪货物运输(重点跟踪的是超限或关键设备、材料); (6)货到现场后的(以及转运过程中必要的)存储

(4)项目施工阶段

对于设计—采购—施工总承包项目管理模式,施工过程受到设计和采购流程的影响,因为设计尚未进行到一定阶段,或者设备和主要材料尚未到位是会影响施工的。但是对于施工本身来说,它是完全独立的,因为施工方必须根据设计师制订的设计计划进行施工。在创建项目产品的过程中,施工阶段的特定作用体现在:

首先,创建设计—采购—施工总承包项目产品的最终环节是施工,也就是说,它是根据设计文件和图纸的描述和要求,将采购提供的设备和材料组合到项目产品中,从而形成项目产品,是一个形成生产力的过程。

其次,将设计质量以及采购质量进行转换,成为项目工程质量的过程就是施工。

对于设计—采购—施工总承包项目,施工阶段的主要工作内容是完成整个工程项目的建设和安装,这一阶段存在的风险是较大的,存在的不可预知因素多,管理难度大,所以需要对这一阶段加大投入,其具体工作内容如表 1 –8 –8 所示。

表 1 –8 –8 EPC 项目施工阶段的主要工作内容

序号	工作类型	工作内容
1	施工前准备 (pre – work)	(1)现场动员; (2)提供施工设施; (3)提交项目文件; (4)获得施工许可/执照; (5)建立安全和质量管理体系; (6)建立现场安全; (7)完善材料管理计划; (8)确定训练步骤; (9)完善实施战略; (10)安装通信设施
2	施工 (execution)	(1)完善工作计划; (2)实施劳务管理和施工; (3)监控进度状态,及时调整计划; (4)建立设计支持与沟通联系方式; (5)进度报告; (6)资料管理; (7)材料管理并监控其状态; (8)变更管理; (9)支付; (10)监控成本/预算状态; (11)人力资源管理; (12)检查和调试设备; (13)分包商管理; (14)工程质量文件

续表

序号	工作类型	工作内容
3	施工后清理 (demobilize)	(1)协调竣工后争议的解决; (2)按合同归还剩余的材料; (3)移出施工设备、临时设施以及施工设施,最终进行现场清理

总承包商在施工过程中的主要任务是管理施工分包商(如果总承包商不是施工单位)。这要求其在施工过程中对关键环节加强管理:

一是分包商管理。将整个设计—采购—施工项目工作分解并进行施工分包招标,完成分包合同的签订,在与分包商签订分包合同后,应指派专人监督和管理分包合同的执行以及实时变更。

二是进度控制。项目的进度对EPC模式来说很重要,因为缩短施工周期是获得最大利润的前提。总承包商的进度控制包括施工计划、进度测量、分析和预估。当发现影响进度的因素出现时,应采取相应的纠正措施及时进行调整。

三是费用控制。实现对建筑成本的控制,总承包商主要需要审查项目预算、衡量项目进度以及控制每个分包商对项目付款的结算等。

四是质量控制。质量是衡量项目产品是否合格的标准,具体实施办法主要包括建立质量管理体系,对项目的每个过程进行质量检查,确认质量,记录发生的质量事故,分析原因并吸取教训,以防止将来再次发生类似事件。

五是安全管理。EPC模式非常重视安全管理,如制订安全管理计划、对现场安全进行监督、实施危险区域动火许可证制度以及报告安全事件。

(5)项目调试/移交阶段

项目产品投入生产之前,必须对其进行调试和移交。此阶段是项目投产之前的最后阶段。通过大型设备(如发电机)的试运行,可以及时发现问题并与供应商一起解决。其主要作用表现在:

其一,调试过程就是要验证设计—采购—施工总承包项目产品,重点包括项目产品的范围、功能、特性和质量这几大部分。

其二,在调试过程中,首先进行的是分部调试,然后再进行整体调试,即整个项目的试运行,通过不断调试使项目达到预想的设计能力。

其三,通过调试过程使产品质量最终符合设计或者是合同要求。

其四,通过调试这一过程为业主和第三方的验收提供基础。

调试/移交阶段的主要工作内容是对项目产品的质量、特性等进行检验并移交给业主,具体如表 1 -8 -9 所示。

表 1 -8 -9 设计—采购—施工项目调试阶段的主要工作内容

序号	工作类型	工作内容
1	项目启机计划 (start - up plan)	(1)拟定项目投产的实施步骤,包括安全检查、投产方案两个步骤; (2)投产人员安排; (3)人员训练; (4)供应商的审查; (5)获得所需的原材料(如催化剂、化学药品等原材料); (6)审视经营和维修手册
2	调试和移交 (commissioning and handing - over)	(1)移交主要工程系统; (2)移交工艺设施; (3)移交远距离监控设施; (4)指导产品测试; (5)提供原材料投放; (6)审视项目实施保证
3	项目结束 (project close - out)	(1)确认保证条款; (2)最终的成本状况; (3)提交最终报告/移交文件; (4)最终的竣工图

设计—采购—施工总承包项目调试过程需要注意以下的几个关键环节:

一是投产方案。注意实际工地条件与原始设计条件之间的差异,并根据实际工地条件制订投产计划,包括根据实际工况调整操作条件等。

二是调试。在调试过程中,可能会暴露设计、采购和施工方面的缺陷。调试阶段应有设计人员和关键设备制造商的专家参与,应有效应对这些可能的缺陷。

三是试运行。试运行是项目投产前的所有准备工作,包括某些单元或整个系统的联动试运行。需要注意的是,试运行工作需要业主支持和协助,并且有业主甚至第三方参与和见证。

四是项目产品验收。项目的产品验收工作,应该在整个项目达到设计能力,并且产品质量符合设计或合同要求,保持持续稳定运行的前提下进行。

4. EPC 模式的特点

EPC 模式既是一种十分简洁的项目管理模式,又是一种极具特殊性的设计—

建造方法，主要表现为承包商向业主提供项目勘测及设计、设备及材料的采购、施工安装、调试及试运行，达到竣工标准后移交给业主的全过程服务。使用此模式，在确定项目后，业主只需选择负责项目设计和施工的实体，即设计—采购—施工承包商。该承包商对设计、施工安装完成，项目试运行全部合格直至完工移交的成本负责。项目的主要供应商以及分包商的选择需获得业主的批准。

在项目实施的过程中需保持单一合同责任，有利于设计、采购与施工的交叉工作。这就需要在项目的早期考虑施工因素，降低管理成本；达到有效克服设计、采购与施工之间相互制约和脱节的矛盾的目的。

因为工程公司长期从事项目总承包和项目管理，因此其拥有大量在该领域具有丰富经验的人才，并拥有先进的项目管理集成信息技术，可以实施对整个建设项目的计算机管理，从而实现业主期望的目标，这种优势是任何临时性组织所无法比拟的。

（1）单一的权责界面

业主仅与总承包商签署总合同，并将项目的设计、采购、施工和试运行各个环节委托给总承包商。业主仅负责总体把控各个环节。这样，总承包商完全负责项目的设计、采购和建设，在此情况下，项目责任是单一的，从而将合同组织关系简化了。设计—采购—施工总承包商签订总包合同后，可以将部分的工作委托给分包商完成。此时分包商是与总承包商签订分包合同，与业主不存在合同关系。总承包商应负责将分包商的所有工作按照合同约定交给业主。

（2）设计—采购—施工总承包商是项目实施过程的核心

EPC 模式要求总承包商具有较高水平的承包能力以及管理风险的能力。在项目实施的过程中，总承包商全权负责设计、施工和采购，并指导、协调和管理分包商。EPC 模式对于总承包商来说既是机遇也是挑战。总承包商需要承担更大的风险责任，如意外或恶劣的工地条件和设计缺陷。特别是表现在决策阶段，这时初步设计还有诸多不完善的地方，却要以总包的价格签订总合同。这就存在价格不确定、工程量不确定的风险。此外，就总承包商而言，尽管风险增加，但总承包商可以通过报价涵盖这些风险，同时，通过施工过程中的设计优化可以获得额外的利润。

业主对具体组织和实施的参与程度相对较浅，设计—采购—施工总承包商可以充分发挥主观能动性，并充分利用其所具有的管理经验为业主以及自己创造更多的利益。业主仅负责提供资金,提供合同中所规定的条件,监督项目的实施以及根据合同的要求验收项目。在 EPC 模式中,业主将项目大部分的风险转移给承包商,因此承包商需要承担的责任和风险很大,但是也获得了获利的机会。

(3)业主权利受到更多限制

EPC 模式的承发包关系不同于传统模式。合同签订后,承包商在实施阶段的角色会发生变化。设计—采购—施工承包商可以自由选择工作方式,只要最终结果能够满足业主指定的功能标准即可。业主对承包商的工作只拥有有限的控制权,通常不应该干预。例如,FIDIC《设计、采购和施工(EPC)/交钥匙工程合同条件》[Conditions of Contract for EPC/Turnkey Projects,以下简称银皮书(1999 年版)]第 3.5 条规定,业主就任何事项对承包商表示同意或不同意时,应该与承包商商量,尽量达成协议;如果无法达成协议,则业主应根据合同作出公正的决定。这些通知和决定应以书面的形式表示同意或者不同意,并附上相应的证明材料。在业主发出通知 14 天内,承包商可以通知业主,表示不满。此时,任何一方都有权启动合同争议解决程序。

(4)业主易于管理项目

在 EPC 模式中业主很少参与项目管理。通常,他们自己或委托业主代表来管理项目。业主的工作重点是竣工检查。在某些实际项目中,业主会任命项目管理公司作为其代表,对建设项目的设计和采购、施工全面进行管理。总承包商对所有的设计、采购和施工过程负责,直到试运行结束和交接工作,即交钥匙完成为止。由于承包商负责所有设计和项目实施以及所有设施和设备的提供,因此业主在传统项目实施过程中的合同管理职责转而由承包商来负责。就业主而言,EPC 模式管理相对简单,这大大减少了其工作量。同时,降低了业主承担的项目风险,使项目的最终价格和工期更具确定性。

(5)项目整体经济性较好

促进设计和施工的早期融合是 EPC 模式的基本出发点,它有利于整合项目资源从而实现各个阶段的无缝连接,并提高整个项目的经济性。由于设计—采购—施工项目的设计、采购、施工等工作是由同一承包商组织和实施的,因此设计、采购和施工的组织和实施是统一规划、统一组织、统一指挥、统一协调和全过程控制的。承包商可以从整体上优化设计、采购和施工。局部服从整体,阶段服从整个过程,在设计、采购和施工的整个过程中控制进度、成本、质量和材料,并促进项目的综合管理以确保实现项目目的，实现和提高项目的经济效益。

EPC 模式与其他项目采购模式相比，具有明显的优势，如表 1-8-10 所示。

表 1-8-10　EPC 模式的优势与劣势

对象	优势	劣势
业主	(1)将工艺的设计与设备的采购及安装紧密结合，有利于项目综合效益的提升； (2)业主的投资成本在早期就可得到确定； (3)工期固定，且工期短； (4)承包商是唯一责任方； (5)管理简便，缩短了沟通渠道； (6)工程责任明确，减少了争端和索赔； (7)业主方承担的风险较小	(1)合同价格高； (2)对承包商的依赖程度高； (3)对设计的控制强度减弱； (4)评标难度大； (5)能够承担该类型项目的承包商数量较少，从而导致竞争性弱，无法优胜劣汰； (6)业主难以参与建筑师、设计单位的选择，降低了业主对整个工程的控制力； (7)工程设计可能会受到分包商的利益影响，由于同一实体负责设计与施工，减弱了设计单位与承包商之间的检查和制衡
承包商	(1)利润高； (2)压缩成本、缩短工期的空间大； (3)充分发挥了设计在建设过程中的先导作用，有利于整体方案的不断优化； (4)提高了承包商的设计、采购、施工的综合能力	(1)承包商承担了绝大部分风险； (2)对承包商的技术、管理、经验的要求很高； (3)索赔难度大； (4)投标成本高； (5)承包商需要控制和协调的对象增多，对项目管理水平要求高

5. EPC 模式的适用范围

EPC 模式适用于业主对合同价格和期限具有“高度确定性”，并且要求承包商完全负责项目的设计和实施并承担最大风险的项目。因此，对于通常采用此类模式的项目应具备以下条件：

第一，在投标阶段，业主应给投标人足够的信息和时间，使投标人能够详细审查“业主的要求”，以便充分理解文件中规定的项目目的、范围、设计标准和其他技术要求，并进行初步的规划设计、风险评估和估价等。

第二，该项目不能包含太多的地下隐蔽工作，并且承包商在投标之前不能进行勘测的工作区域不能太大。这是因为这两种情况会使承包商无法确定具体的工程量进而无法进行更准确的报价。

第三，尽管业主有权监督承包商的工作，但不能过分干涉承包商的工作，如要求批准大多数施工图。由于合同规定承包商应负责所有设计并承担所有责任，因此，只要项目的设计和完成符合"合同中预期的项目目的"，则该承包商被视为已履行了合同的义务。

第四，合同中的中期付款应由业主按照合同中的规定付款。

不适用EPC模式的情况：

第一，时间短或信息不足，会阻碍投标人检查和确认业主的要求或设计、风险评估和估价的项目。

第二，包含大量地下工作，投标人无法及时进行调查并获得准确的信息作为判断的项目。

第三，业主意欲严格督导或控制承包商的工作的项目。

第四，每次中期付款的金额必须由业主或其他第三方确定的项目。

业主在采用EPC模式时，必须谨慎考虑下述情况：(1)承包商基于成本考虑有可能采用最低设计标准；(2)当业主质疑设计成果的安全性及耐久性时，承包商常以施工质量来辩驳；(3)承包商基于节省成本考虑有可能选用较低标准的材料及设备的同等品；(4)承包商有可能出于节省成本的考虑而不采用自动化的新设备；(5)对附属设备或设施尽量省略，增加业主营运成本及不便；(6)如有终止合同的情形出现时，由于更换承包商，可能后续施工会面临知识产权问题；(7)初期运转如不顺利或没有达到规定或保证的功能，此时业主要求承包商负瑕疵改善责任，而承包商却希望业主能减价验收。

EPC模式常用于基础设施工程，如公路、铁路、桥梁、自来水或污水处理厂、输电线路、大坝、发电厂，以及以交钥匙方式提供工艺和动力设备的工厂等。

四、管理承包模式

管理承包(management contracting，MC)模式是业主与专业咨询设计单位(如建筑师、工程师、工料估算师等)和管理承包商分别签订设计合同和管理承包合同，管理承包商需与设计单位进行密切合作，对整个项目进行计划、协调、控制和管理，管理承包商与施工承包商直接签订合同，由施工承包商完成实际施工任务，但一般情况下，施工承包商的选定要经业主批准如图1－8－17所示。

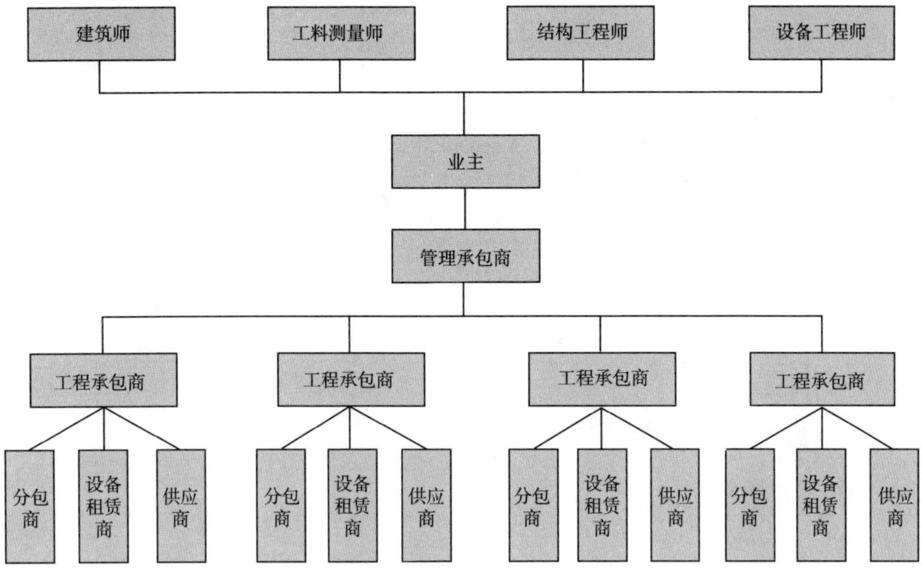

图1-8-17 MC模式

管理承包商不仅完成管理服务的全部工作，有时还负责完成合同中约定的工程初步设计等工作。管理承包商通常按与业主协商好的固定价收取费用，有时业主也要求管理承包商承诺类似于风险型建设管理模式中的承诺最高价，这时，管理承包商因承担了较大的风险，收费将更高，或可分享与承诺最高价相比节余的部分费用。

五、设计—管理模式

设计—管理(Design Management, DM)模式是指类似于CM模式但更为复杂的项目管理方法，是指同一实体向业主提供设计和施工管理服务。业主仅签署一份包含设计与类似建设管理服务的合同。设计师和管理机构是同一实体，有时是设计单位和建筑企业的结合。设计管理模式可以以两种形式实现：一种是业主与设计管理公司和总承包商分别签订合同，由设计管理公司负责设计和对项目的实施进行管理；另一种是业主仅与设计管理公司签订合同，而设计管理公司与各承包商和供应商分别签订合同，然后进行施工和供应如图1-8-18所示。

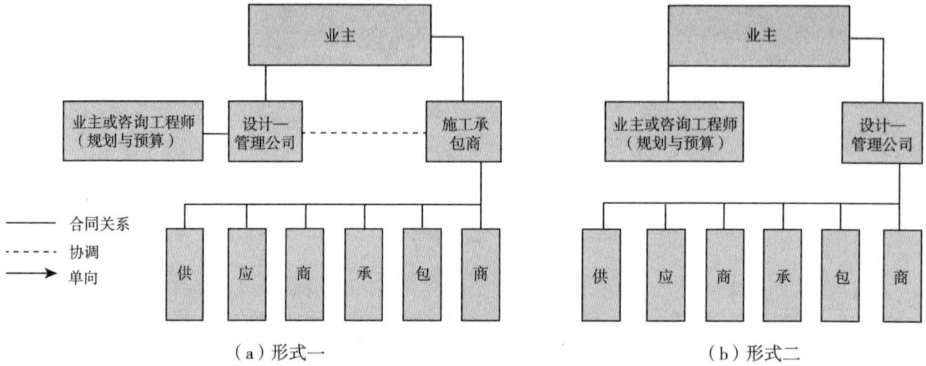

图1-8-18 DM模式的两种实现形式

六、项目管理模式

项目管理（project management，PM）模式，是指业主与一个项目管理单位签约，后者自始至终对一个项目负责，正确地分阶段进行设计者、工量估算者和承包商的工作，并适当引入指定分包商和任何专业分包商，以使业主委托的活动顺利进行。例如，在项目决策阶段，为业主编制可行性研究报告，进行可行性分析和项目策划，甚至包括法律与行政障碍的排除、土地获取和资金筹集等；在实施阶段，为业主编制项目任务书、工料估算和预算，确定业主要求，并协助业主选择设计单位以及项目承包模式，提供招标代理、设计管理、采购管理、合同谈判和管理、施工管理和试运行（竣工验收）等服务，代表业主与设计单位和承包商沟通，对工程项目进行质量、安全、进度、成本、合同、信息等全方位和全过程管理和控制。项目各方关系如图1-8-19所示。

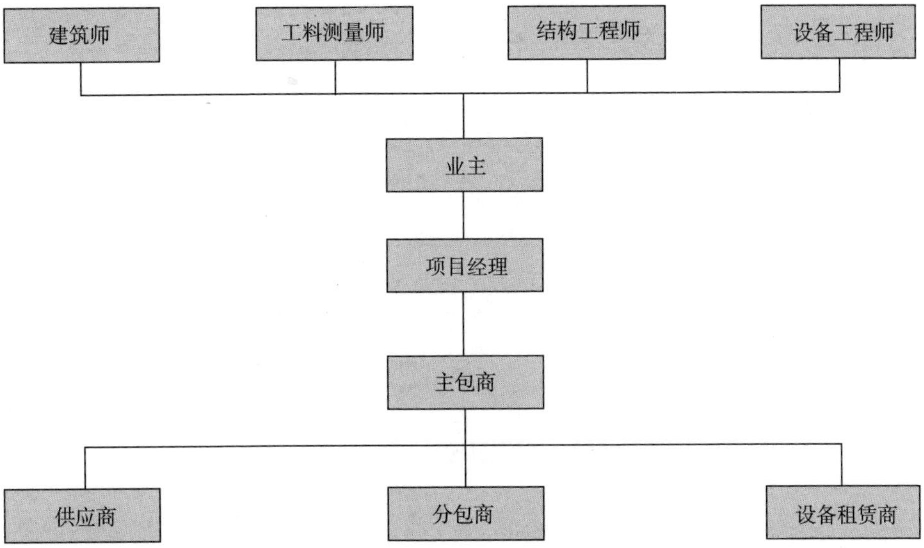

图1－8－19　PM模式

项目管理模式的主要优点有：作为业主的咨询人员，项目经理完全按照业主的意愿计划、协调、管理和实施项目；项目经理是业主机构的扩展，因此不再需要业主为项目分配其他员工，但是业主有选择特定的项目管理模式的自由；业主选择经验丰富的专业机构作为项目经理，可以提高项目的管理水平。使用此方法时，业主必须注意所选的项目经理雇员应具有足够的专业水平，并能够履行相应的服务职责。同时，业主必须仔细确定项目经理代表其行使的权限范围。

七、设施管理模式

设施管理（facility management，FM）模式，是指承包商受业主的委托，从项目的策划、设计到施工都参与并考虑建成后的设施管理，但其最主要工作是负责设施建成后使用阶段的维护和服务等管理工作，以使建成后的设施能正常运行且项目全寿命成本（life cycle cost，LCC）最低，并能保值和升值。国际设施管理协会（International Facility Management Association，IFMA）对设施管理的工作内容和内涵做了如图1－8－20所示的解释。

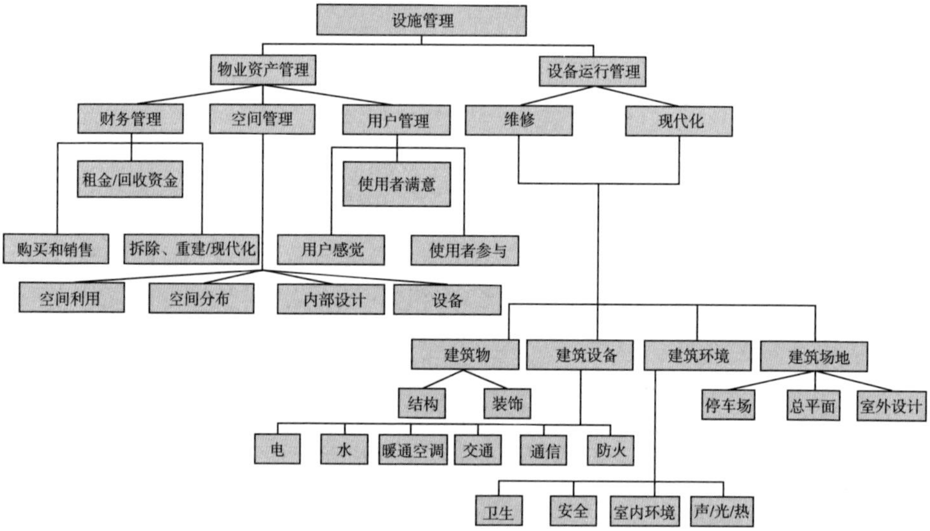

图 1-8-20 设施管理的内容

八、建造—经营—移交或公私合营模式

近年来，随着国际工程市场的变化和业务的转型升级，特许经营投资建设已经成为重要的国际工程项目运作模式，其中 BOT 和 PPP 为两种最典型的特许经营模式。

所谓 BOT，其英文全称为 build - operate - transfer，中文全称为建造—经营—移交，是指政府（中央或地方政府/部门）通过特许权协议，授权项目发起人（主要是民营企业/外商）联合其他公司/股东为某个项目（主要是自然资源开发和基础设施项目）成立专门的项目公司，负责项目的开发、投资、融资、设计、建设、运营和维护，并在指定的特许期内向项目（产品/服务）用户收取适当的费用，从而收回投资、运营和维护成本，并获得合理的收益；特许权到期后，项目公司将把该项目（通常是免费的）移交给政府。BOT 模式的典型结构如图 1-8-21 所示。

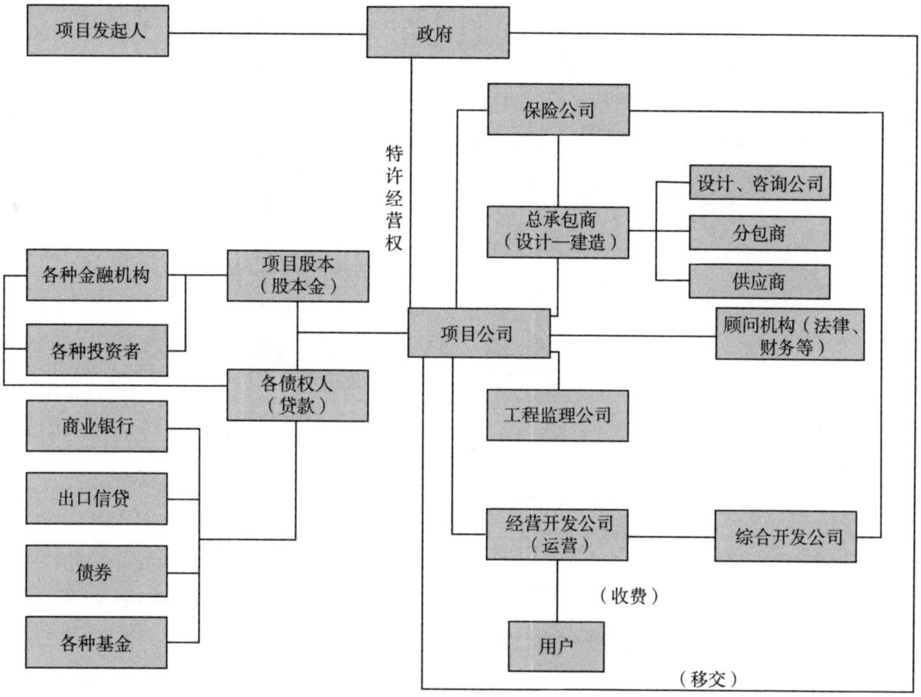

图1-8-21 BOT模式典型结构框架

1984年土耳其总理脱·奥扎尔首次将BOT模式应用于土耳其公共基础设施的私有化过程中，之后引起了世界各国尤其是发展中国家的广泛关注和应用，随后逐渐成为大型项目投资开发建设的一种流行方式。在我国，BOT主要是(地方)政府与外商或民企/国企的特许权协议，是吸引外/民资进行基础设施投资开发建设的一种手段，所以我国的BOT/PPP项目也称作“特许(权)经营/法人招标项目”。BOT模式有BOT(Build - Operate - Transfer)、BOOT(Build - Own - Operate - Transfer)、BOO(Build - Own - Operate)三种基本形式和BT(Build - Transfer)、BLT(Build - Lease - Transfer)、ROT(Rehabilitate - Operate - Transfer)、TOT(Transfer - Operate - Transfer)等十多种演变形式。

公私合营(public - private partnership, PPP)是另一种典型的特许经营模式，它已成为一种越来越流行的工程项目运作模式，特别是在欧洲。该词最早由英国政府于1992年提出，是指政府与民营机构(或任何国营/民营/外商法人机构，下同)签订长期合作协议，民营机构被授权代替政府建设、运营或管理基础设施(如道路、桥梁、电厂、水厂等)或其他公共服务设施(如医院、学校、监狱等)并向公众提供公共服务，公私双方主要有横向和纵向两种合作方式如图 1－8－22 所示。

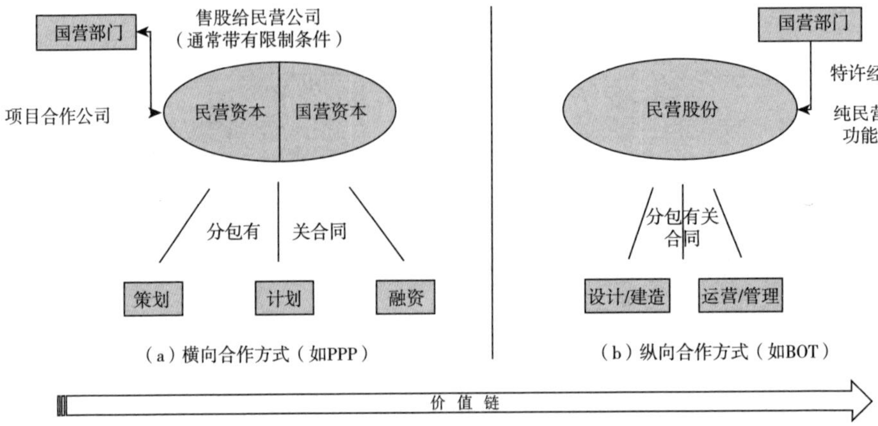

图 1－8－22　PPP 的两种典型模式

由此可见，PPP 本质上和 BOT 差不多，但 PPP 的含义更为广泛、反映更为广义的公私合作关系，除了基础设施，还包括公共服务机构（如邮局、医院等）和国营企业的私有化（类似于我国的“国企改制”）等。另一个常用的具有类似意义的词则是民营主导融资（private finance initiative，PFI），PFI 更强调的是民营企业在投资开发中的主导性和重要性。笼统地说，PFI/BOT 更强调政府项目的采购方式，PPP 则更强调双方的所有权关系。

BOT/PPP 特许经营有许多优点。就政府而言，它可以减轻政府的财政负担，加快基础设施的发展，满足国民经济发展的需要；充分发挥外资和民营企业的积极性和创造力，提高建设、经营、管理效率和服务质量；可以引进先进的管理和技术，促进地方企业水平的提高和金融资本市场的发展等。因此，BOT/PPP 特许经营在很多国家得到了广泛的应用，国际上越来越多的工程项目的发包都采用这种模式了。据不完全统计，目前国际承包市场上所有工程项目中，按数量来说，20% ~ 30% 的项目是按 BOT/PPP 特许经营模式发包的，而按投资额来说，约 50% 是按 BOT/PPP 特许经营模式发包的。①

就承包商而言，BOT/PPP 特许经营模式也有很多优点。它能充分利用项目经济状况的弹性，减少资本金支出，实现“小投入做大项目”；可以利用资产负债表

① 参见中国国际工程咨询协会编：《国际工程承包实施指南》，机械工业出版社 2007 年。

外融资的特点来拓宽资金来源并减轻债务负担；可以提高谈判地位，以达到最有利的税收条件；可以利用有限追索权的特点，加上其他风险管理措施，合理地分配风险，加强对项目收入的控制，保持较高的投资收益率；还可以提高竞争力，创造更多的商机；等等。因此，我国承包商应充分理解 BOT/PPP 特许经营能提高承建商竞争力的优点，积极应用于对外承包工程业务，促进该业务的"市场多元化、方式多元化、领域多元化"发展，更好地实施"走出去"战略。

第四节　国际工程承发包模式的比较和应用

一、几种常用模式的比较

各种模式各有特点，特别是承包商的权责利各有不同，而且，国际承包工程中纠纷和争端产生的主要原因（如合同文件中用词不准确，对设计责任承担的不确定，选择价格最低或工期最短的标书等）多在于承包模式，因此了解各种模式的特点很重要，表 1－8－11 比较了几种常用模式的有关要素。

表 1－8－11　几种常用模式的比较

序号	比较要素	DBB 模式	风险型建设管理模式	EPC 模式	MC 模式	PM 模式
1	基本属性	施工承包	咨询和施工承包	设计和施工承包	咨询和管理	咨询和管理
2	出发点	施工	对总承包进行项目管理改造，缩短建设周期	设计与施工结合，提高可建性和三大目标（投资/进度/质量）控制	三大目标（投资/进度/质量）控制	三大目标（投资/进度/质量）控制
3	介入时间	设计完成后	设计阶段	方案设计阶段	方案设计阶段	立项初期
4	与分包商的关系	有合同关系	有合同关系（向业主公开）	有合同关系（不公开）	有合同关系（向业主公开）	指令关系，无合同关系
5	与设计单位的关系	无合同关系	提建议影响设计，无合同关系	合同、指令关系	配合，无合同关系	指令，无合同关系

续表

序号	比较要素	DBB 模式	风险型建设管理模式	EPC 模式	MC 模式	PM 模式
6	收费方式	固定、单价或成本加酬金	固定利润加管理费或成本加酬金	一次性包死，合同价偏高	按百分比或人月单价	按百分比或人月单价
7	招标过程	设计已完，简单	三大目标（投资/进度/质量）要求明确，较简单	功能招标，较复杂	管理招标	三大目标（投资/进度/质量）要求明确，简单
8	发包形式	设计完成后一段或两段式发包	方案设计前一段式发包，但是设计和施工分部位分发包（“边设计，边施工”）	设计施工不分解，方案设计阶段两段式（预审/招标）发包	方案设计阶段一段式发包	立项初期一段式发包

虽然承包模式通常是业主选定的，承包商没有选择权，而且承包模式的选用不存在绝对正确或错误，但承包商在投标前，应该准备一份清单列出起码需要考虑的事项，特别是承包模式的特点、项目的性质以及一些关键的问题。例如，这种承包模式的优缺点？哪一方负责设计工作并对设计承担责任？是否要把这种责任分散？是设计方和承包商单独还是共同承担责任？采用何种收费方式（即使是采用固定价格，也要考虑在设计阶段定出的固定价格或对项目的不确定因素的评估是否合理？是否有从外界聘请项目管理或者合同管理方负责监督工程、签发证书等工作）等。

以下将对 DBB 模式与 EPC 模式、CM 模式的区别做详细阐述。

1. 业主介入施工活动的程度不同

（1）在 DBB 模式中，业主聘请工程师提供工程管理咨询，成本工程师、工料测量师或造价工程师则提供完整的工程成本管理服务。在国际项目中，咨询工程师还为业主承担大量项目管理工作，因此业主不会直接干预施工过程。

（2）在 EPC 模式中，为业主直接服务的项目管理人员比较缺乏，因此在施工过程中，业主通常聘用咨询工程师代表对设计—采购—施工承包商的施工活动进行监督和管理。

（3）在 CM 模式下，通常没有施工总承包商，业主直接与大多数承包商签订工程合同。尽管建设管理经理会协助业主进行项目施工管理，但业主必须适当干预施工管理活动。

2. 设计师参与工程管理的程度不同

（1）在 DBB 模式中，建筑师或工程师被授予极其重要的管理职位。建筑师或工程师在项目最重要的决策中起着决定性的作用。承包商必须遵守建筑师或工程师的指示，并严格遵守合同。因此，在 DBB 模式中，设计师对管理工作的参与程度最高。

（2）在 EPC 模式中，设计和施工均属于同一公司内部的工作，设计参与管理工作的程度也较高。在总价合同条件下，设计—采购—施工总承包商更多地关注成本和进度，而设计质量关系到业主对图纸的审批，设计方案关系到项目的实施成本，因此，设计—采购—施工总承包商通常很重视设计工作，设计师在施工管理中的介入也较深。

（3）在 CM 模式下，设计工作和项目管理工作是完全分开的。尽管设计师是项目管理的重要参与者，但项目管理的中心是建设管理承包商。建设管理承包商要求设计师在适当的时候提供设计文件，并与承包商合作完成项目施工。

3. 工作责任的明确程度不同

（1）在 DBB 模式中，承包商的责任是根据设计图纸进行施工。首先从设计或施工中分析工程纠纷可能的原因，然后再从其他方面找出原因。如果业主使用指定的分包商，则项目责任的划分将更加复杂和困难。

（2）EPC 模式责任划分是最为明确的，承包商对工程项目的所有工作负责，除非不是由于承包商原因导致的，如业主过错、不可抗力事件等，承包商才可以减轻或免除责任。

（3）CM 模式中，业主和承包商直接签订工程合同，有利于明确工程责任。

4. 适用项目的复杂程度不同

（1）DBB 模式的组织结构通常更复杂，不适合简单工程项目的管理。传统模式在招标之前已经完成了所有项目的设计，并假定设计师比施工人员更精通相关知识。

（2）EPC 模式的管理职责简明，承包商承担的职责、风险和责任也最大，而业主天然具有向承包商转嫁责任的动机。因此，在目前的国际工程实践中，重要的能源电力、矿产资源、化工和基础设施等复杂项目上，大多采用 EPC 模式。

(3)对于非常复杂的工程项目,CM 模式是最合适的。在 CM 模式中,建设管理承包商处于独立的位置,与设计或施工没有利益关系。因此,建设管理承包商的组织协调能力更好。同样,CM 模式也适用于简单项目。

5. 工程项目建设的进度快慢不同

(1)由于 DBB 模式必须在招标之前完成设计,因此在该模式下的项目进度最慢。为了克服进度缓慢的弊端,在 DBB 模式下,业主通常会努力让可能中标的承包商提前做好开工准备,或设置大量的暂定项目,在施工图纸之前进行施工招标,但此种做法效果不理想,经常会导致问题。

(2)EPC 模式的工作目标明确,设计、采购和施工工作都由设计—采购—施工承包商负责,衔接紧密,也更有利于节省工期,能够尽早实现完工投产。

(3)CM 模式的建设进度最快,能保证工程快速施工,高水平地搭接。

6. 早期工程成本的明确程度不同

(1)DBB 模式具有较早的成本确定程度,在 DBB 模式中,工程量清单是影响成本的直接因素:如果工程量清单中有很多估计内容,则成本的不确定性会很大;如果工程量固定,成本的不确定性将很小。

(2)EPC 模式一般采用总价合同,包含了所有工作内容。虽然承包商可能为了解决某些没有预料到的问题而改变工作内容,但除非发生变更,承包商通常无权要求调价。从理论上来看,EPC 模式的工程成本可能较高,但早期成本最明确。

(3)CM 模式由一系列合同组成。随着工作的进展,项目成本逐渐得到确定。因此,通常不可能在项目开始时就确定项目的最终成本,只能在项目接近完成时才能确定项目的最终成本。

二、国际承包市场的变化及总承包和 BOT/PPP 特许经营模式的作用

近年来,国际承包市场发生了一些重要变化,而且其发展过程具有显著的特点和趋势。第一,大型或超大型项目发包的增加,同时大型或超大型的承包集团不断诞生。为了整合资源,达到应对日益激烈的国际市场竞争,并提高国际承包商的本地化运营能力的目标,许多国际工程承包商已经在行业中相继进行了资产重组。合并、兼并或收购其他企业,不断扩大经营规模或改变服务功能,如除了提供建设承包服务,还提供项目前期(如可行性研究、投资、融资)和项目后期(如运营和设施管理)服务甚至项目全过程管理或阶段性管理服务;承包商内部的管理

也随之发生变化，如采用项目化企业管理和应用信息技术。类似地，设计咨询商、供应商的功能和内部管理也在发生变化，如在功能方面向提供项目全过程服务方向发展，内部管理方面则采用项目化企业管理。第二，传统的设计与施工分离的方式正在快速向总承包方式转变，DB 模式、EPC 模式、PM 模式等“一揽子”式的承包模式已在国际承包中广为采用，另外，随着大中型项目（如基础设施项目）投资和经营的私有化发展，投资在承包中的作用大大加强，带资承包成为一种“时尚”（据专家初步估算，带资承包项目约占国际工程承包市场的 65%），特别是特许经营，如 BOT 和 PFI 成为重要承包模式。承包商对总承包、融资和运营方面的参与程度在不断加大，建筑市场的全球化和建筑市场竞争加剧。国际承包工程市场的竞争已逐渐成为承包商之间的投资、融资、运营和管理等全方位能力的竞争。结果就是单纯工程施工承包业务的利润逐渐下降，利润的重心转移到了产业链的前端和后端。实际上，只能够承包业主现汇支付项目的施工承包商实际上等于放弃了大部分国际市场。

在我国具有一定实力和管理水平的公司应调整经营发展战略，发展成为有目标的总承包和管理公司，起到大型企业的“龙头”作用，同时寻求外部资源，加强与国际和国内专业化公司的合作，将其核心竞争力以外的业务外包给其他企业，从而进一步发掘和增强核心竞争力，实现效益最大化。我国一些公司在这方面取得了一些突破，例如，我国企业签订的首例海外项目管理合同是 2003 年中国寰球工程公司获得的越南海防磷酸二铵项目；我国第一份海外 BOOT 项目是中国化学工程总公司的全资子公司成达工程公司在印尼签署的巨港电站项目合同；截至 2005 年我国最大的海外设计—采购—施工工程是中国北方工业公司承揽的伊朗德黑兰地铁 4 号线项目，合同总金额达到 8.36 亿美元。这些公司在总承包和项目管理过程中，不仅提高了自身业务水平，而且还通过业务外包促进了我国中小企业的发展。这是适应社会主义市场经济发展和加入世界贸易组织后新形势的必然要求，是贯彻“走出去”发展战略，积极开拓国际承包市场，带动我国技术、机电设备和工程材料的发展，促进劳务输出，提高中国企业的国际竞争力的有效途径。

要做到这一点，人才的培养和储备是非常重要，特别是懂技术、会管理、善经营、有创意的综合素质管理人才，这也是目前我国承包商与国际上大承包商的主要差距，因为运作 EPC 模式、PM 模式和 BOT/PPP 特许经营模式时，需要复合型知识项目管理人才，他们必须适应并加速建筑企业的结构调整，[①]熟悉国际项目管理，并创建高质量的建筑精品；需要外向型的项目管理人才，他们熟悉国际惯例，[②]具有一定的外语水平，并适应中高级工程技术；需要开拓型经营和决策项目管理人才，以适应技术进步以及建筑业发展和运营的需要。[③]

第五节 施工总承包工程的投标报价

一、施工总承包工程的投标报价的概念

施工总承包模式即“设计—招标—施工”的流程模式，也就是 DBB 模式。具体来说，是指发包人聘请设计咨询公司完成了工程初步设计或施工图设计，并通过公开或邀请招标选择承包人进行施工的模式。在施工总承包模式下，发包人需要通过工程设计图纸、技术规范等明确对工程项目的专业要求，通过合同条件确定与承包人的交易条件，并编制较为详细的工程量清单。在这种模式下，发包人通常需要对工程的功能要求和外在表现进行详细说明，并要求承包人完全遵照发包人的详细说明来完成工程。这种项目发包人一般会以公开或邀请招标的方式选择承包人，承包人将以施工总承包模式实施工程。虽然 EPC/D&B 模式的发展非常迅速，但传统的施工总承包模式仍然是目前应用较为广泛的工程承包模式。

施工总承包工程的投标报价，是指施工总承包单位采取投标方式承揽建设工程项目时，计算和确定施工总承包单位承包该建设工程的投标总价格。本节主要以国际与国内工程施工总承包工程模式的差异性作为分析切入点逐步展开介绍施工总承包模式下的投标报价方法。我们通过明确国际与国内工程施工总承包工程模式的差异性，研究施工总承包模式下的投标报价价格组成、投标报价条件、投标报价编制依据及原则和编制要点、投标报价技巧、投标报价的报价组成、投标报价汇总、投标报价评估、投标报价总结，在之后的章节中进一步研究 EPC/D&B 模式下的投标报价。

---

① 参见李启明主编：《土木工程合同管理》（第 3 版），东南大学出版社 2015 年版。

② 参见李启明主编：《国际工程管理》（第 2 版），东南大学出版社 2019 年版。

③ 参见中国国际工程咨询协会编：《国际工程承包实施指南》，机械工业出版社 2007 年版。

二、国际与国内工程施工总承包工程模式的差异性

同样作为建设工程施工总承包项目，国际与国内的工程施工总承包模式存在较多的差异，具体见表1－8－12。

表1－8－12　国内与国际工程施工总承包模式的对比

内容	国内工程施工总承包	国际工程施工总承包
招标做法	(1)发包人以单位工程分步骤进行招标； (2)发包人先招标土建工程总承包单位； (3)发包人直接招标或与土建总承包共同招标确定内装工程、外装工程、机电工程分包单位； (4)发包人直接与各专业分包签署承包合同，或要求承包人与各专业分包签署分包合同，或发包人、承包人、专业分包签署三方合同	(1)发包人整体招标，一次性完成土建、装修、外装、机电、室外等所有专业招标； (2)承包人对所有专业工程为发包人承担合同责任
总承包范围	(1)土建； (2)内装(可能有，或由发包人直接分包)； (3)外装(可能有，或由发包人直接分包)； (4)机电(可能有，或由发包人直接分包)； (5)室外(可能有，或由发包人直接分包)； (6)发包人自行完成固定家具、活动家具、家电等工程	(1)土建； (2)内装； (3)外装； (4)机电； (5)室外； (6)固定家具、活动家具、家电等基本达到交付程度
总承包管理程度	(1)以土建总承包为主； (2)其他专业工程以总体管理、协调配合为主	(1)完整的总承包管理； (2)对所有专业工程的设计、施工、采购管理、协调负全责
设计工作界面	(1)发包人：施工图设计且设计深度基本能支持现场施工、洽商、设计变更； (2)承包人：技术交底、专项方案计算书	(1)发包人：施工图设计且设计深度不能支持现场施工； (2)承包人：深化设计且须报发包人或工程师严格审批
项目管理程序	执行各省市建设行政主管部门发布的统一监理工作程序	项目发包人或工程师自行编制的项目管理程序
工程计划管理	以进度计划为主	深化设计、工程采购、工程进度的综合实施计划，一般需要资源加载
专业分供商环境	买方市场，可选择分供商资源多，配合意识好，专业分供商环境管控力度大	卖方市场，部门资源存在垄断性，管控难度大

通过表1-8-12的对比可知，国际工程施工总承包模式和国内工程施工总承包模式主要存在两个方面的差异性：

1. 设计工作。

在国际工程环境下，发包人提供的施工图设计一般无法直接指导现场施工作业，承包人需要自己完成深化设计图纸，并向发包人进行严格的报批，在发包人批准前，承包人不得进行相应分项工程的施工。

其中涉及各专业设计协调、工程设计规范和习惯等诸多问题，承包人往往需要自行组建设计部门或另行聘请专业设计咨询公司进行设计深化工作。对工程设计的协调管理、设计进度的控制等成为承包人的重点工作。

2. 总承包管理程度。

在国际工程环境下，包括土建、装修、机电、室外等几乎所有专业都在承包人的合同工作范围内，承包人的管理模式从国内的以土建施工总承包为主转化为了完全的总承包管理，承包人对设计协调、施工管理协调负全责，这使承包人的管理责任、管理程度、项目实施策划、协调复杂程度都远甚于国内项目。概括来说，就是承包人在国内基本上只负责土建总承包，而在国外则是负责工程的全部。同时，很多国家供应商资源并不如国内丰富，有的国家还是卖方市场，承包人对分包商、供应商的管控能力、双方的合作默契程度都直接影响承包人的总体管理能力。

以上两点，也是长期处在国内的工程承包环境下的中国承包人的“软肋”。在国内，长期以来的设计与施工分离的管理体制，使国内承包人基本上是以按图施工为主的施工单位，缺乏管理设计能力和全专业总承包管理项目经验。

国内承包人从事国际工程，不能照搬国内的经验和套路去运作国际工程，中国承包人需要转换思维，在充分调查研究的基础上，认识到施工总承包模式在国内和国际环境的不同，掌握国际环境下的总承包管理模式的重点和难点。

三、施工总承包工程的招标文件

在施工总承包模式下，发包人或其聘用的项目管理公司需要编制完整的招标文件，包括的内容主要有以下三个方面：招标程序和须知、合同条件、技术条件。

发包人会要求参加投标的承包人在购买标书或在投标书里书面声明接受招标文件的一切要求，并作为其投标报价的基础。在项目谈判阶段，除了合同价格、专业技术问题等，发包人将不再就合同条件与承包人磋商，签署总承包合同时，发包人和承包人直接在招标文件和投标文件上签字盖章,将其确认为合同文件的组成部分。

以下是一个施工总承包模式下项目招标文件目录:

文件1:招标程序(document:tendering procedure)

Ⅰ-1 招标邀请函(invitation to tender)

Ⅰ-2 投标人须知(instructions to bidder)

Ⅰ-3 投标函格式和附录(form of tender and appendix)

Ⅰ-4 机械和设备清单(bill of plant and equipment)

Ⅰ-5 承包人的人员(contractor's personnel)

Ⅰ-6 投标保函(tender guarantee with model bank guarantee form)

Ⅰ-7 履约保函(performance bond with model bank guarantee form)

Ⅰ-8 合同协议书格式(form of contract agreement)

Ⅰ-9 指定分包合同格式(form of nominated subcontract)

Ⅰ-10 声明(declarations,if any)

Ⅰ-11 投标文件和图纸(list of tender documents and drawings)

Ⅰ-12 进度计划(the programme)

Ⅰ-13 地质数据(geological data)

文件2:(document Ⅱ)

合同条件(conditions of contract)

文件3:(document Ⅲ)

技术条件(technical of contract)

Ⅲ-1 通用规范(general specifications)

Ⅲ-2 专用规范(particular specifications)

Ⅲ-3 图纸(project drawings)

Ⅲ-4 单价表和工程量清单(schedule of rates & bills of quantities)

Ⅲ-5 价格分析表(analysis of prices)

招标文件是承包人投标报价的基础,总承包人应组织全体承包人员对招标文件进行会审,分析列出对投标报价有影响的条款并对相关承包人员交底。总承包人的报价人员需在投标价格计算、分包商和供应商询价中充分考虑这些因素。表1-8-13是针对上述招标文件中的合同条件进行的分析。

表 1－8－13 合同条件分析

序号	名称	影响报价或成本因素
1	投标文件有效期	投标担保的有效期及时间费用
2	投标担保额度及有效期	投标担保办理费用
3	履约担保额度及有效期	履约担保办理费用
4	担保办理银行要求和限制	担保办理时间和费用
5	预付款额度及返还时间	项目现金流、承包人资金成本
6	预付款保函	保函办理费用
7	进度款付款周期	项目现金流、承包人资金成本
8	到场材料设备预付款	项目现金流、承包人资金成本
9	保留金额度及返还时间	项目现金流、承包人资金成本
10	保险要求、种类、额度，对保险公司的限制	保险办理费用
11	合同工期、关键工期进度节点要求	工程进度安排、劳动力、机械设备资源配置数量和费用
12	误期罚款要求和费用	实际工期无法满足合同工期时，在报价中考虑误期费用
13	保修期	保修费用
14	支付货币币种和比例	汇兑费用
15	合同价格形式	固定总价：需严格核算工程量； 固定单价：适当的定价策略，风险费用的考虑
16	税收	征收税种、税率和减免税优惠政策
17	对外籍劳务的强制规定	劳动力计划、人工费成本
18	工程设计责任划分	设计费用

四、施工总承包工程的投标报价的投标价格构成

1. 人工费（工日基价的计算）

工日基价是指国内派出的工人和在工程所在地招募的工人，每个工作日的平均工资。在分别计算这两类工人的工资单价后，再考虑功效和其他一些有关因素以及人数，加权平均即可算出工日工资基价。

(1)出国工人工资单价的计算

我国出国工人工资单价按下式计算：

工人日工资单价 = 一名工人出国期间的费用 ÷ (工作年数 × 年工作日)

工人工资由下列费用组成：

①国内工资及派出工人企业收取的管理费；

②置装费，是指出国人员服装及购置生活用品的费用；

③差旅费，是指包括从出发地到海关的往返旅费和从海关到工程所在地的国际往返差旅费；

④国外零用费；

⑤人身保险费和税金；

⑥伙食费，是指工人在工程所在地的主副食和水果饮料等费用；

⑦奖金，是指包括超产奖、提前工期奖、优质奖等，按具体情况而定；

⑧加班工资，我国在国外承包工程施工往往实行大礼拜休息制，星期日工作的工资一般可列入加班工资，其他如节日和夜间加班等，则按具体情况而定；

⑨劳保福利费，是指职工在国外的保健津贴费，如洗澡、理发、防暑、降温、医疗等，按当地具体条件确定；

⑩卧具费，是指包括床、被、枕、毯、蚊帐等费用；

⑪探亲及出国前后调遣工资，探亲假 1 年享受 1 个月，调遣时间 1 ~ 2 个月，按出国时间摊销(一般为 2 年一期)；

⑫预涨工资，对于工期较长的投标工程，还应考虑工资上涨的因素。

除上述费用之外，有些国家还有按职工人数征收的费用。

(2)当地雇用工人工资单价的确定

雇用当地人员费用包括以下几方面：

①日基本工资；

②带薪法定假日工资、带薪休假日工资；

③夜间施工、冬雨季施工增加的工资；

④规定由承包人支付的福利费、所得税和保险费等；

⑤工人招募和解雇费用；

⑥工人上下班交通费。

此外，如招标文件或当地法令规定，发包人需为当地劳工支付个人所得税、雇员的社会保险费等，则也应计入工资单价之内。

考虑国内派出工人、所在地招募工人工资单价以及工效和其他一些有关因素、人数，确定工日工资基价后，计算人工费。

2. 材料费（材料、半成品和设备预算价格的计算）

应按当地采购、国内供应和从第三国采购分别确定。

（1）当地采购

在工程所在地当地采购的材料设备，其预算价格应为施工现场交货价格。按下式计算：预算价格 = 市场价 + 运输费 + 保险费 + 采购保管损耗。

（2）国内供应

按下式计算：材料、设备价格 = 到岸价 + 海关税 + 港口费 + 运杂费 + 保管费 + 保险费 + 运输保管损耗 + 其他费用。

上述各项费用如果细算，包括海运费、海运保险费、港口装卸费、提货费、清关费、商检费、进口许可证办理费用、关税、其他附加税、港口到工地的运输装卸费、保险费和临时仓储费、银行信用证手续费，以及材料设备的采购费、样品费、试验费等。

（3）从第三国采购

从第三国采购的材料、设备价格，其预算价格的计算方法类似于国内供应材料、设备价格的计算。若同一种材料、设备来自不同的供应来源，则应按各自所占比重计算加权平均价格，作为预算价格。

3. 施工机具使用费

施工机具使用费由施工机械使用费和仪器仪表使用费组成。

（1）施工机械使用费

施工机械使用费由基本折旧费、场外运输费、安装拆卸费、燃料动力费、机上人工费、维修保养费以及保险费等组成。

①基本折旧费，如果是新购设备，应考虑拟在本工程中摊销的折旧比率，一般折旧年限按不超过 5 年计算。

基本折旧费 =（机械预算价格 − 残值）× 折旧比率。

机械预算价格可根据施工方案提出的施工机械设备清单及其来源确定。

残值，是指工程结束时施工机械设备的残余价值，应按其可用程度和可能的去向考虑确定。除可转移到其他工程上继续使用或运回国内的贵重机械设备外，一般可不计残值。

②场外运输费的计算,可参照材料、设备运杂费的计算方法。

③安装拆卸费,可根据施工方案的安排,分别计算各种需要拆装的机械设备在施工期间的拆装次数和每次拆装费用的总和。

④燃料动力费,按消耗定额乘以当地燃料、电力价格计算。

⑤机上人工费,按每一台机械上应配备的工人数乘以工资单价来确定。

⑥维修保养费,是指日常维护保养和中小修理的费用。

⑦保险费,是指施工期间机械设备的保险费。

(2)仪器仪表使用费

仪器仪表使用费是指工程施工所需使用的仪器仪表的摊销及维修费用。

仪器仪表使用费 = 工程使用的仪器仪表摊销费 + 维修费。

人工费、材料费和施工机具使用费构成国际工程投标报价中的基础单价或称工料单价。

4. 待摊费

待摊费用项目一般不在工程量清单上出现,而是作为报价项目的价格组成因素隐含在每项综合单价之内。待摊费一般包括现场管理费和其他待摊费用。

(1)现场管理费是指由于组织施工与管理工作而发生的各种费用,涵盖费用项目较多。现场管理费主要包括:工作人员费、办公费、差旅交通费、文体宣教费、固定资产使用费、国外生活设施使用费、工具用具使用费、劳动保护费、检验试验费、其他费用。

①工作人员费,包括行政管理人员的国内工资、福利费、差旅费(国内外往返车船机票等)、服装费、卧具费、国外伙食费、国外零用费、人身保险费、奖金、加班费、探亲及出国前后所需时间内的调遣工资等。如雇用外国雇员,则包括工资、加班费、津贴(一般包括房租及交通津贴费等)、招聘及解雇费等。

②办公费,包括行政管理部门的文具、纸张、印刷、账册、报表、邮电、会议、水电、烧水、采暖或空调等费用。

③差旅交通费,包括国内外因公出差费(其中包括病员及陪送人员回国机票等路费,临时出国、回国人员路费等)、交通工具使用费、养路费、牌照税等。

④文体宣教费,包括学习资料、报纸、期刊、图书、电影、电视、录像设备的购置摊销、影片及录像带的租赁费、放映开支(如租用场地、招待费等)、体育设施及文

体活动费等。

⑤固定资产使用费,包括行政部门使用的房屋、设备、仪器、机动交通车辆等的折旧摊销、维修、租赁费、房地产税等。

⑥国外生活设施使用费,包括厨房设备(如电冰箱、电冰柜、灶具等)、由个人保管使用的食具、食堂家具、热水器、洗涤盆、职工日常生活用的洗衣机、缝纫机、电熨斗、理发用具、职工宿舍内的家具、烧水、洗澡等设备的购置费及摊销、维修等。

⑦工具用具使用费,包括除中小型机械和模板以外的零星机具、工具、卡具,人力运输车辆,办公用的家具、器具、计算机、消防器材和办公环境的遮光、照明、计时、清洁等低值易耗品的购置、摊销、维修,生产工人自备工具的补助费和运杂费等。

⑧劳动保护费,包括安全技术设备费,用具的购置、摊销、维修费,发给职工个人保管使用的劳动保护用品的购置费,防暑降温费,对有害健康作业者(如沥青等)发放的保健津贴、营养品等费用。

⑨检验试验费,包括材料,半成品的检验、鉴定、试压、技术革新研究、试验等费用。

⑩其他费用,包括零星现场的图纸、摄影、现场材料保管等费用。

(2)其他待摊费用包括:临时设施工程费、保险费、税金、保函手续费、经营业务费、工程辅助费、贷款利息、总部管理费、利润、风险费。

①临时设施工程费,包括生活用房、生产用房和室外工程等临时房屋的建设费,施工临时供水、供电、通信等设施费用。有的招标文件将一些临时设施作为独立的工程分列入工程量清单,承包人则应按要求单独报价,这对承包人是有利的,可以较早得到这些设施的支付。

②保险费,承包工程中的保险项目一般有工程保险、第三方责任险、雇员的人身意外保险、施工机械设备保险、材料设备运输保险等,其中后三项保险费已分别计入人工、材料、施工机械的单价,此处不再考虑。关于投保的公司,有的国家明确规定向政府指定的保险公司投保;也有的国家规定,允许选择向较优惠的保险公司投保。

③税金,按照国家有关规定应交纳的各种税费和按当地政府规定的税费收取。

④保函手续费,包括投标保函、履约保函、预付款保函、维修保函等,可按估计的各项保证金数额乘以银行保函年费率,再乘以各种保函有效期(以年计)。

⑤经营业务费，包括为工程师提供现场工作和生活条件而开支的费用(如工程师的办公室、交通车辆等)，为争取中标或加快收取工程款的代理人佣金、法律顾问费、广告宣传费、考察联络费、业务资料费、咨询费、礼品费、宴请及投标期间开支的费用(包括购买资格预审文件、招标文件、投标期间的差旅费、投标文件编制费等)。

⑥工程辅助费，包括成品的保护费、竣工清理费及工程维修费等。

⑦贷款利息，是指由于工程预付款的不足，承包人为启动和实施工程所垫付的流动资金产生的利息。这笔资金大部分是承包人从银行借贷的，因此，应将流动资金的利息计入工程报价中。

⑧总部管理费，是指上级管理部门或公司总部对现场施工项目经理部收取的管理费。

⑨利润，可按工程总价的某一个百分数计取。

⑩风险费，是指工程承包过程中由于各种不可预见的风险因素发生而增加的费用。通常由承包人在分析具体工程项目的风险因素后，确定一个比较合理的工程总价的百分数作为风险费率。

5. 开办费

开办费单列或者列入待摊费用中，应根据招标文件的规定计算。

开办费一般指正式工程开始之前的各项现场准备工作所需的费用，包括现场勘察费、现场清理费、进场临时道路费、发包人代表和现场工程师设施费、现场试验设施费、施工用水电费、脚手架及小型工具费、承包人临时设施费、现场保卫设施和安装费用、职工交通费、其他杂项。

①现场勘察费，发包人移交现场后，应进行补充测量或勘探，费用可根据工程场地的面积计算。

②现场清理费，包括清除树木、旧有建筑构筑物等，可根据现场考察实际情况估算。

③进场临时道路费，如果需要时，应考虑其长度、宽度和是否有小桥、涵洞及相应的排水设施等，并考虑其经常维护所需的费用。

④发包人代表和现场工程师设施费，如招标文件规定了承包人还应为发包人代表以及现场办公提供设施和服务，如现场住房、交通车辆等，费用应根据其要求计算。

⑤现场试验设施费，如招标文件有具体规定，应按其要求计算；如招标文件没有具体规定，可按工程规模考虑简易的试验设施，并计算其费用如混凝土配料试块、试验等。而其他材料样品的试验可送往附近的研究试验机构鉴定，考虑一笔试验费用即可。

⑥施工用水电费，根据施工方案中计算的水电用量，结合现场考察结果，确定水电供应设施，如水源地、供水设施、供水管网、外接电源或柴油发电机站、供电线路等，并考虑水费、电费或发电的燃料动力费用。

⑦脚手架及小型工具费，根据施工方案，考虑脚手架的需用量并计算总费用。

⑧承包人临时设施费，按施工方案中计算的施工人员数量，计算临时住房、办公用房、仓库和其他临时建筑物等，并按简易标准计算费用，另外还应考虑生活营地的水、电、道路、电话、卫生设施等费用。

⑨现场保卫设施和安装费用，按施工方案中规定的围墙和夜间照明等计算。

⑩职工交通费，根据生活营地远近和职工人数，计算交通车辆和职工由驻地到工地往返费用。

⑪其他杂项，如恶劣气候条件下施工设施、职工劳动保护和施工安全措施（如防护网）等，可按施工方案估算。

6. 分包工程费

根据分包商的分包工程报价，考虑总包管理费和利润后报价。

7. 暂定金额

暂定金额是指发包人在招标文件中明确规定了数额的一笔资金，标明用于工程施工，或者供应货物与材料，或者提供服务，或者以应付意外情况，亦称待定金额或备用金。每个承包人在投标报价时均应将此暂定金额数计入工程总报价，但承包人无权做主使用此金额，这些项目的费用将按照发包人工程师的指示与决定，全部或部分使用。

五、施工总承包工程的投标报价的条件

由于工程图纸设计较深，又提供了技术规范、合同条件等一系列完整的文件，阐明了发包人对项目的详细要求及与承包人的交易条件，这种总承包模式使承包人具备了准确进行投标报价的基础条件。承包人进行准确合理的报价，一般需要完成以下工作：

1. 准确核算工程量；

2. 符合技术规范、设计图纸、施工部署、技术方案的组价；

3. 符合设计图纸、合同条件和技术规范要求的准确询价；

4. 合理、正确的项目策划和技术方案；

5. 深入了解所在国家建筑市场。

若要完成上述工作，发包人需要提供施工图纸、工程量清单、技术规范，承包人需要调研所在国家建筑市场，建立健全丰富的询价体系和分供商网络。

六、施工总承包工程的投标报价的编制依据

在标价的计算过程中，同样不可遗漏预见费用的计算。具体如下：

1. 招标文件；

2. 发包人提供的设计图纸及有关的技术说明书等；

3. 工程所在地现行的定额及与之配套执行的各种造价信息、规定等；

4. 发包人书面答复的有关资料；

5. 企业定额、类似工程的成本核算资料；

6. 其他与报价有关的各项政策、规定及调整系数等。

七、施工总承包工程的投标报价的编制原则

投标报价由承包人自己确定，但必须执行《建设工程工程量清单计价规范》(GB50500－2013)的强制性规定。具体如下：

1. 承包人的投标报价不得低于工程成本；

2. 承包人必须按工程量清单填报价格；

3. 投标报价要以招标文件中设定的承发包双方责任划分，作为设定投标报价费用项目和费用计算的基础；

4. 应该以施工方案、技术措施等作为投标报价计算的基本条件；

5. 报价方法要科学严谨，简明适用。

八、施工总承包工程的投标报价的编制要点

1. 熟悉工程预算编制方法

工程预算是对工程项目在未来一定时期内的收入和支出情况所做的计划，是

对建设工程投资进行估算的一种方法。工程预算可以通过货币形式来对工程项目的投入进行评价并反映工程的经济效果。工程预算既是加强企业管理、实行经济核算、考核工程成本、编制施工计划的依据，也是工程招标投标报价和确定工程造价的主要依据。

工程预算比较接近发包单位的标底，是承包人投标报价的重要依据。承包人必须熟悉和掌握工程预算的组成、原理、编制原则、依据和方法，熟悉工程预算编制方法是做好报价工作的基础。

2. 善于运用各项技术经济指标

承包人需要将每一项报价投标资料，按不同的结构类型分别进行分析，统计各项技术经济指标。主要包括：工程内容、工作量、结构特征、实物指标（主要材料）、货币指标（综合造价和单位造价）等具体施工指标和形象化指标（占直接费的百分比）等。

一方面，承包人可以核对同类型建设工程价格或投标报价，对比分析各种指标的合理性；另一方面，承包人可以获得一些准确指标，充实和提高总承包管理水平，建立企业的施工大数据系统，对后续的施工总承包项目提供合理的参考。

3. 研究报价策略，提高中标机会

一项工程报价的高低，或者一项工程中哪些项目适合高报价，哪些项目适合低报价，这都需要有一定的报价策略。

（1）投标报价的策略和一般规律

①陪标报价。陪标报价主要运用体现在：承包人现阶段任务不足，或者承包人对某一工程有兴趣时，报价应适当低；反之，承包人现阶段任务量大，或者承包人业务不局限于某一工程时，报价可适当高些。

②对于一般性的简易的建设工程，由于大部分施工企业都能施工，其报价可适当低些；而对于施工难度较大的特殊工程，其报价可适当高些。

③对于工程量大并且技术复杂程度低的工程，其报价可适当低些；对于技术复杂程度高或者位于偏远地区，施工条件差、施工难度大的工程，其报价可适当高些。

④对专业程度要求低并且竞争对手多的工程，其报价可适当低些；对专业程度要求高并且竞争对手较少的工程，其报价可适当高些。

⑤对于可能进行设计变更减少工程量的工程，其报价可适当低些；对于可能进行设计变更增加工程量的工程，其报价可适当高些。

⑥对于国内建设单位的工程，其报价可适当低些；对于外商投资或中外合资的工程，因为不能适用现行定额与单价，并且建设工程的质量、工期、管理等要求较高，其报价可适当高些。

上述规律是针对大部分建设工程的报价规律，具体到某一实际工程时，应当由承包人根据具体市场竞争情况和自身专业条件作出决策，选择最合理的报价策略。

(2)确定项目单价的技巧

对于工程报价，若是综合单价包干的工程，在投标总价不变的情况下，需要根据具体情况确定每个综合单价的高低，即不平衡报价。通过不平衡报价的方法，刻意向对承包人有利方面进行不平衡分配，从而使承包人尽早收回工程费用，增加流动资金，获得较高利润。可以参考以下几点意见：

①对于预计工程量会增加的分部分项工程，其综合单价可以适当提高一些；对于预计工程量可能会减少的分部分项工程，则单价可以适当提高一些，提早收回工程款，有利于承包人资金流转；对于工程后期施工的项目，其单价可以适当降低一些，避免承包人的大量工程款积压。

②对于设计图纸不明确或者设计图纸有错误的分部分项工程，预计今后要修改或者取消的分部分项工程，其单价可以适当降低一些。

③对于有些没有工程量、只报单价的项目，由于项目单价的报价不影响投标总价，其单价报价可以适当提高一些，若在以后的施工过程中出现这些项目，则可以获得较多的利润。

④对于临时性工程项目，如三通一平施工费、道路及河道占用费、保险费等。由于这部分项目通常是数量总价包干，可以适当降低这些项目的单价，同时提高主体工程项目的单价，以便在以后的施工过程中，当主体工程项目进行设计变更时，可以获取较多的利润。

总之，标价要定得合理，要按价值规律进行测算，要采取优质优价的原则；同时需要结合专业的数学工具求取报价的最优解；还要掌握大量的信息，以果断决策。

九、施工总承包工程的投标报价的报价形成

1. 准确合理编制工程量清单

投标报价的首要工作是编制工程量清单。由于在招投标期间一般是初步设计的图纸，难以据此准确编制工程量清单。但是一般招标文件内容明确，工程量不足部分可以根据行业经验估算。这就需要承包人有很高的管理能力，既可以按图报价，根据工程量计算规则准确计量，也可以在没有准确图纸的情况下，随时调用平时收集、整理、归纳的一些相关资料进行估算，编出尽可能准确合理的工程量清单，做好投标报价的首要工作。

随着建设工程行业招投标市场的日趋规范，发包人开始采用国际通用的竞争性招投标方式。即向投标单位提供工程量清单，解决由于各竞标承包人因预算人员理解图纸的差异造成工程量相差甚远，从而导致报价悬殊，进而难以横向比较、评标定标的难题。

2. 准确合理运用现有定额计价

投标报价的第二步工作是根据当前定额和上一步做好的工程量清单做预算。工程定额是公认的编制依据，且具有普遍性，在编制过程中需要严格遵循其编制原则。在没有适当定额的情况下，有时需要借用其他子目，这就要求承包人有过硬的技术经验功底进行合理计价。例如，对于安装工程来说，设备费和未计价材料占有工程造价的绝大部分，发包人一般都要自己控制这部分大宗物资的采购，即所谓的“甲供材”或者“甲指供材”。对于品种繁杂、价值不大、零零散散的非主要物资可以由承包人采购，即所谓的“乙供材”。这时需要研究招标文件，研究承包范围，弄清报价范围及程度，客观体现工程承包价值。

3. 认真分析主要材料价差

通常情况下，为了计价方便，各行业都有自订的装置性材料价格。而建设工程领域，主材是工程造价中份额最大的部分，因新材料、新工艺不断涌现，国际钢材市场的价格变动频繁。面对这种复杂的情况下，承包人需要做好价差分析，将定额价格与市场价格详细比较，结合工程总量计算价差，计入总价，反映实际造价。有时为了直观，也有的建设工程项目，主材直接采用市场价计价，这样就省去了复杂的价差分析，从操作角度看，简便直观。

目前市场环境下，主材信息并不十分通畅，大部分地区一季度甚至一年发布

一次的信息价太慢，且种类有限，以土建种类为主，安装种类较少。这时候，往往最直接的方式是找经常合作的供应商询价，但这种方式浪费时间，浪费信息费用，咨询的信息量也有限。招投标市场的蓬勃发展需要政府的大力支持、建设工程业协会的引领和建设工程相关行业的共同努力，最终建立一个品种齐全、快捷方便、更新及时的建材信息咨询系统。

4. 寻找工程特殊点

建设工程产品的特点之一就是具有单一性，就像世界上找不出两片一模一样的树叶，任何一个建设工程产品都找不到跟它一模一样的工程，即便是规模大小及工艺复杂程度完全一样，也因建设地点和时间不同而导致价格差异。这就需要承包人在投标报价期间，充分考虑建设工程的一些特殊点，找出其个性，有的放矢地报价。比如，一些技改项目工程，一般都是在原厂址施工，场地狭小，势必增加材料的二次搬运费，与生产同时进行，势必产生降效费，还有那些拆除的旧材料有些是可以再利用的，这又降低了材料购置费等。

充分考虑可以预见的施工情况，才能客观准确地进行报价、越小地偏离建设工程实际价值，降低施工企业面临的风险。

5. 信息的作用

合理确定投标报价，还要依赖丁信息的畅通，这是施工企业全方位综合能力的体现。具体地说，就是要明确发包人的意向，灵活掌握报价尺度，科学合理报价，报价过高不能中标，报价过低也不能中标。

6. 综合平衡，合理取费

投标报价是一个复杂严谨的过程，单一的计价方式会受到市场经济的强烈冲击，首当其冲的是取费项目和取费标准。取费项目和取费标准已逐步过渡为行业指导性和参考性的内容，这意味着对承包人的成本管理提出了更高的要求，需要承包人完全根据经营管理水平测算出各种费用。承包人计取哪些项目以及计取的数量，承包人需要综合平衡，这是对承包人综合实力的考验。只有管理水平高超的承包人才可能“占上风”。

每个投标报价都应围绕投标策略定价，有时微利报价，有时保本报价，也有时为了占领市场而亏本报价，虽然方式不同，但都是为了适应市场变化的需要，保存企业实力，以求企业的长足发展。

十、施工总承包工程的投标报价汇总

投标报价汇总工作主要包括：

1. 完成直接工程费、开办费的计算汇总，确定项目成本。

2. 完成承包人各项综合取费的计算。

3. 完成税费、规费、代理咨询费等的计算。

4. 完成发包人暂估价项目、计日工等的计算。

5. 复核各项费用计算的准确性，修正错误。

6. 计算各项经济技术指标，编制经济技术指标分析报告。

经济技术指标分析一般应包括以下内容：

（1）工程基本概况，包括承包方式、结构形式、主要参数、层数和层高等；

（2）劳动力指标，包括土建结构、建筑、机电等各专业工程工日数量及每单位工日耗量指标；

（3）管理人员数量；

（4）工程量指标，包括各主要工程数量及每单位含量；

（5）造价指标，包括各专业工程直接费、开办费、综合取费等各价格组成部分总价及每单位价格指标；

（6）项目成本数据，包括项目分包、人工费、物资采购、勘察设计等直接费成本，以及开办费成本分项的总价及每单位价格指标；

（7）各专业工程价格分解；

（8）主要大宗分项/材料设备单价，包括影响工程成本的主要大宗材料如水泥、沙子、石子、混凝土、钢筋、模板、钢结构、装修材料等的单价，以及国际运输物流费用价格水平。

7. 编制投标报价汇总表。

投标报价汇总表一般包括以下内容：

（1）工程基本概况；

（2）各项成本组成及其占比；

（3）各项综合取费组成及其占比；

（4）各项税金、规费、咨询费等组成及其占比；

（5）暂定价、发包人指定费用及其占比；

(6)投标价格汇总；

(7)主要汇率数据及单价指标；

(8)备注和说明等。

8. 编制项目现金流测算报告。

9. 完成对所有工程量清单项目的标价。

10. 查平、修正等。

十一、施工总承包工程的投标报价评估

投标报价评估是承包人分析报价、评估识别投标风险、完成报价决策、查漏补缺、确定最终报出投标文件的过程。

1. 投标报价评估资料

投标报价评估的资料一般应包括：

(1)投标报价说明及报告；

(2)项目招标文件评审资料；

(3)项目分包及自营合约计划；

(4)项目策划方案表；

(5)项目经济技术指标分析表；

(6)项目工程量计算说明；

(7)风险及不确定性因素预测分析；

(8)主要专业分包、大宗材料询价报价分析说明。

2. 投标报价评估组织

投标报价评估应由市场、法律、财务、工程技术、合约报价等相关单位共同参与完成。对于重大、复杂的大型工程项目，承包人应召开专题项目评估报告会议，形成报价评估记录和会议纪要，作为决策层最终确定价格战略和各项综合取费的依据。对于一些工程技术难度大、实施复杂的大型工程必要时应引入外部专家参与评审。所有的评估工作应进行记录并形成书面文件。

3. 投标报价分析

对投标报价的分析评估一般包括以下几个方面：

(1)对工程量的分析

①统计并计算占地面积、各建筑物建筑面积；

②分别计算分析地下、地上部分各项主要工程量，如混凝土、模板、钢筋、钢结构、砌筑、钢结构等工程量总量及其单位混凝土或单位面积含量指标；

③分别计算地面、墙面、顶面装修工程量、外墙装修工程量的总量及单位面积比例指标；

④分析各含量指标和比例指标的异常情况，找出其偏高或偏低的原因。

(2)对直接工程费的分析

①专业分包费用：分析主要专业分包商的报价是否符合合同图纸和技术规范要求，是否存在偏差，与总包的界面划分是否清晰，是否有重复计算或漏项；与同地区其他项目的相同专业工程的价格对比分析；

②材料费：分析主要大宗材料设备的询价，检查原始报价文件，确认其是否符合合同图纸和技术规范要求，是否存在偏差，价格是否在正常区间，供应商供应能力是否满足要求，是否有替代者等；与同地区其他项目的同种材料价格差别分析；

③人工费：分析劳动力指标，计算各专业工程的总工日耗量和单位工日耗量，计算出每单位建筑面积的工日耗量，分析总工日和单位工日耗量指标是否在正常区间，分析异常原因；检查总定额工日耗量与按劳动力计划计算出的出勤工日总数、人工工效等是否匹配；分析人工工日单价、工效取值、中外用工比等是否合理，是否能满足工期要求；结合计划工期和投标金额，分析工人的平均人月产值和人年产值；

④机械设备费：分析机械设备采购价格是否合适、折旧比例是否合适；小型机具、备品备件、维修、司机等费用计算是否合适；

⑤国际运输物流费用：分析运输方案是否合理，运输各环节费用计算是否正确，物流清关等费用是否有遗漏或重复计算，分析专业运输询价文件；与同地区其他项目比较运输物流费用。

(3)对开办费的分析

①分析核对开办费用计算项目和数量是否符合项目实施策划的要求；

②分析检查各项开办费用项目的计算准确性，是否有漏项、缺项、错项，计算方法是否正确、取值基数是否合理；

③分别统计固定费用和工期、人月相关的流动费用，计算人月均值，判断是否偏高或偏低；

④对机械设备费、现场管理费、临时设施等大项费用分类汇总，计算这几项费用占总开办费和总报价的比例。

(4)对综合取费和其他费用的分析

①分析各项综合取费是否合理，是否符合竞争策略；

②分析各种税费、规费计算的正确性。

(5)整体报价分析

①分析开办费、土建、装修、机电、室外等各专业工程占直接费用总价的比例是否异常，分析原因；

②按成本分项，分析分包成本、人工费、材料设备费、机械费、开办费的比例是否异常，如果有异常，分析异常原因；

③按清单专业工程分项，分析混凝土工程、砌体工程、金属工程、防水隔热工程、木作工程、装饰工程等各专业工程价格；

④分析综合取费和其他费用占总报价的比例是否合理适当；

⑤对金额和比例关系异常的报价构成部分进行重点分析检查；

⑥分析进度计划的合理性，计算月产值、年产值等数据，分析指标过高或者过低的原因。

4. 风险的识别及应对策略

重点分析合同风险、分包风险、技术风险、工期风险、发包人付款风险、涨价风险等的发生概率，制订风险应对策略。

十二、施工总承包工程的投标报价总结

投标报价工作是一个实践性非常强的工作，投标过程通常是一个信息量巨大，过程繁复，各种信息、决策交互的过程，有的大型项目投标参与单位和人员众多，周期很长。因此，在投标完成工作后，承包人对整个过程进行全面系统地整理和总结就显得尤为必要。

投标汇报与总结一般包括两部分内容：

1. 对整个投标事件的全景描述，包括时间、事件、数据等重要内容的记录、复盘，以此形成保存档案，使整个投标事件具有可追溯性。

2. 从工作方法、专业技能、组织管理等角度总结投标工作中做得好的地方和不足之处，并提出建议。对好的工作做法、程序、经验教训进行总结、宣传，对承包

人积累投标案例、研究技术指标、收集投标数据、培养报价人员等都具有非常重要的作用。

投标负责人可以通过组织投标总结会议或访谈等完成投标总结,积累并形成一批重点地区的典型项目的投标报价案例,构建企业内部的投标案例库。

投标汇报和总结的内容一般应包括:

1. 工程概况。

(1)发包人单位、设计单位、招标公司项目主要内容;

(2)招标文件要点;

(3)主要合同条件。

2. 投标组织。

(1)工作分工、参与单位;

(2)投标工作大事记。

3. 工程量计算工作总结。

4. 投标报价组成。

(1)各项直接工程费计算说明;

(2)开办费计算说明;

(3)综合取费和其他费用计算说明;

(4)标价汇总;

(5)标价风险分析。

5. 项目实施组织策划方案。

(1)管理人员策划;

(2)施工进度计划;

(3)现金流预测;

(4)劳动力计划;

(5)主要工程技术方案;

(6)施工机械设备方案;

(7)临建及总平面布置方案;

(8)工程实施难点及应对策略。

6. 收获和不足。

7. 建议。

主要文件应作为投标汇报及总结说明的附件，如：

（1）投标团队组成及通信录；

（2）工作大事记表；

（3）投标、算量等工作计划；

（4）投标报价汇总表；

（5）经济技术指标分析表；

（6）项目策划方案表；

（7）询价报价原始文件包；

（8）主要决策会议纪要等。

第六节　EPC/D&B 总承包工程的投标报价

一、EPC/D&B 总承包工程投标报价的概念

EPC/D&B 总承包工程的投标报价，是指 EPC/D&B 总承包商采取投标方式承揽建设工程项目时，计算和确定总承包商承包该建设工程的投标总价格。本节承接上一节对施工总承包投标报价的论述模式，主要研究国际 EPC/D&B 总承包模式下投标报价的分类、投标报价的项目类型、投标报价的合同工作范围、投标报价的特点、投标报价的编制与复核、投标报价潜在风险的规避，同时提出关于投标报价的合理化建议。

2011 年住建部和工商局联合发布的《建设项目工程总承包合同示范文本（试行）》（GF－2011－0216）（已废止）、2012 年国家发展改革委等九部委发布的《标准设计施工总承包招标文件》（包含适用于工程总承包项目的合同文本）和 FIDIC 银皮书等中都有关于工程总承包项目模式的阐述。

2018 年 12 月住建部发布的《房屋建筑和市政基础设施项目工程总承包计价计量规范（征求意见稿）》“6　投标报价”“6.1　一般规定”的规定，“6.1.1　投标价应由投标人或受其委托具有相应资质的工程造价咨询人编制。6.1.2　投标人应依据招标文件，根据本企业专业技术能力和经营管理水平自主决定报价。但投标报价不得低于工程成本。6.1.3　投标人应认真阅读招标文件，如发现对招标文件有疑问的或有可能影响报价的地方不清楚的，应按照招标文件的规定，在投

标截止之日前提请招标人澄清。”

结合国内大部分造价工程师或估价师在施工总承包模式下的投标报价工作经验，估价师们要准确地完成一个国际工程的投标报价，需要完成的工作一般应当包括：

(1)准确核算工程量；

(2)符合技术规范、设计图纸、施工部署、技术方案的组价；

(3)符合设计图纸、合同条件和技术规范要求的准确询价；

(4)合理、正确的项目策划和技术方案；

(5)深入了解所在国(地)建筑市场。

而要完成好上述工作，则需要以下前提条件：

(1)初步/施工图设计图纸；

(2)工程量清单；

(3)技术规范；

(4)深度调研新市场/驻外机构所在国(地)；

(5)健全丰富的询价体系和分供商网络。

就估价师而言，设计图纸、工程量清单和技术规范越深入详细，其对工程的微观描述就越详细，投标报价工作就越容易做到准确。

但在实际工作中，当业主在进行 EPC/D&B 模式招标时，项目基本上还处在可行性研究或概念设计、方案设计阶段，业主通常只提供一些可行性研究报告、概念设计或方案设计图纸、发包人要求，不会提供工程量清单、技术规范。投标时存在很大的信息盲区，信息不对称成为估价师经常遇到的难题。

在当前的国际工程实践中，做好国际工程 EPC/D&B 总承包模式下的投标报价、降低和控制承包商在投标报价时的风险，已成为工程总承包商和估价师们、预算人员面临的重要问题。

二、EPC/D&B 总承包工程的投标报价的条件

现行市场环境下，EPC/D&B 工程总承包在设置投标条件时，主要是依据2016 年住房城乡建设部发布的《关于进一步推进工程总承包发展的若干意见》(建市〔2016〕93 号)。业主可要求 EPC/D&B 工程总承包单位具有与工程规模相适应的建设工程设计资质和建设工程施工资质，也可要求一体化招标、联合体投

标,满足项目所要求的所有资质要求,在人员、设备、业绩、资金等方面具备相应的建设工程设计能力和建设工程施工能力。一体化招标时可要求数个承包商组成联合体,在开标时提交联合体协议并明确一个具有设计或施工资质的单位作为牵头人。所有联合体成员均应遵守联合体协议,并承担各自的直接责任和相关连带责任。

2020年3月1日起施行《房屋建筑和市政基础设施项目工程总承包管理办法》第三章“工程总承包项目实施”第20条规定了工程总承包项目经理任职条件和限制:“工程总承包项目经理应当具备下列条件:(一)取得相应工程建设类注册执业资格,包括注册建筑师、勘察设计注册工程师、注册建造师或者注册监理工程师等;未实施注册执业资格的,取得高级专业技术职称;(二)担任过与拟建项目相类似的工程总承包项目经理、设计项目负责人、施工项目负责人或者项目总监理工程师;(三)熟悉工程技术和工程总承包项目管理知识以及相关法律法规、标准规范;(四)具有较强的组织协调能力和良好的职业道德。工程总承包项目经理不得同时在两个或者两个以上工程项目担任工程总承包项目经理、施工项目负责人。”

三、国际EPC/D&B总承包工程投标报价的分类

1. 公开/邀请招标的EPC/D&B项目。

对公开/邀请招标的EPC/D&B项目,发包人需要聘请专业咨询公司组织招标程序。严格的招标程序,严格、严密的招标文件,周全的合同条件和体系,全面的投标文件,以及对公司资质、主要设备、技术能力、工程量清单等要求都对承包人的投标组织工作提出了很高的标准,承包人必须组织并整合专业设计院、主要设备制造商、专业分包商等多方面资源,耗费的时间、精力和成本也比较大。

2. 承包人主动策划的EPC/D&B项目。

承包人主动策划的EPC/D&B项目主要指承包人主动营销,对工程所在地的一些关乎民生的基础设施、能源等工程的建设与发包人达成意向后,先自行完成前期可行性研究、规划、方案设计、估价、环境评估等工作,然后协助完成在工程所在地的各种审批手续,促使项目实施条件加快成熟。在与发包人协商达成一致后,再签订商务合同或EPC总承包合同。然后,承包人充分借助承包人所在地政府或其他国家提供给工程所在地的工程贷款等优势,协助发包人完成融资,进而

开始工程实施，最终完成工程。中国政府目前对企业“走出去”大力支持，对很多国家提供多种类型融资和贷款等，主动策划项目，协助发包人融资，使中国承包人承揽大量的国际工程。

在实际工作中，这种 EPC/D&B 项目投标报价工作受到国家和地区特点、行业特点、项目特点、发包人专业化程度、承包人投入力度等多种因素的影响，可变性很大。在很多地区，发包人通常无法提供详细明确的“发包人要求”和相关资料，有的甚至不提供任何书面信息，只发出口头要求和建议，只待承包人提交设计方案和其他项目建议书文件后进行评估和选择。

由于从发包人处直接获取的信息很少，很多工作需要承包人完成。在没有外在压力的情况下承包人自己制定项目建议方案，编制项目建议书，也是对承包人职业化水平和认真程度的考验。在发包人不提供明晰的“发包人要求”的情况下，承包人要收集归纳发包人对项目要求的各种说明、陈述等，并把自己在项目建议方案中采用的假设、规范、说明等汇总，总结出一套符合发包人说明，并与设计方案、价格估算相符的“发包人要求”，提请发包人先行确认，或附在项目建议书中一起提交给发包人。

作为主动策划的项目，承包人可以根据发包人的要求和沟通情况，先自行编制一套项目建议书文件。以下文件可以作为一些基本的组成文件。

(1)资质及业绩文件。

①承包人注册、资质等文件；

②承包人财务能力文件；

③类似工程业绩。

(2)发包人要求和技术规范说明。

(3)设计方案。

①概念或方案设计图纸；

②设计说明；

③模型、沙盘等。

(4)估算报价。

①报价说明；

②价格汇总表或工程量清单。

(5)工程实施建议。

①工程动员计划；

②进度计划；

③主要工程实施方案。

(6) EPC 总承包合同建议。

(7) 融资建议。

金融机构的兴趣函。

需要注意的是，由于很多国家都不断制定和完善其公共采购法律，即便是承包人主动策划和完成所有项目前期工作，也不能绕过法律，与发包人串通投标，最后仍需参加公开或邀请招标。

四、国际 EPC/D&B 总承包工程投标报价的项目类型

随着国际工程的发展实践，EPC/D&B 模式从早期主要应用在以成套设备和功能导向型为主的厂站工程如电厂、化工厂、炼油厂等，开始不断扩展到道路、桥梁、城市市政工程、房建、公建项目等各种类型的项目中。由于不同类型的工程有着不同的特点，当发包人和承包人采用 EPC/D&B 模式进行交易合作时，就承包人而言，不同项目的投标报价的特点和风险也是不同的。

从投标报价的难易程度考虑，工程项目中包含的单项工程、单位工程越单一，组成工程的资源要素种类越少，材料设备工艺越成熟的工程项目，估价难度越低。反之，工程项目中包含的单项工程、单位工程类型越复杂，组成工程的资源要素种类越多，采用新材料设备、新工艺的工程项目，估价难度越高。

从资源要素组织角度来划分，工程项目可以分为以下几类：

1. 核心设备控制型。

永久工程采用的若干件核心功能设备即决定了整个工程的功能设置、平面布局、生产能力，并对工程造价有显著影响，如水电站、火电站等厂站类工程。承包人在投标时能否获得发包人认可的核心设备厂家的技术和合同支持至关重要，如火电站工程中的三大主机发电机、锅炉、汽轮机，水电站工程中的水轮机、发电机等。

2. 核心工艺流程控制型。

永久工程采用的核心工艺流程即决定了整个工程的功能设置、平面布局、生产先进性等，并对工程造价有显著影响，如炼油厂、化工厂、化肥厂等工程。核心技术、工艺流程、装置是否存在行业和市场垄断、可获得性等是承包人要考虑的重

点问题。

3. 机械设备密集型。

多为主要采用机械设备来实施完成的土木工程，或多为线性工程，如道路、桥梁、港口等工程。

4. 劳动和资源密集型。

多为使用大量劳动力、各种材料设备资源密集使用的系统工程，如公建、酒店、办公楼、机场航站楼等建筑工程。

相比而言，核心设备控制型和核心工艺流程控制型工程因其行业特点，是最早开始采用 EPC 模式的，其 EPC/D&B 投标报价也较为成熟。道路桥梁等工程次之，而房建工程因其工程特点，在采用 EPC/D&B 模式投标报价时，其难度是较大的。

五、国际 EPC/D&B 总承包工程投标报价的合同工作范围

在施工总承包模式下，由于发包人已经完成了相当深度的设计图纸，提供了技术规范、工程量清单等文件，在招标时，其工程范围一般是比较清楚的，而且在国际工程实践中，采用施工总承包模式的工程一般多为一个或多个单项工程，项目规模较小，合同工作界面清晰。但是在 EPC/D&B 模式下的情况却很不一样。采用 EPC/D&B 模式的工程是一个完整系统的建设项目，强调整体“交钥匙”意味着包括在用地红线内的所有工程内容，有的甚至延伸至红线之外，往往涵盖多个单项工程，成为一个项目群，也就是同时包括房建、工业建筑、基础设施等多种类型项目。比如，一个 EPC/D&B 大学城项目可能包括教学楼、图书馆、办公楼、体育场馆、场区道路、市政管网、校门、围墙等。一个燃煤电站项目可能包括进场道路、散煤输送系统、电设施、储运系统、货运港口、场区内基础设施、输变电系统等。

同时，在单项工程的局部范围上，在 EPC/D&B 模式下也容易产生混淆和界面划分不清的问题。比如，一个房建项目的装修，粗装修区域和精装修区域的划分、是否包括活动家具、灯具、家用电器等。

以下是承包人在参与 EPC/D&B 模式投标报价时需要注意的工程范围和界面。

1. 工程建设期的临水、临电供应及临时道路等。

通常国内项目在招标前，发包人已经完成了临水、临电、临时道路的规划设计

和施工,即常说的“三通一平”“五通一平”等,承包人进场时只需要进行必要的、短距离的接入工作。而在国际工程中,发包人不一定能提供“三通一平”、配套设施等,而是需要承包人进行详细的调查了解,仔细检查招标文件的说明,必要时向发包人澄清。在EPC/D&B模式下的国际工程,发包人不再提供“三通一平”、配套设施等,所有项目具体实施工作都由承包人完成。在基础设施薄弱的国家或远离城市的项目现场,承包人需要自行接入临时水源、电源,或者与发包人确认直接建设永久供水、供电设施。在报价时,承包人要对现场进行详细考察,不能想当然地认为只是在项目红线之外连接,要调查距离现场最近的可供接入的市政变电站、水源的位置,并和发包人澄清工作范围。有些项目临电接入要到数十公里外的市政变电站,承包人要界定清楚是临时还是永久供电设施,是否可以由自己来施工,还是必须聘请当地专业电力分包商来完成,并进行必要的询价。如果当地没有或无法提供稳定、足够的用水、用电,承包人需要自己打井,自备发电机等,相关费用要计入项目估价中。

2. 工程永久供水、电力供应、污水处理等市政配套工程。

如果新建项目所在的城市供水、燃气、电力供应等市政设施不稳定或无法为新建项目提供足够的容量,如很多市政基础设施薄弱的国家;或者项目处在远离城市的区域,如一些炼油厂、电厂、矿产项目等;为保证项目建成后的正常运营,要建立能独立于城市市政系统之外自行运行的永久供水、电力等能源中心以及污水处理市政配套设施。承包人需要仔细与发包人沟通清楚是否包括在合同工作范围内。

3. 清表、场地平整、勘察、基坑开挖、降水、地基处理工程。

在施工总承包模式下,房建工程、公建工程通常会分为两个标段进行招标,第一个标段包括清表、场地平整、勘察基坑开挖、降水、地基处理等,第二个标段是工程主体,图纸、工程量清单也会清晰地说明合同工作内容。而在EPC/D&B模式下,工程通常不再拆分,而是整体打包交由总承包人来完成。因此,承包人需要与发包人沟通清楚这些工作内容是否包括在合同工作范围内。

4. 房建、公建类项目。

对于一些房建、公建类项目,需要关注下列工作内容是否包括在合同范围内:

(1)粗装修区域和精装修区域的划分,包括公共区域、对外租赁区域及将来发售的房间等粗装、精装划分;

(2)将来进行商业开发、招商区域的装修工作,如电影院、会议室、餐饮、娱乐、超市酒吧、健身房、商务中心等;

(3)所有移动家具、家电、办公设备,如办公桌椅、会议桌椅、餐具、沙发、客房床具、寝具、饮水机、电脑、打印机、复印机、活动灯具、床上用品和计算机等非基本配套设备的供应和安装;

(4)将来由专门商业开发机构运营的特种设备,如游泳池设备、影剧院设备、超市收款设备系统、洗衣房设备系统、厨房设备系统等;

(5)机电系统,对于有小发包人、小租户的办公楼、公寓楼等,入户的机电安装要求,如分体空调等,是由住户自行考虑,还是计入合同工作范围;

(6)厨房设备、厨具、餐具等所有厨房用品的供应和安装、洁具的供应和安装;

(7)给水、排水、雨水、电力、通信等系统初端和末端位置,及与对应市政系统的接口位置;

(8)停车区域的交通导向标识系统,包括交通箭头、标识、挡车石、指示牌、收费设施等;

(9)建筑物幕墙擦窗机系统及其轨道、屋顶生命线系统等。

5. 电厂、炼油厂等能源类项目。

(1)试运营期间的原材料、燃料购买,供煤、供水、供电等,如燃煤电厂项目试运营期间的原煤供应,运输、临时供电等;炼油厂项目联动试车时的操作人员提供、催化剂提供等;

(2)试运营期间产生的收益归属;

(3)发包人人员的培训工作,包括设计培训、工厂培训等。

综上所述,在参加 EPC/D&B 模式的投标报价时,由于工程规模大、内容多、设计深度浅等诸多原因,合同工程内容远不及传统的施工总承包模式下明确清晰,承包人如果不能理清内容,造成漏项、漏报价,或分不清与发包人和其他相关方的工程界面,就会在投标阶段无法报出较为准确的价格,更会给后期的项目实施埋下很大的风险。

因此,在参与 EPC/D&B 模式国际项目投标报价时,承包人要清晰地认识到各国际工程所处地区、国别环境的差异性和工程本身的特点,不可主观臆测,盲目套用国内的习惯做法或过往的经验,要仔细调研,并做好与发包人的沟通工作,充分厘清合同工作内容和范围,特别是在以下两种情况时更要格外注意:

(1)发包人几乎不提供任何正式、书面的招标文件、发包人要求，采用独家或邀请议标的方式，所有的书面文件(包括可行性研究报告、发包人要求、技术规范设计方案、合同建议书、估价书等)都由承包人来完成。

这种情况下，承包人一定要在项目建议书或投标文件，如图纸说明、发包人要求、工作范围描述、报价说明等文件中描述清楚工程合同界面，仔细列明报价中没有包括的内容。

(2)发包人及其聘请的咨询公司编制了非常详细的招标文件(如一些大型电炼油厂项目、PPP 项目等)，采用公开或邀请招标的方式。

这种情况下，承包人一定要充分响应业主招标文件中的各项经济和技术指标，在与其他承包人的竞标过程中，充分展现设计优势、施工技术优势的同时，也要符合业主投资资金的预期范围，同时要保障承包人自身的经济利益。

六、国际 EPC/D&B 总承包工程投标报价的特点

报价是国际工程项目获取过程中的核心环节之一，合理的报价不仅是中标的必要前提，还是项目取得成功的必备条件。在国际工程投标报价计算和确定过程具有以下特点，同时也是作为承包人需要注意的风险点。

1. 发包人和承包人双方因当地价值评估体系不同，对报价产生分歧，主要争议点在于建设工程所在地的政治、经济、文化传统对建设工程价值体系的评估差异。对于国际建设工程项目的报价，建设工程承包人不能机械套用国内模式。在进行报价工作前，应当对当地的价值评估体系，宏观方面的政治、经济、文化，以及微观方面的人力、物力、材料设备、税收及外汇政策等影响报价的因素，进行调查分析，并以此作为价格谈判的基础，避免先中标、之后再变更的做法。同时，要了解当地以往同种类型、同种规模建设工程项目的施工情况，结合已方要考量的因素制定报价。

2. 承包人在报价时需要提前进行不平衡报价的预估。避免不当的不平衡报价方案使承包人在后期签证、设计变更中失去回旋余地的情况。例如，当建设工程出现变更事项，需要适当调整工程量时，由于已方报价没有预留可调整空间，作出设计变更将直接损害已方利益。

3. 承包人存在错估风险费用的风险。成功的国际建设工程项目需要建设工程承包人对风险进行了解和认识，并对风险进行评估和量化，从而计入报价。国

际工程项目合同中涉及默认责任与义务条款，项目实施过程中也可能因政治、经济、水文、地质等环境变化而产生风险，这些都需要建设工程承包人在报价时计入风险费用，为后期谈判留出余地。如果建设工程承包人对国际工程项目的经验不足，对项目整体缺乏了解，对相关风险费用估计不足，将造成错估风险费用的风险。

在风险费用方面，应将难以预见或不能确定的设计变更风险，根据其发生概率和造成的损失折算成风险费用，如通过提高投标报价或者采用不平衡报价的方法，将利润和风险费用涵盖其中，或者转化为合同外收入。

4. 承包人存在报价计算错误的风险。由于国际工程项目规模较大、建设周期长、投资数额高，招标文件提供的信息也十分有限，可能存在设计不完整、说明不清的情况。因此，计算报价时可能遗漏部分成本，如工程量遗漏，低估、错估赶工费用等，后期项目实施时才发现报价时没有包括该部分成本。

对于此风险，通常建议采用不平衡报价的方法，将可能发生设计变更的项目转化为合同外收入。

5. 存在材料设备、劳动力等因素的价格差异或价格上涨所带来的风险。首先，在一些大型国际工程项目中，材料设备主要从国内或当地以及周边国家采购，来源十分广泛。这主要取决于项目实际情况和各地的市场供应情况，各地区的材料价格之间可能存在极大的差异和较大的价格浮动，不同地区的劳动力价格也存在较大的差异。如果承包人不能准确获取相关材料设备和劳动力等因素的价格信息，极有可能造成报价失误。其次，由于国际工程项目规模大、工期长，项目实施过程中极易面临通货膨胀，以及由于材料设备和劳动力的涨价使成本大幅度提高的风险。

对此，承包人在报价时应当将原材料价格的上涨、新设备的采购等因素纳入报价范围，在报价前应当对材料设备主要来源地的市场状况和政治经济形势进行调查研究，对价格信息及趋势进行比较准确的判断和预估，以此作为报价和采购的基础。报价时应适当考虑价格上涨系数，并在合同中加入价格调整的条款。建设工程承包人可以多列一些供货商的名单，为自己留出更多选择的余地。建设工程项目实施过程中应及时跟踪市场变化，选择合适的购买时间和购买量。

6. 承包人还可能面临因对建设工程所在地的外汇、货币税收政策不了解而造成财务性漏项的风险。例如，对建设工程项目所在地的汇率变动、税收政策变化、货币贬值等导致的风险没有在报价时予以考虑，报价时以项目所在地货币报价，支付时则以一种或几种外币和当地货币支付，后期在结算时可能面临结汇损失。这一点在货币不稳定、贬值较快的国家或地区尤其明显，因此对外承包工程需要对外汇及币种风险加强防范。此外，报价时还应考虑当地货币收支平衡的问题，由于项目初期需要大量材料设备，当地货币支出较大，需要投入大量资金，可能产生当地货币先期不足、后期过剩的风险。

对此，承包人应深入了解项目所在地的经济情况、外汇政策、货币政策、税收政策，报价时在招标文件中尽量提高外汇比率，选择多种货币进行计价。外币比例过低时要注意将兑换损失考虑到报价中。

七、EPC/D&B 总承包工程投标报价的编制与复核

1. 规范编制投标文件的重要性。

在国际工程项目投标阶段，由于时间通常较为紧迫，国内承包人在作出投标决策前，如果没有了解项目的可行性以及招标主体的有关情况，如资金来源、信誉情况、是否具有授权手续、拥有的其他项目的实施情况等，可能会因判断失误而作出错误的投标决策。在决定投标后，承包人需要对招标文件的内容进行深入细致的研究论证和风险评估，如果没有仔细阅读招标文件中关于建设工程项目概况、投标文件制作要求、评标标准，以及技术性规范等具体细节的规定，没有认真研究招标文件中的权利及责任条款，明确双方的权责划分，招标文件中的不利条款可能会给承包人造成潜在的不必要损失。例如，招标文件在工程范围、材料设备、技术标准等方面提出了较为苛刻的要求，后期项目实施的风险将因此大大增加。

在 EPC/D&B 模式下的工程量核算中，招标文件应提供的工程范围包括为满足发包人和合同隐含要求，以及为工程顺利完成和稳定运行所需的一切工作。承包人在投标报价时依据的工程量往往与合同签订后经过详细设计核算的工程量存在较大差异，实际工程量在项目实施过程中还可能因设计的修改或调整而发生变化。若承包人对招标文件中的工程量清单没有进行核算，或对其中的错误和遗漏之处在规定时间内没有提出异议，则中标后需按其报价完成建设工程项目，不得再对工程量进行调整，这将给承包人造成巨大的直接损失。在一些大型建设工程项目中，承包人还应警惕建设工程项目所在地的现场水文地质资料及环境情况。承包人对招标文件中的每个关键信息都要进行仔细研究，否则极有可能造成

不必要的损失且无法得到应有的补偿，导致项目风险整体增加的后果。

为防范上述风险，承包人在作出投标决策时首先应考察招标主体的资格和实力，包括是否具有相关资质、资金条件、信用情况等，结合实地考察和自身技术条件定位，决定是否参与投标。其次要认真研究招标文件中对技术要求、材料设备、工程范围等的要求，对工程量、工程范围、现场地质条件、自然环境条件等进行现场踏勘和认真核算。对于招标文件中存在的不严谨、有歧义或有错漏的情况，应及时向发包人澄清，并将处理结果以书面形式记录、存档，以规避因招标文件的错误而给承包人带来损失及风险。最后，应了解投标须知及相关细节，明确投标流程，避免因程序性原因造成废标，以提高投标效率和中标概率。

2. 规范编制投标文件的策略。

(1)承包人在编制投标文件时应及时响应和体现招标文件提出的要求，保证高评分，避免废标。在投标文件的编制及提交上，要确保符合和响应招标文件的实质性要求，同时将发包人评标所考虑的因素反映在自己的投标文件中，从而提高中标概率。

(2)承包人在投标文件中需适当选择设计标准或材料设备，在满足招标条件要求的技术规范基础上为自己留有选择余地，避免对投标报价工作和项目实施带来风险。例如，承包人如果采用的设计标准较低，则无法达到招标文件的要求，导致无法中标；承包人如果采用的设计标准较高，相应的材料设备、建设费用也会相应提高，则经济方案无法达到招标人的要求，还可能面临自身技术达不到该设计标准的风险。

因此，承包人制定设计标准时，要在符合招标文件要求并保证合理利润的前提下尽可能降低风险，力求在技术和经济上满足双方的最大利益。

(3)在编制及提交投标文件的细节性规定上，首先，注意负责投标事项的工作人员是否具有承包人的合法授权；其次，对以外文编制的投标书要尽量减少其中的翻译错误和表达不规范，以免留下漏洞从而造成潜在的风险隐患；最后，投标文件的签署不合法可导致其无效，若投标书有改动处承包人需在改动处签名盖章。此外，还应注意投标书的份数和密封、投标有效期、送达规定等细节性规定，违反以上细节性规定均有可能无法中标。

在标书编制的细节方面，外文投标书应由专业人员对其中的翻译和表达进行校验。对于承包人认为有必要提出的特殊条件或例外情况，可将其作为建议或备选方案一起提出。对于某些对己方至关重要但不便在标书中直接提出的条件，可在投标声明中列出。承包人也可以在投标声明中提出一些吸引合作对象的条件，但要注意所有提出的条件必须以合同为依据，且不可滥用，否则容易造成废标。

八、合理规避国际EPC/D&B总承包工程投标报价的潜在风险

在国际建设工程项目谈判中，报价的先后和高低对最终结果影响很大，如何选择合理稳健的报价决策，是承包人中标的关键所在，报价决策失误可能直接导致重大损失，因此承包人应谨慎防范报价决策中隐藏的风险。

为制定正确的报价策略，夺取标底，规避风险，承包人首先可聘请专业的估价与报价人员，其次要利用多种渠道全方位收集和掌握行情信息，注重对竞争对手报价情况等商业情报的收集、分析和整理，在此基础上进行比较和权衡，合理调整己方报价，确定己方报价底线，规范估价和报价流程。承包人在报价时可采取下列稳健的投标报价策略。

1. 过早报价有利有弊。

在国际建设工程项目谈判中，先报价可能打乱对方先前的计划和策略，为下一步谈判指明方向，使己方掌握主动权。但过早报价也提早暴露己方意图，若报价高于对方期望值，会对接下来的谈判产生不利。

反之亦然，在谈判进展缓慢、谈判气氛僵硬，或己方实力较强，熟悉交易信息的情况下，承包人可通过先报价取得主动权，推进谈判进程。

2. 避免依赖"低价中标，高价索赔"的策略。

由于国际工程市场竞争激烈、对手众多，承包人为中标获得项目常常采用低价中标策略，对项目实施的风险抱有侥幸心理，在报价中压低风险费用，以远低于成本的价格中标，后期靠高价索赔盈利。这种策略的风险性在于，在不发达国家或法律欠发达地区，合作对象往往缺乏法律意识，随意性较强，加之当地法律执行力差，承包人很难依法索赔，并且报价过低也很难成为索赔的理由和依据。低价中标还可能使承包人被诉低价倾销或不正当竞争。双方发生争议时，承包人还将面临繁杂的诉讼或仲裁程序，选用此种低价报价策略将面临巨大的风险。

3. 避免"低价中标，依靠后续项目盈利"的策略。

此种策略的风险在于后续项目能否中标和盈利是不确定且难以预见的，市

场、自然、法律、政策等因素均会对后续项目造成影响，如果无法获得后续项目或后续项目不能盈利，承包人可能面临巨额亏损的风险。

4. 避免报价过高的风险。

参与国际工程项目竞标的一般都是综合实力雄厚的承包人。一些承包人可能凭借资金技术、合作关系等实力上的优势报价过高且拒绝降价，然而在当前的国际工程市场环境下，资金、技术等综合实力强的承包人并不少，报价过高极易失去中标机会，浪费投标成本。

5. 避免盲目使用报价策略的风险。

承包人要谨慎使用报价策略，避免盲目。例如，承包人采用抽象报价策略，对具体项目报价笼统，但在后期实施过程中因忽视资料积累、缺乏依据而难以通过具体项目追加款额。又如，承包人在采用不平衡报价法时对可以追加工程量的项目报价过低，报价高的工程量却没有增加，因而造成亏损。

承包人可以采用多方案报价法，这种策略适用于合同条款存在不明确之处的时候。如果在报价中直接增加风险费用，可能因报价过高而无法中标，此时承包人可以在对风险进行充分估计的基础上制定不同报价方案，先以合同条款报一个价，再注明修改合同条款后的报价，以争取对合同条款进行修改，在综合分析项目具体情况以及对手报价后，提交最终的报价方案。

在进入议标谈判阶段后，承包人可使用一些报价技巧以增加己方中标的概率。例如，承包人补充己方能够提供的其他优惠条件，或适时提出让步等，以提高己方的中标率。在降低标价时可从占比较小的项目入手，一方面显示了承包人的合作诚意；另一方面也不会对总标价造成太大的影响。

九、国际 EPC/D&B 总承包工程投标报价的建议

前面分别对国际工程 EPC/D&B 模式下的项目投标报价的种类、特点和风险分析进行了阐述。从国际工程承包的发展趋势来看，EPC/D&B 模式将成为国际工程承发包模式的主流。为此，笔者对承包人做好 EPC/D&B 模式下的投标报价提出如下一些建议。

1. 重视并做好风险评估和规避防范措施

承包人应首先对工程进行全面的风险评估。做好风险评估的目的一方面是决定是否参与项目跟踪和投标；另一方面，如果决定参与投标，承包人需要在投标

过程和最终提交的投标文件中，对评估出的风险项目进行规避和预置预防。

（1）风险评估工作

对于 EPC/D&B 项目，除了前面述及的对项目所在地的国家、市场及项目本身风险外，要更加重视分析项目的关键风险要素，并进行统计梳理和分层，形成风险清单。结合风险分析，承包人在进行 EPC/D&B 项目的投标报价时，应更加重视并做好下列风险评估工作：

①承包人需要对项目发包人要求、发包人已完成的地勘报告、可行性研究报告等资料进行分析、复核和评估，识别出其中潜在的风险。

②承包人需要明晰合同所涵盖的所有工作范围、内容和初步工程量。

③承包人需要对发包人已经完成的设计方案进行复核和理解，识别潜在的设计风险。

④承包人需要分析和理解项目所要求使用的设计和施工技术规范，识别潜在的规范风险。

⑤承包人需要对发包人要求工期的可实现性进行分析，识别潜在的工期风险。

⑥承包人需要对项目的重要施工技术难点进行分析，识别潜在的技术风险。

⑦承包人需要对项目主要核心设备的制造、采购难点进行分析，识别潜在的制造、采购风险。

⑧承包人需要对项目现场状况和国际运输、物流到项目现场的难度进行分析，识别其项目所在地风险。

⑨承包人需要对项目合同条件的风险进行分析，识别合同风险。

在风险评估的基础上，承包人应对其对该项目的实施履约能力进行分析评估，重点可以放在设计能力、内外部资源组装整合、重点施工技术掌握、主要核心设备的采购、工期、国际运输物流、总承包管理能力、承包人团队资源和核心岗位人员配置、类似工程业绩等角度。

（2）风险防范措施

承包人完成上述风险评估程序后参与投标，承包人应编制风险规避和控制计划，对比较重要的风险点，分别列出规避和防范措施。风险防范措施从以下角度和层面考虑：

①发包人要求。承包人需要提出对发包人要求的评估意见并制定合理的

建议。

②合同文件。承包人需要提出对合同的诉求和修改建议。

③设计方案(承包人建议书)。承包人需要提出对前期设计方案的审核分析意见,在提交的设计方案中提出合理的修改建议,或提出替代设计方案。

④估算报价。承包人需要在估价中对一些无法规避或发生概率较大的风险事件增加一定的风险及不可预见费用。

⑤保险转移措施。承包人需要针对工程特点,购买合适的保险以实现一定的风险转移。必要时还可以引入一些外部专家团队参与风险评估和防范措施的制定。

承包人在投标过程中,可举行风险论证会议等过程管理活动,在提交标书之前,应进行正式的项目评审会议,对重要的项目风险点逐一确定防范和规避措施。

承包人也应树立底线思维,在投标决策和合同磋商谈判阶段,不可存在侥幸心理,将自己置于不可控制的巨大风险和不确定性之中。

2. 准确理解"发包人要求"

发包人要求是发包人描述工程项目目标、功能、标准的基础性文件,也是承包人理解、把握项目的基本文件。做到准确理解"发包人要求",是承包人能按要求和正确方向完成项目投标报价的基本前提。

在施工总承包模式下,承包人一般是在发包人完成可行性研究、规划设计,项目在招标阶段才介入项目,被动等待的思维惯性比较强。而在EPC/D&B模式下,招标提前,承包人扮演的角色前移,这要求承包人要改变思路,在项目跟踪伊始,就站在发包人的角度和思路,主动调研和理解"发包人要求"。在发包人不能提出专业的"发包人要求"时,承包人也要按照发包人的意图和思路,协助其厘清"发包人要求"。

对于发包人提供了完备的"发包人要求"文件(有的项目也会提供可行性研究报告、技术规范等)的项目,承包人需要仔细研究分析,在自身能力不足时,应及时引入外部设计咨询单位、专家资源等。

3. 切实做好投标组织工作

在很多情况下,组织一个国际大型项目的EPC/D&B投标报价已不是承包人一个单位能独立完成的事情,需要承包人驻外机构、国内总部及相关内外部单位、设计咨询公司、主要分包商、供应商等共同完成。如果承包人与其他公司组成联合体投标，还涉及与合作单位的沟通联动。为此，承包人需要切实做好投标组织工作，培养多单位共同参与联动投标报价的整体组合协调能力和集成能力。

承包人切实做好EPC/D&B模式下的投标组织工作是防范和控制投标风险的前提条件，承包人一般应做好以下工作：

(1)承包人需要建立与发包人、前期设计单位、咨询公司的有效沟通机制。

(2)承包人需要制订涵盖各参与单位工作的整体投标计划，确定各单位职责分工、责任人，以及重要作业完成里程碑时间。

(3)承包人需要建立良好的各单位间沟通机制、文件共享和传递系统，定期组织沟通会议。

(4)承包人需要适时考虑集中办公，保证设计方案团队、估价团队、工程技术和项目实施策划团队的紧密配合，高效沟通。

(5)承包人需要选择有实力的设计咨询单位合作，建立良好的联动工作机制，做好设计协调和管理工作。

(6)承包人需要做好主要分包商和供应商策划，引进有设计技术实力和国际类似项目业绩的专业分包商和供应商，做好前期合同处理。

(7)承包人需要做好与境内外合作单位，特别是大型专业承包人、主要设备厂家的沟通、合作，做好前期标前协议、咨询合同的处理。

(8)承包人需要保证合理必要的投标成本支出，特别是设计费用和专业公司咨询公司费用等。

(9)承包人需要保障足够的投议标时间。

(10)承包人需要对工程所在国(地)政治、经济、自然、法律、社会环境以及行业情况进行充分调查和了解，保证足够的考察时间。

4. 掌控管理设计工作

承包人提交的设计方案至关重要。在很多EPC/D&B项目投标中，承包人提交的设计方案是发包人最为看重的因素。有的发包人在评标时要求先评价设计方案得分，只有设计方案入围，才可以进入报价评分阶段。同时设计方案的质量也直接关系后续的造价估算和项目实施方案的编制。

在投标阶段掌控管理好设计工作，主要需要做好以下几点：

(1)承包人需要准确和透彻理解发包人要求、技术规范、可行性研究报告、前期设计方案等。

这是做好设计工作最重要的前提。承包人可以采用向发包人答疑、信函沟通、专业咨询、与前期设计单位举行设计交底会议等形式，深刻理解设计单位的设计意图，分析查找设计方案的错误、缺陷和潜在的设计风险，从而及时采取措施规避前期风险，保证后续设计与前期设计的正确衔接，并确保后续设计方案符合发包人要求和可行性研究报告。

（2）承包人需要聘请有能力的设计咨询单位。

承包人应聘请有能力、有境外类似工程业绩、有境外工程设计团队的设计咨询单位，并使其尽早参与到投标中来。如果聘请外部设计单位，应明确投标阶段双方的责任义务关系，必要时签订设计委托协议等，确定设计进度、设计成果文件提交要求、设计费用等关键内容。对于长期合作的设计单位，也可以签订长期合作协议。

（3）承包人需要建立良好的设计协调和管控机制，做好过程管控。

在 EPC/D&B 模式下，设计单位作为分包或内部合作单位，承包人要建立良好的设计协调和管控机制，做好过程管控工作。承包人要积极提高设计协调管理能力，要敢于且有能力管理设计咨询单位。承包人可以采用编制下达设计任务书、驻院管理等方式加强对设计单位的管理。承包人也需要加强设计优化和限额设计意识，充分运用价值工程理论管理设计工作，采取各种不同的方法控制设计过程中的各项成本要素，研究设计对成本的潜在影响，及时向设计院提出合理化建议和优化措施，从而在满足发包人要求的前提下降低造价。

（4）制定经济、合理、优质的工艺设备方案。

对于很多电力、石化、厂站类总承包工程，往往采用哪种工艺技术、主要核心设备就基本确定了整个工程的设计方案和造价水平。这种项目，就需要承包人、发包人和设计方案的咨询公司三者充分沟通，达成共识，找准方向，从而制定出经济、合理、优质的工艺设备方案。

（5）投入合理的设计费用。

EPC/D&B 总承包项目的投标成本较高，其中设计费用的占比最大。承包人要综合考虑招标文件的要求和项目投标的实际情况，权衡设计方案深度、估价、编制项目实施方案的需要等因素，投入合理必要的设计费用，不可盲目省去必要的设计费用，也不应盲目投入太大的设计费用。

5. 整合组装优势资源

对于很多大型的 EPC/D&B 项目,承包人凭一己之力已很难自行完成项目投标和实施。在当前的国际工程承包实践中,大型 EPC/D&B 项目对承包人组装、整合优势专业资源的要求越来越高。承包人需要整合组装设计单位、大型设备制造商、专业分包商、物流公司、专业咨询公司,以及与境内外承包人进行合作、联营等。

在具体的多单位参与的项目投标中,承包人要切实做好组织、协调工作,包括制订工作计划、划分清楚各方的工作界面,设计好前期合同交易和激励机制,并建立良好的沟通机制。

6. 积累总结经济技术数据

进行 EPC/D&B 项目的投标报价,由于没有设计或设计深度浅等原因,对工程所包括的细节内容尚不清楚,一般无法进行详细的工程量计算。承包人往往需借助类似工程、以往工程项目的工作内容、工程量、造价数据等指标来进行 EPC/D&B 工程的报价、估价。为此,积累总结好各类型项目的技术经济数据,建立承包人企业内部经济技术指标数据库就显得非常重要。经济技术指标主要分为三大类:项目工程内容分解说明、工程量数据指标和造价成本数据指标。各类型 EPC/D&B 项目经济技术数据如下:

(1)房屋建筑工程

房屋建筑工程涉及的类型较多,可按低档住宅、普通住宅、公寓、办公楼、酒店、机场、工业厂房、医疗建筑、教育建筑等分类统计。

①项目工程内容分解说明。可包括工程地址、建筑面积地上地下层数、层高、檐高等。分述建筑工程(基础、楼板、墙体、屋面、防水等的基本做法和主要材料规格)、装修工程(地面、顶面、墙面、外立面、门窗等的基本装修做法)、机电安装工程(采暖、给排水、消防、照明、强电、弱电等)各专业内容。

②工程量数据指标。地上部分、地下部分的钢筋工程总量、混凝土工程总量、模板工程总量、砌体工程总量、钢结构工程总量及其各项指标每建筑平方米含量,每立方混凝土含量;地面、墙面、顶面装修面积、外立面装修面积及每建筑平方米含量;机电工程主要系统、电梯等配置数量。

③造价成本数据指标。项目投标报价数据(开办费、建筑费、内装费、外装费、机电费、设计费、各项取费、各项费用占总价比例、每建筑平方米单价等);项目执

行成本数据(分包费用、人工费、材料费、机械费、勘察设计费用、运输费用、开办费、各项取费、各项费用占总价比例、每建筑平方米单位成本等);各专业人工工日使用数量;劳动力使用数量;管理人员使用数量;各单项工程造价数据(如勘察设计、场地平整、地基土方、混凝土工程、砌体工程、金属工程、木制工程、防水隔热工程、门窗工程、装饰工程、机电工程、特种设备、家具配饰、室外工程等);主要材料单价数据(钢筋、模板、脚手架、混凝土、各种装修材料、石材、幕墙等)。

体育场、剧场类项目每座位综合造价数据及分解数据;医院类项目每床位综合造价数据等。

酒店项目的各种功能区面积分配比例;房间标准装修做法,大堂、公共区域装修做法;每平方米单位造价、每标准房间造价;不同酒店管理公司、运营商公司制定的酒店装修标准手册;各品牌酒店的房间家具、饰具配置、档次要求;机电系统要求手册。

钢结构工程、体育场等工程的钢结构总量,每建筑平方米钢结构含量;每座位综合造价等。

机场、体育场、医院等所应用的各种非标准设备、特种功能设备的国际标准和产地、国内标准和产地的定期询价和更新等。

(2)输变电工程

电压等级、回路数、地形增加系数、地形比例综合增加系数、气象条件、交叉跨越、导线根数的安全系数、平均档距、杆塔总数等数据。

(3)电力工程

国内类似工程的主辅生产工程,包括热力系统、燃料供应系统、除灰系统、水处理系统、供水系统、电气系统、热工控制系统等的造价数据和比例。锅炉系统、发电机系统的标准、工艺、参数、能力、价格等数据。

(4)炼油厂工程

国内类似工程的工艺装置工程,包括常减压蒸馏、轻烃回收装置、催化裂化装置、连续重整、柴油加氢精制装置、渣油加氢脱硫装置、氢气提纯装置、制氢装置、硫黄回收装置、废渣处理装置、柴油加氢改质装置、汽油加氢装置、催化轻汽油醚化装置、异构化装置、气体分馏装置;总图工程;公共市政设施工程、油品储运工程、给排水工程、电气电信工程、热工暖通工程、自控工程、辅助生产设施等的工艺、参数、价格等数据。

(5)人材机等基础资源数据统计

各主要国际市场区域和国家的人材机及基础资源数据的定期收集和更新,包括当地人工价格、中外用工比、劳务输入政策;主要大型施工机械设备的采购价格、租赁价格、操作手价格、油料价格;主要地材的价格等。

(6)运输、物流费用①

各主要国际市场区域和国家的国际海洋运输和内陆运输的主要路线、价格、进出口物流费用等的定期收集和更新。②

① 参见张辉:《国际工程投标报价实务》,中国建筑工业出版社 2016 年版。

② 参见漆彤主编:《中国海外投资法律指南》,法律出版社 2019 年版。

第九章　国际工程投标报价的组织管理

国际工程相较于国内工程，在市场因素、计量计价依据、参考规范、投标规则等方面存在较大差异，而报价作为工程投标的关键性、核心性工作，决定着工程企业最终的经济收益，因此，国际工程投标报价的组织管理就显得尤为重要。

第一节　国际工程投标报价组织管理的现状及问题

一、国际工程投标报价组织管理的现状

投标报价是投标活动的重要一环，国际工程招标投标亦不例外，且因国际工程的投标报价涉及地域环境、政策法规、风俗习惯、货币价值等差异，报价环节往往工作量更大，也更烦琐，因此对投标报价的组织管理提出了更高的要求。而国内的承包商缺乏国际工程投标经验，对海外市场因素、国际工程计量计价规则、项目投标规范等因素不了解，不能对投标报价工作实施有效的组织管理，致使国内承包商在国际工程中多以亏损告终。

以国内某建筑企业承建的沙特轻轨项目为例，尽管该建筑企业已在海外市场历练了近三十余年，但是各种原因致使其在这轻轨项目上亏损惨重，其中一个重要的原因就是投标报价阶段的失误。事实上，沙特本土实力最雄厚的铁路建设集团也参加了该轻轨项目的投标，而该建筑企业在其了解沙特社会、人文、经济等地域特征后却依据国内情况予以报价。

该建筑企业作为国内乃至世界上知名的大型建筑商，在沙特轻轨项目上遭遇“滑铁卢”事件，给国内意欲“走出去”的其他建筑商提供了负面教材。尽管是在国内叱咤风云、经验丰富的建筑企业，一旦走出国门，依然需要因地制宜、立足当

地、谨慎为之、合理报价。该建筑企业在沙特轻轨项目上的教训也给所有期冀在中东掘金的中国企业上了一课:做好投标报价组织管理工作,是承接国际工程项目的关键环节。

二、国际工程投标报价组织管理的问题

纵览目前中国企业在国际工程项目中的现状,可以发现大部分“走出去”企业亏损的原因在于投标报价组织管理的不善,主要表现在以下几个方面。

(一)缺乏经验,没有系统的国际投标报价管理流程

投标报价事关工程承包项目的成败,报价合理则可“保本赚利润”,报价偏差大则可能亏得“血本无归”。因此,在国际工程项目的竞争角逐中,企业的信誉、实力、业绩仅仅是基础条件,真正影响甚至决定成败的因素,通常体现在报价环节。因此,国际工程项目的投标报价策略和技巧,往往影响着该企业在竞标环节的竞争力。而在国际工程投标报价的策略方法方面,国内建筑企业的研究经验是不及国际大型建筑企业的。相关调查数据显示,我国大概有 900 家建筑企业在海外从事国际工程的承包工作,但是实际上能够顺利完工并盈利的项目却十分有限。究其真正原因,一方面是国内关于投标报价策略的研究刚刚起步,国内的建筑企业缺乏国际投标报价的研究经验,在走出国门参与国际工程的投标报价时,暴露出经验匮乏的缺点,提出的报价竞争力低,缺乏一定的准确度和合理性,有时甚至为了承包项目不惜毫无原则地压低价格,结果实际施工过程中的造价远远超出投标报价或者签约合同价,直接导致项目运行亏损;另一方面是国内的建筑企业在投国际标时并没有根据国内外工程投标报价的差异,制定一套合理科学的报价体系,大多数的建筑企业只是把国内的报价方法稍作调整,便确定了投标的报价,导致与项目所在地政策制度、市场因素、计量计价规则、项目投标规范等严重脱节,致使建设成本攀升而亏损。

(二)缺乏专门的投标团队且投标人员专业能力不强

在调查过程中笔者发现,有一部分建筑企业内部并没有设立专门的国际工程投标团队,在面对国际工程项目的招标时,仍然由国内工程项目投标的人员负责,或者仅增加邀请一名熟悉当地语言的人员配合,由于没有系统程序的约束,导致投标人员的综合素质不过关。参与竞标的人员专业水平参差不齐,甚至有不懂专业技术的人员参与竞标的情况出现,这致使整个小组专业复合能力差,难以组成

一支高效的投标团队。而且，由于国内工程与国际工程的巨大差异，国内工程投标团队的人员难以做到“因地制宜”，无法分辨国际工程投标报价环节的差异及风险点。同时，因缺乏国际工程投标经验，投标部门管理松懈，审核程序不严格，相关人员无法根据招标单位的要求编制合理的投标文件，直接影响竞标书的竞争力，轻则造成项目直接废标，重则因投标报价不合理造成巨大亏损。

（三）没有做到具体情况具体分析

相较于国内工程项目，在国际工程中，承包人要面对的是不熟悉的国情状况，具体而言，在承接国内项目的招标投标环节，相关投标管理人员可以通过现场实地勘察、信息检索、尽职调查等方式分析报价结构，最终确定较为合乎实际成本的合理报价；而在承接国际工程的招标投标阶段，因为成本、地域等客观情况的限制，组织开展现场勘查、收集当地的地形地貌资料等存在一定的难度，只能通过网络检索等间接方式获取，信息的准确性、实效性难以得到保证，这对了解项目情况进而进行投标报价造成不利影响，报价的质量和效率大打折扣。

同时，部分国内建筑企业在参与国际工程投标报价的过程中，往往追求“效率优先”的原则，采用类似“套用国内定额，采用国外询价”的标价计算方式，而这种方法存在很多不利的影响。从源头角度分析，它的时效性不高，并不能准确地反映国际工程的具体细节，并且它不符合建筑企业的制度建立标准；从计算过程的角度分析，它的混淆性强，在具体操作过程中容易加大工作量；从计算结果角度分析，该方法准确度不高，通过这种标价计算方法得出的结果，并不能准确地代表国内企业能实现的既有实力，同时也降低了竞标成功的概率。

第二节　国际工程投标报价组织的设立

无论建筑企业承揽的国际工程采取何种承包方式、工程范围如何，对项目工程进行投标报价都必然涉及承包市场竞争态势、生产要素市场行情、工程技术规范和标准、施工组织和技术、工料消耗标准或定额、合同形式和条款以及金融、税务、保险与当地的政治、经济状况等方面的问题。因此，专业、专门机构的设立就显得尤为重要，由专业、专门机构对报价的全部活动加以组织和管理。同时，也需要通过专门机构召集、组织一批业务水平高、实务经验丰富的投标报价团队具体负责报价管理工作。其中,投标报价团队成员不仅需要具备广博的知识和丰富的经验,还必须熟悉国际工程施工和投标报价的规范和操作程序。只有这样,投标报价人员才能参与激烈的国际工程市场的竞争。

一、国际工程投标报价组织机构

(一)组建专业能力复合性强的投标报价团队

建筑企业在参与国际工程项目的投标时,建议选择有国际工程从业背景的专业人员组建项目投标团队,成员应包含设计师、采购员、施工技术员和预算员等。同时,为保证投标人员参与项目的深度,投标组织人员及参与人员与中标后的项目经理和关键岗位人员要基本保持一致,保证项目前端投标环节与中端实施环节的责任主体统一。

具体而言,专业的项目投标报价小组应集合经济管理、专业技术、合同管理、法律风控等专业人才。同时,就项目负责人的综合素质而言,项目牵头人应具备施工技术、经济管理、造价预算等从业背景,且懂法律,熟悉或精通项目所在地语言。就项目其他人员的综合素质而言,直接从事费用计算的经济管理的人员应熟悉本公司在各类分部分项工程中的工料消耗标准和水平,同时,经济管理负责人应熟悉公司的技术专长及缺陷,另外,经济管理负责人的价值也体现在,他们通过掌握生产要素的市场行情,调查研究其他竞标人的基本情况和特点,进而通过合理的调查、分析、预测,使最终的投标报价既保证成本收益,又具有一定的竞争力。专业技术类的负责人主要是从事工程设计或者施工的专业技术人员,他们通过丰富的工程企业施工实践经验,从工程实务的技术层面出发,选择最经济合理的设计或施工实施方案作为投标报价的基础。商务金融类的负责人,是指具备融资、银行、保险等从业经验或专业知识背景的专业人员。负责合同管理的专业人员,一般需具备法学专业背景或者法律从业经验,熟悉商事合同相关法律、法规,能够梳理分析项目承包合同潜在的法律风险,同时就合同条件设计后期索赔的条款,注意收集过程履约的证据资料。综上所述,一个具有战斗力的项目投标小组应具有复合型专业团队的属性,以应对复杂烦琐的国际工程项目。另外,国际工程项目的投标报价团队应建立长期稳定的组织机制,形成畅通、协调、高效的管理运行模式,以应对复杂多变的国际工程项目。

(二)组建投标报价小组的程序

投标人决定对某一项目进行投标,第一步是成立项目投标报价小组,小组成员一般由专业技术人员、经营管理人员和商务金融人员构成。因工程招标留给投标人编制投标文件的时间相对较短,因此,小组成员确定后,应立即进行工作分工,然后汇总编制。

投标报价经理应负责组建投标报价项目工作组,投标报价工作组的人员组成和人员要求应根据项目的性质、规模、工作范围和工作内容确定。由投标报价经理与项目管理部领导协商确定项目组人员,从工程项目投标报价人员名单中推荐投标报价专业负责人,经经营部、项目管理部、监理公司领导和公司主管领导批准后,成立投标报价项目工作组。

投标报价工作组的所有专业负责人应接受投标报价经理的直接领导,投标报价期间各部(室)不得随意撤换,不得安排他们承担影响投标报价工作的其他工作。

(三)投标报价小组成员的能力要求

1. 扎实的专业素质

做好国际投标造价管理工作,投标团队必须有丰富的国际项目造价工作经验、扎实的专业基础、良好的报价测算工作模式、完备的国际工程造价体系、系统的招标投标知识、优质的项目管理,还应具备合同意识、识别风险能力、投资控制分析能力。扎实的专业素质是投标整体把控的基础。

2. 全面的综合能力

在具备扎实的专业素质的同时还要具有全面的综合能力——强有力的执行能力,敏锐的分析解决问题能力,良好的沟通协调和表达能力,专业的英语阅读、写作、商务谈判能力。全面的综合能力是投标报价质量的保障。

3. 积极学习国外标准和规范

国际工程一般仅适用国际标准及规范,因此投标报价人员应加强熟悉国际工程技术标准和规范,国内工程公司应积极研读国外的标准和规范,解决不适应使用国外标准和规范的问题。积极参与国外标准和规范的翻译工作,学习和掌握与业务相关的主要标准和规范,也应积极参与国内标准和规范的翻译工作,争取在国际项目上推广使用中国的技术标准和规范,弥补国内工程人员对国际标准规范缺乏了解的不足。

4. 严谨的工作态度

工作态度直接影响着工作效率及成果。高标准、严要求才能保证工作质量,在投标报价环节,任何一项偏差纰漏都会造成十分严重的后果,这就对造价管理工作提出很高的要求，要有重于泰山的责任心和使命感。严谨的工作态度是投标报价准确性的前提。

5. 自觉的大局意识

为实现做大、做强国际业务的目标，工作中不能死板，要围绕企业发展的大局主动思考、主动研究，在不违背原则的情况下要以公司利益和市场开拓大局为重，充分发挥岗位作用。自觉的大局意识是企业战略实施的推进剂。

6. 廉洁的道德操守

造价管理工作中会掌握投标报价的前沿资料，泄露信息对公司投标工作将造成严重影响，因此投标报价人员必须抵挡不良诱惑，坚持廉洁自律、谨言慎行，在工作与生活中要做到有原则、有界线、有规矩，严守企业秘密。

(四)投标报价小组的组织管理制度及工作模式

制定科学的投标报价内部组织、管理、协调、审核和批准程序是投标报价组织管理的核心工作，只有先理顺投标报价的组织管理关系，才能明确设计、采购和施工各专业在执行模式、对外接口、工作范围、职责、进度和质量等各方面具体要求。

1. 拟定具有超前、务实的造价管理制度

超前、务实的造价管理制度、流程、体系是建筑企业当前及中远期发展的基础保障。例如，参照国际通行的投标报价惯例，结合建筑企业的自身特点，积极拟定适合国际项目的各种报价模式、制度流程，探索制定规范化、标准化的工作流程来提高工作效率、保证工作质量。同时，建筑企业可通过建立投标测算任务分工机制、考核机制的方式，明确造价管理工作职责和任务分工等，在工作不断深入的过程中，总结各项制度流程合理性、效率性和作用性，结合领导和各方意见不断修正和完善各项制度流程。

2. 推行“纵向到底，横向到边”的工作模式

为满足市场经营的需求，保证造价管理工作的效率和质量，建议推行造价管理人员“纵向到底，横向到边”的负责制，纵向到底是从项目跟踪到实施完成的全过程造价管理，横向到边是对收集研读招标文件、市场调查、报价测算、投标文件编制、合同谈判等工作进行全方位把控。为推动国际公司的市场经营，建议造价管理以区域为单位进行分工管理，通过建立长期的沟通渠道，维护对外关系，提高沟通效率；通过长期了解区域项目情况，积累区域工程经验，提高工作效率；通过长期多领域的造价管理，掌握市场发展趋势，提高管理质量。实行多领域的“纵向

到底，横向到边”造价管理工作模式，是提高工作效率、加强风险把控的有力保障。

3. 分析项目特点制定工作方案

国际项目都以经济指标为结果导向，并决定项目的可行性，所以造价管理工作的首要任务是认真研究设计报告和招标文件，充分了解项目的建设方式、融资方式、政治社会风险、市场行情、业主预期和项目相关各方的想法等信息，分析项目特点和影响项目经济指标的因素，结合项目形式做好策划工作，制定具有针对性的投议标策略和报价测算工作方案，推进工作朝好的方向发展，实现以做大市场为前提的利润最大化目标。

另外，投标团队在制定投标报价策略时应充分考虑市场调研、客户关系、竞争对手分析等外部环境与项目执行和报价水平等内部环境等方面因素，制定清晰的报价策略及目标。

4. 对投标报价工作过程进行严格把控

国际项目要根据项目特点加强项目策划，通过方向控制、进度控制和质量控制等手段进行过程把控，如定期召开例会，组织有关项目开工、现场考察、节点对接、节点审查和控制（如工程量、费用、风险、合同）等工作内容。就有关重要事项、存在问题和解决措施进行确认，确保投标报价工作高效、有序地开展。

同时，积极组织中间成果汇报会，及时传达最新信息，确保思路正确方向准确；关键节点日期召开工作协调会，了解项目进展情况，提前预警，掌控工作进度；建立过程台账，分析不合理因素，反馈优化方向，严把质量关。对投标报价测算过程的严格把控，可以实现对报价有效控制，掌握主动权。

5. 对投标报价成果进行分析和评估

投标测算工作成果完成后，结合项目实际情况、业主期望以及各方的要求，对报价成果做偏差分析、对比分析、大数据分析，找出报价中的不合理因素和风险点。对报价评估完成后，编制报价成果评估报告，提出优化报价和控制风险的合理化建议，为领导决策提供依据。对投标报价成果科学分析和评估，可以防范项目风险。

6. 积极做好沟通协调和配合工作

造价管理工作的顺利开展、报价成果的质量保证离不开高效、畅通的沟通机制。在国际项目的投标报价环节，承包人需要与各方协调沟通，建立良好的交流渠道，降低时间和交流成本，提高工作效率。例如，通过行业沟通会和技术交流会的方式取长补短、各取所需，促进承包人造价管理能力的提升。建立沟通反馈机制，及时向各方反馈意见，为科学决策和正确执行提供保障。积极做好配合工作也是造价管理工作的重要一环，积极主动配合区域市场开发、投标文件审查、合同谈判、项目部成本控制等工作，为国际公司市场开发和项目履约扮演好“参谋”角色。

二、国际工程投标报价组织机构成员的职责及分工

国际工程投标报价是一项系统工程，不仅需要组建专业的机构部门，更需要组织机构成员的密切配合及合理分工，只有这样才能使投标报价组织机构在竞争激烈的国际项目投标中更具“战斗力”。

一般情况下，投标报价经理作为项目投标的负责人，具有以下职责和义务：

1. 负责投标报价项目工作组的组织和管理，负责与外部协作单位的联络和协调；

2. 编制投标报价的活动进度计划，组织和安排报价书编制工作；组织对投标报价书的评审；

3. 组织对招标书的确认和澄清；

4. 负责投标报价书的投递和跟踪；

5. 中标后担任合同管理工程师的，负责合同管理相关工作。

参与投标报价的其他相关人员，可依据各专业特长，制定相应的《部门职责规定》和《项目岗位职责规定》，具体规范按其分工职责。

三、投标报价组织的监督和管理

相较于国内的工程项目，国际工程项目的投标报价具有跨部门、多领域、专业交叉的工作特点，无论是公司的主要管理人员，还是具体从事投标报价工作的一线人员，都需要通过明确的分工、紧密的配合。具体而言，在国际工程项目的投标报价环节，投标报价组织为保障报价工作的顺利、有序、高效进行，一方面，会根据时间节点对不同的专业人员安排相应的工作内容，保证输出符合该阶段的工作质量及工作要求；另一方面，通过过程管理与监督，做好不同阶段的质量控制，如召开项目开工会、分工对接会、现场考察会、程序说明会、工程量审查会、费用审查会及最终费用评审会等严格按流程组织，有效监督投标工作的各个环节。

第三节 国际工程投标报价的程序

国际工程投标报价涉及的方面广泛。虽然相对于整个建设周期来讲报价工作时间的占比是很小的,但是该阶段的工作质量对于工程的最终结果至关重要。一般来说,报价工作主要包含以下四项内容,即报价准备、报价计算、报价审核以及经济分析。投标报价组织应当就四个环节的工作分别安排专人进行组织、协调和管理。

一、报价准备

(一)研读招标文件、提炼关键问题

招标文件涉及面广,应当仔细、全面研读招标文件特别是合同条款、图纸文件以及项目特殊要求的内容。管理水平较高的承包商往往会指派精通外语并且具备专业知识的人员参与招标文件研究,提炼其中关键条款,如果存在模糊不清的条款,承包商需及时与招标人沟通。

(二)调查研究

对于国际工程来讲,开展项目调查研究是成功投标报价的前提,特别是针对招标工程特点进行重点调查,平时注意资料的积累非常有必要,最好组成专门团队进行资料信息收集整理,否则仅仅在投标前有限的时间内很难对项目有关情况做到全面细致地研究。调查研究内容一般包括以下几项:

1. 对招标工程有关的政治、经济、市场环境展开调查。

(1)工程所在地的政治形势:政局是否稳定、该国或该地区与我国的外交关系是否平稳、工程建设政策的变动;

(2)工程所在地的经济状况:经济发展水平、对外贸易开放程度、金融机构及金融政策情况;

(3)当地法律法规:需要了解的至少应包括与招标、投标、工程实施有关的法律法规,由于法律法规和相关政策随时可能变动,需配备专人随时掌握最新信息;

(4)材料的来源、供应情况:如砂石、水泥、钢材、木材等。

2. 项目现场条件调查:如地质情况、气象特征、水文资料、洪水、地震、海啸等自然灾害情况。

3. 现场施工条件调查：如现场的供排水、供电、地形、地质、地貌、交通、通信、现场“三通一平”情况、现有建（构）筑物情况等，如标书已做说明，需进行核对。

4. 租赁设备及当地劳务来源情况。

5. 项目地的生活物资供应情况、医疗设施水平、安保情况。

6. 项目业主的调查：了解工程的资金来源、政府要求的各项手续是否齐全、业主的信用水平及工程建设经验、业主方工程师的履历等。

7. 竞争对手的调查：根据工程投标资格的要求、购买投标文件公司的情况和参加标前会议的情况，可以大致了解参加投标的对手情况，分析其规模和实力、管理水平、市场占比、技术特长等。

8. 对招标文件提及的非常规问题予以重视并充分论证。

（三）核算工程量

工程量准确与否，事关工程投资效益，承包人对招标文件中提供的工程量必须进行全面复核。复核工程量要求必须“吃透”招标文件，分析设计图纸，如发现招标文件中的工程量存在偏差，要及时找出原因并与招标人进行磋商，为工程报价做好准备。

（四）编制施工组织设计

施工组织设计是计算标价的重要依据。

（五）进行机械、材料、设备询价

施工所需的各种机械、材料、设备不仅可以从项目所在地采购，也可以从本国或者第三国采购，因此，必须向各地区或邻近国的供应商和生产厂家询价比较，择优选之。

（六）分包询价

分包工程报价高低，在一定程度上影响总报价，从而影响中标概率。因此，应进行分包询价。

二、报价计算

与国内工程相比，国际工程的投标报价不仅组成项目多，并且各个承包商的分类和计算方法也各不相同。一般会将利润和间接费用等以某一综合管理费率标准分摊到分项工程的单价中去，用以组成分项工程的完全单价，然后根据工程单价和工程量计算出分项工程的总价，所有分项工程总价整理汇总后就可以得出单项工程的估价。因此，需要特别注意的是不要漏掉项目或重复计算投标报价的组成内容，以免造成不必要的损失。

三、报价审核

无论是国内工程还是国际工程，投标报价的审核都是投标过程中极为重要的环节，关系到一份工程报价的科学性、合理性以及可行性。同时，报价审核的严密性也是检验投标报价组织管理成效的重要标准。通常来说，审核投标报价应重点关注以下内容：

1. 报价函是否需要单独密封。

2. 单独密封的报价函与投标文件中报价是否一致。

3. 项目编号、项目名称是否正确。

4. 法人或委托代理人是否按照规定签字或盖章，是否按规定加盖公章。

5. 投标日期是否正确。

6. 报价编制说明、报价表是否符合招标文件的格式要求。

7. 报价表是否按照招标文件的要求制作、填写，相关人员的签字盖章是否符合规定。

8. 报价表的工程数量与招标工程量清单是否一致，数字是否吻合，是否存在算术错误。

9. 用工、用料、用机单价是否合理、准确，“运杂费单价分析表”中的运距是否与招标文件内容相符，是否与实际调查结果相符。

10. 定额套用是否与施工组织设计相符。

11. 报价的机具配置是否与施工方案相符，避免出现较大差异。

12. 报价使用的“工程量清单”招标所含内容如定额计量单位、数量与招标文件是否符合招标文件规定。

四、经济分析

当报价书审核完成后，报价人员需进行系统的研究和分析，主要包括标底分析和盈亏分析。

标底分析，根据已掌握的与招标项目同类型项目的造价资料，结合工程特点，大致推算出业主标底或其他投标商的合理报价范围。利用这一方法进行预测,合理取舍,提高投标报价的准确度。

盈亏分析,全面分析造价,清楚在报价过程中,哪些地方偏紧,哪些地方留有余地,从而进行对比分析,预测出利润范围,以便应对其他承包商的激烈竞争,选择最优方案为企业争取利益最大化。

第十章　国际工程投标报价的风险

我们应当注意到,国内的工程招标投标制度与国外的工程招标投标制度是存在一定区别的,其中较为明显的一点就是:在国内,招标投标与政府采购在立法方面既相互区别,又存在一定的联系。但在海外的工程发承包方面,有的国家或者地区只有政府采购方面的强制性规定,而没有独立的具有普遍性的招标投标制度。因此,从一般意义上可以说国际项目的强制性招标投标主要是适用于政府采购,其他项目则可能是参照或者参考政府采购的路径来操作。

在实践操作中,潜在投标人如果经过综合权衡后决定参与具体的国际工程项目投标,则需要以编制和提交投标文件的方式向发包人确定投标报价。编制招标文件从而确定投标报价是投标人参与项目竞争的关键一步,只有通过这一过程才能向招标人展现自身完善的管理能力和全面的综合实力,从而尽可能争取中标的可能。这一工作当中又以确定投标报价为核心,也是后续发承包双方洽商条款、订立合同和后续履约的根本依据。在国际招标中,应区分政府招标和民间招标的项目。一般情况下,在满足招标文件规定的同时,政府会选择价格最低的投标人;而民间招标的标准却有很多种,如最低价标准、次低价标准、综合评分最高标准等,由招标人自由决定采用何种标准,但仍以最低价中标为主。故投标报价在很大程度上关乎投标人是否能够顺利中标——过分压低报价会压缩项目预期利润甚至亏损,导致项目无法正常推进;而过分抬高报价又会使投标人丧失竞争优势、降低中标机会,所以投标报价的准确性在整个投标关键环节尤为重要。国际工程行业对于投标报价的重要性已经形成了普遍的认识,都认可“投标的关键在于报价,盈利的关键在于索赔”的理念,这充分说明了投标报价在项目承揽过程中的核心地位。

与国内工程投标报价有定额作为编制依据不同的是,国际工程的价格并不强调类似依据,可以说是更为开放的市场价格,是投标人根据自身条件以及对项目的了解所作出的具有竞争力、又能收获预期利润的价格，因而投标人应该全面解读项目工期、质量、安全、价格、技术等内容，权衡各种风险因素后谨慎报价。相较于国内工程投标报价，投标人已经具有熟悉的自然环境和社会经济环境以及可靠的生产要素保障，国际工程投标报价的影响因素更多、更复杂，应对措施也更加匮乏，如对设计师设计意图理解不深刻，存在较大偏差；对技术标准、规范理解不清；对生产要素价格了解不清晰，供需关系调查不够详细；由于国际货币汇率波动大、对工程所在地的纳税制度了解并不透彻等很有可能引发相应风险。承包人必须有效识别国际工程投标报价影响投标报价的风险因素，并有针对性地采取预防、预警和化解措施。

就承包人而言，从事国际工程的风险可谓是无处不在、无时不有，因此只有尽可能地熟知风险可能的发生点才有可能规避、化解并转移，从而使风险降低到能承受的范围。了解风险就是抓住机遇，由于项目投标阶段极有可能对前期阶段缺乏足够的认识，该阶段风险往往很大且不可控，这一阶段关乎整个项目的成败。根据招标投标程序，招标投标阶段风险一般可以分为投标前风险、投标中风险、投标后风险。

第一节　国际工程投标前的风险识别

一、项目所在地基本情况的风险

项目所在地的基本情况包括自然地理、综合情况、历史、经济、法律、政治、市场、税务等。

1. 自然地理。国家所在位置（位于哪个大洲、哪个地区、接壤或隔海相邻的国家等）、面积、地形（山脉、平原、河流、湖泊等）、气候（旱季、雨季、最高气温、最低气温、降水分布、特殊气候现象等）。需要主要了解对工程进度和造价影响大的气象因素（如降雨量、气温、风暴等）。

2. 综合情况。人口、国体（单一制或联邦制）、民族或部落（单一民族或部落，多民族、部落冲突或相容）、首都及行政区划、国家元首和地方官员、宗教（单一宗教、多宗教、宗教习惯及沿革）。对这个国家或地区有大致的了解，其中最主要的是是否存在由于不同宗教、不同部落（民族）导致的内部冲突。

3. 历史。国家的形成和文化的发展,尤其是近代历史,是否受殖民统治,历史上和邻国的冲突等。了解该国或地区和哪些国家或地区友好、与哪些国家或地区有冲突、是否处于战争或濒临战争状态,由此判断工程项目根本的可行性。

4. 经济。国民生产总值和人均国民生产总值,经济增长率和主要经济增长点,经济发展均衡情况,财政主要收入来源、货币及汇率、外汇管制、基础设施、自然矿产及开发情况。着重了解汇率及外汇管制情况、交通基础设施、通信设施、电力供应和水资源分布。

5. 法律。法律体系(大陆法系或海洋法系)、法律完善程度和执行情况。着重了解公司法、劳动法、保险法、税法、海关法(关税税种及税率)等。

6. 政治。政体(共和制、君主立宪制、政教合一、军人政权等),政府信用及效率,廉洁程度,民族矛盾,阶级矛盾等。其中政局稳定程度、政府信用、效率和廉洁程度是其中较为重要的指标。

7. 市场。建筑市场的稳定性、建筑材料的可获得性、是否需要从邻国或者本国进口材料和机械、运输条件和运费以及沿途的安全环境等。

8. 税务。在税负中占比较大的所得税以及销售税、商品服务税、增值税、进出口关税、进出口环节增值税、合同税、印花税、杂项税等。

二、项目基本情况的风险

项目基本情况包括项目概况、招标人及咨询工程师、发包方式、合同文本、时间节点、当地公司优惠等。

1. 项目概况。项目名称、项目种类(基建、房建、机电安装等)、位置(距首都、交通枢纽的距离)等。决定公司是否有兴趣、是否有实力参加此项目的投标报价。

2. 招标人及咨询工程师。招标人(政府、公共部门、公司、个人等)、咨询工程师(第三国、本地、合营)。了解招标人和咨询工程师对自身参加投标的态度,过去和招标人交流合作的情况,招标人的信用情况,咨询工程师执行项目的宽严程度。

3. 发包方式。公开招标、邀请招标、议标。分析项目承揽竞争的激烈程度。

4. 合同文本。截至目前,国际咨询工程师联合会下有代表 102 个协会成员。因此,首先对招标文件的一个基本的判断是,该招标文件是否采用了 FIDIC 合同条件。如果采用了 FIDIC 合同条件,需要进一步了解是,采用的是 FIDIC 施工合同条件还是设计—施工合同条件,或者是设计、采购及施工合同条件。FIDIC 系列合同条件除了上述几种,还有机电工程合同条件、招标人与咨询工程师服务协议及简约合同条件等。如果未采用FIDIC合同条件,则应仔细了解招标文件的要求,可能会出现在很多方面不符合国际工程惯例的情况,因此要引起重视。

5.时间节点。投标日期、工期及维修期、是否能按时投标、是否能按时完工、维修期持续时间是否可接受。

6.当地公司优惠。按FIDIC合同条件,当地公司一般优惠7.5%,有些国家优惠程度更高,可达到15%。由此可决定是否和当地公司联合,享受当地公司优惠。

三、项目技术要求的风险

项目的技术要求主要包括:项目的性质及规模、标准和规范、地质水文资料、设计文件深度、招标人提供的支持等。

1.项目的性质及规模。项目承包模式(施工、分包、劳务等)、项目种类(铁路、公路、桥梁、隧道、港口、水利、房建等)、项目规模(长度、面积、容量等)。

2.标准和规范。使用的是英国标准、美国标准、德国标准、法国标准还是当地的标准和规范。无论采用何种标准,都可能与我国的标准存在不一致之处,了解标准和规范的意义在于核查公司此前是否做过相同标准或类似标准的项目。

3.地质水文资料。是否有地质水文资料,如果有,资料是由哪家咨询公司提供的以及是否准确。

4.设计文件深度。是否有设计文件及其深度,用以决定投价时对设计工作的安排。

5.招标人提供的支持。招标人是否有提供施工场地、施工设备、试验场地等支持。并且注意,招标人是否确实能够提供该等支持,以及能够提供的条件、时长,是否收费等,从而决定是否使用并在报价时考虑费用。

四、对招标文件研究分析的风险

承包人应通过对招标文件的分析研判,加深了解投资和建设项目的目的和要求,以便根据国际惯例或参照习惯做法并结合此前的经验,提出需要澄清的问题,以此作为重要的基础依据之一,并做好后续的投标报价工作。

1.投标须知。投标须知主要阐述了招标人基于项目情况对承包商的基本要求,基本要求就是对项目建设和承包商的重要要求。在这份文件中,招标人会描述项目的主要工程内容，建成后应达到的各项性能指标要求，招标人在施工期间提供的各种条件，并说明本项目的合同性质。通过研究投标须知，可大致知道招标人的要求。

2. 工程量清单及工程量清单说明。工程量清单是建设工程的分部分项工程项目、措施项目、其他项目、规费项目和税金项目的名称和相应数量等的明细清单。工程量清单说明是指对工程量清单各条目的说明，也常被翻译为“工程量清单的定义”。工程量清单要求投标人将计划完成的工程量全部详细列出，也为投标人提供了拟建工程的基本内容、质量要求和工作量明细等信息，是投标报价环节最为关键的信息之一。

3. 保函格式。工程保函是依据商务合同出具但本身不依附于商务合同存在，具有独立法律效力的文件。国际工程常用保函形式包括投标保函、履约保函、预付款保函、滞留金保函等。

4. 投标价格。投标价格一般以国际通用货币或当地货币进行计算，也可以由双方约定国际通用货币和当地货币的比例。投标人在投标书中可以提出期望得到的国际通用货币的比例或者全部以国际通用货币结算，而且可以要求在中标后的整个项目实施阶段其对于货币种类及比例的要求不能更改，即使合同变更（如价款减少或增加）也不能更改。

5. 其他货币与本地货币的比价（汇率）。货币比价一般会以投标前 28 天，项目所在地中央银行牌价中间值来确定，一般情况下合同会约定履约期间不予变更。中央银行的牌价可自招标人处获得，也可由投标人自行从当地中央银行获得。

6. 预付款。通常合同中发承包双方可能约定先拨付一笔不计息的工程预付款，比例一般为合同价格的 10% ~20%。预付款的返还方式为，从承包人收到的进度款累计超过了约定比例的下一个月起开始返还此前收到的预付款，直至全部返还。还有一种常用的方式是计算出分摊月数（从承包人累积收到进度款达到约定比例的下一个月开始，至完工日期的前一个月止），将预付款总金额除以该月数，每个月返还等额预付款。

7. 工程保留金。保留金是指工程完工后，招标人不是把全部工程费用拨给承包人，而是保留一定的工程费用，待工程保修期满并检查合格后，才把保留部分的工程价款支付给承包人。一般情况下，项目都有工程保留金，如果保留金超过合同价格的5%，应当视为不平等条款，承包人对此应给予更多地考虑。

8. 违约罚金。承包人如果不能按约定日期完工，将被招标人处以违约罚金。一般情况下，违约罚金以日计，但有总额限制，总额通常为合同价格的5%～10%。延误罚金累计达到合同约定的总额上限时，招标人有权解除合同并要求承包人离场，除非承包人能够证明工程延期是由于非自身原因（招标人原因、不可抗力等）造成的，且符合合同约定。

9. 保险。通常招标人会要求承包人投保工程险，且特别约定保险的受益人为招标人。

10. 税收。国际承包项目面临的税种通常有：进口税、增值税、公司所得税、个人所得税、印花税、预扣税等。承包人在投标时应对项目所在地的应缴税种和税额进行全面的了解，特别是项目是否能作为免税项目或者是否存在免税的科目。比如，有的国家规定，施工机械可以免进口税，但在项目结束后必须运出境外或按残值缴税。

11. 商务特别条款。该类条款一般有两类情况：一类情况是对一般条款的修改和补充；另一类情况是招标人或招标人聘请的咨询单位根据项目情况编写的，根据不同的项目，它的主要内容是不一样的，承包人对此应予以关注。

12. 一般条款。FIDIC合同条件经过多次修订和改进，无论是对招标人还是对承包人已较为公平。研究一般条款主要是研究采用的是FIDIC系列合同条件的哪种类型和哪个年份的版本，并关注合同的具体内容。如果不采用FIDIC合同条件，则需要高度关注合同的具体内容。

13. 技术规范。技术规范直接涉及项目的具体技术要求，该部分内容主要由招标人聘请的咨询或设计公司完成，应当关注技术规范是基于哪国标准或哪种通用标准，以此为基础进行研判解读。

14. 图纸。图纸是最重要的技术文件，承包人应当关注对图纸是否进行过前置审核，也应当在收到图纸后按合同约定审核，对其中的错误、遗漏或需要澄清之处及时通知招标人，要求进行变更、释明或向招标人提出合理化建议。

15. 关键时间（节点）。包括但不限于投标截止日、标前会议和现场踏勘日、开工日、工期、验收日、移交日、维修期等。其中，开工日通常明确规定为承包人收到预付款后的某日，以招标人正式下达开工令为准，如果标书中的相应条款与此不同，投标人应予以关注；维修期通常为1～2年，如维修期长过2年，投标人需特别注意。

16. 不平等条款。由于招标文件通常是由招标人或招标人委托某一咨询公司编写,招标人常会利用其招标过程中的强势地位要求设置一些对承包人不利的条款,使承包人承担过多的风险,尤其是对于一些不能由承包人控制的风险。因此,对不平等条款的拣选、整理和解读,是承包人投标报价前需要重点关注的内容。不平等条款通常包括:承包人负责房屋和土地征收及费用、承包人负责设计文件的报审、承包人负责办理开工许可等一系列本应由招标人报政府审批的文件、承包人承担超过履约保函额度之外的风险、对承包人的工期延误罚款不设定上限、不可抗力的定义过于狭窄(如不包括重大疫情及由此带来的不可抗的不利因素)等。如遇到前述情况,承包人可向招标人提出澄清,通过协商或其他途径获得更正或更改。

17. 存在冲突或含糊的条款。招标文件中可能会存在一些前后冲突或含混不清的条款,通过研究分析,可以逐一找出问题并进行整理、归类和处理,一般有三种应对途径:直接向招标人提出澄清、留作议标时的筹码(有条件报价时)、留作实施时进行索赔的伏笔。

五、确定投标报价策略的风险

选择和确定投标策略是投标人投标能否取得成功的关键因素。就投标人而言,即使有强有力的团队,若缺乏投标策略,也很难取得成功,或者是即使中标,也难以获得预期的利润。因为在投标竞争中,情况错综复杂,方法也各式各样。投标人需要考虑的策略风险点主要包括:

1. 平等互惠条件。在 WTO 成员投标时,应首先要求遵循国家(地区)间基于 WTO 规则的对等、互惠和不受歧视原则,特别在欧美和海湾国家,应意识到此点的重要性和必要性。

2. 汇率。投标人应当注意的是,由于当地货币与外汇的汇率可能并不固定而且是不断地变化,汇率方面对投标人而言可能存在重大风险。因此,确定汇率是重要的投标策略之一。

3. 有条件投标。有条件报价主要包括以下两种方式:第一种是正常报价,随附包括履行条件的说明文件;第二种是另外增加相应的成本和费用作为不可预测情况的对价,同时强调如果招标人同意修改承包人倾向于拒绝接受的条件,则可以考虑收回相应的对价。这样既可以不丧失参与投标的机会,又可以通过设置条件规避不平等条款所包含的风险。

4. 承诺对于投标的影响。招标人常常要求投标人在资金、工期、社会责任等方面给予一定的承诺,还可能将此类承诺作为评标的重要参考条件。对此投标人应当慎之又慎,避免轻易作出承诺而导致后续的违约责任。

5. 应用不平衡报价。不平衡的表述是相对常规而言,该策略在总报价不变的前提下,把特定分项工程的单价提高,把另一部分的单价降低,在保证总报价有竞争力的前提下争取更多的经济利益。这种方式建立在对招标文件和项目实际情况透彻分析的基础上。

6. 特殊情况下的高价竞标。如果项目是本地区关键项目,且是投标人的主要业务领域,不参加可能会引起不必要的顾虑;或者投标人对项目并无兴趣,但招标人极力邀请投标人参加;又或者投标人在类似项目中已投入大部分资源;该项目属于尖端高科技项目的投标等。此时投标人可以采取特殊情况下的高价竞标策略。

7. 不可预见费用的因素。投标阶段即对所有在后续履约过程中产生的费用作出正确估算,这对投标人而言是几乎不可能完成的工作。由于工程项目受内外环境、施工条件、人为因素等影响,很难作出全面和细致的预测。由于意外情况属于偶发,无法事先预测规模、时间和影响。这就使未将不可预见事件产生的费用纳入考虑范围不符合现实情况,而全部考虑则很大程度上会导致因为价格过高而失去中标机会。因此,投标人应综合考量不可预见费用占合同价格较为合适的比例。根据经验,通常可设置为合同价格的5%。

8. 风险费用。某些同家,比如,东南亚国家或中东(海湾)国家,常采用的合同计价模式是成本加酬金。通常情况下该风险费用不超过合同总价的1%。

第二节　国际工程投标中的风险识别

国际投标报价是投标人根据招标文件,所在地法律法规,市场信息,工程本身特点,自身技术实力、管理水平,以及对所在地了解程度,投标策略等因素综合考虑后所作的表现。投标报价包括了询价询标、核算工程量、编制施工计划、计算基础单价、计算直接费和间接费、计算分项工程单价、计算汇总、分析与调整，在做好投标报价准备工作后，才能形成满足承包人可能中标又能够盈利的标价。

一、国际工程投标报价的计算风险

投标报价由直接费、间接费、利润、风险费等费用构成，应注意直接费、间接费和其他费用的计算。

1. 直接费单价的计算

(1)人工工日单价的计算。现实中主要包括国内派遣工人、本地雇用工人这两种形式。很多国家为促进当地就业规定了本地劳工占比，且限制了外国劳工的输入，甚至设定了一定的审批程序和用工上限指标，所以要恰当考虑项目劳工成本和配比问题。在编制进度计划以及劳动力计划时，一定要结合当地的用工政策，以及重点技工的要求及水平。国内派遣工人工资单价一般包括以下组成部分：国内工资、派出工人的企业收取的管理费、国内差旅费、国际差旅费、国外津贴、补助、加班费、奖金、保险费用等。雇用本地工人人工工资单价一般包括以下组成部分：基本工资（本地水平）、带薪法定假日和休假日工资、加班工资、夜间及特殊岗位补助、税金、保险费用、招募和解雇成本等。

(2)材料、设备单价的计算。承包人在国外的材料、设备采购来源包括：第一，当地采购；第二，国内采购；第三，第三国采购。当地采购以本地供应商报价为主要依据，并需要考虑涨价预备费。国内采购或第三国采购还需要考虑关税、运输费用、时间成本等因素。

(3)施工机械台班单价的计算。国外工程与国内工程在施工机械台班计算方面的主要区别在于折旧费和大修理费，因为折旧年限直接影响收入的计算，进而对税收特别是所得税等税种具有较大的影响。折价年限主要由国家的财会制度规定，并非承包人自行决定，国际工程一般会根据工程情况考虑 5 年的折旧期，也有一次性折旧完毕的，一次性折旧完毕就不再计算大修理费，承包人对此应提前了解。

隐藏在市场要素报价中的风险就是生产要素的消耗量，与国内的工程建设相比，差异主要体现在人工和机械消耗，而劳动力的水平、属地特征以及机械化的使用情况决定了国际投标报价不再是简单的路径依赖，而是需要根据国际工程项目的自身特点和所处环境进行报价。一些国内企业报价完全是在套用国内定额报价的基础上作出微调后直接进行国际工程报价，最终严重偏离工程实际，必然产生相关损失。

2. 间接费的计算

国际工程间接费的名目较多、费率也根据国别和项目实际情况各不相同，计算时需提前阅读、梳理相关费用是否列入了间接费，若未列入是何种原因。常见的间接费包括投标期间的开支、保函手续费、保险费、税金、经营业务费、临时设施费、贷款利息。例如，在东南亚某国，临建项目必须经过政府审批，且政府需要收取一定的费用，类似于中国的排污费，如果不清楚当地临建费用的构成则很有可能漏报该项费用。又如，某海外项目投标中有关保函的财务费用，报价人员按常规国内银行开具手续费即每年保函额度的0.4%计算，而在执行过程中，招标人要求承包人的保函必须是当地银行开具的，而招标文件的规定是“承包人的保函必须是经招标人认可的银行开具”，这就使承包人最终需要在招标人认可的本地银行出具保函，手续费也是一笔不菲的开支，相应就会导致对应的财务费用大幅提高。而发生保函费用超出投标报价的根本原因在于承包人未能全面系统解读招标文件中的“经招标人认可的银行开具”的表述，而是凭借以往国内银行开具保函手续费的经验，最终导致了保函费用的损失。因此，要重点关注招标文件和合同条款中关于各类保函的开具要求和合同价款的付款安排，据此进行保函费用和贷款利息成本测算，并考虑在报价中，避免损失。

3. 其他费用的计算

其他费用包括但不限于暂定金额、管理费、利润和风险费用等。例如，在东南亚某国一个商业综合楼项目中，招标文件要求承包人实施总承包管理职责，而中国工程企业直接理解为总承包管理费，直接按照国内总承包管理模式报价（不足合同价格的1%），但在履约过程中才发现，该国对总承包管理要求非常细致，不仅要求配备一定数量的专业人员，而且对质量、安全、环境卫生、后勤等各个方面都有特别要求，与国内较为宽松、简单的工作模式差异较大，最终导致总承包管理费支出达到结算价格的2.5%左右。这一案例应当引起有志于国外工程的中国工程企业的高度重视。

二、设计深度不足及设计能力欠缺导致工程量核算误差风险

一个项目能否实现资源的最佳配置，降低原材料及能源消耗成本，关键在于

设计。所以设计对于整体项目的“龙头”作用是显而易见的。但国际通行的项目发包阶段大多是在方案设计或者初步设计完成之后,其设计深度未能达到可以直接按图施工的程度,与传统的 DBB 模式项目招标时已经具备了比较完善的施工图设计不同。虽然近些年 EPC 模式项目在国内得到了一定程度的发展,但是同时兼具设计、施工能力的承包单位仍然为少数,即使是一些大型的中央施工企业也存在设计能力欠缺的现象。

面对设计深度不足的项目,投标人往往无法彻底理解设计思路和具体规范条款要求,预计的工程量清单中的工程量会与实际工程量存在一定的偏差,即核算工程量不准,而对于漏项的处理,国内外都无一例外视为费用已包括在其他报价中。在设计深度不足的情况下如何设计最贴切项目实际又能满足业主要求的施工方案,保证报价的准确性对于国内承包人则是一个重大考验。

在投标报价阶段的设计能力要求主要体现在设计方案的可行性和技术先进性两方面,这两方面无疑都与报价密切相关,故高效开展设计工作,避免报价偏离是投标报价成功的保障。例如,我国承包人在越南承建的某燃煤电厂项目,采用固定总价模式,且部分土建工程为招标人指定的承包人负责。工程开工后,发承包双方因与招标人指定分包人在分包合同的谈判上出现分歧,双方对报价无法协商一致,我国承包人因不能接受该指定分包人的报价而拒绝与指定分包人签订施工合同,并拒绝此部分工程的施工,由此发承包人发生争议诉至法院,其根本原因在于承包人就指定分包部分投标时预估工程量不准,远远小于实际施工图工程量,导致指定分包单位报价远超投标时该分包工程范围内的报价。

三、缺乏对建设项目相关技术标准、规范的准确把握的风险

招标投标文件大体主要包括商务标书和技术标书两部分。技术标书主要包括施工组织实施计划和方案(如脚手架搭设方案、大体积砼施工方案、基坑开挖方案、钢结构安装方案及雨季施工措施等)、施工进度计划、施工资源动员计划、施工平面布置、可施工性分析、施工质量管理、职业健康、安全和环境保护实施计划等内容。技术标书虽然并不直接包含报价部分,但技术标书通过技术标准规范对设计方向、施工组织设计产生重大影响而间接对投标报价产生影响,任何偏离技术规范、标准的报价都是脱离项目实际、失败的报价。

招标文件整体会对项目的规模、功能、环保、质量、排污、验收等作出严格规

定，但是基于国内技术规范标准与国际技术标准之间的差异、缺乏对于国际技术标准的准确理解，会导致承包人对招标文件中技术规范理解不透彻，而产生漏报工程量的情形出现，甚至会出现漏项的情形从而影响投标报价的精准度。虽然大多数国际工程招标文件都会附带主要的技术、规范标准，国际工程标准通常采用项目工程所在地的施工标准和规范，比如，马来西亚技术规范为 Qlassic、新加坡为 Conquas；也可能采用广泛接受的标准和规范，如普遍采用的 BS 标准（英国国家标准）、ANSI（美国国家标准协会规范）等，但是要理解这些技术、规范却并不容易。此外，国内的经验也会误导投标人作出错误的判断，即使看似相同的文字表述，内涵可能仍然存在差异。

具体以房建项目验收标准为例，国内外均分为粗装修标准和精装修标准，但是细微处仍然存在一定的区别。例如，我国承包人在马来西亚所承接的一个项目，当地验收标准对于混凝土外观质量要求比较严格，需要达到 F3 等级，虽然该标准明确记载在招标文件中，但是承包人未能透彻理解 F3 等级的真正含义，未解读出 F3 等级标准对平整度和质量表面缺陷要求远远高于国内对粗装修工程混凝土外观验收的标准，而承包人基于国内工程投标报价思维定式忽略了此处细微差异，导致验收时不得不返工，不仅拖延了工期还承担了抹灰、刮腻子等未包括在投标报价中的成本。

第三节　国际工程投标后的风险

以 FIDIC 推荐的国际工程项目的招标投标流程为例，在投标人提交标书后，主要流程有开标、评标、对投标书的裁定、授予合同、签发中标函、履约保证、编制合同协议书、通知未中标的投标者。因此，在中标后，承包人的主要工作内容包括：参加公开或限制性的开标工作、根据招标人/工程师评价标准评估投标书对需进一步澄清事项提供澄清、根据招标人/工程师要求参与合同签订前商谈、提供履约保证、订立合同，以上部分程序在投标文件提交后仍然在一定程度上影响企业投标报价。

一、组成联合体投标后，联合体内部风险

联合体投标内部协作关系，虽然不直接影响投标文件中递出时刻投标报价这

一数据或者最终总报价数据，但是会影响整个国际工程投标报价中我国投标人的投标报价。特别是部分国家法律对外国公司参与本国招标投标，要求其必须与本国企业组成联合体进行投标。例如，巴基斯坦不仅要求外国建筑企业与本国企业联合投标，还对本国企业的持股份额作出了详细的规定，即不得低于30%的持股，具体体现在该国《公共采购规则》中。在中国投标人与项目所在地的企业组成联合体时，一旦本地企业持股份额过高或者在招标投标中话语权过大，该本地企业为获得整体投标报价的优势又不损害自己的利益，往往会牺牲联合体另一方的利益，或者压低另一投标人的投标报价或者让另一投标人让利。

同时，联合体各方签订的前期协议仅仅为了成立联合体参与招标投标，各方职责划分、成员方权利义务、风险分担等重要内容的约定不够明确，导致中国投标人无法通过前期的联合体协议保护自身利益，这些都会使中国投标人希望通过投标报价来实现国际工程盈利的目的落空。对此风险，中国投标人要有合理预期并在签订联合体协议中明确用条款保护报价的自主权和话语权。

二、招标投标结果未得到审批的风险

投标中标后，根据某些国家的国内法或国际规则，招标投标结果需经过当地政府部门的行政审批或国际组织的审查。例如，巴基斯坦《公共采购规则》规定，所有招标投标项目的项目计划书（PC－1）和最终招（投）标结果需获得公共采购管理局的最后审批。世界银行《货物、工程和非咨询服务采购指南》为保证采购程序严格按照贷款协议的程序执行，其在贷款协议中对由世界银行贷款支付的不同类别的货物和工程的审查予以明确规定，具体体现在附录中，即明确了银行需进行严格的审查，包括对借款人的采购的程序、文件、评标和授标以及合同。经审查，贷款银行有权要求借款人对采购活动中的任何决定说明理由和接受银行的建议。

因此，在投标中标后，仍然有无法通过当地政府行政审批或世界银行等国际组织审查的风险。此时，存在两种可能性，一种是当地政府或国际组织给出修改意见，招标人与中标人可根据修改意见重新达成中标条件，对中标后签订合同书的条件进行变更；另一种是当地政府或国际组织不认可中标结果或修改意见较大，招标人作出重新进行招标程序的决定，而此种情形对中标人极为不利。因此，在投标谈判中，应注意明确中标后未通过行政审批的风险划分和补偿责任。

三、分阶段招标投标的风险

虽然国内的招标程序投标文件类型也经常区分“商务标”与“技术标”，但商务标文件和技术标文件仍然是在同一招标流程中进行，即采用一次招标流程。然而，在国际工程招投标实践中，有的国家的招标投标惯例会将两阶段分开。

以巴基斯坦为例，巴基斯坦公开竞争性招标的招标程序主要包括一阶段招标程序和两阶段招标流程，又可以细分为一阶段单信封招标程序、一阶段双信封招标程序、两阶段招标程序和两阶段双信封招标程序四种。其中一阶段单信封招标程序类似于我国国内的招标流程，投标人将技术建议书和商务建议书一并投递并经招标人评标，这也是最主要的招标流程。一阶段双信封招标程序是指技术建议书和商务建议书虽然装到同一个投标文件包中但是仍然分装两个信封，只有技术建议书通过评审，才需要开启商务建议书信封。两阶段招标程序分两个阶段：第一阶段只提交不带报价的技术建议书，由招标人进行评审，在第一阶段中，招标人是可以与投标人就任何不满足要求的技术参数进行讨论，然后投标人按照讨论后招标人重新修订的技术要求，对各自的技术建议书进行修改，若投标人不同意修改技术建议书，则可以撤回其投标；第二阶段，满足第一阶段要求的投标人，同时提交修改后的技术建议书和商务建议书，由招标人一并对其评审。两阶段招标程序和两阶段双信封招标程序的具体区别主要是商务标文件是否需要在第一阶段进行提交，如果需要在第一阶段提交则属于两阶段双信封招标程序，如果不需要在第一阶段提交则是两阶段招标程序。

其中对投标报价存在影响的招标投标程序主要是两阶段招标流程，包括两阶段招标程序和两阶段双信封招标程序。该两阶段招标程序又是大型工程、复杂工程、特殊工程经常采用的招投标程序，通过对第一阶段的技术建议书的评比和讨论，投标人根据发包人的技术变化可以修改第二阶段的商务报价文件或者通过附加商务建议书对投标报价进行修正。

两阶段招标程序对于投标报价的影响存在以下几个方面：第一，投标人面临在一阶段投标中提交的技术方案与发包人要求修订的技术要求相差较大的风险，也就意味着其投标报价可能需要重新大幅修订，但由于第一次提交的方案与经过修改的技术建议书相差较大，与其他竞争投标者相比，投标人需要在同等的时间内完成更多修改工作的同时进行第二阶段的投标准备，将面临第二阶段投标特别是投标报价最不利的时间因素的风险。第二,如果按照发包人要求修改后的方案超出投标人能力范围,此时投标人只能选择撤回投标,撤回投标意味着投标报价已经失去了任何意义,甚至第一阶段投标所花费的时间、人力、资金成本将无法收回。第三,投标人会因为第一阶段技术标被披露而导致技术优势丧失,商业秘密泄露而丧失投标报价的先机。故在两阶段招标程序中,投标人需重复研读第一阶段中标后的权利范围,可以基于第一阶段中标结果,要求发包人进一步披露竞争对手技术标底,并且修正自身商务标的投标方案。

四、中标后商谈合同中的风险

国内招标投标法律明文规定,在中标后应按照招标文件和中标人的投标文件订立合同,且招标人和中标人不得再行订立背离合同实质性内容的其他协议,这也使国内项目中标后的合同谈判余地非常有限,特别是在投标报价这一实质性条款方面。而在国际工程承包中,中标后的合同谈判则是一个商业惯例。因此,充分利用合同谈判所掌握的资料和信息来矫正投标时报价的误差是国际建筑工程企业常用的手段,但此阶段仍然存在发包人进一步压价的风险,中标人一旦疏忽大意忽视商签合同谈判则会处于较为劣势地位,可能使资金蒙受进一步损失。因此,如何趋利避害,利用合同商谈技巧来弥补前期投标报价中由于时间有限、资料有限所导致的偏差,对接下来的工程施工创造良好的利润空间,也是国际承包企业需要重点思考的"二次经营空间"。

五、因招标投标中不正当竞争行为产生的风险

世界银行列举的不正当竞争行为主要有:合同实施中的不规范行为和违背世界银行《货物、工程和非咨询服务采购指南》的行为;用欺诈的手段操纵或控制招标过程和结果;投标人串通投标;欺骗性投标;合同实施中弄虚作假;欺骗审计或调查;替换产品;有缺陷的价格或部件;错误收取费用或劳务费;行贿和受贿;错误使用世界银行贷款或地位;欺诈履行;盗窃和贪污;报复性暴力行为;严重浪费世界银行资金。

在国际工程招投标中,不正当竞争行为时有发生。例如,国际招标投标实务中,个别招标人明招暗定,招标阶段以各种各样的理由一而再、再而三地推迟开标时间,以达到其不接受任何投标的目的。更有甚者,还存在招标人发出中标通知

书后反悔并要求压低投标报价,这些都可能给投标人带来一定的风险和不确定性。

如果不正当竞争问题得不到妥善解决,就会影响招标投标工作的正常进行以及招标人与投标人之间的关系。投标人要熟悉国际工程招标投标中的不正当竞争行为并且利用国际工程招标投标质疑和救济制度保护自己。

第四节　国际工程投标报价风险应对及建议

美国《工程新闻记录》(Engineering News Record,ENR)杂志发布2019年度“250家国际承包商”(ENR's 2019 Top 250 International Contractors)和“250家全球承包商”(ENR's 2019 Top 250 Global Contractors)排名。该榜单是国际上认可程度较高的排名榜,也是目前比较权威的榜单排名。ENR“250家国际承包商”根据每个公司在各自国家以外的项目产生的一般建筑承包收入进行排名,名列前三位的是西班牙ACS集团、德国豪赫蒂夫和中国交通建设集团。3家中国公司进入前十强(中国交通建设集团、中国电力建设集团、中国建筑集团有限公司),10家进入50强,75家进入ENR“250家国际承包商”的榜单。虽然数量上占据一定优势,但是盈利能力并不佳,很大程度上在于投标报价阶段的不合理。而如何在投标报价环节既有竞争力又利润充足,关键在于如何正确识别投标报价风险,并有针对性地化解风险,唯有如此方能树立核心竞争力,开拓中国建筑企业品牌,立足于国际竞争市场中。

一、重视事前预防与尽职调查

新进入一个国家或地区开展工程承包业务,应全方位对这个国家或地区进行深入了解和研究,具体包括:该国或地区政治形态,如政局稳定性、与我国的关系、主权信用评级方面,特别是对于具有政府背景或者国际援建项目,鲜明的政治色彩决定了此类项目更容易遭受一些与政府行为密切相关的政治风险冲击,与我国的关系也很大程度影响该项目的顺利推进;该国或地区的金融体系的稳定性,主要包括汇率、外汇管理、投资政策、通货膨胀等,工程项目利润有限,在受到汇率、通货膨胀等的冲击下往往导致项目亏本;该国或地区与工程有关的当地建筑行业水平和技术水平,完全竞争的国际市场下承包人先进的技术和工程施工水平才能具备一定的投标价格优势;该国或地区的宗教、文件、环境等,人文因素是不可忽视的重要方面,对于投标报价的影响往往是决定性的,如中海外波兰公路项目。故投标前详细的尽职调查是投标报价的基础和依据,也是预防和降低不确定风险的有效手段。

至于尽职调查的具体方式,投标人可以自行进行尽职调查,自行尽职调查的时间成本和人力花费成本较高,但对于长期在该国或地区发展是比较有优势的,企业首次进入一个国家或地区之前,应提前至少半年在该国或地区派驻商务或法务人员,对所在国甚至是项目地的情况进行实地调研勘察,以获得第一手数据和资料。他山之石,可以攻玉,在权衡市场与成本的基础上投标人还可以借助一些中介机构进行尽职调查,如工程所在地的律师事务所、咨询事务所、会计师事务所等出具专业的尽职调查报告,但也应预留一定的时间。以充分详尽的前期尽职调查的方式识别出可能存在的影响投标报价的风险,最后准确地反映在投标报价中。

二、研判、解析招标文件

对于招标文件的解读是一个系统工作,不能人为地将技术和商务割裂,必须要按照"先技术后商务"的顺序,商务人员的投标报价必须建立在对于技术标书的解读基础上,商务人员的任何投标组成都必须基于招标文件,而非基于投标经验,只有摒弃路径依赖,投标人充分了解项目的自身特征,量力而行,才能报价精准合理。不能仅以中标为目的,盲目依靠国内投标报价经验,必须在认真解剖、研读招标文件的基础上合理组价,精准报价,方能制胜。

语言和翻译问题也会导致投标人对招标文件理解不全面和不透彻,基于国际项目投标专业人才兼具语言优势的较少,在国际工程中,招标文件包括通过招标最终签署的合同文件以及技术文件多以本地语言编写,即使采用本地语言和国际通用语言如英语双语编写,往往也会说明以本地语言为准。尤其在"一带一路"国家,其本地语言多数并非国际通用语言,有时甚至要经过一手甚至两手翻译(先翻译为英文再翻译为中文),这既会导致投标过程中的沟通成本大幅上升,也会因翻译不当引发相应的风险。因此,在聘请翻译人员时,应尽量选择既了解当地文化,又了解工程建设的人员和官方认可的翻译机构。有志于大力扩展国际工程业务的承包人应重点培养既能懂业务又能懂当地语言的复合型人才。

三、重视实地踏勘工作

实地踏勘是降低对工程相关条件认知不足的重要手段，投标前进行现场踏勘，对报价基础做充分了解，比对招标文件内容与实地情况的差距，并在存疑时及时与发包人沟通。同时，还需要形成系统、完整的实地踏勘工作报告，以图文结合的形式向投标人员展示现场情况，避免勘察工作与投标工作被人为割裂。

四、与具有丰富的国际工程设计经验的设计企业合作

在国际工程领域，设计能力欠缺的问题是个迫在眉睫的问题，从根本上来说是只有夯实自身实力才能迎接国际挑战，真正走出去。但是设计问题却并不是一朝一夕可以解决的，在正视设计短板问题的同时，投标人可以选择合理方式进行规避：(1)可以选择国内有国际工程经验的设计单位合作也可以选择国外专业的设计团队完成设计团队的部分工作，采取互利共赢的方式推进工程投标报价；(2)委托国际咨询机构对投标报价进行把关和复核，解决因设计能力短缺导致的投标报价偏离问题。

五、谨慎选择货币种类以降低汇率风险

在货币的选择上要进行整体的筹划，而非简单地在项目所在地货币或者人民币两种币种之间做选择，需要考虑的主要因素如下：第一，根据项目的实施方案，选择国际工程从发包人处收取的货币及支付比例与项目进行中所要支付的分包款、材料设备购买款、劳务款的支付货币及方案一致为最好。第二，根据工程所在地货币稳定情况，优先选择国际强势货币，如美元、欧元作为支付币种。第三，报价时需结合多种货币兑换人民币走势，综合考虑汇率风险。第四，采取金融工具控制风险，如应收账款卖断、提前锁汇、利率掉期等。

六、利用合同文件进行风险转移

有些投标报价风险在投标报价阶段无法解决，但是却可以在合同阶段通过合同谈判规避。所以在熟悉拟签订合同体系的前提下，需针对专用条款中的风险条款重点进行谈判和磋商，合理转移在投标报价阶段未能解决的风险，增加项目实

施过程中的二次经营利润。例如,对于部分价款波动较大、无法准备预测走势且占比较大的材料价款,应详细约定调价触动条件、调价方式。

招标项目的出资方为政府资金或政府资金占比较大时,工程所在地的主要财政来源可能造成一定的支付风险或者由于出资方的资信情况、履约态度、支付能力等原因导致中标后在合同履行过程中发包人无力支付工程款的风险。投标人在投标前应对出资人的资金状况、商业信誉进行调查,在投标报价及中标后的商签谈判中应充分考虑该支付风险可能导致的项目停工,人员、机械设备闲置损失,通过适当提高风险成本报价、协商设置合同解除条件及支付违约责任等方式合理规避风险。中标后,要通过合同谈判,增加支付条款,增强抗风险的保障条款,要尽量争取在合同中增加关于支付保函等条款,保证后期项目的支付。

七、通过保险手段转嫁风险

不同于国际工程中常见的保障设备安装或者安装一切险、建筑设备保险或者雇主责任险等,投标报价中投标人可通过保险手段转移设备、原材料涨价等风险。基于海外各国建材市场各具特色,有的建材市场市场化程度较高,有的建材市场基本上属于行业商会或者企业垄断,有的建材市场储备充足,也有的建材市场供应较为短缺紧俏,但是无论哪种形态的建材市场,设备、原材料涨价风险都难以预测,所以保险正好可以弥补此种无法预料的风险。

除了市场风险,支付工程和汇率的风险,投标人也可通过向进出口银行信保公司投保的方式降低项目的支付风险。

八、善用国际工程招标投标质疑和救济制度

知己知彼,方能百战不殆。中国投标人首先要熟悉国际工程招标投标中的不正当竞争行为,还要熟知如何利用国际工程招标投标质疑和救济制度。由于我国招标投标制度起步晚,国内的招标投标制度主要来自国际招标投标制度,与国际招标投标制度紧密接轨,所以对于国际工程招标投标质疑和救济制度的理解很大程度上可以参考国内招标投标制度中的异议或投诉制度,同时仍须注意各个国家制度的差异和特色。以世界贸易组织的《政府采购协议》为例,其建立了鼓励磋商解决质疑的制度,质疑需以书面形式提出;对于违反《政府采购协议》的行为,应果断中断采购并采取临时措施,并纠正违反《政府采购协议》的行为,对所受损失或

损害进行补偿。

联合国贸易法委员会通过的《货物、工程、服务采购示范法》,其中规定了审查制度,并将审查划分为三个层次,层层递进。先是向采购实体(或审批机关)投诉,如对采购实体的答复不满意,接下来可以提出行政审查;仍不服的,还可以要求司法审查。例如,新加坡发布的《政府采购法案》采用的是世界贸易组织《政府采购协议》的规定,其招标投标质疑程序是由仲裁法庭处理,最后可由司法复查,其具体特色为:(1)仲裁法庭处理投诉,以预审的形式决定是否进行正式听审。(2)明确的投诉时限。不满的供应商必须在发生违反法案规定的事由后15天内提出投诉。(3)投诉以中止执行采购项目为原则,但违背公共利益和已经仲裁的除外。(4)严格的仲裁程序处理时限。投诉需在45天内处理完毕,并在7天内通知。(5)补救措施和赔偿救济并存。(6)不服仲裁者可以继续提请司法复审。不同的质疑和救济制度在面对不同国际市场时各具特色,如何利用国际工程招标投标质疑和救济制度保护自己是中国投标人走出去的必修课程,也是必须了解的制度前提。

PART

2

第二篇

国际工程的签约

第一章　国际工程合同条件要点解析

第一节　FIDIC 合同文本

国际咨询工程师联合会一般被简称为 FIDIC，中文音译为“菲迪克”。该组织于 1913 年 7 月 22 日在比利时根特成立，最初仅有法国、瑞士、比利时三个国家的咨询工程师协会作为成员参与。1949 年，在土木工程领域具有悠久历史的英国土木工程师协会加入 FIDIC 成为正式成员。1959 年，澳大利亚、加拿大、美国和南非的代表协会也加入了该组织，FIDIC 成员自此不再限于欧洲国家，该组织成为一个真正的国际性组织。1996 年，中国工程咨询协会加入 FIDIC，这代表中国成为 FIDIC 的正式会员。截至 2021 年 9 月 18 日，FIDIC 已拥有 102 个会员协会，代表着全球范围内 4 万多家公司和 100 多万名工程专业人士，是国际上权威的咨询工程师组织，其编制的各类合同文件也广泛应用于国际和各国国内的工程建设之中。

一、FIDIC 合同条件的产生及背景

第二次世界大战给全人类带来了深重的灾难，战后各国百废待兴，需要进行大规模的战后重建工作，促进了欧洲资本主义国家的建筑工程行业和国际建筑工程市场的快速发展。随着大型工程项目的增多，许多建筑行业较发达的国家逐渐意识到，无论是经济、政治、市场等社会因素还是地质条件、气候变化等自然因素，均会对大型工程项目的建设产生较大影响，若不实行科学的工程管理，将各因素导致的风险进行防控与分配，则可能使建设工程项目参与主体遭受难以承受的风险和巨大的经济损失。各国都迫切需要一套立场中立、风险分担均衡、条款设置完备、可适用于不同国家的国际工程合同范本，以提升工程管理效率、确保建设目

标得以实现。究其原因,首先,它是针对那些将要实施的工程准备的合同文本,具有适用性;其次,建筑和土木工程界乐于使用他们熟悉的且有以教科书和判例为解释参考的标准合同文本;再次,这些标准合同文本是由他们能够施加影响的公认的权威机构起草的,各方代表已就有关条款协商一致;最后,这些标准合同文本通常是合同起草机构各方妥协的结果。①

在 FIDIC 合同条件诞生之前,国际建筑市场上影响力较大的合同范本主要是英国土木工程师协会编制的 ICE 合同范本及合同联合委员会(The Joint Contracts Tribunal,JCT)编制的 JCT 建筑合同格式文本。但这些合同范本的适用范围有限,一般仅适用于英国境内的建设工程项目,并不适用于跨国工程项目或国际工程项目。为满足跨国工程项目的需要,1956 年 8 月英国咨询工程师协会联合英国海外建筑业社团(Export Group of Construction Industries)在取得英国土木工程师协会同意后,对 ICE 合同范本进行了国际化修订,出版了《海外土木工程合同条件》(以下简称 ACE 合同范本)。ACE 合同范本无论是内容还是形式都与 ICE 合同范本具有相似性,差异更多地体现在风险分配方面,ACE 合同范本为了保障英国建筑企业在海外承包工程时的利益,将风险更多地分配给业主,仍存在立场不中立的弊病。

1957 年 8 月,国际咨询工程师联合会和房屋建筑与公共工程联合会(现欧洲建筑行业联合会,FIEC)共同编制发布了第一版《土木工程施工合同条件(国际版)》。因该合同条件范本封面为红色,很快就有了“红皮书”的别称。

第一版“红皮书”基于 ACE 合同范本的体例和内容编制而成,在语言、履约担保、劳工、材料、货币、仲裁等方面做了一些调整:在第 6 条中加入主导语言的规定;将第 10 条中的“保证”改为“履约担保”;在第 11 条规定投标书是基于业主提供的数据资料编制而成的;将 ACE 合同范本第 12 条中所提到的“天气条件或由天气条件导致的情况”等措辞删除;在第二部分中增加了根据第 47 条支付整个工程或部分工程提前竣工奖的规定;将 ACE 合同范本第 52 条中“当合同中没有包含任何适用于额外工作或附加工作的费率时,工程师应确定合理的价格”的规定修改为“当合同中没有包含任何适用于额外工作或附加工作的费率时,工程师与承包商应商定合适的价格,若商定不成,则工程师应确定在他看来是合理适当的

① 参见[英]雷哲·托马斯:《施工合同索赔》,崔军译,机械工业出版社 2010 年版,第 38 页。

价格”。第一版红皮书还规定，根据合同任命解决争端的仲裁员应符合巴黎国际商会的调解与仲裁规则；在通用条件末尾增加了两个新条款：一是对劳工和材料价格波动以及影响工程实施费用的事宜进行了规定；二是对货币限制与贬值做出了规定。①

二、FIDIC 合同条件的初步发展

1969 年，国际咨询工程师联合会编制并出版了第二版红皮书，较第一版相比，增加了用于疏浚和填土工程的专用条件，其他内容没有变动。第二版红皮书一经出版便获得了亚洲与西太平洋地区承包商协会国际联合会的批准和认可，在 1973 年重印时又获得了美国承包商总会和泛美建筑业联合会的批准和认可。

1977 年，国际咨询工程师联合会编制出版了第三版红皮书，对第二版合同条件进行了重大修改。此次修改主要受到 ICE 合同范本第五版的影响，对费用的定义、工程师的权利义务、合同范围的扩大等二十多个方面进行了完善和修改。

1987 年，国际咨询工程师联合会编制并出版了第四版红皮书。随着红皮书影响力的不断扩大，国际咨询工程师联合会删除了第四版题目中“国际”一词，其适用范围将不再限于国际建筑工程，国内建筑工程同样可以适用。体例方面，第四版红皮书为了适应不同国家的法律环境进行了重大调整，增加了专用条件作为单独的部分发行。专用条件是对通用条件内容的补充，条款编号和内容与通用条件一一对应，两部分相互配合，共同构成了内容完善、逻辑精密的全部合同条件。为了帮助合同使用者填写、编制第二部分的内容，第四版红皮书针对专用条件还添加了解释性说明及条款示例，以供合同主体根据自身需求选用。内容方面，第四版红皮书起草委员在起草过程中广泛征求各方意见建议，邀请了国际咨询工程师联合会所有的成员协会、欧洲国际承包商协会、世界银行、阿拉伯联合基金会以及其他相关团体、公司、协会、专业人士和法律专家提供意见和建议。此次修改覆盖了第三版红皮书的全部条款，72 个条款均进行了数次修改，有的条款重写达到 17 次之多。第四版红皮书于 1988 年、1992 年两次重印，重印时对 1987 年版进行了细节、语言、内容方面的订正，使条款表述更为清晰明确、整体更趋成熟。

1996 年，国际咨询工程师联合会出版了第四版红皮书（1992 年订正版）的补

---

① 参见［英］尼尔·G. 巴尼：《FIDIC 系列工程合同范本——编制原理与应用指南》，张水波等译，中国建筑工业出版社 2008 年版，第 5 页。

遗文件，在以下方面给合同使用者提供了替代性方案：第一，合同价格形式。补遗文件增加了固定总价的价格形式，不再限于红皮书原合同条款中采用工程量清单计价的价格形式。第二，支付期限。补遗文件将通用条件第60.10款中的支付期限由期中支付证书送交业主后28天内修改为工程师收到承包商报表的56天内，完善了支付时限，有效避免了工程师迟发支付证书造成支付拖延的情况。第三，争端解决。补遗文件修改了第67条规定工程师在争端解决时的最终裁决具有约束力的内容，增设了争端解决委员会机制，由符合裁决规则的一名或三名专家作为裁决人，对争端进行裁决。上述补遗文件解决了第四版红皮书出版后所引发的激烈争议，有力地促进了该版合同条件的广泛适用。

除了上述提到的不断再版完善的红皮书(《土木工程施工合同条件(国际版)》)，国际咨询工程师联合会在1999年之前还出版了以下合同条件范本以满足建设工程领域各方面的需要：

1963年，国际咨询工程师联合会出版了第一版《电气与机械工程标准合同条件》(Conditions of Contract for Electrical and Mechanical Works，以下简称黄皮书)，适用于工业机电项目、大型设备安装采购等，承包范围包括了机电或设备的制造、运输、安装、维保等各阶段。该合同条件不断调整完善，于1980年发布了第二版、于1987年发布了第三版。

1994年，国际咨询工程师联合会出版了《土木工程施工分包合同条件》(Conditions of Sub - contract for Works of Civil Engineering Construction)，该合同条件适用于分包工程，可与第四版红皮书配套使用，也得到广泛适用。

1995年，国际咨询工程师联合会编制并出版了第一版《设计—建造与交钥匙合同条件》(Conditions of Contract for Design - Build and Turnkey，以下简称橘皮书)，适用于承包范围包含设计、建造的工程总承包项目，该合同条件并未采用与红皮书相同的体例和编排方式，在支付流程、合同终止、争端解决等方面也与红皮书存在差异。

值得一提的是，第四版红皮书、第三版黄皮书与第一版橘皮书共同构成了国际咨询工程师联合会早期的工程合同范本系列，也成了国际咨询工程师联合会后续出版的“彩虹系列”工程合同范本的雏形。

三、1999年第一版“彩虹系列”合同条件

虽然国际咨询工程师联合会已出版的各类合同条件在国际建筑工程项目及

各国国内建筑工程实践中得到了广泛的适用,但随着建筑领域的发展,国际咨询工程师联合会意识到有必要编制一套全新的合同条件以满足承包模式、项目管理模式的不断变化。1999 年 10 月,FIDIC 正式推出了第一版“彩虹系列”合同条件,分别为:①《施工合同条件》[Conditions of Contract for Construction,以下简称红皮书(1999 年版)];②《生产设备和设计—建造合同条件》[Conditions of Contract for Plant and Design - Build,以下简称黄皮书(1999 年版)];③银皮书(1999 年版);④《简明合同格式》[Short Form of Contract,以下简称绿皮书(1999 年版)]。该版合同条件并非对此前出版合同条件的修订或调整,而是对此前合同条件的重大变革和突破,在框架体例、适用范围和条件、管理架构、条款内容方面都具有显著特点。

首先,国际咨询工程师联合会对各合同条件的框架体例进行了统一。1987 年第四版红皮书和 1995 年第一版橘皮书的编制分别由国际咨询工程师联合会内部不同的合同编制委员会负责,两版合同在结构体例、语言风格、条款逻辑等方面都不相同。第四版红皮书脱胎于 ICE 合同条件,仍基于 ICE 合同范本的框架,采用较为繁杂的 72 条体例;橘皮书则更为精简,采用 20 条体例,在合同条款设置方面更具优势。国际咨询工程师联合会在编制 1999 年版合同条件时,将红皮书、黄皮书、银皮书的框架体例进行了统一,参照 1995 年第一版橘皮书的基本结构,将通用条件划分为 20 条,条款标题及内容能表述一致的均协调统一,使各合同条件形成了统一整体,共处同一体系、共享同一逻辑、共用同一表述。此外,国际咨询工程师联合会基于绿皮书简明合同的性质,将 20 条体例精简为 15 条,更易被使用者掌握。

其次,国际咨询工程师联合会明确划分了各合同条件的适用范围,并释明其适用条件:

红皮书(1999 年版)主要适用于由业主或业主委托的工程师进行设计(承包商也可承担部分设计工作),承包商按照业主提供的设计进行工程施工的工程项目。适用的工程类型与 1987 年第四版红皮书相比,不再限于土木工程,还可适用于机械、电气等其他各类工程项目。

黄皮书(1999 年版)主要适用于承包商按照业主的要求,设计和提供生产设备和(或)包含设计、施工工作的各类工程。业主只负责编制项目纲要及对设备、工程项目提出性能要求,承包商负责全部设计工作、设备生产安装工作、施工工作等。适用的工程类型与1987年第三版黄皮书相比，不再限于电气与机械工程，还可适用于包括土木、电气、机械和（或）构筑物的任何组合。

银皮书（1999年版）主要适用于设计—采购—施工/交钥匙模式的工程项目，即由承包商负责全部设计、采购、施工工作，直接向业主提供一个配备完善的项目，业主“转动钥匙”即可运行使用。国际咨询工程师联合会推荐此合同条件适用于以交钥匙方式提供加工或动力工厂、涉及很少或没有地下工程的私人融资的基础设施项目，这类项目的最终价格要求和工期要求都更为确定。国际咨询工程师联合会还明确以下情形不应采用银皮书（可采用黄皮书）：①投标人没有足够时间或未掌握充分情况来仔细研究和校核雇主要求，或为其进行设计、风险评估研究和估计；②施工包括大量地下工程，或投标人不能检查其他范围的工作；③雇主要密切监督或控制承包商的工作，或审查大部分施工图纸；④每次期中付款的款额要由官员或其他中介确定。①

绿皮书（1999年版）主要适用于合同金额较小（如50万美元以下），或工期短（如6个月以下），或包含较简单、重复性工作（如疏浚工程）的工程。此类工程不论设计是由业主提供或是由承包商负责，也不论其项目类型是土木工程、机电工程或其他类型，均可适用《简明合同格式》。

再次，国际咨询工程师联合会根据各合同条件的不同特点，为业主设计了多种管理模式。红皮书（1999年版）和黄皮书（1999年版）中，工程师负责管理工作，其地位相对独立，作出的决定必须符合合同的规定并努力做到公正。这种模式下业主对项目的管理工作参与较多，会自行或委托监理工程师对项目进行较为严密的控制和监督。而银皮书（1999年版）则没有独立的工程师这一角色，银皮书中项目主要由“业主代表”（Employer's Representative）进行管理。“业主代表”的权责范围较大，基本等同于业主，如银皮书前言所提到的：“业主希望项目按照严格的双方方式组织，即没有‘工程师’参与。”绿皮书（1999年版）的规定则相对灵活，业主可指派人员参与项目管理，也可委托他人代表自己行使管理职责，还可以聘请独立的工程师进行项目管理。

最后，FIDIC对条款内容也进行了许多调整，包括但不限于以下内容：①履约担保的方式包括了见索即付的担保，业主在收到履约证书副本的21日内应将履

① 国际咨询工程师联合会、中国工程咨询协会编译：《菲迪克（FIDIC）合同指南》，机械工业出版社2003年版，第35页。

约担保退还给承包商(1987 年第四版红皮书规定的退还期限是发出缺陷责任证书 14 天内);②业主应在收到承包商要求后提供资金安排的合理证明,如果业主未能遵守这一规定,承包商有权减缓工作速度、暂停工作直至终止合同;③将 1987 年第四版红皮书中“特殊风险”变更为“不可抗力”,并且明确了不可抗力的概念、判断标准,列举了符合不可抗力标准的部分情形;④增加“知识产权和工业产权”条款,明确“侵权”的概念,强调对知识产权和工业产权的保护;⑤完善索赔程序,明确了发出索赔通知、回应索赔通知的时间限制;⑥引入“价值工程”的理念,承包商减少业主成本、提高竣工工程效率或价值,或在其他方面为业主带来增益时,可向业主申请按照变更程序进行变更估价;⑦引入争端裁决委员会以完善争端解决程序,争端裁决委员会由一名或三名成员组成,其报酬由承包商与业主协商确定等等。

四、银皮书(1999 年版)的风险分配及有关争论

国际咨询工程师联合会正式推出的第一版“彩虹系列”合同条件引起了广泛的讨论,特别是关于银皮书(1999 年版)风险分配的内容,引起了许多承包商及行业组织的质疑和不满。银皮书(1999 年版)合同模式下承包商负责完成设计、设备供货、安装、施工、调试等工作,合同一般采用总价模式,与其他合同条件相比,承包商承担的工作范围更广、风险更大。

例如,银皮书(1999 年版)第 4.10 款[现场数据]规定:“雇主应在基准日期前,将其取得的现场地下、水文条件及环境方面的所有有关资料,提供给承包商。同样地,雇主在基准日期后得到的所有此类资料,也应提供给承包商。承包商应负责核查和解释所有此类资料。除第 5.1 款[设计义务一般要求]提出的情况以外,雇主对此类资料的准确性、充分性和完整性不承担责任。”而红皮书(1999 年版)第 4.10 款[现场数据]的规定则比较有弹性:“……在实际可行(考虑到费用和时间)的范围内,承包商应被认为已取得可能对投标书或工程产生影响或作用的有关风险、意外事件和其他情况的所有必要资料。同样地,承包商应被认为在提交投标书前,已视察和检查了现场、周围环境、上述数据和其他得到的资料,并对所有相关事项已感到满足要求,包括(但不限于):(a)现场的状况和性质,包括地下条件;(b)水文和气候条件;(c)为实施和完成工程和修补任何缺陷所需的工作和货物的范围和性质;(d)工程所在国的法律、程序和劳务惯例;以及(e)承包

商对进入、食宿、设施、人员、电力、运输、水和其他服务的要求。”

又如，银皮书(1999年版)第4.12款[不可预见的困难]规定：“除合同另有说明外：(a)承包商应被认为已取得了对工程可能产生影响或作用的有关风险、意外事件和其他情况的全部必要资料；(b)通过签署合同，承包商接受对预见到的为顺利完成工程的所有困难和费用的全部职责；(c)合同价格对任何未预见到的困难和费用不应考虑予以调整。”而在红皮书(1999年版)第4.12款[不可预见的物质条件]中却规定，如果承包商在工程实施过程中遇到了一个有经验的承包商在提交投标书之前无法预见的不利物质条件，则他就有可能得到工期和费用方面的补偿。通过对比不难发现，银皮书(1999年版)中承包商承担的各类风险要比红皮书(1999年版)多。

再如，银皮书(1999年版)第17.3款[雇主的风险]所列举的情形与红皮书(1999年版)相比，少了三项即除合同规定以外雇主使用或占有永久工程的任何部分；由雇主人员或雇主对其负责的其他人员所做的工程任何部分的设计(如果有)；不可预见的，或不能合理预期一个有经验的承包商已采取适当预防措施的任何自然力的作用。

由于银皮书(1999年版)承包商承担的各类风险要比红皮书(1999年版)多，银皮书(1999年版)也被外界评价为“亲雇主方”的合同条件，风险分配的有关内容也备受争议。例如，美国学者 Jesse B. Grove 主张应当将“控制力”作为风险分配的首要因素，而银皮书(1999年版)的风险分配方案却违背了这项规则。关于银皮书(1999年版)的风险分配，雇主一方面仍然掌握着影响工程进度的实质性权利，另一方面却要求承包商承担各类风险和不利后果，造成了雇主与承包商之间权利义务严重的不对等。合同条件严重地向雇主倾斜，会造成承包商很大的不满。在实践中，承包商为了争取自身利益，可能会要求对银皮书(1999年版)进行重大修改后再将其作为最终的合同，或者会要求雇主支付比采用红皮书(1999年版)高很多的价款。在招标投标阶段，雇主一般处于绝对的优势，因此承包商未必能够有机会提出上述主张，但是一旦招标结束，承包商就会寻找时机来改变自己的不利处境，这对于合同的顺利履行是极大的隐患。①

那么，为何银皮书(1999年版)要采取此种风险分配方案呢？曾任国际咨询

---

① 参见王颖：《FIDIC红皮书与银皮书的风险分配比较》，载《国际经济合作》2003年第5期，第44-47页。

工程师联合会职业责任常务委员会主席的 Bunni 博士认为:“这些银皮书的与众不同的特点不应被当作对它的理念和应用进行批评的理由。银皮书是基于那些偏好使用私人融资实施基础设施项目的人的需要而产生的,并随着与建设—所有—转让(BOT),或建设—所有—经营—转让(BOOT)项目相关的需求和将设计、建设和运营相结合的理念而逐步发展。其满足了对于一个即使在发生意外事件的情况下,费用增加的风险也很小或没有的固定价格的总价合同的需求。当然,私人融资需要一个财务上可行的,对于前期投入的资金有可靠的回报的工程。尽管一个将大部分风险都分配给承包商的固定价格的总价合同意味着业主将为项目的建设支付更高的费用,但只要他能确保对于其总投资费用有一个可接受的回报,他一般不会拒绝这样做。”①银皮书(1999 年版)在其第一版“序言”中指出,银皮书颁布的原因在于:随着建筑业的发展,市场需要一种固定最终价格和(或)固定竣工日期的合同格式。只要能确保该最终价格和(或)工期的固定,雇主愿意为此类“交钥匙”工程项目支付更多费用。此类项目中有许多是靠私人资金融资的,贷款人对雇主的项目成本控制提出更高的要求。此类建设项目(设计—采购—施工项目或交钥匙项目)通常是复杂商业投资的关键部分,其资金或其他方面一旦出现问题,将危及整个商业投资。除了私人融资项目对项目最终价格、竣工日期有更为确定性的要求外,长期以来国际咨询工程师联合会已明显看到,许多国家中的雇主,特别是公共部门,也有类似的条款(尤其对交钥匙合同)的要求。他们经常不完全遵照 FIDIC 红皮书或黄皮书的约定,通过修改相关条款,把标准合同中雇主应承担的风险转移给承包商,实际上打破了 FIDIC 合同平衡分配风险的传统原则。国际咨询工程师联合会没有忽视许多雇主的这一需求,并且认为公开承认合同各方需求,使之合法化、规范化会更好。可为此类项目制定一个标准文本,明确根据雇主要求承包商需承担更大风险,雇主就不必为了采取其他风险分配方案而修改标准文本合同条款了,而承包商也可以充分了解他需承担的附加风险。相应地,承包商基于此类额外风险的考量,将正当地增加投标价格。②

因此,银皮书(1999 年版)在其“序言”中认为,采用设计—采购—施工合同文

---

① [英]尼尔·G. 巴尼:《FIDIC 系列工程合同范本——编制原理与应用指南》,张水波等译,中国建筑工业出版社 2008 年版,第 424 页。

② 参见国际咨询工程师联合会、中国工程咨询协会编译:《设计采购施工(EPC)/交钥匙工程合同条件》,机械工业出版社 2021 年版,第Ⅸ-Ⅺ页。

本时,雇主必须理解,他们编写的“雇主要求”在描述设计原则和生产设备基础设计的要求时,应以功能作为基础。应允许并要求投标人核实所有相关资料和数据,并做好任何必要的调查研究。雇主还应进行任何必要的设计,提供的专用设备和生产设备的详细说明,应允许他提出最适合于他的设备和经验的解决方案。因此,招标程序需允许投标人和雇主就技术问题和商务条件进行讨论,所有这些事项达成协议后将作为签订合同的组成部分。随后应给予承包商按他选择的方式进行工作的自由,只要最终结果能够满足雇主规定的功能标准。因此,雇主对承包商的工作只应进行有限的控制,一般不应进行干预。①

五、2017 年第二版“彩虹系列”合同条件

2017 年 12 月,国际咨询工程师联合会在伦敦发布了第二版“彩虹系列”合同条件,即红皮书(2017 年版)、黄皮书(2017 年版)和银皮书(2017 年版)。该版合同条件是对 1999 年版红皮书、黄皮书、银皮书的大幅修订,解决了 1999 年版合同适用 18 年以来暴露出的问题,也反映出建设工程领域最新的发展趋势。

结构体例方面,2017 年版 FIDIC 合同条件在 1999 年版的基础上做了一些调整。最为明显的调整便是将原第 20 条“索赔、争端和仲裁”(Claims, Disputes and Arbitration)拆分为第 20 条“业主和承包商的索赔”(Employer's and Contractor's Claims)及第 21 条“争端和仲裁”(Disputes and Arbitration)。国际咨询工程师联合会将索赔和争议解决两条款分开是为了表明:合同当事人对合同权利的主张可在尚未形成“争端”时通过索赔程序解决,并非一定要通过争议解决程序予以实现。其他调整多为条款名称的改变、条款顺序的改变,如表 2 - 1 - 1 所示:

表 2 - 1 - 1　两版合同条件的调整和变化

1999 年版 FIDIC 合同条件	2017 年版 FIDIC 合同条件	调整和变化
第 1 条　一般规定(General Provisions)	第 1 条　一般规定(General Provisions)	无
第 2 条　雇主(The Employer)	第 2 条　雇主(The Employer)	无

① 参见国际咨询工程师联合会、中国工程咨询协会编译:《设计采购施工(EPC)/交钥匙工程合同条件》,机械工业出版社 2021 年版,第Ⅺ页。

续表

1999年版FIDIC合同条件	2017年版FIDIC合同条件	调整和变化
第3条 【CONS/P&DB】工程师(The Engineer) 【EPCT】雇主的管理(The Employer's Administration)	第3条 【CONS/P&DB】工程师(The Engineer) 【EPCT】雇主的管理(The Employer's Administration)	无
第4条　承包商(The Contractor)	第4条　承包商(The Contractor)	无
第5条 【CONS】指定的分包商(Nominated Subcontractors) 【P&DB/EPCT】设计(Design)	第5条 【CONS】分包(Subcontracting) 【P&DB/EPCT】设计(Design)	红皮书(CONS)将“指定的分包商”更改为“分包”
第6条　员工(Staff and Labour)	第6条　员工(Staff and Labour)	无
第7条　生产设备、材料和工艺(Plant, Materials, and Workmanship)	第7条　生产设备、材料和工艺(Plant, Materials, and Workmanship)	无
第8条　开工、延误和暂停(Commencement, Delays and Suspension)	第8条　开工、延误和暂停(Commencement, Delays and Suspension)	无
第9条　竣工试验(Tests on Completion)	第9条　竣工试验(Tests on Completion)	无
第10条　雇主的接收(Employer's Taking Over)	第10条　雇主的接收(Employer's Taking Over)	无
第11条　缺陷责任(Defects Liability)	第11条　接收后的缺陷(Defects after Taking Over)	标题修改
第12条 【CONS】测量和估价(Measurement and Evaluation) 【P&DB/EPCT】竣工后试验(Tests after Completion)	第12条 【CONS】测量和估价(Measurement and Valuation) 【P&DB/EPCT】竣工后试验(Tests after Completion)	“估价”英文由“Evaluation”调整为“Valuation”
第13条　变更和调整 (Variations and Adjustments)	第13条　变更和调整 (Variations and Adjustments)	无
第14条　合同价格和付款 (Contract Price and Payment)	第14条　合同价格和付款 (Contract Price and Payment)	无
第15条　由雇主终止 (Termination by Employer)	第15条　由雇主终止 (Termination by Employer)	无

续表

1999 年版 FIDIC 合同条件	2017 年版 FIDIC 合同条件	调整和变化
第 16 条　由承包商暂停和终止(Suspension and Termination by Contractor)	第 16 条　由承包商暂停和终止(Suspension and Termination by Contractor)	无
第 17 条　风险与职责(Risk and Responsibility)	第 17 条　工程照管和保障(Care of The Works and Indemnities)	标题修改
第 18 条　保险(Insurance)	第 18 条　例外事件(Exceptional Events)	将“不可抗力”改为“例外事件”并将第 18、19 条顺序调换
第 19 条　不可抗力(Force Majeure)	第 19 条　保险(Insurance)	
第 20 条　索赔、争端和仲裁(Claims, Disputes and Arbitration)	第 20 条　业主和承包商的索赔(Employer's and Contractor's Claims)	将第 20 条拆分为两条
	第 21 条　争端和仲裁(Disputes and Arbitration)	

适用范围方面,2017 年版 FIDIC 合同条件仍然沿用 1999 年版 FIDIC 合同条件的适用范围:红皮书主要适用于由业主或业主委托的工程师进行设计(承包商也可承担部分设计工作),承包商按照业主提供的设计进行工程施工的工程项目;黄皮书主要适用于承包商按照业主的要求,设计和提供生产设备和(或)包含设计、施工工作的各类工程项目;银皮书主要适用于设计—采购—施工/交钥匙模式的工程项目,即由承包商负责全部设计、采购、施工工作,直接向业主提供一个配备完善的项目,业主“转动钥匙”即可运行使用。其中,国际咨询工程师联合会特别指出了三种不适用于银皮书的情况:①如果投标人没有足够时间或资料仔细研究和核查业主要求或进行他们的设计、风险评估和估算;②如果工程涉及相当数量的地下工程,或投标人未能调查区域内的工程(除非在特殊条款对不可预见的条件予以说明);③如果业主要严密监督或控制承包商的工作,或要审核大部分施工图纸。国际咨询工程师联合会建议,在上述三种情况下,可以使用黄皮书(2017 年版)。

索赔条款方面,2017 年版合同条件关于索赔程序和时效的约定更为公平。以银皮书为例,1999 年版对于索赔程序和期限的约定并不完善,一方面,并未明确限制雇主索赔的发出期限,而是仅要求“通知应在雇主了解引起索赔的时间或情况后尽快发出”;另一方面,也未明确约定承包商索赔时,雇主逾期答复视为认可索赔的条款。2017 年版合同条件更注意雇主与承包商双方在索赔程序上的对等,银皮书(2017 年版)第 20 条[业主和承包商的索赔](Employer's and Contractor's Claims)中对索赔程序做了统一的规定,雇主发起的索赔与承包商一样会受到索赔时效和索赔程序的制约。

此外,2017 年版 FIDIC 合同条件还将“争端裁决委员会”改为“争端避免/裁决委员会”,强调对争端的早期预警。2017 年版合同条件规定争端避免/裁决委员会是非临时的常设机构,需在项目开工后尽快成立。发承包人双方可以将未能达成一致的争议提交给争端避免/裁决委员会解决;如果对争端避免/裁决委员会的处理决定不满,当事人可以在收到决定后发出不满通知,否则该决定对双方产生约束力。国际咨询工程师联合会(FIDIC)希望各方用这种积极主动的态度,尽量避免和减少重大争端的发生。

六、银皮书(2017 年版)对责任分配的调整

银皮书(1999 年版)因风险分配的内容更倾向于雇主而受到不少批评和质疑,在实际应用中,也有不少雇主将承包商既无法合理预见,又无法合理避免或控制的风险交给承包商承担,导致承包商项目管理难度增加,项目索赔和争端的数量也有所上升。银皮书(2017 年版)总结了银皮书(1999 年版)在 18 年应用中的实践经验,体现了国际咨询工程师联合会(FIDIC)对工程领域的变化和趋势的理解,吸收借鉴了各专业协会及广大用户提出的意见建议,力求通过此次调整满足工程界发展变化的需求,提高在项目执行中的可操作性,使业主和承包商之间的风险分担更加合理。①

第一,银皮书(1999 年版)第 4.15 款[进场通路]中规定“承包商应被认为已对现场的进入通路的适宜性和可用性感到满意”“除本条件另有规定外:……(c)雇主不应对由于任何进场通路的使用或其他原因引起的索赔负责;(d)雇主不保证特定进场通路的适宜性和可用性;(e)因进场通路对承包商的适用要求不适宜、不可用而发生的费用应由承包商负担。”银皮书(2017 年版)对上述内容做了两方面调整,一方面将承包商对进入通路的适宜性和可用性感到满意的期限限

---

①　参见赵珊珊、张水波等:《FIDIC 银皮书新旧版本之比较》,载《国际经济合作》2018 年第 5 期,第 53－57 页。

定为基准日期(the base date),使承包商在提交投标报价时,可以对相关风险和费用作出更准确地估算;另一方面增加了承包商的索赔权,即由于雇主或第三方在基准日期后更改该通路而导致通路不适合或不可用的情况,因此导致承包商延迟和/或遭受损失,承包商应有权在符合第20.2款[索赔付款和/或支付]和/或支付此类费用的前提下要求索赔。

第二,银皮书(2017年版)在第8.5款[竣工时间的延长]增加了工期延误为雇主和承包商混合责任时的处理原则,即如果由于雇主职责的事项导致误期和承包商职责的事项导致误期同时发生,应按照特别规定(如无规定,视情况而定应对有关情况给予应有的考虑)中说明的规则和程序对承包商申请延长时间的权利进行评估。国际咨询工程师联合会(FIDIC)提醒用户,不同法系下可能会采用不同的规则和程序,因此强烈建议业主在编制该项评价规则时,咨询相关专业人员并考虑合同的管辖法律。[①] 而银皮书(1999年版)第8.4款[竣工时间的延长]中,并没有工期延误混合责任的相应规定。

第三,银皮书(1999年版)在第8.9款[暂停的后果]中规定如果承包商因执行雇主暂时停工或复工的指令遭受工期延误、费用增加的,可向雇主发出索赔通知,主张工期和费用的索赔。银皮书(2017年版)第8.10款[雇主暂停的后果]作出了相应调整,一方面扩大了承包商可索赔的范围,承包商可提出工期延长和(或)成本加利润的给付(EOT and/ or payment of such cost plus profit);另一方面也明确了承包商无权索赔的情形,即因承包商有缺陷的设计、工艺、设备或材料导致的后果;和/或承包商未能按照第8.9款[雇主暂停]尽到保护,保管或保证的义务造成的损失或损害。

第四,银皮书(2017年版)第11.2款[修补缺陷的费用]对承包商承担的风险做了调整,明确承包商承担工程设计风险的范围不包括雇主负责的设计部分(如果有)的工程的设计,原文对该原因的表述为"(a) the design of the works, other than a part of design for which the Employer is responsible (if any)";而银皮书(1999年版)对该原因的表述仅为:"(a) the design of the works",即整个工程的设计,而不论雇主是否负责了其中的部分设计工作。

第五,银皮书(2017年版)将银皮书(1999年版)第17.1款[保障]的内容拆

① 参见赵珊珊、张水波等:《FIDIC银皮书新旧版本之比较》,载《国际经济合作》2018年第5期,第53-57页。

分完善为第 17.4 款[承包商提供的保障]和第 17.5 款[雇主提供的保障],既方便用户阅读和引用,也进一步体现了双方责任的对等。第 17.4 款将银皮书(1999 年版)中承包商由于设计、施工、竣工产生的保障责任拆分为,由于施工产生的保障责任,以及由于承包商的设计导致工程未能满足与其使用目的而产生的保障责任。该款还将承包商对任何财产、不动产或动产(工程除外)的损害或损失承担的保障责任,由银皮书(1999 年版)的"不是由于雇主、雇主人员、他们各自的代理人、或他们中任何人直接或间接雇佣的任何人员的疏忽、故意行为或违反合同造成的"修改为"由于承包商、承包商人员,他们各自的任何代理人、或他们中任何人直接或间接聘用的任何人的任何疏忽、故意行为、或违反合同造成的",将双方责任之外的剩余风险分配给雇主。

第六,银皮书(2017 年版)在第 17.2 款[工程照管的责任]中增加了对于工程、货物或承包商文件的损失或损坏,承包商的免责情形:"(a)干扰,根据合同实施工程中不可避免的通行权、灯光、空气、水或其他地役权(承包商施工方法引起的除外)的干扰,包括临时的或永久的干扰;(b)业主使用或占用永久工程的任何部分,合同中另有规定的除外;(c)雇主在工程设计的任何部分中的错误、缺陷或遗漏,合同规定的承包商义务进行的设计除外;(d)不可预见的或经验丰富的承包商无法合理地预防的自然力的任何作用(合同数据中分配给承包商的除外);(e)第18.1 款[例外事件](a)至(f)项所列的任何事件或情况;(f)雇主人员或雇主其他承包商的任何违约行为。"

第七,银皮书(2017 年版)第 18.1 款[例外事件]规定,只要罢工或停工不仅涉及承包商人员和承包商和分包商的其他雇员(Strike or lockout not solely involving the contractor's personnel and other employees of the contractor and subcontractors),即可视为例外事件;而银皮书(1999 年版)第 19.1 款[不可抗力的定义]则规定必须是承包商人员、承包商及其分包商的其他雇员以外的人员罢工或停工才可视为不可抗力,减轻了承包商的风险责任。

因此,银皮书(2017 年版)对雇主与承包商之间的风险分配做了不少调整,使其更加合理。然而,这并未改变该合同条件"亲雇主"的特点,本书所提及的银皮书(1999 年版)在现场数据和不可预见的困难方面的风险分配不合理的问题在银皮书(2017 年版)中并未得到解决。

七、FIDIC 出版的其他合同条件

除上述主要的合同条件外,FIDIC 出版的其他合同条件也同样值得关注:

FIDIC 为 1999 年版合同条件编制了可配套使用的分包合同条件:①2011 年 FIDIC 出版了《施工分包合同条件》(Conditions of Subcontract for Construction),该合同条件可以与红皮书(1999 年版)配套使用,也可以适用于任何分包项目。②2019年 FIDIC 出版了《生产设备和设计施工分包合同条件》(Conditions of Subcontract for Plant and Design),该合同条件可与黄皮书(1999 年版)配套使用。尽管 2017 年 FIDIC 发布了第二版黄皮书,但该分包合同条件仍配套适用于 1999 年第一版,足以说明现阶段第一版黄皮书在业界的使用较第二版更为广泛。

以 1999 年版合同条件为基础编制的专门用于特殊项目的合同条件:①《施工合同条件(多边开发银行和谐版)》[Conditions of Contract for Construction (Multilateral Development Bank Harmonised),以下简称粉皮书]由国际咨询工程师联合会(FIDIC)与世界银行等国际金融组织于 2005 年合作编制,专门用于国际多边金融组织投资的建设工程项目,于 2006 年与 2010 年进行了两次修订。该合同在红皮书(1999 年版)的基础上编制形成,仍主要适用于业主负责/提供设计的施工项目。②2008 年国际咨询工程师联合会(FIDIC)发布了《设计—建造和运营项目合同条件》(Conditions of Contract for Design, Build and Operate Projects,以下简称金皮书),该合同条件在银皮书(1999 年版)基础上编制而成,加入了有关运营、管理、维护等方面的内容,以满足国际基础设施项目的特殊需要。

为疏浚等特殊工程专门编制的合同条件:①《疏浚与吹填工程合同条件》(Form of Contract for Dredging and Reclamation Works,以下简称蓝绿皮书)由国际咨询工程师联合会(FIDIC)与国际疏浚公司协会于 2016 年合作完成,适用于各类疏浚与吹填工程及其附属工程。②《地下工程合同条件》(Conditions of Contract for Underground Works,以下简称翠皮书)于 2019 年发布,适用于各类地下工程。该合同条件在充分考虑了地下工程的风险和特点的情况下,以黄皮书(2017 年版)为基础编制。

其他各类咨询服务合同,包括但不限于:《业主/咨询工程师标准服务协议书》(Client/ Consultant Model Services Agreement,以下简称白皮书)、《联营体协议书》[Model Joint Venture (Consortium) Agreement]、《咨询分包协议书》(Subconsultancy Agreement)、《代表协议书》(Model Representative Agreement,以下简称紫皮书)。

第二节　其他合同范本

一、英国 ICE 新工程合同(NEC)的演进

(一)制定新工程合同的起因

ICE 制定的新工程合同范本(New Engineering Contract,NEC)是相对于传统的 JCT 合同和 ICE 合同而制定的。

传统合同是基于项目客户与承包人相互对立的理念而起草,合同中任何一方并不激励或提倡良好的工程管理。履行合同过程中,客户和承包人主要关注索赔对工程价款的增减影响承包人从投标到施工均在寻找索赔机会的问题。咨询工程师在争端事件中尽力维护客户的利益。承包人为了获取更多的利润,将更多的精力投入索赔事项中,其为索赔付出的努力大于其在施工过程中为降低成本的努力。①

为了解决传统合同的弊病,激励而不是阻碍项目管理,1985 年英国土木工程师学会(ICE)成立专门小组开始起草工作。该小组由资深会员、承包人、咨询工程师和项目客户代表组成。它的目的是使用清晰、直白和简单的语言,促进和鼓励对风险和不确定因素进行良好管理。在英国土木工程师学会(ICE)的组织下形成了 NEC 合同,该合同历经 4 个版本。

(二)第一版新工程合同范本

第一版 NEC 合同由四个合同文本组成合同体系:设计和施工合同(Engineering and Construction Contract,ECC)、设计和施工分包合同(Engineering and Construction Subcontract,ECS)、专业服务合同(Professional Services Contract,PSC)和裁决员合同(Adjudicators' Contract,AC)。具体制定过程如下:

经过 5 年的起草和审查,英国土木工程师学会(ICE)在 1991 年发布了征询意

---

① 参见方志达:《新工程合同与传统工程合同》,载《重庆建筑大学学报》2001 年第 6 期,第 91 - 94 页。

见版本。经过2年时间消化社会各界的反馈意见，英国土木工程师学会(ICE)在1993年发布了第一版NEC设计和施工合同以及“背靠背”分包合同。1994年英国土木工程师学会(ICE)又发布了专业服务合同和裁决员合同。专业服务合同适用于所有与建筑相关的专业服务供应商，无论主合同是否采用NEC合同，专业服务合同均可适用。裁决员合同目的在于向所有NEC合同提供裁判服务。

早期采用NEC合同的单位有英国机场管理局、英国国家电力公司、苏格兰水电公司和南非国家电力公司Eskom。①

(三)第二版新工程合同范本

为了进一步解决合同对抗性问题，1995年，英国土木工程师学会(ICE)在吸收具有效率的现代合同原则后形成第二版NEC合同。②

第二版NEC合同由五个合同文本组成合同体系：第二版设计和施工合同(ECC)、第二版专业服务合同(PSC)、第二版裁决员合同(AC)和适用于简单的低风险工程的简式设计和施工合同(Engineering Construction Short Contract，ECSC)和简式工程分包合同(Engineering and Construction Short Subcontract，ECSS)。

从第二版开始，NEC合同鼓励合同各方建立合作精神。ECC合同的序言约定合同各方、项目经理和监理应当按照相互信任和合作的精神开展工作。而且，这一指导思想贯穿于所有合同条件中，特别反映在NEC合同“早期警告”机制、“裁决人”制度、“提前竣工奖金”、“补偿事件”等条文中，充分反映了NEC合同的“新”的指导思想。③

NEC合同逐渐成为英国基础设施项目的重要组成部分，它明显改善了公共部门的采购工作。它广泛应用于英国高速公路管理局、英国环境保护局和英国卫生部负责的项目中。耗资58亿英镑建设的连接伦敦和英吉利海峡隧道的1号高速铁路便是采用了第二版NEC合同。④

---

① 参见《NEC evolving to be the world's favourite procurement suite》，载NEC合同官网，https://www.neccontract.com//About－NEC/History－of－NEC/History－of－NEC－Whitepaper。

② 参见《NEC evolving to be the world's favourite procurement suite》，载NEC合同官网，https://www.neccontract.com//About－NEC/History－of－NEC/History－of－NEC－Whitepaper。

③ 参见方志达：《新工程合同与传统工程合同》，载《重庆建筑大学学报》2001年第6期，第91－94页。

④ 参见《NEC evolving to be the world's favourite procurement suite》，载NEC合同官网，https://www.neccontract.com//About－NEC/History－of－NEC/History－of－NEC－Whitepaper。

(四)第三版新工程合同范本

英国土木工程师学会(ICE)在发布 NEC 系列合同后收到世界各地的反馈。同时,英国政府在 1999 年提出"卓越建筑"(Achieving Excellence in Construction, AEC)的倡议,发布了"卓越建筑原则"。AEC 原则得到 NEC 合同的反馈,促成 NEC 系列合同在 2005 年做了的第三次修订。①

相比第二版,第三版 NEC 合同更加具有灵活性、易用性,对风险的控制力更强。第三版 NEC 系列合同新增了用于维修工作的 NEC3 定期服务合同(Term Service Contract, TSC)和用于随时间发放工作包的 NEC3 框架合同,再次扩大了 NEC 合同体系。

NEC3 体系获得了英国政府的支持。NEC3 在工业和建筑领域施工中的使用量增长迅速。英国以外地区使用 NEC3 的数量也在增长。2006 年,我国香港特别行政区政府决定在 30 个价值 12 亿英镑的试点项目中试用 NEC3,以鼓励建筑行业的合作。这些措施的成功使香港特别行政区政府开始采用 NEC3 作为其自 2015 年起每年 70 亿英镑的公共部门工程计划的默认合同。②

(五)第四版新工程合同范本

NEC3 在实践中被使用了 12 年。为了更好地响应行业需求,2017 年,英国土木工程师学会(ICE)对 NEC 合同体系进行了更新和精简,在制定第四版 NEC 合同的过程中,NEC 的作者已经与使用第三版 NEC 合同的用户群之中超过 400 家公司合作,以达到更新和加强新工程合同系列的目的。③ 它吸收了用户反馈、行业发展和新出现的最佳实践,并在灵活性、清晰度和管理简便性方面有所改进。

二、英国 ICE 新工程合同 NEC4 更新之要点解读

英国土木工程师协会(ICE)认为,NEC4 相较之于 NEC3,是进化而非革命。④

---

① 《NEC evolving to be the world's favourite procurement suite》,载 NEC 合同官网,https://www.neccontract.com//About - NEC/History - of - NEC/History - of - NEC - Whitepaper。

② 《NEC evolving to be the world's favourite procurement suite》,载 NEC 合同官网,https://www.neccontract.com//About - NEC/History - of - NEC/History - of - NEC - Whitepaper。

③ Richard Green, *NEC4 – The Key Changes: What You Need to Know*, Gowling WLG (June 26, 2017), https://gowlingwlg.com/en/insights - resources/articles/2017/nec4 - the - key - changes - what - you - need - to - know/.

④ Richard Patterson, *NEC3 to NEC4 – Evolution, not Revolution; Some Fixes and Some Good Ideas*, Management, Procurement and Law (2017), https://www.icevirtuallibrary.com/doi/full/10.1680/jmapl.2017.170.6.264#_i17.

也就是说，NEC4 对之前的版本而言，是结合时代变化的改进和完善，而不是根本性的推翻重塑。但尽管如此，NEC4 与 NEC3 相比也仍有很多变动之处。本节将先从整体上讨论 NEC4 系列合同的变化，然后在 NEC4 系列合同中，针对实务中使用较多的设计和施工合同的修改要点予以讨论。

（一）NEC4 系列合同更新的要点

与 2005 年第三版的 NEC 合同相比，2017 年版的 NEC 合同系列新增了 5 份合同。其中，完全全新的合同有 2 份，包括设计—建设—运营合同（Design Build and Operate Contract，DBO）、联盟合同（Alliance Contract，ALC）[①]。

另外，还有 3 份合同也被认为是新增的合同，包括专业服务分包合同（Professional Services Subcontract，PSS）、定期服务分包合同（Term Service Subcontract，TSS）、争议解决服务合同（Dispute Resolution Services Contract，DRSC）[②]。

新增的合同中引人注目的设计—建设—运营合同（DBO）能够使客户购买更加集成的全过程交付解决方案。该 DBO 合同的新增，反映了对进入运营阶段的合同需求的增加，它的亮点在于结合了设计、建造、运营和/或维护的职责，使客户可以从单个供应商处采购这些内容。因此，DBO 合同可以在执行期间提供各种服务。[③]

NEC4 系列合同之中新增合同的另一个亮点是联盟合同（ALC）。该联盟合同有多个主体，用于任命多个合作伙伴构成一个联盟来交付重大项目或工作计划。与其他类型的合同相比，作为联盟签约提供了一种不同的方式来进行客户和供应商之间的协作工作。合同的基础是各方共同努力实现客户的目标，并分担这样做的风险和收益。使用该合同的潜在好处是，在共同利益和减少争端的约束下，所有供应商（包括顾问和承包人）之间的合作将更加深入。[④]

另外，专业服务分包合同（PSS）是在原专业服务合同（PSC）下新增的分包合

① 参见 NEC 合同系列介绍，载 NEC 官网 2020 年 6 月 10 日，https://www.neccontract.com/About-NEC/NEC4-suite-of-contracts。

② Richard Patterson, "*NEC3 to NEC4 - Evolution, not Revolution; Some Fixes and Some Good Ideas*" (2017) 170 (6) *ICE*, Management, Procurement and Law (July 10, 2020), https://www.icevirtuallibrary.com/doi/full/10.1680/jmapl.2017.170.6.264#_i17.

③ 参见 DBO 合同介绍，载 NEC 官网 2020 年 7 月 27 日，https://www.neccontract.com/NEC4-Products/NEC4-Contracts/NEC4-Design-Build-and-Operate-Contract。

④ 参见 ALC 合同介绍，载 NEC 官网 2020 年 7 月 27 日，https://www.neccontract.com/NEC4-Products/NEC4-Contracts/NEC4-Alliance-Contract-ALC/NEC4-Alliance-Contract-ALC。

同,该合同应用于任命分包人,以向根据 NEC4 主合同任命的承包人或顾问提供专业服务。[①] 同样,定期服务分包合同(TSS)也在原定期服务合同(TSC)下新增的分包合同,该分包合同将根据 NEC4 主合同任命承包人的范围,在一段时间内用于任命分包人来管理和提供服务。[②]

此外,新增的争议解决服务合同(DRSC),其前身是 NEC3 合同中的裁决人合同(AC)。此次新增的争议解决服务合同,提供了新的流程来帮助当事方避免正式争端的时间和成本。[③]

可见,NEC4 系列合同,新增了 5 款合同来丰富 NEC4 合同类型,包括提供全过程解决方案的设计—建设—运营合同、多合同主体共同完成项目的联盟合同、专业服务分包合同、定期服务分包合同以及提供新流程的争议解决服务合同。这五个新合同促使 NEC4 能够为使用者带来更为全面的选择以及更流畅、更高效的合同范本。

(二)ECC4 合同更新的要点

在 NEC4 系列合同之中,被广泛使用的合同范本是设计和施工合同(ECC)。NEC4 系列合同之中的 ECC4 与 NEC3 系列合同之中的设计和施工合同(ECC3)相比也有很多变化,以下将对 ECC4 合同更新的要点予以讨论。

1. 术语的变化

从 ECC4 的表述来看,条款中对概念术语的使用有几处非常显著的变化。

第一,条款中的表述由"雇主"(Employer)更新为"客户"(Client)。涉及条款包括但不限于 ECC4 核心条款总则部分的第 11.2 款,比如,其中第 13 项(ECC3 第 11.2 款第 1 项):"合同主体为客户和承包人。"[④]从措辞上来看,合同中一方主体为"雇主",体现的是一种雇用的关系;而合同一方主体为"客户"时,更能体现民事合同主体地位的平等性。而设计和施工合同实际上是平等主体之间签订的合同,是约定承包人向"客户"提交工程作业的同时"客户"向承包人支付对价的

---

① 参见 PSS 合同介绍,载 NEC 官网 2020 年 7 月 27 日,https://www.neccontract.com/NEC4-Products/NEC4-Contracts/NEC4-Professional-Services-Contract/NEC4-Professional-Service-Subcontract。

② 参见 TSS 合同介绍,载 NEC 官网 2020 年 7 月 27 日,https://www.neccontract.com/NEC4-Products/NEC4-Contracts/NEC4-Term-Service-Contract/NEC4-Term-Service-Subcontract。

③ 参见 DRSC 合同介绍,载 NEC 官网 2020 年 7 月 27 日,https://www.neccontract.com/NEC4-Products/NEC4-Contracts/NEC4-Dispute-Resolution-Service-Contract。

④ *The Parties are the Client and the Contractor.* ICE,NEC4,Engineering and Construction Contract.

明确权利义务的民事合同。因此,在合同条款中使用"客户"这一表述,则更为妥当,更能准确体现设计和施工合同的性质。

第二,条款中的表述由"雇主风险"(Employer's Risk)更新为"客户责任"(Client's Liability)。涉及条款包括但不限于"风险和保险"部分的第 80 条。"客户责任"这一新的表述将能够更好地体现此概念的内涵和本质(一种补偿事件以及客户需要对承包人的附加成本承担的责任或客户对承包人提出相关主张的事件)。①

第三,条款中的表述由"工程信息"(Works Information)更新为"工程范围"(Scope)。涉及条款包括但不限于 ECC4 总则部分的第 11.2 条第 16 款(ECC3 第 11.2 款第 5 项)。更新后的表述,与建筑行业的通用语言更为相符,并且能够使所有的使用者,即便是那些之前没有使用过 NEC 系列合同的人,都能理解该表述。

第四,条款中的表述由"他/他的"(he/his)更新为"它/它的"(it/its),采用了性别中立的说法。就建筑行业而言,这种改变是简单却又重要的。② 而就 NEC 合同的作者而言,这种措辞上的修改也是非常重要的进步,并且作者在今后的研讨会中,也无须再向女性致歉了。③

2. 条款变化

ECC4 与 ECC3 相比,除了上述合同术语的变化之外,合同条款也有所变化。以下将以条款顺序为序,对一些重要的变化条款予以解析。

(1)早期警告(Early Warning)

就"早期警告"条款而言,ECC4 不只更新了概念术语的措辞,将原来的"风险登记"(Risk Register)更新为"早期警告登记"(Early Warning Register)以避免概念上的混淆,更重要的是,在 ECC4 第 15.2 款中,增加了关于"第一次早期警告登

---

① Richard Patterson, "*NEC3 to NEC4 - Evolution, Not Revolution; Some Fixes and Some Good Ideas*" (2017) 170 (6) *ICE*, Management, Procurement and Law (July 10, 2020), https://www.icevirtuallibrary.com/doi/full/10.1680/jmapl.2017.170.6.264#_i17.

② Jonathan Shaw, *NEC3 to NEC4: Key Changes to the Engineering and Construction Contract*, Fgould (October 2, 2018), https://www.fgould.com/uk-europe/articles/nec3-to-nec4-key-changes-to-the-engineering-and.

③ Richard Patterson, *NEC3 to NEC4 - Evolution, Not Revolution; Some Fixes and Some Good Ideas*, ICE-Management, Procurement and Law (2017), https://www.icevirtuallibrary.com/doi/full/10.1680/jmapl.2017.170.6.264#_i17.

记”以及“第一次早期警告会议”的规定,赋予了项目经理更多的主动权来管理风险(也是项目经理需要履行的管理风险的义务)。

具体而言,ECC4 第 15.2 款第 1 项要求项目经理[①]在开工日(Starting Date)起的一周内准备“第一次早期警告登记”并向承包人发出;项目经理在开工日起的两周内指示承包人出席“第一次早期警告会议”。而 ECC4 第 15.2 款第 4 项则规定如果有助于决定采取何种措施降低风险,那么分包人也可出席早期警告会议。可见,ECC4 的早期警告条款中,有至少三点重要的变化,一是项目经理有准备和发出“第一次早期警告登记”的权利(义务);二是项目经理有组织召开“第一次早期警告会议”的权利(义务);三是分包人符合条件的也可出席早期警告会议。

以上三点重要的变化,是对 ECC3 以及实务中存在的问题的切实回应。有观点指出,ECC3 中存在一些不足,如项目经理不召开会议、不开展第一次风险登记;另外,早期警告会议通常零散地举行,并且没有下游供应商参与其中。[②] 也就是说,在使用 ECC3 时,项目经理对早期警告登记和早期警告会议的开展是比较消极的,进而对风险管理的积极性也较低。造成这种情况的原因,有观点认为,大多是因为承包人是施工的一方而更容易第一个发现工程项目中的问题,由此形成大多数早期警告都是由承包人发起的传统性趋势。[③]

但是,无论是从客观来看承包人更容易发现工程项目中存在的潜在问题,还是以往实践中项目经理可能主观上对发现风险的警惕性较低、管理风险的主动性较差,值得注意的是,ECC4 中的早期警告条款同时规定了承包人和项目经理双方的义务,即双方都有义务发现潜在问题并及时通知对方以商讨解决问题控制风险的对策。而这一义务和负担,在实务中不能仅由承包人一方去承担,项目经理也应当被同样激励去发出早期警告,以争取更多的时间来与承包人商讨对策,从而增加得出最佳解决方案以最终满足客户需求的可能性。[④] 那么,ECC4 第 15.2 款第 1 项新增的关于项目经理在相应期限内进行“第一次早期警告登记”以及“第一

---

① 本节所述的项目经理,是指客户方项目经理,而不是承包方项目经理。

② Stuart Kings, *NEC4 Update Puts Proactive Focus on Risk Management*, Sypro (July 25. 2020), http://sypro. co. uk/article/nec4 – update – puts – proactive – focus – on – risk – management.

③ Glenn Hide, *ECC Clause* 16 – *Early Warnings*, GMH Planning (October 2,2011), https://gmh-planning. co. uk/nec – guidance – notes/nec3 – ecc – clause – 16 – early – warnings/.

④ Glenn Hide, *ECC Clause* 16 – *Early Warnings*, GMH Planning (October 2,2011), https://gmh-planning. co. uk/nec – guidance – notes/nec3 – ecc – clause – 16 – early – warnings/.

次早期警告会议”的规定,便明确了项目经理需要主动关注项目风险、积极对风险作出应对和管理的义务,这对顺利完成工程项目来说,具有十分重要的意义。

此外,在以往 ECC3 的使用中,由于并没有规定允许分包人出席“早期警告会议”,但实际中也存在分包人的工作不符合项目需求或者分包人对项目存在的具体风险问题能提出有建设性意见的情况。那么,就控制风险、提高解决问题的效率而言,ECC4 新增的条款允许符合条件的分包人出席“早期警告会议”,协助承包人与项目经理在“早期警告会议”中作出最优的风险应对决定,这也是具有实践价值的。

(2)工程进度计划(Programme)

关于“工程进度计划”条款,ECC4 中也增加了重要的规定。在先前的 ECC3 第 31.3 款中只约定了项目经理在承包人提交了供认可的工程进度计划后的两周内需要对该计划作出认可或不认可(对于不认可的还应当说明理由)的反应。但是,对于项目经理没有在两周内对承包人提交的进度计划予以任何答复的后果,ECC3 却没有予以规定。

然而,项目经理对工程进度计划的认可对承包人而言又十分重要。这是因为,这种认可意味着从项目经理的角度看来承包人所提交的工程进度计划是切合实际的、具有可操作性的以及反映了合同所要求的信息的。① 此外,经认可的进度计划对合同双方主体而言都非常重要,因为它是所有“补偿事件”(Compensation Events)和施工进度中所发生变化的参照点,如果没有近期经认可的进度计划,对于因为施工进度中的变化而使商业协议中的分歧进一步扩大的情况,那么合同双方都将承担相应的责任。② 相反,经认可的进度计划,则能确保合同中的各方都清楚当计划的竣工日期和竣工日期节点(Planned Completion and Completion Date Milestones)发生迟延时各方的责任,这对项目经理和客户而言也是非常重要的。因此,正常的经认可的进度计划会成为实时的管理工具以反映任何时间点的所有活动,而不只是在工程开始时被人们粘在墙上而后就被遗忘的一份进度计划。③

---

① Glenn Hide, *ECC Clause* 31. 3 – *Programme Acceptance*, GMH Planning (October 12, 2011), https://gmhplanning. co. uk/nec – guidance – notes/ecc – clause – 31 – 3 – programme – acceptance/.

② Glenn Hide, *ECC Clause* 31. 3 – *Programme Acceptance*, GMH Planning (October 12, 2011), https://gmhplanning. co. uk/nec – guidance – notes/ecc – clause – 31 – 3 – programme – acceptance/.

③ Glenn Hide, *ECC Clause* 31. 3 – *Programme Acceptance*, GMH Planning (October 12, 2011), https://gmhplanning. co. uk/nec – guidance – notes/ecc – clause – 31 – 3 – programme – acceptance/.

可见，项目经理及时对承包人发出的工程进度计划作出认可或者不认可(不认可的说明理由)的通知，是十分有必要的，而ECC3遗留的这一问题，ECC4予以了完善。根据ECC4第31.3款的约定，①在承包人发出工程进度计划后两周内，项目经理应当作出认可或者不认可的通知，其中项目经理认为不认可的还需要说明理由(该理由只能是ECC4规定的四种理由之一)；②在两周内，如果项目经理既没有发出对进度计划的认可通知，也没有发出不认可通知，那么承包人就可以对项目经理的不作为发出“失败”(Failure)通知；③承包人发出“失败”通知后的一周，项目经理仍然继续不作为的，那么工程进度计划将被视为是经过项目经理认可的计划。由项目经理认可的进度计划，则能够作为承包人施工进度的依据，并在日后发生“补偿事件”或进度计划变动时作为参照，以及在发生有关工期的争议时使合同双方明确自己的责任。

(3)赶工(Acceleration)

关于“赶工”的条款，ECC4也有较大的变化，体现为承包人能依据ECC4第36.1款的约定主动提出赶工的建议。在ECC3中，只有项目经理可以提出赶工的建议，并由项目经理指令承包人提交在合同约定的竣工日期之前提前竣工的赶工报价(赶工报价需要包括新的竣工日期、变更的合同价款以及修改后的工程进度计划)，由承包人在答复期限内向项目经理提交赶工报价或者对不提交赶工报价的说明理由。也就是说，根据ECC3，只有项目经理有提出赶工建议的权利，承包人只能被动地对该赶工建议予以回应。如果项目经理不提出赶工建议，承包人则不能自行提议赶工，这对于承包人的权利来说是极大的限制。

然而，根据ECC4第36条的约定，上述的问题被很好地解决了。承包人与项目经理都拥有向对方提出赶工建议的权利。如果项目经理和承包人决定对所提出的赶工建议予以考虑，那么，承包人便需要按照项目经理的“指示”(instructs/instruction)提交赶工报价(项目经理的指示中提到赶工报价单应当包括变化后的完成日期)。

另外，ECC3第36.2款只约定承包人在“答复期限”内向项目经理提交赶工报价或者对不提交赶工报价的说明理由，但没有明确该“答复期限”的具体时间。这一问题在ECC4第36.1款中也得到了完善。根据ECC4第36.1款的约定，承包人在收到项目经理的“指示”后的三周内，向项目经理提交赶工报价。而项目经理则需要在收到该赶工报价三周内作出认可或不认可赶工报价的回复。

ECC4第36条新增的约定,赋予了承包人向项目经理提出赶工建议的权利,使在ECC4合同项下,就赶工问题而言,承包人和项目经理的权利更加平等;允许承包人提出赶工建议,也有利于加强承包人在施工中的积极性;若最终决定将工期适当提前,也有利于节约双方的时间成本。而ECC4第36条新增的关于提交赶工报价和回复赶工报价的期限的约定,使项目经理和承包人对自己履行义务的时间限制更加明确,在很大程度上提高了双方沟通和处理“赶工”事宜的效率。这对整个工程项目的施工进度来说,也是颇具意义的。

(4)支付(Payment)

支付条款,被认为是ECC4变化最显著的条款之一。[①] ECC4第50.2款新增了一项,根据该约定,承包人应当在每个审核日(Assessment Date)之前提交付款申请(Application for Payment)给项目经理,列明承包人认为的截至审核日当天到期的应付款总额,并且该付款申请应以“工程范围”(Scope)中要求的形式列明计算应付款总额的具体细节。相应地,ECC4第50.4款则约定了如果承包人没有在审核日之前提交付款申请给项目经理,那么到审核日的应付款总额将是以下二者中较少的那个:①项目经理计价(Assess)的审核日到期付款总额(该计价就如同承包人在审核日之前提交了付款申请给项目经理一样);②前一个审核日的应付款额。可见,ECC4新增了承包人应当履行的义务,即在审核日之前向项目经理提交含有计价审核方法及应付款总额的付款申请,否则,承包人就要承担上述不利的后果。

而在设计和施工合同ECC3中,提交付款申请不是承包人的义务,但对于承包人在审核日或者审核日之前提交的付款申请,项目经理在应付款额计价审核时应当予以考虑,并且由项目经理对应付款额的计价审核情况向承包人予以详细的说明。可见,ECC4将对应付款额总额及计价方法进行详细说明的责任由项目经理转移给了承包人,这对项目经理而言是喜闻乐见的。此外,在ECC4中,若不提交付款申请,则承包人将会承担应付款额不利的后果。因此,该ECC4付款条款的变化应当引起承包人对风险的高度警惕。

但是,就承包人而言,应当提交“付款申请”这一新规定,对其并非完全不利。

---

① Norris Riley, *NEC4 ECC Payment Mechanism: Contractors and Project Managers Beware*, Burges Salmon (November 13, 2017), https://www.burges-salmon.com/news-and-insight/legal-updates/nec4-ecc-payment-mechanism-contractors-and-project-managers-beware/.

这是因为,ECC4 没有对承包人正确地提交了付款申请但项目经理没有在规定的时间内发出付款证书的后果予以规定。然而,至少在英国,前述问题将会根据英国的建筑法律来解决。在上述情况下,承包人原始的"付款申请"将被视为"默认付款通知"(Default Payment Notice),当客户发出"少付通知"(Pay Less Notice)时,承包人将有权按其被视为"默认付款通知"中的金额获得相应的价款。但需要注意的是,为了使"付款申请"有可能被视为"默认付款通知",承包人提交的付款申请应当列明其认为的应付款额的计算方法,而不是只有一个应付款额的数额。[①]

此外,ECC4 对承包人未提交付款申请且项目经理未在规定的时间内发出付款证书的后果也没有予以规定。但在这种情况下,依据英国建筑法律的规定,承包人将有机会提交"默认付款通知"。只要该承包人能确保其通知可以满足英国建筑法律的相关要求,那么承包人将在客户发出"少付通知"时,有权按其"默认付款通知"中的金额获得相应的价款。[②] 也就是说,ECC4 新增的"付款申请"规定也可能使承包人的应付款请求处于有利地位。前提条件是项目经理未在规定的时间内发出付款证书并且此前承包人已经按时发出了含有详细应付款计算方法的"付款申请"或者此后承包人发出了符合英国建筑法律要求的"默认付款通知"。此时,承包人便能以其自己的计价获得付款。从另一个角度来看,这也是项目经理需要高度重视的风险点,即尽管 ECC4 将对应付款额总额及计价方法进行详细说明的负担转移给了承包人并规定承包人承担提出付款申请的义务,但项目经理却需要严格在规定时间内发出付款证书,否则,承包人仍有可能按其自己的计价获得应付款。但是,上述两种由 ECC4"付款申请"规定衔接到适用"默认付款通知"的规定,是以适用英国建筑法律为前提的,若在英国之外适用 ECC4,则需要考虑衔接其他国家或地区的建筑法律相关规定,以弥补 ECC4 条款规定的空白。

(5)补偿事件(Compensation Events)

核心条款的第六部分补偿事件条款,由补偿事件的类型、通知补偿事件、补偿事件报价、计价以及对补偿事件的处理组成。其中,认定哪些情况是 ECC 项下的

---

① Norris Riley, *NEC4 ECC Payment Mechanism: Contractors and Project Managers Beware*, Burges Salmon (November 13, 2017), https://www.burges-salmon.com/news-and-insight/legal-updates/nec4-ecc-payment-mechanism-contractors-and-project-managers-beware/.

② Norris Riley, *NEC4 ECC Payment Mechanism: Contractors and Project Managers Beware*, Burges Salmon (November 13, 2017), https://www.burges-salmon.com/news-and-insight/legal-updates/nec4-ecc-payment-mechanism-contractors-and-project-managers-beware/.

“补偿事件”，是该部分的重要基础。与 ECC3 相对比，ECC4 的补偿事件条款新增了 2 项属于“补偿事件”的情况，分别是 ECC4 的第 60.1.20、60.1.21 项。

第 60.1.20 项约定，项目经理通知承包人，由承包人提交的建议指示的报价未被认可，这种情况属于“补偿事件”。换句话说，当承包人根据项目经理的要求发出报价，该报价却又被项目经理拒绝时，这种情况就构成了 ECC4 项下的“补偿事件”。那么，承包人就可以向项目经理主张为了准备该报价而产生的成本。① 该新增的规定，加强了对承包人利益的保护。

第 60.1.21 项约定，其他的补偿事件可以列在“合同资料”（Contract Data）的第一部分中。也就是说 ECC4 第 60.1 款采用了不完全列举的方式对属于“补偿事件”的情况进行了说明，而合同双方还可以在“合同资料”中自行约定额外的属于“补偿事件”的情况。这使 ECC4 作为标准文本更加普适和灵活，而合同主体也能根据双方的具体情况来补充其他的“补偿事件”，这为进一步明确合同主体的权利义务责任提供了助力。

（6）争议解决条款（Resolving and Avoiding Disputes）

争议解决条款，也是 ECC4 较之于 ECC3 而言改动比较大的条款。体现在两个方面：一是条款在合同设置形式上的更新；二是实质内容的更新即增加了正式程序的前置程序和新的选项。

具体而言，ECC3 中“争议解决”条款和“合同终止”条款被一起放在 ECC3 核心条款的第九部分。然而，在更新后的 ECC4 中，核心条款第九部分仅为“合同终止”条款，而“争议解决”条款则被设置在“主要选项”条款（Main Option Clauses）之后并单独构成一个部分即“解决和避免争议”条款（Resolving and Avoiding Disputes）。

该 ECC4 的“解决和避免争议”部分，提供了 W1、W2 和 W3 共三种选项。当使用 ECC4 范本时，则必须在 W1、W2 和 W3 之中选择一种来作为合同当事方解决争议的条款，该选项与合同当事方已选择的主要选项（Main Option Clauses）共同构成完备的整体。其中，选项 W1，在以裁决作为解决争端的方法且 1996 年《英国住房补助金、建筑和更新法案》（the United Kingdom Housing Grants, Construc-

① Jurg van Dyk and others, *NEC4: A Step Up From The NEC3?*, Cliffe Dekker Hofmeyr (April 13, 2017), https://www.cliffedekkerhofmeyr.com/en/news/publications/2017/dispute/dispute-resolution-and-construction-and-engineering-special-alert-13-april-NEC4-A-step-up-from-the-NEC3.html.

tion and Regeneration Act)不适用时使用。选项 W2,在以裁决作为解决争端的方法且 1996 年《英国住房补助金、建筑和更新法案》适用时使用。值得注意的是,选项 W3 是 ECC4 新增的“争议解决”选项,在以避免纠纷委员会(Dispute Avoidance Board)作为解决争端的方法且 1996 年《英国住房补助金、建筑和更新法案》不适用时使用。

ECC3“争议解决”条款中,解决争议的方式是先由裁决人(Adjudicator)对争议作出裁决,若当事人对裁决决定不服,可在收到裁决决定四周内将争议提交法庭进行仲裁或者诉讼。然而,在 ECC4“争议解决”的 W1 和 W2 选项中,为了鼓励协商解决争议,在正式程序(裁决程序)开始之前,增加了新的程序,即增加了为期四周的协商时间。根据 ECC4 W1.1 款的约定,当事人将争议提交给“高级代表”(Senior Representatives)(该高级代表由各当事人指定而组成),在提交争议后的一周内,除非另有约定,双方当事人需要向对方提交不超过 10 页 A4 纸的陈述(包括证据)。在接下来的不超过三周的时间内,“高级代表”将举行各种会议、使用各种方法来解决争议。在该三周期限的最后阶段,“高级代表”将制作一份清单来列明已经达成一致意见和仍未达成一致意见的争议问题。而项目经理和承包人则需要对已达成一致意见的部分予以实施。然而,根据 ECC4 W2.1 款的约定,如果当事人双方同意,那么,在将争议提交裁决前,可选择由“高级代表”在四周时间内进行协商以解决争议。可见,在使用 W1 选项时,这项新的前置程序是必须的;但在使用 W2 选项时,这项新的前置程序是非必需的。①

而 ECC4 的 W3 选项,则是全新的“争议解决”选项,在该选项中,并没有使用 ECC3“争议解决”条款中的“裁决人”进行“裁决程序”,而是在最终提交法庭处理之前,设置了“避免纠纷委员会”(Dispute Avoidance Board)(该“避免纠纷委员会”的组成方式由当事人双方在“合同资料”中约定)来解决争端。“避免纠纷委员会”由 1 名或者 3 名成员组成,该“避免纠纷委员会”将在早期就开始熟悉项目工程(定期或根据当事人的邀请去参观项目现场),当产生争议时,“避免纠纷委员会”将与当事人双方开展会议以寻求解决争议的方法。如果通过会议争议仍得不到解决,那么“避免纠纷委员会”将向当事人双方提出解决争议的建议(但该建议

---

① Richard Green, *NEC4 – the Key Changes: What You Need to Know*, Gowling WLG (June 26, 2017), https://gowlingwlg.com/en/insights-resources/articles/2017/nec4-the-key-changes-what-you-need-to-know.

不具有强制约束力)。仅在当事人不接受该建议时,争议才会被提交由法庭通过诉讼或者仲裁解决。①

可见,ECC4 解决争议的方式更为灵活,选项 W1 和 W2 中新增的“高级代表”协商的前置程序更有利于争议以双方友好沟通的方式解决。而新增的选项 W3 则提供了新的思路,即在签订合同时,就约定成立“避免纠纷委员会”定期或不定期地到项目现场了解情况,以方便在出现争端时,提出更切合实际的解决方案,尽管该解决方案不具有强制约束效力,但也为双方解决争议提供了更多可能性,从而提升了解决和避免争议的效率,为双方节约时间和成本。

三、英国 ICE 新工程合同 ECC4 合同要点解析

(一)ECC4 合同的核心条款要点

1. 总则条款

(1)工作原则

ECC4 的序言约定,合同各方、项目经理和监理应按合同的约定工作,在工作中应当遵循“相互信任和相互合作”的精神。

ECC4 合同在促进“信任与合作”方面可谓典范,作为合同原则,“相互信任和相互合作”贯穿于核心条款和各选项条款。例如,在风险控制方面,ECC 的“早期警告”和“补偿时间”条款有利于促进合同各方在风险发生之前主动管理,也鼓励在风险的早期进行沟通磋商合作,以便于解决风险。而我国的建设工程施工合同示范文本与之对比,更注重风险发生之后的索赔和争端处理,发承包双方内部的对抗大于合作。

(2)合同主体、项目经理和监理

ECC4 在术语定义中约定,合同各方主体是客户(Client)和承包人(Contractor)。

虽然 ECC4 仅有双方合同主体,但 ECC 合同体系中还有项目经理(Project Manager)、监理(Supervisor)、裁决人(Adjudicator)和分包人(Subcontractor)等主

① Joe Whittle and others, *Advance Notice of the Dispute Resolution Provisions under the New NEC4 Suite of Contracts*, Cliffe Dekker Hofmeyr (April 13, 2017), https://www.cliffedekkerhofmeyr.com/en/news/publications/2017/dispute/dispute - resolution - and - construction - and - engineering - special - alert - 13 - april - NEC4 - A - step - up - from - the - NEC3.html.

体扮演重要角色，他们同样需要接受 ECC 合同的约束，按照合同履行职责。

项目经理和监理都是客户雇用的管理人员。根据 ECC4 的约定，在合同的履约过程中，需要客户直接向承包人行使的权利或履行的义务比较少，例如，客户只需向承包人提供工程范围、提供材料和设备、提供保险，其余工作基本上由项目经理和监理代客户管理或监督。相应地，承包人的大部分工作由项目经理或监理审核监督，仅有少部分工作由客户审核，承包人的日常工作对接主体是项目经理或监理。

根据 ECC4 的约定，项目经理和监理有权在合同约定的工程范围内审核接受或不接受承包人的工作成果，项目经理有权向承包人发出变更工程范围或关键日期的指示。

(3)合同生效日期

ECC4 在术语定义中约定，合同生效日期是合同成立日期。

合同生效日对于计算与合同履行期限有关的事项具有意义。合同成立的方式具有多样性，如招标投标方式、邮件来往方式，所以在使用 ECC4 合同时需要注意合同成立日期，以解决与之有关的争议。

(4)关键日期

ECC4 在术语定义中约定，关键日期是指工程达到某项约定条件的日期。

"关键日期"和与之对应的"条件"约定在合同资料中。合同双方应当尽量促进工程在关键日期满足相应的条件，迟延满足关键日期将会触发早期警告或者补偿事件。关键日期是可以修改的日期，合同双方有权按 ECC4 约定的条件变更关键日期。

(5)竣工日期、竣工

ECC4 在术语定义中约定，竣工日期为合同资料中所指定的日期。竣工，是指承包人完成工程范围约定的在竣工日前应当完成的所有工作，并且已经纠正可能妨碍客户使用工程或其他人开展工作的缺陷。如果工程范围没有说明承包人在竣工日期前要完成的工作，那么承包人完成了供客户使用工程和其他人完成其工作所需的所有工作时视为竣工。

"竣工日期"同"关键日期"一样可以由合同双方按约定的条件变更，例如，在赶工、早期警告或补偿事件发生后，双方变更日期。

(6)缺陷

ECC4 在术语定义中约定，缺陷(Defects)具体包含三种情况：一是部分工程不符合“工程范围”的约定；二是部分由承包人设计的工程不符合适用的法律；三是承包人的设计文件经项目经理认可后，承包人设计的部分工程不符合该设计文件。

因此，ECC4 中所用“缺陷”一词具有其独特的含义，不同于我国建设工程行业语境中所称的“工程质量缺陷”。ECC4 中的缺陷系由承包人造成的，它不包括客户提供的设计文件或材料存在瑕疵或错误引起的各类问题。判断工程是否存在缺陷，主要标准是合同资料中的各项约定。

(7)工程范围

ECC4 的工程范围(Scope)系由 ECC3 的工程信息(Works Information)更新而来，二者仅称谓不同，其实质含义不变。根据 ECC4 的术语定义，工程范围是关于承包人如何实施合同工程以及限制条件的具体说明和描述，工程范围在形式上或被包含在合同资料文件中，或被包含在客户、项目经理、监理根据合同发出的指示中。

因此，整个工程项目系围绕工程范围而建设，工程范围对客户和承包人的重要性不言而喻。在工程实务中，工程范围可能是零散的，客户和承包人需要及时分类整理。

(8)早期警告

早期警告条款是 ECC 合同设置的为促进多方合作和解决工程建设中的成本、工期和质量问题的特色条款。根据 ECC4 第 15 条约定，承包人和项目经理一旦发现任何可能发生增加工程成本、延迟竣工、延迟满足关键日期或影响工程使用功能的事件时，应立即向对方发出一份早期警告。

单纯的警告不是 ECC4 的终极目标，根据 ECC4 的进一步要求，项目经理或承包人需要召开早期警告会议。与会各方在会议上应当通力合作，就每个问题提出建议并研究措施以避免或减少事件对工程的影响；寻求对将来会受影响的各方主体均有利的解决方法；决定应当采取何种应对措施以及根据合同决定实施行动的主体；决定哪些问题可以从早期警告登记册中删除；审核早期警告登记册中已记录的应对措施，决定是否需要采取不同的措施，以及根据合同约定实施行动的主体。

为促进项目经理主动履行管理职责，首次早期警告会议由项目经理召开，项目经理指示承包人在开工日之后两周内参加。此后的早期警告会议的召开主体和召开时间不固定，在任何时候，项目经理或承包人任何一方发现问题，均有权通知对方参加早期警告会议。早期警告会议的召开不得超过合同资料约定的间隔。

关于与会人员，除项目经理和承包人以外，ECC4 第 15.2 款指出，如果分包人的出席将有助于决定采取应对措施，则分包人应参加会议；项目经理或承包人在征得对方同意后可以要求其他人员参加会议。因此，参加早期警告会议的主体可以涵盖客户、项目经理、监理、承包人、分包人、供应商等。

对于每项早期警告事项和早期警告会议作出的决定，项目经理均应当记入早期警告登记册中。项目经理有义务及时修订早期警告登记册，并在早期警告会议后的一周内将登记册发给承包人。

为促进承包人履行发出早期警告的义务，ECC4 第 63.7 款约定了承包人怠于发出早期警告的责任后果。如果项目经理在提交报价的指示中指出，该承包人没有对事件发出早期警告，而对于经验丰富的承包人能够发出早期警告，则项目经理在审核补偿事件时应视作承包人已经发出了早期警告。由于发出早期警告后合同各方采取相应的行动后能在一定程度避免工程成本增加或工期延长，因此，以承包人已发出早期警告后所蒙受的实际损失为依据，减少承包人就该事件提出的索赔额。①

2. 承包人的主要义务条款

(1)实施合同工程

ECC4 第 20 条约定，承包人应当按工程范围实施合同工程。这是承包人最核心的义务，为实施合同工程承包人进行的一切设计、施工、安装、试验、修补缺陷行为均是履行该义务的具体体现。客户提供的工程范围需要清晰明确，承包人需要注意涵盖在合同书之外的工程范围。

(2)设计、工程设备设计

ECC4 第 21～23 条将设计工作纳入承包人的义务条款。是否需要承包人设计，应在合同资料中载明。承包人需要根据实际情况与客户约定是将部分还是全部设计交由承包人。工程范围对设计部分的变更则属于补偿事件。

而具体设计内容有对工程的设计，还有对施工设备的设计。设计工作均需由承包人提交项目经理认可。

---

① 参见胥善林、傅鸿源：《NEC 与 FIDIC 合同条件的几点比较》，载《重庆建筑大学学报》2002 年第 6 期，第 68－71、76 页。

对于工程的设计,ECC4 第 21 条指明项目经理在两种情形下拒绝认可承包人的设计:①承包人没有完全按照工程范围或适用的法律设计;②设计未经项目经理认可。

对于工程设备的设计,ECC4 第 23 条指明项目经理在三种情形下拒绝认可承包人的设计:设计不符合工程范围,不符合已为项目经理认可的承包人的设计以及不符合适用的法律。

根据 ECC4 第 60 条的约定,如果项目经理在应当拒绝认可设计情形下认可承包人的设计,则应变更工程范围,此种变更不属于补偿事件。

(3)人员安排

ECC4 第 24.1 款要求对于合同资料中约定的每一名关键人员,承包人有义务将其派至工程现场来实施工作。如果不能安排这些关键人员,应当提供经项目经理认可的替换人选。承包人应将每个拟替换人选的姓名、相关资质和经历提交项目经理以寻求认可。拒绝认可的理由只能是拟替换人选的相关资质和经历不如原人员。相比我国的建设工程施工合同示范文本的通用条款,ECC4 对人员替换的要求是明确的。

ECC4 第 24.2 款赋予项目经理一定程度的人员调动的权利。在项目经理说明理由之后,其有权指令承包人调离某名人员。承包人应当据此作出安排。但该条款未明确项目经理在何种情形下有权行使该权利。基于相互信任与相互合作的精神,笔者认为,项目经理应当仅在认为该人员不利于合同工程的实施情形下才有权指令调离该人员。

(4)与客户和其他主体合作

工程建设过程中,客户、承包人、分包人以及供应商等主体需要相互合作。ECC4 第 25.1 款指明承包人应在获取和提供与合同工程有关的信息方面同其他主体合作。承包人与工程范围列明的其他主体共用施工作业区。

ECC4 第 25.2 款指明客户和承包人应当按照工程范围的约定提供服务和其他事项。该条指明客户因承包人未提供服务和其他应提供的事项而发生的任何费用,在项目经理评估后,由承包商承担不履行合作义务的责任。ECC4 第 25.3 款还指明如果项目经理认为工程没有在约定的日期之前满足关键日期的要求,客户也会产生额外的费用。项目经理在关键日期的条件满足后的 4 周内评估额外成本。客户有权收回其额外支出的费用。

ECC4 第 25 条并未指明客户不履行合作义务的责任后果。根据 ECC4 补偿事件的相关条款,客户的行为导致承包人的成本增加可作为补偿事件。

因为合作的复杂性,合同各方以及其他主体的合作事项不易在合同资料中穷尽。本条所称的合作事项也不限于合同资料中列明的事项。因此承包人需要根据经验和管理提前计划安排各个工作环节中各方主体应当提供的服务、物品和资料等事项。

(5)分包

在 ECC4 下,不因分包而免除或减轻承包人的责任。ECC4 第 26.1 款指明,如果承包人将工程分包出去,承包人应当像没有分包一样对工程的实施负责,将分包人的雇员和设备视作承包人。

在分包的管理方面,承包人的自主权受到项目经理的限制。ECC4 第 26.2 款指明,承包人将每个拟定的分包人的名称提交给项目经理认可。项目经理不接受分包人的理由为,选定分包人将使承包人不能实施合同工程。未经项目经理接受分包人,并且在合同条件要求的范围内接受分包文件,承包人不得从拟定分包人选中指定分包人。

关于分包合同文件,ECC4 第 26.3 款指明,承包人应将每个分包合同的拟定分包文件(价格信息除外)提交给项目经理认可。如果拟定的分包合同是一份 NEC 合同,且除了根据合同附加条件之外,该合同没有进行修改;或者在项目经理已经同意的情形下,那么承包人便无须提交分包文件。如果分包合同适用后将不允许承包人继续实施工程,或者分包合同中包含着分包双方不遵守"相互信任和合作的精神"的声明,那么项目经理将拒绝认可这份分包合同。

相比我国的建设工程施工合同示范文本通用条款,ECC4 在分包管理方面的要求更加严格。承包人不仅需要在分包的事项方面获得项目经理的许可,还有义务将分包合同文件提交项目经理审查并获得其许可。分包合同的文件必须与 ECC 合同文本并行不悖。ECC4 第 26 条中没有关于客户直接指定分包人的条款,因此承包商人独立完成工程或自行安排分包事项。

3. 工期

(1)开工日期、竣工日期和关键日期

在合同约定的工期内开工和竣工是承包人核心的义务。ECC4 第 30 条简要地列明承包人应当注意开工日期、竣工日期以及关键日期。

ECC4 第 30.1 款指明，承包人从进入现场的第一天开始工作，应在竣工日期完成工程。第 30.2 款指明项目经理决定竣工日期，并在工程竣工后一周内签发竣工证书。第 30.3 款指明承包人实施的工程应在每个关键日期之前实现合同资料规定的该日期对应的条件。

ECC 关于“开工日期”的条款存在修订。ECC3 以首个占有现场日（the First Possession Date）作为开工日期，ECC4 以首个入场日（the First Access Date）作为开工日期，开工日期的条件变得简要。承包人应当在入场前仔细核对现场作业条件，避免在不具备条件的情形下提前入场。

（2）工程进度计划

提交工程进度计划是承包人的重要义务，ECC4 对工程进度计划的要求较为明确。ECC4 第 31.1 款指明，如果合同资料中没有标明工程进度计划，那么承包人应在合同资料规定的期限内向项目经理提交第一份计划以供审核。第 31.3 款指明，在承包人提交工程进度计划后两周内，项目经理应将工程进度计划的接受情况或拒绝接受的原因通知承包人。如果承包人的计划不切实际，工程进度计划没有显示合同要求的信息，不能代表承包人实际的计划，不符合工程范围，则项目经理将不接受工程进度计划。ECC4 在第 31.3 款新增了内容，如果项目经理未在限定的时间内通知接受或不接受，承包人可以将该未回复事件通知项目经理。如果承包人通知后一周内项目经理仍未回复，则视为项目经理接受了该计划。该新增条款保障了承包人的利益。

关于工程进度计划应当载明的内容，ECC4 第 31.2 款指明，应当包括：

①开工日期、入场日期、关键日期和竣工日期。

②计划竣工。

③承包人为实施工程而计划进行的工作顺序和时间安排。

④承包人最终与客户、其他人达成的协议或合同范围内约定的客户、其他人的工作顺序和时间安排。

⑤承包人计划满足每项关键工作条件的日期，以及完成客户和其他人完成工作所需的其他工作的日期。

⑥下列各项规定：备用时间、风险机动时间、健康和安全要求、合同中约定的程序。

⑦为了按照工程进度计划实施工程，承包人将需要：在入场日期之后进入部

分现场,确定工程进度计划的认可日期,核验客户提供设备、材料和其他物品;核实其他人提供的信息。

⑧对于每项作业,承包人说明如何开展工作的计划,确定将使用的主要设备和其他资源。

⑨工程范围内要求承包人在工程进度计划中提交用于审核的其他资料。

用于审批的工程进度计划应按照工程范围内规定的形式提交。

(3)指示停工或不开工

ECC4 第 31.4 款指明,项目经理可就某一工程指示承包人停工或不开工。随后项目经理应指示承包人复工或开工,或将该工程从工程范围中删除。

项目经理根据该条约定,有权作出在出现设计变更、人身伤害或财产损失等情形下停工的指令。如果所发出的指令构成补偿事件,则按补偿事件的流程处理。但如果不构成补偿事件,则承包人需要承担相关费用。

(4)工程接管

在 ECC3 文本中,工程接管意味着被接管的工程从承包人处转移到客户处,而 ECC4 文本不再保留这一条文,笔者认为,接管工程仍具有转移占有的意义。关于工程接管的认定,ECC4 第 35.2 款指明,客户在开始使用(部分)工程时接管该(部分)工程。

关于工程的接管时间,并非所有客户都愿意提前接管(部分)工程,对于某些特殊工程如果客户提前接管(部分)工程反而不利。因此 ECC4 第 35.1 款指明,如果合同资料表明客户不愿意在完工日期前接管工程,则客户无须提前接管,但客户不会晚于工程完工后两周再接管。因此,对于合同资料已明确不提前接管的情形下,承包人不必主动压缩工期追求提前竣工。

为保障承包人的利益,ECC4 第 35.3 款约定客户在接管任何(部分)工程后一周内,项目经理需出具接收证书。

(5)赶工

赶工的实质是合同双方对合同工期的变更。关于赶工的启动主体,ECC4 较 ECC3 有较大变化。根据 ECC4 第 36.1 款的约定,承包人和项目经理可向对方建议加快进度,以便在竣工日期之前实现竣工。

关于启动赶工的流程,如果项目经理和承包人准备考虑变更,项目经理将指示承包人提供报价。指令应当载明“承包人需将关键日期的变更包含在赶工报价中”。承包人在接到指令后三周内提供报价。项目经理在三周内回复接受报价，或者回复不接受报价且竣工日期和关键日期均不变。

由于赶工涉及价款与工期变化，ECC4 第 36.2 款和第 36.3 款要求承包人每次提交赶工报价时都应当显示工程价款的对比变化，以及修订工程进度计划以体现竣工日期和关键日期的变动。当一个赶工报价被接受时，项目经理会相应地变更价格、竣工日期和关键日期，并接受修订后的工程进度计划。

可见在 ECC 合同下启动赶工需要经历磋商环节，项目经理提出的赶工建议需要经过承包人同意后才能实施，项目经理无权强令承包人缩短工期。承包人在考虑赶工时需要同时考虑工程价款和工期的调整。

4. 质量管理

（1）质量管理体系

ECC4 对承包人新增了建立和实施质量管理体系的义务。根据 ECC4 第 40.1 款、第 40.2 款的约定，在合同资料约定的期限内，承包人向项目经理提供质量政策声明和质量计划，以供项目经理接受。如果这些政策声明或质量计划使承包人无法实施工程，则它们将不被接受。如果质量计划有任何修改，则承包人应向项目经理提供修改后的质量计划以供其认可。

质量计划被项目经理认可后，承包人应当按计划实施。如果承包人实施工程过程中发生不符合质量计划的行为，项目可指示承包人纠正，此种情况下的指示不属于补偿事件。

（2）试验和检查

ECC4 核心条款中所称的试验和检查适用于工程范围或适用法律要求的试验和检查。根据 ECC4 第 41 条的约定，接受试验和检查的是材料、设备和试样，提供待检物品的主体是承包人和客户。

ECC4 第 41.3 条要求就试验和检查进行通知，承包人和监理在试验或检查开始前将他们的试验和检查通知对方，并在试验或检查开始后将结果通知对方。若某项工程将妨碍试验或检查，则在安排或实施试验或检查前，承包人应及时通知监理。监理可以观察承包人进行的任何试验。

至于试验和检查后发现工程存在缺陷，则应由承包人改正缺陷并重新试验或检查。此种情形下的重新进行试验或检查不属于补偿事件。项目经理应当对客户因发现缺陷后重新进行测试或检查而产生的费用进行审核，承包人应当按照经审核的金额予以支付。

(3)寻查和指出缺陷

ECC4 第 43 条指出,在缺陷责任期届满之前,监理可以指示承包人寻查缺陷。监理给出寻查的理由和指示。搜索工作可能包括:①揭开、拆除、重新覆盖和重新安装某项工程;②为监理工程师进行试验和检查提供试验设施、试验材料和试验试样;③进行工程范围中未要求的试验和检查。在缺陷责任期届满之前,监理和承包人一旦发现缺陷,应立即通知对方。

由于 ECC4 将"缺陷"定义在承包人的责任范围内,所以它不属于补偿事件。笔者认为,对于被寻查的"缺陷",如果确系归责于客户提供的设计文件、材料和设施,则属于补偿事件。

(4)改正缺陷

作为承包人,改正缺陷是当然应有的义务。ECC4 第 44 条指出,无论监理是否通知承包人,承包人均应改正缺陷。承包人应在缺陷改正期届满之前改正监理所指出的缺陷。至于缺陷改正期的起算,则根据指出缺陷的时间而做区分:对于竣工前指出的缺陷,自竣工之日起算;对于其他缺陷,则自缺陷通知之日起算。

如果没有指出缺陷,监理应在缺陷责任期满签发缺陷证书,或按下列较早的日期签发缺陷证书:①最后的缺陷改正期期满日;②所有被指出的缺陷均被改纠正之日。

客户关于监理人未发现或未通知缺陷以外的权利不受缺陷证书签发的影响。

为改正缺陷,项目经理应作出安排让客户允许承包人对已接管的部分工程行使出入权和使用权。在这种情况下,当客户授予了必要的出入权和使用权时,缺陷改正期就开始起算。

(5)接受缺陷

某些部分被指出的缺陷可能不需要改正,对于这些缺陷的处理,承包人和项目经理可以向对方建议变更工程范围。由于改正缺陷或接受缺陷会直接影响合同价款和工期,ECC4 第 45.2 款指出,如果承包人和项目经理准备考虑变更工程范围,承包人应将包含扣减合同价款或提前竣工日期的报价提交项目经理认可。如果报价被认可,项目经理应相应地变更工程范围、合同价款和竣工日期,并认可修订后的工程进度计划。

(6)未改正的缺陷

除改正缺陷和接受缺陷情形以外,还存在缺陷被指出后可能需要改正但承包人"未改正"的情形,对此承包人仍需承担改正缺陷所需的费用并更改工程范围。对此 ECC4 第 46 条区分两种情形处理:

第 46.1 款指出,如果承包人被授予出入权用以改正被指出的缺陷,但该缺陷未在缺陷改正期限内予以改正,那么项目经理将审核客户将该缺陷交由其他人改正所需要的费用,承包人应按审核结果支付此款项。此时工程范围被视为因接受缺陷而已变更。

第 46.2 款指出,如果在缺陷责任解除日之前,承包人被授予出入权用以改正被指出的缺陷,那么项目经理将审核承包人改正缺陷所需的费用,承包人按审核结果支付费用。此时工程范围被视为因接受缺陷而已变更。

5. 支付

(1)审核应付款额

ECC4 新增的第 50.2 款首次明确价款的审核程序由承包人发起,承包人有义务提交付款申请。付款申请应当列明承包人认为截至审核日当天到期的应付款额。承包人的付款申请应以工程范围中要求的形式列明计算应付款总额的具体细节。

根据第 50 条的其余款项,应付款的审核权由项目经理享有。项目经理在每个审核日期审核应支付的金额。第一个审核日期需要与合同各当事方的工作进程相适应,但不迟于开工日期后的审核周期间隔,具体日期由项目经理决定。此后的审核日期发生在每个审核期期末,直到监理签发缺陷证书或项目经理签发合同终止证书。

为促进承包人主动提交付款申请,ECC4 新增第 50.3 款和第 50.4 款以区别提交申请和不提交申请的后果。如果承包人在审核日之前提出付款申请的,应支付的金额为到目前为止已完工程的价格,加上客户应当付给承包人的其他款项,减去承包人应当付给客户的款项或应从承包人处扣留的款项。如果承包人没有在审核日之前提交付款申请,那么到结算日的应付款总额将是以下二者中较少的那个:如同承包人在审核日之前提交了付款申请一样,项目经理在审核日自行审核的应付款总额;前一个审核日的应付款额。

为促进承包人提交工程进度计划,ECC4 第 50.5 款对承包人设置了不利后果。若合同资料中未明确工程进度计划,则在承包人将含有本合同所需信息的首个工程进度计划提交项目经理认可前,应在审核的应付款项中扣留迄今已完工程总价的25%。

(2)支付

根据ECC4第51.2款的约定,每笔已签发付款证书的款项应在审核日后三周内支付,但是如果合同资料中约定了不同的付款期限,则应在该期间内支付。如果迟延支付已签发付款证书的款项,或者如果项目经理拖延签发应当签发的付款证书,则应对欠款加付利息。利息从应付款的日期起算至支付逾期款项之日止,并且应当计入付款后的第一次审核中。

如果已审核的应付款额中存在错误,那么项目经理应在下一个付款证书中纠正。如果改正与审核错误或补偿事件有关,即拖延付款的原因是监理对试验或检验作出的不必要的延迟,或根据裁决员或者裁判庭的决定、根据避免争议委员会的建议应当改正应付款额,那么应当按照改正的金额加付利息。计息时间从错误金额签证之日起至改正金额签证之日止,利息在审核时应当与改正的金额一并计入应付款额中。

(3)决算审核

为解决决算的审核、尾款支付和相关争议处理的问题,ECC4新增第53.1~53.4款以大量篇幅确定各方权利义务。第53.1款指出,在监理出具缺陷证书后四周内或项目经理签发终止证书后十三周内,项目经理应当对最终应付款进行审核并签发尾款付款证书(如有应付尾款)。项目经理应当向承包人提供审核应付款的细节。尾款应在审核后三周内支付,但是如果合同资料中约定了不同的付款期间,则应在该期限内支付。

为在项目经理未及时审核情况下保障承包人的利益,ECC4第53条指出,承包人可在项目经理逾期审核的情况下直接向客户出具一份到期应付尾款的审核报告,阐明到期应付尾款审核的细节。如果客户同意此审核报告,尾款应在审核后三周内支付,但是如果合同资料中约定了不同的付款期限,则应在该期限内支付。

6.补偿事件

对于合同价格以外的费用,ECC没有设置“索赔”条款,而是设置“补偿事件”。ECC4第60.1~66.3款详细约定了补偿事件的类型、通知补偿事件、补偿事件报价、计价以及对补偿事件的处理。

(1)补偿事件的类型

根据 ECC 第 60.1 款,以下事件是补偿事件:

①项目经理给出了改变工程范围的指示,但以下情形除外:a. 为接受缺陷而进行的变更;b. 因承包人请求或为符合客户所提供的工程范围,而对承包人承担的设计部分的工程范围进行变更。

②客户未在下列二者较晚的日期前允许承包人进入和使用现场的各个部分:a. 实际入场日;b. 已认可的工程进度计划所载明的入场日。

③客户没有按照已认可的工程进度计划所显示的日期提供应由其提供的内容。

④项目经理对任一工程发出停工或不开工的指示,或发出更改关键日期的指示。

⑤客户或其他主体不在已认可的工程进度计划标明的时间内工作,不在工程范围约定的条件下工作,或者在工程范围标明的现场之外工作。

⑥项目经理或监理没有在合同约定的期限内答复承包人的通信(Communication)。

⑦项目经理就如何处理在场地内发现的有价值的物品、具有历史价值或其他价值的物品发出指令。

⑧项目经理或监理工程师对先前已传达给承包人的某项决定作出变更。

⑨项目经理出于合同未列明的理由拒绝认可某一事项(事项不包括赶工报价或同意扣款而不必再改正缺陷的报价)。

⑩监理指示承包人寻查某个缺陷,但没有发现缺陷。如果仅因承包人没有发出详尽通知,妨碍了必要的试验或检查才需要此类寻查时,则不属于补偿事件。

⑪监理所做的试验或检查引起了不必要的延误。

⑫承包人在工地现场内遇到的非天气的物质条件,且有经验的承包人在合同生效日判断出现这些物质条件的可能性很小,而允许这些物质条件是不合理的。在审核补偿事件时,只考虑所遇到的物质条件与本应合理允许的物理条件之间的差异。

⑬在整个工程竣工日之前,在合同资料中约定的地点,一个月做一次天气测量记录。记录的天气测量数据中的某个数值与气象资料相比,显示平均出现的频

率低于 10 年一次。在审核补偿事件时，只考虑天气实测数据和气象资料数据显示的平均发生频率低于 10 年一次的天气之间的差异。

⑭合同条款中约定的属于客户责任的事件。

⑮项目经理在工程尚未竣工时并且在竣工日前，签发证书确认接管某部分工程。

⑯客户未按工程范围约定提供试验和检查所需的材料、设备和试样。

⑰项目经理通知承包人对项目经理所述的补偿事件的性质的假设条件进行改正。

⑱除合同约定的其他补偿事件以外的客户违约行为。

⑲除合同约定的其他补偿事件以外的阻止承包人完成全部工程，或阻止承包人按已认可的工程进度计划中标明的计划竣工日期完成全部工程，并且合同任何一方均不能防止，而有经验的承包人会在合同生效日判断其发生的可能性很小，允许其发生是不合理的事件。

⑳项目经理通知承包人，不接受拟定指令的报价。

㉑合同资料第一部分中约定的额外补偿事件。

(2)通知补偿事件

前述补偿事件系基于不同的原因而发生，其中大部分事件是因客户、项目经理或监理的行为引起。其中第 1、4、7、8、10、15 项和第 17 项补偿事件是因项目经理或监理的行为所致。因此通知补偿事件通常是项目经理的义务。

ECC4 第 61.1 款指出，因项目经理或监理方发出指示或通知、签发证书或改变先前作出的决定而引起的补偿事件，项目经理应在作出这些函件的同时将补偿事件通知承包人。第 61.2 款进一步指出，除非补偿事件是由承包人的过错引起的，或该事件对明确的费用、竣工或达到关键日期没有影响，那么项目经理在补偿事件的通知中应当包含要求承包人提交报价的指令。

对于其他类型的补偿事件，诸如客户违约、项目经理或监理不作为以及异常天气，从立场或者工作便利等角度来看项目经理难以发出补偿事件的通知。因此 ECC4 第 61.3 款指出，如果承包人相信事件是补偿事件并且项目经理没有将事件通知承包人，那么承包人将已经发生或将要发生的事件作为补偿事件通知项目经理。从承包人意识到该事件起算，承包人的通知权利仅有八周期限。逾期通知的情况下合同价格、竣工日期或关键日期不会改变，除非该事件是由项目经理或监理发出指示或通知、签发证书或更改先前作出的决定而引起的。ECC 设置时限的目的在于促进承包人启动补偿程序。

如果补偿事件的影响不太确定而无法合理预测,项目经理应在向承包人发出提交报价的指令中说明关于补偿事件的假设条件。对补偿事件的审核估价便基于这些假设条件。如果事后发现假设条件有误,项目经理应通知更正。

(3)补偿事件报价

报价是承包人在处理补偿事件过程中的权利。ECC4 第 62.1 款指出,项目经理在与承包人讨论处理补偿事件的各种可行方案后,可指示承包人提交备选报价。承包人将所要求的报价向项目经理提交,并且还可以提交其认为可行的其他处理补偿事件方案的报价。

关于报价的内容,ECC4 第 62.2 款指出,应包含承包人对合同价款拟作的变更以及对竣工日延误的报价。承包人应当随报价一并提交审核评估的详细资料。若剩余工程的工程进度计划因补偿事件而发生更改,承包人则应在其报价中附带针对已认可的工程进度计划的改动方案。

关于报价的提交期限和答复期限,ECC4 第 62.3 款指出,承包人提交报价的期限是在项目经理指示提交报价后的三周内。项目经理在承包人提价报价后两周内审核并予以答复。答复内容按具体情况分为:①通知认可该报价,②指令要求承包人提交修改后的报价,③项目经理将自行审核计价。

如果项目经理未在允许的时间内回复报价,承包人可以将此事通知项目经理。如果在承包人发出通知两周后,项目经理仍未回复,则视为项目经理认可报价。

(4)补偿事件的处理

补偿事件主要影响合同价款和工期,ECC4 第 63.6 款指出,客户和承包人更改合同价格、竣工日期和关键日期的权利是他们在补偿事件方面的唯一权利。

对补偿事件的影响的评估基于以下假设:承包人迅速对事件作出适当的反应,并且因事件而产生的任何明确的费用(Defined Cost)和时间都是合理的。在评估合同价格的变化时会考虑已完工程的成本、未实施工程的成本以及间接费用。

如果项目经理在提交报价的指示中指出,承包人没有对事件发出早期警告,而经验丰富的承包人能够发出早期警告,则评估补偿事件时视为承包人已经发出了早期警告。

7. 所有权

(1)关于施工设备、设备和材料的所有权

在ECC4合同架构的设置下,客户对施工作业区以内的施工设备、设备和材料拥有所有权。无论承包人对在施工作业区以外的设备和材料拥有何种所有权,各项物品一经运入施工作业区,其所有权即转归客户。但如果在项目经理允许的情况下,当施工设备、设备和材料撤离施工作业区后,则所有权又转回到承包人。

另外客户可以通过标记的方式取得施工作业区以外的施工设备、设备和材料的所有权。无论承包人对在施工作业区以外的永久设备和材料拥有的所有权如何,一旦监理工程师将这些物品标记为合同所用,其所有权立即转归客户。标记需要满足两个条件:一是合同确认为之付款,二是承包人已经按照工程范围的要求做了标记准备。作出标记行为的主体是监理工程师。

(2)施工作业区以内的物品和材料

除非工程范围另有约定,否则承包人对因开挖或拆除作业中所得材料拥有所有权。但是承包人对工地现场内的有价值的物品、历史文物或其他利益没有所有权。承包人发现此类物品时,应通知项目经理。项目经理应指令承包人如何处置。没有指令,承包人不得移动此类物品。

(3)撤离施工设备

承包人应当将不再需要的施工设备从工程现场撤走,除非项目经理允许将施工设备留在现场内。

8. 责任和保险

(1)客户的责任

根据ECC4第80.1款约定,下列责任属于客户的责任:

①下列原因导致他人提起索赔和诉讼,赔偿和应付费用:

a. 合同工程或因合同工程需要对工程现场的使用或占用,而这是为工程不可避免的;

b. 客户、客户雇用的或与客户签约的任何人员(承包人除外)的过失、违反法定职责或干涉任何合法权利的行为。

②客户、客户雇用的或与客户签约的任何人员(承包人除外)的过错。

③包含在下列事项中的设计文件的缺陷:

a. 客户提供的工程范围；

b. 项目经理更改工程范围的指令。

④客户或代表客户的其他主体提供给承包人的设备和材料，在承包人接收并认可前发生的灭失或损坏。

⑤由于以下原因造成的工程、设备和材料的灭失或损坏：

a. 战争、内战、叛乱、革命、暴动、军事或篡夺的权力；

b. 罢工、内乱和骚乱（但承包人的雇员导致的除外）；

c. 放射性污染。

⑥客户所接管的部分工程的灭失或损坏，但不包括在签发缺陷证书之前由于以下原因引起的灭失或损坏：

a. 接管时存在的缺陷；

b. 接管前发生的事件本身不属于客户的责任；

c. 承包人在接管后在现场的活动。

⑦合同终止后客户保留在现场的工程及任何工程设备、设备和材料的灭失或损坏，但不包括因承包人在合同终止后在现场的活动引起的损失或损坏。

⑧客户所拥有除工程以外的其他财产的灭失或损坏，除非灭失或损坏是由于实施工程的承包人引起或与之有关。

⑨合同资料中规定的客户的其他责任。

(2)承包人的责任

根据 ECC4 第 81 条的约定，以下事项是承包人的责任，除非被另行规定为客户的责任：

①因承包人实施工程引起或与之相关的，其他主体提起的索赔和诉讼，补偿和应付费用。

②工程、工程设备、设备和材料的灭失或损坏。

③因承包人实施工程引起或与之相关的，客户所拥有除工程以外的其他财产的灭失或损坏。

④承包人的雇员的死亡或受到人身伤害。

(3)保险范围

根据 ECC4 第 83 条的约定，提供保险原则上是承包人的职责，承包人按照表 2－1－2 提供保险（合同另有约定除外）。ECC4 新增的第 83.1 款指明客户按合同资料中约定提供保险。

关于投保主体，ECC4 第 83.3 款指明，保险表中的保险均以双方的联合名义投保。保险范围应当覆盖从开工日起至缺陷证书或合同终止证书签发之日止的承包人责任范围内的事件。

表 2－1－2　保险内容

保险项目	最小保险金额
合同工程、设备和材料的灭失和损坏	重置成本，包括合同资料中约定的用于替换客户提供的任何设备和材料的金额
施工设备的损失和损坏	重置费用
资产（不包括工程、设备和材料）的灭失和损坏，以及由实施工程的承包人引起或与之相关的人员（非承包人雇员）人身伤害或死亡的责任	合同资料中约定的任何一项具有交叉责任的事件的金额，因此保险赔付款分别支付给各方主体
承包人的雇员在与合同有关的雇用过程中死亡或受到人身伤害	任何事件都应当采用法律要求的金额与合同资料规定的金额中的较大者

关于保险单的接受与认可，ECC4 第 84.1 款指明在开工之前以及在每次保险单更新之时，直至缺陷责任解除日，承包人都向项目经理提交认可证书，该证书应当声明合同所约定的保险已经生效。证书由承包人的保险公司或保险经纪人签署。如果保险符合合同约定，并且保险人的商业地位足以承担被保险责任，那么项目经理将接受证书。

（二）ECC 合同的主要选项条款要点

主要选项应当按照合同类型进行选择，是某类合同特殊需要的部分。首先决定合同形式的选择策略，必须在下列六种主要选项中选择一种：

选项 A：带有分项工程表的标价合同（Option A：Priced Contract with Activity Schedule）

选项 B：带有工程量清单的标价合同（Option B：Priced Contract with Bill of Quantities）

选项 C：带有分项工程表的目标合同（Option C：Target Contract with Activity Schedule）

选项 D：带有工程量清单的目标合同（Option D：Target Contract with Bill of Quantities）

选项 E:成本偿付合同(Option E: Cost Reimbursable Contract)

选项 F:管理合同(Option F: Management Contract)

1. 带有分项工程表的标价合同

ECC 第 21 条约定,分项工程表(Activity Schedule)是指后续根据合同条件发生了更改(才更改)的分项工程表,即工程活动内容固定,第 28 条约定,人工费率(People Rates)是指后续根据合同发生更改(才更改)的人工费率,即直接费费率固定,而第 3 条约定,合同价格是指分项工程表中每项工程活动的总价,除非后续根据合同发生了更改,则意味着总价包干。而且在第 31.4 款中,合同明确约定,承包人提交的信息应载明与其提交审批的每一进度计划的实施有关的工程分项表中的每一工程活动,即承包人需要编制工程进度计划,说明分项工程表中每一分项工程的开始和结束时间,其每项活动也需与施工方案有关;如果不相关,承包人需对工程进度计划进行修改。并且在后续的施工过程中,客户在三种情况下,有权拒绝工程进度计划的修改,第一种是修改与经确认工程进度计划不符,第二种是所更改的合同价款存在不平衡报价,第三种是总价发生了变化。

综合上述条款,带有分项工程表的标价合同是一种施工内容固定、工期固定的总价包干合同。分项工作量表是一种由承包人编制的,表明其实施过程中所要执行的工作的清单。客户可规定分项工作量表的格式。每一分项工作按包干价标价。这就是在承包人完成该分项工作时应得的分项价款金额。这些包干价的总和就是在承包人完成全部工程时应得的工程价款总额。在对每项工作标价时,承包人必须对工作量和资源进行计算,以及对风险的估算负全部责任。

这里的"分项工作",是指活动承包人提交的工程进度计划按照这个表编制,并对其总工期负责。在带有分项工程表的标价合同项下,只有降低工程总体造价的补偿事件才会被项目经理通过,对该补偿事件的计价是根据分项工程量标价表进行计算。因此,分项工作量表标价更大的意义在于期中支付和对补偿事件的计价,而不是终止结算,因为根据第 94.2 款规定,终止结算金额并不仅考虑分项工程量标价。

2. 带有工程量清单的标价合同

工程量清单是一种表示工程项目和工程量的清单,由客户根据某一计量方法规定的详细规则编制。这种计量方法往往是一种标准的正式公布的文件,指明要包括的项目、每一项目单价所包含的内容以及工程量的计算方法。投标人对每一工程项目标出单价。所述工程各项的总金额可将其工程量乘以该单价算出。当实施工程时发现工程量有误,客户应予更正并且应付承包人的工程款需要进行调整以反映所完成工程的实际工程量。因此,与在选项 A 下不同,在本选项下客户应承担工程量正确性的风险。

需要注意的是,该工程量清单合同与我国常见的工程量清单计价的合同存在差异。我国常见的工程量清单计价的合同为固定单价,签订合同时单价固定、双方约定一定的风险范围,而清单中的工程量为暂定量,结算时按实计量。ECC 项下的带有工程量清单的标价合同在形式上为固定总价合同,双方签订合同时的工程量与单价都已固定。根据 ECC 合同补偿事件的约定,最终已竣工程总量与在合同生效日时工程量清单中的每一项列出的工程量之间的差额属于补偿事件,并且根据第 60.5 款约定,如果最终完成的总工程量与工程量清单中规定的某项工程量之间有差异,延误了某一关键日期的完成或满足了规定的条件,则属于补偿事件,即可以进行工期顺延。

3. 带有分项工程表的目标合同

承包人使用分项工程表报出工作的目标价格(合同价),并就承包人管理费和利润以费率的形式报出间接费。它结合了固定总价合同和成本加酬金合同的计价模式。在这些项目中承包人在项目可行性研究阶段或者初步设计阶段就介入工程,并以工程总承包的形式承包工程。

目标合同也有许多种形式。通常合同规定承包人的责任:工程量清单定义的工程范围(或建成后的生产能力或使用功能);工程总成本(或总价格);工期目标等。

(1)总体规定

如果工程运营一段时间后达不到设计的产能,则按一定的比例扣减合同价格;如果工期延误,则承包人承担工期延误违约金。如果实际总成本低于预定总成本,则节约的利润按比例由发包人与承包人共享;反之,超支的成本由承包人按比例承担。

(2)目标合同工程计价方法

①承包人以总价的形式报出目标价格,包括估算的直接成本、其他成本、间接费(现场管理费、总部管理费和利润)、间接费率。由于客户原因导致工程变更、工期延误,或客户要求赶工等造成承包人实际成本增加,应增加合同总价。

②通常目标合同也用分项工程表(或工程量表)计算目标价格(合同总价),合同总价为每一分项工程的包干价款总和。而该分项工程表的制定并非为支付进度款,它仅用于索赔事件发生时,调整合同价款总额和承包人应分担的份额。

合同实施中给承包人的付款为:已竣工程总价(承包人应得到的) = 承包人实际成本 - 拒付费用 + 间接费。

③合同结束时,客户对合同约定总价和已竣工程总价进行对比。如果已竣工程总价高于合同约定总价,则承包人承担一定比例的超出成本处罚;如果低于,承包人获得相应比例的利润奖励。这种奖励和处罚以累进的形式计算。

④通常如果客户接受了承包人的合理化建议,设计变更使实际成本减少,合同约定总价不变。

在合同期内,目标价格应根据补偿事件的处理作出相应调整。

需要注意的是,在选项 C 合同项下,承包人应当按照合同约定的时间不时对工程实际成本进行预测并提交项目经理,并且承包人应当保留好实际成本付款账、表明款额已付的记录、与分包人的补偿事件造价有关的来往函件和计算结果的记录以及工程信息中规定的其他账单和记录,作为实际成本的证据,供客户审核。

在 ECC 合同中,拒付的费用包括关于准备和进行裁决、支付给避免争议委员会成员等费用。

4. 带工程量清单的目标合同

该合同把成本超支和节余的风险在客户和承包人之间分摊。除了目标价格通过工程量清单而不是分项工程表确定外,本选项与选项 C 类似。在合同期内,应考虑工程量的改变,也应考虑补偿事件的处理结果以调整目标价格。

5. 成本偿付合同

成本偿付合同是一种与固定总价合同完全不同的合同类型。在成本偿付合同下,客户按实际成本减去拒付费用加上间接费向承包人付款,在合同签订时只能确定酬金的比率。在这类合同中,承包人不承担任何风险,而客户承担了合同的全部风险。所以承包人在工程中不会主动控制成本,常常不仅不愿意降低成本,相反期望提高成本以提高自身的工程经济效益。这样会损害工程的整体效益。

这类合同的使用应受到严格限制。常用于:

(1)投标阶段基础资料不全,工程施工范围和工程量无法确定,无法准确估价,缺少工程的详细说明;

(2)工程特别疑难复杂,不能预先确定施工技术和结构方案,实施工程的风险非常大;

(3)时间特别紧急,要求尽快开工,如抢救,抢险工程,人们无法进行充分的合同谈判;

(4)客户希望高质量工程;

(5)实验性、开发性和研究性工程项目。

6. 管理合同

这种合同的所有施工工程均由分包人完成,而承包人管理分包工程的采购和分包工程的实施。

承包人报价仅报工程间接费(管理费),合同总价为已认可的实际成本加间接费。

实际成本就是支付给工程分包人的款项扣去拒付费。

这类似于美国的风险型建设管理合同。承包人负责管理设计、施工和供货,设计可由客户或承包人委托;施工和供应为全部或部分分包。

(三)ECC4 合同的次要选项条款要点

在选择适用 ECC4 合同体系时,需按照适应特定合同的情形,以及根据承担特定风险的一方最适合的条件来选择次要选项。

合同双方可采用的选项选择表明本合同体系的灵活性和在编制标书文件时作出正确选择的重要性。在 ECC4 合同中,有 26 个次要选项。

按照具体工程要求专门定义的条款,包括通货膨胀引起的价格调整、法律变化、多种货币结算、母公司担保、区段竣工、提前竣工奖励、工期延误赔偿、对客户或他人的承诺、权利转让、信息模型、业主终止合同、多方合作、履约保函、工程预付款、设计责任、保留金、功能不足罚款、责任限制、关键性能指标、全寿命成本、提前介入、附加条款等,其中有三条只与英国有关,分别为:项目银行账户、1996 年《英国住房赠款、建筑和重建法案》和 1999 年《合同(第三方权利)法案》。

客户可根据工程的特点、工程要求和计价方式作出选择。下面对部分条款进行简介:

1. 通货膨胀引起的价格调整

该条款仅仅适用于主要选项 A、B、C 和 D。如通货膨胀率较高,客户必须决定承担通胀风险的一方。

(1)如果未约定本项内容，则承包人承担这一风险，其就必须在投标标价时估计在合同期内物价上涨的风险。而通货膨胀是一个经济和政治问题，承包人不能控制。

如果风险不发生，则客户可能支付超额的工程款；如风险发生，承包人就会丧失超支的工程款的补偿，可能破产。

(2)如果约定本选项内容，就将通货膨胀引起的价格上涨的风险转移给了客户。

价格调整的计算方法为引用劳务和材料指数并使用公式进行，这些指数在许多国家都是由国家发布的。

根据该条款定义可知：

①基准日期索引(B)是基准日期之前的最新可用索引。

②最新指数(L)是指应缴款额的估算日期前可获得的最新指数。

③在每个评估到期金额日期的价格调整系数(PAF)是将合同数据中所述比例的每个产品的总数乘以(L－B)/B 作为与其相关联的指数。

调整方法为：

①在主要选项 A 和 B 下，对承包人根据分项工程表或工程量清单计算所得的金额进行价格调整。

②在主要选项 C 和 D 下，只对目标价格(合同价款)进行价格调整，因是在整个合同期内按实际成本减去拒付费用加上间接费用来向承包人分期支付工程价款，这就包括了任何可能发生的价格上涨。

2. 法律的变化

在有些国家，法律的变化较大，会影响承包人的成本。本选项将法律变化的风险分配给客户。无论法律变化的影响是增加还是减少承包人的成本，均可适用本选项。

3. 多种货币结算

多种货币结算的条款用于承包人要求支付一种以上货币的国际合同中。

(1)如果与选项 A 和 B 的共同使用，则“本合同货币”按每个合同确定并在合同资料的第一部分中予以规定。

承包人按本合同货币标价，需用其他货币支付的项目在合同资料中列出。与其他货币的兑换按合同资料规定的汇率进行。这是在规定的日期内(通常是标书提交之日前的数周)确定的固定汇率,该日期也规定在合同资料中。

(2)如果与选项C和F共同使用,以实际成本作为向承包人的付款依据。支付给承包人的货币就是承包人自己支付费用的货币。

4. 母公司担保

在承包人为母公司所有时,包含本选项就可使客户得到以母公司对承包人履约进行担保的保证方式。不提供此项担保,如同不提供履约保函一样,客户有权终止合同。

5. 区段竣工

若客户需要某区段的合同工程在整个合同工程竣工之前移交使用时,该区段应在合同资料中与其相应的竣工日期一起写明。该区段并不构成整个合同工程,而只是提供了整个合同工程竣工前关键的区段竣工日期。

6. 提前竣工奖金

如果客户可能希望在尽可能早的日期完成工程。本选项为承包人提供了提早竣工的有力激励措施。对于在施工期内所提前的每一日,客户应向承包人支付合同约定的奖金。

7. 工期延误赔偿

承包人按合同约定的标准支付延期赔偿金,从每一竣工日起至下述两个日期中较早者为止:工程竣工日或者客户接管工程日。

如在支付迟延赔偿金后,变更竣工日期,客户需连本带利偿还多付的赔款。利息从付款之日起计算至还款之日止。

8. 权利转让

除本合同范围内另有约定外,客户对为工程设计准备的材料拥有承包人原拥有的权利。承包人为客户取得范围中约定的其他权利,并从分包人处为客户取得对分包人准备的材料的同等权利。承包人向客户提供转让这些权利的文件。

9. 客户终止

由于终止表中未列明的原因,客户可以通知项目经理和承包人,终止承包人提供工程的义务,即客户有权无条件终止合同。

如果客户因终止表中未指明的原因终止合同，则遵循的程序为 P1① 和 P2②，到期金额为 A1、A2 和 A4。A1 为在正常付款的情况下，厂房和材料按规定进行成本分摊的应付款项，A2 为拆除设备所需的成本费用，A4 为所使用的费用百分比；对于选项 A、B、C、D，合同日期的价格总额超过截止日期的工作价格的任何部分；对于选项 E、F，首次预测的确定工程成本超出到目前为止已完成的工程价格减去费用。

10. 履约保函

履约保函，是指由第三方来为承包人履约向客户提供保证。客户应在合同第一部分中填入履约保函的金额。若承包人未在四周内向客户提供履约保函，此时客户有权终止合同。

11. 工程预付款

在合同开始时，承包人需要在其收到客户的工程款之前使用可观的资金，其原因是承包人或许在收到任何款项的两个月之前就必须设立现场办公室和工场，使人员和施工机械进场，并且进行施工。客户采用本选项的原因是要减轻承包人的资金负担。客户为合同的早期工作提供资金，减少了承包人的成本，这应在承包人所报较低价格中得到反映。

本条要求承包人在客户提出要求时，提供预付款保函。这样使客户免受承包人在预付款全额偿付前破产的影响。预付款在合同工程开工后的某一时间——合同资料中规定的时间开始分期偿还。

12. 设计责任

在许多权限中，设计者可能有两个不同的功能标准，就是：

(1)绝对符合标准的程度。

(2)合理技术和精心，但符合较低的标准。

按第一种标准，设计失误就变成设计者的责任。

按第二种标准，设计者的责任只限于未以合理技术和精心进行的工作。在工程施工合同的核心条款中，承包人在进行其设计工作时，有绝对的义务按规定的

① 当合同终止时，雇主可自行或雇用他人实施合同工程，并可使用所有权属于他的任何设备和材料。

② 雇主可指令承包商离开工地现场，从工地现场撤离施工设备、设备和材料，并将与本合同实施有关的任何分包合同和其他合同的权益转让给雇主。

标准进行目标设计。选项十二降低了这一标准,但在关于承包人的设计是否恰当的争端中,承包人应承担证明其工作并不存在疏忽的责任。

13. 保留金

该条款不适用于选项 F。

(1)一般标准合同中都规定要设立保留金,而工程施工合同只有在采用本选项时才设立。

(2)保留金只在已竣工程总价达到合同约定的保留金起扣点时扣除。

(3)保留金是按已竣工程总价的比例计算的,但考虑保留金的扣除是在工程已实施到一定程度,且客户已掌握了一笔可观的以已竣工程和所供材料形式形成的而尚未支付的工程款。这样,在起扣时间点,不再需要以款项的形式从承包人手中扣留一笔额外的保证金。

(4)保留金在竣工时返回一半。在签发工程缺陷解除证书后,保留金就减少到零。

14. 功能不足罚款

(1)工程已经竣工并已试运行后,发现功能水平低于规定指标。只要获得了在工程使用期内所承受额外费用的补偿,客户可接受该有缺陷的工程。

(2)本选项适用于低于规定指标的一定功能水平范围的,在此范围内承包人支付了代表客户将承受的额外费用的罚款后,客户可以接收该工程。

但在合同中通常约定一个功能水平的低限,若低于此限,客户将不接收该工程。

(3)本选项常用于承包人必须按规定的功能标准进行设计的合同项目。一般也用于机电设备供货和安装的合同项目以及工艺工程的合同项目。功能水平范围和罚款金额应在合同中约定。

15. 附加条款

本选项提供了客户希望增加的合同附加条件,用以补充客户要求的其他条款。任何附加条件应仔细起草,并核对其与标准条件的一致性。

四、美国 AIA－A201 合同文件简介

AIA 是美国建筑师协会(The American Institute of Architects)的英文缩写。成立一百多年来,AIA 致力于编写、制定适用于建设工程项目的各种行业标准和

合同文件。自 1888 年制定并发布第一个合同文件后，AIA 不断对其进行审查、修订和完善，到目前已编制了 190 多个建设项目施工文件和表格。[①] AIA 主张的首要核心价值是“公平、多元化和包容性”。[②] AIA 合同文件主要适用于私营的房屋建筑工程，以促进项目各方便捷、有效沟通为宗旨。AIA 合同文件在制定过程中广泛征求并吸纳了业主、承包商、建筑师、律师、保险等各方参与者的意见，被认为是美国建筑业施工和管理合同的“基石”，在美国具有很高的权威，也是美国建筑行业中使用最广泛的标准格式合同，并在美洲地区被广泛借鉴和使用。虽然在世界范围内 AIA 合同文本没有 FIDIC 合同文本应用广泛，但随着“一带一路”倡议的深入推进，中国建筑业势必与美洲地区发生越来越多的交流与合作，因此有必要充分认识与理解 AIA 合同文本，以便未来在美洲地区的建设工程项目中做到知己知彼。

AIA 合同文件分为六个系列：A 系列——业主与承包商之间的标准合同文件；B 系列——业主与建筑师之间的标准合同文件；C 系列——其他（包括但不限于专业服务、咨询等）标准合同文件；D 系列——杂项文件（包括建筑面积和体积的计算方法、项目清单、可持续项目指南）；E 系列——附录（设计协议或施工合同的附录等）；G 系列——合同管理与项目管理文件。其中，A 系列中的 A201 施工合同通用条款（General Conditions of the Contract for Construction）是 AIA 系列合同中的核心文件，是业主与承包商订立承包合同的范本，是约定业主、承包商和建筑师在项目中基本权利义务的书面文件，因此，A201 合同文件被称为 AIA 合同文件的“基石”。不同类型的合同文件有不同的项目管理模式和计价方式，因此，该通用条款合同需要与其他合同文件共同使用，方能构成完整的合同文本。

2017 年，AIA 更新了 A201 - 2007 合同文件，是 A201 合同文件历史上第 17 次修订，也作为其 10 年审查周期的一部分。尽管 AIA 的目标是按照 A201 的一般条件促进施工，但许多业主、承包商和建筑师仍不理解或接受其中约定的要求，最终导致“不必要的、昂贵的”争端。[③] 本部分研究的目的是增进对 A201 关键条款的理解，以提升合同各方的沟通效率及协助我国承包商实现风险防控。

---

① 参见美国建筑业协会网：https://www.aiacontracts.org/。

② 参见美国建筑业协会网：https://www.aia.org/about。

③ William McConnell, *Frequently Disputed Sections within the AIA A201 - 2017 General Conditions*, 10 Journal of Legal Affairs and Dispute Resolution in Engineering and Construction 4(2018).

A201 合同文件共有 15 条，对施工合同的基本概念、合同各方的权利义务及争端解决等内容均作出了规定。与 2007 版相比，2017 版在整体安排上并没有变动，仅在各条项下及条款内部进行了修改和调整。以 A201－2017 为范本，表 2－1－3 列出了各条款下与法律风险和纠纷最相关的内容。

表 2－1－3 A201－2017 中争议解决核心条款

条	款	项
1. 一般规定	1.1 基本定义 1.6 注意	1.1.1 1.1.2 1.6.1 1.6.2
2. 业主	2.3 业主需要的信息和服务 2.5 业主开工的权利	2.3.4
3. 承包商	3.1 一般规定 3.2 审核合同文件和现场条件 3.3 监督和施工程序 3.7 许可、费用、通知和对法律的遵守 3.10 承包商的施工和提交时间表 3.12 展示图纸、产品数据和样品	3.1.3 3.2.2 3.3.3 3.7.2 3.7.3 3.7.4 3.10.2 3.12.4 3.12.8
4. 建筑师	4.2 合同的管理	4.2.7 4.2.10 4.2.14
5. 分包商	5.2 分包合同和部分工程量的其他合同 5.3 分包关系	5.2.3
6. 业主或独立承包商施工	6.2 共同责任	6.2.3
7. 工程变更	7.2 变更规则 7.3 工程变更指令 7.4 细微变更	7.2.1 7.3.2 7.3.9 7.3.10
8. 时间	8.3 时间延迟和延长	8.3.1
9. 付款和竣工	9.4 支付凭证 9.6 进度款 9.8 实质性完工 9.10 最终竣工和结算	9.4.2 9.6.6 9.8.1 9.8.2 9.8.3 9.10.5
10. 人身和财产保护		
11. 保险和保函	11.2 业主的保险	11.2.1
12. 剥露工程及其返修	12.1 剥露工程 12.3 不合格工程验收	12.1.2

续表

条	款	项
13. 杂项规定	13.4 试验与检验	13.4.5 13.4.6
14. 合同终止或停工	14.2 因业主原因终止 14.4 业主为便利而终止	14.2.1 14.2.2 14.2.4 14.4.3
15. 索赔和纠纷	15.1 索赔 15.2 初始裁决 15.3 调解 15.4 仲裁	15.2.1 15.2.2 15.2.3 15.2.4 15.2.5 15.2.6 15.2.7 15.2.8 15.3.1 15.3.2 15.3.3 15.3.4 15.4.1 15.4.2 15.4.3 15.4.4

五、美国 AIA－A201 合同文件的要点解析

AIA－A201 合同文件充分体现了公平、效率原则，[①]业主、承包商的权利、义务明确，充分考虑合同各方承担风险的合理性、承担风险与所得收益相平衡，并且鼓励合同双方加强沟通、降低风险。我们根据 A201 合同文件的 15 个条款内容，对合同条件下要点进行解析，并对承包商应对合同条件下的风险提出应对措施建议。

(一)基本概念

AIA－A201 第 1 条涵盖了施工合同通用条款的基本问题，包含“基本定义”“合同文件相关性及意图”“大写”“说明”“服务文件的所有权与使用”“通知”“数据使用及传输”“建筑信息模型的使用及依赖”八个方面内容，除第 1.3、1.4 款技术性规范外，其他 6 款内容对施工合同中的基本概念进行了界定。

1. 合同文件

(1)合同文件的范围

第 1.1.2 项明确指出 A201 合同文件仅适用于业主与承包商之间的施工合同，不得解释为其他主体之间的合同，由此限定了 A201 合同文件的主体和适用范围。根据第 1.1.1 项的约定，合同文件包括协议、合同的一般条件、合同的补充条件及其他条件、图纸、规范、附录、协议中列出的其他文件以及在合同生效后进行

① 刘俊娥、刘晓娜、郭章林：《AIA－A201 合同下的承包商风险分析》，载《建筑安全》2016 年第 3 期，第 37－40 页。

的修改。同时,应当注意,合同文件不包括投标邀请书、投标人须知、样品表格、业主提供给投标人的其他信息、承包商的投标书或建议书或者附录中与投标书或建议书要求有关的部分。第3.12.4项指出,施工图、产品数据、样品和类似提交文件不是合同文件,因为它们只是用来体现承包商根据合同文件所表达的设计概念。这对承包商主张根据经批准的施工图或提交文件进行施工索赔是极为不利的。而在实践中,承包商经常在索赔书中使用投标书或业主邀请书来界定合同的工作范围,但是,A201合同文件排除了这些内容。

同时,针对实际施工过程中项目的分散性,A201约定了“合同相关性及目的”条款,合同文件的目的在于使承包商认真履约和完成工程项目,各文件相互补充,所有合同文件具有同等约束力。是否具有相关性和合同目的,只能在产生实际结果时依据合同文件范围进行合理推断。

(2)合同文件的效力

A201合同文件关于合同条款效力的约定体现了促进沟通、实现合同目的的原则和精神。第1.2.1.1目约定,合同文件中任何条款的无效不使合同或合同其余条款失效。即便是违反法律的条款,应在法律允许的最大限度内由合同双方对其进行解释,确保合同意图和目的得以实现。为了保障参与施工各方的利益,第1.2.2项约定不得通过设计说明组织结构或图纸布局安排来限制承包商在分包商之间分配工作或确定任何交易的范围。另外,除合同文件另有约定外,合同文件中使用的专业词汇应按照公认的技术或者建筑业含义使用。这些条款都体现了公平中立的原则以及最大限度确保合同的明确性和有效性。

2. 工程和项目

根据第1.1.3项的约定,A201合同文件中所说的“工程”是指合同文件要求的工程和服务,无论是已完成的还是部分完成的,包括承包商为履行义务而提供或将要提供的所有其他人工、材料、设备和服务,可能构成项目的全部或一部分。第1.1.4项约定,“项目”是指合同文件规定的全部或部分工程,包括业主和独立承包商的施工。

3. 初始决定者

2017版对2007版的第1.1.8项“初始决定者”条款作出了修订,原条款为:“根据协议,初始决定者可以根据第15.2款对索赔作出初步决定,并根据第14.2款证明协议终止”;2017版将其修改为:“根据协议,初始决定者可以根据第

15.2款对索赔作出初步决定。初始决定者不应偏向业主或承包商,也无须对其善意的解释或决定负责。”修订后的第1.1.8项虽然明确了初始决定者公平中立的立场,但“善意”的主观性措辞在一定程度上增加了争议的可能性和举证的难度。

4.版权

服务文件的所有权。根据第1.1.7、1.5.1项,建筑师及建筑师顾问根据专业服务协议在施工过程中代表业主进行合同管理,基于管理活动产生一系列有形或无形的创造性的成果形式,包括但不限于相关研究调查报告、模型、图纸等,无论是否公开或提交,建筑师及顾问都始终享有该智力成果的所有权,包括版权。相应地,承包商、分包商及供应商经授权使用和复制建筑师提供给他们的服务文件,不得将服务文件用于其他项目或施工合同范围之外的项目中。承包商应支付所有使用费和许可费。如果承包商发现存在侵犯版权或专利的情形,则应立即通知建筑师,否则承包商应对相关损失负责。

经常引发争议的是第1.2.1项相关条款,第1.2.1项约定,“一份合同文件应具有与所有合同文件一样的约束力”,承包商应按照合同文件以及其中的“合理推断”以“产生预期结果”。该约定使承包商对超出合同文件所示范围的工作负责,包括“合理可推断”的“额外工作”。应注意,尽管“合理可推断”这样的用语是主观的,但这种未标明的额外工作是“必要的”,并且是与其他合同文件“一致的”。[①]比如,如果合同图纸显示有一扇门,但没有详细说明门框,应合理地推断该工程包括安装一套门框。

相较于2007版,2017版第1条作出较大幅度修改、并对承包商风险产生三方面的影响。第一,增加了合同无效的条款,这对合同纠纷的解决有一定影响。第1.2.1.1目指出,如果A201中的任何条款违反了任何法律或被认为无效,则应修改该条款,使其具有法律效力。并且,任何条款的无效不应使合同文件的其余条款无效。第二,AIA将2007版中的13.3款“书面通知”条款移至第1.6款,并修改了该条款的措辞。第1.6.1项约定,书面通知可以通过亲自递送、邮寄、快递或在协议中规定了电子传递方法的情况下传递。因此,合同双方必须确认通过电子传送通知是合同所允许的。第三,第1.6.2项是一项新的条款,仅允许对第

---

① See Jordanramis PC, *Intent and Indication in the New A201*, https://jordanramis.com/resources/articles/intent-and-indication-in-the-new-a201/view/.

15.1.3项的索赔进行通知，它实际上涵盖了通过挂号信或快递对合同提出的所有索赔。因此，如果合同一方通过电子邮件提供了第15.1.3项规定的索赔通知，这将“不被视为适当的通知”。可见，2017版A201合同文件对承包商提出索赔的形式要求更为严苛。

总而言之，第1条涵盖了施工合同的一般规定，必须告知各方有关合同文件的信息是什么，排除了哪些信息，工作范围包括“合理的”可推断的工作范围是什么。此外，当事方必须了解第15条规定的索赔的通知方法。

（二）业主的权利义务

业主是合同文件中确定的个人或实体，在整个合同文件中为单数形式。业主应以书面形式指定一名代表，该代表应有书面授权，其依据授权的行为效力及于业主，而建筑师不具有该权限。合同文件中的“业主”是指业主或业主的授权代表。A201第2条约定了业主在合同中的责任，以及业主停止和开展工作的权利。

1. 提供场地等信息的义务

业主应在收到承包商的书面请求后15天内向承包商提供“必要的”相关信息，以供承包商进行评估。此类信息应包括对项目所在地的合法记录的正确陈述，以及业主对该场地所享有的权益。

一般情况下，施工合同对于业主提供项目地质勘察资料等问题都有明确规定，在风险分配上存在一定区别。如FIDIC红皮书（1999年版）约定，业主向承包商提供有关的水文及地质勘察资料，但是在费用和时间允许的情况下，由承包商对上述资料负责。显然，根据此项规定，业主提供的勘察资料不准确或不全面造成的风险在一定程度上转嫁给了承包商。而AIA对此有不同规定，A201第2.3.4项约定，“业主应提供调查说明，描述项目现场的物理特征，法律限制和使用地点，以及对场地的法律说明。承包商有权信赖业主提供的信息的准确性，但应采取适当的预防措施以保证工程的安全进行”。可见，如果业主和承包商采用AIA合同文本，场地条件不确定导致的风险就无法转嫁给承包商。同时，第2.3.4项还约定，业主应向承包商提供有关现场的勘测结果，详细说明现场的物理特性，例如，岩土构造以及实用程序的位置和站点的限制。此类情形下最常见的索赔情况是不同的场地条件影响，即承包商在挖掘时识别出不同的地下条件，或在业主调查勘测报告所显示的位置以外的其他地点发现公用设施。

另外，根据合同文件第 2.3.5 项的约定，业主应在合理、及时的范围内向承包商提供合同文件所要求的业主信息或相关服务。与提供场地信息一样，业主无须主动提供，而是根据承包商的书面要求。

2. 支付工程款及提供财务安排证明的义务

业主有支付能力及合理的付款安排是项目施工得以顺利进行的保障，因此，A201 合同文件第 2.1.2 项及第 2.2 款约定业主有义务根据承包商的要求，提供相关财务安排证明，并且在未通知承包商的情况下不得对财务安排作出实质性修改。

(1)在开工之前，业主应承包商的书面要求，向承包商提供合理的证明材料，证明已作出财务安排、有能力履行合同项下的义务。若业主不能提供此类证明，承包商有权拒绝开工，由此造成的延期风险由业主承担。

(2)在开工之后，有下列情形之一，承包商亦有权书面要求业主提供财务安排证明：①业主未按合同约定向承包商付款；②承包商以书面形式明确对业主到期付款能力的合理关注；③工程变更对合同金额可能产生重大影响。如果业主未能提供此类证明，在提出要求后的 14 天之内，承包商可以随时停止工作，并且通知业主。据此停工导致合同延期、合同金额增加的，风险由业主承担。

3. 支付其他相关费用的义务

除工程价款及合同文件约定应由承包商承担的许可费用外，业主还应支付获得建造、使用或占用永久建筑物或永久更改现有设施所必需的批准书、地役权、评估等费用。同时，由业主承担聘请建筑师的费用。

(1)聘请建筑师的权利

根据第 2.3.2、2.3.3 项的约定，业主应当聘请一位建筑师或一个建筑师机构，该建筑师个体或机构应在合同项目所在地司法管辖区内合法注册。如果业主与建筑师的聘用合同提前终止，业主应当及时聘任建筑师，但是基于 A201 合同文件的核心和基础地位，继任的建筑师人选不能招致承包商的“合理反对”，否则不能继任建筑师。

(2)停工的权利

在承包商违约的情形下，业主有单方面要求停工的权利。根据第 2.4 款的约定，如果承包商未能按照第 12.2 款的要求纠正不合格工程，或屡次未能按照合同文件进行工作，业主有权向承包商发出书面命令以停止全部项目施工或任何部分项目的施工，直至承包商消除了前述影响为止。

(3)业主或独立承包商施工的权利

另一个重要的部分是第2.5款"业主开展工作的权利"。根据其约定,如果承包商未能按照合同约定完成工作,只有在业主向承包商发出为期10天的补救通知并得到建筑师批准后,业主才能接管工作。此外,如果业主接管了工程,建筑师必须批准工程费用,然后再向承包商收取费用。经验表明,业主很少遵守这一规定,承包商随后援引第2.5款相关条款来证明业主对合同管理不当和存在偏见,因为承包商常常能够让其分包商免费完成工作。① 第2.5款中的接管工作有一个例外,即清理工作,对于清理工作,业主无须根据第3.15.2项约定而通知承包商。就此条款而言,相较于2007版,2017版减轻了业主的责任、而加大了承包商的风险。

根据第2条的约定,承包商要严格按照合同文件的约定条件开工。若承包商未按要求开工,在未收到业主的书面通知之前,承包商应尽快自行纠正此类错误。并且,除通知要求承包商纠正错误、及时开工外,业主还有权自行采取合理措施纠正此类错误,承包商则需补偿业主和建筑师因此而产生的相关费用。承包商在履行合同、开展每一部分工作之前,应对项目现场进行认真考察,并对相关合同文件认真审查,对合同文件中可能存在的错误、遗漏、不一致及合法性(包括法律、法规及公共部门的合法命令等)进行审慎检查。如果承包商认为前述原因会导致额外的费用和时间,或发现合同文件中某些内容违反法律、法规或合法命令,则承包商应当以申请函的形式及时报告建筑师。如果承包商没有及时报告建筑师或没有按照建筑师要求的申请函的形式告知,并实际造成损失的,承包商则需承担相关损害赔偿及修正的费用。

A201合同文件第6条约定,业主有权自行或通过独立承包商完成工程。2017版A201重新定义了"独立承包商"这一概念,独立承包商是指业主根据单独协议保留的其他承包商。无论是自行施工还是通过独立承包商施工,都是业主保留直接参与项目的权利。根据合同文件要求,一旦业主选择这两种方式,就意味着在与本合同基本相似的合同条件下(包括与保险有关的合同条件中的条款),业主放弃了代位求偿权。

业主应要求自己的施工人员、独立承包商与承包商进行协调,与承包商一起

---

① William McConnell, *Frequently Disputed Sections within the AIA A201 - 2017 General Conditions*, 10 Journal of Legal Affairs and Dispute Resolution in Engineering and Construction 4(2018).

审查施工进度表，独立承包商和业主在项目施工中应共同遵守他们共同审查并共同同意的施工进度表。

第6条中最易引发争议的是第6.2.3项，该条款约定承包商应负责赔偿因其“延误，不适当的时间安排的活动或有缺陷的施工”而导致业主欠另一承包商的费用。① 第6.2.3项还约定，业主应承担独立承包商的延误和疏忽有关的费用。第6条的约定很少有争议，除非业主单独雇用一名承包商，而延误是由于承包商或补充承包商的行动造成的，在这种情况下可能产生第6.2.3项中的索赔。

（三）承包商的权利义务

A201合同文件对承包商的权利义务作出了非常详尽的规定。第3条是A201合同文件中最长的条款，用18个条款规定了承包商的责任，但第3条的条款经常引起争议。根据第3.1款的约定，承包商可以是个人或实体，但需要在合同文件中明确约定，并且在整个合同文件中被视为单数。承包商还应获得项目所在地司法管辖区要求的合法许可。在实际施工过程中，承包商应书面指定一名代表，该代表应具有明确的授权，并就本合同下的所有事项对承包商产生约束力。承包商在合同项下的权利义务主要有以下几方面：

1. 按照合同文件施工

按照合同文件施工是承包商的基本和核心义务。虽然建筑师在项目管理中是业主的代表，但是也不得因建筑师管理合同的活动或职责，或因承包商以外的个人或实体要求或执行的试验、检查或批准，而免除承包商根据合同文件施工的义务。承包商为确定工作与合同文件一致性，经常依赖建筑师的批准或检测。但是，业主或建筑师经常引用第3.1.3项的内容进行抗辩。② 据其规定，承包人不能因为建筑师的行为或试验、检查或批准而免除合同文件规定的责任。

A201合同文件第3.3款要求承包商在项目施工过程中应使用其最佳工艺和注意力来指导和管理工作。承包商应全权负责并控制施工手段、方法、技术、顺序和程序，以及根据合同协调工作的所有部分。如果合同文件约定了有关施工方法

---

① David D. Peden, *The 2007 AIA A201 General Conditions Document—How It Conflicts with Texas Law and Other Problems*, Porterhedges (August 11, 2008), https://www.porterhedges.com/assets/htmldocuments/2008.08.11_Peden_The2007AIAa201GeneralConditionsDocument HowItConflictsWithTexasLawAndOtherProblems.pdf.

② William McConnell, *Frequently Disputed Sections within the AIA A201 - 2017 General Conditions*, 10 Journal of Legal Affairs and Dispute Resolution in Engineering and Construction 4(2018).

或规程的具体说明，且承包商确定采用这种方式施工，则承包商应对此类方法或规程的现场安全负全部责任。如果承包商认为采用这种方式、方法、技术或程序可能不安全，应及时通知业主和建筑师，并提出替代方法或程序。建筑师应仅根据项目设计意图评估承包商提议的替代方案。除非建筑师反对承包商建议的替代方案，否则承包商应使用其替代手段或方法进行施工。

为了保证项目施工按照合同预期进行，A201 合同文件要求承包商在签订合同后，应立即提交一份工程施工时间表，以供业主和建筑师参考。按照合同文件第 3.10.2 项的约定，时间表应包含开工日期、中期进度的关键日期、完工日期，以及进度工程量和每部分工程所需的时间。时间表应体现承包商工作的有序性和完整性，并且不得超过合同文件中规定的时限。就承包商而言，第 3.10.2 项是一个相当苛刻的约定。根据这一约定，如果承包商没有准备提交时间表供建筑师审查和批准，承包商就无权在审查提交文件所需的时间基础上增加合同金额或延长合同时间。因此，承包商必须在项目开始的第一个月内提交这样的施工时间表，特别是因为承包商产生的时间延长往往是基于过度的审查。承包商要向业主和建筑师提供一份合理的、可行的施工计划，保证实际工期及施工进度均符合合同文件的要求。同样，延迟提交或不提交的风险仍由承包商承担。承包商未提交或未及时向建筑师提交相关文件的，因施工进度计划改变造成的任何合同价款增加、时间延长的风险均由承包商承担。

2. 审查合同文件和现场条件

承包商有义务在开工前或任何一部分项目开工前对合同文件和场地进行审查，一旦承包商进驻场地并开始施工则表明承包商审查并接受了合同文件和场地条件。因此，要求承包商必须提前熟悉要进行施工的场地条件，并将其观察结果与合同文件的要求相关联。承包商经常在不同的场地条件索赔中引用第 3.7.4 项“隐藏的或未知的条件”条款。2017 版 A201 合同文件要求承包商在首次观察到不同的现场条件后 14 天内通知业主和建筑师。2007 版对此则规定为 21 天，通知时间的缩短意味着承包商要及时、积极地沟通，显示 AIA 对效率的价值追求。如果建筑师拒绝对不同场地条件的索赔，承包商可以根据第 15 条提出异议。

此外，根据第 3.2.2 项的约定，承包商有义务研究和比较合同文件，并就发现的任何错误、不一致或遗漏向建筑师发出信息请求。第 3.2.2 项指出，承包商对合同文件的评审是以承包商的身份进行的，而不是以获得许可的设计专业人员的身份进行。因此,涉及这一条款的问题是主观的,需要一个保守的评估标准。如果承包商未能及时就合同文件或场地条件不一致报告建筑师,由此造成的损失及费用将由承包商承担。承包商对合同文件的审查事项主要是合同文件中的实质性错误、不一致或信息遗漏,并不需要承包商审查合同文件是否符合法律法规或公共机构的合法命令,但 A201 合同文件第 3.2.3 项要求承包商一旦发现前述法律风险,应立即向建筑师报告。如果承包商根据合同文件规定及时向建筑师提出请求,承包商由此产生额外费用或时间可按照第 15 条的约定进行索赔。同样,如果承包商未能履行该项义务,承包商应向业主支付相关费用及承担损害赔偿责任。

A201 并不免除承包商对建筑师之前批准的不符合要求的工作的责任(第 3.1.3项),并且要求承包商在其作为承包商的过程中审查合同文件,以确定冲突和其他问题(第 3.2.2 项)。此外,承包商必须遵守建筑施工法律规范。此外,第 3.7.4 项要求承包商在 14 天内通知业主地下问题,少于 2007 年 A201 规定的 21 天。同时,第 3.10.2 项要求承包商在授予合同后"迅速"发出一份施工时间表,如果不这样做,就会阻止任何与提交批准时间有关的索赔。承包商经常以已获批准的提交文件来证明工作与合同文件的内容一致。根据第 3.12.4 项的约定,车间图纸、产品数据、样品和类似的提交材料均不视为合同文件。第 3.12.8 项放宽了这一限制,并指出承包商不能免除因建筑师批准提交文件而与合同文件要求产生偏差的责任,除非承包商在以下情况下在提交文件时以书面形式明确通知建筑师:建筑师已对特定偏差提出书面批准,认为是工程中的细微变化,或者已发布变更命令或建筑变更指令以授权进行变更。

3. 对项目进行监督和管理

A201 合同文件明确要求承包商聘请监理在项目施工期间代表承包商对项目施工进行实际监督和管理。根据第 3.3.2、3.3.3 项的约定,承包商须就其雇员、分包商及其代理人和雇员,以及为承包商或其任何分包商实施部分工程的其他人或实体的作为和不作为,向业主负责。因此,承包商应当负责检查、监督已完成的工作部分,并确定这些部分处于适当的、符合合同的状态以便进行后续工作。

承包商不仅要主动根据施工合同对项目进行监督和管理,还要接受业主和建筑师的监督。承包商在招标投标后,应尽快将拟议的监理、分包商或供货商通知业主和建筑师。业主或建筑师应在 14 天内回复,若无"合理的反对意见"、也未说明需要额外的时间进行审查的,则视为无合理异议。业主或建筑师对承包商拟定的个人或实体有合理异议的,承包商应提出业主或建筑师没有合理异议的另一个个人或实体。如果有合理的理由说明拟议但被拒绝的人选有相应的能力,承包商应及时申请变更令,申请变更合同金额或合同时间。承包商不得与业主或建筑师提出合理异议的拟议监理、分包商、供货商等签订合同。同时,未经业主同意,承包商不得更换或无理辞退监理。

4. 提供人工和材料

除合同文件另有规定外,承包商应当提供施工所必需的劳务并支付劳务费、材料、设备、工具、水、热力、运输等设施及服务,无论是临时或永久性的,亦无论是否体现在工程项目中。同时,承包商应向业主和建筑师保证,其根据合同提供的材料和设备将是优质的和新的,除非合同文件另有约定。优质的材料和设备是工程质量的保障之一,不符合合同文件的材料、设备或施工结果可能被认为是有缺陷的。承包商对此要承担质量缺陷责任。如果承包商想免除此类责任,则应按建筑师的要求提供令其满意的证据,以证明材料、设备的种类和质量符合合同文件的要求。当然,承包商的保修不包括对因滥用、维护不当或不足、正常磨损和正常使用而造成的损坏或缺陷的补救。

为了防控人事管理风险,A201 合同文件第 3.4.3 项要求承包商应对其雇员和其他参与项目施工的人员执行严格的工作纪律,以维持良好的秩序。因此,承包商应当保证其雇用的人员具备相应资质、具有符合其岗位需求的工作技能。同时,根据第 10 条的约定,由承包商承担人员及物资的安全责任。

5. 承担相关税费及其他费用

在收到中标书或谈判结束时,无论其是否生效,承包商应为其即将开展的工作支付销售税、消费税、使用税和类似税款。

A201 合同文件第 3.7 款约定,除非合同文件中另有约定,承包商应获得建筑许可以及为项目施工所必需的其他许可、执照、检查等,并支付相关费用。如果承包商明知其施工行为违反法律、法规或公共机构的合法命令等,则应对此行为承担责任,并承担因依法改正而产生的费用。这里需要注意的是,A201 合同文件在承包商不遵守建筑规范的责任方面有些矛盾。第 3.7.2 项指出,承包商必须遵守适用的法律、法规,但根据第 3.7.3 项的约定,承包商仅对其故意违反适用法律、法规等建筑规范的行为承担纠正责任。这两项规定产生这样一个问题:如果承包商不知情地从事违反规范要求的工作,难道承包商不负责改正的费用吗?然而,法院先前的判例认为,在建筑合同中有一个“隐含的契约”,即遵守建筑法规。① 因此,承包商不能仅依据第3.7.2项的约定规避施工风险。

A201合同文件第3.18.1、3.18.2项约定,在法律允许的最大范围内,承包商应对业主、建筑师、建筑师的顾问以及其中任何一方的代理人和雇员因工作而引起的索赔、损害、损失和费用(包括但不限于律师费)承担赔偿责任并使其免受损害,而无论该索赔、损害、损失或费用是否部分由本协议项下当事一方造成。

6. 停工的权利

根据A201合同文件,主要在以下情形下,承包商有停工的权利:

(1)因工程款支付或合同金额变更的。业主未能按合同约定向承包商支付工程款、或承包商合理质疑业主支付能力、或工程变更对合同金额产生重大影响,承包商书面要求业主提供财务安排证明,业主未能提供此类证明的,在提出要求后的14天之内,承包商可以随时停止工作,并通知业主。

(2)因现场条件客观影响的。如果承包商在施工过程中发现人类遗骸或合同文件中未标明的埋葬物、考古遗址或湿地,则承包商应立即中止可能影响他们的任何作业,并应通知业主和建筑师。收到通知后,业主应立即采取任何必要行动,以获取恢复运营所需的政府授权。但承包商应继续进行不受现场发现的物品影响其他项目的施工。同时,由此种情形导致的合同金额的增加或合同期限的延长,承包商可以依据索赔条款要求进行调整。

7. 提供相关文件资料

承包商应按要求向建筑师或其他人提供合同相关文件,包括变更单、变更指令和其他变更材料,并按顺序标明施工期间的现场变更和选择,以及批准的施工图纸、产品数据、样品和类似的文件。这些应以电子形式或纸质副本的形式提供给建筑师和业主,作为项目施工的记录。承包商通过提交施工图、产品数据、样品和类似的文件,向业主和建筑师表示已对其进行了审核和批准、确定并验证了材料和现场施工标准、进行了现场测量,检查此类提交资料中包含的信息与合同文

---

① David D. Peden, *The 2007 AIA A201 General Conditions Document—How It Conflicts with Texas Law and Other Problems*, Porterhedges (August 11,2008), https://www.porterhedges.com/assets/htmldocuments/2008.08.11_Peden_The2007AIAa201GeneralConditionsDocument HowItConflictsWithTexasLawAndOtherProblems.pdf.

件的要求。

另外,如果合同要求承包商的专业设计人员证明工程已经按照设计标准进行,则承包商应按照建筑师指定的时间和格式向建筑师提供此类证明。

8. 环境保护义务

A201 合同文件要求承包商应使施工场地及周围地区免受因根据合同施工而造成的废旧材料垃圾的堆积。承包商应及时清理项目以及项目周围的垃圾、工具、设备、机械和剩余材料等。如果承包商未能按照合同文件中的约定进行清理,则业主可以代为清理,并有权从承包商处获得补偿。

9. 保密义务

业主根据第 2.2 款提供的信息为"保密信息",承包商应对该类信息保密,不得将其透露给其他人。但是,在法律要求披露的情况下,承包商可以在通知业主后,披露保密信息。

(四)建筑师的权利义务

虽然 A 系列合同名为业主与承包商之间的标准合同,但建筑师作为工程实施期间业主的代表,在合同约定的范围内有权代表业主对工程项目进行合同管理,是业主与承包商之间的纽带,因此,A201 合同对建筑师进行了专门规定。根据第 2.3.2、4.1.1 项的约定,业主应当在项目所在地聘请一位具有相应执业资格的建筑师或机构。第 4 条对建筑师的职责进行了总括式的约定,并且强调未经业主、承包商和建筑师的书面同意,A201 合同文件中规定的建筑师的职责、责任和权限不应受到限制、修改或而扩张,同样任何一方也不得无正当理由拒绝同意。

A201 合同文件第 4.2 款明确了建筑师在建设施工过程中的基本权利,同时也是建筑师的责任和义务,主要有以下几方面:

1. 检查权

建筑师作为业主代表,有权检查工程进度、工程质量、工作方式是否与合同文件一致,项目施工安全措施或程序不属于检查内容。同时,建筑师应当及时向业主报告检查结果。

2. 沟通权

A201 合同文件非常注重合同各方的沟通交流,并突出建筑师的纽带作用。业主和承包商在所有涉及或可能影响建筑师服务或职责的交流中,应有建筑师的参与。业主应将业主与承包商之间任何与本项目有关的沟通内容及时通知建筑师。任何一方与建筑师顾问的沟通应通过建筑师进行。

3. 确认权

建筑师对承包商付款申请进行审核、评估，确认应向承包商付款的金额，并签发付款证书。同时，建筑师有权拒绝确认其认为不符合合同文件的工作。更重要的是，建筑师有权对工程变更予以确认并编制变更单、变更指令等，以及确认实际完工日期、竣工日期等。

4. 审批权

建筑师有权对承包商提交的施工图纸、产品数据、样品等资料进行审查批准。同时，建筑师对承包商拟定的监理、分包商、供货商等均有合理审查的权限，除需要延长合理审查时间外，建筑师应在接到通知14天内对相关人选进行审查，并将结果通知承包商。

5. 解释权

根据第4.2.11、4.2.12项的约定，应业主或承包商的书面要求，建筑师有权对与合同文件有关的事项进行解释。但是，解释应与合同文件的意图相符，努力确保对业主和承包商的忠诚。

第4条有三个条款通常易引发争端，分别是第4.2.7、4.2.10、4.2.14项。2017版A201将第4.1款的部分内容调至第2条，在对整个部分进行了较小的语法调整的基础上，对第4.2.10项进行了关键性的修改。

根据第4.2.7项的约定，建筑师必须按照批准的施工时间表或在没有此项目的情况下，“合理、及时”地对承包商的提交文件进行审批，通常为14～21天。业主和承包商通常同意在补充条件中修改此要求，以约定提交审核的确切天数。①对于承包商来说，重要的是将主观的“合理及时性”措辞更改为确切的天数，以便为承包商提供一种手段来测量或估计过多的提交审阅的影响。同样，一旦规定了特定的天数，就可以将适当的天数纳入提交时间表。

根据2007版A201中第4.2.10项的约定，如果建筑师为项目提供了其他的项目代表，那么这些人的职责必须被列出，并被纳入合同文件中。然而，这种情况很少发生。根据2017版的A201合同文件，不需要在合同附件中说明，业主只需将项目代表的职责、责任或权限的任何变化通知承包商即可。

---

① Spector, Robert G., *Review of the Year* 2017 – 2018 *in Family Law*: *Courts Tackle Immigration, Jurisdiction, and the Usual Family Law Disputes*, 52 Family Law Quarterly 519(2019).

第 4.2.14 项与第 4.2.7 项类似，在这一点上，建筑师必须在商定的时间范围内或以“合理的及时性”审查信息请求（Request for Information，RFI）。逾期的信息请求审查常常成为纠纷产生的原因，为了防止这种争议，承包商应与业主在补充条件中约定合理的、最长的天数，以便更好地管理合同。

尽管 AIA 系列合同要求在对合同文件争议内容进行解释或决定时，建筑师应当公平对待业主和承包商，但实际上建筑师作为“业主代表”的身份定位和“代表业主行事”的工作职能均要求建筑师偏向维护业主利益，而不是作为“独立、中立的第三方”参与项目。

（五）分包合同

分包商是与承包商直接签订施工分包合同、在现场进行部分项目施工的个人或实体。和其他项目参与者一样，在整个合同文件中，“分包商”一词在数量上只能是单数，包括分包商或分包商的授权代表，但不包括独立承包商的分包商。再分包商是与分包商有直接或间接分包合同、在现场进行部分项目施工的个人或实体。同样，合同中“再分包商”也应单数形式存在，包括再分包商或再分包商的授权代表。

A201 合同文件第 5 条约定了项目分包的主要内容，如分包协议的签订、分包的限制以及分包协议的转让。分包商在分包项目范围内依据承包商与业主签订的合同文件对承包商负责。

1. 分包合同的生效

承包商在对分包项目进行招标投标后，应及时将拟议的分包商信息告知建筑师和业主。在接到通知 14 天内，建筑师没有提出合理异议的，承包商可以与之签订分包合同。建筑师或业主提出合理异议并且反对的，承包商则不能与之签订分包合同。

2. 分包合同的条款限制

A201 合同文件允许承包商将部分项目分包，但为了保障业主和建筑师的利益，A201 合同文件要求分包协议均应根据合同文件保留和保护业主和建筑师的权益，以及分包商不得损害该权利和利益，这也就意味着分包商同样要受到合同文件相关条款内容的约束。因此，在签订分包合同之前，分包商应知晓总承包合同文件的内容，有权要求承包商向其提供合同文件的副本，确定分包合同的条款和条件。

3. 分包合同的转让

A201 合同文件允许承包商在因业主原因终止合同时，将其与分包商签订的分包合同转让给业主，业主通知承包商和分包商其接受转让时这一转让生效。同时，转让应受到合同担保人优先权（如果有）的约束。当业主接受分包合同的转让时，业主承担承包商在分包合同下的权利和义务。

AIA 在 2017 年的更新中对这一条做了细微的修改，最显著的变化是取消了对承包商投标要求的任何援引，这与第 1 条一致，即合同文件中不包括投标要求。从建设施工的实际经验来看，第 5.2.3 项和第 5.3 款易成为纠纷的主题。

根据第 5.2.3 项的约定，业主和建筑师可以合理地拒绝承包商提出的分包商，在这种情况下，承包商必须提出另一个业主和建筑师没有合理异议的分包商。如果被提议且被拒绝的分包商有"合理能力"完成该工作，并且承包商及时提交了批准文件，承包商有权要求更改因该等更改而增加的时间和费用。同样，这样的措辞为主观解释提供了可能的空间，这导致产生纠纷风险的增加。承包商有责任证明拟议的分包商有相应的能力承担工作（如类似项目、担保能力等）。

第 5.3 款要求承包商将所有分包商约束在合同文件的条款上，并承担承包商对业主和建筑师的所有合同义务。将此条款纳入分包合同协议对于承包商来说至关重要，因为它使分包商与业主拥有相同的争议解决程序，这关系能否直接索赔。当这一约定未纳入分包合同时，承包商通常有义务就其他索赔途径提出自己的意见。

（六）变更机制

根据 A201 合同文件第 7 条的约定，变更是在合同履行过程中，由建筑师将工作中的变化指示给承包商的方式，具体包括：变更单、施工变更指令和细微变更指令。通过变更机制应对实际施工过程中的各种变化，但不得通过变更使合同无效，所有的变更都必须在合同文件的范围内。

1. 变更事项

A201 合同文件对变更事项有相对宽松和灵活的约定。合同内容、合同时间、合同金额均可通过变更机制进行调整变化。对可变更的合同内容并没有严格限定，仅要求"不得通过变更使合同无效"，在合同文件范围内进行增加、删减或修改。也就是说，对合同内容的变更应当限于合同文件范围，不得违背合同的目的和意图。

关于合同金额和合同时间的变更，不仅可以变更具体的金额数目、时间期限，还可以变更合同款项的支付方式、合同时间的调整方法等。

2. 变更程序

(1)变更单。合同内容的变更只能通过变更单予以变更。对于合同内容的变更请求，可由任何一方提出，经承包商、业主、建筑师三方洽商并对合同内容、合同金额、合同时间形成一致意见后，由建筑师编写书面变更单，经三方共同签署，承包商根据变更单的指示变更实际工作内容。

(2)施工变更指令。如果不能就变更事项形成一致意见，则建筑师不能出具变更单。若合同内容确实需要变更，业主可请求建筑师签发书面的施工变更指令，施工变更指令由业主与建筑师共同签发，在合同金额或合同时间调整之前指示工作内容的变更，而承包商可能同意，也可能不同意。

施工变更指令可以对合同金额进行调整，但根据第 7.3.3 项的约定，调整方法应限于：①相互接受一次性支付，并有充分的确凿数据支持，以便进行评估；②合同文件中规定的或随后商定的合同单价；③以双方同意的方式确定的费用以及双方均可接受的固定价格或百分比费用。

根据第 7.3.4 项的约定，除非合同文件中另有约定，可变更合同金额的事由应限于以下情形：①人力成本，包括工资税、福利、保险和其他经建筑师批准的员工的成本；②材料和设备成本，包括运输成本等；③租用机器、设备(不包括手工工具)的租金；④与变更直接相关的所有保函和保险、许可费用、销售、使用税或类似税的保费成本；⑤直接归因于这一变化的监理和其他人员的费用。

在收到施工变更指令后，承包商应立即着手进行相关工作的变更。如果在施工变更指令中规定了确定合同金额或合同时间的调整方法，承包商是否同意该方法都应将意见通知建筑师。如果承包商不同意合同时间或金额的调整，可根据第 15 条的约定提出索赔。

一旦承包商签署施工变更指令，则表明承包商与业主和建筑师达成协议，该协议应立即生效，并应记录为变更单。

(3)细微变更指令。项目的细微变更指令，是指建筑师在符合合同文件范围和合同文件意图的情况下单独发布的、不涉及合同金额调整或合同时间的延长的书面变更指令。如果承包商认为该细微变更指令中的变更会影响合同金额或合同时间，则应通知建筑师，不得继续实施工程变更。如果承包商没有事先通知建筑师，并按照建筑师细微变更指令中规定的内容对项目进行了较小的变更，视为承包商放弃相关索赔权利，即便最终这种变更会影响合同金额或合同时间。

2017 年 AIA 对 A201 的更新将某些部分重新排序，并将第 7.4 款实质性地更改为更具争议性的语言。第 7 条中容易引发争议的五项约定是第 7.2.1、7.3.2、7.3.9、7.3.10 项和第 7.4 款。

根据第 7.2.1 项的约定，变更单是由建筑师编写，并由业主、承包商和建筑师签署，说明工程变更的内容、合同金额或合同时间调整的情况。如果双方不能就变更单达成协议，则第 7.3.2 项允许建筑师准备一份由业主签署的变更指令，指示承包商进行工程变更，只要变更指令的范围在合同的一般范围内（第 7.3.1 项）。这一约定赋予了业主重要的权力，即强制承包商完成有争议的工作。在实际施工过程中，业主和建筑师往往在没有先行协商变更单的情况下就发布变更指令，这与第 7.3.2 项相悖。这种做法通常会在项目结束时导致较多的争议。

根据第 7.3.9 项的约定，承包商可以根据中期成本核算申请变更单。通过变更单确定最终成本和时间影响是建筑师的职责，而不是承包商的职责。另外，根据第 7.3.10 项的约定，一旦与变更指令相关的合同时间和合同金额达成协议，则建筑师应将变更指令转换为变更单。

总之，第 7 条涉及工程的变更，是承包商提起索赔的主要依据。

（七）合同时间

第 8 条约定了与合同时间相关的内容，包括要求承包商按期完工，以及工期的延误和延长。AIA 在 2017 版中增加了因天气延迟的约定，天气原因属于可接受的延期原因。与第 8 条有关的争议通常仅限于第 8.3.1 项。根据第 8.3.1 项的约定，承包商可以出于以下五个原因而要求延长工期：①业主、建筑师或独立承包商的行为或疏忽；②工程变更；③劳资纠纷、火灾、不正常的交货延迟、不可避免的人员伤亡、恶劣的天气；④正在进行的、获得业主认可的调解或其他争议解决程序；⑤可以延期的其他原因。对承包商来说，第五项显然是涵盖所有“需要延期的其他原因”的万能条款。

总之，第 8 条要求承包商在合同期内完成工作，并允许承包商出于多种原因要求延长时间。同时，必须指出，A201 没有约定承包商必须遵循的工程进度分析的具体类型，如时间影响分析。然而，这些要求往往包括在项目规范中。因此，就承包商而言，参考项目规范以检查是否必须以特定格式提出项目进度表和延长时间要求非常重要。①

(八)付款和竣工

第9条约定了付款的程序要求,并规定了结算的关键内容。2017版在第9条中增加了一项重要的新约定,第9.6.8项明确约定,当业主履行了支付义务时,承包商应保障并赔偿业主因任何级别的分包商或供应商的留置权索赔或其他索赔而遭受的任何损失。第9条引发的争议一般涉及建筑师对承包商付款申请的认证(第9.4.2、9.6.6项)和基本竣工(第9.8.1~9.8.4项),以及对所有在收到最后付款后未予保留的书面索赔的弃权(第9.10.5项)。

第9条在建筑师对承包商付款申请的认证方面规定存在冲突,这一冲突增加了承包商的施工风险。根据第9.4.2项的约定,建筑师的认证意味着建筑师认可承包商付款申请中所涵盖的工作是符合合同文件的。然而,第9.6.6项却约定,无论建筑师的认证如何,建筑师的认证并不意味着其接受与合同文件不一致的作品。

第9.8.1项约定了项目基本完工的时间。根据第9.8.1项的约定,"当全部或部分工程按照合同文件的约定完成,以便业主可以占用或利用工程用于其预期用途"时,承包商便完成了实质性的工作。显然,"预期用途"使该条款具有明显的主观性,增加了纠纷的风险。

另外,根据第9.8.2项的约定,承包商认为实质性完工时,必须随附自己编制的剩余工作项目清单。根据第9.8.3项的约定,建筑师应审查承包商编制的清单、检查项目,并确定是否存在妨碍业主占有、使用项目的任何情形。如果确实存在此类情形,则建筑师应通知承包商。承包商根据通知要求消除妨害情形后,必须再次依据第9.8.2项约定的流程编制清单、提交建筑师审查。

根据第9.8.4项的约定,当建筑师确定业主可以按照其预期目的占用项目时,建筑师应提供一份基本完工证明,其中应列出该项目基本完工的日期。由于建设施工项目中普遍存在延期和保修的问题,基本完工日期通常成为争议对象,因为认定延期和触发保修的日期通常是实质完工日期。

第9.10.5项要求承包商在接受业主的最终付款之前,以书面形式保留所有索赔。如果承包商未能保留其剩余索赔要求,则接受最终付款将被视为放弃该等

---

① William McConnell, *Frequently Disputed Sections within the AIA A201 - 2017 General Conditions*, 10 Journal of Legal Affairs and Dispute Resolution in Engineering and Construction 4(2018).

剩余索赔。因此,就承包商而言,了解任何分包商或材料供应商是否直接对业主提出了索赔要求至关重要,尤其是在与这些当事方的协议未纳入合同文件的条款时。总之,第9条涉及的付款和竣工通常是争端的焦点。

(九)保险和保函

A201第11条“保险与保函”约定了施工合同中的保险和担保事项,与第10条一样,第11条通常不是纠纷的焦点。然而,AIA在2017年更新的A201中完全改写了第11条,一个值得注意的更新是删除了业主参考购买“建筑商的风险”保险的规定。2007版A201合同文件的第11.3.1项约定,业主应购买和维持“建筑商风险‘一切险’的财产保险”。而在2017版中,AIA则删除了这些规定,仅规定业主应按照协议或合同文件的其他要求购买保险。因此,业主不再必须购买建筑商的风险保险。以AIA-A201-2017格式签订合同的承包商将需要注意此处的修订,因为承包商的风险保险成本增高,并且其要为业主和分包商提供关键保险。业主和承包商应在执行协议之前与保险业专家审查协议和第11条约定的保险要求。此外,双方需要在由哪一方提供保险的问题上达成共识。

(十)剥露和纠正工作

第12条规定了承包商与潜在的和实际的缺陷工程有关的义务。第12条的第一节允许建筑师指挥承包商进行拆除工作。如果被剥露的工程是按合同文件施工的,承包商将收到一份变更单,并获得剥露和修复工程的费用,以及延期的相关费用。如果被剥露的工程违反了合同文件的约定,承包商将对成本增加和延期负责。第12条第二节要求承包商在保修期内修复有缺陷的工程。第三节赋予业主接受不合格工程的权利,在接受不合格工程的情况下,承包商应同意以适当和公平的价格扣除合同金额。这一部分内容在2017版中进行了更新,仅包括少量的语法修改和少量的文字修改。

(十一)合同终止或停工

合同的终止往往是合同双方争议的焦点。AIA在2017年修订A201时对第14条进行了一些重大更改。根据第14.1款的约定,如果由于以下原因而导致项目连续30天以上停工,则承包商有权终止合同:法院命令、政府行为、业主未能按照合同规定向承包商付款,以及业主未能向承包商出示融资证明。虽然A201合同条件下的法律与政策风险由业主承担,但是实际上,由承包商终止合同的情况极为罕见。

第14.2款约定了业主终止合同的情形,这种情况比较常见。根据第14.2.1项的约定,在下列情形下,业主可以终止与承包商的承包合同:承包商未能提供足够的人力或物力,承包商未能向分包商或供应商付款,承包商一再无视法律和法规,以及承包商实质性违约。无论是无法提供足够的人力或物力,还是不能向分包商等关联方付款,都会对施工造成风险。如果业主认为承包商基于上述四个原因之一负有责任,并且决定因上述原因终止合同时,业主必须遵守第14.2.2项的约定,要求建筑师(注:不是2007版A201中规定的最初决定者)证明存在足够的理由终止合同。同时,业主应提前7天向承包商发送通知,并且必须遵守承包商履约保证书中规定的任何终止程序。如果发生这种情况,业主可以将承包商驱逐出施工场地,接管所有材料和设备。在合同终止时,承包商应对完工部分负责。但是应当注意,当承包商出现上述前三种情况中轻微的行为且不会对施工造成实质性影响时,业主也可以依据该条款终止合同,这使承包商可能面临重大的风险。因此,承包商应当加强合同管理和严格控制质量,以防范前述风险,同时要"防止业主以缺乏法律和合同依据为借口,或以免责条款为由推卸责任,拒绝对给承包商造成损害进行赔偿"①。

2017版A201删除了承包商因业主为方便而终止的未完成工程的利润回收的约定,即意味着承包商丧失了直接收取因未完成工程而损失利润的权利。但第14.4.3项指出,如果协议中约定了"终止费",承包商有权收取这种费用。如果因故终止合同,承包商或承包商的担保人应敦促业主接受分包协议的转让,以将承包商一方的损失降至最低限度。

(十二)索赔和纠纷

可以说,A201合同文件的其他所有条款都与本条有关。如果承包商未能遵循第15条中约定的程序要求提请索赔,这将成为业主抗辩的依据。根据第15.1款,"索赔"包括七个小节,这些小节定义了索赔的通知程序、索赔的时限以及相互免除间接损失的条件和程序。

第15.1.1项定义了"索赔",并明确由主张索赔的一方承担举证责任。这是一个简单但非常重要的内容,因为提出索赔的一方必须证明可能的损失和实际损失。此外,2017版增加了一项(第15.1.1项),不要求业主必须依据合同文件提出

① 刘俊娥、刘晓娜、郭章林:《AIA-A201合同下的承包商风险分析》,载《建筑安全》2016年第3期,第37-40页。

索赔。这一规定显然增加了承包商的风险，承包商需要加强合同管理，不仅要严格按照合同执行，还要对与合同相关的其他文件进行认真审查，以明确权利义务。

1. 索赔时限

“索赔时限”是2017版(2007版A201的第13.7款)的调整部分，其规定，当事方必须根据本协议并在法律规定的时间内提出与合同有关的所有索赔和诉讼事项，不得超过实质性完成工作后的10年。印第安纳州、艾奥瓦州和马里兰州等多个州通过法令禁止超过10年的建筑索赔。因此，承包商在发生索赔纠纷时，应了解项目所在地的相关法令，及时提请索赔。

第15.1.6项对“超期索赔”进行了约定。在许多情况下，导致延迟的影响无法在21天内得到全面、准确的估计，因此，如果延迟事件的影响严重超过通知中所述的影响，承包商必须及时让业主和建筑师知道持续的影响。此外，根据第15.1.6.1目的约定，与不利天气有关的时间索赔必须满足三个条件：①支持天气异常的数据，②不利天气无法合理预测的证据，③确认不利天气影响了日程安排。对恶劣天气的索赔备受争议，因为施工是否可以在所谓恶劣天气条件下进行没有确切的标准。A201并未考虑异常、恶劣天气对施工的影响，因此承包商有责任通过分析或其他方式来证明这种影响确实存在。

2. 索赔通知

第15.1.3.1目适用于在基本完工之前发生或得到确认的索赔。根据约定，提出索赔的一方必须在索赔事项发生或确认后的21天内向对方初始决定者和建筑师发出索赔通知。就各方而言，重要的是要了解通知的程序。首先，当事人可以在引起索赔的事件发生后的21天内提出索赔通知。其次，当事方可以在索赔人第一次意识到引起索赔的条件后21天内发出索赔通知。尽管对于在施工阶段确认的索赔，当事方必须遵守此21天通知要求，但一些法院裁定，未能在这21天内提供此类通知并不会导致当事方因不公平而放弃索赔。第15.1.3.2目约定了在基本完工后发生的索赔。根据此条款，仅需要通知合同另一方，而无须通知初始决定者或建筑师。此外，基本完工后的索赔通知没有21天的时间限制。

根据第15.1.5项的约定，“额外费用索赔”要求承包商在索赔之前根据第15.1.3项的约定发出索赔通知。事实上，在完工之前，承包商往往会避免发出这种通知，以免破坏与业主的关系。然而，在项目结束前未能及时提出索赔很可能会对承包商与业主的关系造成更大的破坏，更不用说业主随后可以以时效为由提出抗辩,使承包商因未能及时发出索赔通知而丧失索赔的权利。因此,承包商从项目开始时就应遵守第15条的要求。

3. 索赔效力

根据15.1.4.1目的约定,在索赔程序进行过程中,承包商应继续履行合同,业主应继续支付工程款。但有两个例外情形:第一,根据第9条的约定,业主未能及时向承包商支付经建筑师核证的款项,承包商就不必继续履行合同;第二,承包商根据第14.1款的约定终止合同的,承包商不必继续履行合同。这一约定对承包商来说往往是困难的,因为它要求承包商在很长一段时间内进行现金周转。承包商常常拒绝继续进行有争议的工程,这可能导致业主提出违约索赔。

4. 调解

A201允许在项目的施工阶段进行调解,但这种情况很少发生。调解是一种非约束性争端解决方式,如果冲突开始加剧,应在施工期间进行调解。A201合同条件下,调解是具有约束力的争议解决的先决条件。第15.3.2项指出,调解应由美国仲裁协会进行,除非双方另有约定。调解请求应以书面形式提出,并可与具有约束力的争议解决同时提出,但具有约束力的争议解决至少应暂停60天,以便进行调解。在许多情况下,调解是在当事一方提出具有约束力的争端解决方案并支付了费用之后进行的。如前所述,A201允许在施工期间进行调解,双方都可以避免在具有约束力的争议解决期间产生的昂贵费用,更不用说对索赔人等到项目结束提请仲裁或诉讼时所产生的现金流影响。

根据第15.3.3项的约定,任何一方均可要求另一方在调解失败后30天内或在提出调解要求后60天内提交具有约束力的争议解决申请。如果收到要求的一方未在60天内提交具有约束力的争议解决申请,则双方放弃其就初始决定获得具有约束力的争议解决的权利。未能通过调解的,可诉诸仲裁。

5. 仲裁

仲裁不同于调解,因为它是一种具有约束力的争议解决方式,而调解员提出的建议和意见对当事人没有约束力。第15.4.1项约定,如果双方选择仲裁作为具有约束力的争议解决方式,除非另有约定,仲裁应由美国仲裁协会执行。此外,仲裁请求应以书面形式提出,不得早于同时提出的调解请求,也不得迟于适用的诉讼时效。仲裁裁决是终局的、具有约束力的,仲裁裁决可根据适用法律强制执行。

总之,第 15 条对强化管理和争议解决都是至关重要的,承包商应熟悉其程序。正确理解第 15 条可以有序、及时地解决纠纷。例如,任何一方都可以在初始决定者决定之后和项目的施工阶段申请调解,以降低纠纷的可能性或严重程度。如果对第 15 条的约定没有正确的理解,往往会造成工期的延误以及因法律和其他专家费用的增加而产生的额外费用。

(十三)杂项规定

A201 合同文件第 13 条约定了五项与建设施工法律事务相关的杂项内容,其中包括:①适用法律(如果选择了仲裁,则应适用《联邦仲裁法》),②合同的转让过程(需要相互同意,但业主可以出于为项目融资的目的,不经对方同意而将合同转让给贷款人),③权利和补救措施(包括合同中概述的权利和法律允许的权利),④试验和检验,⑤未付和应付款的利息(根据双方同意的价格,如果没有指定价格,则按照项目所在地的现行法定价格)。根据建设工程施工领域的实践经验,第 13 条中易引发纠纷的部分是第 13.4 款“试验和检验”。

根据第 13.4.5 项的约定,建筑师应“立即”进行试验和检验。另外,根据第 13.4.6 项的约定,无论是业主还是承包商的要求,都应“立即进行试验或检验,以避免不合理的工程延误”。建筑师和承包商之间经常会发生争执,即建筑师要通过何种形式通知进行试验和检查。例如,当建筑师无法参加试验或检查,但承包商仍然安排试验或检查,此时建筑师拒绝,这就会引起争议。由于这一条款使用了“立即”这样的并不明确的词语,建议承包商与建筑师约定一个合理的、确切的通知期限,如 48 小时或 72 小时。

总之,第 13 条涵盖的杂项规定通常不会引起争议,第 13.4 款除外,该条涉及建筑师对项目工程的检查。承包商应和业主、建筑师约定检查所需的通知期限,以防止不必要的工期延误。

六、结语

A201 文件是美国建筑合同中使用最广泛的通用条件。虽然它被广泛使用,并且事实上它控制了业主、建筑师和承包商之间的大部分合同管理,但它的许多条款易被误解。因此,在项目结束时,对 A201 协议条款的理解差异往往致使项目争议升级。对 A201 合同文件进行风险分析,把握业主和承包商之间争议的焦点,可以降低相关方未来可能的风险。在 A201 合同条件下,承包商要依据

A201 合同文件的约定,准确识别合同项下的风险责任,加强合同管理、严格施工质量、提升管理水平、增强索赔意识,及时化解风险,促进项目的顺利实施、保障自身的利益。

第二章　国际工程合同谈判及策略

第一节　国际工程合同谈判概述

一、国际工程合同谈判的概念

国际工程合同是各国的法人之间签署的用于实现建设国际工程项目的特定目的协议，该合同同时可以界定双方的权利和义务。在签署国际工程合同的过程中，需要上述法人或者组织为了满足自身的利益进行合同谈判，谈判的过程就是彼此阐述自我意愿，为了找到解决冲突的方法并相互协商从而达成协议的过程。国际工程合同的签订通常会采用相应的国际惯例。具体而言，在工程合同范本方面，国际咨询工程师联合会、英国土木工程师协会、美国建筑师协会等国际知名权威机构都相应地出具了标准的合同范本；在管理体系标准方面，国际标准化组织于 1987 年制定了 ISO 9000 质量管理和质量保证体系系列标准、于 1993 年 6 月制定了 ISO 14000 环境管理体系系列标准，欧共体于 1999 年推出了 OHSAS 18000 系列标准及由此产生的职业健康安全管理体系认证制度。国际工程合同谈判主要就是在上述合同范本、体系标准和制度规定的基础上进行协商。就国际工程合同而言，由于国际工程的工程浩大、周期冗长、细节烦琐，签订之前的大量谈判必不可少。

国际工程合同谈判有广义说和狭义说两种理论。狭义说认为，国际工程合同谈判主要是由磋商阶段组成，因为大部分合同争议点的协商在此部分进行，是国际工程合同谈判的重中之重。而广义说则认为，国际工程合同谈判不仅包含了磋商阶段，还包含了准备阶段、开局阶段、报价阶段和收局阶段的全过程，每个过程的处理均对合同的签订有重要的影响。从宏观层面来看，国际工程合同谈判的广义说能更好地理解并把握其合同谈判五个阶段的实际价值。只有对国际工程合同谈判的准备阶段、开局阶段、报价阶段、磋商阶段和收局阶段全过程进行详细的策划与控制，才能更好地管理国际工程合同谈判的系统性内容。

二、国际工程合同谈判的目的

自从国家提出“走出去”发展战略以及“一带一路”倡议以来，中国迎来了千载难逢的发展机遇。中国自20世纪70年代逐步走入国际工程市场，其对外承包的工程业务量有了显著提高。现如今，我国的建筑企业实力日渐雄厚，完全已经具备了与发达国家承包商公平竞争的能力。但是在国际工程业务发展的过程中，因合同管理意识不足、对国际法律法规认识不够、国际工程合同谈判技巧性缺乏，我国在国际工程市场上的竞争优势无法悉数表现，上述原因成了我国国际工程业务发展的阻碍。

另外，有的企业也不重视合同谈判的管理和技巧，认为招标投标阶段既然已经就合同的大部分条款达成了一致意见，签约前的谈判工作只要象征性地“意思”一下就行了，从而未能在合同谈判阶段规避风险以维护自身的合法权益，引发了巨大的合同风险和损失。比如，就ICE合同而言，ICE合同更多地偏向保护业主的利益，而对承包商的限制条件较为严格，因此承包商需要针对合同中的索赔条款进行谈判，尽量避免不可抗力带来的合同风险，造成己方不必要的损失。

因此，进行国际工程合同谈判的目的就在于利用合同谈判来实现自身利益最大化，减少国际工程合同执行时的法律纠纷。另外，国际工程合同谈判的策略和技巧也是我国对外工程承包企业亟须学习的课程，比如，通过对国际工程合同谈判进行科学有效的管理和安排，不仅可以减少对外工程承包企业的合同风险、提高国际工程合同的质量和签约的成功率，还可以进一步优化我国国际工程业务的发展模式和发展策略。

三、国际工程合同谈判的作用

1. 协调作用

在国际工程的多方合作中，谈判不仅是一门艺术，还充当了国际工程合同各参与方间的“沟通桥梁”。国际工程合同的参与方需要通过合同谈判来协调彼此之间的利益，达到合作共赢。特别是国际工程合同的参与方往往来自不同的国家，在国际惯例、设计标准、材料设备标准等方面有不同的理解，有必要借助谈判来确定对方是否满足自己的合作要求,并判断该合作能不能为自己带来实际的经济利益。从谈判的性质来看,谈判作为合作双方为达成目标而进行的交流,具有信息不对称的特征。谈判双方为了达成预期目标,势必会对对方信息和对己方有利的信息进行最大限度的了解,同时也会对对己方不利的信息做适当隐瞒,因此谈判的最终目的就是双方多次协调其利益关系。国际工程合同谈判中涉及的技术、政治、经济、社会等信息以及谈判过程中每次发言的时间、顺序、地点、氛围等都需要进行协调。从这些角度来看,谈判是维持双方和谐关系的重要方式,并可以有效地化解矛盾、达成双赢共赢的局面。从谈判中,我们可以与对方交流各自的内在想法,同时对各自的做法作出利弊评判,以摆事实、讲道理的方式来促成双方达成协议,实现谈判的目的。

2. 沟通作用

国际工程是国际经济合作的高级模式,包括资本、商品、技术、设备、劳务的输出,在合作过程中需要进行大量的信息交流。谈判作为一种沟通形式,是国际工程合同参与方之间沟通交流的第一步,也是信息传播和信息互换的重要载体之一。在这个信息爆炸的时代,无论是业主、承包商还是设计师,都面临从繁杂的信息中挑选自己所需信息的艰巨任务。选择信息后,需要进行各种协商才能将大量信息转换为可以判断的具体标准。例如,通过谈判,承包方可以在了解业主对工程的具体要求后提供更符合其预期的产品,本着更好服务客户的态度去谈判,自然而然能提升本企业在业界的口碑和信誉,从而发掘更大的市场,为企业带来更大的经济效益与品牌效应。当然,这个过程中的信息并不是单向传递的,承包商在收集业主信息的同时,也可以向业主传递其企业发展的理念等。在国际工程合同谈判过程中,双方不仅能充分沟通交流,更能互相置换信息资源,为后续工作的良好进行做准备。谈判双方通过不断地沟通、反复地磋商,可以细化加深对双方权利义务的了解。因此,把握了谈判的策略和技巧,就丰富了沟通与信息交流的方式,并减少了因沟通失误带来的麻烦。

3. 效益作用

成功的谈判是协议达成过程中起决定性作用的一个环节,对企业而言更是有巨大经济效益。在国际工程合同谈判的过程中,谈判既可以直截了当地确定争议点,又可以提高办事效率,减少后续执行的困难。经过谈判,国际工程合同参与方达成协议,明确各自的权利义务,可以避免纠纷的再次发生,参与方的权益也可以通过法律途径加以固定和保护。通过谈判,承包商可以增进对业主的了解,建立更好的合作方式,实现与业主的长期合作。通过谈判,企业的资金、技术、原材料、设备、劳动力等资源用途可以被充分利用,创造效益最大化。总之,谈判既促进了合同双方的友好合作,也促进了业主和承包商所在国经济的共同发展。另外,合同方在谈判达成协议后,可以迅速完成谈判内容;即使谈判不顺利,也可以用其他解决问题的方法。总之,谈判给谈判者带来了巨大的经济效益和时间效益,使谈判者拥有了更大的选择空间。

四、国际工程合同谈判的特点

1. 专业性

相比于其他类别的法律谈判,国际工程合同谈判具有很强的专业性,对外语、法律、工程、管理、经济等方面的知识都有较高的要求。从本质上说,国际工程合同谈判与其他法律谈判都是谈判双方表达思想、传递信息、努力说服对方接受己方要求的对话,是谈判双方实力的较量,也是一场没有硝烟的"战争"。从结果来看,谈判人员的专业能力、谈判技巧以及心理素质很大程度上决定了谈判的成效。从专业性上来说,国际市场营销、国际合同范本、国际付款方式、设备原材料的跨国采购和运输等都是谈判组需要掌握的专业知识。此外,外语、心理学、管理学、税务等财务知识也是谈判组成员需要掌握的辅助知识,各国风土人情、商务习惯、国际惯例以及谈判礼仪等综合知识也需要涉足。如果事先没有对所在国家的谈判风格礼仪等进行了解,那么在谈判中就会处于弱势。一旦在知识层次、谈判技巧方面缺乏训练,则很难达到理想的谈判效果。

2. 承启性

从以上国际工程合同的过程来看,整个国际工程项目合同的缔约是由招标投标环节开启,直到签订正式完整的合同为止。在这个大框架中,合同双方人员的谈判是承上启下的重要一环,时刻影响合同整体上的走向。因此,业主的中标通知一般会要求承包商立即进行合同谈判,并且企业通常会选派一支谈判经验丰富的谈判队伍组成谈判专家,这个团队中必须具有对专业知识颇为熟练的专业人员,可以对涉及合同专业内容的部分提出专业意见。此外,谈判组成员必须熟悉与业主往来的各类文件,避免在谈判过程中出现矛盾和不一致的地方。

3. 细致性

在国际工程合同谈判中，谈判组必须考虑合同履行过程中可能出现的分歧，并对全部的内容进行细致的约定。各类信息都会对合同谈判产生或多或少的影响，因此一定要对另一方的信息进行仔细的收集和整理。国际工程合同谈判必须知道的信息不仅包括宏观背景信息，如项目所在国（地）的政治和法律制度，道德和文化规范以及历史和自然环境，业主的资产资信情况，风险承受力、期待达成的目标及业主派出的谈判人员偏好、学识、习惯等。在对以上信息详尽把握的基础上，谈判者需要认真准备谈判计划，对谈判中可控因素和日常事务进行详细安排，对不可预测的随机事件制订应急计划，以便谈判者可以根据情况随时进行调整。同时，在正式签订国际工程合同前，双方通常还会以招标文件和投标文件内容为基础进行充分谈判。谈判人员应充分利用谈判将企业的利益最大限度地体现在合同文本中，对将要签订的合同内容进行全面把握，因此应该对合同涉及的各个方面都进行充分的谈判，如设计、采购、施工、财务、法律、技术等领域。

4. 持续性

国际工程合同谈判的时间一般都比较长，谈判地点通常选择在项目所在地进行。因此，在合同谈判的过程中，谈判人员一定要注意对整体谈判过程做一个全面的安排，并使负责不同任务的谈判成员在各司其职的基础上又紧密配合。并且，要对相关的合同谈判细则记录进行系统性的整理，以便将来合同实施过程中出现问题能找到依据和参考。关于谈判的会谈内容、书面的会谈纪要等都要重复以上操作，系统、分类进行保存，以适应国际工程合同谈判持续性的特点。这样当双方对合同的实施出现了异议，除了可以依据合同的约定之外，也可以用谈判会议纪要作为解决争议的依据。国际工程合同谈判的持续性还要求谈判人员做好一定的心理准备，不畏惧一时的困难，也不要被暂时的僵局困住而放弃谈判，而要意识到国际工程谈判的过程充满艰辛，只要坚持核心利益，善于利用谈判技巧，谈判目的还是有可能实现的。

五、国际工程合同谈判的原则

1. 平等自愿原则

谈判的目的是促进合作、达成共识，尽管在国际工程合同的谈判中，各方都有自己的立场，但是他们都在平等和自愿的基础上运用法律思维进行谈判。我们应该明确的是，国际工程合同谈判的最终目标是基于平等和自愿达成一致意见，一起努力实现当下项目的共赢，甚至为以后的良好合作做铺垫。因此，实现自己的立场固然重要，但是也要考虑长远目标。长远目标取决于两方之间是否存在平等关系以及他们对合同义务的自愿承诺。在国际工程合同谈判实务中，一旦出现高姿态的谈判态度，就会给另一谈判方带来不好的谈判感受，进而会使其产生对立的情绪，这可能影响合作的达成，甚至可能导致谈判破裂，重大项目还可能影响国家与国家之间的友好关系。即使是在不自愿的情况下勉强达成合作，也会影响合同的履行，各方不会愿意为了共同的利益而付出十足努力。因此，在进行国际工程合同谈判时，有必要保持绅士风度，并坚持平等自愿的原则。

2. 合法合理原则

任何法律谈判都应在合法的框架之下进行，国际工程合同谈判也是如此。合同的内容受到法律法规的制约，是否能够依法认真地执行协议，对企业未来能否获得更多项目机会关系重大。但是在某些国际工程谈判的场合，部分企业对国际法律法规、项目所在地的法律法规及政策了解不够，重视力度也有限。特别是我国一些承包企业对自身理念的认知度不足，妄想钻法律空子，在合同谈判中投机取巧，想使用一些手段（如给回扣、串通竞标等）期待获得国际工程的谈判权或国际工程的承包权。这会给一些法治意识、效率意识、成本意识较强的企业留下较差的印象，进而损坏企业形象甚至是国家形象。此外，即使双方都愿意相互协商并达成协议，但是该协议违反国家法律法规与相关的政策，也是无效的。因此，合理性和合法性应该是国际工程合同谈判公正、合理、健康进行的保证，也是合同执行的保证。只有合法地通过法律谈判达成的协议，才是各方今后根据谈判结果行使权利和履行义务的坚实基础。如果在执行国际工程合同的过程中存在争议，就有可能出现国际工程索赔的情形。因此，将双方的谈判成果以固定形式确定下来就显得特别重要，并且在这个过程中也要遵循法律的规定。考虑到将来可能出现的问题，防患于未然，只有坚持合法合理的原则，才能保证谈判结果不会成为一纸空文，确保谈判结果的有效实现。

3. 共同利益原则

利益共享、共创双赢是国际工程合同谈判的最高追求，也是良性合作、长远发展的基础之一。在国际工程合同的谈判中，合同涉及的各方都有自己的利益需求，只要存在利益交叉的部分，共赢是必然可以实现的。要知道，谈判的输赢不是依靠在谈判桌上的表现,而是基于各项综合因素评估的基础。在国际工程合同谈判中,可以寻求的共同利益越多,谈判最终达成的可能性越大。如果合同参与方皆坚持己方要实现最大利益,丝毫不考虑对方的利益需求,谈判就会不可避免地陷入僵局。因此,在谈判的过程中,不仅要考虑己方的既定利益目标,还要考虑对方的利益目标和可接受度。只有利益相对平衡,提出相对公平合理的方案,合作才有可能达成。因此,在国际工程合同谈判中,要意识到虽然谈判是为了最大化实现自己的利益,但也要避免只站在自己的角度考虑问题。任何一方对对方提出的要求都应该谨慎考虑,同时也可以要求对方根据其要求作出一定的让步。国际工程合同谈判是一个你来我往的过程,任何一方都不可能将利益占尽,想要获得更大的成果,就必须了解他人的需求,寻求各方的共同利益,坚持利益共享,从而达到一种整体、动态的平衡。这样一种发展的和谐状态,能更好地实现双方的价值和利益,有利于维护市场的规范秩序。

第二节　国际工程合同谈判的过程

一、国际工程合同谈判的准备工作

1. 组建谈判团队

国际工程合同谈判的第一步即需要组建一支专业有力的谈判团队。谈判团队大致应该包括四个部分的人员:一是法务人员,二是技术人员,三是商务与财税人员,四是翻译人员。各部分人员都需有过硬的专业知识背景,并掌握建筑工程方面的相关知识。谈判小组必须各司其职、密切配合。首先,谈判团队中必须先确定一位领导者,即谈判组长。谈判组长由经验丰富又学识深厚的人员担任。谈判组长需要能够把握谈判方向,使谈判在既定框架内进行,既不偏离也不停滞。其次,谈判小组的成员也是有要求的。第一部分是法务人员,要求其对合同条款非常熟悉,既可以是企业内部法务,也可以是外部律师;第二部分是技术人员,技术人员一定要经验丰富,且参加了该项目的投标书编制,这样在谈判中能够对相关信息做到心中有数;第三部分是商务与财税人员,商务人员需精通国际工程的商务规则和报价,财税人员需全面了解中国与项目所在地甚至所涉第三方的税种税率和税务筹划,以厘清报价的税负边界;第四部分是翻译人员,在国际工程合同谈判中难免会涉及语言差异的问题,因此翻译人员一定要熟悉该项目所在地的情况,并且要掌握该专业的知识。谈判小组还需要进行内部分工,使谈判层次分明、各有重点。此外,每个成功的谈判小组背后离不开支持小组,支持小组可以给谈判组成员提供场外信息,帮助谈判小组制定针对相应问题状况等的策略。

2. 准备谈判内容

在国际工程谈判前,谈判者必须对工程项目即将采取的合同进行深入的了解与审查。无论是采用何种国际通用合同条件,其内容一般都涵盖了合同协议书、招标投标文件、专用和(或)通用合同条件、规范、图纸、资料表等,因此承包商需要就以上方面的信息重点关注。国际工程合同进入谈判阶段后,双方的地位有所改变,在评标、决标阶段,承包商处于被挑选的阶段,时刻被业主裁定,地位比较弱势。但到了国际工程合同谈判阶段,承包商与业主处在平等的地位,位于可以与业主共同探讨项目细节和合同条件的项目合作方地位。承包商可以在此阶段与业主商谈合同的关键性条款,比如,虽然不能改变国际通用合同的通用条件,但是对业主提出的专项合同条款能够进行适当谈判,以维护己方的合法权益。同时需注意,如果在投标时没有对招标文件提出偏差,承包商在中标后的合同谈判空间可能十分有限。

3. 树立谈判底线

树立谈判底线的目的是给谈判划定一个既定的范围,使谈判有一定的弹性,既能够不涉及底线使谈判有回旋的余地,又能够坚持核心利益。以前述限度范围为基准,谈判方可以出具最优方案、次优方案和备选方案。争取达到最优方案,最差不能低于备选方案,如果这两个都达不到,那么就要考虑放弃。在制定谈判底线时,首先要具有客观性,也就是既要对双方的优劣势进行分析,又要具有长远性,即也要考虑彼此合作的长远发展,并且还要把该内容和项目的谈判对我方的重要程度纳入考虑范围。其次,如果对方占据强势地位,就可以考虑将底线划低,适当放弃一些利益。如果己方占据优势,则可以尽可能地达成最优方案。如果企业的长期发展战略有需要或者想要打开国际市场,有时候也可以采用保本微利的方案。总之,在国际工程合同谈判准备过程中树立底线,方便把控谈判局面,不至于让谈判“失控”。

4. 选择谈判策略

在谈判的实际过程中,因为谈判的目的、趋势、双方地位的不同,谈判情形也不同。谈判人员应该具体问题具体分析,分析这些复杂的“组合”可能发展出的实际情况并见招拆招,形成综合性的策略与技巧安排。换句话说,谈判策略与技巧是综合性评定分析的结果,但对于全局的把握往往是根据具体情况得出的,但是具体情况什么样谁也不能确定。因此在制定谈判策略和技巧前,一定要对各种情形进行假设,并根据假设进行深入分析,权衡利弊、制定可行性策略和技巧方案。在此之后还需要谈判人员根据制定的方案不断演练,使制定的方案在时间、空间方面衔接好。值得注意的是,谈判并不是一个计算机程序,制定了既定的方案就会严丝合缝地进行下去。谈判准备阶段制定的方案只能安排一个大的方向,在大方向不偏移的情况下,变通运用策略和技巧。

5. 了解国别国情

国际工程合同谈判是介于不同国籍者之间的一种沟通交流方式。因此,不同国家的政治状况、法律制度、商业习俗、宗教信仰对谈判人员的行为方式、思维方式等会产生一定程度的影响。谈判者必须对对方的文化习俗、国别国情有一个正确的了解和认识,否则会因为不必要的误解影响谈判的进程,甚至会影响双方的合作关系。在谈判过程中,谈判人员要适应别国的文化习俗,努力克服遇到因文化习俗带来的障碍,并创造良好的谈判氛围。在国际工程合同的谈判过程中,一定要坚持找出彼此的共同点,尊重不同的意见。尊重和承认对方,不能以自身文化和习俗为主夸大差异和不同,炫耀自己、贬低对方的做法会使对方反感不已。针对不同的国别国情,要尽可能选择了解对方文化和习俗的谈判人员,注意好谈判双方的差异并做好相应安排,这能使对方感受到诚意,从而促进合作达成。

二、国际工程合同谈判的开局阶段

1. 积极创造有利的合同谈判氛围

谈判的氛围在谈判当下起很重要的作用,其好坏会直接影响整个谈判的进程以及成败。谈判处于何时何地以及何种空间,谈判者言行举止是否恰当等都会对谈判氛围造成影响。换言之,和谐友好的谈判氛围的创造不仅依赖于环境等客观因素,与谈判者的主观因素也息息相关。在谈判中,如果谈判者以积极、热情友好的态度对待与其谈判的对手,发起善意的沟通,则易于良好谈判氛围的形成;反之,如果一方谈判者的态度消极、傲慢,那么谈判的氛围则是紧张的、对抗意味十足的。此外,谈判双方应该摆正心态,当谈判双方坐到谈判桌之后就意味着大家都有意通过谈判磋商的友好方式解决问题,所以谈判双方都应怀着心平气和的态度、坦诚相待的决心、尽心尽意的理念，抛除偏见，进行谈判，解决矛盾纠纷。在谈判开始前，双方可以就一些轻松的话题展开交谈，也可以先就争议不大的问题达成一致，这样能缓解因双方严肃谨慎而制造的压抑气氛，营造一个良好的谈判氛围，为后续的谈判打下良好的氛围基础。最重要的是，在谈判气氛没有得到缓和时，谈判人员一定要慎重考虑提出己方要求及其后果。

2. 正确处理“破冰期”

当我们建立了比较良好和谐的谈判气氛后，就面临“破冰期”的问题——正式交涉谈判问题前的谈判阶段。“破冰期”，顾名思义，就是双方解开对立敌视态度，融化隔断双方理解沟通中冰墙的阶段，也是开局阶段前的准备时间，在开始阶段后起了一个短暂的承上启下作用。在这样一个短暂的期间内，谈判双方要进行初次见面基本的问候寒暄、谈判人员的介绍、谈判流程的选择等。在“破冰期”运用适当的方法与谋略，有利于后续谈判阶段的过渡。“破冰期”的准备一般都是以一场谈判的实际情况为基础来确定的。“破冰期”的时间占全部谈判时间的2%～5%为最佳。然而如果整场谈判时间比较长或要经过多轮磋商，此期间则可以在需要的情况下相对延长。在“破冰期”，我们最好着重关注下列几个问题：一是谈判者的行为、举止和语言，举手投足都需得体适宜，感情的流露应自然恰当，尽量避免表达上的冲动、逻辑上的混乱以及举止失度的情况。二是谈判者必须学会控制情绪，无论面对怎样的对手，无论对手采取怎样的态度，都要避免紧张慌乱的心情，举止优雅从容，让对方对己方心生好感。三是谈判者说话不要啰唆、毫无重点，既然是谈判就要注重时间与效率。四是谈判者不要过于冒进，不要一开口就急于进入谈判的正题，而应该与其交流沟通，增进了解，促进感情，否则会触犯“破冰期”的“大忌”。五是谈判代表应避免在“破冰期”发生与对手争执的情况，也无须仔细考虑“破冰期”每句话的内容，但一定不要出现充满恶意的言论，否则会影响双方的沟通。六是谈判人员不应轻率行事。“破冰期”是展现双方谈判者语言、行为以及应变能力的最佳时机。在此期间，对方对你的态度取决于谈判者的谈判行为。

3. 巧妙探测对方情况

如何了解对方动态是谈判开局阶段的第一步，也是极为重要的一步。谈判人员应当充分利用这一阶段了解对方的情况，以便做好万全的准备。这个阶段也可以被称为“探测期”。这个时期并不需要做太多争取利益的工作，主要是通过对方的行为、语言、礼仪来判断对方的态度、经验和实力。经历探测期后能够及时把握双方处于何种谈判地位，进而及时调整己方前期准备的谈判策略。当然，这并不是最终的结论，只是初步的谈判方案。有经验的谈判者会用心观察对手的行为举止，以静制动，使对方无意识地泄露想要的信息；而缺乏谈判经验的谈判者，往往会冲动行事，抢先发表己见，或者陷入对方激将法的陷阱之中，毫无保留地表达自己的想法，实际上，这正是对方想要的结果。在开始谈判后，谈判者要想不把自己陷入谈判的劣势，就不要急于表达自己的观点。尤其是不能过早地判断谈判的形势与方向，否则容易陷入被动局面。

4. 谨慎避免不利倾向

在谈判开局的过程中，既要切忌保守，又要切忌激进，这是谈判开局应当谨慎避免的两种不利倾向。开局如果过于保守有可能会出现两种情况：一种是认为对方的利益需求与己方不谋而合，从而落入对方有极大伸缩空间的利益范围，失去了为自己获得应有利益的机会；另一种是对对方的要求不断地让步，不断满足迁就对方，而不是坚持自己的主张，导致对方得寸进尺，使己方不得不作出更大的让步。这样做会使己方在谈判中处于被动地位，那么谈判结果也就大概率是偏向对方的了。所以在谈判的开局，不能够畏缩不前，要勇于正视对方，勇于提出并坚持自己的主张，迎接挑战，一味地保守并不能使己方利益得到实现。但是谈判开局也不能过于激进，制定自己的高目标利益时，不能以损害对方利益为代价，应该有一个适当的标准。太过激进导致对方觉得己方没有诚意，并不是诚心谈判，只考虑自己的利益。谈判的本质是双方或者多方的合作，因此，切不可为了避免保守而走向激进，这也会使谈判陷入僵局。

三、国际工程合同谈判的报价阶段

双方当事人订立国际工程合同时，有多种计价方式以供选择。以计价方式为标准，国际工程合同可以分为三大类：固定总价合同、固定单价合同和成本加酬金合同。尽管招标时文件对价格的相关方面已经予以明确规定，合同谈判时几乎不会再涉及此方面内容。但在特殊情况下，合同谈判报价仍有可施展的空间。

1. 固定总价合同

在国际工程项目中，若采用固定总价合同这一计价方式，承包商会有面临通货膨胀等风险的可能性。承包商为了避免风险，在投标时可能会将价格设定较高，这对业主未必有利，此时如果可以争取特殊情况下的价格调整条款，则有可能被业主接受。有特殊情况时，如果业主同意对价格进行一定的调整，比如，工程量超出约定量或者面临货币风险时的价格可以予以适当增加。从承包商的角度来说，若能够规避风险发生时的损失，其往往愿意降低投标时的报价金额；而对业主来说，因为风险不一定发生，业主支出不一定增加，反而现有需要支付的价格会减少，其也乐意接受，如此可能会创建一个双赢的局面。

2. 固定单价合同

固定单价合同则是以业主方提供的资料为基础，双方在合同中约定好每一单项工程的单价，结算时按实际完成的工程量乘以每项工程单价的方式计算总金额。对业主来说，工程量变大可能导致的支出增加是其需要承担的风险。对承包商来说，单位工程量价格的变动而导致收入不确定是其需要承担的风险。因此，在此类国际工程合同谈判中，在工程量超过幅度太大后，业主与承包商可以就多余工程量的单价重新协商。

3. 成本加酬金合同

成本加酬金合同是指业主向承包商支付其实际支出的工程款，然后额外对承包商支付一定比例的管理费和事先约定的利润，有点类似于业主“雇用”承包商为其工作，其向承包商支付一定数额的“薪酬”。采用此类合同的项目通常是一些具有较大风险或事先难以估价风险的项目，承包商单独无法承担，才在国家的支持下采用这种计价方式。对于此类合同，一定认真澄清成本的含义及范围，并具体化和确认成本与酬金的划分。

四、国际工程合同谈判的磋商阶段

国际工程合同谈判的内容与国际工程项目的相关情况、业主要求等因素密切相关，但是如工程范围、技术条件、支付方式等核心问题一定会有所涉及，需要谈判进一步确定。一般来说，国际工程合同谈判中，要注意以下七个要点，并需要在磋商阶段与对方重点讨论。

1. 工程范围和内容

承包商和业主需要讨论、修改、澄清或完善具体的工作内容，并最终确定合同中特定内容和范围，这是合同的最基本部分。因此，在谈判磋商阶段，必须先共同确定合同约定的项目内容和范围。承包商应反复确认仔细核实标书中工程项目的内容以及工作范围。除了双方均无异议条款,进行过修改或者调整的条款也应当以书面形式确认下来,并与合同的其他部分具有相同的效力。另外,承包商和业主对于为监理单位提供的建筑物、家具、车辆以及其他各项服务,也应逐项详细地予以明确。

2. 技术要求和施工方案

在谈判磋商阶段,承包商和业主可以进一步讨论并确认技术要求,技术规格和施工组织设计等,如果施工有需求,也可以在项目中采用新技术、新材料、新设备等来适应施工需求,加快施工进程。如有必要,可以优化施工计划。技术要求直接关系国际工程项目的质量,承包商应特别注意。我国国内的技术规范与国外技术规范可能有异,承包商需注意仔细审查其采用的技术规范是否满足业主要求。如果不匹配,可以在情况允许的条件下争取采用变通措施,或者在不影响工期质量的情况下争取采用承包商熟悉的技术规范。承包商一定要主动了解业主对技术规范和施工方案的要求,以免在施工中出现纠纷,导致施工困难。在国际工程实践中,境外业主大多要求适用欧美的技术规范,对于中国技术规范的接受程度较低,我国承包企业需尽量向业主争取适用中国技术规范,以确保工程进度和工程质量。

3. 合同价格调整条款

国际工程项目的长工期可能会对工程的价格带来货币贬值或者通货膨胀的风险,一旦面临此类风险,无论是对承包商还是业主损失都是巨大的。合同的价格调整条款是为了规避风险,避免一方因不可预测的风险遭受难以承受的损失。就实际施工情况而言,承包商成本金额增加的概率比成本金额减少的概率要高。因此,承包商势必要在磋商阶段重视对合同价款进行调整的条款。

4. 合同支付货币的选择条款

国际工程进行工程款结算时会面临货币选择的问题,就承包商而言,因为面对的是国外业主,所以可能支付的是非本国货币。这就会涉及外汇兑换和国际资本流通的问题。这在国际工程合同谈判的磋商阶段也是需要特别注意的问题,因为有的国际工程在招标中就对支付的货币有明确的规定,但有的没有,谈判中应及时对此进行讨论并确定。如不得不以外币结算和支付,那么与业主商谈汇率锁定将是承包商需要努力争取的保护己方利益的重要内容。

5. 合同支付条款

合同支付条款是实际施工中双方关注的重要环节之一，故也是需要在磋商阶段重点谈判的内容。因为支付时间、支付方式对承包商的现金流会产生重大影响。在国际工程合同中，工程实施期间长，占用资金量大，一旦资金周转过慢，企业的抗风险能力就会下降，利益也可能受损。因此，承包商除了要争取一个合适的价格外，也要注意合同支付条款，以保证资金能够及时回流，防止对自己产生不利影响。

6. 工期和竣工验收条款

承包商与业主需要商谈一个确定的工期，以确保国际工程项目可以进展顺利。工期需要根据业主招标文件中的要求、承包商投标文件中的相关条款以及工程范围共同确定，还要考虑工程量变动对工期产生的影响。工期包括开工时间和竣工时间，开工时间可以根据项目准备情况、季节等条件洽谈，竣工时间则要明确竣工验收条款。与工程内容、工程质量、工程成本等内容一样，工期也是工程承包项目中的重要内容，故同样需要在国际工程合同的磋商阶段予以明确。

7. 一些特殊条款的完善

这部分的内容主要包括合同变更、索赔与争端的解决。另外，基于国际工程的特殊性，对合同图纸和合同某些含糊的内容、违约金及工期提前奖金、工程保险和各类保险、不可预见的自然或人为障碍、工程量验收以及衔接工序等，也需要在磋商阶段进行谈判明确。

五、国际工程合同谈判的收局阶段

1. 国际工程合同谈判收局的原则

(1)彻底性原则。所有议题都应该在合同谈判结束之前全部谈判完，并且都对其进行了谈论和协商，直到双方对这个问题都没有疑问为止。

(2)不二性原则。不二性主要指的是两个方面：一是谈判双方都不能够随便改变或者撤销双方谈判已经达成一致的合同；二是谈判的结束应该是在双方协商一致的情况下所有议题均已谈论结束，而不能由谈判者任意中止和终止谈判。

(3)合法性原则。它是指双方协商同意的内容，必须以相关法律要求的形式做成。双方约定的内容只有在法律的框架下才能受其保护，即合同内容具备法律约束力和追溯力。为了使谈判结果合法,我们应确保合同的形式、内容和文本都符合法律的有关规定,并实现合同文本和法律的融合。

(4)情理兼备性原则。在谈判结束时,无论如何我们都应该接受谈判的结果。谈判的结束应基于双方相互尊重和客观合理的原则。

2. 国际工程合同谈判收局的判定

能否准确判断谈判何时收局对是否能达成谈判目的有重大影响。想要达成谈判目的就要保证在谈判结束之前能够达到谈判目标,如果没有把握好谈判收局的时间从而导致谈判目标没能在收局之前达到,那么意味着这场谈判前期所做的一切努力都是付诸东流——一切谈判的努力都是为了实现谈判目标。因此,判断谈判收局的时机非常重要。如何确定收局时机应结合谈判涉及的交易条件和时间两方面来综合考虑。

谈判交易条件可以从三个方面判断是否可以收局。第一,若合同中的实质性问题已经解决,即双方就合同中的关键性的、最主要的条款已经达成合意,且对其他问题也没有太大分歧,那么就可以基本判定收局了。第二,当己方(对方)作出让步时,正好满足对方(己方)的利益需求,同时对于己方(对方)来说,还没有到达让步底线。此时的结果若双方都满意,则谈判很有可能会大功告成,那么谈判也即宣告结束了。那么再进行谈判收局就是理所当然的事情了。第三,双方的交易条件都达成一致了,但只有谈判双方就磋商过程中的要点进行充分讨论并达成一致后,谈判终局才能到来。

从谈判时间的角度来说,随着谈判时间的结束,谈判当然进入最终阶段。双方就谈判时间达成协议时,必须考虑谈判的规模和内容,双方的政治、经济和环境状况,市场需求和企业利益。当然双方也可以根据谈判的具体情况协商谈判的时间。另外,随着形势变化,谈判时间也可能会发生改变。即使双方已经确定好了谈判的时间,也会临时变更,因为在实际操作过程中,很多意外事件是无法预料的,如市场条件的变化,谈判双方公司内部出现重大事件等。这时候可能会导致原本的计划搁浅,甚至有可能使谈判提前终结。因此,除了从谈判时间的角度把握收局进程以外,也要结合外部环境来分析,往往外部环境对谈判的进程也有重大影响。

第三节　国际工程合同谈判的策略与技巧

一、国际工程合同谈判的策略

1. 国际工程合同的优势谈判策略

在谈判中,业主和谈判双方的实力(包括经济、政治实力以及市场影响力)不可能完全对等,有时甚至会出现实力悬殊的状态。具有优势地位的谈判者按理说在谈判中是可以占据主导地位的,但是有时谈判者也容易有麻痹大意的心态,从而犯了不该犯的低级错误。因此,优势谈判策略指的是具备明显优势地位的谈判一方在双方谈判过程中制定或适用的策略方案。优势谈判者们尽管处于优势地位,但为了实现谈判利益的最大化,并为以后的合作关系建立牢固的基础,在谈判中也要注意策略方法,把握优势谈判方法有利于避免疏忽大意。

(1)声东击西。在国际工程合同的实际谈判中,"声东击西"指的是谈判者主动地将交谈的话题转移到对另一方不重要的问题上,以减轻其关注度或者分散其注意力,最后达成自己的目的。在谈判过程中,不能轻易暴露自己的底线,露出自己的底牌,这样容易受制于人,不利于实现谈判目标。例如,虽然双方正在讨论的问题于我方而言并未占据重要地位,但采用这一战略会给对方营造一种我们非常重视这一问题的假象,从而提高了该问题在另一方心目中的价值。一旦我们作出让步,另一方将更加满意。

"声东击西"谈判策略可以从以下几方面操作:首先,改变视线。例如,在某种协商中,我们不重视条件 A,而是条件 B。但是,为了不轻易让另一方知晓己方的真正目标,我们可以不断与相关的另一方就 A 问题的取舍进行谈判,并以 A 问题的退让使另一方以为我方作出绝大让步,来诱使另一方在 B 问题上的让步,借此达到我们的真正想要的结果。其次,分散他人的注意力。在谈判中,谈判者可以互相交谈,分散对方的注意力,使对方感到困惑,无法找出我们的真实想法。分散对方的注意力将有助于减慢或阻止对方的计划内行为,使对方在决策中犯错误或失去最佳谈判机会,从而保持我们在谈判中的主导地位。此外,借助其有利的手段,我们可以达到进攻对方的目的。在谈判中,谈判者应通过已掌握的早期信息来了解对方最关心的是什么,并作出认真应对。这可以表示出己方的重视程度,并使对方也认为该问题对我们很重要。这样的话,一旦己方在该问题上予以退让,就会让对方觉得其谈判策略获得了巨大成功,在此种情况下,当话题转移到讨论我们关心的问题时,对方更有可能作出让步。

(2)出其不意。不讲策略有时就是最好的策略,出其不意讲究不按常理出牌,以难以捉摸的非常规性打乱对方的阵脚,并通过不断变换策略的方式给对方施压,从而使对方措手不及,答应己方的要求。具体包括“时间的限制”“信息的公布”“临时换人”等方式。“时间的限制”,是指打破既有的时间安排,如取消原计划的休息时间等,这样可以打破固有的谈判节奏,使对方来不及反应,从而在心理上落于下风。“信息的公布”,是指谈判前可以虚晃一招,故意公布一些对谈判有价值的信息,可以是我方行程、掌握的市场动态或者较为隐蔽的统计资料等。这些信息虚实交叉,真假难辨,足以让对方摸不着头脑,也抓不准信息的重要程度,从而混淆对方的视听。“临时换人”,是指在突然的情况下更换谈判人员,但是这种方式的使用要慎重。因为换人也会打乱自身的谈判节奏,带来一定的风险。此种方式适用于优势谈判的情形中,可能会造成对方手忙脚乱,从而作出错误的决定。

(3)浑水摸鱼。“浑水摸鱼”又被称为“炒蛋”策略,适用范围较广,在国际上广为使用。一般来说,按照主流的商务谈判逻辑,谈判内容应该按照既定顺序一一讨论,但是该策略则是反向思维,打破既定谈判顺序,有技巧地将许多问题“一揽子”摆上谈判席。这招对于劣势一方造成的心理影响格外大,因为本身劣势的一方就处在心理不坚定的情景之中,一旦稍加刺激,其就有可能心生怯意。这也是利用了人面对杂乱无章的事务容易心生焦虑的心理。“浑水摸鱼”策略利用打破对方心理防线,使对方方寸大乱,产生逃避心理,最终达到己方目的。

2. 国际工程合同的劣势谈判策略

劣势谈判,是指对方的实力在谈判中优于自身,或者在某些方面占据主动,从而使己方处于谈判的不利地位。处在谈判的不利地位时,谈判者需要冷静应对,扬长避短,不骄不躁,循序渐进,如此方能促成谈判的成功。

(1)沉默寡言。“沉默寡言”策略并不是进攻型策略,而是一种防御型策略,不仅实施简单而且效果俱佳。在双方沟通交流时,面对对方提出的不利于己方的问题尽量保持沉默,只管让对方发表意见,适当时候予以附和,或者借此探知对方对重点问题的看法,以此窥探对方的谈判底线和关注重点。“沉默寡言”策略并不是让谈判者一言不发，相反谈判者要积极引导对方透露更多的信息，并根据透露出的信息有针对性地进行谋划。古话有云“言多必失”，在劣势谈判中要避免暴露过多己方信息。因此，“沉默寡言”策略实际上是“使己方寡言，破对方沉默”的方法。

（2）保守底线。就处于劣势谈判地位的谈判者而言，设置一个谈判底线，在受到对方因地位优势而制造的压力时，能够使己方保持警惕，不至于在某些领域一退再退，利益尽失。保守底线约束了谈判人员的让步范围，让谈判人员不至于因受到压力而改变初衷，也方便让谈判组各成员统一步调，不至于起“内讧”。另外，值得注意的是，保守底线不是僵守底线，谈判场合瞬息万变，将底线限制过死，容易丧失商机，也不利于谈判的达成。因此，在谈判中，底线的制定需要做到攻守兼备，既稳定又灵活，这样才有可能转劣为优，化被动为主动，把握谈判的走向。

（3）制定多层战略。俗语说得好：“鸡蛋不能放在同一个篮子里。”因此，谈判者要尤为注意制定多层的策略。在此策略下，让步是有预谋的让步，低头都是设计好的低头。如此不仅可以表现出劣势方对达成合意的渴求，还能让对方感受到诚意和成就感，并最终认同己方方案。这种渐进让步的心理机制是“尽力做到正中”。也就是说，先尽可能提高价格，然后，在双方达成协议之前，根据谈判对方的反应慢慢让出，从而到达一个“平衡点”。但是，请注意这种战略的使用需要一定的限制。在应用这个战略的情况下，最初提出的要求不能太严格，不能太脱离一般的惯例，否则会让对方感到缺乏诚意。

（4）依法造势。所谓依法造势，就是利用法律规定的双方平等地位造势，弥补双方实质上不平等的地位。国际工程合同谈判的承包商一方在中标后，就与业主方处在平等的法律地位了，没有必要有自卑感。面对对方的态度，采用依法造势的策略主要包括以下几点：第一，强调双方当事人的平等法律地位，即A和B双方在合同谈判中具有同等的权利与义务。第二，强调己方的谈判形象。表示己方是遵守法律并可以信赖的单位。第三，签订合同时必须强调平等自主的原则，以防对方以势压人。在合同谈判的过程中，双方应本着平等原则，真诚地进行谈判。压倒性的行动会导致合同谈判的崩溃。另外，“先小人后君子”的方式也有利于合同的顺利签订和履行。中国受儒家思想影响较深，认为开门见山地谈利益不是君子所为，但是这种思想可能会不利于国际工程合同谈判的进行。为了确保合同的顺利实施，合同交涉双方本着确保合同顺利实施的理念，理应以积极、热情的态度进行交涉,这更有利于双方合同的签订与实施。否则,将由负责人承担无法签署合同所导致的法律后果以及相关经济损失。

3. 国际工程合同均势谈判策略

除了优势和劣势以外,国际工程合同谈判也会出现均势谈判的现象,即双方之间实力对等,态势均衡。面对这种情况,需要采取与优势和劣势情况不同的策略。

(1)诱导策略。诱导策略,是指设置语言"陷阱",诱使对方说出真实想法,并从对方的回答中获悉对方的谈判策略、方案和底线。再基于前述获知的信息,采取针对性的谈判策略,直到对方提出对我方有利的方案为止。诱导策略的实质是让对方认为,其提出的让己方满意的方案是真知灼见,因此在谈判过程中一旦对方提及己方满意的条件,需要不经意承认并尽量促成。要让对方明确表达其诉求,这样的话你才能快速抓住对方想要什么,并保留自己的意见,就展开交涉的重要问题,努力让对方退让。如果可以的话,可以就少数问题让步,实现对方的心理平衡,但是不能让对方简单地取得平衡。做无谓的让步是没用的,让得太快也发挥不出策略的理想效果,对于重要的让步一定要让对方等待的时间相对长一点。有时候也可以基于整体局面的考量,适当作出一些对己方没有任何损失的让步,如承诺对方"这件事我会回去认真考虑",这样没有实际的付出而又可以让对方获得心理上的安心。

(2)避免争论策略。在国际工程合同谈判中,承包商和业主代表着不同的利益立场,由于国籍、语言、文化、需求的不同,分歧和矛盾是不可避免的。但是,一个有经验的谈判者,出现矛盾和分歧时需要及时控制情绪,避免争吵、争执。所谓的针锋相对,不是指与另一方在谈判桌上争吵不休——这会对后续合同的执行产生不利影响。至于我方没有法律依据的要求,我们必须以法律为准则,以事实为依据,说服另一方依法行事。这就对我们在谈判过程中寻求双方合作模式提出了要求。分歧点既然不能避免,如果对方在分歧点上寸步不让、一味拒绝,谈判者需要积极寻找解决方式,既不要纠结分歧点,也不能因为焦躁的情绪而放弃。此时可以暂时跳过该分歧,待双方冷静后再行沟通,或者寻求第三方居中调和,架起沟通的桥梁。

为了避免争论,第一,可以用共同利益来说服对方。谈判应当促成双赢,在谈判中要多多强调对方可以获得的利益,并刺激对方接受自己的意见和建议。关于固定价格，人们经常意见不同，也有不能达成一致的情况。如果想要成功，就应该互相说服，想出说服他们的基础。但是，说服的时候不能语言尖锐，带有攻击性，否则伤害了对方的感情，谈判可能破裂。第二，我们必须秉持谦恭的态度，不可趾高气扬。在谈判中，经常会有令人满意或不满意的情况。双方口舌交战时，要尽全力让对方认同自己的观点，支持己方的阵营，用充分理由说服对方。对方提出提案的时候，需要仔细听，反复提出建议，或者注意表示敬意。然后，用现阶段手中掌握的资料信息来使对方对事实予以充分理解，相比用空洞的语言进行描述，详细数据和资料更容易让人印象深刻，也更能说服对方。此外，我们必须特别注意自己的讲话语调。讲话不能不合理，也不能勉强。态度应该是谨慎的，而不是难以忍受的，语调应该是稳重而坚定的。尽最大努力避免僵局，即使出现僵局也不要急于屈服，停下来冷静地思考也是一个好的选择。如果有关问题不影响整体情况，也可以作出必要的让步，但是对方必须为你的让步而对你作出退让。再者就是，语言幽默也有利于排除障碍，破除僵局。如何打破僵局这一部分在后面会详细介绍。

(3)蚕食策略。“蚕食”策略，顾名思义，就是谋定而后动，专注耐心，一点一点争取利益。该策略要求谈判者在谈判中，不提出自己的全部要求，而是从小处着手，从最让对方接受的利益点着手，循序渐进，直到对方作出满足己方利益的承诺为止。运用“蚕食”策略有几点注意事项：一是要注意不可急躁，运用该策略最重要的是要有耐心，切忌想“一口吃成大胖子”，否则容易功亏一篑；二是最先提出的利益点要认真规划，既不能过高，否则一开始策略就容易面临失败；也不能过低，否则谈判进程容易拉得很长。

二、国际工程合同谈判的技巧

1. 非语言沟通的技巧

(1)眼神的交流。在谈判中谈判者可以通过眼神的交流来传递信息，高明的谈判者在目光与目光的接触间就能够对对方有一个大致的了解。一个人的眼神往往会流露出他真实的深层情感，眼神的交流在非语言信息沟通中具有特殊地位，表现主要有几个方面，包括眼神交流的时长，眼神接触的维度以及交流时瞳孔的变化。在心理学上，如果眼神闪烁不定，说明关于这件事情对方没有说实话，至少是有所保留，抑或对方的情绪发生了变化而没有控制住。此外在谈判中，我们除了要注意对方的眼神示意,也要注意自身的谈判礼节,不能够长时间地盯着对方或者朝对方持续眨眼睛,这会造成对方的不适,从而引起对方的反感和误会。

(2)手势的灵活运用。除了眼神交流,运用手势也可以非常有效地传达信息。在谈判中,谈判者通过亲身接触不仅可以了解对方谈判者的心理活动,还可以向对方传递自己的意图和目的。此外,灵活运用手势语言还能帮助谈判者进行语言交流,增强谈判者的情绪和情感。但是,由于国籍、人文风俗以及日常习惯的差异,不同地域的谈判人员对手势的理解也随之不同。因此,谈判人员要想准确运用和理解手势语言,应该放眼世界、拓宽知识,了解各地的文化风俗,从而提高谈判的水平。

(3)空间概念的运用。空间的运用是很容易被人忽略的,但是其对于谈判结果也会产生重大影响。在进行谈判之前,谈判者应该对另一方使用的单个空间的习惯范围有透彻的了解,以便掌握规模并营造良好的谈判氛围。最典型的就是,受中国文化的影响,中国人可能会对较小的谈判空间没有异议,但是在西方国家,特别是美国,人们在狭小的空间会感受到一定程度的逼迫和压抑,他们更倾向于大范围的谈判空间,这时候选择户外的谈判场地可能是更为适宜的选择。

2. 倾听的技巧

倾听也是一门学问,其中有“五要”和“五不要”,若谈判过程中相关主体能够遵循这两大类的规则,那么“听”的障碍就能够很大程度上被减轻或消除,即在双方谈判过程中,听不见、听不清、没听懂的现象就会大大减少,从而减少双方相互猜疑、争执不下的概率。

“五要”分别是:一要专心致志、集中精力。因为通常情况下,对方谈判人员的发言只有一次,所以如果谈判人员心不在焉,错过信息的接收,很难再有一次重新获得信息的机会。二要习惯做笔记。俗话说:“好记性不如烂笔头”,一个人的记忆不是百分之百且能永远不忘的,很多年以后也会因为岁月的流逝或者更丰富的经历而忘却当下真切记住过的事情。并且在谈判中有许多细节,如果不及时做笔记就很有可能被忽略。三要去粗取精、去伪存真。对手的发言并非每一个字词都非常重要,谈判人员要从对方的发言中提炼出比较重要的信息,筛选对方的发言,判断有无对我方谈判有利的信息,这样才能使倾听方式发挥其用。四要克服成见。先入为主的观念往往会造成谈判人员的偏见,导致人们在接收信息时,不自觉地按照已经形成的主观意识将信息的内容进行改变,从而出现信息偏差,造成行为失误。五要谈判双方在一个良好的谈判环境下愉快沟通。良好的谈判环境对双方谈判能力的展现和谈判水平的发挥都有一定的帮助。

“五不要”则分别是：一是不要急于与对方辩驳、抢先发言或者急于反驳而选择不听。二是不要使自己陷入争论。三是不要因为过早对问题有了定论而应付了事。四是不要回避难以应付的话题。五是不要逃避交往的责任。

3. 提问的技巧

在国际工程谈判过程中，谈判者可以运用发问的方式得到有用信息，且能把对方的注意力转移到提问的内容上。提问得到回答后，谈判者可以根据回答“对症下药”，针对对方的需求进行谈判。合适的提问应掌握以下要诀：

(1)要预先做好充分的准备。提问并不是无的放矢，而是有针对性地探知对方的信息。因此，需要事先做好充分的准备，如果提问漫无边际、毫无重点，则会引起对方的反感，降低谈判的效率。可以在提问之前的商谈阶段，将对方没有提及或者没有讲清楚的问题记录下来，以待稍后提问；也可以事先备好就对方很少考虑的问题提问。

(2)不得强行提问。在你问我答的环节中，对方可能会出现答案不连续或者偏离主题的情形。虽然比提问的预想效果差，但不能因此而打断对方的回答。如此不仅失礼，还会让对方觉得己方没有耐心，不堪大任。应该耐心等待时机，等到合适的时候再针对没有回答清楚的问题进行补充提问。

(3)提出问题后不再透露半点相关信息，以让对手作答。提问应该是我方探知对方信息的方式，而不是显露自己的手段。如果发言时对自己提出的问题自答，就不能算得上是一种“提问”，而仅仅是为了掌握谈判主动权。因此，在大多数情况下，提问者要耐心等待对方的回答，如果得不到反馈时再自答以缓解尴尬。

4. 应答的技巧

(1)先思后答。谈判是一个有问有答的过程。如何有技巧地进行“问”与“答”是谈判中的艺术。谈判中的大部分内容来自谈判过程中双方的来回问答。谈判者的发言内容都是有价值的，不仅传递着信息，还时刻暗藏着双方的交锋。谈判人员的应答表示对对方的承诺，因此应当慎重。俗话说“三思而后行”，谈判人员必须在回答前认真思考自己所说的话会带来什么后果，千万不能逞口舌之快。谈判者提出的问题都是带有目的性的，在回答之前一定要仔细揣摩对方的动机，不可随意作答。对于没有听清楚的问题，要不就要再行询问，要不就是转移话题,不可大意。

(2)正面回答。这可以从四个方面进行把握:一是把握对方提问的目的和动机;二是不要彻底地回答问题;三是对于不知道的问题不要回答;四是明白答非所问也是一技。

(3)侧面回答。在谈判中,有些问题可以轻描淡写地避开回答,因为这与谈判的内容无关或者对己方不利。利用侧面回答可以避重就轻,避免回答自己不想回答的问题,把话题引向别处。这是每个谈判者都应该掌握的技能。

三、国际工程合同谈判僵局的打破与机制处理

1. 谈判僵局产生的原因

谈判僵局指的是在谈判中,谈判双方就某个问题争执不下,互相又不愿意让步,因此造成双方都进退两难的尴尬局面。在谈判中导致谈判双方难以继续进行谈判的情形有两种,一种是双方的实力悬殊,另一种是对利益的分配僵持不下。如果是双方实力悬殊的情况,且谈判主要依靠的因素就是实力,那么谈判很容易出现单边强权主义,弱势的一方没有话语权,谈判局面"一边倒"。而一旦谈判依靠的因素不仅包括实力,还包括谈判的环境,那么这种"一边倒"的局面就会有所改善,并出现双方相互制约的情形。另一种对利益的分配僵持不下的情形才是产生谈判僵局更主要的原因,谈判僵局的产生并不是谈判双方实力悬殊导致的,而是因为两方代表都不愿在利益上让步以致未能实现自己的最大利益。在一方的谈判优势不再明显,双方难分高下时,谈判双方便会努力去争取把自己的利益最大化,谈判局面的形势就会从"一边倒"渐缓,直至形成僵局。

此外,谈判双方的文化背景差异也是导致陷入谈判僵局的原因之一。长时间处于特定环境会影响人的思维模式及行为理念,从而形成一个地方的文化风俗习惯。个体即使处于同一特定环境对环境的感知也不一样,更何况国际工程合同谈判中的谈判者往往具备不同的文化背景,因此产生冲突是再正常不过的。

同时,信息沟通的障碍也是产生谈判僵局的重要原因。只有通过有效的沟通交流才能够实现有效的谈判。实际谈判过程中时常会出现一些交流障碍。比如,错过了对方某些重要的讲话内容,对对方的真实意思没有完全理解。这种情形出现的原因是谈判一方的注意力不集中,或者是表述者表达能力有误,词不达意。此外,枯燥呆板的谈判方式也会让对方觉得没有足够的信心,进而导致谈判陷入

僵局。

2. 国际工程合同谈判僵局的处置技巧

谈判一旦陷入僵局，那么就表明谈判双方欲达成的目标或对问题的观点看法已经相差甚远，谈判双方都不希望进一步的妥协和让步，他们的分歧达到了不可相容的水平。但是谈判的基础还是因为双方有可通过合作来达到双赢的可能性，不然便不会心平气和地坐下谈判。因此，僵局需要在快速的时间内打破，不然的话，就会产生无法挽回的情形。在僵局产生之后，需要迅速且现实地分析理由，然后解决问题，突破僵局。但是，请注意，无论是怎样的僵局，僵局谈判的战略和技巧都必须建立在“遵守合同，确保品质，双方利益最大化，强调正义”的工作原则之上。

(1) 化解原则性问题的矛盾，转向对共同利益的关注。无止境地卷入争论之中毫无疑问对谈判来说是效率非常低下的，有时甚至是错误的。特别是在双方陷入僵局的时候，如果谈判人员置双方的潜在利益于不顾，逞一时之快企图通过制服对方以赢得谈判的胜利，固执地坚持自己的立场，导致的结果往往是，双方都对争论疲惫不堪，并且对谈判对方的印象急转直下，从而导致谈判双方感情破裂。非但没有改善谈判的僵局状态，反而加剧了僵局的发展。这时应该强调把谈判双方关注的焦点转移到共同利益上，据此打破僵局。首先，不要把立场放在分歧焦点上，而应该聚焦于双方的共同利益。双方是可以在利益上达成一致的，并不是完全的对抗状态，因此也能从共同利益的角度出发寻求替代性解决方案。其次，要坦诚相待，注重实际情况，不能采用诡计和诈术，也不保持一个高高在上的姿态。最后，也是最重要的，要坚持公平竞争以及评判客观公正的原则。只有这样公平、科学、有效的谈判才能促使双方打破僵局，促成一场成功的谈判。

(2) 合理妥协或有效退让。谈判僵局发生后，有些谈判者会对谈判成果不满意，使谈判双方不欢而散，很轻易地就让双方前期所做的努力付诸东流。但是高明的谈判者不会这样，他们往往会采取合理的妥协，或者进行有效的退让，从而使谈判僵局得以扭转。这一策略的实施主要在于，适当地使对方的心理需要得到调节，对对方的特殊利益适当地满足。比如，在国际工程合同谈判实践中，价格上的较大分歧导致了僵局的出现，那么高明的谈判者在价格上会进行有效的退让，但是在合同的其他条件中，其就会提出更多的优惠条件。从人的心理上来说，拒绝了第一次就不好拒绝第二次，拒绝了大的要求就不好拒绝紧接着提出的小要求。

这样看来，先退让的人获得的综合经济效益往往大大超过其在价格上的让步和损失，还赢得了长远的友好合作关系。因此，我们常说，一个好的谈判者，是不会一味地寸步不让的，而是会转换视角，用较小让步换得更大的利益。

(3)借用外力。在严重的对立而导致谈判陷入僵局的情况下，因双方在长期的争论中形成了偏见和不信任感，此时双方再进行沟通就会很困难。这时候外部力量的介入是非常行之有效的技巧。在解决国际政治中国与国的纠纷和冲突时，也经常运用这样的策略。运用这种策略主要注意第三方或中间人的权威性和公正性。在第三方的选择上，可以是从谈判双方中独立出来的第三方，也可以是与谈判有利害关系的第三方，还可以是交涉中有影响力的权威者。根据国际工程合同谈判的经验，借助与谈判双方都有利害关系的投资方，或者是项目代理，往往是非常有效的。

(4)场外谈判。场外谈判是指双方上级领导之间通过特殊安排在正常谈判场所之外进行的谈判。在很多情况下，这是一个重要的谈判战略，是解决困难问题后，打开僵局或获得项目特别利益的手段。场外谈判的第一个前提条件是营造一种非常友好、值得信赖的氛围。但这种氛围的确立不是一天的成果，需要长期谋划。在合同谈判各个阶段的关键时期，与领导的及时直接有效沟通是有必要的。在这种有意识且频繁的交流中，我们可以逐步建立信赖，培育友谊，相互理解，追求共同利益。因此，有才能的优秀领导要有长远眼光，时刻注意保持和发展友好合作关系，时刻保持微笑，使项目在各个阶段都能够顺利地进行。而且，在谈判困难或僵局的重要时刻，能立刻与对方进行交涉。

第四节　国际工程合同谈判的其他问题

一、文化差异对国际工程合同谈判的影响

1. 风俗习惯的差异

在商务谈判中，社交活动是少不了的，无论是正式的还是非正式的，实际中都会涉及，如正式的宴会或者非正式的下午茶等，其中都会因文化差异而有所不同，我们应该予以灵活应对。比如，请对方喝咖啡是阿拉伯人常用的社交手段。但是如果谈判人员因为种种原因拒绝了他们的喝咖啡请求，就会被视为失礼。在他们

的文化中,拒绝喝咖啡的请求是对他们的一种侮辱。与此类似的是,芬兰人喜欢在谈判之余请谈判方洗蒸汽浴以示欢迎。这个时候谈判方最好不要拒绝。往往在这些机会中,谈判双方可以增强了解,增进友谊,也可以趁机在这样良好的氛围中解决重要的问题。

另外,餐桌上也有一些小的习惯需要在谈判中加以注意。比如,赴约时不能迟到,某些国家并不严格地遵守约定时间,但是有些国家如德国,就特别注重时间观念,因此与德国人谈判千万不能迟到。另外,当我们认为酒热正酣之时,是不是可以提一下谈判中的某个没有解决的问题?这也是要具体情况具体分析的。比如,在法国吃饭就是吃饭,他们非常注重餐桌礼仪,如果在吃饭的时候谈生意会使他们的食欲大大降低,从而对谈判方也就不会有什么好感了。在与法国人吃饭时可以通过多称赞厨师的手艺拉近双方的距离。如果感觉气氛紧张压抑的时候,或许可以提出游览名胜古迹的建议,说不定会有意料之外的收获。餐后付账也要把握一定的尺度,中国人讲究客气,喜欢争抢着买单,但是在国际谈判中,结账既不能忘记也不能过分积极,要事先分析对方的习惯做法,对应由谁付账心中有一杆秤。

由此可见,虽然风俗习惯都是一些细枝末节的事情,但确实会影响谈判人员在对方心中的印象,从而对谈判能否顺利进行产生影响。

2. 思维方式的差异

思维方式的冲突也是国际工程合同谈判时谈判人员面临的一大难题。东方文化中,利用具象化和想象的方式表达思想是很常见的艺术手法,借助艺术形象反映现实生活体现了东方的形象思维方式。但是欧美文化的线性思维方式带有一定的逻辑化,需借助概念、判断、推理等方式来认识现实世界。

此外,欧美文化偏好一种分析性思维,即将需要分析的对象在脑海中根据某种标准分解成若干部分,分析其中关联,区别其中的属性。因此,在国际工程合同谈判较为复杂时,西方文化会把大任务进行分解,形成一系列较小的任务,通过决策顺序的方式逐项地来推进谈判。这样分阶段解决问题的好处是,每个阶段的小任务都有让步和承诺,不至于因小失大。因此,最终协议是一系列较小协议的总和。而东方文化则更偏向说是一种整体思维,其擅长把每个对象的不同部分在意识形态层面整合在一起,以此构成不一样的属性和联系。因此,解决该问题的不同之处在于,东方文化通常采取整体方法,着重于对所有问题的整体讨论,不明确区分顺序。通常所有问题都将得到解决，直到谈判结束，达成“一揽子”问题的让步和承诺。

谈判者作出的决定会受到不同文化思维方式的影响。因此，在国际工程合同谈判中，对谈判双方之间思维差异进行充分理解有助于促成协议的达成。

3. 价值观的差异

国际工程合同谈判中更加难以发觉的是双方价值观方面的差异。因其相比其他方面的文化差异更难发觉，也就给谈判者克服这个差异带来了更高的难度，主要体现在谈判行为中因价值观的不同而引起的误解和对立，而误解和对立主要是对事物的客观性、对时间的观念以及对竞争和平等观念的认识不同而引起的。

(1)客观性。实际上，客观性在谈判中展示出来的是谈判人员区分“人和事”的能力。在现实中存在两种情况，一种是对人和事绝对地区分开来，这样的谈判者对实际问题比较感兴趣。另一种是人和事不可分开，在谈判者所处的这种文化氛围里，裙带关系是比较关键的一种。因此，他们在谈判中也很自然地会这样认为。前者以西方特别是美国人为典型，而后者以东方和拉丁美洲文化为典型。

(2)时间观念。时间观念方面的不同在各国文化中的差异表现差别很大。就北美时间观念而言，时间即金钱是其信奉宗旨，即最好既不迟到也不早到才是与之交往的正确方式。但是就中东和拉丁美洲而言，时间观念则比较淡薄，他们认为事情出现延期都是意料之中的事情，准时并不是必需的事情。由此可见，处理好时间观念的差异能够帮助谈判者在谈判中与对方建立更加和谐的关系，也能促进相互的理解，否则会陷入一方埋怨另一方或者双方埋怨的情形中。因此，当两个具有不同时间观念的谈判者在一起进行国际工程合同谈判时，就需要加强对对方文化的了解，从而调整自己的时间观念，学会适应不同的时间利用方式，以便与对方建立起和谐的谈判关系。

(3)竞争和平等观念。竞争和平等观念对谈判的影响会更加具体，它往往会影响国际工程合同中具体条款的签订。西方社会为了争取平等和自由的权利进行过资产阶级革命，平等的观念已经深深植根于人们的思想。因此，在谈判中，与东方社会的文化相比，西方社会要更注重平等原则。在他们的观念中，交易应当是互惠互利的、互相有利可图的，因此在合同的利润分配方面对平等的要求更高。在他们的文化中，相比利润的多少，其更为看重运用何种方式公平地划分利润。因此，谈判中双方对竞争和平等的观念差异，与合同利润分配等其他细节问题均有千丝万缕的联系,并且会影响最终的谈判结果。

二、表达问题对国际工程合同谈判的影响

1. 语言差异

语言作为文化的载体之一,势必会受到文化的影响,两者紧密相连,密不可分。在不同国家的谈判者坐下来谈判时,就会发现谈判语言受到显著的文化影响,并呈现截然不同的风格。以美国和中国为例,美国是低语境语言(文化)国家的典型代表。在这种文化中,美国人习惯公开交流,并认为所有用语都必须直截了当,毫不含糊。而中国作为典型的高语境语言(文化)国家之一,其语言寓意应结合综合具体情况予以分析,判断的时候不能仅看用语表面意思,还要结合非语言表达,如眼神、语气、对话发生的场景等。要想理解话语的含义,需要领会话语间接表达出的意思。并且中国人的语言通常比较隐晦,在谈判桌上显得耐心十足,需要推崇和谐,反对争辩和对抗。在谈判中会尽量使用温和的语言,避免摩擦。"凡事留一面,日后好相见"形容的就是中国人的谈判性格。中国人在某些不同意的观点上也不会直言,而会采用沉默等非语言的表达方式。由此可见,在语言的表达上,不同的国家之间有很大的差异。因此,在国际工程合同谈判中,势必要对另一方的语言风格和表达习惯进行事先了解,以防谈判中把控不到位。

2. 非语言差异

国际工程合同谈判并不仅仅只有语言的交锋,除了语言可以进行交流之外,非语言的自然使用同样会起到传达信息的效果。用非语言传达和接收的信息往往更微妙,甚至比语言传递的内容更加丰富。非语言的表达悄无声息却又无处不在,谈判者需要特别注意。若谈判者对另一方的谈判者发送非语言信号时,因受众方文化背景的差异,可能会对这些非语言信号产生不同的理解,并且一旦误解产生便很难得到纠正,进而得不到正确的行为反馈。若因此种误解而引起不必要的影响,这会对国际工程合同谈判的正常发展产生不利影响。例如,中国人的沉默有多种含义,有时表示不反对,有时表示不赞同,但对于美国人来说,沉默是拒绝的意思。另外,中国的"笑"有"苦笑"此类表达无奈的意思,但是美国人则认为"笑"是表达快乐的。当美国人说"我不知道"时,他们张开手,耸了耸肩,表示"我不知道""我什么也做不了"等。中国人表达前述意思时,其通常采用摇头或摆手

等方式。中国人说"对不起",并略带微笑道歉,但美国人可能会错误地以为这样的歉意是不诚恳的。这表明,在跨文化谈判交流的过程中,需要有敏锐的意识和感知力,否则很容易在国际谈判中感到困惑甚至被误解。

三、礼仪问题对国际工程合同谈判的影响

1. 礼仪在国际工程合同谈判中的重要性

谈判是一种艺术,同时又需要掌握科学的方法。优秀的国际工程合同谈判人员需要在掌握工程项目知识、法律知识、金融知识、财务知识以外,还需要掌握语言学、心理学等知识。此外,礼仪知识也是谈判人员需要通晓甚至精通的,这样才能在各种商务谈判尤其是国际工程合同谈判中如鱼得水、得心应手。虽然谈判是不见硝烟的战场,为了自己的利益要据理力争、争取利益最大化,但毕竟谈判不是为了竞争而是为了寻求合作,双方的交锋也是文明有序的。即使双方有争议,也应温和有礼,而不能撕破脸皮,激烈对抗。从这些方面来看,礼仪作为谈判活动中的行为准则之一,既是彼此尊重的体现,也对人的仪容仪表和言谈举止有普遍要求。健全周到的礼仪能够为个人形象和企业形象加分,并易于建立良好的人际关系。

(1)创造良好氛围,拉近双方距离。谈判双方并不是以对立者的身份进行的,即便是为各自的利益据理力争,双方也是能够取得双赢局面的。一个企业若是热情周到、大方得体,能营造一个良好的谈判氛围,据此拉近双方距离,使双方基于一个和谐友好的环境进行谈判,有利于提高效率,实现共同利益。

(2)塑造良好形象,推动交易成功。在谈判双方互不了解的情况下,礼仪周到可以为企业加分,为谈判人员的整体形象加分。在谈判过程中,一方可以观察另一方言行举止和仪容仪表来决定对方是否值得深交。邋里邋遢、出口成脏等失礼的行为会使对方的第一印象骤减,进而影响下一步的谈判。既然是代表企业进行谈判,那么个人形象就是企业形象的反映,恰当的言谈举止和得体的礼仪会给对方一种如沐春风的感受,并可以加深好感,促进谈判达成合意。

(3)加深理解,促进友谊。谈判中的冲突是难免的,因为双方有各自的利益需要坚守。但是需要意识到冲突不是对抗,矛盾不是对立。商务谈判中要"对事不对人",就算出现了冲突,也要有礼有节地对待对方谈判人员,而不能侮辱谩骂。周到的礼仪能让彼此间更好地交流,坚固与对方的友谊,以便促进长期合作。即

使谈判失败，双方也可以在日后寻找其他交流合作的机会。

礼仪在谈判中往往起十分微妙的作用。虽然礼仪涵养并不能揭示谈判者的全部性格，但至少能够看出一个人或者企业的待人处事和道德修养。如果能够在谈判场上始终谦逊有礼，秉持君子风度，对人真诚相待，让人如沐春风，谈判就会取得更好的效果。因此，礼仪的重要性是不言而喻的。

2. 个人基本礼仪

在谈判阶段，谈判人员的形象代表的不仅是个人，也相当于一张企业的名片。谈判人员给对方的第一印象有可能决定了对方对这个企业的好感度和信赖度，因此谈判人员的个人基本礼仪对于谈判也是非常重要的一部分。

首先，谈判人员要给人一种干净整洁的形象。这体现在谈判人员的发型修整、发丝清洁、指甲清洁、胡须修整以及口腔清洁等方面。其次，谈判人员对服装的选择。服装的选择体现了谈判人员的精神面貌，颜色搭配等也体现了谈判人员的气质和对谈判的重视程度。谈判时服装的选择原则是要符合谈判的场合，也就是要做到庄重大方和优雅得体。在服装样式的选择上，尽量不要选择太具有民族特色的服装，样式也不宜过于复杂，一方谈判人员尽量做到着装统一。尽管有很多适合严肃场合的服装可以选择，但是在谈判中，一般都采用男士西装和女士西式套装，这是当今世界上比较认可的着装。除了服装的样式，服装的颜色也有讲究。一方面，颜色不能过于鲜艳，显得不庄重；另一方面，颜色又不宜太单调。着装避免五颜六色搭配，以三色混搭为宜，可以在其中一种色调上寻求变化，突出亮点。如果要体现庄重，自然选择黑色，而黑色搭配白色会给人很好的观感；要体现朴素、含蓄，选择灰色为最佳，灰色会让人觉得谦虚、平和。

3. 商务社交礼仪

（1）握手礼。握手是见面、告别、致敬时表示礼貌的常见理解，大多数国家的国家领导人见面采用的都是握手礼。除非有特殊的社交习俗，通常大部分的商务活动都采用这种礼节。关于握手的礼仪，是有一定的顺序讲究，一般应当由主人、老人、女性、身份高者主动向位低者伸手，然后客人、晚辈、身份低者回礼握手。男性不能主动接触女性，这被视作不礼貌，女性主动伸出手后也不能拒绝。有多人握手的时候应当注意顺序，要按照顺序依次握手，不能间隔交叉。初次见面时轻握即可，互相熟识可以久握表示亲密。当身份低、年轻者与身份高、年长者握手时，应该稍弯腰，以表达对长者的尊敬之情，或者先鞠躬之后再握手。握手时眼睛理应与对方对视并微笑致敬，切忌态度心不在焉，东张西望。

(2)鞠躬礼。鞠躬礼带有浓厚的东方色彩，并在日本、韩国表现较为典型。鞠躬时应当脱帽立正，眼睛正视受礼者并缓慢鞠躬。男性双手放置于两侧并紧贴裤缝，女性双手交叉放置于小腹处。切忌对对方使用追悼会上才会使用的三鞠躬。

(3)合十礼。合十礼一般出现在宗教场合，特别是佛教场所，不能乱用。此礼双手紧贴、十指并拢，指尖朝上置于胸口处，微微低头。

(4)拥抱礼。拥抱礼作为西方的一种常用性礼节，通常采取面对面拥抱的方式，双方各自运用右臂轻搭在对方左肩上，再用左臂轻揽对方右腰。此礼仪分三步，第一步是头部放置在对方头部左侧，第二步是右侧，第三步是再回到左侧，拥抱三次才算是完整的拥抱礼仪。

(5)亲吻礼。在西方国家中，亲吻礼和拥抱礼运用都比较多且通常同时使用。在谈判场合下，同性之间可以采取互贴面颊的方式，异性可以采取亲吻面颊的方式。但是亲吻礼在东方并不多见，不清楚不要轻易使用，以免产生误会。

(6)脱帽礼。在着帽的场合，脱帽礼需要用一只手拿下帽子并放置在与肩膀平齐的位置，并向对方予以眼神致敬。也可以一边问好一边做一个掀帽的动作，这适用于相遇时间较短、需要快速致敬的场合。

(7)点头礼。点头礼通常运用于双方交情尚浅或者不方便交谈的场合中。稍稍低头致敬且面带微笑，并用眼神致敬，充分表达自己对对方的尊重之情。

第三章　国际工程合同风险分担

国际工程合同中的风险分担一直以来是雇主和承包商最为关注的问题，它对工程的投标报价、项目的实施和争议解决都有直接的影响。国际工程市场上雇主处于优势地位，常常利用优势地位在合同设计时将过多的风险转移给承包商，以保护雇主自己在项目实施中的利益。但不均衡的风险分担很有可能会导致承包商在项目实施过程中采取一些措施以弥补自己的损失，如降低工程质量、不合理的索赔等。不合理的风险分担会导致承包商的合作力度降低。合同对雇主和承包商风险分担设置的合理，能使双方都只承担一定的风险责任，充分调动双方对项目建设和管理的积极性。实践证明，合同各方风险的分担与项目本身风险关系项目能否顺利实施，雇主的投资能否在保证质量和工期的前提下得到控制。因此，合同双方风险的合理分担对项目的顺利进行具有非常重要的意义。

第一节　国际工程风险概述

一、国际工程风险的定义及特点

国际工程风险是承包商在从事国际工程项目建设、运营的过程中，由于各种不确定因素可能使国际工程合同的实际履行与预期目标发生一定的偏差，从而产生经济损失的不确定性。风险作为项目不可估因素，可能造成项目实施的失控，如工期延长、费用增加等，最终导致工程经济效益降低，甚至无法达成项目建设目标。

国际工程作为一种涉及资金、设计、技术、材料设备、劳务和管理、组织等多方面内容的综合性的国际经济合作形式，相较于国内工程，受国际政治和经济形势、语言文化环境、货币和支付方式多样、技术标准和规范以及法律政策庞杂等特性影响显著,风险贯穿于规划、勘察、设计、采购、施工至运营的各项环节,其特点表现在:

(1)风险多样性。即单个项目中存在多种风险,包括项目外部的风险、项目自身的风险及参与各方的行为风险等,对承包商来说,从事国际工程所面临的风险种类甚于国内工程。

(2)风险复杂性。受国家、受地域文化限制,在法律制度、经济环境、地理人文方面存在的差异,加上工程复杂性以及参与各方之间不熟悉的影响,承包商需在复杂的环境下开展各项工作。项目风险的复杂性又使项目风险的发生和损失程度非常复杂。

(3)风险广泛性和全局性。即其风险贯穿于设计、采购、施工至运营、保修等各个环节,即整个项目生命周期中都存在风险;并且风险因素间具有紧密的内在联系,风险造成的影响不是局部的,不仅限于一段时间或一个方面,项目的风险之间还存在相互影响的关系,它们可能通过项目建设所处的各种情形进行交叉叠加,形成复合风险,最终显示出多层次的、全局性的影响。与国内工程仍以施工总承包为主相比,国际工程通行各种模式的工程总承包,承包商更需要考虑风险全局性的问题。

二、国际工程风险的分类

国际工程项目,比较全面、合理和主流的分类,是按照风险影响因素,分为工程外部风险和工程内部风险两大类,工程外部风险包括政治风险、经济风险、自然风险、法律风险、社会风险;工程内部风险包括合同风险、管理风险、技术风险等,以下对国际工程实践中承包商通常遇到的主要风险进行分析。

1. 政治风险

政治风险,是指由于国际工程项目所在国(地)政府在政权、对外关系、政府主权行为等方面的变化而给项目运作造成经济损失的可能性。主要包括:一是政局不稳定,发生政治暴乱、战争、政变、内战、恐怖活动等类似战争的事件,致使在当地实施项目建设的企业遭受损失甚至无法经营。以 2011 年北非国家利比亚爆发的内战为例,此前,我国在利比亚总计签了 1200 多亿元人民币的巨额合同,包括 13 家央企在内的中国企业一共在利比亚承包大型项目 50 余个,涵盖房屋建设、市政配套、铁路建设、石油和电信等多个领域。因发生内战，我国紧急撤回全部人员，同时，所投资的项目和承包的工程都处于失控状态，在利比亚的工程机械、设备、设施和建筑材料的价值高达数百亿元人民币。合同搁浅、项目停止、工地遭到洗劫和破坏，再无恢复的可能。二是征收征用风险，即项目所在国(地)基于国家和社会公共利益的需要，采取强制措施对外国投资者的财产实行征用、没收或国有化方式，造成企业丧失项目的所有权，失去项目资金的控制权。在这种情况下，虽然东道国政府可能会给予中国企业一定的补偿，但是一般很难弥补其实际损失，仍会造成重大风险。三是外汇管制，即对国家外汇实行管制，禁止或限制外国投资者将其投资成本、利润和其他合法收入转移出东道国的可能。四是国家政府违约，即东道国国家、政府违反或不履行与项目有关的协议，且拒绝赔偿。在发生政府资金短缺、经济危机、政权或政党交替等情况时，时有宣布协议无效或合同解除、延迟付款等情况的发生。例如，2015 年 2 月，由于当地国政府变动，某中国企业在南亚某国的项目被暂停。新政府称，暂停项目的原因是，上届政府在此项交易中违反当地法律，规避环保要求。

随着国家对于中国企业“走出去”的鼓励和“一带一路”倡议的提出，中国企业对外投资和承包工程的规模不断增加，但我国对外投资和承包工程大部分集中于发展中国家，这些国家政治环境不稳定，政治风险较高。国际工程中，对外承包企业相对于东道国处于弱势地位，而政治风险本身就是国家政府行为或因素造成的，是基于东道国从本国利益的需要采取的不受任何外来法律约束的主权行为，因此一旦发生政治风险，由于主体地位的不对等性，必然遭受严重的损失。承包商在投标或签署合同之前，应尽量根据驻外使馆及各类新闻、媒体渠道提供的信息，分析项目所在国(地)的政局情况，尽量回避政治风险；充分利用我国已经签署的双边、多边政府间投资保护协定；寻找在东道国当地具有一定影响力的合作方，借用合作方的公共关系资源适当降低可能面临的政治风险；投保政治保险，如购买中国出口信用保险公司和/或世界银行多边投资担保机构提供信用保险。

2. 经济风险

经济风险指项目所在国(地)经济体制、宏观经济形势变化，如经济法规政策修改、经济发展速度的波动和对外经济关系的变化等给企业带来经济损失的风险。主要包括：一是通货膨胀、外汇的汇率波动；二是项目所在国(地)经济形势恶化、发生经济危机、金融市场动荡、主权债务危机等风险。经济风险会导致价款支付风险和建筑材料或人工工资等成本大幅度上涨的风险。

以中石油2008年承建土库曼斯坦巴格德雷合同区域A区块地面建设工程集输项目为例,该项目是中亚管道项目气源工程,规模较大但工期较短,且项目建设期间正是当地金融危机时期,因此对该项目的实施造成的影响比较大。项目所约定的合同币种为美元,但承包商的设备材料采购及分包主要在国内,项目遇到美元贬值而人民币升值和东道国经济下滑的情况。一方面,造成了分包以及采购的成本增加;另一方面,当地政府为控制外汇资源,加强了对跨国支付和向第三国支付的管控,苛刻条款加大了项目经营的难度。同时,东道国经济低迷导致建设市场萎缩,项目合同总价下降10%,原包含在已授标总承包合同中的工程被缓建,涉及金额9500万美元。

再以中东地区某大型炼油化工一体化工程为例,该项目自2004年启动,项目金额大,工期长,主要装置供应商来自欧美。承包商预见到汇率风险将是工程的重大风险之一,在项目初期就充分考虑了汇率影响,合同约定是采用了缓和货币模式,以欧元为主对国内银行采用了外汇贷款模式,很大程度上规避了美元对人民币贬值可能造成的损失。

从上述两个案例我们可以得出,承包商在投标或签署合同之前,应当对项目所在国(地)的宏观经济结合世界经济形势和政治环境进行深入的研究和分析的结论。此外,也可采取"收硬付软"的原则进行结算和支付货币,即在承包合同下,尽量采用汇率看涨的货币,而在分包和供货合同下,尽量采用利率看跌的货币;尽量减少外汇汇兑的环节,以减少汇兑费用和汇率损失;在适当的时间点进行人民币结汇;适当选择金融避险工具等方式减少经济风险带来的损失。

3. 自然风险

自然风险,是指国际工程项目所处的自然环境因素引起的阻碍项目建设的可能性,包括项目所在国(地)自然条件、自然灾害、生态环境要求等因素。自然条件包括工程场地地形、地貌、地质、海拔、气象水文、交通等要素。自然灾害如地震、洪水、泥石流、台风、海啸、森林火灾等。除了上述自然环境因素外,实践中,项目所在国(地)有特殊生态环境要求时,也会对项目建设造成影响。在国内,承包商在基础建设项目上对环保问题的重视程度不够,但在国外,尤其是发达国家,生态环境保护是非常重要的问题。

在2011年的中铁波兰A2高速公路项目中,中铁公司的中标价是波兰政府

"预估成本的一半",本想建设一个样板工程助力开拓欧洲市场,但实际施工远比想象中困难。其中一个问题涉及项目实施地的环保要求,在中铁公司的施工路段,有多种珍稀两栖动物,按照合同,在这些珍稀动物通过的区域,应建设专用通道,以避免动物通过高速公路时遭遇车辆的碾压。中铁公司一开始对这方面的问题和所需开支并未关注。但在开始施工后发现,根据合同要求,项目为达到此环保要求必须增加多座桥梁通道,这会造成成本费用大大超支。此外,在施工开始前,当地的环境保护组织还要求中铁公司将珍稀蛙类搬运至安全区域,原因是两周后会发生降温,这些珍稀蛙类即将进入冬眠,搬运起来难度加大。如果直接动工伤及当地珍稀动物,中铁公司将受到相应处罚,于是中铁公司只能停工两周,全部人员全力搬运蛙类,这又造成了不小的损失。

对于自然风险,建议承包商在投标、签署合同之前,就要对项目所在国(地)的自然条件、地质以及当地生态环境要求进行详细的考察,计算对工期和费用造成的影响。对于有经验的承包商也不能预见的自然风险,在签订合同之时应当对该等情况下相关的工期、增加费用和损失承担等事项作出约定。

4. 法律风险

法律风险,是指国际工程项目所在国(地)或合同约定适用的第三国法律,因该国(地)法律制度以及法律调整、执法情况、司法环境等,给承包商带来经济损失的可能性。因为各国的法律可能存在差异,并且不同法系更是差异巨大。由于各国对于建设工程的有关法律规定不同,承包商如果对此并不熟悉,对于关键内容不明就里,在整个项目的实施过程中可能会受到当地法律的制约,得不到法律保障,甚至需要承担违反法律的责任。如果项目所在国(地)法制不健全,或者项目所在国(地)政治格局的变动引起外交政策转变以及由于经济制度的转型、生产关系的转变导致经济基础发生变化等影响法律政策变动,会使项目实施过程中的不确定因素增加,给承包商带来经济损失。除此之外,当地关于准入政策、税收、进口出口、外资的限制条件或不平等待遇、劳工输入或使用的限制、对进口设备或材料的限制等规定均会对工程施工的进度及成本造成影响,使承包商在当地的生产经营活动受限,给承包商带来风险。

以常见的劳工方面的政策法律为例。各国规定都不相同,特别是在发达国家,劳工保护方面的法律制度相当健全,法律赋予了工会较多的权利。国内承包商如对目标国的劳工法律体系、制度不熟悉,或者直接将国内的劳工习惯带到目标国,则会造成劳工法律风险。例如,有些国家对外国劳务设定工作资格制度,只有具有劳工部门签发的工作许可证,在许可证上注明的雇主处工作才是合法的。又如,对于特定的机械设备,需要聘请当地有资质的工人操作,不能使用中国劳工。另外,承包商认为使用中方劳工的成本较低,然而按照有些国家规定,在当地工作的中方劳工也必须按当地工资水平获得薪资。有些目标国家对国外劳务实行严格限制,以配额形式限制外国劳动力的进入,不仅申办获取引入外国劳动力许可的程序十分烦琐,而且许可的数量还有限制。很多项目所在国(地)政府都会要求企业雇用一定比例的当地劳工,且对雇用条件和程序有实体和程序性要求。

因此,承包商在投标、签署合同之前应进行法律风险尽职调查,对当地的法律体系进行认真调研、做好法律咨询工作,对实施项目建设所涉及的相关法律进行分析,了解当地的法律制度、执法方式和司法环境,可以选择聘请当地或对当地法律政策非常熟悉的专业的外部法律顾问协助防控法律风险等。同时,应注意当地法律的稳定性,在项目承包建设过程中实时跟踪掌握法律、政策的变化。在合同中明确法律变动风险的分担以及风险发生后的解决途径,尽量将后续法律变更风险划归雇主承担,列入雇主风险范畴;或在合同价格中包含一定的风险费来应对可能发生的法律风险。

5. 社会风险

社会风险,是指国际工程项目所在国(地)的社会制度、语言文化、宗教信仰、风俗习惯等社会因素对项目建设的影响,如宗教禁忌、社会治安、社会风气、国民素质等,包括因国际工程项目的雇主与国内承包商因具有不同的文化背景、宗教信仰、价值观等,在履行合同过程中可能引发道德风险或商业纠纷。

以麦加轻轨项目为例,亏损原因之一就包括缺乏对当地宗教环境的认识。因麦加轻轨有一部分是在麦加城内进行施工的,但这个区域是伊斯兰教的圣地,非穆斯林被禁止进入。而建筑企业在沙特本地又找不到穆斯林劳工,不得已委托劳务公司在国内找来上千名穆斯林农民工送去麦加工地;然而,在麦加圣城管理这些穆斯林工人需要穆斯林工程师,但沙特又没有专业的穆斯林工程师可用。这些因素都直接导致了工程延期和人力成本的增加。此外,受到斋月、朝觐等因素的影响,合同约定 22 个月的工期实际只有 16 个月。原因之二是双方语言沟通和认知上的差异,对开通 35% 运能的约定不明从而导致理解存在偏差,按照该建筑企业的理解,只需要建设开通四个车站就足以满足雇主要求,而雇主的实际要求是建设开通九个车站，是单个车站达到35%的运能。

国际工程的主要管理难点在于项目所在国(地)的风俗习惯和宗教禁忌与中国存在较大的差异，若不能解决好跨文化管理，就有可能与当地人员沟通协调难度加大，增大项目实施的难度进而演变为文化冲突和矛盾，造成项目管理紊乱。因此，承包商承包国际工程项目之前应就项目所在国(地)的社会服务条件、风俗习惯、宗教禁忌等人文环境进行充分的了解并评估可能对项目产生的影响。

6. 合同风险

国际工程项目招投标过程以及合同签订时，一方面，雇主作为合同文件的起草者同时也掌握着对于中标者的选择权和决定权，地位的不平等直接导致招标投标双方的风险分担原则也不尽公平。雇主可能会利用其优势地位在合同中设置权利义务不对等的条款。尽管国际工程项目招投标中一些雇主会选择FIDIC合同条件等国际示范文本作为招标文件的基础，但是他往往会利用自己的优势地位通过修订合同条件，增加专用合同条件的方式删减或者修改通用合同条件，从而将合同范本中规定的本来由雇主承担的风险转移给承包商，而达到雇主期望的风险转移目的，承包商在后续合同履行中就处于被动。另一方面，国际工程承包项目中，如雇主要求、技术标准、分包商选择和管理、工程变更、风险分担等重要条款约定不明确，都会导致合同履行过程中产生争议。

承包商在合同签订前，应当熟悉国际工程标准合同范本，并根据权责和承担的风险确定报价，例如，同样是通货膨胀风险事件，如果合同采用可调价格条件，则雇主要承担的风险相当大，承包商承担的风险相对小；如果合同采用固定总价条件，则雇主并不受太多影响，承包商需要承担的风险相当大。为此，承包商需尽量争取对双方的权责进行合理的划分，对合同履行过程中可能出现的不利情况作出安排；对合同条款进行严格审查，对于合同中涉及的每一个条款和细节进行仔细的研究，不能因为语言不同放任一些条款内容模糊不清；同时建议承包商报价时在合同价格中加入一定比例的风险费或不可预见费来降低风险发生时可能遭受的损失。

7. 管理风险

管理风险，是指在国际工程项目建设中，由于未落实好合同交底、管理不当、管理人员能力有限或判断失误等而给项目造成损失。国际工程实践中，总承包商要负责项目的设计、采购、施工、调试、试运行，甚至包括前期规划、方案选择、可行性分析及环境影响评价等工作，工作内容复杂烦琐，并且要跨国实施，面临信息不对称的问题，管理难度极大，承担国际总承包项目对于任何一家企业来说，都是对管理水平的巨大挑战。且大部分国际工程项目的管理较之国内更为严格，项目涉及的程序和文件都比国内繁复，若承包商在管理上有所欠缺，在项目的实施过程中因未能按照合同约定的程序进行操作，则会丧失本来可以取得的利益，如签证索赔。在国际工程承包中一直有“盈利靠索赔”的观点，但承包商如果因为管理不当，未在合同规定的时限内提出索赔要求，或者未能做好履约证据管理，就会丧失获得索赔的权利。

因此，承包商在实施国际工程项目中，必须适应国际市场的管理需要，特别要重视合同交底及管理，将合同目标、合同要点和责任具体落实到各级执行人员的合同活动中，要求合同的各级执行人员严格以合同约定为项目实施中的行为准则。在项目实施过程中，系统地记录、收集和整理合同履行的各种资料，如雇主与工程师的各种指令、会议记录、工程日志、工程进度表、工程质量检查记录等。合同履行的各种资料在工程变更、签证及索赔上都将作为重要的支撑文件。同时，在管理过程中，特别注意当地的风俗文化，尽量减少文化冲突对项目实施造影响。

8. 技术风险

技术风险，是指项目实施过程中，在设计、施工、成套设备调试、试运行等有关环节中因技术条件的不确定性引起的风险。国际工程实践中，技术风险存在于技术能力、标准规范和技术方案等方面，包括使用陌生的技术标准和规范或者新技术、新工艺，采用不当的技术方案，所选工艺、设备有技术缺陷等。这些技术风险贯穿项目实施的全过程，与各种不同的风险因素交织在一起，产生更大的不确定性。这要求国际工程承包商必须仔细研究工程所在国（地）相关技术标准以及项目的现场条件，并采用适宜的技术方案，避免由于经验主义而带来损失。

9. 其他风险

除以上主要风险外，对外承包企业在运作国际工程项目过程中，还可能遇到其他风险，如质量风险、工期拖延风险、境外人身安全风险、雇主违约风险、不可抗力风险以及合规风险等，在此就不一一论述。

三、国际工程风险管理方法

国际工程风险管理源于德国，20 世纪 70 年代，国外学者开始研究雇主与承包商在合同中的风险责任问题。20 世纪 80 年代,风险管理研究内容更加全面,涉及工程风险、地质环境不确定风险、费用超支风险、工期延误风险、技术风险等。20 世纪 80 年代中期,风险管理引入中国。经过数十年的理论与实践的研究总结,学术界已对风险管理达成较为一致的看法,即风险管理属于复杂的系统工程,在项目管理的范畴内。

国际工程风险管理涉及项目运作的全过程,包括风险识别、风险评估、风险响应、风险控制/监控四大环节。风险识别,是指识别项目存在的风险,不断收集项目风险相关信息,确定风险因素。风险评估,是指以定性、定量相结合的方式分析风险发生的概率以及带来的损失。风险响应,是指针对已经识别、评估的风险,进行的响应措施。风险控制/监控,是指在项目实施过程中,实时收集和分析风险相关信息,预测可能发生的风险,动态监控并实时提出预警。鉴于风险的多样性、复杂性和全局性,在项目执行中,对风险进行动态的监控就是一项必不可少的工作内容。

承包商愿意承担国际工程的高风险,是期于国际工程的高回报。我国承包商最初对于国际工程风险的认识和管理还不够,也不愿意投入过多的管理成本,在屡屡遭受损失后,才开始认识到承包商对于工程风险的管理能力在一定程度上决定了项目的盈亏。通过成体系的风险管理、对项目的不确定因素进行研究,及时采取有效的风险应对措施,有助于降低损失控制成本,并最终实现盈利目标。与其他风险管理一样,国际工程的风险管理也分为事前防范和事后补救,管理的重点在于做好事前防范。国际工程项目风险管理应用的最佳时机是投标报价和合同签订阶段,在此阶段主要是对所在国(地)政治、经济、自然、法律、合同等一些大的风险的识别、评估和应对,应当尽量对于可能出现的风险识别清楚,否则可能造成项目的重大损失;同时,将不愿意承担或不能承受的风险通过合同形式转移,也可以将风险通过成本价格的形式体现到合同报价中。此外,承包商需做好合同的谈判、审查、签订工作,认真研究项目所在国(地)的法律法规以及国际条约规范,建立健全自身风险监管部门,并谨慎选择保险机构,仔细研究保险条款,通过保险途径转移风险。

四、国际工程风险分担原则

风险分担的目的有三点:第一,风险分配的结果有助于防止和控制风险,减少风险发生的概率,降低风险发生后造成的损失;第二,能够实现风险管理成本的最小化;第三,风险分配的结果有利于培养合同各方的理性和谨慎的行为,并促进合同各方积极、有效地工作。如何达到上述的目的,使工程项目风险在雇主和承包商之间合理分担,归纳起来一般应遵循以下基本原则:

1. 最有控制力原则

最有控制力原则,是指由能更好地预见和控制风险的一方来承担该风险。由最能控制风险的一方来承担风险,是风险管理的第一原则,因为最能控制风险的一方往往最有能力和经验来识别和预见风险,并有能力采取有效措施预防以及在风险事件发生后控制风险、降低损失,实现不利影响的最小化,进而从最大限度上保护社会财富。

2. 过错原则/归责原则

过错原则/归责原则,是指一方应为自身的故意或过失行为引起的风险负责。如因雇主、承包商的行为产生的风险应由自身承担,但为了项目的最大利益,有时也会要求合同的另一方负有监督或者合理注意的义务,尽量避免发生此类风险事件。

3. 最低成本原则

最低成本原则,是指从工程整体效益出发,由采取风险防范、应对措施耗费成本最低的一方承担风险。比如,一方能方便且以较低成本对某种风险进行投保,或能将用于保险的费用消化在其费用中的,则由该方承担该风险。这原则一般针对的是能够通过某种手段、从合同方转移出去的风险。

4. 风险与回报相适应原则

风险与回报相适应原则,是指承担风险的一方有权获得相应的费用或收益。如承包商认为能获得相应的风险费,他就可能愿意承担相应的风险,当然承包商承担风险产生后果的责任,是能够通过其自身的管理能力来有效控制风险,能够将风险费变为其利润的。这也是为何实力较强的承包商愿意去承担看起来风险较大的工程项目,事实上是看中其中存在较大的潜在利润。

5. 风险偏好原则

风险偏好原则,是指一方如果是某种风险发生后的直接受害者,就将该风险划分给该方。这是因为当一方意识到一旦该种风险发生,自身的利益将直接受到损害,故将会更有积极性去主动地采取相应措施来规避和化解风险。风险的直接受害者更具有动力和积极性防范该种风险,能够更为有效地提高整个项目的风险管理的效率。

事实上,风险会贯穿于工程项目建设的全过程,因此,无论是雇主,还是承包商都需要面临各种风险,都必须具有正视风险并能作出应对的能力。各种风险在合同双方之间进行合理的划分,才能使双方都具备风险责任和忧患意识,这有利于发挥双方对项目管理和风险防范的积极性和责任感。实践证明,项目的风险大小以及合同双方如何划分风险直接关系项目是否能够顺利进行,雇主的项目投资是否能在保证质量和工期的前提下得以控制。因此,风险合理分担对项目实施、合同双方的利益都具有重要意义。

第二节　FIDIC 合同体系下的风险分担

国际咨询工程师联合会一直致力于尽可能地从公平合理的角度合理分配合同风险。FIDIC 合同始终追求的风险分担原则是将风险分配给更容易承受、控制、处理的一方。2017 年 12 月,国际咨询工程师联合会在伦敦举办的国际用户会议上,发布了 1999 年版三本合同条件的第二版,分别是:《施工合同条件》《生产设备和设计—建造合同条件》《设计、采购和施工(EPC)/交钥匙项目合同条件》。后文将重点就 FIDIC2017 年版红、黄、银皮书的不同适用范围以及合同中风险分担的不同约定进行分析,体现 FIDIC 针对三种合同的特点而设计的风险分担机制。

一、2017 年版系列合同条件的不同适用范围及风险分担原则

1. 2017 年版系列合同条件沿用了 1999 年版的适用范围

红皮书通常适用于传统工程承包模式。通常是由雇主在委托设计单位完成所有工程设计后,进行项目施工工作的招标比选,以选择施工承包商。因此,红皮书模式下,承包商的工作范围通常仅为施工。而雇主则对施工以外的部分具有更强的主导权,需要承担合同项下的主要风险。从项目类型上,红皮书适用于传统类型的土建、房屋及基础设施项目。

黄皮书通常适用的模式主要是承包商负责项目设计和施工工作,且承包商可能负责(或协助)雇主设计并提供生产设备和(或)其他工程。从项目类型上,黄

皮书适用于生产设备相对较多的传统房建及工业项目,如大型建筑、供水、污水处理,也包括厂房和工业综合体等。

银皮书主要适用于以设计—采购—施工/交钥匙为基础的大型基础设施项目、厂房及工业综合体等项目。在银皮书模式下,承包商通常对从设计到最终通过试运行的整个过程负责,雇主则直接接收项目,银皮书源于私人雇主的需要,在合同价格和工期方面有更严格的要求。承包商主导项目实施并承担合同项下的主要风险。

FIDIC 在银皮书的说明中提出不适合应用的三种情况:一是投标人没有足够的时间或者充分的信息资料以仔细研究、校对和核实雇主要求,或进行设计、风险评估研究以及相应费用估算。二是如果施工范围内包括大量地下工程,或投标人无法开展调查的区域内的工程,除非在专用条款中对不可预见的各类条件予以说明。三是雇主想密切监督或控制承包商的工作,或者审核大部分施工图纸。

国际咨询工程师联合会建议,在上述三种情况下,可以使用黄皮书。

2. 风险分担原则

国际咨询工程师联合会在其《采购程序指南》中指出,工程项目中的任何风险必须分配给雇主或承包商,不能“让风险悬在空中”。一般风险分配原则是将每一项风险分配给能够最有效地预见、处理和承担风险的一方,使风险管理成本最小化。但在项目的实际运行中,往往很难判断分配风险的效果,因此国际咨询工程师联合会认为,设计方的风险应当由设计方承担,施工方的风险应当由施工方承担。因此,在三种合同条件中,施工风险均由承包商承担,而设计风险也由承担设计的一方承担。雇主负责提供项目现场的信息资料,因此雇主文件方面的风险应当由雇主承担,而按照工程合同的一般管理,不可预见的风险,包括市场变化、现场不利条件等,一般由雇主承担相关风险。

红皮书中,雇主承担大部分或全部设计风险、工程量变化风险、不可预见的物质条件风险和例外事件的风险。承包商承担施工风险。黄皮书中,雇主承担不可预见的风险和例外事件的风险。承包商承担设计风险、工程量变化的风险以及“满足合同规定的工程预期目的”的风险。银皮书中,雇主承担例外事件(不可抗力)的风险。承包商承担设计风险、工程量变化风险、不可预见的物质条件风险以及“满足合同规定的工程预期目的”风险。

与黄皮书相比,银皮书在“雇主要求中的错误”“现场数据及参考项目”“放线”“现场数据的使用”“不可预见的物质条件”“不可预见的气候条件”“一般设计义务”等方面，承包商将承担绝大部分的风险。

3. 首次提出专用合同条件起草的五项黄金原则

国际咨询工程师联合会一致致力于公平对等地在雇主和承包商之间分配风险，即便是承包商承担相对较大风险的银皮书，国际咨询工程师联合会也明确说明了其不适用的情况。但在国际工程实践中，部分雇主利用其市场地位优势，虽然使用 FIDIC 合同条件，但通过对专用条件的修改实质性变更通用合同条件的内容，甚至造成了权利义务的失衡。针对上述情况，在发布 2017 年版系列合同条件的同时，国际咨询工程师联合会首次提出了专用条件起草的五项黄金原则：“(1)合同所有参与方的职责、权利、义务、角色以及责任一般都在通用合同条件中默示，并适应项目的需求；(2)专用条件的起草必须明确和清晰；(3)专用条件不允许改变通用合同条件中风险与回报分配的平衡；(4)合同中约定的各方履约的时间必须合理；(5)所有正式的争端在提交仲裁之前必须提交争端避免/裁决委员会取得临时性具有约束力的决定。”国际咨询工程师联合会给出的这五项黄金原则尽可能确保专用合同条件起草过程中对通用合同条件的风险与责任分配原则不发生严重的偏离。

二、2017 年版红皮书、黄皮书的风险分担机制

1. 关于雇主提供文件的准确性

1999 年版红皮书、黄皮书第 4.10 款[现场数据]约定，雇主应在基准日期前，将其取得的现场地下和水文条件及环境方面的所有有关资料，提交给承包商。同样地，雇主在基准日期后得到的所有此类资料，也应提交给承包商。承包商应负责解释所有此类资料。在一定程度上只要可行(要考虑费用和时间)，承包商应被认为已取得了可能对投标文件或工程产生影响或作用的有关风险、意外事件及其他情况的全部必要的资料。在同一程度上，承包商也应被认为在提交投标文件之前已对现场及其周围环境、上述数据及其他可获得的资料进行了检查与审核，并对所有相关事宜感到满意，包括(但不限于)：①现场的地形和性质，包括地表以下的条件；②水文及气候条件；③为实施和完成工程以及修补任何缺陷所必需的工作和货物的范围和性质；④工程所在地的法律、程序和雇用劳务的习惯做法；⑤承包商对道路通行、食宿、设施、人员、电力、交通、水及其他服务的要求。

1999 年版红皮书、黄皮书第 4.7 款[放线]约定，承包商应根据合同中约定的或工程师通知的原始基准点、基准线和参照标高对工程进行放线。承包商应对工程各部分的正确定位负责，并且矫正工程的位置、标高尺寸或准线中出现的任何差错。雇主应对此类给定的或通知的参照项目的任何差错负责，但承包商在使用此类参照项目前应付出合理的努力去证实其准确性。

如果由于此类参照项目的差错不可避免地造成了对实施工程的延误和(或)增加了费用，而一个有经验的承包商无法合理发现这种差错并避免此类延误和(或)费用的，承包商应向工程师发出通知并有权根据 1999 年版红皮书、黄皮书第 20.1 款[承包商的索赔]要求，根据第 8.4 款[竣工时间的延长]的规定，获得任何延长的工期，如果竣工已经或将被延误，应支付任何有关费用加上合理利润，并将之加入合同价格中。

2017 年版红皮书、黄皮书第 2.5 款[现场数据与参考资料]约定，雇主在基准日期前后所掌握的一切现场数据，都必须提供给承包商，这些数据包括现场地形、地下条件、水文气象条件、环境条件等。本合同条件所述的参考资料包括原始控制点、基准线、参照标高等，应在图纸和/或规范中明确约定，或者以通知的形式由工程师随后签发给承包商。

2017 年版红皮书、黄皮书第 4.7 款[放线]规定，承包商应根据第 2.5 款中给出的各类参照项等基准数据进行放线；承包商应对放线所用的各类参照项进行核实，并报告给工程师；若相关位置、标高、尺寸等存在错误，承包商应改正并对工程所有部分的准确定位负责；如果承包商发现规范和图纸上标出的参照项有错误，应在开工日期后规定的时间内通知工程师，合同数据表中如果没有规定，则为 28 天；如果这些参照项是由工程师根据第 2.5 款随时签发的，则承包商应尽快通知工程师；工程师收到上述通知后，按约定的程序进行双方商定或者自行确定，并按商定或确定的结果处理；如果相关工作构成了变更，则按变更程序处理，如果还有其他事项引起了承包商的延误、额外费用和利润损失，则按索赔程序处理。

2017 年版红皮书、黄皮书第 4.10 款[现场数据]的使用约定与 1999 年版红皮书、黄皮书基本一致，仅将雇主提供数据的义务放入了第 2.5 款。

2017 年版红皮书、黄皮书对雇主提供文件的准确性基本保留了 1999 年版的相关约定，仅在合同结构上进行了优化。

关于雇主提供的现场数据，1999 年版和 2017 年版的红皮书、黄皮书都没有明确雇主是否对其提供资料的准确性负责,只是要求雇主不得隐瞒有关资料和数据。同时约定承包商应在提交投标文件前对现场及周围环境进行检查与审核。

关于雇主提供的参考资料(原始基准点、基准线和参考标高),则雇主需对准确性负责,同时又约定承包商负有核实雇主提供的参考资料准确性的义务。如果承包商发现参照项中存在错误,应在规定的时间内通知工程师。如果错误的参照项在雇主要求中约定,承包商应在自开工日期起算的合同约定的时间内(默认为开工日期后的28天)通知工程师。如果参照项是工程师根据第2.5款签发的,则承包商应在收到资料后,尽快通知工程师。工程师在收到承包商发出的此类通知后,应考虑:①参照项是否存在错误;②错误是否为一个有经验的承包商虽然尽了应有的谨慎义务,但在投标前检验现场以及雇主要求,或在前述应发出通知的期限内根据第5.1款[一般设计义务]仔细审查雇主要求中的相关数据和约定后,仍无法发现的;③要求承包商予以更正所采取的措施。如果是一个有经验的承包商无法发现的,则工程师可视其为变更,指示承包商进行更正,而且承包商有权对工期、费用及利润进行索赔。

2. 雇主要求

在红皮书的工程模式中,设计工作主要由雇主完成,设计责任也主要由雇主承担。红皮书(2017年版)第1.9款约定雇主要承担图纸延误的责任,承包商可以对工期、费用及合理的利润进行索赔。

黄皮书2017年修订时删除了原第5.1款[一般设计义务]中雇主要求的责任界定,相关内容放入第1.9款[雇主要求的错误]和第4.7款[放线]中,第1.9款[雇主要求的错误]约定,如果承包商对雇主的要求进行审查时发现错误,应在合同规定的时间内,如合同数据中没有规定,则在开工通知后的42天内将相关错误通知工程师。第4.7款[放线]约定,如果错误的参照项是在雇主要求中规定的,承包商应在自开工日期起算的合同数据表中约定的时间内(默认为开工日期后的28天)通知工程师。

通过以上分析可以看出,在黄皮书合同条件下,承包商对雇主要求承担的责任与风险与参照项的风险类似,在合同签订前承包商的义务仅是检查,开工后才需仔细审查。

3. 不可预见的外部条件

2017年版红皮书与黄皮书第4.12款[不可预见的外部条件]与1999年版基

本保持一致,约定:外部障碍条件指的是现场遇到的外部天然条件、人为条件、污染物等,包括水文条件和地表以下的条件,但不包括气候条件。承包商认为遇到了不可预见的外部条件时,应向工程师发出通知,通知应该作出全面描述,并说明为什么该情况属于不可预见的外部条件以及说明该事件可能造成工期和费用方面的不利影响。工程师针对发生的情况给出指令,如果指令构成变更,则按第13条变更处理,如果引起了工期延误和费用增加,则承包商有权索赔。

需要注意的是,承包商有权索赔的三个前提条件是:①不可预见;②按第20.1款约定的时间发出了通知;③上述风险对其造成了不利影响。其中比较容易产生争议的是如何界定“不可预见”,承包商应提供相应证据证明其在投标阶段根据招标文件和现场考察所能预见到的实际情况与现场不一致。

4. 法律变化与市场价格波动的风险

1999年版红皮书与黄皮书第13.7款因立法变动的调整约定:基准日期后,工程所在国(地)的法律有改变(包括施用新的法律,废除或修改现有法律),或对此类法律的司法或政府解释有改变,当对承包商履行合同约定的义务产生影响时,合同价格应考虑由上述改变造成的任何费用增减而进行相应调整。如果由于这些基准日期后作出的法律或此类解释的改变,使承包商已(或将)遭受延误和(或)已(或将)招致增加费用,承包商应向工程师发出通知,并应有权根据第20.1款[承包商的索赔]的约定提出:①根据第8.4款[竣工时间的延长]的约定,如果竣工已(或)将受到延误,对任何此类延误给予延长期;②任何此类费用应加入合同价格,给予支付。工程师收到此类通知后,应按照第3.5款[确定]的要求,对这些事项进行商定或确定。

2017年版红皮书与黄皮书第13.6款将原标题[因立法变动的调整]改为[因法律变动的调整],并进行了相应的补充,主要有:①除了法律变化或者司法或官方解释发生变化之外,根据第1.13款约定需要获得的许可证、执照等发生了变化,或要求承包商应按法律发出通知、支付各类税费、取得施工许可等规定发生了变化,也被认为属于法律的变化;②明确了如果由于法律的任何改变,成本有所下降,雇主应有权根据第20.2款的约定要求降低合同价格。

2017年版红皮书、黄皮书第13.7款因成本波动而调整的约定与1999年版的约定基本一致:如果实施工程的成本,包括劳工、物品以及其他投入的价格在施工期间有波动,则支付给承包商的工程款应进行调整,可以上调,也可以下调。

5. 例外事件

2017 年版红皮书与黄皮书第 18 条[例外事件]的内容与 1999 年版第 19 条[不可抗力]基本一致,包括:①战争、敌对行动、外敌、入侵;②起义、恐怖主义、革命、暴动、军事政变或篡夺政权,或内战;③承包商人员和承包商及其分包商其他雇员以外的人员造成的骚动、喧闹或混乱;④非仅涉及承包商人员和承包商及其分包商其他雇员以外的人员的罢工和停工;⑤战争军火、爆炸物质、电离辐射或放射性污染,但可能因承包商使用此类军火、炸药、辐射或放射性引起的除外;⑥诸如地震、飓风、台风、火山爆发等自然灾害。并且上述事件还应当符合下列条件:①一方无法控制;②在签订合同前,该方无法合理防范;③事件发生后,该方不能合理避免或克服;④该事件本质上不是由合同的另一方引起的。

2017 年版红皮书与黄皮书第 18.2 款[例外事件的通知]在 1999 年版的基础上,细化补充了两项约定:①如果被例外事件影响的一方在规定的 14 天后才向另一方发出通知,则被例外事件影响的一方从另一方收到通知的日期开始免去合同义务。②受例外事件影响的一方被免去的义务只适用于受阻于例外事件的义务,其他没有受阻的义务正常履行。

本款规定了受到不可抗力影响的一方应当在 14 天内通知对方的义务,但红皮书(1999 年版)没有约定如果没有按时发通知该如何处理。2017 年版的补充约定明确了这一问题。另外,补充约定的第二项是为了防止受影响一方趁机不履行其他实际上没有受到影响的义务。

如果不可抗力/例外事件影响了承包商的工期和费用,红皮书(1999 年版)第 19.4 款和红皮书(2017 年版)第 18.4 款的约定是一致的:发生了不可抗力/例外事件后,风险基本上是由雇主承担的。如果该事件属于自然灾害,承包商仅有权对工期索赔,无权对费用进行索赔,这种情况下雇主和承包商各承担一部分损失。但如果属于人为事件,则承包商既有权对工期进行索赔,也有权对费用进行索赔。

6. 工程照管与保障/风险与责任

2017 年版 FIDIC 合同文本对 1999 年版的风险分担条款进行了实质性的修订,不但标题由原先的[风险与责任]变更为[工程照管与保障],条款的结构和内容也发生了很大的变化,删除了三个子条款,又增加了三个子条款。

2017 年版红皮书与黄皮书的第 17.1 款[工程照管责任]约定,除非合同根据本合同条件或其他约定终止,否则,从开工日期起,到工程竣工日期为止,承包商负责工程的照管,包括货物和承包商文件。竣工之日后,工程照管责任即转移给雇主,但之后的扫尾工作仍由承包商负责。如合同发生终止,则从终止日起,承包商不再照管工程。如果承包商照管期间,工程发生了损失或损害,除第 17.2 款约定的情况外,承包商应按合同要求标准修复工程并承担费用。

与 1999 年版的红皮书与黄皮书相比,承包商的照管范围增加了“承包商的文件”,并且说明了在合同终止的情况下,承包商照管责任也一并结束。

2017 年版红皮书与黄皮书第 17.2 款[工程照管的后果责任]约定,即使在移交证书签发之后,承包商仍为其造成的工程损失或损害负责;如果损害发生在工程移交之后,但造成损害的原因是在工程移交之前,且属于承包商的原因,则该类损失或损害仍由承包商承担责任;除第 7.5 款缺陷与拒收约定的发生在下列情况之前的情形外,承包商对下列所述情况发生的后果不承担责任;这些情况包括:①根据合同实施工程不可避免地对通行权、光、空气以及其他地役权造成的永久或临时干扰;②除合同另外明确约定外,雇主对任何永久工程使用或占有造成的后果;③雇主设计的任何部分中出现的缺陷、错误、漏项等,或承包商无法在投标时合理预见的规范或图纸所包含的此类问题所造成的后果;④一个有经验的承包商无法采取合理措施防范的自然力的作用(合同数据中分配给承包商的那部分除外);⑤第18.1 款例外事件中提及相关事项;⑥雇主的人员及其他承包商的任何过错行为。在发生了上述六种情况对工程造成损失或损害后,承包商应立即通知工程师,并按工程师指令修复相关损失或损害,该项工作按变更处理,但不应违背第 18.4 款的约定。如果损失、损害或延误是上述原因与承包商原因共同造成的结果,则承包商可以根据索赔条款提出相关赔偿,承包商有权得到相应责任比例的费用、利润和工期补偿。

本款是 2017 年版中的新增条款,一是明确了即使在移交证书签发后或者工程移交后,承包商仍需为因其原因造成的损失损害承担责任。二是列出了承包商不承担责任的六种情况,其中包括了第 18.1 款例外事件中除自然灾害以外的事件。三是明确在承包商不承担责任的情况下,如需要承包商修复损害可按变更处理,即承包商有权增加费用和延长工期。四是明确混合责任情况下,承包商有权在混合过错情况下,就无过错的部分获得相应的补偿。

2017 年版红皮书与黄皮书第 17.4 款承包商提供的保障除了 1999 年版的内容外,还增加了以下内容:当根据第 4.1 款[承包商的一般义务]承包商负责工程的部分设计时,如其设计过程中的疏漏、错误或其他行为导致工程竣工后达不到预期目的,则承包商应保障雇主免遭由此带来的损失或损害。

需要说明的是,即便红皮书是施工合同,作为国际工程的惯例,承包商仍有可能承担少量设计深化工作,如果由于承包商的设计使雇主受到损失,则承包商应对雇主尽到保障责任。

2017 年版红皮书与黄皮书第 17.5 款雇主提供的保障除了 1999 年版约定的由于雇主及其人员的渎职、恶意行为或违约行为导致人员伤亡或疾病外,还增加了:雇主应保障上述第 17.2 款[工程照管的后果责任]约定的承包商不负责任的六种情况。

综合上述条款,2017 年版的红皮书与黄皮书与 1999 年版相比,进一步明确了雇主在三个方面对承包商的保障责任:①雇主在任何设计中出现的缺陷、错误及漏项等,承包商无法在投标时合理预见的规范或图纸包含的此类问题;②一个有经验的承包商无法采取合理措施防范的自然力的作用;③雇主的人员及其他承包商的任何过错行为。

三、2017 年版银皮书的风险分担机制

1. 修订背景

1999 年国际咨询工程师联合会发布了《设计、采购和施工(EPC)/交钥匙工程合同条件》,由承包商负责完成设计、设备采购、施工安装、调试。银皮书采用总价模式,对雇主而言工期及项目投资都相对固定,由承包商承担更多的风险。但银皮书发布后,部分业内观点认为银皮书将过多的风险不合理地分配给了承包商。虽然国际咨询工程师联合会在银皮书的说明中提出不适合应用的三种情况,也提示了如果使用银皮书,在招标投标程序中应当允许投标人和雇主就商务与技术问题进行商谈,但在实际应用中,仍然有相当一部分不满足上述条件的项目选用银皮书作为合同文本,将承包商既无法合理预见,又无法合理避免和控制的风险交由承包商承担,导致承包商承担了较大风险,既容易产生争端,也不利于项目的推进。银皮书(2017 年版)总结了银皮书(1999 年版)在应用中的实践经验,吸收借鉴了各方提出的批评建议,对风险分担机制进行了调整,使雇主和承包商之间的风险分担更加合理,提高了文本在项目中使用的可操作性,更好地满足了国际工程界发展变化的需求。

2. 银皮书(2017 年版)的风险分担

银皮书(2017 年版)更强调雇主和承包商权利义务的对等,同时对双方各自承担的不同风险事项作出了调整。根据银皮书(1999 年版)的约定,除非构成不可抗力,否则大部分非雇主所能控制的风险都由承包商承担。而银皮书(2017 年版)调整了上述风险分担方式,将一部分承包商无法合理预见或控制的风险部分分配给雇主承担。具体分以下几个方面阐述:

(1)关于雇主提供文件的准确性:现场数据、参考资料、设计

银皮书(1999 年版)第 4.10 款[现场数据]约定,雇主应在基准日期前,将其取得的现场地下和水文条件及环境方面的所有有关资料,提交给承包商。同样地,雇主在基准日期后得到的所有此类资料,也应提交给承包商。承包商应负责核实和解释所有此类资料。除第 5.1 款[设计义务一般要求]提出的情况以外,雇主对这些资料的准确性、充分性和完整性不承担责任。

银皮书(1999 年版)第 4.17 款[放线]约定,承包商应根据合同中约定的原始基准点、基准线和基准标高,给工程放线。承包商应负责对工程的所有部分正确定位,并应纠正在工程的位置、标高、尺寸或定线中的任何差错。

银皮书(1999 年版)第 5.1 款[设计义务一般要求]约定,承包商应被视为,在基准日期前已仔细审查了雇主要求(包括设计标准和计算,如果有)。承包商应负责工程的设计,并在除下列雇主应负责的部分外,对雇主要求(包括设计标准和计算)的正确性负责。

除下述情况外,雇主不应对原包括在合同内的雇主要求中的任何错误、不准确、或遗漏负责,并不应被认为,对任何数据或资料给出了任何准确或完整的表示。承包商从雇主或其他方面收到任何数据或资料,不应解除承包商对设计和工程施工承担的职责。

但是,雇主应对雇主要求中的下列部分,以及由(或代表)雇主提供的下列数据和资料的正确性负责:①在合同中约定的由雇主负责的、或不可变的部分、数据和资料;②对工程或其任何部分的预期目的的说明;③竣工工程的试验和性能的标准;④除合同另有说明外,承包商不能核实的部分、数据和资料。

银皮书(2017 年版)第 2.5 款[现场数据和参考资料]约定,雇主应在基准日期之前,向承包商提供其拥有的关于现场地形、地下、水文、气候和环境条件方面的所有有关数据资料。雇主在基准日期之后得到的所有此类资料,也应及时交给

承包商。

涉及的原始测量控制点、线路和基准点(本条件下的有关资料)应在雇主的要求中详细说明。

除第5.1款[设计义务一般要求]约定的情况以外,雇主对这些数据和/或有关资料的准确性、充分性或完整性不承担责任。

银皮书(2017年版)第5.1款[设计义务一般要求]约定,承包商应被视为,在基准日期前已仔细审查了雇主要求(包括设计标准和计算,如果有)。

承包商应实施并负责工程的设计,并在除下列雇主应负责的部分外,对雇主要求(包括设计标准和计算)的正确性负责。

准备设计的设计人员应:①是在其所负责的设计科目上具有相应资格、经验和能力的工程师或其他专业人员;②符合雇主要求中规定的标准(如有);③在适用法律规定下,具有相应的资质和权利进行工程设计。除下述情况外,雇主不应对原包括在合同内的雇主要求中的任何错误、不准确或遗漏负责,并不应被认为,对任何数据或资料给出了任何准确或完整的表示。承包商从雇主或其他方面收到任何数据或资料,不应解除承包商对设计和工程施工承担的职责。

但是,雇主应对雇主要求中的下列部分,以及由(或代表)雇主提供的卜列数据和资料的正确性负责:①在合同中约定的由雇主负责的或不可变的部分、数据和资料;②对工程或其任何部分的预期目的的说明;③竣工工程的试验和性能的标准;④除合同另有说明外,承包商不能核实的部分、数据和资料。

银皮书(2017年版)对于雇主提供文件的准确性基本上与银皮书(1999年版)保持一致,要求承包商对雇主要求、雇主提供的参考资料的准确性负责。雇主仅对部分信息的准确性承担责任。

但对于承包商核查雇主要求的时间增加了“在基准日期前”的限定,如果雇主要求是在基准日期后提出,且属于经验丰富的承包商在基准日期前不能合理预见的情况,则可以根据银皮书(2017年版)第1.1.77项与第13.1款变更的约定向雇主提出变更。

(2)不可预见的外部条件

银皮书(1999年版)第4.12款[不可预见的困难]约定,除合同另有说明外,承包商应被认为已取得了对工程可能产生影响和作用的有关风险、意外事件和其他情况的全部必要资料;通过签署合同,承包商接受对预见到的为顺利完成工程的所有困难和费用的全部职责;合同价格对任何未预见到的困难和费用不应考虑予以调整。

银皮书(2017 年版)第 4.12 款与 1999 年版保持一致。根据上述条款,在银皮书条件下,基本排除了承包商以外部条件为理由向雇主索赔的可能性。银皮书专用条件编写指南提示,如果工程包含如隧道或其他大量地下工程施工,对承包商而言,此类风险不可能或很难预估,通常更倾向于将不可预见的地质风险分配给雇主,因此建议此类工程采用黄皮书。

(3)法律变化与市场价格波动的风险

银皮书(1999 年版)第 13.7 款[因法律改变的调整]约定,基准日期后,工程所在国(地)的法律有改变(包括施用新的法律,废除或修改现有法律),或对此类法律的司法或政府解释有改变,当对承包商履行合同规定的义务产生影响时,合同价格应考虑由上述改变造成的任何费用增减,进行调整。如果由于这些基准日期后作出的法律或此类解释的改变,使承包商已(或将)遭受延误和(或)已(或将)招致增加费用,承包商应向雇主发出通知,并应有权根据第 20.1 款[承包商的索赔]的规定提出:①根据第 8.4 款[竣工时间的延长]的约定,如果竣工已(或)将受到延误,对任何此类延误给予延长期;②任何此类费用应加入合同价格,给予支付。雇主收到此类通知后,应按照第 3.5 款[确定]的要求,对这些事项进行商定或确定。

银皮书(2017 年版)第 13.6 款[因法律改变的调整]约定,合同价格应考虑工程所在国(地)的法律包括施用新的法律,废除或修改现有法律造成的任何费用增减,进行调整。如果承包商因法律的任何变化而受到延误和/或导致费用增加,承包商应有权要求根据第 20.2 款[支付索赔和/或施工延期]提出索赔。如果由于法律的任何改变,成本有所下降,雇主应有权根据第 20.2 款的规定要求降低合同价格。

银皮书(2017 年版)对因工程所在国(地)法律改变的风险在保持银皮书(1999 年版)相关约定的基础上作出了更明确的约定,除了约定承包商有权提出调整外,也给予了雇主要求调整的权利。

银皮书(1999 年版)第 13.8 款[因成本改变的调整]约定,当合同价格要根据劳动力、货物,以及工程的其他投入的成本的升降进行调整时,应按照专用条件的约定进行计算。

银皮书(2017 年版)第 13.7 款[因成本改变的调整]约定,如果专用条款中没有成本指数表,则本款不适用。当支付给承包商的款项应根据劳动力、货物以及工程的其他投入的成本的升降进行调整时,应按照专用条件成本指数表的规定进行计算。如果本条款或本条件的其他条款未涵盖任何成本增加或下降的全部补偿,则合同协议书中约定的合同价格应视为包括用于支付其他费用涨跌的意外费用的数额。根据第 14 条[合同价格和付款]适用于应付给承包商的数额的调整数,应按合同价格的每一种货币计算。不应根据成本或现价对工作进行调整。直到每个现行成本指数都可用为止,雇主应根据第 14.6 款[期中付款]在期中付款中使用临时指数。当有现行成本指数时,应相应地重新计算调整数额。如果承包商未能在竣工时间内完成工程,应使用以下方式中对雇主更有利的方式调整价格:在工程竣工时间届满前 49 天适用的每项指数或价格或当前指数或价格。

银皮书(2017 年版)对于因市场价格波动造成工程成本改变的风险与银皮书(1999 年版)也无实质性变化,但对于价格调整的方式进行了更详细的约定,并补充了在承包商未按时完工情况下的调价方式。

(4)进场道路

银皮书(1999 年版)第 4.15 款[进场通路]约定,承包商对现场进入道路的适宜性和可用性负责,并应当承担维护责任及相应费用,而雇主对此不承担任何保证责任。

银皮书(2017 年版)第 4.15 款[进场通路]约定,首先,将承包商对道路适宜性和可用性感到满意的时间限定为基准日期,使承包商在提交投标报价时,可以对相关的费用和风险作出更准确地估算。其次,该款还约定,由于雇主或第三方在基准日期后更改该通路而导致通路不适合或不可用的情况,因此导致承包商延迟和/或遭受损失,承包商应有权在符合第 20.2 款[索赔付款和/或支付]和/或支付此类费用的前提下要求索赔。即在基准日期后,由于雇主或第三方的原因导致进场道路不适宜或者不可用时,承包商有权获得工期和费用补偿。

(5)承包商提供的保障

银皮书(1999 年版)第 17.1 款[保障]约定,承包商应保障并保持使雇主、雇主人员以及他们各自的代理人免受所有以下事项造成的索赔、损害赔偿费、损失和费用(包括法律费用和费用):①由工程设计、施工和竣工,以及修补任何缺陷引起，或在其过程中，或因其原因产生的任何人员的人身伤害、疾病或死亡，除非是由于雇主、雇主人员，或他们各自的任何代理人的任何疏忽、故意行为或违反合同造成的。②由下列情况造成的对任何财产、不动产或动产（工程除外）的损害或损失：由工程设计、施工和竣工以及修补任何缺陷引起，或在其过程中，或因其原因产生的；且不是由于雇主、雇主人员，他们各自的任何代理人，或他们中任何人直接或间接聘用的任何人的任何疏忽、故意行为或违反合同造成的。

银皮书（2017 年版）第 17.4 款［承包商提供的保障］约定，承包商应保障并保持使雇主、雇主人员以及他们各自的代理人免受所有以下事项造成的第三方的索赔、损害赔偿费、损失和费用（包括法律费用和费用）：①由承包商项目实施引起，或在其过程中，或因其原因产生的任何人员的人身损害、患病、疾病或死亡，除非是由于雇主、雇主人员，或他们各自的任何代理人的任何疏忽、故意行为或违反合同造成的。②由下列情况造成的对任何财产、不动产或动产（工程除外）的损害或损失：由承包商项目实施引起、或在其过程中、或因其原因产生的；且由于承包商、承包商人员，他们各自的任何代理人或他们中任何人直接或间接聘用的任何人的任何疏忽、故意行为或违反合同造成的。承包商还应保障并保护雇主免受承包商在履行承包商设计义务过程中的所有行为、错误或疏忽，这些行为、错误或疏忽导致工程（或工段、部分或主要设备项目，如有）竣工时，不符合第 4.1 款［承包商一般义务］约定的预期用途的损害。

从上述条款可知，银皮书（2017 年版）对于工程以外的财产损失的风险分担作出了新的规定。银皮书（1999 年版）中，承包商的免责情形仅包括了雇主及其人员疏忽、故意、违约的情形；但在银皮书（2017 年版）中，承包商的免责情形为“除了承包商及其人员的疏忽、故意与违约”，将双方责任外的风险分配给了雇主。同时，银皮书（2017 年版）增加了承包商应保障雇主免于项目在完工时不符合工程预定目的的设计责任的约定，这也加重了承包商的保障责任。

（6）工程照管责任

银皮书（1999 年版）涉及工程照管的是三个条款：第 17.2 款［承包商对工程的照管］、第 17.3 款［雇主风险］和第 17.4 款［雇主风险的后果］。

第 17.2 款［承包商对工程的照管］约定，承包商应从开工日期起承担照管工程和货物的全部职责，直到颁发工程接收证书（或根据第 10.1 款［工程和分项工程的接收］的约定应视为已颁发）之日止，这时工程照管职责应移交给雇主。如果对某分项工程签发(或视为签发)移交证书,则对于该分项工程的照管职责应于移交时转移给雇主。在照管职责按上述约定移交给雇主后,承包商仍应对在接收证书上注明日期时的任何扫尾工作承担照管职责,直到该扫尾工作完成时为止。如果在承包商负责照管期间,由于第17.3款[雇主的风险]中所列风险以外的原因,致使工程、货物或承包商文件发生任何损失或损害,承包商应自行承担风险和费用,修正该项损失或损害,使工程、货物和承包商文件符合合同要求。承包商应对颁发接收证书后由其采取的任何行动造成的任何损失或损害负责。承包商还应对颁发接收证书后发生的、由承包商负责的以前的事件引起的任何损失或损害负责。

第17.3款[雇主的风险]约定了五种情形:①战争、敌对行动(无论宣战与否)、入侵、外敌行动;②工程所在国(地)内的叛乱、恐怖主义、革命、暴动、军事政变、篡夺政权或内战;③承包商人员及承包商和分包商的其他雇员以外的人员在工程所在国(地)内的骚动、喧闹或混乱;④工程所在国(地)内的战争军火、爆炸物资、电离辐射或放射性引起的污染,但可能由承包商使用此类军火、炸药、辐射或放射性引起的除外;⑤由音速或超音速飞行的飞机或飞机装置所产生的压力波。

第17.4款[雇主风险的后果]约定:如果上述第17.3款列举的任何风险达到对工程、货物或承包商文件造成损失或损害的程度,承包商应立即通知雇主,并应按雇主要求,修整此类损失或损害。如果修正此类损失或损害将导致工期延长或者费用增加,承包商有权提出索赔。

银皮书(2017年版)将三个条款合并为一个条款,即第17.2款[工程照管的责任],承包商应对颁发接收证书后由承包商造成对工程、货物和承包商文件的任何损失或损害负责。承包商还应对颁发接收证书后发生的,由承包商负责的颁发接收证书前发生的事件引起的任何损失或损害负责。对于因以下任何事件(除了根据第7.5款[缺陷和拒收]的约定,在发生以下任何事件之前,此类工程、货物或承包商文件已被雇主拒收以外)导致的工程、货物或承包商文件的损失或损坏,承包商不承担任何责任,无论是以保障还是其他方式:①干扰,根据合同实施工程中不可避免的通行权、光照、空气、水或其他地役权(承包商施工方法引起的除外)的干扰,包括临时的或永久的。②雇主使用或占用永久工程的任何部分,合同中另有规定的除外。③雇主在工程设计的任何部分中的错误、缺陷或遗漏,合同约定的承包商义务进行的设计除外。④不可预见的,或经验丰富的承包商无法合理地预防的自然灾害(合同资料中分配给承包商的除外)。⑤第 18.1 款[例外事件]前 6 项所列的任何事件或情况。⑥雇主人员或雇主其他承包商的任何违约行为。根据第 18.4 款[例外事件的后果],如果第 18.1 款[例外事件]前 6 项所述的任何事件发生,并对工程、货物或承包商文件造成损害,承包商应立即通知雇主。此后,承包商应在雇主指示的范围内纠正任何此类损失和/或损害。此类指示应被视为是根据第 13.3.1 项[指示变更]发出的。如果工程或货物或承包商文件的损失或损坏是由以下因素综合造成的:①第 18.1 款[例外事件]前 6 项所述的任何事件,②承包商负责的原因,而承包商因纠正损失和/或损害而遭受延误和/或招致费用,承包商应有权根据第 20.2 款[支付索赔和/或施工延期]的约定,在上述任何事件导致此类延误和/或费用的范围内,按比例的获得工期延长和/或成本加利润。

第 18.1 款[例外事件]前 6 项所列的任何事件或情况为:①战争、敌对行动(无论宣战与否)、入侵、外敌行为;②叛乱、恐怖主义、革命、暴动、军事政变、篡夺政权或内战;③承包商人员、承包商和分包商的其他雇员以外人员的暴乱、骚乱或混乱;④罢工或停工不单涉及承包商人员和承包商和分包商的其他雇员;⑤遭遇战争军火、爆炸物资、电离辐射或放射性污染,但可能因承包商使用此类军火、炸药、辐射或放射性引起的除外;⑥重大自然灾害,如地震、飓风、台风、或火山活动。

从前述条文可见,银皮书(2017 年版)关于保障的条款与银皮书(1999 年版)相比进行了实质性的修订,承包商的免责事由增加了 4 项:①根据合同实施项目无法避免对道路、水、空气、光照等造成的干扰;②雇主使用或占用永久工程的任何部分;③雇主在工程设计的任何部分中的错误、缺陷或遗漏,合同约定的承包商义务进行的设计除外;④不可预见的或经验丰富的承包商无法合理地预防的自然灾害。这些内容大大减少了承包商的风险。

(7)雇主与承包商的交叉责任

银皮书(2017 年版)在多个条款中增加关于交叉责任的约定,强调了雇主与承包商责权利的对等。

第 8.5 款[竣工时间的延长]约定,如果雇主负责的事项导致误期和承包商负责的事项导致误期同时发生,应按照特别条款(如无规定,视情况而定应对有关情况给予应有的考虑)中说明的规则和程序对承包商申请延长时间的权利进行评估。即如果工期的延误是由于雇主和承包商共同导致,则承包商有权根据专用合同条件获得工期延长。如果在专用条款中没有规定,那么雇主原因和承包商原因在评估时都会得到考量。

第17.2款[工程照管的责任]约定,当损害发生在承包商应承担的责任与承包商的免责事由共同导致的情形下,承包商有权根据第20.2款[支付索赔和/或施工延期]的约定,在上述任何事件导致此类延误和/或费用的范围内,按比例获得工期延长和/或成本加利润。

第17.6款[共担的保障]约定,在发生的损失、损害或伤害是由承包商应承担的责任与承包商的免责事由共同导致的情形下,承包商可根据第17.1、17.3、17.4款承担的保障责任中的免责事由对发生的损害影响的比例进行相应扣减。

综上所述,银皮书(2017年版)风险分担的主要特征如下:

首先,强调了雇主和承包商权利义务的对等,要求双方均有义务遵守相关法律法规,例如,在索赔程序上,除了对承包商有相关索赔时效、索赔程序的要求,雇主对承包商的索赔也受到索赔时效与程序的约束。

其次,对风险的分配较银皮书(1999年版)更强调可控原则,将承包商无法控制的部分风险,如雇主的行为,部分第三方的行为,非仅有承包商人员参与的罢工等风险在一定范围内分配给雇主。同时将例外事件、法律变更、不可预见的自然力事件造成的部分后果责任也交由雇主承担,其中自然类风险由双方共担,即由雇主承担工期责任,双方共担费用风险。

最后,强调了承包商对其负责的设计工作应满足设计能够达到项目的预期目的,并要求承包商承担设计工作的相应的责任。为了进一步保证承包商落实设计责任风险责任,银皮书(2017年版)将职业责任险明确列为承包商应投保的险种。

总体而言,银皮书(2017年版)在风险分担方面的规定更加具体、均衡。

第三节　NEC合同、AIA合同与FIDIC合同关于风险负担条款的比较

在国际工程领域,常见的国际工程承包合同文本主要包括FIDIC合同、NEC

合同、AIA 合同以及 JCT 合同、VOB 合同①、Orgalime 合同②、ENAA 合同③等，其中，FIDIC 合同是我国在涉外工程中使用较多的合同文本，这主要是因为 FIDIC 合同是世界银行项目惯用或者推荐使用的合同文本，我国改革开放初期建设的项目中又大多是世界银行贷款项目。但随着我国工程企业跨出国门，并更多地在其他国家或地区承包国际工程项目，必然会实际使用更多的国际工程合同文本，例如，NEC 合同在我国香港特别行政区已得到广泛运用，此外，我国工程公司在美国承包的工程项目上已实际使用了 AIA 合同。NEC 合同、AIA 合同作为英国和美国制定并推广使用的国际工程合同文本，在发达国家建筑市场有广泛的应用，因此，对其合同文本中有关风险负担条款进行研究有强烈的现实意义。鉴于此，本节就 NEC 合同、AIA 合同的风险负担条款与 FIDIC 合同条件加以比较研究，以更好地了解合同各方在不同合同文本下的风险分配。

一、NEC 合同与 FIDIC 合同关于风险负担条款的比较

1. 风险分配原则不同

NEC 合同引入“合伙合作”的管理思想，强调风险分配的可管理性，而 FIDIC 合同则坚持合同约束机制，综合考虑各种因素以决定风险分配。

NEC 合同信奉最能管理风险的一方当事人，能够在风险发生时将工期延误和费用损失降至最低。基于此，NEC 合同以促进良好的工程管理作为主要目标，力图建立“合作则收益，不合作则遭受不利益”的机制，使雇主和承包商在问题发生时重心放在积极协作，而非互相指责对方以不承担或少承担风险，或索要额外付款而获利。具体包括：①早期警告程序。NEC 合同第 16 条建立了早期警告程序。早期警告是指合同当事人双方，即承包商和业主项目经理一旦发觉有可能会影响工程质量、工期和成本的事件时，承包商与业主项目经理就有义务尽早向对方发出警告，以尽快消除或减少风险因素，使雇主可以减少工程成本、保证按期竣工投产，对承包商、分包商和供货商而言，这样也可尽快收取工程款，获得应得的利润。

---

① VOB 合同，是指德国制定的《德国建筑工程主管承包条例（VOB）第 B 部分：建筑工程施工的通用条件》。

② Orgalime 合同，是指欧洲机械、电气、电子和金属加工业联络组制定的《机械、电气及电子产品供货和安装通用条款》。

③ ENAA 合同，是指日本工程促进协会（Engineering Advancement Association，ENAA）制定的系列合同文本，如《建设工程合同的通用条件》《生产设备施工国际合同范本》。

②补偿事件程序。NEC 合同中的补偿事件是指非因承包商的过错而引起的事件，事件范围在 NEC 合同第 60.1 款进行了列举，若补偿事件对承包商获取合同价款及工期利益产生了不利影响，承包商有权要求补偿，包括获得额外的付款和延长工期，也就是雇主要承担承包商由于该类事件所引起合同价款和工期延误的风险。③保险条款。NEC 合同第 84.1 款约定，承包商应提供保险表中规定的各项保险，但不包括在合同资料中约定的应由雇主提供的保险。承包商应提供合同资料中约定的附加保险。第 84.2 款约定，保险应以当事人双方的名义联合投保，保险范围为自开工日起至缺陷证书签发为止属于承包商风险的事件。根据以上两个条款的约定，承包商应提供保险表中约定的由承包商负责购买的各项保险。

NEC 合同首先引入了“合伙合作”的管理思想，鼓励工程实施参与成员之间的合作，力图把雇主与承包商的争端降到最低，而 FIDIC 合同仍然继续强调和加强有关通知和索赔的合同约束机制。两种合同文本在风险管理方面各具特色，在国际工程实践中形成了有力的竞争，而雇主与承包商也增加了根据自己需求进行选择的余地。

2. 雇主风险范围不同，NEC 合同的约定更为合理

FIDIC 合同约定雇主应承担的风险主要有：不可预见的物质条件所引起的风险（银皮书除外）和不可抗力所致的风险，这主要是将承包商无法控制的风险分配给雇主。而 NEC 合同除规定了上述 FIDIC 合同涉及的风险之外，还将合同终止后工地现场的设备和材料的损失和损坏的风险、施工阶段对工程使用和场地占有的风险、提供给承包商的物品在移交前的损毁风险约定为雇主风险。此外，NEC 合同还有以下几点与 FIDIC 合同不同：①对于“不可预见”的判断标准。NEC 合同约定了客观量化的确定方法，尽量去除主观因素，增加确定性。②NEC 合同将 FIDIC 合同约定为雇主风险的内容，排除在 NEC 合同约定的雇主风险之外，包括：恐怖主义，或工程所在国（地）内的战争军火、爆炸物资引起的污染（由承包商使用此类军火或炸药引起的除外），由音速或超音速飞行的飞机或飞行装置所产生的压力波。③合同资料中约定的额外风险也列入雇主风险。

可见，NEC 合同约定的雇主风险更加全面、更加灵活，这样，雇主和承包商双方在保险过程中的投保方案就会更加合理，承包商也能更合理地管理施工现场。

3. 承包商风险范围不同,FIDIC 合同的约定更明确

对于承包商风险,NEC 合同第 81.1 款约定,自开工日至缺陷证书签发止,凡不属于雇主承担的风险均由承包商承担。根据 NEC 合同第 43.1 款的约定,无论监理工程师是否就缺陷发出通知,承包商均应将其改正,承包商应在缺陷改正期结束之前改正所指出的缺陷。FIDIC 合同也对承包商风险进行了相应规定,根据第 17.1 款的约定,承包商应保障和保护雇主、雇主的人员以及他们各自的代理人免遭与承包商的设计、施工、竣工以及任何缺陷的修补有关的一切索赔、损害、损失和费用(包括法律费用)。FIDIC 合同第 17.2 款约定,从工程开工日期起直到颁发接收证书的日期为止,承包商应对工程的照管负全部责任,此后,照管工程的责任移交给雇主。根据该条约定,在承包商负责照管期间,如果工程、货物或承包商的文件发生的任何损失或损害,除由雇主应承担风险的原因所致外,风险应由承包商承担。

可见,NEC 合同中承包商风险条款,尚需结合缺陷证书条款来进行适用,而 FIDIC 合同对于承包商风险的约定较为详细、明确。

4. NEC 合同建立了早期警告程序

如前文所述,NEC 合同制定者认为,以合作的态度管理当事人之间的行为可以减少工程施工内在的风险,因此,NEC 合同在施工工作程序方面,专门建立了早期警告程序,对可能影响工程成本、工期和质量的一切事件尽早发出警告。NEC 合同第 16 条约定,一经察觉将导致下列后果的问题,承包商和项目经理任一方应立即向对方发出早期警告:①增加合同价款总额;②推迟竣工;③削弱合同工程的使用功能。第 63.4 款约定,若项目经理已将其决定通知承包商,认为承包商未就补偿事件发出过一个有经验的承包商应发出的早期警告,则该补偿事件按承包商已发出过早期警告的情形进行计价。上述条款明确约定了对承包商未发出早期警告的处罚,即业主项目经理可以减少与补偿事件相关的应付工程款。

NEC 合同早期警告机制的建立,是为了鼓励工程施工各方当事人之间的合作,减少或避免这类事件可能导致的争端,以顺利实现工程目标。作为对比,FIDIC合同中虽也体现了一定的合作思想,但主要还是通过有关通知和索赔条款建立的合同约束机制来保障合同履行,并未如 NEC 合同那样形成独具特色的合作机制。

5. NEC 合同建立了补偿事件程序

索赔条款是 FIDIC 合同中关于承包商利益的重要条款,即承包商若认为索赔

事件发生后,应于28天内通知工程师,之后递交关于索赔数额和索赔依据的材料,工程师在与业主、承包商协商后,决定索赔是否成立。FIDIC合同中的索赔程序是由承包商单方提出的,如果承包商因种种原因未提出索赔,则可能会丧失工程款索赔及工期顺延的利益。

NEC合同建立了具有自己特点的补偿事件处理程序,这是不同于FIDIC合同的风险负担认定与处理机制,NEC合同第60.1款列举了“补偿事件”所指向的若干种情况,主要包括:①项目经理、监理工程师的指令、变更、认可、测试、检查等引起的事件;②实际施工条件变化引起的事件;③雇主未履约的事件;④雇主风险事件。根据NEC合同第61~65条的约定,当发生补偿事件时,可由项目经理或承包商发起通知,进入补偿事件通知程序,其后,由项目经理根据处理补偿事件的各种可行方法,指令承包商提交进行补偿的报价,并以认可承包商报价或项目经理自行计价的方式,对补偿事件作出处理。对于补偿事件程序引发的争议,NEC合同也提供了救济方式,若承包商认为项目经理的计价不恰当或计算不正确,承包商可以在其察觉该行为后四周内提交裁决人裁决。

6. 不可抗力所致风险的范围不同

对于不可抗力引发的风险,FIDIC合同和NEC合同的约定是不同的:①FIDIC合同约定的不可抗力的范围比NEC合同更广。NEC合同并未明确约定不可抗力,但根据其第95.5款约定,可以认为NEC合同将战争或放射性污染约定为不可抗力。而FIDIC合同则专门将不可抗力约定在第19.1款,列举了较多情形。②因发生不可抗力情形而解除合同的约定有所不同。FIDIC合同第19.6、19.7款约定,如果根据第19.2款的约定发出通知的不可抗力,使工程实施受到阻碍已连续84天,或由于同一通知的不可抗力断续阻碍几个期间累计超过140天,任一方可向他方发出终止合同的通知。而NEC合同于第95.5款约定,由于战争或放射性污染造成对承包商工作的严重影响已达26周,或根据法律当事人双方可不再履行合同的,任何一方当事人可终止合同。

二、AIA合同与FIDIC合同关于风险负担条款的比较

1. 雇主提供数据资料的义务存在区别

AIA合同在A201-1997“工程承包合同通用条款”第2.1.2、2.2.3、2.2.4、3.2.1项约定了业主有向承包商提供数据资料的义务,FIDIC合同第4.10款也做

了类似规定，二者均要求雇主（业主）应对其所提供的有关数据资料的真实性与准确性负责。其区别主要是，根据 AIA 合同条款，若承包商在施工中需要之前获取资料没有涉及的其他情况报告和服务，则需向雇主提出书面请求，雇主需在力所能及的范围内，提供有关的情况和服务；而 FIDIC 合同则约定，雇主在基准日期后得到的之前未获取的所有此类资料，也应提供给承包商，而无须承包商提出请求。

但是，FIDIC 银皮书与红皮书的规定有所不同，银皮书第 4.10 款约定，承包商应负责核实和解释所有此类资料，除第 5.1 款[设计义务]一般要求提出的情况以外，雇主对这些资料的准确性、充分性和完整性不承担责任，相对 AIA 合同文本，银皮书对承包商增加了核实和解释资料的义务，并相应免除了雇主的部分责任，这是由 FIDIC 银皮书的设计—采购—施工/交钥匙合同的合同性质决定的。

2. 异常现场条件条款的异同

（1）异常现场条件的风险应由雇主（业主）承担

根据 AIA 第 4.3.4 项的约定，如果工地现场的地表下或其他地方发现隐藏物，或者发现非正常的不明情况，其实际情况与“合同文件”中提供的情况截然不同。这时，发现不明情况的一方须在进行相应处理前及时通知另一方，最迟不超过发现问题的 21 天。建筑师对上述情况需立即组织调查，并应作出处理意见，在合同总价或工期，或在这两个方面都作出相应的调整。这与 FIDIC 合同作红皮书第 4.12 款的约定相似，二者均约定对于不可预见的异常现场条件应由业主（雇主）承担，所谓“不可预见”是指“一个有经验的承包商在提交投标书日期前不能合理预见”，AIA 合同却对此未作明确界定，但从美国的司法实践来看，实际是与 FIDIC 合同相同的标准。FIDIC 红皮书与 AIA 合同文本均约定异常现场条件所导致的风险后果是工期的延长和（或）费用的增加。

作为对比，FIDIC 银皮书则对此约定完全不同，除合同另有约定外，异常现场条件所致风险由承包商承担，同理，这也是由 FIDIC 银皮书的设计—采购—施工/交钥匙合同的合同性质决定的。

（2）异常现场条件条款约定的差异

对于异常现场条件所产生的风险，AIA 合同与 FIDIC 红皮书虽均约定由雇主承担，但仍有以下差别：①根据 AIA 合同的约定，发现异常现场条件的一方须在进行相应处理前及时通知另一方，最迟不能超过发现问题后的 21 天，通知的内容未作明确要求；而根据 FIDIC 红皮书的约定，如果承包商遇到他认为不可预见的不利现场条件,应尽快通知工程师。②AIA 合同约定处理此类事件的是建筑师,建筑师对上述情况需立即组织调查,并决定是否对承包商的工程费用和工期作出调整;FIDIC 红皮书约定,处理此类事件的是工程师。工程师应按第 3.5 款约定,进行商定或确定:根据此类物质条件是否不可预见及程度,最终商定或确定延长的工期和增加的费用。如承包方商对此有异议,可提交争端裁决委员会裁定。

3. 恶劣气候条件条款的异同

恶劣气候难以事先预测,可能对计划中施工造成不利影响。AIA 合同第 4.3.7.2目约定,如果承包商以恶劣气候对工程的影响为理由而要求增加合同工期,则其应提供充分的数据资料,证明气候情况在施工期间确实是恶劣的。而 FIDIC 合同红皮书将恶劣气候条件区分为不同的情形来处理:①红皮书第 8.4 款约定,如果"异常不利的气候条件"致使达到第 10.1 款要求的竣工延误或将要延误的程度,承包商应有权提出索赔,要求顺延竣工时间。②红皮书第 19.1 款约定,如果"异常不利的气候条件"构成不可抗力,则适用不可抗力的规则处理,即承包商在履行对于不可抗力的事件或情况的通知等各项义务的情况下,有权提出索赔,要求对任何此类延误进行工期顺延;满足终止合同条件时,任何一方可向他方发出终止合同的通知;或当合同已无法履行时,解除合同。

4. AIA 合同未对不可抗力进行专门规定,不可抗力事件造成的风险以保险方式承担

FIDIC 合同第 19 条系对不可抗力的约定,第 17.3 款将绝大部分不可抗力约定为由业主承担风险。但是 AIA 合同却未对不可抗力进行专门约定,由 AIA 合同条款可以发现,不可抗力所造成的风险,可以在其他相应条款中找到处理方法。如合同第 4.1.11 项约定,如果法律的变化影响了工程的成本和时间,承包商也可以以索赔的形式要求增加合同金额和工期。

实际上,由于美国的工程保险业较为发达和完善,其能够提供相应的保险服务,而且保险条款比较规范统一。所以,AIA 合同没有专门约定不可抗力,而是将风险放在由业主投保的财产险的约定中。这样,不可抗力造成的后果,无论是由承包商承担还是由业主承担,根据 AIA 合同的约定,都需要通过保险来处理。AIA 合同第 11 条约定,业主须负责购买并保持其一般责任险。除非合同另有约定,或是所有保险中被保的个人或实体均以书面达成协议,财产保险必须保持连贯。在按第 11.4 款要求投保的财产失去保险利益之前,财产保险不得中断。该

项财产保险必须涵盖工程项目中业主、承包商、分包商、再分包等各方的利益;财产保险必须涵盖“一切险”,即 AIA 合同下的财产险是工程全险,并由业主负责购买,这个保险包含了合同条件中有关不可抗力的所有风险。此外,虽然 AIA 合同没有关于“不可抗力”及其所致风险负担的一般约定,但仍有一些零散的约定,如第 8.3.1 项就约定了若由于承包商无法控制的原因发生劳工纠纷、火灾等情况,造成工期延误的,可由建筑师决定延长工期。

三、结语

本节对于国际工程项目风险分担问题进行了探讨,合理的风险分担是一份好的工程合同的重要组成部分,也是合同履行过程中进行高质量风险管理的前提。一方面,雇主在划分风险时,应考虑自身条件以及尽可能对项目风险作出准确的判断,而不能简单地认为在合同中将风险转移给承包商就万事大吉。另一方面,承包商愿意承担相应风险的前提之一是认为其能获得相应的风险费用。因此,对于风险的划分,并没有绝对的标准,而应当根据项目的具体条件以及双方对于风险承担的态度划分,这样才更有利于项目的管理与推进。

第四章　国际工程合同的签约前审查

国际工程合同的签约前审查，是指在国际工程合同正式签订之前，即合同形成阶段，对合同所包含的权利义务内容进行的评论和审查。在特定情况下，合同履行阶段也会发生合同条款的审查。在签约前对合同进行审查，目的在于使合同尽可能地做到全面、公正，避免存在错误、遗漏和对己方不利的条款，以便在合同谈判过程中有针对性地与合同另一方进行商谈，维护己方应有的合法权益。事实证明，签约前的合同条款审查还可以有效避免合同签订后在履行过程中双方因合同内容的错误、遗漏、歧义、不公平等原因而产生的不必要的合同争议，为合同的顺利完成创造一个良好的履行环境。

国际工程合同因其具有体系的复杂性、内容的广泛性、履行的长期性和风险性等特征，因此，在合同签订之前和发生重大变更、索赔或争议时必须进行审查。国际工程合同的签约前审查是一项非常重要的工作，能否通过审查发现合同中潜在的风险或者通过合同谈判将己方风险减至最低，均需要合同审查人员的专业和智慧。一份好的合同审查意见将会给未来的合同谈判提供最有利的谈判基础，为己方公司争取利益最大化。

第一节　合同审查工作的分工和组织

一、合同审查工作的分工

国际工程合同条款内容涉及诸多部门，从合同条款分类的角度来看，不同部门由于管理职责不同，关注的重点条款是不一样的。例如，市场开发部门重点关注商务条款；专业职能部门重点关注管理程序条款，如财务部门负责审查合同中有关价格、支付、货币、税收、保函等有关条款，采购部门负责审查与采购、运输、清关等有关的条款，法律部门重点关注法律风险条款，尽可能做到合同风险合理公平分配，通过分工合作可以大大提高合同条款审查的工作质量和效率。一个人“吃透”所有的合同条款是十分困难的，但让一个人熟练掌握自身专业范畴的条款并不是件难事，在合同审查过程中我们推荐实行矩阵化管理，跨部门分工合作的工作机制。

我们在实践中形成了以下工作模板，适用于初审和终审，其中审查栏目和专业部门可以根据实际情况进行调整，如表2－4－1和表2－4－2所示。

表2－4－1　合同审查(适用于初审和终审)

合同名称					
审查方式	○会议　○书面		审查日期		
审查部门	市场开发部门	项目管理部门	财务部门	法务部门	其他专业部门
1. 工作范围及内容					
2. 设计与采购					
3. 进度及控制					
4. 现场施工					
5. 暂停与中止					
6. 质量保证与检验					
7. 竣工与接收					
8. 缺陷责任					
9. 健康、安全与环境管理体系控制					

续表

10. 商务条款	10.1 合同价格与支付					
	10.2 双方权利义务					
	10.3 变更与索赔					
	10.4 缺陷责任					
	10.5 税务与审计					
	10.6 保函与担保					
11. 法律条款	11.1 风险与责任					
	11.2 所有权与保密					
	11.3 违约责任及赔偿					
	11.4 不可抗力					
	11.5 争议解决					
	11.6 法律适用					
	11.7 转让/分包					
负责人签名						
公司主管领导审查结论						
审查说明:审查者在相应审查栏目中打“×”或“√”或“△”,并签名。“×”表示不能接受或不同意;“√”表示接受或同意;“△”表示有条件接受或同意。凡打“×”或“△”的栏目,请在会签表中详细说明原因或提出修改意见						

表 2－4－2　合同条款终审说明

合同名称	
终审说明： （初审意见处理情况） 主要部门负责人： 日期：	

在合同条款终审前，要对初审的意见在谈判与澄清中如何得到整改和落实的情况做书面说明，便于终审时能充分了解前面的工作成果和遗留的问题。

二、合同审查工作的组织

参加合同审查的人员应包括项目主管，项目经理，合同专家，投融资专家，财务专家，法律专家，税务专家，技术专家，安全、健康与环境管理体系专家和物流专家。

企业可以要求主管经营管理的部门承担下述与合同审查有关的职责：

1. 编制合同审查的要求。

2. 组织项目的合同审查，记录审查过程，编写合同审查报告并取得参评专家的确认。

第二节　合同审查的任务和作用

一、合同审查的任务

在签约前，对国际工程合同进行审查至关重要，其主要任务是：①检查合同条款的完整性；②分析合同风险。通过合同风险分析，对分析出来的问题和风险进行对策研究，提出合同谈判、合同修改和签订方面的意见、建议和警告，使合同谈判有的放矢。①

① 参见中国石化员工培训教材编审指导委员会组织编写，江涌鑫、秦占飞等编著：《国际工程合同及管理实务》，中国石化出版社 2014 年版，第 30－31 页。

二、合同审查的作用

国际工程合同的签约前审查是项目开发与管理的关键环节，可以有效利用有限的企业资源，防范和规避项目风险。通过合同审查，企业可以对项目进行筛选和优化，结合工程实际制定有效的风险防范措施，从而取得更好的经营收益。

通过审查，将合同文本“解剖”开来，使其“透明”且易于理解，同时也使合同谈判人员对合同有全面的了解。

审查合同内容的完整性，即合同条款是否全面，是否还缺少必需的内容，防止在合同执行中产生不必要的争执和损失。分析、评价各合同条款的法律后果，执行中可能会给承包商带来的风险，为报价策略的制定和合同谈判提供依据。

通过审查还可以发现：①各个合同条款之间的矛盾，对于同一问题，不同条款之间的要求或者规定存在不相符、不一致的情况；②对承包商不利，甚至有害的条款，隐含较大风险、过于苛刻、责权利不平衡的条款；③规定不具体、不严密、概念不清楚、容易引起争执的条款；④内容含糊，不能准确理解和把握的条款等。

第三节　国际工程合同签约前审查应遵循的原则和规则

一、法律审查应遵循的原则

国际工程合同通常具有如下特征：法律关系复杂、篇幅巨大、明示条款和默示条款同时存在，法律内容、商务内容、技术内容融汇交织，在商务审查和专业技术审查的基础上，法律审查作为国际工程合同签约前的一道“防线”，在实践中往往也是收尾的“防线”，应在实际工作中引起足够的重视。及时提供有针对性的、防患于未然的法律意见对于做好合同法律审查工作是一项艰巨且责任重大的任务。做好法律审查工作要把握和遵循以下原则：

第一，遵循国际惯例和行业惯例原则。

国际工程实践中普遍会遵循国际惯例和行业惯例，例如，FIDIC 合同体系、ICE 合同体系等就经常被参照，国际商会制定的《见索即付保函统一规则》和《跟单信用证统一惯例》等也经常被援引适用。在合同谈判中，援引这些国际性和行业性的文本规定,更具有说服力,更能被双方接受。因此,在国际工程合同审查过程中,应掌握和参照这些国际惯例和行业惯例,这有利于把握公平性和可行性的统一。

第二,要坚持关联性原则。

合同是由不同条款组成的一个完整有机的整体,只看单个条款很难理解其准确含义,这就需要把不同的条款放在整体的架构中,才能得出合同的本意。在对合同进行法律审查的过程中,要将相互关联的信息结合起来分析,将双方的权利和义务进行明确,进而建立对应的责任义务矩阵,才能做到系统全面的审查。

第三,要坚持兼顾默示条款的原则。

在国际工程合同中存在较多的默示条款,来对承包商的义务进行描述,而这些默示条款恰恰容易被忽略,承包商将因此而承担不必要的风险。由于默示条款存在理解上的模糊,当事方对合同条款就可能有不同理解,这就需要事先加以明确澄清。此外,对不同条款的解释,也受到司法主权和适用法律的影响。除此之外,在进行法律审查时还要充分考虑实践惯例、法律法规、项目所在国(地)认可的客观事实等因素。

二、国际工程合同签约前审查应遵循的一般规则

目前,在中国工程企业的项目管理实践中,合约商务管理水平较为低下,导致项目整体效益水平受到了一定程度的制约,甚至很多项目因此出现了亏损。造成此种情况的原因有很多,大量的实践案例表明,对合同签订前的合同审查的不重视和合同风险辨识后处置的疏忽,是十分重要的原因。

由于国际工程承包合同具有履约周期长和条款的风险大且复杂等特征,这些特征要求承包商在签订合同和对合同进行变更之前必须进行认真细致的审查。虽然不同类型、不同性质的合同内容不同,但其审查要点却具有很强的相似性,通常需要从合法性、公平性、完整性、可行性和风险性等方面对合同进行审查。

在 ISO 9001:2008 年《质量管理体系要求》(已废止)标准中“与产品有关要求的评审”的条款中,对合同性文件的审查提出了要求,即组织应评审与产品有关的要求。评审应在组织向顾客作出提供产品的承诺之前进行(如提交标书、接受合同或订单及接收合同或订单的更改),并应确保:①产品要求得到规定;②与以前表述不一致的合同或订单的要求已予解决;③组织有能力满足规定的要求。ISO 9000 系

列标准的出发点是保护顾客利益,是针对如何维护顾客利益而对提供产品和服务的组织提出明确要求。但是,站在提供产品和服务的工程企业立场来说,这一条要求更是维护企业自身利益所必须实施的一项重要工作,即企业通过合同审查,确认自己是否有能力履行即将签订的合同。当承包商经合同审查,辨识出风险众多且很难承受,就必须通过与业主进行据理力争的合同谈判方式去解决辨识出的风险,进行签订一个双方风险分配基本公平合理的、承包商经过努力可以有效履行的合同,以达到既满足业主要求,又维护己方利益的目的。

识别合同风险是合同审查的重点,合同风险通常是指因合同条款规定不合法、不合理、不完备、不准确等,给承包商执行合同带来的不确定性,进而造成损失。业主和承包商之间责任、义务、利益分配和风险分担是工程承包合同的核心关键内容。在实践中,国际工程承包业主往往较为强势,在签订合同的过程中,借助优势地位,列入很多的条款来保护自身利益,降低自身风险,而对承包商的权益,选择忽视。由于业主位于项目东道国,其对本国(地)的政治、经济、自然条件十分了解,还经常删除有利于承包商的条款,或将业主应承担的风险不合理地转嫁给承包商,这进一步加大了承包商的风险。在实践当中,很多的国际工程承包合同都对业主权益进行显失公允的过度保护,而忽视了承包商权益,或者在合同中对承包商本该享有的合同权利增加限制性条款。在履约过程中,双方发生工期或费用等争议,业主便以无合同依据为由拒绝承包商的合理要求,使承包商承担相当程度的损失,当损失到达一定程度时,往往导致项目的失败。发展与竞争同在,利润同风险共存,这是国际工程承包的现实规律。承包商逐渐走向国际,在工程中标后、签订合同前的合同审查工作中,应对合同风险认真辨识、评估,在合同谈判中针对辨识评估出的主要风险进行谈判、处理,来维护自身利益,降低合同风险,确保自身的合法权益。国际工程合同的管理与审查至少应遵循以下一般规则:

1. 从事国际工程承包业务的企业应根据《对外承包工程管理条例》及所在行业的特点和企业自身的条件,编制企业《合同审查管理办法》,对企业签署的所有国际工程承包合同进行管理。

2. 企业在编制《合同审查管理办法》时应体现责任观念,遵守中国和项目所在国(地)的法律法规和国际通用的商业规则,维护国家利益、社会利益和企业利益,追求经济效益和社会效益的统一。

3. 合同审查应围绕项目开展,以实现项目目标为目的,实行项目经理负责制,分级、分阶段进行审查,从而实现对项目实施全过程的动态管理。

4. 在通常情况下,国际工程承包合同可以从专业上划分为技术合同和商务合同两个部分。合同审查应分别对两部分进行审查。先进行技术审查,再进行商务审查。两部分审查都通过后,才能签署合同,项目才可以进入实施阶段。

5. 企业下属全资、控股子公司以集团公司或总公司的名义承揽国际工程承包项目时,应适用集团公司或总公司的合同审查办法。

第四节　合同审查前的准备和尽职调查

一、全面收集与项目有关的背景资料①

在合同签约前审查以及合同谈判前,应全面收集与项目有关的背景资料,包括:

1. 项目所在国(地)的地理位置、气候条件、人口、种族、语言、宗教信仰等;

2. 与中国的关系及加入国际组织的情况;

3. 经济状况,包括其拥有资源的种类及储量、国民生产总值、外债数额、近年经济增长率和劳动力就业的状况等;

4. 基础设施的状况,重点关注港口、道路、桥梁的建设情况,以及水、电、煤、油和基础建材的供应情况等;

5. 此前在当地开展的同类项目及其他中资公司在当地执行项目的进展情况。

二、全面了解合同相对方的情况

在合同签约前审查以及合同谈判前,应全面了解合同相对方的情况,包括:

1. 企业性质、成立时间、过往业绩、行业地位;

2. 资信情况,包括资质、信用评级、审计报告;

3. 主打产品及市场状况;

4. 组织机构及人员构成;

5. 主要合作伙伴。

应尽一切可能了解竞争方的情况,包括存在哪些竞争对手,业绩、资信、价格、

① 参见吕文学主编:《国际工程合同管理》(第 2 版),化学工业出版社 2015 年版,第 34 页。

技术实力和市场认知度等，并与自身的情况进行比较，找出战胜竞争方的办法。

三、判断合同相对方决策人性格，对其谈判目标进行预估，制定谈判策略

可根据上述信息，判断合同相对方决策人的性格，对其谈判目标进行预估，并有针对性地制定谈判策略。

四、了解所在国（地）的制度、法律

为了有效规避风险，在合同签约前审查以及合同谈判前，还应对所在国（地）的法律进行尽职调查，以免在项目执行过程中遭遇意想不到的困难，导致成本增加或工期延长。当国（地）法律尽职调查的内容主要包括：

1. 当国（地）法律基本架构；
2. 有关承包工程的法律；
3. 市场准入和当地公司设立法律规定；
4. 当国（地）劳动用工法律规定；
5. 当国（地）进出口合同规定；
6. 当国（地）外汇管理法律规定；
7. 招标投标法律规定；
8. 涉及合资，有关合资的法律规定；
9. 当国（地）出入境法律规定和限制性措施；
10. 企业认为应调查的其他内容。

五、了解所在国（地）税费信息

在合同签约前审查以及合同谈判前，还应收集当地税费信息，包括可能涉及的税费种类，如关税、增值税、所得税、预扣税、印花税等，以及各税种的基数、税率、缴税期限和减免条件等，以便准确地计算项目的税负成本。

六、了解所在国（地）资源情况

在合同签约前审查以及合同谈判前，应全面收集项目所在国（地）市场上与工程实施有关的可利用资源，包括机具、原材料、劳动力的供应情况，以便在项目实施时，能够获得可靠的供应渠道及合理的价格。

七、了解所在国(地)担保和保险制度

在合同签约前审查以及合同谈判前,应了解当地法律是否对保函开立和工程保险投保有一定的限定。如果法律规定必须由当地金融机构或保险公司开立项目保函和出具工程险保单,则应了解有哪些可供选择的合作伙伴,以及合作条件、赔付能力和收费水平如何。

八、了解物流相关信息

在合同签约前审查以及合同谈判前,还应全面了解与物流有关的信息:

1. 当国(地)港口的泊位数量、卸货能力、工作时间和堆场条件;

2. 从卸货港至项目现场的道路情况,如需运输超重、超大货物,需要采取哪些措施;

3. 清关流程和单证要求;

4. 当国(地)运输公司的车辆、装卸货设备和堆存条件;

5. 上述各个环节的收费水平。

第五节　合同审查的方式和步骤

一、合同审查的方式

企业应根据国际工程总承包项目的性质和特征,针对不同种类、不同级别的项目进行合同审查,审查可以制定如下要求:

1. 对于投标项目,无论金额大小,如需开具投标保函,应在保函开出前进行合同审查。特大型和大型工程项目,无论是否属于投标项目,均应在正式报价发出前,进行合同审查。对于小型项目,企业可在企业内部召开会议讨论,经部门主管批准后,方可启动项目。

2. 所有项目签约前均需进行签约审查。特大型和大型工程项目应先在项目所在部门进行审查;通过后,报上一级机构审查。

3. 特大型和大型工程项目的合同审查结果,还需上报公司总经理审核、董事长批准,再提交董事会审议,通过后方可签约。

二、合同审查的步骤[①]

国际工程合同的签约前审查可采用下述步骤进行：

1. 相关部门编写《合同审查报告》，内容包括：

(1)项目基本情况；

(2)合同文本说明；

(3)商务条件；

(4)所在国(地)资源的情况，如水、砂石、电、燃料、钢材、水泥等；

(5)项目安全生产管理计划；

(6)所在国(地)卫生和医疗的状况以及生活条件；

(7)税费分析；

(8)运输量，含超重、超大件的特殊说明及运输条件；

(9)项目管理模式；

(10)主要合作伙伴介绍，应附上资质、业绩和能力的证明文件；

(11)风险分析及对策；

(12)项目经理部的组织结构；

(13)项目成本计算，应附上效益核算表、现金流量表及各类成本的构成依据；

(14)需要说明的其他情况，如行业商会、协会、商务部、使(领)馆经商处、银行、保险公司的意见，以及相关支持函、兴趣函等。

2. 市场开发部门将上述文件按照项目分级审查的要求，提交给评审主管部门。主管部门收到审查申请后，进行初查，对于不符合要求的资料发回重写；对于符合要求的资料，由审查组织部门发送给合同、财务、法律、技术、物流等各方面的专家审阅、并确定审查时间。

3. 合同审查应采用会议的形式，会议议程如下：

(1)市场开发部门介绍项目情况；

(2)专家发言，对项目的合同条件提出疑问和意见；

(3)总结并形成审查意见。

4. 审查组织者应填写《合同审查表》(见表2－4－1)，并要求所有参评人员签

---

① 参见朱慧、武慧琳：《签合同前应注意合同审查》，载《上海法治报》2018年7月9日，B5版。

字确认。

5. 国际工程合同的签约前审查应涵盖合同的各个方面，所有与质量、工期、效益有关的内容都应逐一审核，无一漏项。

6. 不同专业的人员负责重点审核与本专业相关的内容，并根据自身的经验和所掌握的信息，对合同条款中存在的问题提出疑问。参评人员应本着认真负责的态度进行审查，审查结论应存档备查。

7. 合同审查表决可以采用两种方式：

(1)由会议主持者根据多数与会专家的意见，对审查作出结论；

(2)由与会专家投票表决。

8. 合同审查的结果可为：

(1)通过，没有遗留问题；

(2)原则通过，没有重大风险，但有一些问题需要特别关注或进一步澄清，且这些问题可以在下一阶段的推进过程中得到解决，获得原则通过的项目可以继续进行，但所提出的问题必须在签约前解决；

(3)有条件通过，存在较大的风险或方案不尽合理，市场开发部门需要对评审专家提出的关注点作出书面澄清，经专家审核确认后，可以获得通过；

(4)不通过，存在重大风险，且市场开发部门未提出有效的解决办法。

9. 对于审查结论为不通过的项目，应予以关闭，放弃项目开发。其余项目，应认真对待审查过程中专家提出的问题，做好澄清和改进工作，力争以最有利的条件签约。

10. 对于审查中专家提出的意见，市场开发部门应予以充分考虑并将落实情况书面反馈给评审主管部门。如果市场开发部门经再三努力仍无法说服业主接受专家的意见，则应提交书面说明，经企业评审主管部门组织专家会商后，报公司决策层决定项目的取舍。

第六节 国际工程合同签约前审查应注意的问题

一、合同审查应注意的问题

根据国际工程承包的一般实践，对于国际工程承包合同的审查，通常需要重点关注以下问题：

1. 合同签约主体及资质适格性；
2. 合同文件的组成及其优先顺序；
3. 合同生效条件；
4. 项目的各个接口界面；
5. 项目采用的技术标准及规范要求；
6. 项目的技术水平、技术难点以及可采用的应对措施；
7. 技术方案、设备选型与合同要求的匹配度；
8. 主要合作伙伴的资质和能力；
9. 误期及性能赔偿条件及最大值；
10. 竣工试验的方式及标准；
11. 工程移交的方式、程序及条件；
12. 支付条件和支付方式；
13. 报价的条件和依据，价格组成的合理性和完整性；
14. 合同价格和价格调整的条件；
15. 工期要求；
16. 成本核算、汇率及税务分析、资金收付计划及垫资、融资需求；
17. 开工条件；
18. 发生不可预见事件的处理方式；
19. 变更机制；
20. 停工机制；
21. 合同终止机制；
22. 索赔条件和程序；
23. 法律适用与争议解决机制等。

二、合同法律审查应注意的主要问题

作为一个独立的承包商，原则上应独立承担国际工程承包合同项下的风险。有的国际工程合同通过设立母公司担保，使承包商的母公司承担合同下的连带责任。在实践中，为确保把合同的所有风险锁定在承包商自身范围内，涉及担保时应优先采用银行保函而尽量避免使用母公司担保。

从风险防范角度来看，合同审查的关键任务是识别出对承包商严重不利的条款及由此带来的风险。下面就可能对承包商造成不利的责任限制、不可抗力、缺陷责任期、索赔程序、争议解决五个方面进行分析。

1. 责任限制

中国承包商在承揽国际业务过程中，有可能违反合同义务并招致合同责任，这就要求承包商就雇主的索赔应承担的责任作出限制。

有一份已执行合同对责任限制做了如下描述："承包商因本合同应向业主承担的责任赔偿，无论是源于本合同、侵权行为（包括过失）、严格责任或者是其他原因，都不得超出合同总价。不包括：承包商承担的已经判定的损害赔偿、诉讼费用、判给的费用以及与诉讼有关的利息，上述责任赔偿限制不应适用于因承包商团体严重过失、故意行为、欺诈、刑事犯罪行为……给业主造成的损失和损害"；有的合同还对损害赔偿和累计全部责任分别做了限额规定。从正常范围来看，损害赔偿通常限制在合同价格的5%～20%，如果能限制在8%～10%对承包商是比较有利的，而全部责任则限制在合同价格的25%～100%，最好是限制在40%以内。还有的业主会想方设法扩大例外的范围，把与责任限制有关的内容分散化处理，甚至以较为隐蔽的方式混合在其他条款中，增加承包商识别的难度。

合同审查需要关注的是：一是有没有责任限制；二是责任限制的种类设置和比例限度；三是责任限制的例外情况。对于责任限制超出正常种类范围、没有责任限制、或承担责任比例限度不合理、责任限制例外过多的合同条款，承包商应及时并准确识别，并提出合同偏差，在合同关闭前妥善处理。在国际工程实务中，如果要签没有责任限制的工程承包合同，必须要提交公司最高决策机构（如股东会、股东大会）批准才能签订。对于责任限制内容分散的合同，在审查时要将这些内容回归到责任矩阵中去，确保承包商获得国际工程惯例中的责任限制机制的保护。

2. 不可抗力

所谓不可抗力，是指在合同订立后发生的当事人在订立合同时不能预见、不可避免、不可控制，会导致不能履行合同或不能如期履行合同的客观事件，遭受不可抗力的合同当事方可以免除履行合同义务的条款。不可抗力通常具有以下构成要件：事件是在签订合同以后发生的；事件是当事人所不能预见、不能避免和不可控制的；非因当事人疏忽或过失等主观因素造成的。不可抗力事件主要包括两种情况，一种是由自然力量引起的，如洪水、台风、火山活动、泥石流、地震等；另一种是政治或社会原因引起的，如战争、封锁、政府禁令等。

有一份已执行的合同对不可抗力做了如下描述："①如果由于不可抗力及其影响范围的原因造成任何一个成员方在履行工作中的延误或错失，这些延误和错失均不应构成合同项下的违约或引起任何损害赔偿。除非这些不可抗力本质上破坏了合同的实施，否则不可抗力不应被作为不实施的借口，而只是延迟实施。②不可抗力是指控制范围外的事件，并且受影响的成员方没有过错或疏忽，该成员方也不能运用适当的努力防止或预防，包括但不限于：天灾或公害；设施的征用或没收；适用法律的更改……③下列内容被明确排除在不可抗力外，由于制造商或其他生产地的生产紧张，市场供不应求，或其他类似的事件引起的设备或材料的延迟交货……"

合同审查需要关注：一是合同需要将不可抗力的定义和适用范围予以明确；二是不可抗力的举例说明；三是不可抗力的例外情况。另外，在各个国家的法律中，对于不可抗力的规定与定义存在差异，在对合同进行审查时，需要把合同约定与在该国家具体适用的法律关于不可抗力的规定结合起来观察分析，一旦双方对明示条款的理解产生分歧时，适用法律的解释将是有力的依据。对不可抗力举例说明越详细，越有利于消除双方在理解相关条款时的分歧与差异。

3. 缺陷责任期

缺陷责任期规定承包商有义务修复在工程竣工或接收后出现并由业主通知的缺陷并承担由此产生的费用。缺陷责任期的期限一般是工程竣工后的12～24个月。在实践中，很多业主都会要求承包商延长缺陷责任期，如因为某项缺陷或损害达到使整个工程、分项工程或某项主要生产设备不能按原定目的使用的程度，业主有权对整个工程或分项工程的缺陷责任期提出一个延长期，通常的做法就是再顺延一个与原缺陷责任期等长的期限。

有一份招标文件对合同的缺陷责任期做了如下描述："承包商对设备、材料、供货商、设计、工程和工艺的保证从合同生效之日开始一直延续到缺陷责任期结束。如果承包商未能履行其保修职责，或者业主和承包商共同承认的修改内容，缺陷责任期应相应地延长。如果遇到不可抗力因素，缺陷责任期应该延长不可抗力因素影响的相应时间……如果在缺陷责任期内对部分工程进行修改或替换，则此部分的保修期应从该部分合格运行之日起重新计算12个月，不再按原缺陷责任期来计算剩余时间……”

合同中通常都会对承包商保留金的退还作出约定，如：“只有在缺陷责任期届满的情况下，承包商的保留金才会释放，质保金保函才能到期。”这样就造成了在缺陷责任期未届满之前，承包商无法拿回自己的款项或保函。按照上述招标文件对于缺陷责任期与保证金退回的约定，业主可以通过连续声称工程存在缺陷而使缺陷责任期一直无法届满，由此拒绝发放保留金、质保金保函等。实际过程往往伴随工程竣工或接收时间推迟，这种情况下，随着时间的推移，对于业主生成的缺陷的定性将会变得逐渐模糊，无法区分到底是施工方的责任，还是工程正常使用造成的磨损损耗。由于没有对缺陷责任期进行最长延长时间限制，承包商很可能被迫承担修复本不属于缺陷责任部分的义务，并且很有可能无法收回质保金保函。

合同审查需要关注：一是缺陷责任期的时间跨度；二是有没有对缺陷责任期延长进行限制；三是明确缺陷责任期延长的适用条件。另外，缺陷责任期条款关系质保金保函的释放，所以应当将这两部分条款合并观察，综合分析。

4. 索赔程序

国际工程项目在执行过程中发生工期和费用方面索赔的可能性比较高。索赔是在合同约定的框架下，认为自身权利受到损害的一方向对方主张承担损害责任的要求，其主要特征：不主张不赔偿；事后及时提出（一般是索赔事件发生之日起 28 天内）；依法依约解决争端。业主通常都会在合同中约定严格的索赔程序，来增加承包商索赔的难度。因此，对合同索赔条款的签约前审查是十分必要的。

有一份已执行的合同对索赔程序做了如下描述：“索赔反应：①在了解到索赔事由后及时向赔偿方提供通知；②如果赔偿方合理要求，在收到上文提及的通知后 30 日内，或索赔方向赔偿方所通知的适用法律所要求的更短期限内，开始此类抗辩……③对于由索赔方提出的任何索赔要求或赔偿方所做出的任何索赔抗辩，另一方应按照索赔方或抗辩方的要求，提供所有协助……”

上述合同条款对双方索赔程序中的权利义务作出了明确的约定，无论是对业主还是对承包商，他们均在具体的索赔或反索赔过程中做到“有法有据可依”。索赔通知是先决条件，索赔通知书能否及时发出，对索赔至关重要，未能及时发出通知将导致索赔被拒或被视为已经放弃索赔权，除此之外，合同通常会要求承包商在提交索赔通知书后的一定期限内提交支持性文件和证据，如未能按前述期限提交相关材料,业主将有正当理由拒绝索赔。

合同审查需要关注:一是索赔通知如何发出;二是提交支持性文件的期限。在实践中,承包商要求业主改变合同中严格的索赔程序条款非常困难。在合同履行的过程中,承包商需要有专门的工作部门或团队,对项目的进度进行监督,在索赔事件发生时负责准备和签发索赔通知和报告,并对相关支持性资料文件进行汇总、报送。另外,将索赔条款和变更条款合并观察,这两者之间通常在一定程度上存在相互转化的关系,一项索赔要求被接受后,如果仍在项目实施期间,业主可以通过发出"工程变更令",使该索赔以另一种形式进入合同的执行范围内。

5. 争议解决

在实践中,合同当事方通常会通过沟通、协商和谈判解决绝大多数合同中的纠纷,所以争议解决条款往往没有引起足够重视。对于承包商最终实现合同权利来讲,一个合理有效的争议解决条款是其有力保障。按照《承认及执行外国仲裁裁决公约》(纽约公约),仲裁裁决在世界上大多数国家都能得到承认和执行,而一个国家的法院判决很难在其他国家得到执行。因此,仲裁成了国际工程合同最常用的争议解决方式。

有一份咨询协议对仲裁条款做了如下描述:"该协议适用英格兰和威尔士法律,由现有合同和相关事宜引发的纠纷最终提请仲裁进行解决。仲裁地点为瑞典斯德哥尔摩,仲裁语言为英语,由三名仲裁员按照斯德哥尔摩商会仲裁院的仲裁程序进行仲裁。"

结合上述内容,在国际交易中,一个有效的仲裁条款涉及下列具体问题(需注意其与我国仲裁规则的区别):

(1)选择合适的仲裁地

仲裁地为纠纷解决提供了一个法律环境,仲裁庭在其支持下根据选定的仲裁机构的仲裁规则进行审理和裁决。仲裁地选择很重要,尽可能选择对己方有利的地点,同时它还应具备以下条件:该国家或地区是《承认及执行外国仲裁裁决公约》的成员;国内有现代仲裁立法;没有该国家或地区法院的强制干涉;在出现错误时可以依靠该国或地区法院进行协助;出入境便利等。

(2)选择合适的仲裁机构

在合同的签订过程中,承包商往往处于被动的弱势地位。作为承包商,通常希望选择一家相对公平独立、费用合理、效率较高的仲裁机构。

(3)确定仲裁庭的人数

国际仲裁庭的人数通常是一人或三人。争议双方各自从仲裁机构的仲裁员名单中选择一名,首席仲裁员由双方选择的仲裁员共同商定或由仲裁机构指定。

上述三个方面也就是合同仲裁条款审查的关注点。

综上所述,责任限制表明了合同的最高风险责任,不可抗力对合同履行过程中的不能预见、不可避免、不可控制的意外风险进行了规定,缺陷责任期对正常可控范围内的质量不达标风险进行了规定,索赔程序是合同履行过程中的救济手段,争议解决条款则是事后的外部救济途径。

妥善解决以上五个方面的问题,就是抓住了合同法律风险的核心要义,就能使法律风险得到有效防控。

三、合同风险辨识应注意的主要问题

1. 合同范围风险

在国际工程合同中,凡约定了承包商职责和义务的条款,均可视为"合同范围"。从狭义上说,合同范围是指合同文本中约定的工作范围,它是合同的主要条款之一。在对"合同范围"的描述中,业主往往对其约定较为概括、笼统,以满足其未来可以对合同条款进行引申的目的。这就使承包商存在将来被业主"无限引申"的风险。例如,合同条款约定"承包商应履行与本工程有关的所有的服务工作",其中用"所有的服务工作",将因为模糊性过大成为一个较大的风险点,极易导致在合同执行过程中双方产生争议,故承包商在合同审查时,应对类似阐述给以辨识,以明确承包商工作范围的边界。

2. 价格上涨风险

通常来讲,国际工程都具有较长的工期,因此物价上涨对合同履行的影响不可忽视。对于物价上涨风险较大的国家,价格调整条款显得尤为重要。国际惯例是:承包商在一定的条件下有权要求业主给予价格补偿与调整,以此来保障承包商的利益。FIDIC 合同实行"量价分离"的方式,提出了价格调整条款和调价公式,就是为了防止物价大幅度上涨而可能导致承包商项目成本增加的有效措施。在一些国家,物价上涨风险较高,若合同存在"不能因物价上涨而调整物资采购价格"等类似条款,势必导致项目成本增加的风险。如我国某央企联合体中标东欧某国为欧洲杯服务的高速路项目时,合同就材料采购价格约定:"原材料成本的增加,不得更改中标价格。”项目投标阶段正值欧债危机时期,经济低迷,原材料价格暴跌,但随着合同的履行,当地经济逐渐走出欧债危机的泥潭,且欧洲杯的举行带来了建筑业的热潮,原材料、机械和人工价格都猛涨,承包商向业主提出调价,业主方却以执行合同约定为依据而拒绝调整,致承包商遭受重大经济损失。

3. 合同陷阱风险

国际工程中,业主在起草合同时通常处于有利地位,借助该有利地位过分保护自己利益,忽视或者故意限制承包商的权益;借助熟悉本国(地)政治、经济、自然条件等优势,将其应承担的风险进行转嫁,有意制造一些合同陷阱,致使承包商承担本不该其承担的风险与责任。“合同陷阱”的厉害在于,业主以隐蔽或不易察觉的手段精心“下套”,以损害承包商的利益。常见的合同陷阱如下:

(1)文字阐述片面的陷阱

如合同指出:“如物资实际采购价格低于原报价清单表明的价格,则采用实际(较低)的价格。”其风险点在于,合同中并未提及因物价上涨采购价格高于报价清单时,业主是否给予承包商必要的补偿;其潜在含义是只允许业主向下调低合同价款,而拒绝承包商因实际采购价格上调时补偿采购价款的要求,即合同价格仅允许调低,不允许调高。

(2)模糊语言陷阱

业主在合同中故意使用不精确的描述,诸如“满意的”“合理的”“尽快”“必要时”“基本上”“可能的”等词语,为日后业主拒绝赔偿埋下伏笔。如我国一承包商在北非某国承包一大学城项目时,合同中就工程材料投用作出这样的约定:“承包商承诺本工程采用业主满意的材料。”这是一条风险很大的合同条款,因该承包商合同审查时未辨识出这一风险,接受了包含此陷阱的合同,造成日后承包商在向业主报送与投标报价相匹配的装修材料样品时被业主以“不满意”为由屡屡拒绝,而不得不采购业主提供的价格高昂的材料,致使其遭受数额不低的经济损失。

4. 关键条款缺失风险[①]

在合同中,保护承包商利益的关键性条款常常被业主有意删减。如上述某央

① 参见赵丕熙:《合同评审的重点是辨识风险》,载《国际工程与劳务》2018 年第 3 期,第 65 – 67 页。

企联合体中标东欧某国高速路项目时，合同删除了："业主需要支付预付款""因原材料价格上涨造成工程成本上升时，承包商有权要求业主提高工程款项""实际施工时承包商有权根据实际工程量的增加要求业主补偿费用"等关键性条款，给承包商日后实施项目造成了重大损失，其不得不接受重额罚款而中途终止合同，损失巨大。当然，这些风险与承包合同的类型也是有关的。

5. 工期风险

国际工程对于工期延误的罚款一般都是较为严格的。对于工期延误，业主通常是按天和合同价款的一定比例对承包商进行罚款。如果合同中对工期约定不合理，承包商尽最大努力都不可能按期竣工交付，承包商就面临着因工期延误遭受罚款的风险。我国承包商承揽的工程项目多在非洲、中东、中亚、东南亚等欠发达国家与地区，沙漠、高温、台风等恶劣气候，战争、内乱等不稳定的政局，劳工、环保、消防等法规政策的严格，宗教信仰差异、治安混乱的社会环境，材料设备到货不及时，健康、安全与环境管理体系要求苛刻，设计勘察不充分等都可能对工期产生不利影响。因此，对于外部环境比较复杂地区的项目，必须对合同条件中工期要求进行慎重地审查。

6. 业主支付风险

在合同的支付条件中，工程款支付的币种以及预付款、质保金、月结算支付、保修期限等约定是否合理，都可能使承包商承担一定的风险，直接影响承包商的经济效益。国际惯例如 FIDIC 合同等都约定了业主在开工之前应向承包商支付工程预付款，如合同中无预付款或预付款比例过低、质保金返还条件苛刻、工程款支付周期过长等约定，都会给承包商造成资金紧张的风险。我国某央企先后承揽了也门和马来西亚的工程项目，两个均是私人投资项目，在其合同履约过程中两个项目都遇到业主资金链断裂的问题，被迫中途终止合同。其中也门项目的合同约定没有预付款，故承包商前期投入的人力、机械设备及工程材料的损失无法补偿；而马来西亚项目尽管项目前期也投入了不少资源，但由于合同约定了预付款并及时到位，故项目基本没有损失。

7. 罚款风险

业主在合同条件中关于罚款项目设定及其额度约定是否合理等，承包商应给予高度关注。除去工期延误罚款额度高且没有上限是个很大的风险外，有的项目业主对现场管理的很多内容也作出了名目繁多的罚款约定，形成了另类的罚款风险。例如,我国某央企近年参与投标的俄罗斯一地铁工程项目,其合同中约定的罚款项目甚多,如仅涉及健康、安全与环境管理体系管理的罚款项目多达 90 余项(如垃圾未及时外运、污水未消毒和净化、工作岗位不整洁、妨碍检查等),而且无罚款上限。如果签订这样的合同,承包商就时刻面临着罚款威胁,这给项目实施带来较大的罚款风险。

为此,承包商需做好合同谈判,规避或降低合同风险。合同谈判是承发包双方为维护各自利益,针对拟定的工程合同条件进一步磋商,并通过调整各自提出的要求,以达成双方都能接受的最终合同条件的全部过程。对承包商来说,其目的主要在于:使合同风险分配趋于合理,降低合同执行过程中的风险,切实维护承包商自身利益。为了起到预期的谈判效果,合同谈判前承包商应就合同审查辨识评估出的主要合同风险列出清单,并对应列出取得预期目标的谈判方案,做好谈判前的充分准备,运用好谈判技巧,把握好谈判时机,争取好的谈判结果,以最大限度地规避或降低合同风险。

第七节　国际工程合同签约前审查的相关案例剖析

一、案例概述

某国新兴电信运营商 WCOM 在本国电信市场份额占比 20%,2008 年在该国取得 3G 运营牌照,之后对 3G 基础设施建设工程进行全球招标。承包商 H 为中标方,其采用的是最小化风险投标策略。

该工程技术极为复杂,要求程度高,属于大型精密设备建造项目,工程总造价×万美元,合同工期 6 个月,合同在 1999 年版 FIDIC 合同的基础上进行了适当增补和删减。

该项目对于承包商来说极具挑战性,因为项目规模巨大,技术创新性强,受到制约因素多(如技术、环境、资金等),并且业主对验收的要求极为严格。承包商经过前期充分研讨,与业主就合同中分歧性的条款进行磋商,最终达成一致。

由于前期准备充足,双方建立的合同体系合理而完备,项目进行中,双方在履行合同的过程中紧密配合,圆满按期保质完成了该项目建设任务,受到了业主和当地政府的一致好评。

二、案例分析

下面从本项目的重要分歧约定开始，逐个对出现的“陷阱”进行分析和评论。希望能提供一些经验和启示，使承包商在以后的工程项目管理中，可以根据本项目合同的经验，结合实际特征和问题，更加全面、有效地对合同进行审查。

1. 支付“陷阱”

“陷阱 1”——低价担高险

合同原文：Level on any other than fix, the contractor shall ensure and demonstrate keeping interoperability, which is a perquisite to the imposition of provisional level said.

合同约定承包商必须保证与设备之间的互通，也就是要求承包商保证 3G 网络畅通。

条款分析：这对于承包人来说是一个很高的风险。如果业主无法提供足够的传输资源，路由和互联交流所需的硬件、平台、站点等条件，或者第三方不能提供因互联交流而需要的协助（如相关的数据、参数等），承包商就不可能确保设备之间的互联交流。如果该项目采用了总价合同，承包商需要担负上述条款所带来的风险，但本案为单价合同的条件，并在附录中明确表示该责任由业主承担。

解决办法：如果承包商同意这一条款，将面临巨大成本损失（责任上限是合同总金额的 15%），并且违约还会严重影响承包商的形象和信誉。因此，承包商提出一项附加限制条款，即在第三方具备相应条件的基础上，承包商确保设备互联。经过积极的谈判，双方达成一致，承包商保留自己的索赔权。

经验总结：承包商在和业主签署承包合同时，要充分了解掌握和合理评价与合同价格相适应对等的法律风险，明确责任矩阵以及双方之间的法律权利义务，确保业主负责提供非承包商工作范围的配套设施条件，以防业主将本应由其负责的配套设施风险转嫁给承包商，给承包商造成惨重经济损失。

“陷阱 2”——小事高成本

合同原文：The contractor is required to provide documentation and updates in English. The contractor undertakes also to provide WCOM these same documents in French, as soon as they are product, without any additional cost to WCOM.

合同约定承包商免费向业主提供有关英文和法文的资料，并提供更新的信息。

条款分析:通常,承包商会认为文件资料问题容易得到解决,翻译费用几乎是可以忽视不计的。但是一个经验丰富的承包商会非常仔细地核算,以确定相对精准的费用。目前翻译费用(市场非紧急情况下的平均价格)为31美元每千字。对于大型项目,文档数据预计会超过五百万字,那么翻译费用就需要15.5万美元,承包商应该在报价中考虑这项费用。

解决办法:翻译费用是一个可观数字,如果承包商轻易地承诺了业主的合同约定,在后期可能会给承包商造成相当大的亏损。经过磋商,业主同意在工程量清单中对承包商提供的法文文件数据进行单独报价。这样,承包商节省了一大笔不需要花费的资金。

经验总结:对于某些看起来非核心的约定,承包商也不能对其放松警惕,特别是涉及费用问题的情况,费用积少成多,需要进行深入的研究、认真地计算和调查,客观地发现细节约定中包括的潜在争议,并及早提出两方都能接受的解决办法。

2. 变更“陷阱”

“陷阱1”——巧妙拒绝变更

合同原文:Only with the exception of force majeure, delays and/or delivery dates will be extended for a period determined by mutual agreement between the parties; this period should be not greater than the delay. No extra cost should be claimed in WCOM in these cases.

合同中约定,承包商只能在不可抗力情况下获得延长工期补偿,且不能获得费用补偿。

条款分析:合同虽然未明确提及业主应自行承担由其过错导致的法律责任(如未按时准确提交工程施工材料地点等),以及其他任何由于非业主原因从而导致作业流程改变而工期发生延误的事应如何进行处理,但由于合同条款中的一些默示条款已经表明,应由承包商自己来负责履行,这显然是不公平的。此外,合同明确约定不可以进行索赔,这也充分体现了业主规避法律责任的意图。

解决办法:经双方协商,合同中再加上一些其他限制性补偿条款,约定由于非承包商的原因造成工程延误,承包商一方有权要求得到合理的工期延长,以及获得成本费用补偿,从而有效保护承包商的合法权益。

修正后的条款:Any delay caused by WCOM such as late supplying site list after PO issued, late supplying necessary conditions for site environment, etc. should be borne by WCOM. The duration also should be extended. More details can be referring in Annex . . . Responsibility Matrix. And any costs and expenses arising from this delay should also be borne by WCOM.

经验总结:从风险分配的形势来看,工程承包市场现阶段实际上是"买方市场"。业主是制定工程承包合同的主导方,经常在招标文件中设置大部分风险由承包商承担,甚至应该属于业主自己承担的,也通过某些强制性条款将其转移到承包商身上。针对此情况,承包商应根据企业自身的特征和项目特点,同时结合市场竞争环境、招标规则等因素,仔细考虑风险条款的利弊,灵活地采取措施保护自身的权利,避免由于粗心所致的严重后果。

"陷阱2"——多退少不补①

合同原文:If at the time of the order, the contract prices have fallen, and are lower than those negotiated in the contract for this equipment are given, these latest prices apply.

合同约定在采购时,如果采购单(Purchase Order,PO)的价格低于原合同中约定的价格,应当采用最新的(较低的)价格。

条款分析:合同中并未提及因为成本上升等因素造成价格上升时,业主是否应当给承包商适当的补偿。这等于在明确拒绝承包商变更价款要求的同时,却允许业主自己变更价款,出现了明显的权责不对等。

解决办法:在合同谈判中,承包商提出了两种修改意见:①附加条款"因成本上升等因素造成设备价格上升时,应适用最新的(较高的)价格";②删除该条款。经过协商,结果双方达成一致,将该条款删除。

经验总结:对于变更类别的条款,业主常常会提出一些不合理的要求。如果仅允许业主调整价格而禁止承包商调整价格,承包商将处于一个极其危险的合同条件之下。承包商一定要注意识别这个问题,尽早发现,严肃且及时地向业主提出修正意见。

---

① 参见曹国辉、杨正:《国际工程合同中的"陷阱"——以一宗电信合同评审案为例》,载《国际经济合作》2010年第3期,第69-73页。

3. 工期"陷阱"

"陷阱 1"——混淆工期获罚款

合同原文:The supplier commits himself to install and bring the equipment into service for this contract within 90 days as from the date of notification.

合同规定,承包商在接到采购单后 90 天内完成相关设备的安装调测工作,并使该项设备进入商业化使用阶段。

条款分析:在项目实施过程中,设备采购仅运输时间就需要 60 天(通常采用海运),另外完成清关时间也无法确定。承包商若按照业主的要求肯定无法按期交付,此时业主则可以根据该条款获得高额的工期延误罚款。

解决方案:承包商结合自身实际交付能力与业主要求,以及工程所在国(地)通关的特定情况,承诺在设备抵岸并且清关后 60 天内完成所有的安装调试工作,并投入商业化使用。

经双方谈判,修正后的条款为:The supplier commits himself to install and bring the equipment into service for this contract within 60 days after the equipment arrives at country and the custom clearance is finished.

经验总结:业主有时迫切希望工程尽快投入使用,对承包商的工期提出苛刻的要求,并设定了高额的工期延误罚款,这是极不合理的。在符合双方利益的原则下,承包商应当提出合理的修改意见,积极与业主沟通,并加大人力、物力、财力的投入量,尽力尽早完成工程,一般情况下,业主是可以和承包商达成统一意见的。

"陷阱 2"——上不封顶拖检验

合同原文:Final acceptance is pronounced at least 6 (six) months from the provisional acceptance and the lifting of all remaining minor reservations possible on the basis of provisional acceptance in accordance with the provisions of Annex ... "Receiving procedure ".

合同约定,"终验"最早需要在"初验"结束后 6 个月内进行,但最晚时间并未在合同中明确约定。

条款分析:承包商如果接受该条款,在项目完工验收前很可能会面临业主以各种理由拖延终验的风险。而业主不进行终验,所有的维护成本和质量损坏都将由承包商承担。这样承包商既无法顺利收回项目进度款,也承受了无法估量的履约风险(如质量风险和成本风险)。

解决方案:经过与业主协商,条款中添加“围栏性条款”,约定即使最终日期不确定,也必须在工程项目完工后 1 年之内完成终验,使承包商可以有效地控制风险和成本。

修改后的最终条款为:Final acceptance is pronounced at least 6 (six) months but at most 12 (twelve) months from the provisional acceptance and the lifting of all remaining minor reservations possible on the basis of provisional acceptance in accordance with the provisions of Annex ... “Receiving procedure”.

经验总结:对于合同中任何模糊不清的地方,都应作出准确的解释或者修改,而诸如“至少”“最少”之类的用词,只约定了下限并没有约定上限(如某些禁止性的条款和罚款上不封顶的条款),很容易被遗漏。承包商在合同中必须仔细审查此类条款,避免在项目履约过程中承担过多的风险。

4. 其他“陷阱”

“陷阱”——随时拒绝分包商

合同原文:WCOM has the right to refuse the subcontractor or assignee chosen by a simple letter.

合同规定,业主有权随时拒绝已选定的分包商或代理商。

条款分析:在工程实施过程中,业主如果对分包商的工作不满意或者与分包商关系不融洽,可以通过发出信函的方式解除分包商;反观承包商,项目工期短、任务紧急,若解除分包商则意味着无法保证工程进度,且全部责任仍要由自身承担。

解决方案:承包商承诺在业主和工程师书面同意前,无权擅自将工程全部或部分分包给第三方,但根据项目需要其有权选择分包商来交付项目。如果业主需要,承包商将按时提供分包商的必要信息(分包商清单、附件等)。同时,业主在得到承包商书面同意之前,也不得单方面拒绝或解除分包商。否则,业主承担由此可能造成的项目质量下降、工期延误或其他社会问题等风险。

修改后的最终合同条款为:The contractor committed not to assign or transfer the entire contract to the third party without the prior confirmation in writing by WCOM. But the contractor reserves the right to select subcontractors to deliver the project at its own discretion depending on the need of the project. The contractor assures to submit necessary information of subcontractors, such as subcontractor list, references, etc. To WCOM periodically upon WCOM's request. But WCOM cannot compel the subcontractor unilaterally without the contractor's confirmation in writing. Otherwise, the contractor should not bear the responsibilities of project quality decrease, project schedule delay, or any other social responsibilities which may arise.

经验总结:在大型国际工程建设中,承包商通常会采用分包方式把非自己专长的工程或风险大的工程部分分包出去,以确保整个工程按时保质地建成。但业主出于自身对工程项目控制的需要,在对于分包商的管理方面,常常会赋予自身较大权利,而承担较小的责任。承包商特别需要注意这类条款,否则将会使本来的有利因素变为不利因素,带来额外的履约风险。

三、案例总结

通过对项目合同中的一些典型分歧条款进行分析,我们总结了一些需要在国际工程合同签订前审查的问题,为国际工程合同的审查和管理提供一个理论的借鉴和经验的总结,以便在遇到较难和较复杂的合同问题时,能够选择一种正确的方法。

1. 整合案例,学习经验

有的承包商做得非常好,经常对有关合同的禁止性条款,特别是需要上级批准的条款进行整理,交由合同管理者学习、参照和总结,并收集各行各业的合同审查操作指南,积极建立并不断完善参考案例库,从而吸取知识和成果,借鉴经验教训。承包商应该不断要求项目工作人员,特别是合同管理者加强学习,提高自己的专业能力,把各种知识经验有效整合起来,及时、准确发现在合同中隐藏的“陷阱”,以防范和控制国际工程开发和执行的风险。

2. 熟悉标准,遵循惯例

在国际工程实践中,业主通常会采用控制结果的管理方式,严格遵守合同约定来对工程进行验收。承包商应参照其他项目验收和移交过程中遇到的问题,积极制订合同对策,并将其写入契约条款中。

此外,承包商还必须充分了解有关合同条款中的所涉及的有关国际文化习俗,根据有关国际建筑工程设计领域惯常的要求,对有关合同条款内容进行详细整理,敏锐地发现其中的重大陷阱,才能有效地防止后期施工风险的发生。

3. 了解市场,收集信息

对于一些市场竞争比较激烈的项目,承包商可适当地调整策略,放宽合同条件,但应制定适当的风险防御措施,以对可能存在的风险和可能造成的后果进行有效应对。为此,需广泛收集项目及业主相关资料和信息,以在谈判前做到心里有数,未雨绸缪。

4. 求同弃异,因地制宜

在合同审核时,往往会发现很多风险条款。有时,在综合考虑了项目利害关系之后,承包商可能只会就风险过高的约定和确实无法承担的约定向业主提出异议,并进行谈判。对于较低的风险(对合同交付有较小影响的类型),承包商可以通过对项目的实施来转移风险,减轻风险和预防风险,具体情况依赖于项目特定的情况。承包商应特别关注积累这一方面的经验和教训。

5. 项目共赢,换位思考

承包商和业主均有自己的专业合同审核人员,双方对有争议的条款往往存在对立关系。对承包商所提出的修改建议,业主往往倾向于拒绝。双方都需要以相互合作的精神,公平、合理地解决合同条款中涉及的问题,达到"双赢",即采用对方都感到满意的解决办法。就承包商而言,应该在分析、研究和修订合同时,换位思考,进退有度,以便在顺利完成项目的同时,为今后进一步的合作奠定良好基础,这样的项目实施就有可能获得真正的成功,实现项目效益的最大化。

四、谈判闭口后、签约前的形式审查

当谈判已经完成,各种风险已经按照前述规则进行了足够的识别分析应对和谈判争取后,就来到了合同签订前的最后一次的形式审查环节,该环节不应再过多涉及合同的实质性内容与风险,而是做形式上的总体复核,对签约主体的符合性、合同文件的完整性、合同谈判成果的书面落实情况、签约时间和地点、签约代表授权办理情况等形式要件进行检查,确保形式要件完全符合要求,为即将到来的合同签约把好最后一道关。

五、结语

合同管理是国际建设工程项目的核心任务之一,贯穿任务始终,关系国际工程建设项目成败。合约签订双方将从维护自身合法利益的不同角度审视合同所述的相关问题,对某些合同条款可能持不同的观点,甚至可能发生争议,都是常见现象。

作为承包商,要提高自己在合同管理上的专业素质,在签订合同前对该合同进行全面的审查,认真研究合同的每个条款,认真发现合同存在的问题,并及时在交流或谈判上提出解决意见,尽量找到双方认可的解决办法,将合同争端化解在萌芽状态,以保证合同的顺利履行,按期实现项目完工和移交,实现预期经济利益和社会利益。

第五章　国际工程业务转型升级对投标签约的影响及应对

近年来,国际工程市场发生了很大变化,对于我国对外承包工程企业来说,项目合作条件越来越严格,利润率越来越低,项目运作风险越来越大,业务模式也不断创新,国际工程业务正在转型升级。国际工程业务转型升级的背景、原因和路径为何?转型升级将对投标签约有哪些影响?我国对外承包工程企业又将如何应对?本章将对以上问题进行深度讨论。

第一节　国际工程业务转型升级的背景、原因和路径

随着全球经济下行、国际金融市场疲软,加上贸易保护主义抬头,单边主义和逆全球化浪潮的加剧,基础设施建设项目融资的难度逐渐加大,国际工程承包市场的规模也有所萎缩。[①] 与此同时,在境外业主支付能力下降、国际国内承包商激烈竞争以及中国承包工程企业"走出去"积累了多年海外工程承包经验等各外部、内部原因的共同催化及推动下,对外承包工程企业逐步从现汇总承包走上了"F + EPC""垫资""参股投资 + EPC""应收账款卖断融资拉动 EPC""投融建营一体化""前期规划拉动 EPC""海外并购"等转型升级之路,以在激烈竞争的国际市场中寻求更大的发展空间。[②]

---

① 参见陈烁、张伟明等:《2019 年度 ENR 国际承包商 250 强解析》,载《工程质量》2019 年第 9 期,第 1 – 8 页。

② 参见张哲:《2019 年度 ENR 国际承包商 250 强解析》,载《中国勘察设计》2019 年第 9 期,第 17 – 21 页。

一、中国国际工程承包企业的发展现状及业务转型的背景

中国在20世纪50～70年代，为很多国家提供了经济技术援助，帮助了很多第三世界国家建设了各类工程项目，如非洲的坦赞铁路等。① 在改革开放前，中国并没有真正意义上的国际工程承包。② 自改革开放以来，中国的对外承包工程发展走过40多年，经历了“起步阶段(1978～1982年)”“稳步发展阶段(1983～1989年)”“调整阶段(1990～2001年)”“规模发展阶段(2002年至今)”四个阶段。③从最开始的对外援助、劳务输出，经过施工总承包、设计—采购—施工总承包，发展到如今的投融建营一体化等复杂融资及对外承包业务模式。

2016～2030年，全球建筑业累计产值有望达到212万亿美元，而“一带一路”沿线国家有望达到44.6万亿美元，年均市场空间有望达到3万亿美元。根据“2018年国际承包商250强国际营业额的市场分布表”，250强企业多分布在亚洲和澳洲，在中国“一带一路”倡议的推动下，亚洲成为全球经济增长最快的地区，基建市场的需求旺盛。④

随着中国“一带一路”倡议的提出，中国对外承包工程企业加大国际市场投入，广泛参与国际基础设施投资建设，业务规模稳步发展，“一带一路”基建合作成为对外承包工程行业发展的重要引擎，⑤海外市场未来有望成为中国对外承包工程企业的重要业绩增长领域。⑥ 根据美国《工程新闻纪录》(ENR)2020年公布的国际承包商榜单，中国企业继续在“国际承包商250强”榜单中表现出色——进入该榜单的中国企业有74家。

现在全球经济仍然处于深度调整时期，各类风险问题将长期存在。面对外部竞争的不断加剧，国际市场对承包企业的资金及融资能力、资源整合能力和运营

---

① 参见汤礼智：《国际工程承包总论》，中国建筑工业出版社1997年版，第14页。

② 参见郭伟尚：《复杂环境下中国国际工程承包企业生态位及生境选择研究》，华北电力大学(北京)2018年博士学位论文，第31页。

③ 参见张尚尚：《价值链视角下我国国际工程承包商转型升级研究》，北京交通大学2014年硕士学位论文，第14－16页。

④ 参见陈烁、张伟明等：《2019年度ENR国际承包商250强解析》，载《工程质量》2019年第9期，第1－8页。

⑤ 参见房秋晨：《凝心聚力　加快转型　推动对外承包工程行业高质量可持续发展》，载《海外投资与出口信贷》2020年第1期，第6－9页。

⑥ 参见前瞻产业研究院：《中国建筑业市场前景与投资战略规划分析报告》。

管理能力的要求也不断提高，中国对外承包工程企业面临着迫切转型升级的需要。①

二、中国国际工程业务转型的原因分析

中国国际工程业务转型的原因众多，总体而言，既有外部原因也有内部原因。

1. 外部原因

国际工程业务的转型有着深刻的外部国际经济环境原因。首先，自 2008 年金融危机爆发后，受金融危机、石油价格波动及世界性经济衰退的影响，全球工程行业发展放缓，而为了应对国际金融危机，各国都大力发展基础设施建设，国际工程规模近些年越来越向大型化发展，例如，中国葛洲坝集团股份有限公司承建的阿根廷基塞水电站项目（合同金额 47 亿美元）和安哥拉卡卡水电站（合同金额 45 亿美元）、中国东方电气集团有限公司和上海电气集团股份有限公司获得的埃及汉拉维恩超超临界燃煤电站项目（合同金额 44 亿美元）、中国交通建设集团有限公司获得的马来西亚东部沿海铁路项目（合同金额约 106 亿美元）、中国化学工程集团有限公司获得的俄罗斯油气 Paykha 油气田工程服务项目（50 亿美元）及俄气公司波罗的海化工综合体项目（120 亿欧元）等。而随着技术复杂程度及综合性项目的增加，国际工程项目对承包商的资金、投融资、管理及技术能力等各方面提出了更高的要求，传统工程承包企业逐渐向产业前端的规划、设计、咨询和后端的运营、维护和管理等领域扩展，逐步发展成提供项目全产业链的服务。

其次，国际工程承包的竞争日趋激烈，②面对来自其他国家，如法国、德国、西班牙、美国、日本、韩国、土耳其等承包商的竞争，中国对外承包工程企业不得不通过转型提升其自身竞争力以获取项目。

最后，近年来国际能源、矿产和大宗商品的价格大幅下跌，东道国和境外业主的投资能力不足、财务状况的普遍恶化，财务支付能力下降，导致境外业主对承包商资金及融资能力的要求越来越高，以资金拉动项目的需求和趋势迫使中国对外承包工程企业走上了转型升级之路。

---

① 参见张哲：《2019 年度 ENR 国际承包商 250 强解析》，载《中国勘察设计》2019 年第 9 期，第 17－21 页。

② Mohamad Agung Wibowoa, I. Nyoman Yudha Astana & Rusdi H. A., *Project Performance and Company Performance Relationship In Construction*, 125 Procedia Engineering 95(2015).

2. 内部原因

除了上述外部原因外，以下内部原因也是中国国际工程业务转型升级的重要原因或有利基础条件。首先，对外承包工程企业（如设计、施工单位，设备厂家，窗口公司等）之间出现恶性竞争，以及由于国际工程对技术、质量要求的提高，靠低价竞标的方式日渐失灵，①迫使承包企业（特别是处于产业链末端的施工企业）进行模式创新，②提升融资能力和竞争力以获取“顶端优势”。其次，中国“走出去”比较早的对外承包工程企业积累了较为丰富的境外项目经验以及中国融资机构的资金支持，为转型升级提供了重要基础。最后，中国经过几十年发展积累了大量的外汇储备，加上国家层面的配套资金及融资支持，也为中国对外承包工程企业转型升级提供了有利支持条件。

三、中国国际工程业务转型的路径

面对现汇总承包时代的过去及当前以资金拉动项目的趋势，中国国际工程业务的转型升级之路，总体来说，有以下几种路径。

1. F + EPC

F + EPC，即指境外业主要求总承包商在获取设计—采购—施工工程的同时提供融资协助服务，为业主解决部分融资款或者协助业主获取中国甚至国际融资，并以协助融资落地作为将设计—采购—施工工程授予中国承包商的前提条件。具体来说，“F”（融资协助）主要包括协助业主获取“两优贷款”和买方信贷。

（1）“两优贷款”

“两优贷款”包括“优贷”和“优买”，均是由中国政府对外提供的具有优惠性质的贷款，贷款通过中国进出口银行办理。“优贷”指中国援外优惠贷款（government concessional loan），是中国向发展中国家提供的具有援助性质的中长期低息贷款。“优贷”贷款利率低、期限长，能100%融资，无须向中国出口信用保险公司（以下简称中信保）投保信用保险，贷款资金类型是人民币。而“优买”是指优惠出口买方信贷（preferential buyer's credit），是为配合国家政治、外交需要，推动与

---

① Tariq Hussain Khan & Abdul Qadir Khan, *Effects of Lowest Bidding Bid Awarding System in Public Sector Construction Projects in Pakistan*, 15 Global Journal of Management and Business Research: G Interdisciplinary 9(2015).

② 参见杨宏山：《国有大型施工企业转型发展模式研究》，载《建筑经济》2017年第3期，第27－29页。

重点国家和地区的经贸合作,采用出口买方信贷形式对外提供具有一定优惠条件的特定贷款。[①] 相比"优贷","优买"需要贷款方提供不低于合同金额的15%的预付款,融资比例不超过85%,贷款资金类型为美金,且因金额一般不大,在大型国际工程项目中可能难以作为单一融资来源而使用。

(2)买方信贷

买方信贷最初在大型机械设备或成套设备出口贸易中应用,由出口商(卖方)所在国(地)的银行贷款给外国进口商(买方)或进口商的银行,由此进行融资,推动本国设备的出口,而这种贷款便被称为"买方信贷",[②]后来推广应用到对外承包工程领域。在2005年人民币汇改后,对外承包工程的主流融资模式变为买方信贷,中国承包商也更倾向于使用买方信贷,因在买方信贷下,还款人为买方,买方信贷不会给卖方造成负债。在中国对外承包工程企业发展的"黄金十年"中,海外工程项目在很大程度上是靠资金拉动的,而从设计—采购—施工总承包向"F+EPC"模式的转变过程中,买方信贷是主要融资模式之一,对我国工程企业拉动国际工程市场发挥了不可低估的重要作用。

2. 垫资

毫无疑问,落实建设资金是工程项目顺利建设和完工投产的保障。按照国际工程项目运作的一般实践,在工程开工之前,应首先落实建设资金。资金来源包括自有资金、财政拨款、证券市场筹集资金和银行贷款等。而垫资则是指要求承包商在业主为项目落实建设资金前先行垫资建设的行为。现代大型国际工程项目的主要融资来源多为银行贷款,且项目融资已成为主流的融资模式。由于项目融资模式下的融资关闭耗时很长,而业主又出于提高经济效益、保证项目运营收益、降低投资风险和政治需求的考虑,欲尽早实现工程开工建设和完工投产,因此在近年来的项目运作实践中,出现了业主要求在其建设资金落实之前,设计—采购—施工总承包商先行垫资建设的做法,且业主通常把承包商垫资作为将项目授予承包商的前提条件。[③]

因此,中国承包企业往往在业主的要求下,为获取项目而需要通过自有资金

---

① 参见《中国进出口银行——优惠贷款业务》,载《时代经贸旬刊》2010年第9期,第64-65页。

② 参见刘舒年编著:《国际工程融资与外汇》,中国建筑工业出版社1997年版,第58页。

③ 参见宋玉祥:《国际工程承包中"抢跑"和"垫资"风险及管控》,载微信公众号"园工论坛"2018年3月5日,https://mp.weixin.qq.com/s/Wd8V4lYRAFE12Eh-KQ1XFg。

或筹集资金先行垫资以保证项目顺利实施，直至业主落实建设资金，业主才向承包商支付已完成工程部分的工程款及融资利息等垫资成本。实践中，承包商垫资通常是通过银行贷款进行的，而承包商通过银行贷款进行垫资建设实际上面临着很大的风险。

3. 应收账款卖断融资拉动设计—采购—施工总承包

如前所述，近些年来在国际工程承包项目中，业主通常会要求承包商“带资进场”，中国承包企业的主力军是国有企业，他们在取得国有银行的开发性融资或优惠贷款方面有着天然的优势。然而近些年来，政策性银行或国有银行对于承包企业的授信要求越来越高，承包企业母公司的资产负债表如果“负担沉重”，那么即使提供了母公司担保，子公司也无法锁定融资。于是，承包企业融资创新的需求和动力越发强烈。① 在此背景下，工程款延付、应收账款卖断融资拉动设计—采购—施工总承包成为海外工程项目的重要运作模式和市场趋势，特别是在海外光伏、风电等新能源项目上，已成为中国承包企业拉动海外工程承包项目的“新抓手”。

所谓应收账款卖断融资，该融资模式在学界和实务界并无规范、统一的概念，行业人士有的称为应付账款延付融资，有的称为出口量单延付融资，有的称为建设期工程款延付融资。无论其名称为何，其一般做法是，在项目建设期内，业主不向承包商支付工程款或仅支付很少比例的工程款或预付款，而是将绝大部分甚至全部工程款延后，如在项目完工投产日（commercial operation date，COD）后一定期限届满时才支付，为此，业主将为未来支付给承包商的工程款项提供支付保障。而承包商以业主提供的支付保障为基础，将项目上未来的应收工程款转让“卖断”给融资银行，由融资银行向承包商进行贴现融资，承包商利用融资银行的贴现融资垫资建设工程项目，待项目完工投产后，由承包商的融资银行向业主或其银行收取工程款，实现交易的闭环。

在实践中，根据业主提供的支付保障的不同种类，应收账款延付融资基本上可细分为两类：一类是业主提供了工程款支付远期信用证（letter of credit，L/C），承包商将信用证下的应收账款转让给融资银行，这种融资模式称为福费廷（forfeiting）融资；另一类是业主提供了备用信用证（standby letters of credit，SBLC）、银行支付保函或大股东商业担保等支付担保，承包商将承包合同下的应

① 参见苏萌、贾之航、赵哲楠：《承包商延付融资的风控思路》，载金杜律师事务所官网，https://www.kwm.com/zh/cn/knowledge/insights/extend-the-risk-control-20191009。

收账款和这些支付担保一并转让给融资银行,这种融资模式称为保理(factoring)融资。

应收账款卖断融资拉动设计—采购—施工总承包的项目运作模式作为国际工程行业的新事物,无论是对于业主还是对于承包商来说,都具有重要的现实意义,是双赢的。对于业主来说,应收账款卖断融资的融资模式,为其建设期融资节约了大量融资时间,便于业主提早进行工程开工和完工投产,进而有利于业主提早收益,并且在光伏、风电等新能源项目上有利于获得更高的财政补贴标准、提高收益率水平;同时,该种融资模式也有利于打消融资银行对业主归还贷款本息安全性的担忧,有利于业主获得长期融资。对于承包商来说,利用业主提供的远期信用证、备用信用证、支付保函或股东商业担保等支付保障,能够从银行获得福费廷融资或保理融资,以融资为筹码,锁定设计—采购—施工总承包的项目机会,并借以争取更好的价格水平和承包合同条件。①

4. 参股投资拉动设计—采购—施工总承包

相较垫资,承包商提供资金的另一种方式是近年来出现的"参股投资 + EPC"模式。由于近年来国际经济形势的下滑导致业主购买力不足,特别是自 2014 年以来,石油、矿产资源等大宗货物价格大幅下跌,导致油气和资源出口国的财务支付能力大幅下滑、严重不足,直接影响境外业主对项目的投资财务能力。中国经过十多年来持续的外汇盈余,积累了 3 万多亿美元的外汇储备,为中国企业对外投资积累了雄厚的外汇资金,而境外业主也看到了中国的巨额外汇储备,想要通过中资企业利用中国的外汇资金以支持境外业主启动和开发建设项目。同时,境外业主也有从投资角度绑定承包商、分散项目风险的角度的考虑。因此,境外业主对承包商提出了参股投资的进一步要求,并作为授予承包商设计—采购—施工工程的前提条件。在这种深层次的经济背景下,加上中国"走出去"和"一带一路"的政策大背景的助推,"参股投资 + EPC"模式逐渐兴起。

"参股投资 + EPC"模式,在国际工程中主要具有以下两方面的价值。第一,对于业主来说,它部分解决了业主启动项目所需的自有资本金问题,进而有助于业主获得银行等金融机构的贷款,为项目解决了融资问题,助推项目落地。第二,对于承包商来说,其同意参股的基本前提条件是锁定设计—采购—施工总承包,

---

① 参见宋玉祥:《拉动海外 EPC 总承包项目的新抓手——应收账款延付融资及风险防范》,载《项目管理评论》2020 年第 1 期,第 40 – 44 页。

因此该模式也使承包商获得了与业主谈判的有利筹码，所以在“参股投资 + EPC”模式下，承包商锁定了项目机会，并可能向业主争取到更高的承包价格和更好的合作条件。①

5. 投融建营一体化

“投融建营一体化”是指集项目的投融资、建设和运营于一体的全寿命期、全产业链的项目运作模式。“投融建营一体化”已成为对外承包工程市场的重要趋势，许多大型建筑企业由传统建筑主业逐步向立足主业、多产业协同发展转型，不断优化和改革产业链布局和发展，适度降低企业单一经营带来的风险，整合产业链经营，提升企业产业链创效能力。在投资、融资、建设施工、工程咨询、物资贸易、运输经营、设备制造等相关领域均涉足的情况下，通过“投融建营一体化”项目的运作，可以实现企业项目产业链经营发展，拉动企业多板块、多渠道创效，不仅提升市场经营承揽份额，还可以优化企业创效整合能力。②

中国的央企承包集团，都已建立、健全综合服务能力，包括投资、开发、融资、建设、运营和维护等境外项目运作全产业链，出现了集上述能力于一身的综合服务商，如中国建筑、中国铁建、中国中铁、中国交建、中国电建、中国能建等传统央企承包集团。与此同时，传统的境外投资企业，也在加强自身的工程建设能力，打造具备全产业链能力的综合投资商，如中国核工业集团公司、中国长江三峡集团有限公司、国家电力投资集团有限公司、中国华电集团有限公司等。这种全产业链的境外绿地开发建设运营项目，被贴上了新的术语标签——“投建营一体化”。推动“投建营一体化”是企业培育对外投资合作竞争新优势、打开市场新局面，实现属地化经营策略的必然选择。例如，中国电建投资建设的“中巴经济走廊”首个落地的能源项目——巴基斯坦卡西姆港燃煤电站项目，中国电建内部系统单位按照专业定位分工的不同，分别承担、共同实施了项目的开发、投资、融资、建设和运营工作，并已于 2018 年实现商业投产，成为我国工程企业“一带一路”和海外工程“投融建营一体化”项目的典范。

6. 前期规划拉动设计—采购—施工总承包

面对激烈的竞争，某些具有战略眼光的中国承包商开始另寻他途，向项目前

---

① 参见宋玉祥：《如何运作境外参股投资拉动 EPC 承包工程项目?》，载微信公众号“园工论坛”2018 年 6 月 4 日，https://mp.weixin.qq.com/s/cfmaa9K4JkWdMa_XnI0UUA。

② 参见邓勇等：《BOT 模式高速公路工程施工总承包管理实务》，科学出版社 2019 年版，第 11 页。

端的前期规划延伸,从告诉境外业主"我能做"(如设计—采购—施工模式)、"我为你找钱"(如"F+EPC"模式)、"我出钱"(如"参股投资+EPC"模式),到告诉境外业主"你需要什么项目"发展,为业主或东道国政府做项目前期规划甚至产业规划。例如,2017年4月,中国多家大型承包商,包括中国葛洲坝集团公司、中国土木工程集团有限公司、中国电信国际有限公司、中国恩菲工程技术有限公司、长江勘测规划设计研究有限责任公司、河北建投能源投资股份有限公司等,由中非基金牵头,在约翰内斯堡设立了中国海外基础设施开发投资有限公司(China Overseas Infrastructure Development and Investment Corporation Limited, COIDIC)。COIDIC拟股本规模5亿美元,是目前中国第一家,也是全球范围内资金规模最大的、专业从事海外基础设施前期开发的企业。根据COIDIC董事长周超的阐述,COIDIC的经营主业为"海外PPP基础设施项目开发",即通过投入资金、整合资源,围绕工程技术、法律、融资三方面开展前期开发工作,将基础设施项目概念和规划蓝图转化为可投资、可融资的成熟项目,孵化和创造成熟基础设施项目供应,改变目前非洲及"一带一路"沿线国家基础设施投资项目无效和低端供给的局面,推动中国企业开展海外基础设施投资,促进中国技术和标准"走出去"。COIDIC的目标是"逐步发展成为中国企业开展海外基础设施投资最具影响力的'项目孵化平台',中国企业开展国际基础设施投资合作的'桥头堡'"。以前期规划拉动项目机会的项目运作模式,为中国对外承包企业提供了崭新的市场思路,相信在不远的将来就会开花结果。①

7. 海外并购

近年来国际工程市场趋势的下滑,也使工程企业加快了通过海外并购方式转型升级的步伐。海外并购有利于中国工程企业快速进入海外市场,获得有利的海外市场布局,更快获得技术或理念的升级,并通过增强对重点海外市场的业务拓展,获得更强的支持力,从而获得相对更高的利润率。中国工程企业中的领先者已经意识到发展和业务支撑模式转变的重要性,并开始采取不同做法,以海外并购突破重点市场,弥补短板,提升全球竞争力。② 因此,近年来,积累了丰厚实力的

---

① 参见宋玉祥:《"等风来"不如"迎风开"对外承包工程七大趋势》,载《项目管理评论》2018年第3期,第24-27页。

② 参见周密:《海外并购,1+1>2》,载《国际工程与劳务》2015年第12期,第20-24页。

对外承包企业，在夯实传统承包工程业务的基础上，开始尝试海外收购。① 例如，中国建筑收购美国 Plaza，中国交建收购澳大利亚 John Holland、试图收购加拿大爱康（Aecon）、收购巴西 Concremat，中建设计研究院收购新加坡 CPG 集团，中电建收购德国 TLT 和 Carbotech、意大利吉泰（Geodata），中国能建收购西班牙易安（EAI）与盖飒（GHESA），中钢集团收购澳大利亚 Midwest 等。

8. 基金助力项目的融资

基金，特别是产业基金介入国际工程市场，是近年来出现的新现象。基金并非以承包口径，而是以投资口径间接切入，其主要功能是解决境外投资股本金不足的问题，协助业主获得债务融资（如银行贷款），尤以境外大型能源、电力和基础设施项目为典型，这为中国承包企业间接创造了市场机会。同样，对于以参股投资拉动设计—采购—施工总承包的项目，基金也能协助解决部分股权投资问题。除先前设立的国家间政府层面基金（如丝路基金、中拉合作基金、中拉产能合作基金、中非发展基金和中欧“一带一路”产业基金）外，企业层面设立的该类基金也越来越多，特别是诸多“一带一路”主题的基金，如中信“一带一路”基金、光大“一带一路”基金、中融“一带一路”基金和国投瑞银新丝路基金等。相信基金的介入将成为国际工程市场的新常态，因此，建议企业主动了解基金的运作模式及其对境外项目的参与机制，并在必要时引入，实现国际工程市场的多方共赢。②

9. 绿色化、数字化、信息化与智能化

（1）绿色化

近年来，全球气候问题已经成为全球治理的核心问题，也是各国经济建设中不可回避的现实问题。③ 为降低基建项目对环境的影响，政府和业主对低碳设计需求不断提升，而新技术也逐渐融入基建项目的设计、建造和运营之中，不仅带来了新动能，更改变了传统的建设理念。④ 因此，顺应环保大趋势，国际工程承包业务的绿色化也是一个重要的趋势。在此趋势下，中国对外承包工程企业应在合理

---

① 参见宋玉祥：《“等风来”不如“迎风开”对外承包工程七大趋势》，载《项目管理评论》2018 年第 3 期，第 24－27 页。

② 参见宋玉祥：《“等风来”不如“迎风开”对外承包工程七大趋势》，载《项目管理评论》2018 年第 3 期，第 24－27 页。

③ 参见邢厚媛：《在市场深度调整中加快转型升级——2013 年对外承包工程发展述评》，载《国际经济合作》2014 年第 3 期，第 4－11 页。

④ 参见晏春、操敏：《未来全球基建行业的发展的趋势展望》，载《国际工程与劳务》2020 年第 6 期，第 44－46 页。

规划和推进项目的过程中，也致力于带动当地就业和改善民生，保护生态环境，打造一个“绿色承包商”的形象，从而实现与东道国的互利共赢、共同发展。[①]

(2)数字化、信息化与智能化

在行业和科技创新发展的当下，把握数字化、信息化与智能化发展机遇，打造智慧协同，已经成为基建行业新的动能增长点，数字化、信息化与智能化亦成为对外承包工程转型升级的发展之路。信息技术已经从各方各面改变着基建行业，如造价、勘探、设计、施工、维护、经营等。[②] 随着国际工程承包行业竞争的日趋激烈，建筑企业为了能够更好地降低企业运营的成本、提升工程效益，实现中国对外承包工程行业的高质量可持续发展，提高技术质量的规范性、安全性和环保性，就必将运用和发展科技，不断加强技术创新，加强对外承包工程企业的技术能力及信息化建设，而这些在工程承包企业参与国际竞争中也成为越来越重要的准入标准——业主对承包工程项目的科技、环保、数字化等要求也更为严苛。[③] 例如，迪拜提出，在2025年之前对于新建筑采用3D打印技术建造的比例要达到25%。无人机、3D打印、物联网、虚拟现实、人工智能和智慧城市等将成为影响未来基础设施建设发展的主要技术。国际大型工程公司已经开始着力提升企业的环保、节能技术和数字化解决方案能力，为抢占下一轮产业竞争制高点奠定基础。[④]

第二节　国际工程业务转型升级对投标签约的影响

一、投标资格更严格

国际招标与投标是目前国际上采购物资、销售产品、承包工程、加工订制、进

---

① 参见宗妍：《抓住“一带一路”机遇，推动行业发展实现新跨越——专访中国对外承包工程商会会长房秋晨》，载《国际工程与劳务》2016年第1期，第20－24页。

② 参见晏春、张新明：《基建行业的信息化应用趋势》，载《国际工程与劳务》2020年第5期，第66－67页。

③ 参见陈启：《国际工程承包行业国内外现状趋势的分析探讨》，载《现代经济信息》2014年第8期，第176－177页。

④ 参见辛灵：《国际工程承包市场新特点及前景》，载《国际经济合作》2019年第1期，第38－43页。

行劳务和技术服务等国际经济合作中所采用的一种买卖双方成交的方式，[①]尤其是在利用国际金融组织贷款，如用世界银行的贷款采购物资和建设工程时，必须采用国际招标与投标的方式。[②] 投标程序的目的是选择一个能根据要求在限期内供应设备或建造工程的投标人，[③]如果投标人的技术和财力背景及经验不能向业主证明其能完成所承包的工程，那么即使报价低，合同授予该投标人也是有风险的，因为工程质量可能无法保证。[④] 仅仅是承包人所提供的履约担保，并不能给予业主充分的保护，因业主的目的是获得建造工程而不是以诉讼收场。[⑤]

根据国际招标的惯例，对大型复杂工程，一般均应对潜在的、对项目有兴趣的承包商先进行"资格预审"，即在正式投标前，对有兴趣的承包商进行"第一轮筛选"，只有通过了资格预审的承包商，才被认为是"合格的"、有资格参加投标的承包商。[⑥] 因国际工程业务向大型化、复杂化方向发展，境外业主对承包商的综合能力（特别是融资能力）的要求越来越高，因此，海外工程项目对承包商投标资格的审查也越来越严格，很多承包企业在资格预审阶段便被拦下，由此可见资格预审是承包商是否可以参与投标的至关重要的一步。[⑦] 在资格预审中，业主会对各个申请者在"机构和组织"、"同类型工程的经验"、"资源与能力"，以及"财务状况与能力"等方面进行审查。对于"资源与能力"，业主主要审查的是在技术装备、管理经验与能力等方面申请者的情况以及其为实施项目拟配备的人员、装备和采取的措施等；"财务状况与能力"，业主会着重审查申请者在资本、债务、流动资金、资金周转和投融资能力方面的情况及能力。[⑧] 因此，国际工程项目的大型化和业务转

---

① Sadegh Asgari, Amr Kandil & Ibrahim Odeh, *Optimal Risk Attitude for Construction Contractors in Competitive Bidding Environments*, Construction Research Congress(2016).

② 参见姚长辉编著：《国际工程招标与投标》，企业管理出版社 1993 年版，第 24 页。

③ Opeyemi Olanrewaju Oyeyipo et al., *Factors Affecting Contractors′Bidding Decisions for Construction Projects in Nigeria*, 2 Journal of Construction in Developing Countries 21(2016).

④ Meet Patel, Prof. Mamata B. Rajgor&Dr Jayeshkumar R. Pitroda, *Factors Affecting On Contractor's Bidding Strategy in Large Scale Residential Construction*,3 International Journal of Advance Engineering and Research Development 5 (2016).

⑤ 参见姚长辉编著：《国际工程招标与投标》，企业管理出版社 1993 年版，第 28 页。

⑥ 参见蒋逵、张惠瑞编著：《国际招标与投标：世界银行贷款项目国际招标程序》，中国财政经济出版社 1989 年版，第 4 页。

⑦ 参见中建三局第二建设工程有限责任公司主编：《海外火力发电厂工程总承包施工技术》，中国建筑工业出版社 2018 年版，第 30 页。

⑧ 参见蒋逵、张惠瑞编著：《国际招标与投标：世界银行贷款项目国际招标程序》，中国财政经济出版社 1989 年版，第 8 页。

型升级趋势,使国际工程招标投标对于承包商的投标资格要求越来越高。

二、业主对承包商的资金及投融资能力要求更高

随着境外业主财务状况的普遍恶化、支付能力的下降,境外业主对承包商的投资及其融资能力的要求既是国际工程承包业务转型升级的重要原因,也是国际工程承包业务转型在国际工程承包的投标签约阶段承包商面临的新要求与新挑战。承包商的投资、融资能力,很多时候直接决定了承包商是否能够获取该项目。例如,在孟加拉国某燃煤电站项目上,业主在招标文件中明确要求承包商在业主完成融资关闭之前至少垫资承包合同价格的 15%,如投标人不响应该垫资要求,其投标将被业主拒绝。

对于垫资项目,承包商通常被要求先行垫资开工建设,而业主往往不支付预付款,即使支付预付款,预付款的比例也很小,远远低于常规的预付款比例。而承包商一旦开工,将需要购置大量的施工机械,动员项目实施人员,并向分包商和设备材料供货商支付大量资金,包括预付款和进度款等,在业主即使支付部分预付款的情况下,该预付款也远远不能满足承包商工程实施的资金需求,因而承包商需要以自有资金或筹集资金进行垫资,保障工程实施的顺利进行,直至业主落实项目建设资金,这便对承包商的资金及融资能力提出了要求。

对于“参股投资 + EPC”模式的项目,以一个总投资额为 20 多亿美元的某燃煤电站项目为例,自有资本金比例按 25% 计,那么自有资本金就需要 5 亿多美元。如果承包商按自有资本金的 20% 参股投资,那就需要投资 1 亿多美元。但是,对于动辄以亿美元为单位计算的投资金额,一般承包企业是难以承受的,这便严重考验着承包企业的融资能力。而在控股甚至独资的“投融建营一体化”模式的项目上,承包商面临的资金和融资要求会更高,更加考验着承包商的资金实力及投融资能力。

因此,可以说在当前国际工程承包市场的新形势下,对于对外承包工程企业来说,真正的考验已不在于设计—采购—施工总承包本身,而在于潜藏在项目背后的投资与融资能力。

三、业主融资银行的介入

近年来在国际工程项目的投融资实践中,特别是在能源电力、矿产资源和基

础设施领域,融资模式逐渐由政府财政拨款转变为私人投融资,主流融资模式也由公司融资转变为项目融资。而在项目融资模式下,业主的融资银行往往要求设置介入机制。在传统的国际工程实践中,承包商在总包层面仅与业主签订承包合同、产生合同关系,而跟业主的融资方没有合同关系。但在项目融资模式下,业主融资方往往通过业主要求承包商与融资方签订直接协议,而一旦签署了直接协议,承包商就与业主的融资方产生了直接的合同关系,对融资方承担义务和责任。直接协议的初衷和最核心的安排是为业主的融资方设置对于承包交易的介入权(step - in rights),即在因业主原因导致承包商有权终止合同或者停工的情况下,业主的融资方有权介入或接管项目,代替业主履行业主在承包合同下的义务,但承包商不能行使承包合同下的停工权或终止权。如果业主的融资方最终决定放弃而不是接管项目,直接协议的机制安排将给承包商带来额外的风险和损失。

此外,项目融资模式也会对承包商法定担保权的保留有相应的影响。在实践中,承包商在国际工程项目上作为设备材料的供货商和工程的建造商,其对所提供的设备材料和所建造的工程享有留置权(中国法律下承包商对其所建工程享有的相应权利称为"优先受偿权"),即如果业主未按时、足额支付到期货款或工程款,承包商有权行使留置权,将占有的设备材料或工程拍卖,就业主未支付的货款或工程款优先受偿,这种留置权或优先受偿权是法定的,是法律给承包商回收货款和工程款提供的保障。但是,在项目融资模式下,融资方通常都会要求,业主也会在承包合同中要求承包商放弃这种法定的留置权或优先受偿权,因为这种担保权是法定的,在担保效力上优先于抵押权和质押权等普通担保权利。如果承包商不放弃这种留置权或优先受偿权,一旦业主拖延或拒绝支付到期工程款或货款,那么承包商有权就其占有的工程或设备材料优先于融资方受偿,这将严重损害融资方对项目资产和收益权享有的抵押权和质押权等担保权利,进而影响融资方贷款本息回收的安全性。因此,融资方不接受承包商对其占有的设备材料或工程保留该种留置权或优先受偿权。①

四、由 EPC 工程招投标到 BOT/PPP 特许经营招投标

国际工程总承包模式的演变经历了 20 世纪 50 年代至 90 年代中后期的 DBB

① 参见宋玉祥:《项目融资对国际工程项目的影响及规范应对》,载《项目管理评论》2020 年第 3 期,第 32 – 35 页。

模式、20 世纪 90 年代中后期以来的 D&B 模式和交钥匙模式，以及后为解决政府预算资金不足问题，各国政府推出的授予特许经营权为主要特征，由企业负责融资、建设、运营并从特许期内获得收益的以“BOT”“PPP”模式为主的总承包模式。①

BOT/PPP 体系都是政府项目的投资体系。BOT 共分三个阶段完成：建设—运营—移交，即政府授予某一私营企业“项目公司”特许经营权，该公司在特许权期限内负责项目的投资、建设、运营和管理，在若干年后根据双方的协议，将项目无偿地移交政府；PPP 是指政府与私营机构签订长期合作协议，政府部分出资参股并授权民营机构代替政府建设、运营或管理基础设施（如道路、桥梁、电厂、水厂及自然资源开发等）或其他公共服务设施（如医院、学校、监狱等）并向公众提供公共服务，到协议期限后，项目移交给政府。② 在亚洲的印度尼西亚、马来西亚、菲律宾等国家以及非洲的尼日利亚等国家，PPP 模式的推出和法律的完善，为中国对外工程承包企业以 BOT/PPP 模式进入这些国家和市场提供了机会。例如，在巴基斯坦，BOT 模式被大力发展。③ 三峡集团以 BOT 模式开发的卡洛特水电站项目是巴基斯坦迄今为止签署的装机容量最大的私营电力水电项目；中国电建海外投资公司与卡塔尔公司共同成立了巴基斯坦卡西姆港发电有限公司，以“建设—拥有—运营”模式共同投资开发巴基斯坦卡西姆港燃煤应急电站项目。④

承包商由仅作为 EPC 总承包商转变为工程项目 BOT/PPP 特许经营权人时，工程项目的招投标相应也由 EPC 工程招标投标变为了 BOT/PPP 特许经营招标投标。而 PPP/BOT 项目不同于传统的工程总承包，其实质是投融资和项目经营，周期长，前期沉没成本高，且在 BOT/PPP 项目的竞争性投标和谈判中，私有方财务和技术实力是中标的最关键因素。⑤ 因此，对于中国承包商来说，项目投标决策

---

① 参见李兴：《PPP 模式：中国对外工程承包企业转型升级的选择——访品博国际管理咨询有限公司董事长　崔军》，载《项目管理技术》2012 年第 3 期，第 14 - 15 页。

② 参见刘峰、刘建安：《国际 BOT/PPP 项目融资模式的异同及融资适用性比较——兼述参与 BOT/PPP 项目带来的益处》，载《招标采购管理》2014 年第 11 期，第 25 - 28 页。

③ See Khan A. H. , Jamil M & Sattar M. , *The Trend of Build Operate and Transfer* (*BOT*) *Projects in Pakistan*, ICCIDC - I(2008).

④ 参见房秋晨：《把握“一带一路”机遇，实现对外承包工程业务转型升级》，载《海外投资与出口信贷》2017 年第 2 期，第 26 - 29 页。

⑤ See Tiong & R. LK, *CSFs in Competitive Tendering and Negotiation Model for BOT Projects*, 122 Journal of Construction Engineering and Management 205(1996).

就应该更加谨慎,需要基于招标文件及相关信息进行科学的分析和投标决策。[①] 特别是,对投标国际 PPP/BOT 项目的中国承包商来说,若自身能力与业主要求不匹配,或项目条件太苛刻,适当放弃投标也许也是一种明智的决策行为。[②] 从近些年中国企业承包国际大型工程项目的结果来看,不理智的投标决策,是导致项目后期亏损的一个重要原因。[③]

五、投标与签约模式的转变

国际工程业务转型对投标与签约的另一个重大影响便是投标与签约模式的转变。由于近年来国际工程项目的大型化及复杂化发展,以及承包合同金额越来越高等国际工程市场形势的变化,境外业主对承包商也提出了越来越高的垫资、投融资等资金要求。面对越来越大的项目规模和越来越高的资金要求,中小工程企业已越来越力不从心。一方面,中小工程企业的资信和抗风险能力无法与国际大型工程项目的规模相匹配;另一方面,在有限的资产规模下,中小工程企业的融资能力不足,无法满足境外业主对承包商垫资或投资的资金要求。

对于大型集团制工程企业,在传统上由下属工程平台公司获取和实施海外工程项目的模式,在运作大型甚至巨型承包项目时已难以为继,越来越不适应当前项目大型化的趋势和要求,国际工程承包的投标与签约模式在大型海外项目上已逐步向"工程公司签约+母公司(集团公司)担保""'工程公司+母公司(集团公司)'联合体投标签约"等模式转变,这就使集团公司的信用重新加入项目责任之中,违背了集团公司设立下属专业工程公司以隔离母公司风险的初衷。

1. 工程公司签约+母公司(集团公司)担保

"工程公司签约+母公司(集团公司)担保"的签约模式是应海外工程项目大型化的趋势而诞生的,同时在很大程度上也是源于中国国家外汇局2014年《跨境担保外汇管理规定》的转变,即将跨境担保由核准制改为备案制,简化了审批流程。该模式主要是为了解决集团下属工程平台公司面对海外大型工程项目的资

---

① See Woosik Jang et al., *Naive Bayesian Classifier for Selecting Good/Bad Projects during the Early Stage of International Construction Bidding Decisions*, Mathematical Problems in Engineering(2015).

② See Beltrún Aznara et al., *Factors Affecting Contractor's Bidding Success for International Infrastructure Projects in Australia*, 23 Journal of Civil Engineering and Management 880(2017).

③ 参见王守清、张子龙:《我国企业对外 BOT/PPP 投资困境及建议》,载《国际工程与劳务》2014年第5期,第9-12页。

信和抗风险能力不足问题，因此，该模式的主要价值在于支持下属工程平台公司获取海外工程项目。

但是，“工程公司签约＋母公司（集团公司）担保”的签约模式是把“双刃剑”，虽然其支持下属工程平台公司获取境外大型工程项目，但其弊端也非常明显。一方面，该模式严重背离了设立专业平台公司以隔离母公司风险的初衷；另一方面，海外项目业主要求承包商提交的母公司担保多为财务性质的担保，这种财务性质的担保会改变集团公司的资产负债结构、加重集团公司的债务负担。

2.“工程公司＋母公司（集团公司）”联合体

与“工程公司签约＋母公司（集团公司）担保”的签约模式相同，“工程公司＋母公司（集团公司）联合体”的签约模式也使集团公司直接介入了项目，直接面对境外业主的责任风险，因而也严重违反了设立专业平台公司以隔离母公司风险的初衷。但与其弊端相比，“工程公司＋母公司（集团公司）联合体”的签约模式的价值更为明显。一方面，该模式也解决了集团下属工程平台公司面对海外大型工程项目的资信与抗风险能力不足的问题，有利于支持下属工程平台公司获取海外大型工程项目；另一方面，且更具价值的是，该模式不会增加集团公司的负债，不会改变集团公司的负债结构，这对作为上市公司的集团公司的价值尤为明显。

例如，在某央企集团下属某工程公司承包的南亚某电站 EPC 总承包项目上，由于该工程公司资产规模有限、抗风险能力不足，业主认为该工程公司的资信和抗风险能力与项目不匹配，所以强烈要求该工程公司提交由其集团公司出具的具有财务赔偿性质的母公司担保，并将其作为将该项目授予该工程公司的前提条件之一。考虑到提供具有财务赔偿性质的担保将改变该集团公司的资产负债结构、增加该集团公司的负债，该工程公司及其集团公司征询我们的意见后向业主提出建议，将签约模式由“该工程公司签约＋母公司（集团公司）担保”模式转化为“工程公司＋母公司（集团公司）联合体”签约模式，以联合体形式承包了该电站项目，这一方面解决了该工程公司资信和抗风险能力不足的问题，另一方面也避免了该集团公司增加担保负债，实现了签约模式的最优化。

第三节　中国工程企业的应对措施

国际工程市场近年来的重大变化和国际工程业务的转型，无疑给中国对外承包工程企业带来了不小的冲击与挑战。对外承包工程是一项综合输出,它集资本、商品、技术和服务为一体。以前中国对外承包工程企业靠单一的低端服务输出,形成了低成本、短工期的竞争优势,近年来及在可预见的将来,中国对外承包工程企业应靠整合国内外资源形成一体化和系统化的服务输出,凭借综合优势在激烈的国际工程市场上竞争。因此,中国的对外承包工程企业应客观认识并勇于面对国际工程市场形势的变化及其对项目投标的签约带来的重大影响,积极应对和探索国际工程项目运作新模式。

一、资信要求的应对和签约模式的策划

1. 资信要求的应对

在传统的对外承包工程实践中,中国对外承包企业向业主提交的担保通常有投标保函、预付款保函、履约保函和质保函等银行保函。由于境外建设项目,特别是能源、电力、基础设施等领域的建设项目规模越来越大,且 EPC 模式成为承包境外项目的主流模式,加上项目融资逐渐成为主流的融资模式,业主及业主融资银行对承包商的资信要求越来越高,银行保函已无法满足业主及其融资银行对于承包商信用和担保强度的要求。但由于承包商自身的资产(尤其是净资产)规模、银行授信和资金能力等,相对于项目规模而言明显不足,抗风险能力与业主在 EPC 总承包合同项下的风险严重不匹配,因此由承包商的母公司提供母公司担保,可以有效增加承包商资信和抗风险能力,以达到业主的要求从而获得项目。然而,母公司担保的方式背离了母公司隔离境外项目风险的初衷,也增加了母公司的担保负债而影响母公司的进一步投融资能力,因此在适用时应谨慎对待。具体来说,有以下三个方面需要考虑:

(1)合理评估

面对境外业主对于提交母公司担保的要求,承包商应当首先结合自身资信情况和项目情况,对提交母公司担保的合理性和必要性进行评估。首先,应当分析项目的融资结构。如果融资结构为项目融资,则业主融资方拥有较大的话语权。如果融资方认为承包商资信不够,应当提交母公司担保,则承包商谈判难度往往较大。如果项目为业主自有资金建设项目,则是否提交母公司担保往往仅为业主自身的风险考量,承包商拥有较大的谈判空间。其次,应当分析项目类型和规模。如果目标项目为风险较小、技术成熟的项目,且规模不大,承包商自身的资信和能

力能够与项目规模和风险相匹配，则通过提交履约保函等常规银行保函即可以满足业主风险控制的需要，无须再提交母公司担保。

（2）积极应对

如果经过合理评估，承包商的资信与能力确实有限，与目标项目的规模和风险不匹配，则业主及其融资方关于承包商提交母公司担保的要求是合理的，承包商母公司应当积极面对，一味拒绝业主的母公司担保要求可能导致项目流失。在此情况下，承包商应当与业主及其融资方就母公司担保的形式和条件进行充分沟通，并与母公司积极协商解决办法。各集团公司也应当对母公司担保有着正确的认识和充分的重视，不要“一刀切”地认为母公司担保都是不常规的、过分苛刻的要求，对母公司担保的合理性和必要性予以充分考虑。对于确实需要提交母公司担保的项目，母公司应积极配合子公司办理，以支持子公司对外承包工程项目的开发，防止项目流失。

（3）控制风险

如前所述，如果业主提出的母公司担保要求合理、可接受，后续需重点关注的则是母公司担保的形式和条件，以尽可能控制母公司的担保责任风险。在母公司担保形式的选择上，有如下建议：

①尽量争取选择适用完工担保，而不是金钱支付担保。这有利于避免影响母公司的资产负债；如果业主或融资方不同意适用完工担保，则尽量争取将母公司承担担保责任的方式设置为“继续实施和完成项目，当项目完全失败时母公司才承担金钱赔偿责任”。这便于在作为承包商的子公司对业主违约时，母公司可调动集团内的其他项目实施力量，继续实施和完成项目，减轻母公司直接面对金钱赔偿责任的压力，并维护集团公司的整体声誉。

②如果母公司不得不承担金钱赔偿的责任，则尽量采用一般保证，而不是连带责任担保的形式。在此机制下，即使境外业主追究中国承包商母公司的担保责任，境外业主也必须先追究承包商的责任，这将耗费境外业主大量的精力和财力，使业主有所忌惮，在一定程度上减缓母公司的风险。

③如果业主不接受一般保证，则可以根据项目情况考虑接受连带责任保证的担保。由于在连带责任保证下母公司享有与承包商子公司同等的抗辩权，故在项目执行中，母公司可更为积极地参与到子公司的项目风险防控和索赔及反索赔工作中，防止母公司承担担保风险和责任。

④无条件的独立担保是对承包商母公司而言责任最严格、风险最大的一种担保形式。只有在业主特别强势，坚持采用该担保形式，没有其他担保形式的谈判空间时，承包商才可接受该担保形式。在此情况下，建议与业主及其融资方就担保的额度进行协商，争取降低母公司的担保责任限额，如只承担银行保函不能覆盖的承包商责任的余额等。

2. 签约模式的策划

如前文所述，在项目大型化和对承包商越来越高的资信要求下，承包企业的母公司往往不可避免地介入项目中，为承包商提供担保等资信支持。这一变化也影响着海外工程项目的签约模式——传统的对外承包工程企业独立签约的方式越来越不适用，已无法与海外大型工程项目的规模相匹配，无法满足境外业主的要求。“工程公司签约＋母公司（集团公司）担保”“‘工程公司＋母公司（集团公司）’联合体签约”等模式已成为海外大型工程项目上的重要签约模式。对于签约模式，以下两点值得对外承包工程企业考虑：第一，如果目标项目的规模有限，下属工程平台公司的资信和抗风险能力与项目规模相匹配，则建议由下属单位独立签约；同时，如果单个下属单位无法达到上述要求，集团公司可协调两个或数个下属单位组建联合体，如“设计院＋施工企业”的承包商联合体，以增加承包商的资信和抗风险能力，获取和承接海外工程项目。毕竟，海外工程市场的商业生态已发生了很大变化，这种市场形势的剧变急需工程企业整合整个集团的力量“走出去”。“设计院＋施工企业”组建联合体的签约模式更能实现优势互补和集团公司的整体利益。第二，如果多个相关下属工程公司的联合仍不能达到与目标项目相匹配的资信和抗风险能力要求，则建议由集团公司与具体运作项目的下属工程公司组建联合体，以联合体为主体签署海外工程项目承包合同，还可以以母公司担保的形式提供资信支持，以解决下属工程公司在海外大型项目上面临的资信不足的问题。

二、垫资风险的管控

垫资无论是对项目投资人还是对承包商来说，都具有很高的风险，但对于承包商而言风险更大，最直接的风险即在不具备资金保障的情况下垫资施工所产生的垫资风险。例如，某火电 EPC 项目上，业主要求承包商在融资关闭前先行垫资开工建设，这几乎用光了公司银行授信，导致承包商半年发不出员工工资。此外，开工合法性风险也不容忽视。在国际工程实践中，现场开工前通常需获得东道国政府主管部门颁发的施工许可，在“垫资”“抢跑”下未取得施工许可即开始施工将面临违法风险，可能会被政府部门处以罚款并勒令停工，严重的可能导致刑事责任。例如，某火电项目上，业主还未办完项目审批（环评）手续就开工，后被环保部门要求停工。因此，对于承包商垫资项目，中国承包商需要慎重对待，在投标、签约之前或之时应特别注意以下几点。

1. 做好项目融资筹划，避免“垫资”“抢跑”事件的发生

无论是对于承包商还是对于业主而言，避免“垫资”“抢跑”风险最根本的方法在于及时实现融资关闭，在实现融资关闭后再开工。东道国政府主管部门与投资人签订的项目开发协议通常会给予投资人一定的融资时间以实现融资关闭，例如，某大型电站项目的购电协议约定融资关闭一般应当在购电协议签署日之后 9 个月内完成，如果投资架构安排得当，项目融资方案筹备合理，在这 9 个月内实现融资关闭是完全可行的，这就要求项目投资人在项目前期阶段做好项目融资方案筹划，提前准备融资关闭的各项条件，以尽早实现融资关闭，避免发生融资关闭延误。而承包商需对此进行关注，与业主在协议中明确约定。

2. 应确保获得开工所需审批许可后再“抢跑”

如果项目确实进度紧张，不得不采取“垫资”“抢跑”，则应当确保依据东道国法律获得了全部开工所需的许可之后再进行开工，如发电项目上的项目开发许可、环评许可、用地许可和开工许可等。投资人或业主应当做好当地法律尽职调查，全面了解开工前需要具备的许可，确保这些许可由业主（项目公司）合法持有。就承包商而言，在垫资和开工之前，应注意向业主查明是否已获得了上述许可，并将获得了上述许可作为开工条件，约定一旦由于违法开工所导致的经济性赔偿责任和损失由业主承担，以降低开工的违法风险。

3. 应签署临时开工协议

口头约定或君子协定在国际交易中是不可靠的，在国际工程实践中，承包商即使同意“垫资”和“抢跑”，也需要先与业主签订临时开工协议（agreement for limited notice to proceed）或早期工作合同（early works contract），对临时开工的工作范围、开工条件、垫资金额、垫资期限、临时工程价格及支付时间、支付方式作出约定，避免在没有签署任何书面协议的情况下贸然进场施工。该类临时开工协议往往不要求承包商全面实施所有工程内容，而仅需限制性地开展工程内容中的特定部分。但如果临时开工协议中约定的工作范围完成后仍未实现融资关闭，则业

主将与承包商协商签署另一份临时开工协议，由承包商继续工程施工。

4. 要求业主或其母公司提供相应的付款担保

对于在融资关闭前即要求承包商垫资开展大规模施工的项目，承包商垫资金额很大，垫资成本回收的风险也很大。为此，承包商为防控垫资不能收回的风险，在签约前谈判时应要求业主甚至其母公司（如有）提供还款（或工程款支付）担保，担保方式有项目资产抵押、收益权质押、股权质押以及母公司担保等。如业主不提供上述担保或仅提供部分担保而不足以有效保证承包商垫资（工程款）的回收，则承包商需谨慎考虑是否对项目进行大额垫资。

三、“参股投资 + EPC”模式下的风险管理

承包商一旦介入境外投资领域，将面临陌生的项目运作模式、复杂的交易架构、多重身份定位的困惑、转型的阵痛和风险管理的新挑战。因此，在“参股投资 + EPC”模式下，承包商在投标、签约之前或之时应注意以下几点。

1. 识别“真”“假”投资

在“参股投资 + EPC”模式下，对于参股投资部分交易，实践中有真实投资和“名股实贷”的假投资两种投资方案，承包商需根据自身的风险偏好、风险把控能力和盈利点考量，审慎选择投资方案。“参股投资 + EPC”模式深刻地体现着“风险与收益成正比”的商业理念：一般来说，真实投资对承包商来说收益水平可能更高，相应的风险也越大，因为承包商同时面临投资和工程承包双重交易项下的风险；而“名股实贷”的假投资方案，对承包商来说风险较低，因为承包商在投资交易项下，面临的风险主要在工程承包交易中，但相应地，承包商的盈利水平也低。在“参股投资 + EPC”项目的运作实践中，如业主同意，承包商由于对境外投资风险管控能力的不足，更倾向于采用“名股实贷”的假投资方案，即确保投资交易下投资成本（含融资利息）的安全回收，避免发生投资风险，而将风险承担放在自己相对熟悉的工程承包交易中。但是，在决定采用“名股实贷”的假投资模式之前，承包商应对东道国的相关法律法规进行调研，在某些国家，“名股实贷”的假投资在法律上是很敏感的，存在法律障碍。在此情况下，承包商可能不得不采用真实投资的投资方案。

2. 境外投资的风险管控

如前所述，一旦以“参股投资 + EPC”模式运作境外工程项目，承包商就进入

了相对陌生且复杂的境外投资领域。境外投资项目所涉的合同更多,合同关系更为复杂,且各主要合同之间是相互联动的,一个主要合同下发生重大违约,将引起其他主要合同的连锁违约,导致项目运作发生系统性风险。例如,在境外电站项目上,承包商不但需要熟悉传统的 EPC 总承包合同,还要熟悉投融资合同文件,包括项目开发协议、购电协议、土地协议、融资协议、担保协议、燃料供应协议和运营维护协议等,EPC 总承包合同的重大违约、项目建设失败将导致项目公司/投资人追究东道国政府、购电商、融资方、土地出租人和长期燃料供应商等参与方的连锁违约责任,并可能导致承包商向上述主体主张间接赔偿责任。可见,对外投资项目面临的风险因素也更多、风险程度也更高,承包商受境外投资知识和经验欠缺、惯性思维、风险管控能力不足等诸多因素的限制,在预防和管控境外投资风险方面将面临巨大的新挑战,其在传统工程承包项目下的风险管理意识、理念和防控措施与手段已不能满足现实需要。为此,承包商需转变风险防控思路和方式,整体考量复杂的投资架构和把控"参股投资 + EPC"项目运作和风险防控,积极积累境外投资知识经验,提升对项目的总体管理、协调和驾驭能力。

四、应收账款卖断融资模式下的应对

如前文所述,对于中国对外承包工程企业来说,在不少项目上能否为业主解决资金问题是赢得该工程的关键因素,甚至是决定性因素。在应收账款卖断融资拉动 EPC 总承包项目运作模式下,接受工程款延付虽然在前期有助于中国承包商赢得工程项目,但相对于常规的现汇 EPC 总承包项目和买方信贷拉动的 EPC 总承包项目而言,中国承包企业面临的风险陡增,近几年越来越多的承包商开始关注最终收回延期工程款的安全性问题。① 关于应收账款卖断融资模式下中国承包企业的应对,总体来说,中国承包企业在投标、签约之前或之时,至少应重点考量以下几个方面,以判断项目的可行性和风险的可控性。

1. 承包商需实现表外融资而不能形成表内负债

从财务角度讲,承包商能接受工程款延付、应收账款卖断融资拉动 EPC 总承包项目运作模式的前提是,融资银行对 EPC 合同项下应收账款应进行无追索或有限追索的卖断。无追索权的卖断对于融资银行来说是较难接受的,但即使采用有

① 参见孙胜杰、魏小华等:《国际工程承包中延付安排的优化》,载《国际工程与劳务》2018 年第 10 期,第 72 – 74 页。

限追索的卖断，也应实现承包商财务出表，即实现表外融资，不能形成表内负债，这是承包商接受这一运作模式的前提。如果承包商不能实现财务出表，那么应收账款的转让就相应加重了承包商的负债，提高了承包商的资产负债率，损害了承包商后续的经营和持续发展，特别是会损害承包商获取新项目的能力，所以对于承包商来说，这种运作模式也就不具备可行性。而如何在采用应收账款延付融资模式的同时实现企业财务出表，将是考验中国承包企业对该运作模式之把握的核心问题。

2. 要求业主提供有效的支付保障

应收账款卖断融资拉动 EPC 总承包项目运作模式成立的基础和前提是业主或其股东就 EPC 合同价款向承包商提供支付保障，这种支付保障可以是远期信用证等支付工具，也可以是备用信用证、支付保函或业主股东商业担保等担保工具。

3. 严格控制回购风险

与传统的现汇 EPC 总承包项目和买方信贷拉动的 EPC 总承包项目相比，应收账款卖断融资拉动 EPC 总承包项目的风险增量主要体现在，承包商就 EPC 合同项下的应收价款向融资银行的转让很难做到无追索，通常都是有限追索。这种有限追索意味着，一旦触发追索条件，例如，发生战争内乱、外汇禁兑、征收征用、政府违约等政治性不可抗力导致信用证开证行（议付行）或付款担保人将来不能支付到期合同价款，承包商将不得不向融资银行承担融资本金和利息甚至其他成本费用的回购责任，这种回购责任对于承包商来说是巨大的。因此，承包商在与融资银行商谈应收账款购买协议时，回购的情形和条件将是双方博弈的焦点问题。

五、"投融建营一体化"模式下的全过程风险管理

国际工程业务的"投融建营一体化"转型升级之路对中国承包商来说无疑有着重大的价值，一方面，以投资拉动工程业务，可以在锁定项目机会从而锁定 EPC 总承包工程的同时以投资为筹码向境外业主争取更好的合作条件；另一方面，"投融建营一体化"的运作模式有利于中国承包商在激烈的国际工程市场竞争中形成"顶端优势"，脱颖而出，以及获取长远收益，实现在海外的可持续发展。因此，"投融建营一体化"模式近些年受到中国对外承包工程企业，特别是央企承包集团的推崇，已成为中国对外承包工程行业新的市场发展趋势。

然而,从单纯施工承包到“投融建营一体化”的纵深运作,也意味着业主对承包商有更高的要求和承包商要承担更大的风险。中国对外承包工程企业在进行积极的业务转型的同时也应有效应对随之而来的更大的风险,从尽职调查、投融资方案设计、项目文件起草签署到项目建设、运营维护直至项目退出要进行全过程的风险管理。而以上这些阶段或环节的风险管理,在投标签约前都是应当考虑和特别注意的。以下将从尽职调查和可行性研究、投资方案设计、投资路径的选择项目交易文件的起草谈判和签署、项目建设、运营维护和项目退出几个方面进行讨论。

1. 尽职调查和可行性研究

尽职调查是揭示和防控境外项目运作风险的重要途径,包括法律尽职调查、财务尽职调查、商务尽职调查和技术尽职调查等。但中国承包企业在承包境外工程项目时,受传统观念和低报价情况下成本预算控制压力的影响,往往很少聘用外部专业机构进行专业的尽职调查,而自行调研的范围往往不深、不够全面,容易发生漏项和偏差,不能充分有效地识别风险敞口。

但承包企业一旦采用“投融建营一体化”的项目运作模式,将跨入陌生的境外投资领域,而境外投资对法律尽职调查的深度和广度要求更高,除了对外承包工程项目所需调研的东道国市场准入要求、公司设立要求、承包资质要求、税务要求、外汇管理要求、劳动用工要求和法律适用和争议解决等内容外,还需要调研东道国的外国投资法律、投资鼓励和限制政策、投资审批程序、行业法律要求、项目许可要求、融资政策、土地制度、环境保护要求、设备材料进出口要求、项目退出限制和知识产权保护制度等。

在就目标项目进行了有针对性的全面的法律尽职调查、财务尽职调查、商务尽职调查和技术尽职调查(必要时先进行初步的现场勘测)后,承包商(在“投融建营一体化”模式下已转化为投资方)应组织专业机构进行项目的可行性研究,包括经济可行性研究、技术可行性研究和合法合规研究。只有在就目标项目的运作做了全面的尽职调查并经研究具有经济、技术可行性后,才能在合法合规的框架内,设计项目的交易模式和投资路径。

2. 投资方案设计

投资方案设计的重要性对“投融建营一体化”项目来说不言而喻,它直接关系项目运作的法律可行性、投资安全和投资的成本控制与收益水平。在进行投资方

案设计时,应重点关注以下事项:

(1)投资比例和项目公司治理结构

在投资比例选择方面,投资方应考虑东道国关于外资比例的法律要求、投资方的投资战略以及其他合资方的利益诉求和博弈。中国企业,特别是国有企业投资的海外项目,习惯上倾向于对项目公司进行控股,以把握投资和项目运作的主动权,并实现对项目公司的财务并表。而在某些境外投资方已控股的项目上,中国承包企业也可能以小比例参股,以锁定或拉动项目的EPC总承包工程甚至项目运营维护服务。根据国际公司法律的一般实践,投资比例与公司治理结构一般是相对应的,控股投资意味着对项目公司的董事、监事、经理和其他高管任命以及对项目公司经营的决策权和主导权。

(2)合资伙伴的选择

海外项目的投资,按照持股比例,可分为全资和合资两类,但在海外大型能源电力、基础设施和矿产资源等项目的投资实践中,投资发起人通常采用合资的模式,以协调利用资源、分散投资风险。在合资的模式下,就涉及选择合资伙伴的问题,建议中国企业在海外投资实践中重点考虑选择下列合资伙伴:

①当地合资伙伴。投资发起人最好寻找一个在东道国有实力、有影响和公共关系资源丰厚的当地合资伙伴,共同投资运作目标项目,以利用当地合资伙伴的影响力和公共关系资源,处理与项目运作有关的外围关系,特别是东道国许可的获取、土地征收(租赁)和移民安置等,以降低和防控项目运作风险,尤其是被称为"黑洞"的政治风险。

②国际合资伙伴。如果遇到政治风险较大的海外投资项目,投资发起人最好寻找有实力和影响力的第三国的企业作为合资伙伴,通过该第三国企业甚至政府的国际影响力,来降低和化解投资东道国的政治风险,特别是东道国政府的征收征用、政府违约和外汇禁兑等政治风险。例如,中国长江三峡集团有限公司(以下简称三峡集团)与中国水利水电建设集团公司和西班牙ACS公司组成联合体,共同竞标预计投资额达180亿美元的刚果(金)英加3(Inga Ⅲ)水电投资项目;中国电建与美国GE公司组成联合体,共同竞标预计投资额40亿美元的津巴布韦Batoka Gorge水电投资项目并成功中标。

3. 投资路径的选择

投资路径的选择也是"投融建营一体化"模式下投资发起人需重点关注的问

题之一，投资发起人在策划投资路径时，一方面需考虑投资的合法性及法律保护；另一方面需考虑投资成本，特别是税务成本，以实现投资成本的最小化和收益的最大化。在实践中，投资发起人通常通过在投资母国和东道国之外的第三国（地区）设立离岸公司，以离岸公司为直接投资主体来投资位于东道国的项目公司，这些适合设立离岸公司的国家或地区主要有中国香港特别行政区、开曼群岛、英属维京群岛、毛里求斯、荷兰等。

融资是项目运作的血液，是项目运作成功的财务保障，是中国对外承包企业传统上容易忽视但却是"投融建营一体化"项目关键的环节和内容，投资发起人需要从项目运作初期就考虑和策划融资模式。"投融建营一体化"项目的融资需考量众多因素，例如，对于境外能源电力和基础设施"投融建营一体化"项目来说，其融资需考量的核心因素主要为：

（1）债务负担。根据对投资人是否形成债务负担，融资可分为表内融资和表外融资两种。所谓表内融资，是指形成投资人的负债并列入其资产负债表的融资；所谓表外融资，就是不会形成投资人的负债因而不会列入其资产负债表的融资。对于投资人来说，当然更倾向于表外融资，一方面，表外融资有利于隔离其作为母公司的风险；另一方面，表外融资可以避免增加其负债，有利于其保持良好的资产负债结构，并进一步保持持续的投资能力。

（2）融资成本。毫无疑问，财务成本将是投资人获取外部融资的首要考量因素，因为融资成本直接关系项目的投资收益，它与投资收益之间是反比例关系，即更高的融资成本意味着更低的投资收益，甚至导致项目丧失经济可行性。但投资人也需注意，融资成本和债务负担往往是一对矛盾体或孪生子。融资成本的基础是借款人的资信和担保，采用表外融资虽然可以做到隔离负债，但结果就是导致其下属借款单位的资信和担保强度下降，融资方的风险上涨，自然也就意味着融资成本的上涨；同样地，采用表内融资，投资人以自身的资产和资信加强了融资相应的担保强度，融资方风险下降，所以融资成本也会下降。

（3）融资渠道。受长期以来"F + EPC"模式下的融资惯性的影响，中国企业在运作境外"投融建营一体化"项目时习惯上还是倾向于采用中国境内银行的融资，但中国境内银行基于多年来的风险偏好和业务习惯，对境外"投融建营一体化"项目进行融资时，一方面，与国际银行相比融资成本较高；另一方面，在融资模式选择上极难接受纯粹的或无追索的项目融资，而这种有限追索甚至可追索的项目融资加重了投资方的债务负担，也给投资方将来的项目退出造成了很大困难。为此，中国企业在运作境外“投融建营一体化”项目时，不妨同时考虑将国际银行甚至投资东道国本地银行作为融资渠道，这对投资方存在诸多利处：

①便于投资方寻求融资成本更低的融资渠道；

②融资模式上更容易做成纯粹的或无追索的项目融资，隔离投资方作为母公司的风险，便于将来项目退出；

③利用有国际性融资银行，如世界银行等的影响力来降低东道国的政治风险。

4. 项目交易文件的起草谈判和签署

合同是交易参与方之间权利、义务、责任及风险的分配载体，是当事人之间的“法律”，境外商事主体，尤其是欧美企业，都十分重视交易文件，特别是合同文件的起草和谈判工作。相对来说，中国企业对于交易文件的设计和管理较为粗放，合理利益的争取力度不够，所面临的合同风险更大。

中国承包企业“走出去”承接的工程承包项目的交易模式较为简单，交易文件种类和数量也较少，与“投融建营一体化”项目相比，风险也相对较低。以中国承包企业认为复杂、风险大的EPC/交钥匙项目为例，其项目参与方主要有业主、承包商、分包商、供货商、保险公司等，交易文件主要包括EPC总承包合同、分包合同、采购合同、保险合同以及业主融资银行要求签署的直接协议（direct agreement）等。但承包企业一旦跨入投资领域运作“投融建营一体化”项目，所涉的参与方将更多，主要有中国投资方、当地政府、合资方、项目公司、土地权利人、产品/服务购买方、融资方、承包商、燃料供应商、运维商和保险公司等，交易架构将更加复杂，风险更大，交易文件种类和数量也更多，所以交易文件的起草、谈判和合同风险管控更应引起中国承包企业的高度重视。以境外火电BOT项目为例，所涉交易文件主要有：

（1）中国投资方与东道国政府间的合作框架协议；

（2）中国投资方与其他投资方间的合资协议（如有）；

（3）东道国政府与项目公司间的BOT特许权协议；

（4）项目公司与融资银行间的融资协议；

（5）项目公司和股东与融资银行之间的担保和支持协议；

（6）项目公司与土地权利人间的购地或租地协议；

(7)项目公司与东道国电网公司间的输电协议(适用于输配电分离的国家);

(8)项目公司与电网公司或购电用户间的购售电协议;

(9)项目公司与承包商之间的承包合同(典型的为EPC总承包合同);

(10)项目公司与燃料供应商之间的长期燃料供应协议;

(11)项目公司与运维承包商之间的运营维护协议;

(12)信用保险合同和人身、财产保险合同;

(13)承包商与各分包商、供货商之间的众多分包合同和采购合同等。

需说明的是,不同行业、不同类型的境外项目,其交易文件也有所不同,例如,水电投资项目和光伏、风电投资项目上不适用燃料供应协议,公路、铁路等交通基础设施投资项目上投资者(通过项目公司)是向公众收取服务费的,而不是将服务卖给特定的承购方(offtaker),所以一般也不会单独签署照付不议的服务购买协议。

5. 项目建设

在“投融建营一体化”模式下,中国企业在项目中将担任双重角色,既是投资方,又是工程承包商,也相应地面临投资和工程承包的双重风险;同时,工程建设与投资密切关联,项目能否按时、保质地完工投产,将直接影响项目的投资成本和投资成本与收益的回收。为此,中国企业在运作“投融建营一体化”项目时,应高度重视项目的工程建设工作,确保按时、保质完工投产。

与项目建设相对应的一个问题是建设模式选择事宜,近十多年来,EPC总承包模式已代替DBB模式,成为国际工程市场的主流承包模式,究其原因:第一,业主天然具有向承包商转移工程建设风险的动机,而EPC总承包模式比DBB模式更能向承包商转嫁风险(将DBB模式下的设计、采购和施工接口风险及不利地质条件等常规风险都转嫁给了承包商);第二,融资方出于对项目投资预算的确定性和可预见性的考虑,也倾向于要求业主采用EPC总承包模式进行工程发包。因此,在“投融建营一体化”模式下,项目的工程建设通常也采用EPC总承包模式。

6. 运营维护

“投融建营一体化”项目在完工投产后进入下一个运作阶段(运营维护),运营维护阶段也即项目的投资成本和收益的回收阶段。运营维护,顾名思义,其主要包括两部分工作,一是项目的运营,二是项目的维护。后者包括例行检修、故障检修和定期大修等,这对项目在寿命期内的持续利用十分重要。例如,中国企业在非洲承建的某些铁路项目上，在中国企业建设完工退出后，由于当地业主的维护能力低下，导致铁路寿命期和运营利用时间大大缩短，这就大大降低了铁路的经济效益和社会效益。

对于运维模式的选择，实践中有业主自行运营维护和外部运维商运营维护两种模式。考虑中国承包企业大多不具备专业的运营维护能力，如果中国承包企业运作“投融建营一体化”项目，建议中国承包企业就项目的运营维护聘用有经验的运维商作为自己的运营维护分包商，或者由项目公司直接聘用外部专业运维商对项目进行运营维护，以确保项目在运营期内得到有效的运营、检修和维护，保持项目的持续可用性，进而保障项目投资成本和收益的回收。

7. 项目退出

“投融建营一体化”项目运作的最后一个环节为项目退出，退出方式可分为两类，即正常退出和非正常退出，前者如项目寿命到期自然退役、BOT 项目特许经营期满移交东道国政府、企业作为股东出售其持有的项目公司股份以退出等；后者如东道国或合作方违约导致中国企业退出、中国企业自己违约被动退出以及发生不可抗力事件被迫退出等。不同情形下的退出，东道国或合作方对中国企业的赔偿或补偿差别很大，所以中国企业所获的投资收益也不同，在被动退出的情况下还可能发生巨额亏损。

常规退出途径的选择与中国企业的主业定位和发展战略有关，例如，以投资为主业的大型投资企业，其发展战略是长期持有固定资产，注重项目可持续性的长期收益，该类企业可能选择长期持有海外项目资产，直到项目寿命到期或特许经营期满后才自然退出，而不会在短期内出售项目公司股份；对于以承包为主业的承包企业来说，其运作“投融建营一体化”项目，最关注的还是 EPC 工程，通过承包项目的建设先获取承包收益，项目建成投产后在必要时会考虑出售项目公司股份而退出。

需注意的是，东道国政府法律和融资方可能对投资方，特别是大股东的退出进行限制，如项目建成投产后 2 ~ 5 年期满才能退出，至少在限制期内不能发生项目公司控股权变更，因此，中国企业作为投资方，如想在项目运作期间退出，需在投融资方案策划阶段就相应策划项目的退出方案，如离岸公司的使用、投资文件控股权变更机制的设计和融资模式的选择等。

六、利用收购模式适时进行国际化布局

以投资为主业的大型企业早就开始通过海外并购“走出去”。但对于中国传统承包企业来说,海外并购却是相对陌生的、全新的交易模式。就对外承包工程企业而言,一方面,通过收购海外知名工程公司,可以获得境外优良工程资产,扩大资产规模,弥补产业链的缺环;另一方面,且更重要的是,可以绕过东道国关于当地工程资质的要求,利用被收购公司的工程资质,直接在当地开展对外承包工程业务,[①]海外并购因此也是中国承包企业进入发达国家市场的捷径。

中国承包企业目前在发达国家的市场份额较小,原因之一就是难以获得“入场许可证”。发达国家对项目承包商各方面均有严格规定,贸然投标风险较大。受经济危机影响,目前发达国家工程市场低迷,部分中小型承包商经营遇到困难,估值较低。中国承包企业可以通过股权收购等方式,控制或参股当地企业,积极发挥被并购企业人才、管理、牌照等优势,利用中国采购和人力成本低的特点,实现协同效应。[②] 相信中国将有越来越多的承包企业加入海外收购的行列。中国具备条件的大型承包企业,特别是央企承包集团,采用海外收购的外生式“非有机”发展模式,可以促进加快国际化布局,特别是抢占欧美发达国家的工程承包市场。[③]

七、抱团出海,联合“走出去”

国际工程承包市场凭借资金和实力在竞争中取胜的形势越来越明显,为了扩大经营规模、进行优势互补、发挥综合优势和实现资源整合,特别是为了承揽大型综合类项目,越来越多国内外承包工程企业通过合作寻求“联合”的出路,过去处于竞争对手位置的承包商现在反过来携手合作,组成联合体(consortium)或者单个项目合资(joint venture)夺标。[④] 建议中国企业也尽量“抱团”联合走出去,一方

---

① 参见宋玉祥:《“等风来”不如“迎风开”对外承包工程七大趋势》,载《项目管理评论》2018 年第 3 期,第 24-27 页。

② 参见车国玺:《我国工程承包企业海外并购策略分析》,载《国际经济合作》2009 年第 11 期,第 65-69 页。

③ 参见宋玉祥:《“等风来”不如“迎风开”对外承包工程七大趋势》,载《项目管理评论》2018 年第 3 期,第 24-27 页。

④ 参见陈茂林:《国际工程承包企业转型创新的探讨》,载《物流工程与管理》2017 年第 6 期,第 155-156 页。

面可以提高竞争力，另一方面也有利于降低我国对外承包工程行业的内部竞争激烈程度，降低风险，提高收益，维护行业整体利益。

近年来，我国对外承包工程企业，特别是同一集团内的工程企业，已越来越重视"抱团"联合走出去。例如，2016 年中能建西北电力设计院与天津电建组建联合体，共同获取了巴基斯坦胡布 1320MW 燃煤电站 EPC 项目；2019 年，中能建葛洲坝与广东电力设计院组建联合体，共同获取了合同额达 35 亿美元的巴基斯坦石油炼化 EPC 项目。

通过"联合"的方式，也能有效解决某些投标资质问题，解决市场准入问题[①]和在大型项目上资信不足的问题。中国对外承包工程企业在国际工程市场变化的新趋势下，要善于通过与其他国内外承包公司组建"联合体"或"合营"的方式，应对国际工程市场上越来越多的工程量巨大、技术复杂、投资金额巨大等工程项目，发挥各自的技术、管理或资金及投融资能力优势，从"单打独斗"到"联合作战"，共同实现高经济效益。[②]

综上所述，受全球经济下行的影响，国际工程市场发生了较大的变化，这使中国对外承包工程企业不得不面临一个重大课题——如何进行国际工程业务转型升级，以适应国际工程市场的发展趋势并在激烈的竞争中脱颖而出。而当通过"F + EPC""垫资""应收账款卖断融资拉动 EPC""投融建营一体化""前期规划拉动 EPC""海外并购""绿色化、数字化、信息化与智能化"等方式进行国际对外工程承包业务转型升级时，这些转型升级的方式对承包商的投标、签约也带来了投标资格更严格、资金及投融资能力的要求。对此，中国对外承包工程企业应在新形势和要求下积极应对，对相应转型升级模式下的风险进行更严格的管控，从而在竞争激烈的国际工程市场中顺势发展并立于不败之地。

---

① See Estache A. & Iimi A., *Joint Bidding, Governance And Public Procurement Costs: A Case of Road Projects*, 80 Annals of Public and Cooperative Economics 393(2009).

② 参见佟一哲：《国际工程投标理论与实务》，中国经济出版社 1989 年版，第 21 页。

PART

3

第三篇

国际工程投标与签约实务案例

第一章　东南亚地区实务案例

第一节　中国A电站工程公司、印度尼西亚B电站工程公司与印度尼西亚C工程公司承包合同争议仲裁案

一、案情简介

2011年12月22日，印度尼西亚C工程公司（以下简称总承包商）作为总承包商与业主签订了一份印度尼西亚某省燃煤火电项目的EPC合同。

2012年9月24日，中国A电站工程公司、印度尼西亚B电站工程公司组成的联合体（以下简称分承包商）与总承包商签订了英文版工程、采购和施工分包合同（以下简称分包合同），分包的内容包括设计、生产、安装、测试等工作。

分包合同对适用法律的约定如下：

分包合同受新加坡共和国法律管辖，不考虑其冲突法原则。

分包合同对争议解决方式的约定如下：

因分包合同引起的或与分包合同有关的任何争议，不能友好解决的，应提交中国国际经济贸易仲裁委员会（以下简称贸仲）仲裁解决，《中国国际经济贸易仲裁委员会仲裁规则》视为并入合同争议解决条款。

仲裁庭应由双方同意的独任仲裁员组成，或在一方提出仲裁请求的7天内双方未达成协议时，该独任仲裁员由仲裁委员会主任进行指定。

仲裁程序中使用的语言为中文。

分包合同签订后，分包商向总承包商出具了履约保函、预付款保函，总承包商向分包商支付了预付款，并交付了项目土地。

项目土地交付后，分包商完成了厂区平面设计、场地整理、地质勘测、主要设备采购以及部分初步设计等工作。

但是，因总承包商未能提供项目土地中施工必需的永久道路用地、厂区大门坐标位置及相关数据，进而总平面图无法提交业主批复，导致分包商的初步设计与施工不能按照分包合同约定的工期进行。后总承包商要求分包商退还预付款，但分包商提出了异议。总承包商不顾分包商的异议，擅自兑付了分包商出具的履约保函、预付款保函，双方发生纠纷，经多次协商未果后，分包商作为申请人，以总承包商为被申请人，向贸仲申请仲裁，仲裁请求的主要事项包括：

1. 解除分包合同；

2. 被申请人返还已兑付的履约保函款并支付利息（利息按中国人民银行同期人民币贷款基准利率计算）；

3. 被申请人支付预付款保函款与预付款的差额款项并支付利息（利息按中国人民银行同期人民币贷款基准利率计算）；

4. 被申请人支付合同解除前已施工部分、设计部分的款项和为项目订购的设备价款及利息（利息按中国人民银行同期人民币贷款基准利率计算）；

5. 被申请人赔偿损失。

二、案例解析

1. 关于本案法律适用的各方观点

（1）申请人（分包商）的观点

合同中明确约定了适用新加坡法律，但在新加坡法律的具体内容不能查明的情况下，应根据《涉外民事关系法律适用法》的相关规定，适用中国的法律。

（2）被申请人（总承包商）的观点

合同中明确约定了适用新加坡法律，因此本案没有适用中国法律的余地，《涉外民事关系法律适用法》的相关规定并不适用于在中国进行的国际仲裁案件。

（3）争议解决机构的观点

贸仲仲裁庭认为，当事人在合同中约定的法律适用条款是合同的重要内容，在当事人未就合同约定的法律适用条款变更达成一致的情况下，合同约定的法律适用条款必须得到尊重，本案适用的法律为新加坡法律。但在适用的新加坡法律的具体内容不能查明的情况下，结合案件的具体情况，考虑《中国国际经济贸易仲裁委员会仲裁规则(2015 版)》第 49 条第 1 项规定,即“仲裁庭应当根据事实和合同约定,依照法律规定,参考国际惯例,公平合理、独立公正地作出裁决”,仲裁庭建议申请人与被申请人在不能提供新加坡法律具体内容的情况下,就争议涉及的法律问题,依据《国际商事合同通则》的有关规定进行阐述,如果一方认为《国际商事合同通则》的规定与新加坡法律的内容不同,则需提交相关新加坡法律的具体内容予以证明;不否认,则视为《国际商事合同通则》的相关规定与新加坡法律的内容是一致的。

(4)建纬解析

根据国际惯例,国际工程合同的当事人可以选择合同适用的法律。当事人选择通过仲裁解决国际工程合同争议的,仲裁机构可以根据仲裁规则、当事人的约定、案件具体情况等因素确定案件具体适用的法律,而案件具体适用的法律可能与当事人选择适用的法律有所不同。不同的仲裁机构的仲裁规则对适用的法律的规定有所不同。①

当事人选择通过仲裁解决国际工程合同争议的,但没有约定适用的法律的,或者约定适用的法律不能查明的,仲裁庭可能按照仲裁机构所在地的法律确定案件具体适用的法律。例如,如果当事人选择我国境内的仲裁机构解决国际工程合

---

① 《国际商会仲裁规则及友好争议解决规则》第 21 条第 1 项规定,当事人有权自由约定仲裁庭处理案件实体问题所应适用的法律规则。当事人对此没有约定的,仲裁庭将决定适用其认为适当的法律规则。第 21 条第 2 项规定,仲裁庭应考虑当事人之间的合同(如有)的约定以及任何有关的贸易惯例。第 21 条第 3 项规定,只有当事人同意授权仲裁庭以公平合理原则作出裁决时,仲裁庭才有此权力。《斯德哥尔摩商会仲裁院仲裁规则》第 22 条第 1 项规定,仲裁庭应当根据当事人约定的法律或法律规则裁决案件。如果没有约定,仲裁庭应当适用其认为最为合适的法律或法律规则。第 22 条第 2 项规定,当事人所约定的特定国家的法律均被视为指该国的实体法而并非其冲突法规则。《伦敦国际仲裁院仲裁规则》第 14 条第 2 项规定,除当事人另有约定之外,仲裁庭应拥有在仲裁庭认定适用的法律或法律规范的范围内允许的最广泛酌情权,以履行其职责。《美国仲裁协会国际争议解决程序》第 28 条第 1 项规定,仲裁庭应适用当事人指定的争议适用的实体法或法律规则。如当事人无此约定,仲裁庭应适用其认为适当的法律或法律规则。《中国国际经济贸易仲裁委员会仲裁规则》第 49 条第 1 项规定,仲裁庭应当根据事实和合同约定,依照法律规定,参考国际惯例,公平合理、独立公正地作出裁决。第 49 条第 2 项规定,当事人对于案件实体适用法有约定的,从其约定。当事人没有约定或其约定与法律强制性规定相抵触的,由仲裁庭决定案件实体的法律适用。《香港国际仲裁中心机构仲裁规则》第 36 条第 1 项规定,仲裁庭应根据当事人约定的法律规则裁决实体争议。对指定某一司法辖区的法律或法律体系,除非另有说明,应理解为直接指此司法辖区的实体法律,而不包括其冲突法规则。若当事人未指定,仲裁庭应适用其认为适当的法律规则。第 36 条第 2 项规定,只有在各方当事人明确授权时,仲裁庭才能以友好公断人身份或依公允善良原则裁决争议。第 36 条第 3 项规定,在任何情况下,仲裁庭均应按相关合同条款裁决争议,并可考虑交易所适用的商业惯例。

同争议，仲裁庭可能根据《涉外民事关系法律适用法》的规定确定案件具体适用的法律。

(5)小结

除非国际工程项目所在国家或地区的法律强制规定合同当事人不得约定排除本国(或本地区)的法律适用，国际工程合同中的当事人可以对合同适用的法律适用进行自行协商。

我国的承包商可以根据自身在工程项目中所处的地位、不同法律对自身利益的不同影响、对相关法律的熟悉程度等因素确定合同的法律适用。

如果工程项目由我方提供资金，承包商在合同谈判中处于主导地位，则承包商可以在合同中约定合同适用熟悉的、更有利的国家(或地区)的法律，如果不熟悉其他国家(或地区)的法律，可以考虑选择适用我国的法律。

如果我国的承包商在合同谈判中处于被动地位，合同适用的法律由发包方确定，承包商难以改变，则为降低法律风险，承包商应在投标或合同签订前，聘用合适的法律人才对招标文件、合同条款等进行仔细研判，特别是涉及适用不熟悉的国家(或地区)法律的条款应提前做好法律查明，并进行法律风险评估，以确定是否承接工程。如果合同适用的法律对承包商极为不利，承包商可能难以承担潜在不利条件下的风险，承包商应考虑放弃承接该项工程。

2. 关于合同解除的各方观点

(1)申请人(分包商)的观点

①被申请人无正当理由兑付了申请人的履约保函和预付款保函，其后又拒不将申请人完成的初步设计提交业主审批，该行为表明其已解除分包合同。

②被申请人的上述行为构成根本违约，导致申请人有权提请解除分包合同。

(2)被申请人(总承包商)的观点

申请人主张被申请人兑付保函的行为表明其终止或解除合同，没有合同或法律依据。

(3)争议解决机构的观点

在国际仲裁程序中，允许当事人就同一仲裁请求提出不同的、替代的、甚至互相矛盾的数个理由。

申请人提出解除合同的第一个理由不能成立。合同的生效条件与合同的解除是不同的概念。申请人提交必要的保函是分包合同生效条件之一，申请人提交必要的保函后合同才生效。但是,被申请人依据合同约定或者法律规定,行使保函项下的权利,部分甚至全部兑付合同保函,不能视为被申请人解除合同的行为。

申请人提出解除合同的第二个理由成立。被申请人长期拒绝将申请人提交的初步设计图纸递交业主审核批准,导致合同无法继续履行,合同项目停滞超过3年。并且,被申请人既不提出终止合同,又长期不履行将初步设计图纸报送业主审批的义务,导致合同的履行被长期搁置,而被申请人并未为其行为提出合理的、可以接受的理由,被申请人的上述行为已构成根本违约,申请人有权提请解除合同。

(4)建纬解析

当事人未在国际工程合同中约定合同解除条件的,可以依据适用的法律主张解除合同,但应当提供支持其主张的证据。合同相关法律通常会对合同解除作出规定。①

《国际商事合同通则(2010)》第7.3.1项对合同解除的规定如下:

①合同一方当事人可终止合同,如果合同相对人没有履行合同项下的应负义务,则是对合同的根本不履行。

②在确定不履行某项应负义务是否构成根本不履行时,应着重对下列情况进行考量:

a.不履行某项应负义务的行为实质上对受损害方的合同期待利益进行了损害,除非合同相对方并没有对此结果进行预见,同时也根本不可能对此结果进行合理的预见;

b.对该项未履行义务的严格遵守是合同的实质性约定;

c.不履行是有意所致还是疏忽所致;

d.一方当事人不履行应负义务的行为使受损害方有理由相信,他不能依赖另

---

① 《民法典》第533条对合同解除作出规定:“合同成立后,合同的基础条件发生了当事人在订立合同时无法预见的、不属于商业风险的重大变化,继续履行合同对于当事人一方明显不公平的,受不利影响的当事人可以与对方重新协商;在合理期限内协商不成的,当事人可以请求人民法院或者仲裁机构变更或者解除合同。人民法院或者仲裁机构应当结合案件的实际情况,根据公平原则变更或者解除合同。”第563条规定:“有下列情形之一的,当事人可以解除合同:(一)因不可抗力致使不能实现合同目的;(二)在履行期限届满前,当事人一方明确表示或者以自己的行为表明不履行主要债务;(三)当事人一方迟延履行主要债务,经催告后在合理期限内仍未履行;(四)当事人一方迟延履行债务或者有其他违约行为致使不能实现合同目的;(五)法律规定的其他情形。以持续履行的债务为内容的不定期合同,当事人可以随时解除合同,但是应当在合理期限之前通知对方。”

一方当事人在以后的履行义务；

e. 如果合同被终止履行，不履行方将因已做的准备或履行而蒙受不相称的损失。

③在迟延履行的情况下，如果另一方当事人在第7.1.5项允许的延迟期间届满后仍未履行合同中应付的义务，受损害方有权终止合同的履行。

(5)小结

关于合同的解除，有法定解除与约定解除两种情况。法定解除通常需要通过诉讼或者仲裁实现，所需要的时间较长，且结果具有不确定性。国际工程合同通常周期长，不确定的风险因素多，承包商应尽可能与发包方协商，在工程合同中约定承包商有权解除合同的条款，以使承包商在不利条件下或者合同陷入僵局时能够及时解除合同，减少因合同造成的损失。

3. 关于合同解除的后果的各方观点

(1)申请人(分包商)的观点

①被申请人应退还兑付的履约保函款；

②被申请人应向申请人赔偿包括预付款保函与预付款的差额款项损失、订货损失、利息损失和人员工资费用等相关损失；

③被申请人应支付承包人在合同解除前已施工部分的款项和为施工准备而发生的合理费用；

④被申请人赔偿因其违约给申请人造成的损失。

(2)被申请人(总承包商)的观点

申请人的主张没有合同根据，不应支持。

(3)争议解决机构的观点

根据《国际商事合同通则(2010)》第7.3.6项规定的恢复原状规则支持申请人的仲裁请求，对申请人提出的具有不确定性的损害赔偿，行使自由裁量权确定损害赔偿金额。

(4)建纬解析

合同解除的，应根据适用的法律确定合同解除的后果。

《国际商事合同通则(2010)》第7.3.6项规定：

①一次性履行合同终止时，合同任何一方当事人均可主张返还其依据合同所提供的一切，但该方当事人亦应同时返还其依据合同所收到的一切。

②如果返还实物不可能或不适当,只要合理,应以金钱予以补偿。

③如果确实不能进行实物返还,并且不能返还的理由归咎于对方当事人,则得到履行的当事人无须就对方当事人的履行进行折价补偿。

④对于为保存或维护收到的履行而支出的费用,满足实际发生及合理发生的情况下,可请求赔偿。

根据《民法典》第566条的规定,合同解除后,尚未履行的,终止履行;已经履行的,根据履行情况和合同性质,当事人可以请求恢复原状或者采取其他补救措施,并有权请求赔偿损失。

合同因违约解除的,解除权人可以请求违约方承担违约责任,但是当事人另有约定的除外。

(5)小结

合同解除的法律后果,国际通行的规则是恢复原状、折价补偿与赔偿损失。但是,损失的大小往往难以确定,在损失的金额难以确定的情况下,争议解决机构大多会行使自由裁量权予以确定。国际工程的承包商可以考虑在工程合同中约定损失金额的确定方式,以便发生损失时向发包方主张权利,挽回损失。

第二节　越南A公司与中国B公司工程承包合同争议仲裁案

一、案情简介

中国国际经济贸易仲裁委员会(以下简称仲裁委员会)根据《工程承包国际竞争性招标合同文件》(以下简称本案合同)中有关仲裁条款的约定,以及申请人中国B公司(以下简称申请人)以书面形式向仲裁委员会提交的以越南A公司(以下简称被申请人)为被申请人的仲裁申请,受理了上述合同项下的本争议案。

本案主要事实如下:2015年10月14日被申请人委托案外人越南C招标公司(以下简称招标公司)进行招标,就越南某市桥梁建设项目进行公开招标。招标文件详细约定了涉案工程概况、工程承包合同的通用条款及专用条款等。

申请人欲通过招标投标形式取得被申请人的工程承包权。2015年11月4日申请人以500余万美元的价格向招标公司投标,招标公司于当日开标。2015年11

月17日招标公司在其网站公告预中标结果，公告申请人预中标，异议期为7天。2015年11月29日申请人收到招标公司发出的书面中标通知书，通知申请人以500余万美元中标。2015年12月9日申请人支付中标服务费10余万美元。

从2015年12月15日起，申请人与被申请人进行多次沟通，希望被申请人能够继续履行工程承包合同。2016年10月30日被申请人回应称：感谢申请人对其事业的支持，对相关问题表示歉意；其正在与E公司进行合并，将在合并后再与申请人进行协商。2016年11月5日申请人回复称：被申请人是否与E公司合并不影响此前的协议，被申请人应在2016年12月31日前以实际行动履行承包合同。2017年4月18日被申请人向申请人律师复函称：招标事实存在，只是由于各方面原因项目仍处于缓建状态，因此双方未签订合同；其已于2015年12月31日就明确告知申请人停止中标项目的制作；被申请人无法确定是否继续推进该项目。

经申请人再三催促，被申请人仍拒绝履行涉案工程承包合同，故申请人提出如下仲裁请求：

1. 解除涉案工程承包合同；

2. 裁令被申请人向申请人赔偿其利润损失80余万美元及利息；

3. 裁令被申请人向申请人赔偿其支付的中标服务费损失10万美元、差旅费等损失1.2余万元人民币及利息；

4. 裁令被申请人向申请人赔偿其因处理本案而支付的律师费30余万元人民币；

5. 裁令被申请人承担本案的仲裁费等全部费用。

二、案例解析

1. 关于本案法律适用的问题

(1)申请人(承包人)的观点

本案项目招标文件未对法律适用作出约定，收取涉案款项的义务人是申请人，故应当适用中国法律。

(2)被申请人(发包人)的观点

本案项目招标文件未对法律适用作出约定，但涉案工程地点位于越南，故应当适用越南法律。

（3）争议解决机构的观点

因本案被申请人越南A公司属越南国，故本案为涉外民事关系纠纷。《涉外民事关系法律适用法》第2条第1款规定："涉外民事关系适用的法律，依照本法确定。其他法律对涉外民事关系适用另有特别规定的，依照其规定。"《涉外民事关系法律适用法》第41条规定："当事人可以协议选择合同适用的法律。当事人没有选择的，适用履行义务最能体现该合同特征的一方当事人经常居所地法律或者其他与该合同有最密切联系的法律。"《中国国际经济贸易仲裁委员会仲裁规则》第49条第2项规定："当事人对于案件实体适用法有约定的，从其约定。当事人没有约定或其约定与法律强制性规定相抵触的，由仲裁庭决定案件实体的法律适用。"

本案中，申请人与被申请人双方对法律适用问题未作约定，但支付涉案款项的义务人是中国B公司，适用中华人民共和国的相关法律最能体现涉案招标投标文件的特征，故本案纠纷适用中华人民共和国的相关法律规定。

（4）建纬解析

在我国，当涉外合同未约定准据法时，如何解决法律适用问题，学术界有不同的观点，其中，特征性履行规则逐步成为主流观点。《民法通则》[①]第145条第2款规定："涉外合同的当事人没有选择的，适用与合同有最密切联系的国家的法律。"《合同法》[②]第126条第1款规定："涉外合同的当事人可以选择处理合同争议所适用的法律，但法律另有规定的除外。涉外合同的当事人没有选择的，适用与合同有最密切联系的国家的法律。"从上述两规定不难看出，其强调的是最密切联系原则的适用，直至2011年颁布了《涉外民事关系法律适用法》，特征性履行规则的地位才被正式确立。其第2条规定："涉外民事关系适用的法律，依照本法确定。其他法律对涉外民事关系法律适用另有特别规定的，依照其规定。本法和其他法律对涉外民事关系法律适用没有规定的，适用与该涉外民事关系有最密切联系的法律。"第41条规定："当事人可以协议选择合同适用的法律。当事人没有选择的，适用履行义务最能体现该合同特征的一方当事人经常居所地法律或者其他与该合同有最密切联系的法律。"这一表述简洁明了，既准确归纳出特征性履行规则的

① 《民法通则》已于2021年1月1日废止，因案件发生时间在2021年以前，故相关主体仍适用《民法通则》的相关规定，后文其他案例属相同情况的，不再赘述。

② 《合同法》已于2021年1月1日废止，因案件发生时间在2021年以前，故相关主体仍适用《合同法》的相关规定，后文其他案例属相同情况的，不再赘述。

内核,又直接指向了具体的连结点,是法律实用主义在立法领域的体现。

(5)小结

根据我国现行立法制度及法律位阶规则,我国涉外合同的法律适用问题,其补充性规则模式可归纳如下:

①一般规则:适用履行合同义务过程中,最能体现该合同特征的一方当事人的经常居所地法律或者其他与该合同有最密切联系的法律。

②例外规则:更密切联系原则(如果履行上述合同过程,发现与另一个国家或者地区存在更密切的联系,则适用该另一国家或者地区的法律)。

对这一框架体系运用语义分析及关系分析法可作出如下推论:其一,特征性履行规则与最密切联系原则,二者的关系不甚明确。通过"或者"一词可将两者理解为并列关系,通过"其他"一词可理解为特征性履行规则是最密切联系原则的一种情况。但无论做何理解,两者在适用次序上并没有优先顺序。其二,若法院主张合同与另一个国家或地区有更密切联系而排除特征性履行规则的适用,但如何认定"更密切",立法未表述。

2. 关于本案合同关系是否成立的问题

(1)申请人(承包人)的观点

根据我国《合同法》及《招标投标法》的相关规定,2015 年 10 月 14 日被申请人委托招标公司公开发售招标文件对设备进行招标以选定承包人,此为"要约邀请"。2015 年 11 月 4 日申请人以 500 余万美元的价格投标,此为"要约"。2015 年 11 月 29 日被申请人向申请人发出中标通知书,通知申请人中标,中标金额为 500 余万美元,此为"承诺"。因此,申请人与被申请人之间的工程承包合同已于 2015 年 11 月 29 日成立并生效。

(2)被申请人(发包人)的观点

虽然在一般情况下招标、投标、中标可以视为合同成立中的三个步骤,即要约邀请、要约和承诺。但我国《招标投标法》第 45 条第 1 款规定:"中标人确定后,招标人应当向中标人发出中标通知书,并同时将中标结果通知所有未中标的投标人。"而本案中标通知书系由招标公司发出,与前述法律规定的情形不符。且依中国《合同法》关于委托代理合同的规定及一般法理,对实体权利的处置未经特别授权,招标公司无权实施。故本案招标公司发放中标通知书的行为无效,申请人并未有效中标。另外,即使申请人中标,按照中国《合同法》和《招标投标法》的规定及本案合同的约定，中标通知书发出后 30 日内，中标人应当按照招标文件和投标文件中相关约定订立书面合同。因约定的合同形式并未成就，故本案合同关系并未成立。

(3)争议解决机构的观点

招标公司发出中标通知书的行为，其法律评价应属代理行为，且被申请人直至申请人提起仲裁请求之时未对招标公司发出中标通知书的行为表示异议，故仲裁庭对于被申请人“中标通知书无效”的抗辩理由不予采纳。

双方均认可招标、投标、中标 3 个步骤构成合同成立的要约邀请、要约和承诺。根据我国《合同法》第 25 条的规定，承诺生效时合同成立。另根据我国《招标投标法》第 46 条第 1 款的规定，招标人和中标人应当自中标通知书发出之日起 30 日内，按照招标文件和中标人的投标文件订立书面合同，招标人和中标人不得再行订立背离合同实质性内容的其他协议。仲裁庭认为，招标文件中订立书面合同的要求并非当事人间的特殊约定，在中标通知书发出后当事人双方签订书面合同的行为，并非属于合同成立之必备形式要件。招标文件、投标文件和中标通知书等书面文件可认定为书面合同的构成要件。据此，中标通知书发出时即发生承诺生效亦即合同成立的法律效力。故本案的合同关系业已成立。

(4)建纬解析

①中标通知书发出后，但是未签订合同书，是否符合《合同法》规定的“书面形式”。

通说认为，根据招标文件、投标文件、中标通知书在招标投标程序中的作用和效力，与我国《合同法》中有关要约邀请、要约、承诺的规定，可以将招标文件视为要约邀请，将投标文件视为要约，将中标通知书视为承诺。《合同法》第 13 条规定，当事人订立合同，采取要约、承诺方式；第 25 条规定，承诺生效时合同成立。所以中标通知书发出并送达后，已符合《合同法》关于合同成立的实质要件。

根据《合同法》的规定，建设工程合同应当采用书面形式，第 11 条规定：“书面形式是指合同书、信件和数据电文（包括电报、电传、传真、电子数据交换和电子邮件）等可以有形地表现所载内容的形式。”综合解读上述条文可知，招标投标文件和中标通知书，其形式上符合《合同法》所要求“书面形式”，尤其当招标投标文件和中标通知书中已约定了合同成立的全部要件及合同的具体内容，因此不能以未订立“施工合同书”而认定中标通知书不符合《合同法》所要求“书面形式”。此种情形下，不能仅以《合同法》第 270 条来否定施工合同（本约）的成立。

同理,《建筑法》中关于“书面合同”的规定,可作与上述相同分析。

②中标通知书已发出,但未签订合同书,是否满足《招标投标法》规定的“书面合同”。

《招标投标法》第46条规定“招标人和中标人应当自中标通知书发出之日起三十日内,按照招标文件和中标人的投标文件订立书面合同……”而在该条之前,《招标投标法》中已详述了招标、投标、评标、中标全过程,故此处所称“中标通知书发出之日起三十日内按照招标文件和中标人的投标文件订立的书面合同”,不应指招标文件、投标文件和中标通知书,而仅指“施工合同书”。

综上可知,从《合同法》和《建筑法》相关规定,并不能得出必须签订“合同书”的结论,签订“合同书”只是《招标投标法》课以当事人的责任。

(5)小结

《招标投标法》的制定以规范招标投标活动、保护国家利益、社会公共利益和当事人的合法权益为出发点。招标投标程序最大程度上保证了以公开、公平、公正的方式选取最为合适的合同相对方,从而规范合同成立的过程,消除因合同双方信息不对称而产生的缔约风险,进而消除权力寻租的空间。中标通知书的发出即意味着招标投标程序立法目的的实现,有助于产生经过严格法律程序的法律后果。预约的属性为一个暂时性、无强制执行力的契约,若经过招标投标这一重要过程所形成的结果,仅评价为预约合同,显然极大减少了招标投标程序的重要法律意义,降低了《招标投标法》的权威性和严肃性,不符合其立法本意。

从二者法律后果的比较来看,对本约义务违反包含可得利益损失,而缔约过失责任则不包含可得利益损失。建设工程项目投资大、管理复杂,招标投标双方均极为慎重,招标投标周期较长、费用较高、程序相对公开,双方在缔约过程中均花费了相当的时间、精力,由专业人员参与其中,基本上能够排除缔约一方利用其信息优势,故意隐瞒重要事实、提供虚假信息,或一方长时间进行恶意磋商等不公平情况。经过双方长期准备、人力物力的投入,并以规范的招标投标文件形成的合同关系,若存在一方故意不签署合同书的情形,仅将其行为定性为缔约过失责任的话,未免过轻,不足以弥补守约方的损失,亦不足以惩罚违约方。

综上所述,在不违背现行法的前提下,对法律行为的解释,既要遵从文义解释、体系解释和目的解释,也要考虑特定的行为背景,以及对实践的价值导向。将中标通知书发出后,一方故意拒签施工合同的行为,认定为违约责任,更能体现立法的价值导向。

3. 本案合同是否生效的问题

(1)申请人(承包人)的观点

我国《合同法》第25条规定,承诺生效时合同成立;第26条规定,承诺通知到达要约人时生效;第44条规定,依法成立的合同,自成立时生效。因此,其与被申请人之间的工程承包合同已于2015年11月29日生效。此外,因被申请人恶意阻止合同所附生效条件成就,应视为条件已经成就,应认定合同已经生效。

(2)被申请人(发包人)的观点

即使合同成立,因合同通用条款约定,“本合同应在双方签字和买方收到卖方提交的履约保证金后生效”,本案合同因所附条件未成就而未生效。

(3)争议解决机构的观点

相对于我国《合同法》第44条的规定,这一约定构成了当事人之间的特殊约定,同时这一约定并不违反法律法规的强制性规范。根据我国《合同法》第45条“当事人对合同的效力可以约定附条件。附生效条件的合同,自条件成就时生效”的规定,这一约定应属有效。但是《合同法》第45条亦规定“当事人为自己的利益不正当地阻止条件成就的,视为条件已成就”。仲裁庭注意到,在被申请人于2015年12月31日发给申请人关联公司(F公司)的函件中,承认合同未能签署是由于某项技术的快速发展,被申请人项目技术方案需要进行调整。此外被申请人于2016年10月30日致F公司的函中称:“2016年以来恰逢世界性经济危机,被申请人也受到一定的冲击,推进产业转型的工作也遇到了困难。被申请人有望和E公司实现合并。在被申请人和E公司合并后再与申请人进行协商。”被申请人于2017年4月18日向申请人律师的回复函中又称:“只是由于各方原因造成项目至今处于缓建状态,因此双方未签合同。被申请人刚与E公司进行整合,关于被申请人的项目如何进行,现阶段尚无明确定论。”仲裁庭认为,上述被申请人的表述,表明本案合同未能签订的原因在于被申请人对自身商业利益的考虑。被申请人在申请人中标的情况下因自身商业利益拒绝与之签订合同,构成了我国《合同法》上述规定的“为自己的利益不正当地阻止条件成就”的情形,故本案合同应视为生效条件已经成就,合同已经生效。

(4)建纬解析

《合同法》第45条第2款规定的条件成就或者不成就的拟制,可以看作是对违背诚实信用原则的一方当事人的特别“制裁”。但若不正当阻止或者促成条件成就之人为第三人,而非合同当事人,则不适用本款之规定。

①适用该条规定的拟制,不仅要求一方当事人作出了“阻止条件成就”或者“促成条件成就”的行为,而且要求达到了行为目的,客观上成功阻止了条件成就或者促成了条件成就。

②合同当事人的行为与条件表面上的成就或者不成就具有因果关系。当事人的行为需是客观造成表面上条件成就或者不成就之结果的“必要条件”,即如果没有当事人的行为改变条件发展的自然轨道,现在表面上成就的条件本会成就。若有无当事人的行为,其他因素均会导致相同结果的发生,则不能认为当事人的行为与该事实结果之间存在因果关系,相应地,也就不能适用本条第 2 款的规定。

③当事人阻止条件成就或者促成条件成就的行为“不正当”,即违反了诚实信用原则。诚实信用原则是当事人可能影响条件发展轨迹的底线,不得逾越。该底线的位置何在,需要在具体法律行为中通过意思表示的解释划定。行为人对诚信底线的逾越,主观上必须存在故意或者过失。

(5)小结

根据《合同法》第 45 条第 2 款的规定,当事人为自己的利益不正当地阻止条件成就或者促成条件成就的,一律视为条件已成就或者不成就。

第三节 中国香港 A 贸易公司与新加坡 B 能源公司、中国 C 开发公司采购框架协议争议仲裁案

一、案情简介

中国国际经济贸易仲裁委员会(以下简称仲裁委员会)根据申请人中国香港 A 贸易公司(以下简称申请人)与第一被申请人新加坡 B 能源公司(以下简称第一被申请人)于 2010 年 7 月 24 日签订的《采购框架协议》(以下简称《框架协议 1》)、第二被申请人中国 C 开发公司(以下简称第二被申请人,与第一被申请人合称为被申请人)于 2010 年 7 月 30 日向申请人出具的担保函中仲裁条款的约定,以及申请人向仲裁委员会提交的书面仲裁申请,受理了申请人和被申请人之间因履行上述合同而产生的本争议仲裁案。

2010年7月24日申请人于新加坡与第一被申请人就采购印度尼西亚煤炭事宜订立《框架协议1》及补充协议。《框架协议1》第1条约定:“申请人预付250万美元作为可偿付预付款保证金。被申请人应申请人的书面要求需在3个工作日内退还全部可偿还的预付款保证金。”

2010年7月30日第二被申请人向申请人出具担保函,约定第二被申请人对申请人依据其于2010年7月24日与第一被申请人订立之《框架协议1》而支付给第一被申请人的250万美元预付款保证金承担一切无条件担保责任,并承诺每财政年度利润不低于保证金的10%;若因第一被申请人违约并未全数退还保证金,第二被申请人将无条件承担一切保证金全额退款责任,当申请人向第二被申请人索要保证金时,第二被申请人将于3个工作日内向申请人全数偿还。

2010年9月10日~11月1日,申请人通过某银行分批向第一被申请人支付了250万美元可偿付预付款保证金。2010年11月12日第一被申请人向申请人出具确认函,确认已收到申请人支付的250万美元。现申请人与第一被申请人之间的合作已终止,第一被申请人应在申请人书面要求退还250万美元的预付款保证金后的3个工作日内退还,但至今仍未退还;申请人曾向第一被申请人发函要求其返还250万美元保证金,但其违约并未返还,此后申请人向第二被申请人发函要求其承担保证责任,依据担保函之承诺,偿还250万美元。但第一被申请人仍未返还,第二被申请人也未履行其保证义务。被申请人的行为对申请人的合法权益造成了严重的损害,申请人将仲裁请求变更后如下:

1. 第一被申请人向申请人偿还保证金250万美元;

2. 第一被申请人向申请人补偿律师费25万元人民币;

3. 第一被申请人承担本案仲裁费;

4. 第二被申请人向申请人承担连带保证责任,即连带偿还上述费用(保证金250万美元、律师费25万元人民币以及本案仲裁费)。

二、案例解析

1. 关于本案法律适用的问题

(1)各方观点

本案申请人与第一被申请人于2010年7月24日签订的《框架协议1》约定“本框架协议适用法律为中华人民共和国合同法”。申请人与第二被申请人于

2010 年 7 月 30 日签订的《采购框架协议》(以下简称《框架协议 2》)约定“本框架协议适用法律为中华人民共和国合同法”。第二被申请人于 2010 年 7 月 30 日向申请人出具的担保函中载明“本担保函受中华人民共和国法律管辖”。

仲裁庭尊重当事人关于适用中国法律的约定和选择。由此,仲裁庭确认,解决本案争议应适用中国法律。

(2)建纬解析

对涉外合同的法律适用性问题,我国坚持“双原则”:

①当事人协议原则。我国法律尊重合同当事人意思自治,既可以选择诉讼,对合同的管辖地及法律适用问题进行约定;也可以选择仲裁。法律适用应与合同争议有实际联系,且不违反我国的法律法规。涉外合同纠纷中当事人如对管辖权或适用法律问题没有选择,则应坚持最密切联系原则。

②适用国际条约和国际惯例原则。当事人可以选择适用国际条约或国际惯例。在当事人选择中国法律时,若纠纷发生在某个国际条约的参加国,则优先适用国际条约的规定。在中国法律和国际条约均没有规定时,还可以适用国际惯例。综上所述,若当事人双方最终无法达成合意,则可依据上述法律规定,直接向有管辖权的人民法院起诉。

按照惯例,合同一方当事人为外国人、外国企业时,该合同即为涉外合同。应当根据《合同法》第 126 条的规定来确定涉外合同的法律适用原则:“涉外合同的当事人可以选择处理合同争议所适用的法律,但法律另有规定的除外。涉外合同的当事人没有选择的,适用与合同有最密切联系的国家的法律。在中华人民共和国境内履行的中外合资经营企业合同、中外合作经营企业合同、中外合作勘探开发自然资源合同,适用中华人民共和国法律。”

根据《合同法》第 126 条的规定,我国法律充分尊重民事活动的意思自治,有约定从约定。当事人可以在合同中约定法律适用,以不违反国内法律的强制性约定以及公序良俗为前提。

2. 关于《框架协议 1》的效力、履行情况及各方权利义务

(1)争议解决机构的观点

2010 年 7 月 24 日申请人与第一被申请人就采购印度尼西亚煤炭事宜订立本案《框架协议 1》,其后又陆续签订了两份补充协议,约定由申请人购进第一被申请人卖出的煤炭,并向第一被申请人付款,《框架协议 1》系申请人和第一被申请

人在平等自愿的基础上,经过友好协商订立,合同上有双方的授权代表人签字并加盖双方认可的公章。仲裁庭认为,《框架协议 1》意思表示真实,且不违反中华人民共和国法律或行政法规的强制性规定。因此,《框架协议 1》合法有效,双方均应严格按协议约定,全面适当履行各自的权利义务。

仲裁庭查明,《框架协议 1》第 1 条约定:"……甲方(申请人)预付二百五十万美元作为可偿还的预付款保证金。乙方(第一被申请人)应甲方(申请人)的书面要求退还可偿还的预付款保证金,乙方(第一被申请人)应于 3 个工作日内退还全部可偿还的预付款保证金给甲方(申请人)。"而且,《框架协议 1》约定,"如果双方协商终止框架协议,则乙方(第一被申请人)应在双方共同确认框架协议终止后的 3 个工作日内将可偿还的预付款保证金退还甲方(申请人)"。

2010 年 9 月 10 日 ~ 11 月 1 日,申请人分批向第一被申请人支付了 250 万美元可偿还预付款保证金。2010 年 11 月 12 日第一被申请人向申请人出具确认函,确认已收到申请人支付的 250 万美元的可偿还预付款保证金,后因第一被申请人已与申请人终止履行《框架协议 1》,申请人委托律师于 2017 年 8 月 14 日向第一被申请人发函要求退还 250 万美元可偿还预付款保证金,但第一被申请人一直没有退还 250 万美元。

以上情况有申请人提交的本案证据及材料为证。第一被申请人在本案中未提交答辩意见。

我国最高人民法院《关于民事诉讼证据的若干规定》(2001 年)第 5 条第 2 款规定:"对合同是否履行发生争议的,由负有履行义务的当事人承担举证责任。"因此在本案中,应由第一被申请人对其已经履行《框架协议 1》约定的退款义务承担举证责任。鉴于第一被申请人在本案中未提交任何证据和答辩意见,无法证明其已经履行《框架协议 1》约定的退还申请人支付的 250 万美元的可偿还预付款保证金的义务。因此,按照《中国国际经济贸易仲裁委员会仲裁规则》第 41 条第 3 项的规定,仲裁庭认为,第一被申请人没有按照本案《框架协议 1》的约定退还申请人支付的 250 万美元。

第二被申请人主张:第一被申请人并未拖欠申请人包含保证金在内的任何款项,第一被申请人与申请人存在诸多账目往来,双方之间债权债务已经明确,建议仲裁庭要求申请人提供其与第一被申请人全部的账目流水,以确定双方之间的基础债权是否清晰明确;申请人并未履行《框架协议 1》,在合同履行过程中从未支付货款也未租船，申请人根本违约，造成第一被申请人巨额损失。

仲裁庭认为，第二被申请人提出以上主张属于行使第一被申请人（债务人）对申请人（债权人）的抗辩，按照《中国国际经济贸易仲裁委员会仲裁规则》第41条第1项的规定，第二申请人应当对其答辩所依据的事实提供证据加以证明，对其主张、辩论及抗辩要点提供依据。

仲裁庭查明，第二被申请人所提供的证据中，除其中的网页公告以证明申请人与案外人中国某煤炭贸易有限公司存在关联关系外，其余所有证据均为复印件，没有提供任何原件以供质证，第二被申请人亦没有说明证据的来源，申请人对其真实性均不予认可。同时，仲裁庭注意到第二被申请人所提供的证据无法证明申请人与第一被申请人之间的全部账目往来，无法确定双方之间的基础债权是否清晰明确。仲裁庭查明，《框架协议1》中没有约定可以将申请人支付给第一被申请人的250万美元可偿还预付款保证金冲抵货款。本案中没有证据证明申请人与第一被申请人之间存在可以将250万美元可偿还预付款保证金与双方之间的债务进行抵销或冲抵的任何其他的约定。因此，根据《仲裁规则》第41条第3项的规定并综合考虑本案具体情况，仲裁庭认为第二被申请人的以上答辩意见不能成立。

如前所述，本案中申请人已按照《框架协议1》的约定向第一被申请人支付了250万美元可偿还预付款保证金，而且《框架协议1》约定的退还该保证金的条件已经成就，因此，根据我国《合同法》第8条的规定，仲裁庭认为，第一被申请人应当依约及时退还该保证金。同时，被申请人未依约及时退还保证金的行为已构成对本案《框架协议1》的违反，应当承担相应的违约责任。

我国《合同法》第107条的规定，当事人一方不履行合同义务或者履行合同义务不符合约定的，应当承担继续履行、采取补救措施或者赔偿损失等违约责任。

因此，仲裁庭认为第一被申请人应当按照《框架协议1》的约定，将申请人支付的250万美元可偿还预付款保证金退还申请人并承担相应的赔偿责任。

关于第二被申请人提出的第一被申请人已经注销的情况，仲裁庭认为，本案现有证据不足以证明第一被申请人注销的具体情况，而且第一被申请人是否注销不影响第二被申请人承担连带责任。

（2）建纬解析

当事人之间以合同约定来确认双方的权利、义务范围。决定合同是否成立生效的重要条件之一，便是合同的主要条款是否完备。故订立的条款是否完备明确,对合同的成立,履行以及合同争议的解决,意义非凡。

涉外合同种类繁多,内容各样,但其应当具备的主要条款与国内合同基本一致。

需要特别注意的是,当事人还可以在涉外合同中自行约定其他内容:这类条款是指完全由当事人自己决定订立与否的合同条款。例如,当事人可以在合同中约定担保。担保条款的明确,既可以增强合同的法律效力,又可以提高当事人的履约责任心。一方当事人一旦违约,另一方当事人可以避免或者减少损失,或者使损失得到及时补偿。在订立涉外合同时,当事人有权选择具体的担保方式,也可以自由约定其他内容。

3. 关于本案担保函的真实性、效力、履行情况及双方权利义务

关于第二被申请人主张:其并未向申请人出具任何担保函,申请对本案担保函首页、第 2 页是否为同一台电脑、同一台打印机同一次打印形成进行鉴定;即使存在该担保函,该担保函亦因属于违规对外担保,而应为无效合同。

仲裁庭认为,按照《中国国际经济贸易仲裁委员会仲裁规则》第 41 条第 1 项的规定,第二被申请人应当对其答辩所依据的事实提供证据加以证明,对其主张、辩论及抗辩要点提供依据。仲裁庭查明:本案担保函上有第二被申请人的公司印章和授权代表人的签字,第二被申请人对该印章予以认可且未对授权代表人的签字表示否认;本案中没有任何证据证明本案担保函系伪造或变造。以上情况有本案证据及材料为证。第一被申请人在本案中未提交任何证据。因此,综合考虑本案具体情况,按照《中国国际经济贸易仲裁委员会仲裁规则》第 41 条第 3 项的规定,结合证据和答辩意见,仲裁庭认为第二被申请人关于其没有出具本案担保函的主张不能成立。

关于第二被申请人提出了本案担保函属于违规对外担保合同、为无效合同的主张。

仲裁庭认为,担保函载明索赔保证金时,C 公司(第二被申请人)将于 3 个工作日内向甲方(申请人)全数偿还;本担保函有效期自甲方(申请人)向 B 公司(第一被申请人)实际支付前述保证金起至 B 公司(第一被申请人)向申请人全额退还前述保证金或 C 公司(第二被申请人)履行担保责任代为全额偿还前述保证金之日止。申请人于 2017 年 8 月 14 日向第一被申请人发函要求偿还保证金,于 2017 年 9 月 14 日向第二被申请人发函要求连带偿还保证金,在 2 年的保证期间

之内。申请人于2017年10月提起本案仲裁申请,但第二被申请人至今没有偿还该保证金。鉴于本案担保函对保证方式没有作出约定,根据我国《担保法》(已废止)第19条关于“当事人对保证方式没有约定或者约定不明确的,按照连带责任保证承担保证责任”的规定,仲裁庭认为,第二被申请人在本担保函项下的保证责任为连带责任保证。因此,如上所述,本案中申请人已按照《框架协议1》的约定向第一被申请人支付了250万美元可偿还预付款保证金,《框架协议1》约定的退还该保证金的条件已经成就,第一被申请人未依约及时退还保证金的行为已构成对《框架协议1》的违背;同时,担保函约定的第二被申请人承担担保责任并偿还保证金的条件已经成就,第二被申请人至今没有依照担保函的约定,履行担保责任应当承担相应的违约责任。我国《合同法》第107条规定,当事人一方不履行合同义务或者履行合同义务不符合约定的,应当承担继续履行、采取补救措施或者赔偿损失等违约责任。因此仲裁庭认为,第二被申请人应连带偿还申请人已经支付的250万美元的保证金并承担相应的赔偿责任。

因此,根据本案情况,按照《中国国际经济贸易仲裁委员会仲裁规则》第52条的规定,仲裁庭对申请人要求第二被申请人连带偿还人民币25万元以补偿申请人花费的律师费及承担本种费用的请求予以支持。

4. 关于诉讼(仲裁)时效

(1)各方观点

仲裁庭注意到第二被申请人提出了诉讼(仲裁)时效抗辩。仲裁庭认为,按照《中国国际经济贸易仲裁委员会仲裁规则》第41条第1项的规定,第二被申请人应当对其答辩所依据的事实提供证据加以证明,对其主张、辩论及抗辩要点提供依据。

仲裁庭查明:2010年8月10日申请人与第一被申请人和第二被申请人分别就本案《框架协议1》和《框架协议2》签订确认函和补充说明,约定如未发生任何不可抗力事件或发生不可抗力事件但并未产生对双方造成任何足以妨碍协议继续履行的不良影响,《框架协议1》和《框架协议2》均无条件自动续约。申请人称,根据各方补充协议,两份框架协议的有效期为2016年12月31日。本案中没有任何证据证明两份框架协议早于2016年12月31日终止。申请人于2017年8月14日向第一被申请人发函要求偿还保证金,于2017年9月14日向第二被申请人发函要求连带偿还保证金,均在2年的保证期间之内。申请人于2017年10月提起本案仲裁申请以上情况有本案证据及材料为证。第一被申请人在本案中未提交任何证据和答辩意见。因此,综合考虑本案具体情况,按照《中国国际经济贸易仲裁委员会仲裁规则》第41条第3项的规定,仲裁庭认为,第二被申请人关于申请人的仲裁请求已经超过诉讼(仲裁)时效期间的主张不能成立。

(2)建纬解析

①涉外仲裁时效如何确定

我国《仲裁法》第74条规定:“法律对仲裁时效有规定的,适用该规定。法律对仲裁时效没有规定的,适用诉讼时效的规定。”《民法总则》(已废止)第188条第1款规定:“向人民法院请求保护民事权利的诉讼时效期间为3年。法律另有规定的,依照其规定。”该诉讼时效可以适用于仲裁时效,具体到每个仲裁案件的时效,仲裁庭将根据实际情况作出确定。参照诉讼时效的有关规定,仲裁时效期间,从当事人知道或者应当知道其权利被侵犯之日起计算,仲裁时效可以延长、中止和中断。

当事人由于客观原因在仲裁时效期间不能行使请求权的,仲裁时效可以延长;在仲裁时效的最后6个月内,因不可抗力或其他障碍不能行使请求权的,仲裁时效中止,从中止时效的原因消除之日起,仲裁时效继续计算;仲裁时效因提起仲裁、当事人一方提出要求或者同意履行义务而中断,从中断时起,仲裁时效重新计算。此外,超过仲裁时效期间,当事人自愿履行的,不受仲裁时效的限制。

②涉外仲裁裁决怎么执行

涉外仲裁裁决在中国境内的执行。根据《民事诉讼法》第224、239条的规定,对涉外仲裁裁决,一方当事人不履行时,对方当事人可以向被申请人住所地或其财产所在地的中级人民法院申请强制执行。申请期限为2年。申请执行时效的中止、中断,适用法律有关诉讼时效中止、中断的规定。

涉外仲裁裁决在中国境外的执行。根据我国《仲裁法》第72条的规定,我国涉外仲裁机构所作出的裁决中,如果被执行人或者其财产在国外,申请人应当直接向有管辖权的外国法院申请承认和执行。与我国强制执行相同,外国法院也以生效的法律文书作为强制执行的依据。得到特定国家对我国仲裁裁决的认可,是我国作出的仲裁裁决在国外执行的必要条件,即承认该仲裁裁决在该外国的法律效力。承认是执行的前提,是赋予外国仲裁裁决以本国法律效力的必经程序。

第四节　中国A公司与东南亚某国B公司保函欺诈侵权纠纷诉讼案

一、案情简介

中国某市中级人民法院根据原告中国A公司(以下简称原告)向人民法院提交的以东南亚某国B公司(以下简称被告)为被告、以中国A银行(以下简称A银行)、东南亚某国B银行(以下简称B银行)为第三人的民事起诉状,受理了本争议案。

2014年1月3日,就位于东南亚某国某省的两家锌精炼厂建设项目(以下简称锌厂项目),被告正式开始公开招标。该项目招标书关于投标保函的生效条件第6.1款规定:“中标方在签订合同之时未提交表格A-1中指出的需要提交的全部文件,除非有正当并得到委员会的认可的理由,如不可抗力,偶然因素及其他合理理由导致的延迟提交。”第6.3款第2项规定:“针对国家公共战略企业的公共直接招标,不要求投标方开具履约保函,但在锌厂项目执行中的每一笔付款,需有金额7%的保证资金。”

2014年1月20日,原告及其合作伙伴组成联合体,以原告的名义就锌厂项目投标,向被告提交投标文件(以下简称投标文件或投标)。该投标文件约定项目总报价5.15亿美元。并显示原告中标后承诺提交合同总金额7%的履约保函。随附该投标文件,原告委托A银行向B银行开出以B银行为受益人的见索即付反担保保函,该反担保保函金额为2,575,000美元;并且在该反担保保函同一份电文内,A银行指示B银行开出以被告为受益人的投标保函;该投标保函金额也为2,575,000美元。锌厂项目投标书的“融资与支付说明”指出:“1)项目可行性研究费用(共计1400万美元),需由业主自筹资金。一旦我方中标,在中标后30天内,业主需以现金方式支付给我方。我方按招标文件要求,提供7%的履约保函……”

2014年2月19日,A银行就涉案项目向B银行出具反担保保函,立约担保金额为2,575,000美元,受益人为被告,适用规则:见索即付保函统一规则。该保函保证责任条件为:“(1)如果投标人在招标文件中规定的投标有效期内撤回投标文件,或者(2)如果投标人在投标有效期内得到中标通知书:A. 未能或拒绝执行 ITB 文件(招标文件)中的协议或规定,或者 B. 根据 ITB 文件未能或拒绝提供履约保函。"

2014 年 2 月 21 日,B 银行就涉案项目向被告出具不可撤销保单(银行担保函),担保金额为 2,575,000 美元,受益人为被告。

2014 年 7 月 31 日,被告就前述投标向原告发出中标通知书,项目参考总价为 5.15 亿美元。根据承包基础条款,原告应自接到中标通知日起,15 个工作日之内(2014 年 8 月 22 日)递交相关文件,递交文件之后有 5 个工作日(2014 年 8 月 29 日)准备签署合同。随后,被告开始与进行项目合同签订谈判。

2014 年 9 月 2 日、2014 年 9 月 15 日,被告向原告发来合同草稿第一稿、第二稿。截至起诉前,原告未向被告交纳履约保证金,双方也未签订正式的合同。

2014 年 9 月 25 日,被告向原告所发的电文件显示:"到递交所需文件的最后期限已延长至 2014 年 10 月 3 日,我方在此要求对现缺的文件进行补充提交,具体如下:1. 公司章程文件。根据贵公司 2013 年 12 月 27 日向我方提交的第 1722/2013 号证明文件,关于 A 公司已在我国正式成立分公司,现我方同样需要其他相关公司的章程文件,包括文件需要进行法律认证以证明其真实性。2. 履约保证金。履约保证金额为合同总金额的 7%,其目的是保证项目的最终完成和交工。在此需指出的是,上述文件为合同的一部分出现,需在 2014 年 10 月 3 日准备好以便核查,该日期不可推迟。再重复一次,自核查该文件日起计算,直至 2014 年 10 月 10 日签约,该日期同样无法变更。"

被告依据本地保函于 2014 年 10 月 9 日向 B 银行索赔。B 银行于 2014 年 10 月 10 日向 A 银行发文要求 A 银行支付反担保保函款项。B 银行已于 2014 年 10 月 13 日向被告支付了本地保函下的款项 2,575,000 美元。A 银行收到被告索赔后通知了原告,原告于 2014 年 10 月 14 日向 A 银行发文,请求 A 银行采取措施尽量延缓支付该保函索赔,为其争取一定的处理解决问题的时间。同时请求 A 银行向 B 银行发文,请求 B 银行延期支付保函索赔。A 银行已于 2015 年 4 月 23 日向 B 银行支付 2,575,000 美元。

原告提出如下诉讼请求:

1. 确认被告在索偿 B 银行向其开具投标保函、并直接导致 B 银行向 A 银行索偿 GC114671400091 号反担保保函过程中存在欺诈;

2. 判令被告向与原告返还因欺诈获得的前述保函项下的款项 2,575,000 美元(折合人民币为 15,822,345 元,按 2014 年 10 月 12 日中国人民银行公布的人民币与美元中间价计算:1 美元对 6.1446 元人民币);

3. 请求被告向原告赔偿非法侵占上述款项期间的利息损失,自 2014 年 10 月 11 日起按照中国银行同期贷款利率计算至被告实际金额返还涉案款项之日止;

4. 判令由被告承担本案的所有诉讼费用。

二、案例解析

1. 关于被告是否有权索付投标保函的问题

(1)原告(投标人)的观点

①项目招标书第 6.3 款(保证锌厂项目正常运行的保函)第 2 项规定:"针对国家公共战略企业的公共直接招标,不要求投标方开具履约保函,但在锌厂项目执行中的每一笔付款,需有金额 7% 的保证资金。"根据上述规定,矿业公司作为国家公共战略企业,其公共直接招标不需要投标方开具任何履约保函;在履约过程中,对于每一笔付款,投标方提交该笔付款金额 7% 的保证资金即可。

②根据本案保函明确规定,索偿保函仅仅限于如下两种事实条件:"(1)如果投标人在招标文件中规定的投标有效期内撤回投标文件,或者(2)如果投标人在投标有效期内得到中标通知书:A. 未能或拒绝执行 ITB 文件(招标文件)中的协议或规定,或者 B. 根据 ITB 文件未能或拒绝提供履约保函。"事实表明,原告未在投标有效期内撤回投标文件,也没有发生未能或拒绝执行招标文件中的协议或规定,履约保函应于主合同签订后提供,不存在未能或拒绝提供履约保函的情形。故投标保函所明确约定的索偿保函事实条件并未发生,相应反担保保函项下的索偿事实条件也不具备。

(2)争议解决机构的观点

根据 2014 年 1 月 3 日被告公开的项目招标书第 6.1 款、第 6.3 款第 2 项规定,案涉锌厂项目需缴纳项目总金额 7% 的保证金。原告投标文件中约定:"如果我司中标并进行到签订合同的阶段,我承诺提交以下文件的原件或者经法律认定的复印件,内容包括合同总金额 7% 的履约保函……"但原告在 2014 年 7 月 31 日收到中标通知书后,并未在规定的期限内缴纳约定的保证金,亦未提交履约保函。并且在 2014 年 9 月 25 日被告向原告发电文约定至 2014 年 10 月 3 日缴纳履约保证金时,原告依然未予缴纳。在此情况下,被告依据本地保函于2014年10月9日向B银行索赔,符合投标文件的约定,B银行支付本地保函下的款项2,575,000美元,A银行支付反担保函款项2,575,000美元,符合保函约定。

(3)建纬解析

本案项目招标书第6.3款(保证锌厂正常运行的保函)第2项规定:"针对国家公共战略企业的公共直接招标,不要求投标方开具履约保函,但在锌厂项目执行中的每一笔付款,需有金额7%的保证金。"但项目招标书表格A-1(企业递交标书文件)第2部分(文件递交)第i项却提及了"合同总金额7%的履约保函"。当招标文件条款中存在相互冲突的表述时,要求投标人履行应尽的审慎义务,应当在递交投标文件前及时与招标人就招标文件中的冲突条款进行沟通,要求投标人进行必要的释明,明确招标文件中所要表述的真实意思表示,尤其对投标人的限制性或义务性条款,更要求投标人在投标时确定条款的确切含义,做好合规审查,以防合同履行阶段争议的产生。此外,若招标文件中合同的主要条款与辅助性条款的表述存在冲突时,可考虑以合同的主要条款表述为准。

2.关于被告是否构成保函欺诈

(1)原告(投标人)的观点

被告具有明显的欺诈故意,其索函行为已经构成保函欺诈。被告在不具备任何保函明确规定的事实条件下,故意向B银行提交索款函进行虚假陈述,恶意索取投标保函项下款项,意图是使B银行陷入错误,从而向被告支付投标保函项下款项。B银行基于A银行对其提供的反担保保函以及被告的虚假陈述,必然且已经向A银行发出索偿通知,A银行又基于与原告之间的保函开立委托关系必然向原告进行追偿,原告将最终承担该损失。因此,被告的恶意索偿行为,已构成对原告财产权益的侵害。

(2)争议解决机构的观点

原告称被告存在欺诈,被告应返还该保证金2,575,000美元,但并无充分证据证明被告存在欺诈行为,故对原告的请求,本院不予支持。

(3)建纬解析

在我国涉独立保函纠纷中,若申请人认为受益人做虚假陈述,存在欺诈性索款行为时,通常需要法庭或仲裁庭审查全部案件事实。审查范围包括保函本身及基础合同的履行情况;受益人在进行索款申明时,其陈述与实际情况是否相符以及保函受益人在其提交的书面索赔声明中,是否存在虚假陈述。在保函欺诈的几种类型中,在基础合同已履行或者未届履行期、受益人违约、索赔要求与基础合同无关等情形时,若推定受益人存在索赔行为欺诈的情况下,审查基础合同约定内容和履行状况是完全必要的。

其中应特别注意以下几点:第一,欺诈例外并不是否认保函独立性,而是对其独立性的补充。在适用欺诈例外原则时,相关裁决主体承认独立保函的绝对性以及无条件担保功能的同时,认可欺诈索赔属于担保人拒绝付款的抗辩理由,以此来防止受益人恶意利用担保人无法根据基础合同及其履行情况行使抗辩权,从而滥用独立保函制度所赋予的索赔权利,以谋求不正当利益。第二,将独立保函纠纷与基础交易纠纷一并审理并不是简单地处理法律关系的竞合。在实践操作中,因金融业务与贸易业务具有一定的差异性,可能涉及诉讼或仲裁当事人不一致、基础合同和保函纠纷约定的法律适用不相同,甚至还可能涉及管辖法院或仲裁庭不一致的问题。针对以上情况,从程序上来讲,在确定管辖权和法律适用时,应当坚持以保函关系为主要的审查标准。从实体上来讲,独立保函纠纷中,法院对基础合同关系的审查,只能局限于受益人在索赔声明中的陈述是否正当、真实,而不能对基础合同所涉及的其他权利义务进行判定,即不能影响仲裁庭或其他法院对基础合同关系的审查判断。

第五节　中国A化工公司、中国B建筑公司与泰国C工程公司建筑施工合同争议仲裁案

一、案情简介

2012年5月13日,泰国某工程公司(以下简称总承包商)作为总承包商与业主签订了一份某皮带栈桥钢结构工程EPC合同。

2012年6月,中国A化工公司(以下简称中A化工)与泰国C工程公司(以下简称泰C公司)组成分包商联合体与总承包商签订了《工程、采购和施工分包合同》(以下简称分包合同),施工内容包含设计、生产、安装、测试等工作。

2012年7月,中A化工与中国B建筑公司(以下简称中B公司)关于涉案项目签署《建设工程施工合同(泰国某皮带栈桥钢结构工程)》(以下简称施工合

同)，工期为开工之日起45天，施工地点为泰国某地，合同对工程价格、竣工验收标准和质量保修、违约责任等作出约定。

施工合同约定涉案项目合同价款为人民币530余万元，包含差旅、食宿及境外保险等一切费用。同时在专用条款部分约定除本合同另有约定的情况外，该工程合同造价不做任何调整，对合同价款进一步明确。

合同签订后，发包人支付本合同预付款为合同价款的40%，即人民币200余万元。施工合同专用条款部分对工程款支付节点约定：①工程安装完成60%，被申请人出具中期验收合格证书后，被申请人支付20%进度款（人民币100余万元）；②工程全部竣工并验收合格后交付竣工和工程结算资料后，发包人支付合同价款总额35%（人民币近190万元）；③剩余合同价款总额的5%（人民币约27万元），作为质保金，于竣工验收合格1年后支付。

工程质量标准如下：按照中国国家标准（优先适用）及行业标准，但同时不能违反泰国当地工程质量要求。根据实际履约情况，工程验收时以行业标准和施工图纸设计要求为准。若因承包人原因造成工程质量未达到约定标准，将由承包人与担保人共同承担违约责任。

对质量问题处理及争议解决约定如下：若双方对工程质量有争议，需共同委托工程质量检测机构进行鉴定，最终由责任方承担所需费用及因此造成的损失；若双方均有责任，由双方各自承担其责任。若在履约中发生争议，首先应协商解决；若未能协商解决，则可以选择调解解决；调解不成，则由仲裁委员会仲裁。仲裁适用中华人民共和国法律且一裁终局，对双方具有约束力。仲裁庭由3名有合同管理和工程实践经验的专家组成，由双方各选定一名仲裁员，另一名由仲裁委员会指定；仲裁地点：北京。

2013年10月，中A化工与中B公司组织对运焦线、备煤线溜槽改制进行验收，验收结果合格，对备煤筛焦系统皮带机安装项目进行验收，结论是满足质量要求。中国A化工领导及监理工程师均在上述验收资料签字确认。

2014年6月，申请人中A化工组织外聘钢结构专家及本公司专业技术人员对工程质量进行了现场检测，发现工程存在许多质量问题，并与被申请人中B公司研究协商并签订了《关于工程有关事宜的谅解备忘录》，并确定整改方案。但是迟迟未整改，由于工程存在重大质量缺陷和巨大安全隐患，导致申请人整体投产进度受到严重影响。申请人遂于2015年2月单方自费向当地权威部门申请鉴定检测，检测结果表明工程不合格处近20处。

随后双方发生纠纷，经多次协商未果后，中A化工作为申请人，以中B公司为被申请人，向中国国际经济贸易仲裁委员会申请仲裁，仲裁请求的主要事项包括：

1. 继续履行合同和赔偿因工程质量问题而增加的额外维护和修复费用、整改费用；

2. 赔偿代购和借用并损坏的机具设备及材料等费用；

3. 赔偿垫付的鉴定检测费用。

中B公司在答辩时提出反请求：

1. 请求中A化工支付所欠工程款及利息；

2. 请求申请人支付误工费。

二、案例解析

1. 法律适用问题

虽然涉案双方当事人均是中国企业，但工程建设活动发生在泰国，属于履行地在国外的涉外案件，因此，需要考虑法律适用问题。第一，根据我国《涉外民事关系法律适用法》的规定，该部法律是解决有关冲突规范援引的法律依据；第二，解决本案争议适用的法律为申请人和被申请人之间的商业纠纷，适用中国法；但由于涉案工程在泰国，则有关工程施工标准及工程质量标准的确定适用泰国法律。在该案中申请人一方对涉案工程申请鉴定是由泰国的鉴定机构进行的质量鉴定，因此适用泰国的法律是可行的。总之，若当事人选择通过仲裁解决国际工程合同争议的，但没有约定适用的法律的，或者约定适用的法律不能查明的，仲裁庭可能按照仲裁机构所在地的法律确定案件具体适用的法律。《涉外民事关系法律适用法》第3~6条及第9~10条对此做了相关规定。因该案在整个仲裁审理期间，当事人双方没有就具体问题强调适用的外国法，未涉及外国法的查明和适用问题。

2. 关于工程质量问题

(1) 申请人的观点

由于被申请人施工的工程存在重大质量问题和巨大安全隐患，导致申请人整体投产进度严重受到影响，为避免损失进一步扩大，特申请鉴定机构对涉案工程的质量进行鉴定，由此所产生的费用及造成的损失由被申请人承担。

(2)被申请人的观点

被申请人认为,首先,涉案质量检测系申请人单方面委托,费用应由申请人自行承担。另外,申请人所提供的鉴定结果在程序上和实质上均存在较大问题,如焊缝检测错误与现场不符,如某项合格品被误判为不合格,丢失螺帽与垫板是申请人保护不当。根据角焊要求,角焊焊缝厚度不应低于薄板的0.7倍,所以焊缝规定与实际对比存在误差及现场工程已验收交付,丢失螺帽与垫板是申请人保护不当。其次,根据双方签署的施工合同约定,鉴定机构应由双方共同委托,责任和费用应根据检测结果各自承担,因此,上述鉴定程序不合规。而申请人未通知被申请人就单方委托鉴定,其鉴定意见不能作为定案依据,因此,鉴定费用及由此造成的损失均不应当由其承担。最后,涉案工已经竣工验收且合格,根据相关法律规定,申请人应当支付工程款和误工费。

(3)争议解决机构的观点

申请人自行委托鉴定机构对涉案工程进行质量鉴定,主要是由于双方所签署的《关于工程有关事宜的谅解备忘录》及以后的会议纪要内容未得到落实,涉案工程未能正常投入使用。虽然施工合同中对工程质量争议解决有明确的约定,但双方未能就聘请鉴定机构达成一致。一方无奈情况下自行垫付费用申请鉴定,但是另一方对鉴定意见却又不认可,将导致事情进展无法推进。尽管是单方委托的鉴定机构,另一方对鉴定机构及结论不认可,但是鉴定机构的资质没有问题,两项鉴定检测,包括针对钢结构皮带栈桥焊缝进行的《皮带栈桥钢结构超声波检测》和对整个皮带栈桥钢结构进行《皮带栈桥钢结构质量鉴定》都是技术性的,列举的证据材料真实可靠、内容翔实、具体分析、逻辑清晰。虽然仲裁庭不否定该鉴定意见,但被申请人有权质疑鉴定结果,并举证证明其怀疑的合理性。在庭审中,被申请人提出了书面意见,而申请人和被申请人均没有就出具超声检测报告和鉴定报告的泰国机构出席庭审接受质询提出要求或作出安排,另外有关工程质量问题和被申请人的维修义务在双方的《关于工程有关事宜的谅解备忘录》和《会议纪要》中已经涉及。

仲裁庭综合分析认为该鉴定意见所选鉴定材料是鉴定机构通过超声波检测手段从现场工作中取得的技术材料,不是由单方或者双方提供的,因而不能否定其客观性,由此得出的鉴定意见需要用技术或者专业知识去判断。若重新鉴定,得出的结论完全可能相近,将造成资源的浪费,也将增加争议解决的时间,不利于纠纷的解决。

(4)建纬解析

由于在单方委托鉴定的情况下,鉴定人和委托当事人之间形成的是一种聘用合同关系,委托方向鉴定人员支付费用而鉴定人员则为之鉴定,尽管其鉴定意见在客观上也可能不利于委托当事人,但在主观上鉴定人却很容易使对方当事人产生对鉴定人的不信任,其公正性受到极大程度的怀疑。根据我国最高人民法院《关于民事诉讼证据的若干规定》第 41 条之规定,当事人一方自行委托鉴定机构就专门性问题出具的鉴定意见,除非另一方当事人有证据或者理由足以反驳并申请鉴定的,该鉴定意见可以当作书证使用。但是,并非当事人一方委托鉴定机构作出的鉴定意见均不能作为定案依据,在对方当事人没有反驳证据且无新的鉴定意见予以推翻的情况下,法院可以根据案件的具体情况作出是否作为认定案件事实的依据。

3. 关于工程验收问题

(1)申请人的观点

被申请人提出工程已经验收合格,是指对设备和系统运行进行验收,重点是设备运转是否正常。而申请人申请的两项检测和鉴定是针对皮带栈桥焊缝(重点是抽检焊点)和整个皮带栈桥钢结构,主要是焊缝是否符合设计要求及是否对钢结构整体质量安全产生影响。被申请人不能以运焦线、备煤线溜槽改制、运焦备煤皮带机联动调试的验收合格来否认申请人对整体钢结构的质量鉴定意见。在双方会议纪要中被申请人也签字确认了工程需要整改的问题,也间接印证了存在的瑕疵。

(2)被申请人的观点

根据双方签署的合同约定,涉案钢结构的工程范围包括备煤桁架的钢结构部分、筛焦出焦桁架钢结构部分及筛焦溜槽和备煤通廊溜槽的安装工程。我方提交了 7 份竣工验收单,上述验收单详细记载了验收结果包括合格、单机调试和联动调试运转正常、符合设计要求、满足质量要求以及权限运转正常、缺陷已消除、验收合格,且建设方领导及监理工程师已对工程验收合格进行签字确认。

(3)争议解决机构的观点

庭审中被申请人就涉案钢结构工程提供了 7 份竣工验收单,其记载了验收结果,验收结论是缺陷已消除、验收合格。但是整体工程验收是对设备和系统运行进行验收，重点是设备是否正常运行。而申请人申请检测和鉴定的是针对皮带栈桥焊缝和整个皮带栈桥结构安全，突出的重点是焊缝是否符合要求和是否影响整个钢结构的总体质量安全，因此，申请人和被申请人关注的重点不同。

但是从鉴定材料和《关于工程有关事宜的谅解备忘录》可以看出，涉案工程存在质量瑕疵，很多个焊点不合格，钢结构安装存在很多不合格处，防火涂料未达标，但是鉴定意见并没有否定涉案工程整体安全性和稳定性。因此，上述质量瑕疵是可以通过后期局部返修和保养进行修缮的。且在上述《关于工程有关事宜的谅解备忘录》中，被申请人也承诺对附件所列出的整改项目进行整改，并承担修复费用，因此，仲裁庭认为被申请人应根据双方签署的《关于工程有关事宜的谅解备忘录》对涉案工程瑕疵部分进行整修直至合格。

(4)建纬解析

改革开放40多年来，综观我国工程产品可以看出工程质量的优劣决定了建筑工程项目的成败。工程质量不仅直接影响工程项目投产使用情况，而且关系人民群众生命健康及财产安全。由于建设工程质量问题具有多样性、复杂性的特点，根据现行法律法规规定与司法裁判观点，在工程经过竣工验收合格后，工程承包人仅对在质量保修期内出现的质量问题承担保修责任，而非承担工程质量问题的整改修复责任，除非有相反证据推翻竣工验收结论。

但建设工程施工质量验收属于过程验收，通过检验批的抽样验收，而后对分部分项工程以及单位工程作出整体的评定结论，由于材料的离散性以及施工偏差的存在，验收合格的工程也存在不符合规范的部位和项目，因此，竣工验收合格并不代表质量没有缺陷。根据我国《合同法》第61、111、218条的规定，质量责任应先按照合同约定承担。如合同中对于违约责任没有约定或者约定不明确，受损害方可以根据标的性质以及损失的大小，合理要求对方承担修理、更换、减少价款等责任。

为了保证建设工程质量及使用安全，《建筑法》《建设工程质量管理条例》《房屋建筑工程质量保修办法》分别在建设工程保修制度，建设工程在正常使用状态下的最低保修期限，质量保修的范围、费用、监督等方面做了详细规定。依据法律法规及合同约定，工程承包人承担的保修义务属于合同义务的一部分，是施工合同中保证工程质量符合合同约定的义务的延续。

根据上述法律规定，承包人仅需对保修期内工程正常使用情形下造成的缺陷或损坏工程出现质量问题承担保修责任。工程竣工验收合格并不代表质量没有缺陷,承包人以竣工验收合格证明及其他任何书面证明均不能对该客观事实形成有效对抗,对工程质量问题的赔偿责任应按“谁造成,谁承担”的原则处理,这是符合法律的公平原则的。

三、风险防范及应对策略

1. 紧密结合施工当地实际情况综合报价

随着“一带一路”不断实施推进,越来越多的中国企业参与到国外工程建设中,这虽然给中国企业带来了良好的发展机遇,但是伴随而来的风险亦不能忽视。中资企业在海外工程投标阶段应主要注意:在遵循惯有报价原则的基础上,还要紧密结合实际情况和所处环境,一定要把所有的细节都考虑进去。这是因为与国外的工程建设相比,工程对于材料的消耗基本相差不多,差异主要为人工和机械的消耗,通常变动较大的因素是劳动力的水平和机械化的使用情况。影响施工成本的最主要因素是劳动力成本。投标初期,有些企业对当地的用工政策不甚了解或者不重视,导致开工后用工成本过高,甚至存在非法用工带来的法律问题。

另外,机械费用对施工成本影响巨大。因施工习惯和成本不同,在用工方面中资企业大多使用国产工程机械,经过进出口及运输环节,加上配件都是从国内采购,导致所有成本都有所增加。且因在国外施工的特殊性,必须对机械进行维护整修,对机械原值进行重新设置,这些都影响了施工的成本。

因此,海外施工要充分使用当地的劳务,人工和机械的组合要得到就业政策的支持,还要注意中资劳务和当地劳务的用工占比。

2. 保存好施工各阶段的商务资料、技术资料及施工现场资料

“一带一路”倡议下,使中国企业更多走向国际舞台。国际工程项目的施工现场一般都在其他国家,若协议选择中国的仲裁机构解决争议,仲裁庭不能随时到现场,无法直观了解施工情况或完工情况。同时,对于质量争议也难以借助鉴定机构。在很多仲裁中,各方都委托了技术权威作为专家证人,但是往往会出现各方的专家证人各执一词,很难给出一致意见,且各方专家证人也是基于现场形成的技术资料进行判断并给出意见。因此,走出去的中资企业应保存好从勘察设计到施工管理,直至竣工验收各阶段的商务资料、技术资料和施工现场资料,使自身在发生纠纷时能够及时找到主张权利和反驳控告的依据。

第二章　南亚地区实务案例

第一节　孟加拉国巴拉普库利亚煤矿案[①]

一、案情简介

孟加拉国巴拉普库利亚煤矿项目（以下简称孟巴煤矿）位于孟加拉国西北部朗布尔专区的迪纳杰布尔县费尔巴里镇北6千米处。孟巴煤矿探明的煤炭储量约2.96亿吨，预计年产为100万吨，煤层倾角为0～12度，平均厚度36.14米，采深为260～460米。孟巴煤矿的煤质是低硫、低灰中高挥发分、高发热量的。孟巴煤矿的煤质优良，可以用于发电、动力、民用、煤化工、煤炭气化和液化。孟巴煤矿属于中孟关系发展的重大里程碑式项目，但由于不利自然条件等因素，孟巴煤矿的实际施工较为波折。

1991年，孟加拉国政府批准了孟加拉石油、天然气和矿产公司（以下简称PB公司）提出的孟巴煤矿项目的立项报告，孟巴煤矿项目向全球公开招标，且考虑到露天开采存在边坡稳定性、排水量大、大规模村庄搬迁和土地征用等难题，孟加拉国政府决定采用地下矿井开采的方式。

在孟巴煤矿项目的公开招标环节，中国、英国、澳大利亚等国的多家公司均参与投标，提交了项目技术建议书与商务建议书，竞争非常激烈。经过综合评价，中国技术和经济主要指标占优势，中国大使馆商务处协调中方各个单位，组成联合体开始运作，孟加拉国政府寻求并获得了中国政府的支持，同时通过各方的努力，中国银行对该项目给予了卖方信贷的资金支持。然而在实际施工过程中，项目进

---

① 参见王全生、郑斌、吴少亮：《孟加拉国巴拉普库利亚煤矿总包报价编制简介》，载《煤炭工程》2007年第5期，第109－110页。

展并不顺利,遇到了相当严重的“突水事故”及各类不利状况。

1. 合同条件

1994 年 2 月 7 日,中国机械进出口(集团)有限公司(以下简称中机公司)与业主 PB 公司签订了孟巴煤矿项目交钥匙工程合同。合同主要框架以 FIDIC 合同为模板,中机公司以交钥匙方式总承包整个项目的建设:包括设计、建设、设备采购、安装、试运转和移交等工作;合同为固定总价合同,金额为 1.99 亿美元,包括各种风险费用;建设工期为 60 个月,预计年产煤炭 100 万吨;中机公司提供约 70% 的卖方信贷资金,其余资金为随工程进度而支付的当地货币;孟加拉国提供政府财政保函,来保证中机公司信贷的偿还;中机公司向业主开立总额为 10% 合同额的履约保函;项目的监理由业主聘请英国 International Mining Consultant 咨询公司(以下简称 IMC)来担任,其在工地上作为业主代表,行使项目业主的管理职责。

中机公司在与孟加拉国这一方签订了总承包合同后,采用邀请招标方式,选定了中煤第五建设有限公司(以下简称中煤五建)作为施工分包单位、煤炭工业济南设计研究院有限公司作为设计分包单位分别承担对外合同责任和义务项下的施工和设计义务。

2. 主要事记

1991 年中机公司聘请国内某煤炭设计院做项目的技术经济可行性研究报告;

1991 年中机公司组织国内专家对可行性研究报告进行评估,在得到项目可行的结论后,决定参加孟加拉国的投标;

1992 年中机公司向中国银行提交项目评估报告,并获得信贷支持;

1993 年中机公司向孟加拉国项目业主提交技术商务建议书,获得肯定;

1993 年中机公司在技术商务建议书的基础上,制作投标文件,一举击败包括英国公司在内的竞争对手并中标;

1994 年 2 月中机公司与业主签订总承包合同;

1995 年 8 月中机公司通过业主的初步设计审查,开始进行施工准备,并组织人员进入施工现场;

1996 年 6 月 1 日正式开工;

1998 年 4 月 5 日,井下发生“突水事故”,致使项目停工 2 年;

2000 年 5 月正式全面恢复施工,停工期间已进行设计修改;

2004 年 10 月全面竣工移交。

二、案例解析

1. 业主观点

（1）虽然勘察资料由业主提供，但交钥匙合同未将地质情况异常纳入工期、费用可调整事项中。

（2）就“突水事故”而言，合同条件约定中机公司仍有一定的“地质勘测”义务，井下“突水事故”的损失应当由中机公司分担。

2. 中机公司观点

（1）业主所负责的勘察工作过于马虎，所提供的勘察资料过于简单，少钻或漏钻以至于未发现本该发现的异常。

（2）就“突水事故”而言，合同条件约定中机公司仅承担“补充地质勘测”，现业主提供的地质资料与实际情况存在巨大差别，相关损失应当由业主承担。

3. 建纬解析

（1）合同条件应对业主所提供的资料准确性做更准确的约定

双方签订的交钥匙合同约定“由业主提供地质勘测资料”“中方进行补充地质勘测。”因此，承包商仅仅做了一些补充勘测，并未进行细致的地质勘查工作。在实际施工过程中，承包商发现实际地质情况与原有资料相比发生较大变化，且存在安全隐患。1998 年 4 月 5 日，在孟巴煤矿井下中央采区上部车场施工中，突然从掘进面喷涌出以固高压水流。由于相关地质勘查资料并未显示某区域有任何存在高压水流的可能且项目现场无任何抢险设备，矿井全面被淹，导致直接经济损失达 1000 万美元，但幸运的是本次“突水事故”并未造成人员伤亡。

在“突水事故”的相关责任分担、损失认定方面，孟巴煤矿项目并未完全依照交钥匙合同的约定处理“突水事故”。考虑到工期、安全等重大因素的影响，业主最终与中机公司达成一致，通过各自承担损失并顺延工期的方式化解了这场危机。然而，地质勘测不准确所造成的“突水事故”给业主与中机公司均造成了极大的损失。同时，“突水事故”也给从事煤矿、石油等对地质勘测报告质量有较高要求的中国企业敲响了“警钟”。

（2）投标报价时应考虑天气、井下环境以及不利气候条件等因素

孟加拉国大部分地区属亚热带季风气候，天气炎热，一般温度都超过 33℃，井

下环境温度很高,工作环境温度经常超过36℃,湿度100%,施工效率很低,影响进度,存在较大风险。

由于孟加拉国地理位置的原因,经常发生台风、暴雨、洪水等自然灾害。对于项目现场的供电设施来说,现场只有一条供电回路,且雨季经常断电。同时,孟加拉国雨季几乎每天下雨,气候闷热,给项目管理带来了较大的难度。虽然交钥匙合同已经将重大自然灾害类风险规定为不可抗力,但一旦发生,相关赔偿款仍无法补足承包商的所有损失。

(3)投标报价时应考虑相关政治因素所造成的工期延误情形

孟加拉国政府由民族党和人民联盟轮流执政,该项目由民族党政府执政时立项并开工,故经常遭到人民联盟的批评,而两届政府更迭时期通常会造成工程款支付延迟的现象。由于孟加拉国是伊斯兰国家,节假日较多、政府效率低下、罢工频繁等都会影响项目的顺利进行,且受限于业主的自身条件,工程款拖欠时间严重。

(4)投标报价时应考虑所在国(地)工作人员的技术水平及相关汇率

孟加拉国历史上并无煤矿,故无煤矿专业技术人员和管理人员。所以该国业主管理人员没有任何经验,无法有效的和承包商配合,反而经常给承包商制造麻烦。同时因工地条件艰苦,有关人员更迭频繁,承包商只能在实践中不断总结和提高。

业主使用美元和塔卡两种货币,而承包商在国内采购以人民币付款,所以人民币、美元、塔卡的汇率变化会给承包商带来很大的风险。

4. 小结

孟巴煤矿不仅是孟加拉国历史上第一座现代化煤矿,也是我国企业以卖方信贷方式在海外承揽的第一个大型交钥匙煤矿项目。孟巴煤矿的成功移交展现了中国强大的工程技术,同时也标志着中国在国际工程领域取得的瞩目成就。在合同实际履行过程中,虽然遇到了不利因素,也产生了相关争议,但在业主与中机公司本着以合同条件为依据解决问题的态度下,仍取得了不错的工作成果。

第二节　孟加拉国栋吉—派罗布巴扎尔铁路案①

一、案情简介

栋吉(Tongi)是孟加拉国首都达卡北边的一个小城,人口约为350,000人。栋吉作为工业开发区,承担着孟加拉国工业制品的生产。孟加拉国栋吉—派罗布巴扎尔铁路增建二线工程项目的进展较为顺利,原因是在谈判与实际履约过程中,中国中铁股份有限公司(以下简称中铁集团)考虑了合同条件中作为施工承包商的隐含"设计校核义务",并通过索赔、变更的方式取得了较大效益。

孟加拉国栋吉—派罗布巴扎尔铁路增建二线工程项目属于国际竞争性招标项目。项目业主为孟加拉国铁道部,由澳大利亚雪山工程公司(SMEC International Pty Ltd)代表业主提供工程管理服务,由亚开行为项目提供贷款,承包商为中铁集团。项目结构方面,孟加拉国铁道部与亚开行签订贷款协议,同时孟加拉国铁道部与澳大利亚雪山工程公司以FIDIC白皮书为蓝本签订了业主工程师咨询协议,并与承包商中铁集团以《施工合同条件多边开发银行协调版》(MDB2006年版,以下简称粉皮书)为蓝本签订了承包合同。而中铁集团则与分包单位孟加拉国MAX-TOMA公司,韩国LSIS公司、中铁大桥局集团有限公司分别签订了分包合同。

1. 合同条件

本项目合同条件使用的是专门用于"由雇主设计的建筑和工程"的粉皮书,属于FIDIC彩虹系列。相比红皮书(1999年版),粉皮书(2006年版)引入了银行作为项目监督管理方,并考虑了国别、合同拟定者的习惯差异、贷款银行不同、贷款停止等红皮书未考虑的因素。且粉皮书(2006年版)针对以上几点对合同执行过程中可能发生的问题进行预测;对问题解决的方式进行规范;对解决方法进行正确指导,使合同范本服务范围更加广泛;增加及修订合同条件,使合同范本更加合理;对范本结构进行调整,使各部分联系更加紧密,逻辑更加严密。

---

① 参见任杰、郭继文:《孟加拉国栋吉——派罗布·巴扎尔铁路总承包项目经验与启示》,载《中国铁路》2016年第9期,第17-22页。

2. 主要事记

项目前期，中铁集团于 2008 年、2010 年 2 次参与该项目的国际竞标工作。2011 年 6 月 23 日，孟加拉国铁道部正式签发中标函，中标合同金额2.02亿美元，确定中铁集团中标，并由中国中铁二院工程集团有限责任公司（以下简称中铁二院）代表中铁集团履行合同。项目线路长度 64 千米，采用近期米轨（1000），远期预留宽轨（1676），最终形成米、宽套轨的规矩体系。

项目开工日期为 2011 年 11 月 2 日，竣工日期为 2015 年 12 月 31 日，缺陷责任期为 1 年。2016 年 2 月 25 日，孟加拉国举行了隆重的开通典礼，现项目已取得了较好的经济效益，且施工期间并未出现安全、环保、质量责任事故，此项目成为业界标杆。

二、案例解析

在谈判与实际履约过程中，业主与中铁集团对相关变更价款存在较大分歧。

1. 业主观点

虽然工程师在开工日期 50 天后才向中铁集团交付控制点、水准点等，但中铁集团并未依据合同条件中的约定发出第二份索赔通知，仅发出了预通知，故中铁集团丧失了索赔的权利。

2. 工程师观点

罢工在孟加拉国属于频发事件，相关工期问题应当是一家有经验的成熟承包商所必须考虑的，只有当罢工频率高于过去几年的统计平均数以上时才得以顺延工期。

3. 中铁集团观点

实际履约过程中，中铁集团因与由业主进行沟通，而忽视了第二份索赔通知。

根据粉皮书（2006 年版）通用条件第 19 条[不可抗力]约定，罢工属于不可抗力，工期理应顺延。

4. 建纬解析

（1）合同条件应对业主所提供的设计文件及其准确性做明确约定

根据粉皮书（2006 年版）约定，项目由业主或其代表工程师提供设计，但根据粉皮书（2006 年版）通用条件第 4.1 款[承包商的一般义务]及相关技术规范，粉皮书（2006 年版）对设计责任及分工的界定并不清晰，易引起争议，粉皮书（2006

年版)约定承包商负有对设计文件的校核、验证的义务。如业主提供的设计文件存在瑕疵或缺陷,也无法免除作为有经验的承包商应承担的所有责任。故承包商中铁集团虽仅承担施工的义务,但面对这样一个庞大的国际工程项目,单纯的施工经验是远远不够的,正是依靠中铁集团强大的设计能力使其在项目的实施过程中避免"踩雷"。

(2)投标报价时应考虑变更价款的原则

就本项目,澳大利亚雪山工程公司工程师一共签发了7项变更指令,致使合同结算价比中标合同价格增加约33%。7项变更令名称分别为"为工程师增加9台车辆""HIV艾滋病预防计划""减除PBY车站部分工程师营地""混凝土枕代替木枕""软基处理变更""AMRG和PBY车站道岔变更""材料调差"。由此不难发现,在合同专用条款中设定调差公式及变更价款的规则可以使承包商在实际履约中收益。但索赔工作最为核心的部分也并非合同条款,而是各类证据的搜集,本项目中铁集团索赔成功的因素之一就是出色的工程管理与证据搜集工作。中铁集团通过各类施工记录及索赔事项与进度计划中关键线路的对比、关联度分析等证据证明了索赔事项对项目的实际影响。

(3)投标报价时应考虑工期较长可能带来的各种不确定性

由于工期长达4年,履约阶段可能出现的异常不利气候条件、地质条件、罢工、软基处理、不可抗力等均需在合同的签署前便加以考虑。中铁集团根据粉皮书(2006年版)通用条件第1.9款[延误的图纸或指示]、第4.7款[放线]、第19条[不可抗力]关于时限和程序的约定对业主提出了各类索赔。

(4)投标报价时应考虑对分包商的管理

就国际工程而言,如何对所在国(地)及第三国分包商进行约束与管理一直是一个普遍的难题,且在众多国际工程案例中,"分包商失控"一直都是失败的关键因素之一。中铁集团在分包合同的谈判与签订环节,并未完全依据粉皮书(2006年版)约定的条款,简单地采取"背靠背"的形式将相关责任分配给分包单位。而是通过附加条款的方式,将粉皮书(2006年版)中相关工期、质量、安全、环保等重要条款细化为相关标准,从细节上管控分包商的履约行为,并取得了显著成效。

(5)投标报价时应考虑所在国(地)所适用的相关规范、标准与中国的差异

承包商在项目前期阶段,对孟加拉国铁路的相关技术标准进行了研究,并说服工程师以中国标准对项目桩基、钢梁材料、加工等进行标范。然而对于铁路测

量领域，由于中国技术标准与印度标准、欧美标准区别较大，且孟加拉国并无完备的当地铁路标准，且前期谈判中，承包人需在铁路控制测量、高程控制测量等精度方面付出额外努力，以应对未能说服工程师使用中国标准所带来的后果。

5. 小结

由于孟加拉国栋吉—派罗布巴扎尔铁路增建二线工程项目招标在国际中极具竞争性，且属于孟加拉国家重点项目。本项目是在工程实际施工过程中通过索赔、签证取得有效成果的典型案例。中铁集团在项目谈判、履约过程中，吸取了过往其他项目的失败经验，参透了合同条件，并通过索赔、签证取得了较大的利益。

第三节　尼泊尔拉加普尔灌溉开发区浮桥项目案

一、案例简介

尼泊尔地处喜马拉雅山脉南麓，境内多山及河流，靠近印度的南部地区较平坦。在尼泊尔，每年的 4 ~ 9 月为雨季，其余为旱季。由于自然资源匮乏，基础设施落后，经济欠发达，每年需要大量的国际贷款和经济援助，水利水电和农业项目是其重点发展的领域。因尼泊尔河流资源丰富，浮桥项目较为普遍，本项目完全体现了尼泊尔业主较强的国际工程管理能力与丰富的实践经验。

拉加普尔平原位于尼泊尔中西部边远地区，靠近印度边境，四周为河流所环绕，是尼泊尔著名的产粮区。柯迪亚格哈特浮桥项目是在拉加普尔地区平原的格如瓦河柯迪亚格哈特渡口上游架设一座约 150 米长的钢制单车道浮桥，预计最大通载能力为 6 轮 21.2 吨重型卡车，建成后将使灌溉开发项目中其他各标段工程的施工运输加快；并使重载渡河成为可能，可大大提高当地的运输能力。根据当地特点，招标文件要求浮桥每年旱季时架桥使用，雨季前拆除并入库存放保养，属于非固定的季节性桥梁。

尼泊尔拉加普尔灌溉开发区格如瓦河柯迪亚格哈特浮桥项目（以下简称浮桥项目），是尼泊尔中西部拉加普尔地区整体灌溉开发工程之一。整体灌溉开发项目分为四个部分，依次为交通道路、渠系结构、东进水口和枢纽、跨河浮桥。各部分分别采取国际竞争性公开招标方式进行招标，浮桥项目属于 ICB - 4 号标。浮桥项目业主为尼泊尔水利部灌溉总局，资金来源是亚开行，标书咨询公司为英国

Mott MacDonald 设计咨询公司。招标文件中明确要求采用交钥匙方式,要求承包商承担项目的设计、营地和仓库的建设、连接道路、桥梁的制作和运输、安装拆卸、维护保养及对业主工作人员的培训等责任。合同工期为 2 年,里程碑目标分为两期:第 1 年需完成桥梁的建设;第 2 年需在雨季来临前拆除浮桥并运送至岸边仓库存放保养,并对业主工作人员进行培训。第 2 年旱季到来前,承包商需再将桥件运至河边拼装架设并投入使用。浮桥项目的保修期为 1 年。浮桥项目最终由中国电力技术进出口公司(以下简称中电技公司)承接。

二、案例解析

1. 各方观点

在谈判过程中,业主与中电技公司对投标、工期延误给承包商造成的损失赔偿与工程师权限产生了分歧。

(1)对于投标

①业主:采取迂回方式要求中电技公司作出让步,并利用中电技公司在投标中的漏洞进行施压。

②中电技公司:利用竞争对手的退出及业主对竣工日期的刚性需求进行拖延,迫使业主妥协。

(2)工期延误给承包商造成的损失赔偿

①业主:仅给予承包商工期索赔的权利,意图取消承包商任何由于业主或业主的其他承包标段原因而导致的与延期相关的任何损害、额外补偿与延期费用。

②中电技公司:如业主原因或业主的其他标段原因造成工期延期的,业主应当赔偿窝工损失。

(3)对于工程师权限

①业主:在一定程度上限缩工程师的权利,在合同条件中约定工程师在进行任何费用、工期及单价时,需事先征得业主的同意。

②中电技公司:设置"业主 28 天不予回复即视为认可"的条款。

2. 建纬解析

(1)投标报价时应考虑可能的延期竣工会给承包人带来的损失

浮桥项目在谈判过程中,双方就工期索赔产生了分歧。业主只给予承包商工期索赔的权利,意图取消承包商任何由于业主或业主的其他承包标段原因而导致的与延期相关的任何损害、额外补偿与延期费用。如项目执行过程中发生了由于业主或其他标段影响承包商履约的情形并造成浮桥项目工期延长的,那么按照这样的条款,承包商将无权获得任何费用补偿(包括管理费用、利润、设备费、人工费等)。因尼泊尔当地国际工程工期延误较为普遍,业主经常通过修改合同条件,将延期风险转嫁给承包商,增加承包商履约难度。

(2)投标报价时应考虑相关政治因素

尼泊尔是一个民主且党派罢工活动频发的国家,政局不稳定、党派众多。在这样的情形下,承包商应在合同条件中主张罢工而产生的损失(如材料运输受阻、政府审批停滞、工人撤场、道路阻断等损失)由业主承担。

(3)投标报价时应考虑与其他标段承包商的交接

浮桥项目在谈判过程中,业主通过修改合同条件将与其他标段的所有协调、沟通和交接工作交由承包商负责,将由承包商与其他标段协调、沟通和交接所产生的任何延误和损失的风险转移到承包商的合同范围内。如施工现场发生由于其他标段进度缓慢或交接验收不及时而导致承包商蒙受损失,并产生现场窝工情形,承包商将无权进行工期和费用的索赔。

(4)投标报价时应考虑合同条件中工程师权限

承包商应尽可能设置“业主××天不予回复即视为认可”的条款。浮桥项目中,业主在一定程度上限缩工程师的权利,在合同条件中约定工程师在进行任何费用、工期及单价时,需事先征得业主的同意,拟通过较低的工作效率及长期不予置否的态度来拖延变更签证,待现场变更实际完成后,业主将工程师的单价或变更予以扣减,造成最终批复的单价远远低于前期与工程师商谈的单价费用。另外,对于无合同单价的变更子项,业主的拖延行为可能造成现场完成的实际变更无法结算,给承包商带来巨大风险。

需要注意的是,业主会通过添加类似“承包商不能因等待业主的回复而拖延工程,在接到工程师的指令后应立即执行,包括含在指令中的施工描述和计划,不考虑工程师是否与承包商变更项目的新价格达成一致”的条款,来强制承包商执行工程师的指令。针对额外变更的子项,即使在还没有确定新单价的情况下,承包商也必须立即执行。该条款一旦落地,业主在结算中将掌握更大的主动权。

(5)投标报价时应对可能存在的物资短缺情形加以考虑

由于尼泊尔的工业比较少,大部分施工物资需从印度进口,少量物资需从中国进口。在实际施工过程中,尼泊尔经常遭遇各种因素引起的罢工、政府放假、道路封堵或塌方等现象,这些事件严重影响物资的供货和运输,导致物资无法正常按时进场,影响施工进度。合同条件中,业主会通过添加类似于“承包商应始终安排现场材料的充足库存,且不得由于材料不足而要求延长工期或进行费用索赔”的条款,来转嫁由于物资短缺而造成的相关损失,从而免除承包商对因不可抗力而导致材料短缺的情形进行索赔的权利。

3. 小结

一直以来,尼泊尔独特的自然资源和地理环境吸引着众多国际承包商的关注,自 20 世纪 70 年代开始就有一些发达国家的承包商进入尼泊尔承包相关项目。通过本项目,我们不难发现尼泊尔政府在国际工程管理反索赔方面积累了非常丰富的经验,在进行合同文件的编制过程中,不但基本上没有漏洞,而且将大部分的风险通过修改合同条款转嫁给国际承包商,从而导致国际承包商执行合同时不可控的风险大大增加。

第三章 西亚、北非地区实务案例

第一节 因利比亚战争引发海外 EPC 项目合作纠纷国内仲裁案

一、案情简介

本节两案都是因北非利比亚局势变动引发的海外 EPC 项目分包合作争议在国内仲裁机构提起的仲裁案。

2007 年 8 月，中国某岩土公司（以下简称被申请人）与利比亚发展组织管理中心（以下简称建设单位）签订《单元住宅房和配套服务设施的施工项目公共工程合同》，合同约定由被申请人实施位于利比亚的 2000 套住宅及配套服务设施工程。2008 年 5 月，被申请人与建设单位就多个大学校园工程项目签订《公共工程合同》，合同约定由被申请人实施位于利比亚多个大学城项目相关工程。双方签订上述两份公共工程合同均由建设单位以 EPC 工程总承包的模式发包建设。

2008 年 6 月，被申请人与湖北某施工企业（以下简称申请人）就上述两个公共项目的 EPC 工程总承包合同签订《利比亚住房项目合作协议》（以下简称《住宅合作协议》）和《大学城合作协议》，约定双方组成联合体进行合作；申请人负责项目的全部工程施工，被申请人负责协调处理公共关系，在项目实施过程中负责合同结算、变更和索赔工作等；约定以全部工程款结算总额的 76.5% 作为申请人的施工费用，被申请人以全部结算总额的 6.5% 作为项目的管理费、设计费和保函手续费。

之后，由于利比亚形势动荡，2011 年 2 月 17 日发生武装冲突，民众的示威抗议从班加西开始向全国蔓延。2 月 26 日，联合国通过决议制裁利比亚卡扎非政权。我国政府以保护本国国民的人身安全为第一要务，实施坚强领导并动用综合国力，得益于国内各部门、驻外使领馆和中资企业的共同努力，在8天的时间内将在利比亚的包括工程建设人员在内的我国公民共35,860人全部撤回国内。之后，联合国作出决议，同意在利比亚设立“禁飞区”，法、英、美等多国部队随之发动对利比亚的空袭，利比亚进入战争状态。战争导致我国在利比亚的全部工程项目因不可抗力无法继续开展，本案双方也由此发生争议。

2015年5月，申请人就两个项目的相关争议分别向武汉仲裁委提起仲裁。针对双方签订的《住宅合作协议》，申请人请求确认为无效合同；请求被申请人支付工程款147,746,187元人民币，赔偿延付工程预付款和进度款的利息损失6,685,494.9元人民币，支付申请人的劳务人工费、采购材料、采购设备等其他经济损失107,666,090元人民币；解除申请人提供的担保责任等。被申请人则向仲裁委提出了仲裁反请求，请求申请人返还超付的工程款及利息98,222,658元人民币；赔偿被申请人损失84,944,450.71元人民币等。

针对《大学城合作协议》，请求被申请人支付保函资金、补偿金等欠款2510万元人民币及利息损失7,208,561.1元人民币；支付工程款等成本费用欠款16,557,721元人民币及利息损失5,066,428.05元人民币；解除申请人为其提供信用保证的保证责任；赔偿因其违约行为给申请人造成的经济损失64,185,334元人民币，并承担后续损失至申请人解除保证责任之日止。被申请人则反请求申请人赔偿被申请人垫付保证金利息270万元，返还借支款及利息28,333,624.8元人民币以及按合同应返还的设备、材料，如无法返还则按物品的价格赔偿损失等。

二、案例解析

1. 各方观点

申请人就《住宅合作协议》一案主张合同效力及支付工程价款的仲裁请求称：根据协议关于适用中国法律的约定，被申请人把总承包项下的土建全部分包给申请人承包，应为无效协议。协议签订后，申请人即组织人员于2008年6月进场施工，已按照协议要求进行了工程施工，但被申请人未按协议约定进行工程款的支付和结算工作，致使已完工程有大量进度款没有得到支付，给申请人造成了巨大的经济损失。

针对申请人提出的仲裁请求，被申请人答辩称：《住宅合作协议》系双方真实意思表示，且不违反禁止性法律规定，应为合法有效；申请人请求支付工程进度欠款及利息的条件不成就，被申请人没有支付上述款项的义务；申请人在施工过程中因严重延误工期，由此造成的经济损失应由其自身承担。被申请人认为分包工程款已经超额支付，据此提起仲裁反请求。

经过审理，仲裁庭针对本案协议效力及工程价款争议，最终裁决《住宅合作协议》合法有效，但自裁决作出之日起解除；被申请人给付申请人已完成的工程进度款42,724,508元人民币；对于申请人提出的支付其余工程款105,021,679元人民币、赔偿利息损失6,685,494.9元人民币、其他经济损失107,666,090元人民币的仲裁请求，以及被申请人提出的返还超付的工程款及利息98,222,658元人民币、赔偿损失84,944,450.71元人民币的仲裁反请求，仲裁庭认为均属于解除合同后对已完工程价款的审定范围之内，由于利比亚战争引起的不可抗力仍处持续状态，因不可抗力致审定工程价款无操作性，待不可抗力因素解除后，一并结算、支付。

申请人针对《大学城合作协议》解除协议及担保责任解除争议提起仲裁请求称：合作协议签订后，申请人派遣人员进驻现场进行施工，同时向被申请人出具承诺函，借款2000万元人民币用于缴纳保函保证金并承担利息，另以被申请人名义为上述大学城项目向中信银行武汉分行申请了保函，并由申请人替被申请人向中信银行提供5.98亿元的信用担保。此后，由于利比亚形势动荡，导致工程无法继续开展，2010年10月，双方经协商签订了《大学城解除协议》，约定自2010年11月1日起，双方解除合作协议，机械设备、车辆、材料、工具用具及相关生活设施均移交给被申请人；所有前期费用成本及人员工资、回国的机票路费等均由被申请人承担支付；申请人为办理银行履约保函和预付款保函所交纳的保证金及保函手续费留存1000万元作为项目保证金，剩余款项由被申请人分两次返还申请人；同时约定由被申请人尽快依法解除申请人提供的担保责任，并返还申请人为办理保函而支出的保函资金和相关费用，补偿申请人不可计量损失等人民币1500万元人民币。《大学城解除协议》签订后，申请人已进行了资料移交并提供了相应证据，但被申请人未向申请人全额支付合同中约定的款项，也未解除相应的保证责任。据此申请人向武汉仲裁委提起仲裁请求。

针对申请人提出的仲裁请求，被申请人答辩称：双方签订《大学城解除协议》之后，被申请人已依约向申请人支付了撤离人员机票工资费用、施工前期准备工作成本费用、退还了保函资金等，不存在欠付；由于申请人已向被申请人借支巨额款项,有权拒绝支付1500万元人民币补偿款;其已履行了请求中信银行武汉分行解除申请人保证责任的协助义务,由于银行未能解除保证责任,不应由其承担违约责任及相应损失。此外,因申请人借款未还以及未足额移交诉争项目现场实物,被申请人向仲裁委提出了仲裁反请求。

仲裁庭经过审理,针对本案的替代担保及钱款争议,最终裁决被申请人于裁决书生效之日起30个工作日内为申请人对大学城项目保函办理的5.3亿元人民币信用担保提供替代担保,解除申请人的担保责任;若在上述期限之内无法提供替代担保的,可由申请人自行寻找替代担保人并解除自身的担保,由此产生的费用由被申请人承担;被申请人向申请人返还保证金10,100,000元人民币,支付补偿款1500万元人民币并承担该款项的资金占用损失20,705,187.5元人民币;申请人向被申请人返还其已先行支付的款项28,333,624.8元人民币,赔偿设备损失1,321,812.1元人民币等。

2. 建纬解析

关于系争两案本身的争议焦点及其准确处理:本案属于中国法人之间因对外工程总承包项下的施工分包合作引起的争议,当事人的协议约定发生争议时由国内仲裁机构仲裁,并适用中国法律。

(1)应依法确认境外工程总承包施工分包合同的效力

本案申请人主张:被申请人与建设单位签订的《住宅工程合同》约定工程应全部由被申请人进行施工,未经建设单位同意不得进行分包并禁止转包。被申请人在2008年8月23日以联合投标的形式获取政府主管部门的境外工程投标许可时,并无房屋设计、施工中的任一资质,其随后与申请人签订《住宅合作协议》,约定将《住宅工程合同》项下全部工程交由申请人施工,属于我国《建设工程质量管理条例》第78条等法律法规明确禁止的违法转分包行为。因此,参照最高人民法院《关于审理建设工程施工合同纠纷案件适用法律问题的解释》①(以下简称《建设工程司法解释》)第4条之规定,《住宅合作协议》应认定为无效。

被申请人则认为:其与申请人签订的《住宅合作协议》系双方真实意思表示,且不违反禁止性法律规定,应为合法有效,理由如下:①被申请人具有总承包境外建设工程的资质,其于2006年获得了商务部对外承包建设工程的批准,并于2010

---

① 该司法解释已于2021年1月1日废止,因案件发生时间在2021年以前,故相关主体仍适用该司法解释的相关规定,后文其他案例属相同情况的,不再赘述。

年获得了湖北省商务厅颁发的对外承包工程资格证书。依据我国《对外承包工程管理条例》的规定，其可以承包境外建设工程。②被申请人与建设单位签订的《住宅工程合同》中约定承包方式为 EPC 总承包，依据我国《对外承包工程管理条例》的规定以及原建设部 2003 年第 30 号文件《关于培育发展工程总承包和工程项目管理企业的指导意见》及原建设部 2003 年第 161 号文件《关于工程总承包市场准入问题说明的函》（已于 2017 年 12 月 12 日废止）的规定，可以将项目施工部分进行分包。③被申请人将项目施工分包给申请人后，即向建设单位进行了备案，并获得了建设单位的认可，双方实际上已经对《住宅工程合同》中禁止分包的约定进行了变更。

仲裁庭合议后认为：仲裁庭不能支持申请人关于合作协议无效的主张，申请人与被申请人之间签订的合作协议合法、有效。其理由主要包括：

①适用中国法律并不能否定《住宅合作协议》的效力

按照《住宅合作协议》的约定以及庭审中双方当事人的认可，本案适用中国法律。而我国法律中与《住宅合作协议》的效力相关的法律法规包括《建筑法》、《合同法》和《对外承包工程管理条例》。其中《建筑法》第 2 条第 1 款规定："在中华人民共和国境内从事建筑活动，实施对建筑活动的监督管理，应当遵守本法。"也就是说，国家监管的范围或干预的范围不包括在我国境外从事建筑活动。从立法目的上来看，国内法律禁止转包、违法分包的主要目的是保证国内建筑质量安全，维护公共利益，此立法目的不能及于境外工程。尽管《合同法》《建设工程质量管理条例》《建设工程司法解释》也有相关限制、禁止工程项目转包和分包的规定，但《合同法》的规定吸收源于颁布在先的《建筑法》有关原则，其基础法律是《建筑法》；《建设工程质量管理条例》则属《建筑法》的下位法，其效力范围不应超出《建筑法》的限制；《建设工程司法解释》第 4 条中的"转包"概念则是在国内工程领域的特有概念，涉外工程中并不存在此类概念。因此，就本案而言，《住宅合作协议》并未受我国法律的否定，合同并不会因为法律规定而无效。

②申请人与被申请人联合经营经国家主管部门批准

中国建筑企业"走出去"承包工程，无论是独立承包还是联合经营，均属于需经国家主管部门审查批准的事项。国家审查批准主管部门商务部的《对外承包工程项目投（议）标许可证》（2007 外经贸合许字第 200375 号批文）不仅批准被申请人承包利比亚住宅项目，还明确由被申请人和申请人组成联合体承包。因此，仲裁庭认为,本案申请人与被申请人的联合经营以及据此签订《住宅合作协议》均已获国家主管部门的审查批准。尽管申请人提出商务部的批文时间稍晚于被申请人与建设单位签订《住宅工程合同》的时间,双方签约时并无批准文件,但仲裁庭认为根据《对外承包工程资格管理办法》《合同法》及相关司法解释的规定,对外承包工程合同并不以批准登记为生效的前提条件,因此批准与否并不影响合同的效力,何况该合同已获主管部门的批准即事后追认。并且,《住宅工程合同》和《住宅合作协议》的签约双方并非同一主体,申请人与被申请人签订《住宅合作协议》不存在批准和签约的时间顺序问题。据此,即使本案主管部门批准涉外承包工程的时间稍晚,也不影响《住宅工程合同》的合同效力,更不影响《住宅合作协议》的效力。

③双方签订的合作协议的真实意思属于企业间的联营,我国法律对企业联营有明确规定,应适用于本案

申请人认为,其与被申请人签订的《住宅合作协议》名实不符,是名为合作,实为工程分包,并据此认为被申请人涉嫌欺诈,双方签订的合作协议无效。仲裁庭认真审查了《住宅合作协议》的合作内容,其前言部分明确被申请人与申请人"本着互惠互利、相互信任、共同发展的原则,经友好协商,同意就利比亚住宅项目进行合作"。《住宅合作协议》第1条"项目的管理营运"约定被申请人与申请人组成联合体,并明确了双方的具体分工。仲裁庭认为,本案申请人与被申请人签订合同的名称为《住宅合作协议》,合同的前言部分及双方对项目运营管理的合作内容与合同名称一致,不存在名实不符的情形。根据《住宅合作协议》对各自权利义务的约定,双方构成企业间的联营关系,应适用《民法通则》[①]第52条和《建筑法》第27条的规定,双方的《住宅合作协议》符合我国法律规定,因此是合法有效的。

④被申请人与建设单位签订的《住宅工程合同》不自然适用申请人与被申请人的《住宅合作协议》,且该合同中不得分包的约定与《住宅合作协议》的效力无关

申请人要求仲裁庭确认与被申请人的合作协议无效的另一理由是,被申请人与建设单位签订的《住宅工程合同》中有不得分包的约定,被申请人违反此约定也

① 《民法通则》已于2021年1月1日废止,因案件发生时间在2021年以前,故相关主体仍适用《民法通则》的规定,后文其他案例属相同情况的,不再赘述。

构成合作协议无效。仲裁庭经审查确认，根据《住宅工程合同》第17条[分包]的约定，建设单位并未禁止被申请人分包，只是对被申请人的分包做了限制和经建设单位同意的前置条件。即便被申请人违反了与建设单位关于分包的约定，也仅构成被申请人对建设单位的违约，并不影响作为合作双方的《住宅合作协议》的效力。据此，仲裁庭认为申请人与被申请人之间建立的是合作关系，既不认为双方之间是工程分包关系，也不认为此约定能够成为双方签订的合作协议无效的理由。

(2)因不可抗力致使不能实现合同目的引发的争议合同可以解除

被申请人认为，其有权行使法定解除权解除《住宅合作协议》，理由是：①2011年2月利比亚爆发战争后，《住宅合作协议》一直处于中止履行状态，诉争项目已不可能复工，协议目的已不可能实现，被申请人有权依中国《合同法》第94条规定解除双方的合作协议。②双方的合作性质是企业联营，以信任为合作基础，现双方已失去了对彼此的信任，继续合作事实上已不可能。③《住宅工程合同》与《住宅合作协议》是两个独立的合同，《住宅合作协议》的解除并不以《公共工程合同》的解除为条件。④《住宅合作协议》第7.2款约定的解除程序仅适用于双方协议解除。⑤审批只是《住宅合作协议》的生效条件，解除经审批的合同不适用行政程序，无须国家主管部门批准。

申请人认为，《住宅合作协议》不能解除，理由如下：①战争过后，利比亚国内局势渐趋稳定，且被申请人自己也认为其“一直”“多次”与利比亚建设单位联系谈判复工索赔事宜，另外我国负责协调对利谈判工作的中国对外承包工程商会已明确表示会视情况开展后续工作，因此工程很有可能会有后续复工及索赔，这需要双方利用各自的优势进行协作。②《住宅合作协议》第7.2款约定“当事人一方要求变更或解除协议时，应当提前28天通知对方”，该条款约定的合同单方面解除的必要条件，至今仍然没有成就。仲裁庭合议后认为，仲裁庭支持被申请人关于解除《住宅合作协议》主张，其理由是：根据《合同法》第94条第1款：“有下列情形之一的，当事人可以解除合同：(一)因不可抗力致使不能实现合同目的……”本案中，2011年2月利比亚爆发战争后，申请人与被申请人在利比亚项目现场所有人员都已撤回国内，双方签订的《住宅合作协议》一直处于中止履行状态，至仲裁时已历经5年，工程在预见的期限内不能复工。由于战争这一不可抗力的出现，致使《住宅合作协议》客观上无法履行，合同目的无法实现，被申请人可以依照《合同法》第 94 条的规定单方行使合同解除权,《住宅合作协议》自裁决作出之日起解除。

3. 小结

(1)国际工程总承包项目合同文本选择和使用

由于国际工程总承包项目的复杂性,用来规范项目交易的合同条件显得尤为重要,一份成熟完备、公平合理的合同条件是项目顺利实施并取得预期效果的有力保障。

在实践中,国际工程总承包项目的合同条件大多参照国际咨询工程师联合会组织的合同条件来编制。目前国际上得到广泛承认和使用的工程总承包合同范本编制机构主要包括国际咨询工程师联合会、英国土木工程师协会、合同联合委员会、英国咨询建筑师协会、美国建筑师协会、美国总承包商协会、美国设计－建造学会等编制的文本。其中最为著名的是 FIDIC 编制的橘皮书、黄皮书、银皮书、金皮书等一系列工程总承包合同条件,不仅是世界银行推荐使用的合同文本,而且在全世界范围内得到了广泛使用。我国目前的工程总承包合同类示范文本,也都是以 FIDIC 合同条件为重要的参考文本,包括住建部和市场监管总局发布的《建设项目工程总承包合同(示范文本)》和发改委等九部委发布的《标准设计施工总承包招标文件》。

尽管使用 FIDIC 等国际通用的工程总承包合同范本在某种程度上已经成为国际工程领域的共识,但很多国家的政府和行业机构都会在借鉴国际通用合同范本的基础上,依据本国法律和行业惯例制定符合本国国情的合同范本,甚至形成完全基于本地实践的合同范本。尤其在法律和文化体系上与欧美国家差距较大,在还未与国际实践完全接轨的"一带一路"沿线国家中较为突出。以利比亚为例,在我国商务部《对外投资合作国别指南》(2018 年版)中便已明确指出,其工程承包市场同国际承包工程通常做法不接轨;国家基建规划缺乏前瞻性和科学性,规划的实施无章法;合同不采用国际通行的国际咨询工程师联合会颁布的 FIDIC 条款;项目多数进行部分招标、议标,或者直接议标;合同文本一般采用阿拉伯文,或阿拉伯文和英文文本,不采用中文文本等情况。

在本案中,被申请人与利比亚建设单位签订的两份公共工程合同并非使用 FIDIC 合同条件,而是使用当地用于公共工程的阿拉伯语合同范本,合同内容又不够明确,在理解使用中就容易产生误解乃至偏差。被申请人是以 EPC 工程总承包的模式承接两项目,并已实际完成了两项目的设计工作,提交了设计图纸。但在公共工程合同中,并未直接体现出设计的相关内容,仅约定承包人应实施相关项目,包括全面准确地对工程进行施工。申请人就主张公共工程合同为单纯的施工总承包合同,因此被申请人将施工部分全部交由申请人实施构成转包。而被申请人则主张公共工程合同为 EPC 工程总承包合同,其将施工部分交由申请人是工程总承包中的合法分包,符合法律规定和国家政策。

这体现了国际工程与我国的建设工程监管体制不同,在国际工程中对于设计和施工一般不进行严格区分,承包人在完成施工工作的同时,也往往会进行一些可施工性相关的设计深化内容,所以并未将设计部分特别提出说明。

除此之外,在国际工程总承包项目中,尤其在本地语言和文化特色比较突出的"一带一路"国家,中国承包商对此类语言风险应予以充分重视。本案中关于合同语言的条款明确约定合同语言为阿拉伯语,所有与合同相关的文件均用阿拉伯语书写,当阿拉伯语文本和英语翻译文本发生分歧时,以阿拉伯语文本为准。上述约定给中国承包商的合同签订、交底和日常管理增加了较重的负担,相关合同文件均需要翻译成英文或中文版本后才能使用,不仅增加了翻译费用,而且很可能因为翻译不准确或有歧义而给合同履行带来风险。实际上,在庭审中的证据也显示,被申请人曾将《住宅工程合同》委托武汉市的一家翻译公司进行翻译,但该公司提供的中文翻译件在最为关键的支付条款上出现偏差,产生了两个不同的翻译版本,影响了被申请人对合同条文的正确理解,险些造成重大损失,为此被申请人还专门发函要求翻译公司进行说明澄清。

(2)需深入研究国际工程总承包合同相关法律适用的准据法

国际工程总承包业务作为一种国际经济合作活动,涉及主体众多,因此时常会面临各国之间的法律冲突情况。因此,在国际工程总承包项目的相关合同中,一般都会对合同的法律适用,即合同的准据法进行明确约定,以解决与合同有关的法律适用和法律冲突问题。

合同的法律适用问题从狭义上来讲,是指直接确定合同相关实质性问题,包括合同的订立、有效性、可强制执行性和合同解释等问题的法律。例如,FIDIC 黄皮书合同条件第 1.4 款[法律和语言]约定"合同应受投标书附录中所述国家(或其他司法管辖区)法律管辖"。这里所说的管辖法(governing law)便是合同双方当事人约定的合同适用法律。我国《涉外民事关系法律适用法》第 3 条规定:"当事人依照法律规定可以明示选择涉外民事关系适用的法律。"第41条规定:"当事人可以协议选择合同适用的法律。当事人没有选择的,适用履行义务最能体现该合同特征的一方当事人经常居所地法律或者其他与该合同有最密切联系的法律。"因此,合同双方当事人可以通过约定,对合同适用的法律进行选择。在本案中,双方当事人在合作协议中约定该协议适用的法律为中华人民共和国法律,因此在审理合同性质、合同效力、合同履行、违约责任等合同相关实质性问题时,仲裁庭适用的法律为我国的法律规定以及相关司法解释。

然而由于国际工程总承包项目的复杂性,参与方在履行其相关合同时,除了双方选择的狭义的合同适用法律,还会涉及工程实施所涉国家的法律,如工程建设和劳务雇用需遵守工程所在国(地)的法律、设备材料制造和进出口需符合制造国(地)和进口国(地)的法律、资金汇兑和保函开具需符合银行所在国(地)法律等。例如,FIDIC黄皮书合同条件第1.13款[遵守法律]约定承包商在履行合同期间,应遵守适用法律;第5.3款[承包商的承诺]约定承包商承诺其设计、承包商文件、实施和竣工的工程符合工程所在国(地)的法律;第6.4款[劳动法]约定承包商应遵守所有适用于承包商人员的劳动法律等。这里的适用法律(applicable laws)便是广义的法律适用概念,即要求工程总承包项目实施过程中相关参与方应遵守工程所在国(地)关于工程实施的相关法律,而不仅仅是双方约定的合同管辖法律。

(3)认真研究国内建筑企业合作承接海外工程总承包项目的合规风险

由于国际工程总承包项目的复杂性,加之国内房建和市政类工程项目对于设计和施工的分隔化管理,实践中建筑企业以联合体、总分包等方式进行合作,共同承接工程总承包项目的情况较为常见,这也符合国际工程的一般惯例。例如,FIDIC黄皮书合同条件第1.14款[共同的和各自的责任]就约定,如果承包商是联合体的,联合体成员应在履行合同上对业主承担连带责任,并且联合体成员应作在投标书中提交由联合体所有成员签署的联合体承诺。同时,合同条件第4.4款[分包商]对于承包商将工程交由分包商实施进行了约定,明确承包商应就分包商的工作负总责,并且应该遵守合同所约定的分包限制,并在分包商开工前事先通知业主等。

在本案中,被申请人和申请人经协商达成了两份合作协议,就位于利比亚的住宅和大学城项目开展合作。根据合作协议的约定,双方同意组成联合体,共同全面履行被申请人与建设单位签订的合同,具体由申请人负责项目的全部工程施工工作,被申请人负责协调处理公共关系,在项目实施过程中负责设计工作、合同结算、变更和索赔工作等。除此之外,双方还取得了商务部颁发的《对外承包工程项目投(议)标许可证》,其中明确载明持证企业为申请人和被申请人组成的联合体。从上述情况来看,双方是以联合体的形式进行了合作。但在合作协议签订前,被申请人便已经和建设单位签订了公共工程合同,并且在与申请人展开合作后,被申请人将申请人作为分包人报备建设单位并取得了建设单位对施工任务进行分包的同意。同时,合作协议中也约定,组成联合体后应以被申请人的名义成立联合指挥部和项目部,并以被申请人的名义从事施工管理活动。从上述情况来看,被申请人和申请人又是以总分包的形式开展合作的。

由于上述合作关系的复杂性,在工程因不可抗力暂停后,双方就合作协议的性质和效力发生了一系列争议。《民法通则》第 52 条规定:"企业之间或者企业、事业单位之间联营,共同经营、不具备法人条件的,由联营各方按照出资比例或者协议的约定,以各自所有的或者经营管理的财产承担民事责任。依照法律的规定或者协议的约定负连带责任的,承担连带责任。"第 53 条规定:"企业之间或者企业、事业单位之间联营,按照合同的约定各自独立经营的,它的权利和义务由合同约定,各自承担民事责任。"仲裁庭经过梳理,根据上述法律规定准确地认定双方签订的合作协议真实意思属于企业间的联营,符合我国法律规定,因此是合法有效的。

另外在本案中,被申请人还特别指出,由于其与建设单位签订的《公共工程合同》中约定承包方式为 EPC 总承包,依据我国《对外承包工程管理条例》规定以及原建设部《关于培育发展工程总承包和工程项目管理企业的指导意见》及原建设部《关于工程总承包市场准入问题说明的函》(已于 2017 年 12 月 12 日废止)的规定,即使被申请人和申请人构成总分包关系,被申请人将项目施工部分进行分包也是符合我国法律和政策规定的,这也充分体现了工程总承包模式的特殊性。在工程总承包模式下,尤其是在设计牵头的工程总承包模式下,一般允许工程总承包单位自行实施设计工作,并将其资质范围外的工程总承包项目中的施工业务分包给具有相应施工资质的单位。在本案中,被申请人对外便采取了这一工程总承包模式,由此可见,熟知工程总承包这一国际工程的常见组织模式和国家相关政策,对于我国建筑企业"走出去"具有重要意义。

最后，在本案中认定双方间的合作协议合法有效的依据之一还在于被申请人已取得商务部门的对外承包工程资格证书，并且本案双方当事人的联合经营以及据此签订的合作协议已获国家主管部门的审查批准。根据《对外承包工程管理条例》以及《对外承包工程项目投标（议标）管理办法》（已于 2018 年 2 月 22 日废止）的规定，对外承包工程的单位应当依照条例的规定，取得对外承包工程资格；企业以投标或议标方式承包合同报价金额不低于 500 万美元的境外建设工程项目，应当在对外投标或议标前按照相关规定办理对外承包工程项目投标（议标）核准。但 2019 年《对外承包工程管理条例》取消了对外承包工程资格审批，而且删除了商务主管部门可以吊销对外承包工程资格证书的规定。上述对外承包工程政策的进一步放宽表明，今后企业“走出去”承包国外工程将不再受相关资格和审批限制，这一变化有利于进一步调动建筑企业对外承包工程的积极性。但同时，对外承包工程的合法性及相关法律风险也将更多地由企业自身评估和承担，我国建筑企业在“走出去”时需对此有充分意识，要更加谨慎行事。

综上所述，本案中总承包人与国内施工企业签订工程总承包项下的施工承包合同，双方约定适用中国法律。案件本身疑难复杂的特点使本案在仲裁过程中遇到了十分棘手的法律问题，包括案件本身涉及的法律争议的处理，以及案件反映的中国企业“走出去”所遇到的法律问题。本案虽属于中国建筑企业“走出去”所发生的个案，但在案件仲裁审理过程中所反映的一系列法律问题，仍反映出在“一带一路”倡议下中国企业承包海外工程项目所遇到法律问题的共性，这些法律问题的准确处理对“一带一路”倡议下海外工程的合规运作，事先掌控法律风险均具有值得借鉴的现实意义。

第二节　土耳其安伊高铁二期案

一、案情简介

土耳其横跨欧亚两大洲，是连接欧亚大陆的重要枢纽，其作为北大西洋公约组织成员、经济合作与发展组织成员、二十国集团成员、世界贸易组织成员和伊斯兰合作组织创始成员，一直发展较快，2019 年国内生产总值约为4.28万亿里拉，合 7536.9 亿美元，位于世界第 19 名。土耳其还曾是连接亚非欧的古丝绸之路上的重要沿线国家，同我国以经贸交流为主线的同时，还促进了双方在文化、政治、宗教、外交等方面的互学互鉴，故土耳其对中国共建“一带一路”的倡议积极响应，双方将继续合作，共同打造政治互信、经济融合、文化包容的利益共同体、命运共同体和责任共同体。

土耳其安伊高铁二期项目是我国企业在海外承建的第一条高速铁路，也是我国同土耳其经贸合作中的重要一环。安伊高铁是土耳其首都安卡拉至土耳其伊斯坦布尔之间的高速铁路，也是土耳其国内的第一条高速铁路，总长 533 千米，整个工程分为了三期，我国的两家公司与土耳其两家公司共同组成的联合体中标了安伊高铁的二期工程。整个二期工程全长为 158 千米，设计速度为 250 千米/小时，合同金额达 12.7 亿美元，工程设计与工程施工全部采用了欧洲技术标准，该项目也是中国企业在中土建交多年以来承接的最大工程合作项目，具有重要意义。

安伊高铁项目的业主是土耳其国家铁路总局，项目要求土耳其本地公司需在项目中完成超过 50% 的施工，中国铁建股份公司（以下简称中铁建公司）与中国机械进出口（集团）有限公司（以下简称中机公司）遂选择同土耳其的两家公司组成联合体来参与投标，中方企业和土方企业的投资比例为 4∶6。中国土木工程集团公司（以下简称中土公司）代表中铁建公司负责项目的组织实施，中机公司负责项目前期的外联和市场工作。项目自 2005 年中标，二期项目的主体工程于 2014 年 1 月 17 日完工，2014 年 7 月 25 日安伊高铁正式全线通车。

二、案例解析

安伊高铁项目作为中国企业在海外承建的第一条高铁项目，也是第一次让中国高铁施工技术走出国门，接受欧洲技术标准的检验。二期项目的工程包括线下和线上两部分，涉及路基、隧道、轨道、通信等，土耳其的地质结构复杂，又盛产花岗岩，给项目带来了较高的技术要求和施工挑战，除此之外，项目本身所反映的高铁项目的风险特征、前期招投标准备阶段的融资问题、合同变更问题等也需要进行总结学习。

1. 海外高铁项目的特征及风险概述

高铁项目是我国加强国家间区域合作的一张重要的“外交名片”，既能展示我国高铁项目上的创新技术和发展水平，又能推动经贸合作与提升国家经济实力。

国内工程企业应牢牢把握“一带一路”倡议推进和实施给高铁项目带来的机遇，大力开拓国际市场，提升“中国高铁”的品牌价值。

(1)高铁项目“走出去”具有重要战略意义，除国内高铁建设的一般特征外还具有跨境所带来的特殊性

高铁项目作为大型工程项目，施工难度相较其他工程高出许多，项目质量指标及安全指标较高、工程系统性要求强，项目周期持续时间也较长、对施工环境和资源都有特定需求，还需要一定的资金支持项目顺利实施。海外高铁项目除上述特征外，还具有特殊性：①高铁项目涉及轨道工程、电气化、通信工程等多学科技术，不同地区间还具有不同的技术标准，因此海外高铁的投标准备、施工管理、竣工验收、项目运行需要配备具有世界一流水准的高素质团队；②海外高铁项目因在他国展开，不同国家间的文化语言、民族风俗、经济水平等也存在明显差异，项目实施中会因此产生各类矛盾纠纷，影响预期施工进度，增加施工难度；③海外高铁项目伴随着高风险，因风险源较多，项目的实施运营会受到来自各方面的压力与影响，严重的甚至可能导致整个高铁项目的失败。例如，墨西哥高铁、委内瑞拉高铁、印度尼西亚雅万高铁等项目均给中国工程企业带来不小的损失，因此海外高铁项目必须进行风险评价和防控，以促成项目的顺利实施。

(2)海外高铁项目的风险特征

高铁项目的风险源较多，海外高铁项目又受地域差异化的影响，增加了项目实施难度，企业需谨慎处理。具体来说，海外高铁项目的风险具有下列特征：①政治、经济因素突出。海外高铁项目受国家间关系影响较大，政府间合作或政策的变化会对正在实施的项目产生积极或消极的作用。我国参与海外高铁项目的企业多为国有企业，在海外进行项目的投标和建设需努力提升自身实力以适应国际环境下的市场竞争。此外，部分国家的国情时有变化，政权更迭造成的战乱动荡、恐怖袭击，或者自然灾害等均会导致项目的停滞甚至造成难以估量的损失。这些政治、经济因素均应在投标准备阶段予以充分重视，进行风险评估并准备相应的应对方案。②随机且多变。高铁项目系大型综合性工程，涉及多学科交叉，生命周期又长。一些国内高铁项目不会遇到的风险在海外施工建设时出现，中国企业则很难对风险的发生及后续作用作出准确判断，即使是曾在国内施工时遇到过的问题在海外发生时也会发生变化，增加了应对和处理难度。海外高铁项目风险的随机性与多变性导致了风险的可预测性降低，难以掌握其发生规律。③损失和影

响严重。高铁项目体量大，建设成本和投资金额高，风险在任一阶段发生都会影响项目进展，严重的风险甚至会直接导致项目失败，从而损失惨重。高铁项目的关联方众多，除了国内企业和东道国企业组成的项目公司，还包括投资单位和相应的资源产业，两国相关的政府部门和相应组织也会涉及其中。项目如因风险进展不顺，会对各方造成影响，严重时甚至波及区域经贸合作国家的外交，因此要慎之又慎。

2. 海外高铁项目的发展成果及存在问题

(1)高铁项目发展迅猛，强化了国家形象

我国高铁在建设和运营层面都属于世界前列，这得益于近年来政策的帮扶，在“一带一路”倡议的推进下，以区域经济发展为方向，高铁项目在完善东道国交通运输业的同时也能助力沿线经济的发展。高铁项目的“走出去”不以利益为主要诉求，更多地展示了我国良好的大国形象，也让“中国高铁”在世界舞台上拥有了一席之地。

高铁项目的建设和发展还带动了整个产业的高速提升，项目的参与方通过互相交流学习，技术水准及经验也大幅提升，再持续带动人才、行业标准的快速更迭，促使相关领域革新。高铁的发展已成为经济发展的“提速器”，伴随高铁技术的走出国门，进一步改善了我国进出口贸易结构。

高速铁路作为连接各地区的“大动脉”，直接带动了区域间的经济合作，伴随世界高铁大发展的洪流，我国同其他国家间的贸易活动也更加频繁。土耳其安伊高铁、中泰高铁、莫斯科—喀山高铁等以高速铁路为黏合剂，将我国同东道国紧密相连，显著增加了各国之间的友好合作，也为各国共同携手构建人类命运共同体注入了强大动力。

(2)海外高铁项目发展中存在的问题

海外高铁项目的发展并不是一帆风顺的，也面临着许多问题和挑战。以印度尼西亚雅万高铁项目为例，项目建设过程中印度尼西亚政府决定取消该项目，转而考虑推进中速铁路的修建；墨西哥高铁更是在中方单位进行了大量的投标准备并中标后遭遇毁约；缅甸高铁由于项目资金的融资困难，一直无法动工。海外高铁项目受国际政治环境、国际市场竞争、融资风险、民族主义、运营风险、政府违约、地理环境、施工安全等因素影响，存在大量的风险。

对企业来说，发展海外高铁项目，在项目的投标准备阶段就应对项目进行充分的风险评价,并使用多种评价方法进行综合评价。国内企业对风险源及其危害性的认识还存在明显不足,可吸取学习国际上先进的风险评价标准,充分做好项目风险评价工作,注重风险评价的准确性和各风险源之间的关联性。此外,在项目的推进过程中,还存在风险监管不到位的情况,海外高铁项目的风险管理需贯彻到项目的全过程,应建立健全相应的监管机制和流程,在最大限度上保障项目的顺利实施。

3. 海外高铁项目的融资方式及问题对策

安伊高铁二期项目在投标阶段竞争就非常激烈,参与投标的主体有来自世界各地的24家企业也有土耳其本地企业组成的8个联合体。我国的两家公司同土耳其两家公司组成的联合体也为项目的投标投入了大量的精力,在投标过程中他们面临的最主要的难题就是项目的融资问题。中机公司成立了专门的融资工作小组,并在商务部、财政部、外交部等多部门的协调帮助下共同研究如何化解项目融资难题。最终,中国进出口银行为项目提供了7.2亿美元贷款,这之中包括2.2亿美元商贷及5亿美元优贷,还款期限20年。欧洲开发银行同土耳其协调沟通后提供项目所需的剩余的5.5亿美元贷款。

(1)国内企业承包海外工程项目的融资方式及现状

以安伊高铁二期项目为例,它是集融资、设计、施工为一体的特大型交钥匙工程,国内企业承包海外工程项目也多是大体量、高投资的工程,需要解决项目资金短缺的问题。国内企业多选择外资银行提供的出口信贷业务,出口信贷的前提是项目东道国的政局需稳定,经济发展平稳,除主权担保外还应尽可能地提供其他还款保证,并进行出口信用保险的参保。出口信贷可以为国内企业或外方的进口商解决资金短缺的问题,提供较低利率的贷款同时配套出口信用保险。

我国进行出口信贷业务主要是前文中提到的中国进出口银行及中国国家开发银行。中国进出口银行的出口信贷业务包括“两优”贷款、中国优惠买方出口信贷和出口信贷。安伊高铁二期项目的贷款就包括了“两优”贷款,“两优”贷款属于国家基于外交层面给予东道国政府一定程度优惠的,带有援助性质的贷款,是具有政治意义和外交意义的贷款,“两优”贷款的利率相较市场利率较低且贷款期限较长,宽限期也较长。“两优”贷款为国内企业打开国际市场提供了助力,有效缓解了企业的融资困难,增强了企业的竞争力,还能增强我国同东道国政府的友好外交关系,转移国内过剩产能,实现产业结构的优化升级。

(2)融资过程中的问题及解决对策

中国进出口银行“两优”贷款的资金总额由国家财政部根据优惠贷款框架协议进行制定,中国进出口银行会对项目进行评定,项目评定中的一大重要指标是企业的既往成功案例,在此基础上获得“两优”贷款的绝大多数企业为央企、大型国企,民营企业获得“两优”贷款的难度较大。且中国进出口银行的“两优”贷款要求东道国用主权担保进行还款保证,许多重债国家往往无法执行。且很多受援国曾享受中国政府的无偿援助或无息贷款,其对优惠贷款还本付息的模式并不能适应和接受。

部分企业在亚洲、非洲、拉丁美洲等地拓展市场,但这些地区的国家经济发展并不平稳,甚至处于落后水准,亟须外部资金和先进技术。但这些国家通常背负较多外债,加之政治因素,这些国家在信贷评级时只能获得较低的评价,无法获得足额贷款,这无疑又给企业的融资增加了难度。

近年来,我国为缓解市场利率下行的状况,一直实行较为宽松的货币政策,但收效甚微,相较一些发达国家提供的贷款利率仍缺乏金融市场的竞争力。泰国的高铁项目就曾因为泰国政府认为中方提供的贷款利息同其他方式的融资贷款相比太高,转而放弃中国贷款,选择了日本的政府开发援助贷款。

随着“一带一路”倡议的逐步推进,越来越多的企业开始积极开发外部市场,但中资银行的海外网点覆盖率还有待提升,同时在金融产品的创新上也不能满足企业走出国门后的多样化需求,大部分中资银行的全球授信、法人债券贷款等业务还未成熟甚至还未起步,亟须突破传统信贷业务圈,更好助力企业参与世界市场的角逐。

针对上述这些问题,国内企业的融资难题可尝试从多路径解决:①自习近平总书记筹建亚洲基础设施投资银行的倡议提出后,该行意向创始成员已达到57个并于2015年年底正式成立这一亚洲区域多边开发机构。亚洲基础设施投资银行的成立,为“一带一路”沿线国家的基础设施建设项目提供了新的融资平台,同时该行还创新融资机制,引入私营部门资金投入,有效降低了项目风险。企业可从亚洲基础设施投资银行获得贷款、股权投资、担保、特别基金及技术援助等服务,针对项目种类满足项目的投融资需求。②企业可运用融资形式来控制项目资金的投入,多见于BOT、PPP项目。BOT模式可使东道国运用未来的收益来减少基础设施方面的投入,引入先进技术。因BOT模式多用于资金需求大、回报期长的基础设施、电力、能源等项目，国内企业如采用 BOT 模式进行项目建设，需严加注意风险防控，并投保相应保险。PPP 模式相较 BOT 模式，因为政府部门具有业主和投资者的双重身份，风险更可控，但企业采用 PPP 模式时，需对东道国的法律法规、税收政策、外汇管控等多加注意，并和东道国的相关部门保持友好沟通，推动项目的顺利落地。③面对东道国的国别情况，国内企业应做好前期调研工作，防范投融资风险，市场开发时尽量选择政局稳定、负债率较低的国家。同时要注意控制汇率风险，尽量减少因国际汇率波动给融资带来的额外成本。

4. 小结

中国海外高铁项目在国际市场上高速发展的同时，也带动了国内技术、设备、劳务的出口，推动了国家经济的转型升级。面对"一带一路"倡议深入推进的机遇，国内企业应充分利用相应的政策帮扶，通过创新融资方式、打造专业的国际商务团队来参与合同谈判、项目融资、工程管理，实现企业的自我革新，为"中国高铁"增添新内涵、新标准、新价值！

第三节　麦加轻轨巨额亏损案

一、案情简介

沙特位于西亚的阿拉伯半岛，东濒波斯湾，西临红海，同阿联酋等国接壤。沙特领土面积约 224 万平方公里，约占阿拉伯半岛的 4/5。国内以沙漠为主，属于干旱和半干旱气候。

沙特以石油闻名世界，已探明储量达 325.87 亿吨，占世界探明石油总储量的 25.68%，产量约占全球产量的 12%，其储量和产量均居世界首位，是名副其实的"石油王国"，是最重要的石油输出国，是世界上最富裕的国家之一。

麦加是沙特著名城市，全称是麦加 · 穆卡拉玛，意为"荣誉的麦加"，也有将麦加翻译为满克、墨克，麦加是伊斯兰教的第一圣地，因伊斯兰教创始人诞生于此地。阿拉法特山是伊斯兰教圣山，是距离麦加 20 千米的一座小山，登阿拉法特山进行站山诵经是麦加朝觐者必须参加的重要仪式，不按时到者朝觐无效。因此，每年大批穆斯林都要到阿拉法特山参加站山诵经仪式。伊斯兰教是世界三大宗教之一，影响力极大，每年仅 11 月到达沙特麦加及麦地那朝觐的穆斯林就高达

300 万人以上。根据伊斯兰教的宗教习惯,朝觐程序缺一不可,因此短短的几天,这数百万人的朝觐给沙特的基础设施带来极大压力和要求。沙特的基础设施建设并不能承担如此庞大的运输压力。2006 年,麦加朝觐期间发生踩踏事件,造成了 362 人死亡,其中还包括了 4 名中国朝觐者。正是在这种情况下,沙特启动了麦加轻轨项目。①

麦加轻轨项目起始于麦加禁寺,途经米纳、穆茨达里法赫,终于阿拉法特,全长 18 公里,环形折返线 1.6 公里,其中桥梁 13.36 公里、路基 4.71 公里、车站 9 座。主要工程量有:正线路基土石方 778 万立方米,其中挖方 352 万立方米,填方 426 万立方米;防护工程 10 万立方米;桥梁承台墩身 1357 座、各类盖梁 775 片、各种预制梁 5709 片;正线道床和铺轨 38 公里,其中无砟轨道 29 公里,车辆段道床和铺轨 18.7 公里,道岔 86 组,房建 14 万平方米,以及给排水、低压配电、消防、沙漠空调、车辆段工艺设备等。②

2008 年 6 月,中国与沙特两国签署《关于加强基础设施建设领域合作的协定》。由于当时沙特当地承包商提出的麦加轻轨项目报价较高,例如,当地最大的承包商的报价高达 27 亿美元,沙特业主发函给中国商务部,请求中国派出一家优秀的铁路建设企业参与该项目的竞标,商务部最终推荐了中国铁建股份有限公司(以下简称中铁建)。

中铁建前身为铁道兵部队,由中国铁道建筑总公司独家发起设立,于 2007 年 11 月 5 日在北京成立,属于国有资产监督管理委员会管辖的特大型建筑企业。2008 年 3 月 10 日、13 日分别在上海和香港上市。

中铁建是中国乃至全球最具实力、最具规模的特大型建筑业企业集团之一,2019 年度"全球最大 250 家工程承包商"排名第 4 位。中铁建的业务领域涵盖工程建筑、房地产、工业制造、物资物流、特许经营矿产资源及金融保险。经营范围遍及除我国台湾地区以外的全国 31 个省(市)、自治区和香港、澳门特别行政区以及世界 77 个国家和地区,已经从以施工承包为主发展成为集合科研、规划、勘察、设计、施工、监理、维护、运营和投融资为一体的完善的行业产业链,具备了为业主提供"一站式"综合服务的能力。在高原铁路、高速铁路、高速公路桥梁、隧道和城市轨道交通工程设计及建设领域确立了行业领导地位。

---

① 参见 https://baike.so.com/doc/2169085-2295163.html。

② 参见 https://baike.so.com/doc/6255163-6468576.html。

2008 年 11 月下旬，中铁建主管国际业务的副总裁率领由海外事业部、中铁十一局、中铁十八局和铁一院共同组成的考察团赴沙特考察麦加轻轨项目。

经考察，中铁建提出了麦加轻轨项目的最初报价 22 亿美元。此后，业主与中铁建进行了议标谈判，经多次谈判，双方最终议定合同价款为 17.7 亿美元，按当时汇率约合人民币 120.7 亿元。这一价格比沙特当地的主要竞争对手本·拉登公司的价格低了近 10 亿美元。当时沙特舆论也是议论纷纷，对中铁建低价承揽的合理性提出疑问，但沙特阿卜杜拉国王力排众议支持中铁建，并指定城乡事务部部长曼苏尔亲王作为项目总协调人。如此一来，麦加轻轨项目就成为两国签署《关于加强基础设施建设领域合作的协定》之后的首个合作项目。

麦加轻轨项目最终采用 EPC + O 模式（设计、采购、施工 + 运营）承包。项目工期分为两个阶段，第一阶段：建设工期 22 个月，完成大部分的土建工程和系统安装工程，并确保在 2010 年 11 月的朝觐期达到 35% 的运能要求；第二阶段：完成所有剩余土建工程，供应全部车辆，完成子系统调试以及运营准备，达到设计运能的 100%，高峰时的运输能力达 72,000 人/时。

在工程技术角度，业界公认麦加轻轨项目创造了世界轻轨项目 4 项世界之最：①设计运能最大。根据麦加—阿拉法特当地的宗教活动特点，其运力呈短期集中式需求，每年麦加朝觐仪式启动时，短期运输量达到 300 多万人，单向客流可达到 72,000 人/小时。②运营模式最复杂。基于麦加轻轨短期集中运力的特点，其高峰期每隔 70 秒就发车一趟，而当时世界上最短的行车间隔为 3 分钟。因此，麦加轻轨项目对通信、信号和列车控制系统等均提出了非常高的要求。③建设工期最短。合同工期虽为 22 个月，但沙特为宗教影响力极大的国家，实际施工时需扣除伊斯兰教的斋月、朝觐等宗教习俗和作息习惯的影响，实际工期仅为 16 个月。而按当时通行的国际工程数据显示，同等规模的轻轨项目，一般自设计开始的总工期平均为 3 年。换言之，中铁建仅花费了正常情况下一半的时间即完成该项目，且在沙特恶劣干旱的气候条件下，因此被外国承包商称为是一项不可能完成的任务。④施工环境最恶劣。沙特属于热带沙漠性气候，地处高温和特大风沙区，严重缺水，常年平均气温 40℃～50℃，夏季地表的最高温度可达到 70℃左右，酷暑逼人，自然环境恶劣。另外，沙特的地形地貌非常特殊，线路的最大坡度达到了 41%，而国内铁路的坡度一般不超过 20%，施工难度很大。

2010 年 10 月 30 日，沙特轻轨最后一截梁体浇注完毕，使全桥现浇梁主体顺利完成，受到业主的赞扬。沙特城乡事务部对整个施工进度和工程质量都非常满意，为中铁建专门颁发了荣誉函。

沙特主要媒体连续刊文，盛赞中国建造的朝觐铁路是一个“建设奇迹”，为中国商品赢得尊重。《阿拉伯新闻报》2010 年 11 月 20 日文章说，中国公司为穆斯林朝觐所造的现代化和高科技轻轨铁路在朝觐营运中为中国商品赢得尊重。

二、案例解析

麦加轻轨项目从商业影响和政治影响角度来说，均是成功的。该项目为中国建筑业及中国商品在西亚，尤其是伊斯兰地区赢得了声望与荣誉，为中国在西亚市场的开辟作出了重要贡献。但该项目本身却面临 41.53 亿元人民币的巨额亏损。

亏损的主要原因及业主与中铁建的主要争议如下：

1. 对运能条款的理解偏差

双方工程总承包合同约定麦加轻轨项目在 2010 年 11 月 13 日开通运营，要达到 35% 运能；2011 年 5 月完成所有调试，达到 100% 运能。

中铁建对该条款的理解是开放 35% 的车站，即开放 4 个车站即可；而沙特方对此的理解是 9 个车站全部开启，仅是运载能力为 35% 即可。这将导致工期大大提前。

2. 对部分项目要求的理解偏差

对于部分合同中的项目要求，各方也存在理解上的偏差。例如，为了适应沙漠高温、干旱、风沙、粉尘、温差大的特殊气候环境，车站、库房及其他建筑物、构筑物均需采用密闭防尘处理，并设置特殊的沙漠空调系统，以满足相关需要。对此，中铁建原始设计采用室温 38℃ 作为基本参数，但业主方认为应当采用 46℃ 的当地平均气温标准。再如，中国铁建原来在车站没有设置自动扶梯，业主却认为自动扶梯是必需的设备。这些都会造成成本的增加。

双方还在土建桥梁跨越道路形式、结构形式、车站面积、设备参数、功能需求等方面存在理解上的差异。

3. 设计标准上的失控

常规的 EPC 合同中，“E”（Engineering，设计工作）一般由总承包商承担或由总承包商自行分包。但在沙特轻轨项目中，沙特业主方并不信任中国的设计团队,对于项目主要设备的设计工作全部在招标文件中指定分包给美国、欧洲的设计公司,这直接导致中铁建对项目设备部分无法掌控。中铁建不再掌握设备的设计权,意味着中铁建失去了设备成本和利润的控制权,且对于整个项目来说,存在欧洲标准、美国标准、中国标准等各类标准的衔接问题,增加了工程成本,也导致工期大量延误。

4. 劳工管理的失控

中铁建投标时计算工期是按国内习惯,24 小时"三班倒"的工作方式进行计算。但在实际施工过程中发现,沙特当地采用严格的 8 小时工作制,无法强行要求当地劳工强化作业。且麦加属于伊斯兰教圣地,非伊斯兰教教徒不得进入施工,为此,中铁建仅能自国内青海、新疆等地招募大量伊斯兰教劳工,造成成本和工期的大幅上升。

5. 土地供给的失控

中铁建进行投标施工组织设计时是按照土地按时供给的原则进行编制的,但实际施工过程中,由于沙特当地还存在贵族制度,土地把控在当地贵族手中,无法及时供地,导致工期延误。

6. 政治影响

麦加轻轨项目是两国签署《关于加强基础设施建设领域合作的协定》之后的首个合作项目,且作为麦加朝圣所用的基础设施工程,其在伊斯兰教影响地区的影响力极大,因此本项目并不仅仅是商业行为,更重要的是国际影响。因此,该项目同样受到国内相关领导的重视,故当时的国家领导均对该项目表示关心,多次到项目实地视察或者到中铁建总部视察,要求把该项目作为一场必须胜利的战斗来执行,这无疑给了中铁建极大的压力,使该项目从商业行为演变成了政治任务。由于变成了政治任务,一些本应及时提出的索赔未提出,一些本应及时主张的权利没有及时主张,致使许多索赔难以主张。

7. 建纬解析

(1)涉外业务中,应重视合同条款,以合同为履行的"圣经"

我国属于成文法国家,且行政管理较为完善,很多工程合同约定并非基于合同本身的约定而产生,而是基于行政管理。例如,国内合同中对于合同清单漏项或者因变更导致部分单价超出合同约定的,通常采用定额补充、造价站信息补充等。再如,设计、监理、施工企业应当完成的合同义务的标准,国内通常援引各类规范。但在国际工程中,并不存在定额和规范等双方均认可的明确的履约依据,国际工程惯例中,由于双方属于不同国家,适用法律及工程习惯均不同,为使各方可以合理履约,发承包双方往往需要制定大量的合同附件,如计价条款、产品标准、供应商清单等作为合同的必要部分,而国内施工企业往往对此缺乏认识,忽略合同附件的重要性,致使产生争议的时候缺乏解决依据,造成大量损失。

(2)涉外工程中采用工程总承包模式时,应当特别注意"发包人要求"的细化

施工总承包模式下,承包人只要完成图纸所示的建筑即完成合同主要义务,权利义务相对明确。而工程总承包模式下,承包人需要根据"发包人要求"自行设计,但建设工程项目是极其复杂的,在没有完整的施工图纸的前提下,是很难让"发包人要求"和承包人的理解保持一致,这就导致合同目的具有不确定性,对于双方当事人的合同履约造成风险。麦加轻轨项目中,就存在了大量双方对于"发包人要求"的理解的误差,如前文提到的运能要求、空调设置等。

"发包人要求"是双方履约的核心合同目的,合同目的不清,必然给双方履约造成影响,因此,如何明晰"发包人要求",是涉外总承包工程中不得不考虑的内容。

(3)工料分析应当基于项目地本土化分析,而不能套用简单模型

我国成立初期采用的是计划经济模式,我国建筑业采用定额计价管理模式,数年应用已经导致我国建筑企业对此形成了高度依赖。在很多建设工程承发包过程中,承包人报价并非基于工料成本分析,而是采用定额计价后浮动一定百分比的计价方式。这种计价习惯及方式几乎覆盖我国建筑业绝大多数企业。

麦加轻轨项目最终巨额亏损41.53亿元人民币,其中一个重大原因就是中铁建对该项目的报价并不是基于工料的详细分析,而是以国内广州轻轨的成本为基础,直接上浮一定百分比进行报价,报价价格比其他公司的价格低了将近10亿美元。对于项目人工费用的支出,亦是按照国内的水平进行考虑,并未考虑当地的风俗习惯和用工成本,这是该项目最终失败的重要原因。

(4)工程总承包模式中,不应放弃设计的控制权

在工程总承包项目中,失去了对设计的控制,项目很难取得成功。工程管理学上认为,越是前期的工程阶段,对工程的影响越大,工程80%以上的成本和利润比例是由设计阶段决定的;反之,越是靠后的阶段,欲争取利润则更加困难。

依照国际惯例,EPC模式下项目的设计、施工、采购等所有的工作都应该由总

承包商负责。实际上,承包商愿意承担较大风险竞标工程总承包项目的原因在于,除了土建施工外,还可以掌握项目的设计和设备采购,这样才能拥有项目的主动权,从而可以利用设计优势和优化设计、设备采购获得较高的利润。

但本项目中,业主在合同中对设计分包商的选择设定了严格的限定条件,符合条件的分包商非常少,实际上相当于指定分包,致使总承包商失去了对设计的控制权,而总承包项目中,设计是项目成本控制最核心的部分,只有通过合理的设计控制,才能最大限度地控制造价。而本项目最终是由法国一家设计公司作为总体设计,西门子等多国设计公司作为设计分包商,而且采用的是欧美联合标准,中铁建在这样的标准下无法管控西方公司,最终导致设计工期及工程总造价整体失控。

设备采购是一个项目中利润率最高的部分,而本项目中,大量关键设备的采购由业主指定的当地产商提供;又由于依照国际惯例,设备采购清单通常由设计单位提供,本项目设计分包大多为外国企业,其指定的采购清单明显偏向欧美标准,这意味着中铁建失去了设备采购这一巨大的"蛋糕"。

(5)工期加速索赔的国内外差距

工期加速索赔,在国内标准合同,红皮书(1999年版)和银皮书(1999年版)模式下是具有差异的。

①国内《建设工程施工合同(示范文本)》(GF-2017-0201)规定如下:

"7.9.1 发包人要求承包人提前竣工的,发包人应通过监理人向承包人下达提前竣工指示,承包人应向发包人和监理人提交提前竣工建议书,提前竣工建议书应包括实施的方案、缩短的时间、增加的合同价格等内容。发包人接受该提前竣工建议书的,监理人应与发包人和承包人协商采取加快工程进度的措施,并修订施工进度计划,由此增加的费用由发包人承担。承包人认为提前竣工指示无法执行的,应向监理人和发包人提出书面异议,发包人和监理人应在收到异议后7天内予以答复。任何情况下,发包人不得压缩合理工期。

7.9.2 发包人要求承包人提前竣工,或承包人提出提前竣工的建议能够给发包人带来效益的,合同当事人可以在专用合同条款中约定提前竣工的奖励。"

②FIDIC红皮书(1999年版)约定如下:

第8.3款[进度计划]

在按照第8.1款[工程的开工]的约定接到通知后28天内承包商应向工程师

提交详细的进度计划。当原进度计划与实际进度或承包商的义务不符时，承包商还应提交一份修改的进度计划。每份进度计划应包括……除非工程师在接到进度计划后21天内通知承包商该计划不符合合同约定，否则承包商应按照此进度计划履行义务，但不应影响到合同中约定的其他义务……承包商应及时通知工程师，具体说明可能发生将对工程造成不利影响、使合同价格增加或延误工程施工的事件或情况。工程师可能要求承包商提交一份对将来事件或情况的预期影响的估计，和(或)按第13.3款[变更程序]提交一份建议书……

第13.3款[变更程序]

如果工程师在发布任何变更指示之前要求承包商提交一份建议书，则承包商应尽快作出书面反应，要么说明理由为何不能遵守指示(如果未遵守时)，要么提交：……(c)承包商对变更估价的建议书。工程师在接到上述建议后(依据第13.2款[价值工程]或其他规定)，应尽快予以答复，说明批准与否或提出意见。在等待答复期间，承包商不应延误任何工作。

工程师应向承包商发出每一项实施变更的指示，并要求其记录费用，承包商应确认收到该指示。

每一项变更应依据第12款[测量与估价]进行估价，除非工程师依据本款另外作出指示或批准。

③FIDIC银皮书(1999年版)约定如下：

第8.3款[进度计划]

承包商应在开工日期后28天内，向雇主提交一份进度计划。当原定进度计划与实际进度或承包商的义务不相符时，承包商还应提交一份修订的进度计划。除非合同另有说明，每份进度计划应包括……除非雇主在收到进度计划后21天内向承包商发出通知，指出其中不符合合同要求的部分，承包商即按照该进度计划，并遵守合同规定的其他义务，进行工作……承包商应及时将未来可能对工程施工造成不利影响或延误的事件或情况通知雇主。在此情况下，或在雇主通知承包商指出进度计划(在指出的部分)不符合合同要求，或与实际进度或承包商提出的意向不一致时，承包商应遵照本款要求向雇主提交一份修订进度计划。

综合上述标准文本可以看出，对于加速施工，国内施工标准合同是明确规定了增加的费用由业主承担；而FIDIC红皮书(1999年版)对此就约定得相对模糊，仅约定了当实际进度与原定进度计划不符时，承包商需向发包人提交建议书(建议书中应当包括费用变更)，通过变更程序，取得发包人的同意；而 FIDIC 银皮书(1999 年版)对工期加速的约定则更加模糊，仅仅提到了当实际进度与计划进度不符时，应当提交新的修订进度计划，并未明确加速工期的费用承担问题。

所以在服务国际项目时，一定要注意上述区别，国际工程中，无论采用 FIDIC 的何种文本，均未直接约定承包人可以索要加速工期的费用，加速费用均需业主认可，也就是对缩短的工期向发包人及时提交建议书并附费用索赔书后，才可以主张该笔费用。FIDIC 合同条件一个鲜明的特点就是索赔过期失权制度，没有如期提出索赔，则该索赔视为放弃。这就要求承包商对上述内容熟知于心，当工期变化由于发包人原因产生时，及时提出索赔，避免失权。

FIDIC 银皮书(1999 年版)模式下，如果业主需要缩短工期，需要由工程师向承包商发出指令(指令函或是指令书)，告知承包商工期要求，承包商接到指令后，综合自身情况，有权选择是否接受，如果接受，应当就新的工期进度提交新的工期进度建议书，并附上新进度情况下人材机的新的安排计划、分包商的安排计划及费用的调整，提交业主进行审核，业主同意后，以书面文件确认该进度计划及相应的费用、劳务、机械、材料的相关安排。上述流程中，业主的变更指令书、承包商的进度建议书(含附件)、业主的书面同意文件构成该项变更的书面证据，上述文件缺一不可，完整的证据才能在仲裁或是国际诉讼中赢得仲裁员或是法官的支持。

除此之外，还需注意，FIDIC 合同条件中并没有赋予工程师以业主的费用来指令加速施工的权利，业主也不能直接要求承包人进行赶工，也就是说，业主的赶工要求承包人有权拒绝。但实际情况是，建设工程无论是在国内市场还是国外市场，均是发包市场，发包人均具有优势地位，承包人通常难以拒绝工程师或业主的赶工需求，为避免产生矛盾及争议，建议将加速施工的费用的约定直接写入合同文件。如果已经发生了赶工，要及时向业主提出索赔。如果该工期变化是难以达到的，或其费用补偿不足，承包商应当及时拒绝的，避免损失。

但在麦加轻轨项目中，由于该项目已经由商业行为变成了政治任务，中铁建无法拒绝业主方的加速要求，但中铁建本身也并未及时提出工期加速索赔，这笔费用相当于自担损失。

(6)国际工程中土地供应问题索赔要点

FIDIC 银皮书(1999 年版)约定如下：

第 2.1 款[现场进入权]："雇主应在专用条件中规定的时间(或几个时间)

内，给承包商进入和占用现场各部分的权利。此项进入和占用权可不为承包商独享。如果根据合同约定，要求雇主（向承包商）提供任何基础、结构、生产设备或进入手段的占用权，雇主应按雇主要求中规定的时间和方式提供。但雇主在收到履约担保前，可保留上述任何进入或占用权，暂不给予。

如果在专用条件中没有规定上述时间，雇主应自开工日期起给承包商进入和占用现场的权利。

如果雇主未能及时给承包商上述进入和占用的权利，使承包商遭受延误和（或）招致增加费用，承包商应向雇主发出通知，根据第20.1款［承包商的索赔］的规定有权要求：

（a）根据第8.4款［竣工时间的延长］的约定，如果竣工已或将受到延误，对任何此类延误，给予延长期；

（b）任何此类费用和合理利润，应加入合同价格，给予支付。

在收到此通知后，雇主应按照第3.5款［确定］的约定，就此项要求做出商定或确定。

但是，如果出现雇主的违约是由于承包商的任何错误或延误，包括在任何承包商文件中的错误或提交延误造成的情况，承包商应无权得到上述延长期、费用或利润。”

综上所述，如果业主没有及时完成征地拆迁，即未提供现场的占用权，承包人有权对此主张工期和费用赔偿。业主向承包商移交现场时，双方需要签署书面移交文件，该文件就是主张业主未能及时移交的证据，如果该文件的签署时间落后于合同或者双方已确认的进度计划中关于现场移交的约定，那么承包商有权对此主张费用及工期补偿。另需注意，本项目是轻轨项目，和建筑项目在现场移交方面存在一个细节不同，建筑项目占地面积通常集中且较小，现场通常一次性移交完成，故现场移交文件通常只有一份；但是轻轨项目或者说线性类型的项目则不同，公路类型项目通常是以标段形式移交的，依据进度计划中所确定的移交计划进行移交，所以线性类型的项目常常存在多份现场移交文件，这是在具体项目上搜集索赔资料时一定要注意的一个区别。而中铁建在现场移交问题上，也未主张足够的证据，更未及时索赔。

（7）业主指示变更中的索赔要点

FIDIC 银皮书（1999 年版）约定如下：

第13.1款[变更权]

“在颁发工程接收证书前的任何时间,雇主可通过发布指示或要求承包商提交建议书的方式,提出变更。变更不应包括准备交他人进行的任何工作的删减。

承包商应遵守并执行每项变更。除非承包商及时向雇主发出通知,说明(附详细根据)……”

第13.3款[变更程序]

“如果雇主在发出变更指示前要求承包商提出一份建议书,承包商应尽快作出书面回应,或提出他不能照办的理由(如果情况如此),或提交:

(a)对建议的设计和(或)要完成的工作的说明,以及实施的进度计划;

(b)根据第8.3款[进度计划]和竣工时间的要求,承包商对进度计划作出必要修改的建议书;

(c)承包商对调整合同价格的建议书。

雇主收到此类(根据第13.2款[价值工程]的约定或其他约定)提出的建议书后,应尽快给予批准、不批准、或提出意见的回复。在等待答复期间,承包商不应延误任何工作。

应由雇主向承包商发出执行每项变更并附做好各项费用记录的任何要求的指示,承包商应确认收到该指示。

为指示或批准一项变更,雇主应按照第3.5款[确定]的要求,商定或确定对合同价格和付款计划表的调整。这些调整应包括合理的利润,如果适用,并应考虑承包商根据第13.2款[价值工程]提交的建议。”

综上所述,业主方若要提出的设计变更,业主则需要向承包商发出书面指令,承包商对此有权决定是否接受,如果表示接受,应当以书面形式就其工期、费用、人材机及分包商的安排向业主提出建议书,取得业主同意后,发承包双方就该项变更达成一致合意,并作出回复。书面指令、建议书和回复就构成关于该项变更的证据。最高人民法院《关于审理建设工程施工合同纠纷案件适用法律问题的解释(一)》第20条规定,当事人对工程量有争议的,按照施工过程中形成的签证等书面文件确认。承包人能够证明发包人同意其施工,但未能提供签证文件证明工程量发生的,可以按照当事人提供的其他证据确认实际发生的工程量。换句话说,国内项目即使签证文件遗失或是未制作,也可以通过其他间接证据来证明,但是在国际工程中,采用的是FIDIC合同条件,工程变更也属于工程索赔的一种,受到索赔过期失权制度的制约，没有变更文件（指令书、建议书、回复书）作为证据，是很难在国际仲裁和国际诉讼中取得优势地位的。所以在变更问题上，要注意搜集指令书、建议书、回复书。

8. 小结

工程管理学上认为合同的作用包括以下方面：①拘束作用，各方当事人一旦签订合同，即负有依约履行的义务；②指引作用，合同具有指引双方履行合同的作用，对于合同中没有直接约定的合同义务，双方也可以提前约定某些特殊情况发生时各方的处理原则。

我国建筑业企业往往重视合同的拘束作用但忽略了合同的指引作用，对于合同应当如何履行、履行争议如何处理均未能作出明确约定，致使争议发生时无据可依，因此，应当强化缔约管理，强化合同指引作用，细化合同约定，明确各方权利义务范围。

第四节　长江岩土工程总公司、中国建设银行股份有限公司温岭支行信用证纠纷案

一、案情简介

2009 年 7 月 29 日，长江岩土公司（总承包人）与中博公司（承包人）签订承包合同书，约定的工程项目为：

1. 米苏拉塔地区瓦利德 3000 套住宅及配套服务设施工程施工（以下简称瓦利德项目），工程地点为利比亚米苏拉塔地区，工程承包范围为米苏拉塔地区瓦利德 3000 套住宅及配套服务设施工程等总包合同约定的总承包人应承担的所有项目施工（不含勘察、设计）。本承包合同价款暂定为 636，329，925 利比亚第纳尔（以下简称利第），该合同价款折合成人民币约为 37 亿元，该数据不作为本合同的结算依据，仅作为预付款保函、履约保函的基数。开工日期、竣工日期、工程质量标准均根据总包合同约定。本项目总包合同注册税由承包人承担本合同价款的 2.01%，其余由总承包人承担。承包人承担除上述由总承包人应承担的合同注册税部分外的总包合同项目所有需要在利比亚缴纳的税、费及保险等费用。

2. 米苏拉塔地区塔沃嘉 3000 套住宅单元中 1500 套住宅单元施工及整个

3000 套住宅区基础设施、服务性建筑工程施工(以下简称塔沃嘉项目),工程地点为利比亚米苏拉塔地区,工程承包范围为米苏拉塔地区塔沃嘉 3000 套住宅单元中 1500 套住宅单元施工及整个 3000 套住宅区基础设施、服务性建筑工程等总包合同约定的总承包人应承担的所有项目施工(不含勘察、设计)。本承包合同价款暂定为 379,439,916.240 利第,该合同价款折合成人民币约为 22 亿元,该数据不作为本合同的结算依据,仅作为预付款保函、履约保函的基数。

除合同条款另有约定,承包人应履行并承担总包合同中与承包工程有关的总承包人的所有义务与责任,同时应避免因承包人自身行为或疏漏造成总承包人违反总包合同中约定的义务。承包人按照承包合同的约定,以总承包人的名义进行材料采购、工程施工、竣工和保修等所有与本工程有关的活动。承包人应在预付款支付前启动项目的前期工作(人员、设备、材料进场采购等)并承担相应的费用。

总承包人向承包人支付工程预付款的时间和方式:总承包人收到总包合同下的发包人支付给总承包人的工程预付款后,并在总承包人收到承包人的预付款保函后 10 个工作日内按实到款项应付比例支付给承包人,但总承包人为承包人代付的各种款项需从中扣除。总承包人向承包人支付工程预付款的数额为承包合同价款的 15%。预付款从应付给承包人的每一笔进度款项中扣除,扣除比例为每次应付进度款的 15%,直至预付款获得全额扣完。总承包人在收到总包合同下工程进度款后 10 个工作日内,按承包合同书第 19.1 款同比例支付给承包人,但总承包人为承包人代付的各种款项应从中扣除。总承包人只有在收到发包人对总包合同下的付款后才按本合同约定的方式支付给承包人。塔沃嘉项目,总承包人按 56.6% 的欧元、43.4% 的利第支付承包人合同价款。瓦利德项目,总承包人按 62% 的美元、38% 的利第支付承包人合同价款。承包人向总承包人开具履约保函和预付款保函,履约保函总额为承包合同价款的 2%,预付款保函的总额为承包合同价款的 15%。保函由利比亚某一商业银行开立,在合同履行期限内有效。承包工程所有材料设备均由承包人供应。不可抗力包括的范围以及事件处理同总包合同相应条款。不可抗力事件发生涉及承包人施工场地的,承包人应立即通知总承包人,在力所能及的条件下,迅速采取措施,尽力减少损失。总承包人和承包人协商一致,可以解除承包合同。承包合同解除后,不影响双方在合同中约定的结算条款的效力。如果因为不可抗力或发包人原因造成工程延期或其他责任,总承包人和承包人双方免责,并共同采取措施减少损失。

中博公司为履行上述承包合同,向中国建设银行股份有限公司温岭支行(以下简称建行温岭支行)申请开立保函。建行温岭支行以长江岩土公司为受益人开立了以下7份保函:

1. 2010年3月24日,建行温岭支行开立了编号为20100017号最高限额为1.3亿元人民币的预付款保函。保函载明:保函有效期为1年,如保函申请人中博公司未能履行上述承包合同书及其附件中规定的义务,包括双方就合同条款达成的变更、修改和补充义务,我行在收到你方提交的书面宣布申请人违反合同规定的正式通知及由你方法定代表人(负责人)或授权代理人签字并加盖公章,列明索赔金额的索赔通知后5个工作日内,支付相应的保证金;本保函的款项构成本银行无条件的、不可撤销的直接保障责任;保函项下的所有权利和义务受中华人民共和国法律管辖和制约;本保函自本行负责人或授权代理人签字盖章并在预付款到账之日起生效。

2. 2010年3月24日,建行温岭支行开立了编号为20100018号最高限额为2.3亿元人民币的预付款保函。保函内容与前述预付款保函一致。

3. 2010年7月29日,建行温岭支行开立了编号为20100027号最高限额为2200万元人民币的预付款保函。保函内容与前述预付款保函一致。

4. 2009年12月3日,建行温岭支行开立了编号为20090032号最高限额为4400万元人民币的履约保函。保函内容除生效时间为自本行负责人或授权代理人签字并加盖公章之日起生效外,其余内容与前述预付款保函一致。该保函有效期届满后,建行温岭支行于2010年12月10日开立了编号为20100032号最高限额为4400万元人民币的履约保函一份。

5. 2009年12月3日,建行温岭支行开立了编号为20090033号最高限额为5000万元人民币的预付款保函。保函内容与前述预付款保函一致。该保函有效期届满后,建行温岭支行于2010年12月10日开立了编号为20100033号最高限额为5000万元人民币的预付款保函一份。

6. 2010年1月25日,建行温岭支行开立了编号为20100005号最高限额为1.5亿元人民币的预付款保函。保函内容与前述预付款保函一致。该保函有效期即将届满时,建行温岭支行于2011年1月21日开立了编号为20110001号最高限额为1.5亿元人民币的预付款保函一份。

7. 2010年1月26日,建行温岭支行开立了编号为20100003号最高限额为

7400万元人民币的履约保函。保函内容与前述履约保函一致。该保函有效期即将届满时，建行温岭支行于2011年1月21日开立了编号为20110002号最高限额为7400万元人民币的履约保函一份。

2011年3月25日，中博公司向建行温岭支行发送了《关于暂停支付预付款保函、履约保函保证金额的通知》，称合同履行过程中，项目所在国利比亚发生骚乱及战争，我国政府已动用国力将我国公民全部撤出利比亚，构成不可抗力。鉴于保函提供的保证是建立在合同履行过程中，我司违反合同约定未能履行义务的基础上，现我司并无违反合同约定的行为。希望建行温岭支行对有效期届满的保函停止支付、有效期内的保函暂停支付。

2011年3月25日，建行温岭支行向长江岩土公司发送了《关于中博公司保函有关事项的通知》，称中博公司已经通知该行对涉案保函暂停保证金支付，该行认为由于目前项目已暂停施工，停止施工是因为项目所在国利比亚发生骚乱及战争等不可抗力所造成，中博公司并无违反合同约定的行为。鉴于不可抗力的原因及中博公司的要求，履约保函中止支付、预付款保函项下的款项由中博公司与长江岩土公司清算后多退少补，并不再办理保函延期和重新开立工作。

2011年3月28日，中博公司向长江岩土公司发送了《关于要求即行中止合同履行、停止办理保函延期的函》，要求即行中止合同履行、进行已完工工程结算，并保留解除合同的权利，同时停止办理保函延期工作。

针对各项保函，长江岩土公司以中博公司违约为由向建行温岭支行索赔共计14亿元人民币。

2015年12月7日，建行温岭支行向长江岩土公司发送《要求退回保函正本的通知》，称涉案保函有效期届满，要求长江岩土公司退还保函原件。

此后，长江岩上公司与国内某律师事务所签订委托代理合同，委托该所代理建行温岭支行起诉该司的保函纠纷、中博公司破产债权申报纠纷以及本案纠纷，并支付办案费105万元人民币。

2016年3月7日，浙江省温岭市人民法院（以下简称温岭法院）作出（2016）浙1081民破1号民事裁定书，裁定受理中博公司的重整申请。

长江岩土公司于2016年11月22日向温岭法院起诉被告中博公司、第三人建行温岭支行普通破产债权确认纠纷案，长江岩土公司请求确认其对中博公司享有各项到期破产债权共计约8.25亿元人民币及利息。该院于2018年3月20日作出(2016)浙1081民初13673号民事判决,解除长江岩土公司与中博公司于2009年7月29日签订的承包合同书;驳回长江岩土公司的其他诉讼请求。长江岩土公司不服该判决提起上诉,浙江省台州市中级人民法院于2018年10月26日作出(2018)浙10民终1355号民事判决(以下简称1355号判决),驳回上诉,维持原判。

结合上述生效判决,一审法院审查后认定以下事实:2010年2月3日,我国驻利比亚国经济商务参赞处(室)(以下简称驻利比亚参赞处)出具意见,载明:"项目名称为利比亚Walid3000套单元住宅配套服务项目;项目所在城市为利比亚国瓦利德地区;项目承包方式为长江岩土公司与中博公司联合体;合作项目合同金额为8.26亿利第;项目开工起止日期,开工时间为2009年9月(合同期:36个月);并对项目进展情况作出说明。"长江岩土公司在上述两份意见上加盖了公司公章。

2011年1月24日,长江岩土公司与中博公司共同向驻利比亚参赞处提交《申请备案函》,申请该处出具证明文书。2011年1月27日,驻利比亚参赞处出具意见,载明:"项目名称为利比亚Walid3000套单元住宅配套服务项目;项目所在城市为利比亚国瓦利德地区;项目承包方式为长江岩土公司与中博公司联合体;合作项目合同金额为8.26亿利第;项目开工起止日期,开工时间为2009年9月(合同期:36个月);并对2010年项目进展情况作出说明,确认2010年塔沃嘉1500套项目完成工程量2.77706亿利第,约人民币14.718亿元。"

2011年1月16日,利比亚国发展组织中心总部召开会议,在形成的会议纪要中,长江岩土公司利比亚分公司总经理表示,虽然塔沃嘉项目现场存在不理想的情况,但也是因为多方面的原因。目前项目产值已经超过6000万利第,从进度款申报到现在已有半年多时间,但直至今日都未收到任何进度款,且预付款已经无法支持项目的正常施工,对项目进展有很严重的影响,同时现场工人数量不足也与进度款未按时支付有直接的关系。

2011年2月16日,利比亚东北部城市班加西发生游行骚乱,随后利比亚国内发生战争。我国政府于2011年2月底将我国公民全部撤出利比亚。

二、案例解析

1. 当事人诉辩观点

长江岩土公司向一审法院起诉称:2009年7月29日,长江岩土公司与中博公司签订的承包合同书约定，中博公司向建行温岭支行申请开立保函。建行温岭支行以长江岩土公司为受益人开立了7份保函。涉案保函有效期内，长江岩土公司向建行温岭支行发出索赔通知书，但建行温岭支行至今未予支付。因涉案保函系独立保函，内容合法有效，长江岩土公司的索赔亦为有效索赔，故建行温岭支行的行为严重侵害了长江岩土公司的合法权益，请求判令：①建行温岭支行支付编号为20100017号预付款保函项下金额1.3亿元人民币（以下未特别指出均为人民币）及利息（自2011年3月28日起按年利率4.9%计算利息，并按年利率2.45%支付罚息至其实际支付止）；②建行温岭支行支付编号为20100018号预付款保函项下金额2.3亿元人民币及利息（自2011年3月28日起按年利率4.9%计算利息，并按年利率2.45%支付罚息至其实际支付止）；③建行温岭支行支付编号为20100027号预付款保函项下金额2200万元人民币及利息（自2011年7月27日起按年利率4.9%计算利息，并按年利率2.45%支付罚息至其实际支付止）；④建行温岭支行支付编号为20100032号履约保函项下金额4400万元人民币及利息（自2011年11月20日起按年利率4.9%计算利息，并按年利率2.45%支付罚息至其实际支付止）；⑤建行温岭支行支付编号为20100033号预付款保函项下金额5000万元人民币及利息（自2011年11月20日起按年利率4.9%计算利息，并按年利率2.45%支付罚息至其实际支付止）；⑥建行温岭支行支付编号为20110001号预付款保函项下金额1.5亿元人民币及利息（自2012年1月14日长江岩土公司索兑保函之日起按年利率4.9%计算利息，并按年利率2.45%支付罚息至其实际支付止）；⑦建行温岭支行支付编号为20110002号履约保函项下金额7400万元人民币及利息（自2012年1月14日起按年利率4.9%计算利息，并按年利率2.45%支付罚息至其实际支付止）；⑧建行温岭支行承担本案长江岩土公司的律师费105万元人民币；⑨本案诉讼费用由建行温岭支行承担。以上第1~8项合计70,105万元人民币。

建行温岭支行答辩称：涉案预付款保函和履约保函均非独立保函，而是从属性保证合同。涉案项目有5份预付款保函但均未生效，且均约定保函在预付款到账之日生效，但长江岩土公司提交的证据不能证明每份预付款保函所对应的预付款已到账。长江岩土公司未在涉案保函有效期届满前向建行温岭支行提出过索赔，或提出过符合保函要求文件的索赔。长江岩土公司就涉案保函提起诉讼已超过法定的诉讼时效。即使涉案保函属于独立保函，长江岩土公司的索赔已经构成保函欺诈,建行温岭支行有权拒付。在法院判决已经确认中博公司对长江岩土公司没有付款或赔偿责任的情况下,且长江岩土公司明知利比亚战争这一不可抗力因素属于免责事由(中博公司没有违反合同义务)的情况下,仍然提出保函项下的索赔,依据最高人民法院《关于审理独立保函纠纷案件若干问题的规定》(以下简称独立保函司法解释)第12条第3、5项的规定,构成独立保函欺诈。建行温岭支行有权以"欺诈例外"的原则请求终止支付涉案保函项下的款项。涉案保函中并无长江岩土公司实现债权的费用由建行温岭支行承担的约定,故长江岩土公司由建行温岭支行承担律师费的诉请无任何合同和法律依据。综上所述,请求依法驳回长江岩土公司的全部诉讼请求。

第三人中博公司述称:中博公司申请开立的预付款保函和履约保函均非独立保函,而是从属性保函。涉案工程因利比亚战乱的原因停工,战争属于法律规定的不可抗力,中博公司没有违约行为。在处理因利比亚战争的不可抗力所引起的各种建设工程施工合同纠纷时,应严格按照当事人合同中有关不可抗力的约定以及我国法律的相应规定,中博公司的责任应全部免除。因此,中博公司有权要求中止合同履行,有关保函也应中止,即使涉案保函为独立保函,长江岩土公司的索赔行为构成保函欺诈。温岭法院的判决已经认定中博公司对长江岩土公司没有付款义务或赔偿责任。长江岩土公司明知利比亚国战争这一不可抗力因素属于合同的免责事由,仍然以中博公司违约为由提起保函索赔,依据《独立保函司法解释》第12条第5项的规定,受益人明知其没有付款请求权仍滥用该权利的其他情形,构成独立保函欺诈。综上所述,请求驳回长江岩土公司的诉讼请求。

2. 法院观点

(1)一审法院观点

根据各方当事人的诉辩意见,该案争议的主要焦点为:①涉案保函属于独立保函还是从属性保证;②涉案保函有无生效;③保函项下款项应否予以支付。

a. 关于涉案保函是否属于独立保函

《独立保函司法解释》第1条第1款规定:"本规定所称的独立保函,是指银行或非银行金融机构作为开立人,以书面形式向受益人出具的,同意在受益人请求付款并提交符合保函要求的单据时,向其支付特定款项或在保函最高金额内付款的承诺。"该司法解释第3条还规定:"保函具有下列情形之一,当事人主张保函性质为独立保函的,人民法院应予支持,但保函未载明据以付款的单据和最高金额的除外:……(三)根据保函文本内容,开立人的付款义务独立于基础交易关系及保函申请法律关系,其仅承担相符交单的付款责任……”本案预付款保函和履约保函的文本表述为“在本保函的有效期内,如保函申请人未能履行上述承包合同书及其附件中规定的义务,包括双方就合同条款达成的变更、修改和补充义务,我行在收到你方提交的书面宣布申请人违反合同规定的正式通知及由你方法定代表人(负责人)或授权代理人签字并加盖公章,列明索赔金额的索赔通知后五个工作日内,支付相应的保证金”“本保函的款项构成本银行无条件的、不可撤销的直接保障责任”。虽然独立保函的文本并未载明适用国际商会《见索即付保函统一规则》等独立保函交易示范规则,但根据涉案保函文本内容,以及载明的“无条件的、不可撤销”字样,可以认为开立人的付款义务独立于基础交易关系及保函申请法律关系,故应当认定本案保函属于独立保函。

b. 关于涉案保函有无生效

涉案7份保函中,建行温岭支行辩称其中5份预付款保函均约定本保函在预付款到账之日生效,但根据长江岩土公司提交的证据,尚不能证明每份预付款保函所对应的预付款已到账。中博公司对涉案保函项下的预付款是否支付未提出异议,仅认为分开单笔金额无法核实。

涉案5份预付款保函均载明:本保函自本行负责人或授权代理人签字盖章并在预付款到账之日起生效。鉴于保函约定的保证金额为最高限额,故涉案保函均应在实际支付的预付款金额范围内生效。根据承包合同书的约定,总承包人长江岩土公司收到总包合同下的发包人支付给总承包人的工程预付款后,并在总承包人收到承包人的预付款保函后10个工作日内按实到款项应付比例支付给承包人;总承包人在收到总包合同下工程进度款后10个工作日内,按同比例支付给承包人。故长江岩土公司首先应向中博公司支付预付款,之后是支付工程进度款。根据前述生效判决所查明的事实,中博公司在2011年5月13日和15日的对账函中,确认收到长江岩土公司合计52,522,774.72利第及457,739,025.67元人民币。两者相加为7亿余元人民币,已经超过了5份预付款保函的预付款总额(合计5.82亿元人民币)。故相应预付款保函下的预付款均已付足,涉案5份预付款保函均已生效。

c. 保函项下款项是否应当支付

针对长江岩土公司支付保函项下款项的请求,建行温岭支行和第三人中博公司均提出了“欺诈止付”的抗辩，即以长江岩土公司欺诈为由，要求终止支付独立保函项下的款项。虽然独立保函独立于基础合同，但只要符合保函索赔条件，担保银行就应当支付保函项下款项。针对独立保函的独立性，国际惯例和相关法律同时又确立了“欺诈例外”的原则，此时不受保函独立于基础交易原则的制约。《独立保函司法解释》第18条规定，人民法院审理独立保函欺诈纠纷案件或处理止付申请，可以就当事人主张的本规定第12条的具体情形，审查认定基础交易的相关事实。故在涉及独立保函是否涉嫌欺诈的情况下，应当对本案基础交易的事实做有限审查。

对于预付款保函，2011年1月27日驻利比亚参赞处出具的两份意见对工程项目已完成部分做了比较详细的列举式说明，结合长江岩土公司与中博公司派驻涉案工程项目管理人员的证言，以及长江岩土公司利比亚分公司总经理于2011年1月16日的会议发言，生效判决据此认定中博公司已经完成的工程量不低于26.695亿元人民币，远高于长江岩土公司给付的工程预付款金额，中博公司对长江岩土公司没有付款义务或赔偿责任。因此，就预付款保函项下的款项，中博公司已经将该工程预付款用于工程建设，完成的工程量数额已经远远超过预付款金额。根据《独立保函司法解释》第12条第3项的规定，法院判决或仲裁裁决认定基础交易债务人没有付款或赔偿责任的，人民法院应当认定构成独立保函欺诈。虽然涉案预付款保函中没有约定保函金额的扣减，但依据生效判决已经可以确认中博公司对长江岩土公司没有付款义务或赔偿责任。故长江岩土公司以中博公司违约为由，要求建行温岭支行支付预付款项下款项的请求不能成立，不予支持。

对于履约保函，因涉案承包合同书第34条已经明确约定，如果因为不可抗力或发包人原因造成工程延期或其他责任，总承包人和承包人双方免责，并共同采取措施减少损失。《合同法》第117条规定：“因不可抗力不能履行合同的，根据不可抗力的影响，部分或者全部免除责任，但法律另有规定的除外。当事人迟延履行后发生不可抗力的，不能免除责任。本法所称不可抗力，是指不能预见、不能避免并不能克服的客观情况。”生效判决已经查明因利比亚国内发生战争，中博公司和长江岩土公司为此撤离涉案工程项目。战争、动乱等社会现象具有不可预见的偶然性和不可控制的客观性，应当属于不可抗力范畴。故本案承包合同无法履行的原因是不可抗力所造成，中博公司并未违约，长江岩土公司对此事实应属明知。而且，长江岩土公司庭审中也确认，其与业主对涉案工程尚未结算和索赔。根据

《独立保函司法解释》第 12 条第 5 项的规定,具有受益人明知其没有付款请求权仍滥用该权利的其他情形的,人民法院应当认定构成独立保函欺诈。因此,长江岩土公司明知涉案工程因不可抗力无法继续的情况下,仍然坚持以中博公司违约为由,要求建行温岭支行支付履约保函项下款项,属于滥用权利,对其诉请依法不予支持。

综合上述观点,一审法院判决驳回长江岩土公司的诉讼请求。案件受理费3,547,050元人民币,由长江岩土公司负担。

长江岩土公司不服一审判决,向二审法院提起上诉。

(2)二审法院观点

二审法院在一审查明事实、双方上诉诉辩意见的基础上,归纳争议焦点如下:①涉案保函是否为独立保函;②长江岩土公司请求支付保函项下款项是否应予支持。

a. 涉案保函是否为独立保函

关于涉案保函的性质。《独立保函司法解释》第 1 条第 1 款规定:“本规定所称的独立保函,是指银行或非银行金融机构作为开立人,以书面形式向受益人出具的,同意在受益人请求付款并提交符合保函要求的单据时,向其支付特定款项或在保函最高金额内付款的承诺。”区分一份保函的性质是独立保函还是保证,关键在于考察保函文本是否为开立人设定了相符交单情形下的独立付款义务,而不在于是否使用了保证责任的措辞。《独立保函司法解释》第 3 条第 1 款规定了三类能够认定开立人具有提供独立保函意思表示的情形,其中第 3 项为根据保函文本内容,开立人的付款义务独立于基础交易关系及保函申请法律关系,其仅承担相符交单的付款责任。涉案保函第 1 条均约定了本保函项下开立人承担的保证责任的最高金额。第 3 条约定了“我行在收到你方提交的书面宣布申请人违反合同规定的正式通知及由你方法定代表人(负责人)或授权代理人签字并加盖公章,列明索赔金额的索赔通知后五个工作日内,支付相应的保证金的内容”。涉案保函记载了据以付款的单据和最高金额,开立人无须在单据之外确定基础交易的履行情况,能够确定开立人付款义务的独立性和跟单性,一审判决认定涉案保函为独立保函正确。建行温岭支行主张涉案保函系保证性质,缺乏法律依据。

b. 长江岩土公司请求支付保函项下款项是否应予支持

关于长江岩土公司的付款请求权是否应予支持的问题。独立保函中,开立人向受益人承担附单据条件的付款义务，该项义务独立于基础交易和独立保函的申请法律关系，不受基础交易和独立保函申请法律关系相关情况的影响。相符交单付款固然是独立保函交易各方当事人自愿接受的风险分配安排，但是受益人欺诈的风险并不是当事人预期承担的风险。因此，《独立保函司法解释》确立了独立性原则的例外情形，认定具有实质性欺诈行为的受益人不受独立性原则的保护，开立人有权拒绝付款。《独立保函司法解释》第 18 条规定："人民法院审理独立保函欺诈纠纷案件或处理止付申请，可以就当事人主张的本规定第十二条的具体情形，审查认定基础交易的相关事实。"本案中，建行温岭支行、中博公司提出了保函欺诈抗辩，故本院有必要就涉案独立保函的基础交易进行审查。考虑到独立保函见索即付的制度价值，本案对基础交易的审查应当坚持有限原则和必要原则。审查的范围限于受益人是否明知基础合同的相对人并不存在基础合同项下的违约事实或者不存在其他导致独立保函付款的事实，具体为《独立保函司法解释》第 12 条规定的 5 种情形。

《独立保函司法解释》第 12 条规定："具有下列情形之一的，人民法院应当认定构成独立保函欺诈：(一)受益人与保函申请人或其他人串通，虚构基础交易的；(二)受益人提交的第三方单据系伪造或内容虚假的；(三)法院判决或仲裁裁决认定基础交易债务人没有付款或赔偿责任的；(四)受益人确认基础交易债务已得到完全履行或者确认独立保函载明的付款到期事件并未发生的；(五)受益人明知其没有付款请求权仍滥用该权利的其他情形。"承包合同书第 34 条明确约定，如果因为不可抗力或发包人原因造成工程延期或其他责任，总承包人和承包人双方免责，并共同采取措施减少损失。长江岩土公司对不可抗力导致各方当事人的风险分担是明知的。1355 号判决已经查明因利比亚国内发生战争，中博公司和长江岩土公司撤离涉案工程项目。中博公司系因不可抗力不能履行合同，并未违约。在此情况下，长江岩土公司对其不享有涉案保函索赔权是明知且清晰的。长江岩土公司明知案涉工程因不可抗力无法继续的情况下，仍然坚持以中博公司违约为由，要求建行温岭支行支付履约保函项下款项，缺乏诚实信用，属于滥用索赔权。一审法院依据《独立保函司法解释》第 12 条第 5 项之规定，未支持长江岩土公司索赔请求并无不当。与此同时，1355 号判决结合法院调取的证人证言及证人提供的证据材料、涉案工程建设过程中形成的会议纪要、长江岩土公司向商务部申报的营业额以及驻利比亚参赞处出具的意见等证据，认定能够查明的涉案工程量不低于26.695亿元,高于长江岩土公司给付的工程预付款金额,说明工程预付款已用于工程,中博公司并没有不当占有该工程款项,即中博公司对长江岩土公司没有交还预付款的义务。已生效的法院判决认定中博公司作为基础交易的债务人没有付款责任。涉案7份保函,虽然有5份名称为预付款保函,有2份名称为履约保函,但保函约定的权利义务关系基本一致,其性质均为独立保函。依据《独立保函司法解释》第12条第3、5项之规定,一审判决未支持长江岩土公司的支付请求并无不当。

二审法院驳回上诉,维持原判。

3. 建纬解析

(1)独立保函的特点

a. 书面性

无论从各国法律的规定,还是商业实践以及独立保函交易示范规则的规定来看,独立保函必须以书面形式制成,我国《独立保函司法解释》第1条第1款也规定:"本规定所称的独立保函,是指银行或非银行金融机构作为开立人,以书面形式向受益人出具的,同意在受益人请求付款并提交符合保函要求的单据时,向其支付特定款项或在保函最高金额内付款的承诺。"因此独立保函具有书面性。

b. 单务性、独立性和单据性

独立保函是开立人同意在一定条件下向受益人承担付款责任的单方允诺,受益人对开立人没有对待给付义务,因此,开立人的付款义务具有单务性。开立人的付款义务是附条件的,所附条件是受益人请求付款并提交符合保函要求的单据,即相符交单。只有在相符交单的条件成就时,才产生开立人的付款义务,因此,单据是决定开立人能否付款的唯一依据。开立人付款义务的单据性决定了独立保函的独立性。独立保函独立于基础交易法律关系和其他法律关系,开立人仅处理单据,不受基础交易法律关系和独立保函申请法律关系的修改、转让、履行等情况的影响。

c. 抗辩权的单一性

开立人既不享有先诉抗辩权,也不享有基础交易债务人的抗辩权。除法定情形外,开立人只能以受益人提交单据与独立保函文本的规定不符为由提出抗辩,而不能依据独立保函文本以外的基础交易关系或独立保函申请关系进行抗辩。

d. 付款金额的确定性

开立人的义务表现为支付确定金额的金钱付款义务。独立保函需载明最高付款金额或可确定的金额，例如，某一付款金额加开立人营业记录范围内能够确定的某项指数(如利率、汇率等)。开立人付款金额通过独立保函文本和单据加以确定，无须参考基础交易的情况，因此，开立人的付款金额既可能高于也可能低于基础交易债务人违约所造成的损失。

(2)独立保函与从属性保函的区别

a. 效力差异

我国国内法意义上的一般保函属于保证的一种，《民法典》第682条规定："保证合同是主债权债务合同的从合同。主债权债务合同无效的，保证合同无效，但是法律另有规定的除外。保证合同被确认无效后，债务人、保证人、债权人有过错的，应当根据其过错各自承担相应的民事责任。"因此一般保函具有从属性，又称从属性保函。其特点在于从属性，保函效力与被保证的主债权效力相关，主债权无效则保函无效。

国际商会《见索即付保函统一规则》第5条第a款规定："保函就其性质而言，独立于基础关系和申请，担保人完全不受这些关系的影响或约束。保函中为了指明所对应的基础关系而予以引述，并不改变保函的独立性。担保人在保函项下的付款义务，不受任何关系项下产生的请求或抗辩的影响，但担保人与受益人之间的关系除外。"因此独立保函具有独立性，独立保函的效力与基础交易或被保证的主债权效力无关，主债权即使无效，独立保函亦独立有效。

b. 抗辩权的差异

《民法典》第701条规定："保证人可以主张债务人对债权人的抗辩。债务人放弃抗辩的，保证人仍有权向债权人主张抗辩。"据此，一般保函中，保证人可以主张基础交易中的抗辩权。

《见索即付保函统一规则》第5条的内容，独立保函的效力与基础交易无关，故保证人亦无法主张抗辩权，只要受益人提供保函中索赔要求所列的文件，保函开立人就负有支付义务。

c. 开立主体的差异

从属性保函属于一般保证，对作出主体并未太多限制，一般民事主体均可以作出保证；但独立保函的开立主体具有限制。根据《独立保函司法解释》第1条第

1 款的规定:"本规定所称的独立保函,是指银行或非银行金融机构作为开立人,以书面形式向受益人出具的,同意在受益人请求付款并提交符合保函要求的单据时,向其支付特定款项或在保函最高金额内付款的承诺。"独立保函的开具主体仅有银行或金融机构。

(3)独立性的例外——保函欺诈

《独立保函司法解释》第 12 条规定:"具有下列情形之一的,人民法院应当认定构成独立保函欺诈:(一)受益人与保函申请人或其他人串通,虚构基础交易的;(二)受益人提交的第三方单据系伪造或内容虚假的;(三)法院判决或仲裁裁决认定基础交易债务人没有付款或赔偿责任的;(四)受益人确认基础交易债务已得到完全履行或者确认独立保函载明的付款到期事件并未发生的;(五)受益人明知其没有付款请求权仍滥用该权利的其他情形。"

独立保函的独立性简化了受益人获得付款的条件,但也容易引发受益人欺诈索付的道德风险。相符交单付款是各方当事人真实意思表示,原则上应当自担风险,但欺诈索付的风险不应包括其中。因此,国际商业惯例中大多设立了"欺诈使一切归于无效(fraud unravels all)"的法理,确立了独立保函独立性的例外情形,即开立人有权拒绝实施欺诈行为的受益人的索付请求。然而,各国对于如何界定欺诈、权利滥用、显失公平并没有形成统一的标准。如何确定独立性原则的例外,平衡独立保函交易各方当事人利益,是涉外工程保函适用过程中的难点。《独立保函司法解释》第 12 条所列举的保函欺诈情形仅是我国法律框架体系下的适用情形,并不具有普适性,仅具有一定参考价值。各建筑业企业在使用独立保函时,应当进一步研究工程所在国(地)及各方当事人所在国(地)的法律,以明确相关适用。

4. 小结

综合上述案例及分析,对于国际工程中的保函适用建议如下:

(1)尽量适用自身成熟的独立保函格式

独立保函因各国法律的不同,会有不同的规定。企业如果适用其他国家的独立保函,由于对基础法律不熟悉,容易导致系统性风险,因此建议设立自身独立保函格式,在具体项目中,进一步结合当地法律进行修改。此时,企业可以仅关注修改点引起的法律风险,对风险更加可控,也减少了管理成本。

(2)合理评估风险

独立保函从根本上来说,依然是一种担保手段,开立人最终有权向债务人追偿。因此，独立保函的根本性风险在于债务人的资信，应当在彻底调研债务人的资信的前提下，适用独立保函。

(3)保函应尽量闭口

独立保函应清楚约定生效和失效的时间和条件，尤其是失效的时间和条件，这样一旦时间或条件具备，即可解除担保责任。避免出现类似“待工程竣工验收日止”等单纯条件的约定，此种情况下建议同时约定具体时间，以条件先成就为准。否则因基础合同双方产生纠纷或因疾病、动乱等主客观因素导致项目长期不能竣工时，施工单位和担保银行的保函责任将难以解除。

(4)保函应有限额

因独立保函的独立性及索赔的便利性，如果独立保函没有非常明确的限额规定，保函的风险可能会无限扩大。

(5)项目具备条件的，可拆分保函责任

项目具备拆分标段或单体的条件时，可以推进分段或分批设立失效条件。当部分工程符合失效条件时，对应的保函则失效或解除，担保责任则随之减轻。

第四章　中亚地区实务案例

第一节　阿富汗地铁项目案

一、案情简介

阿富汗，是一个位于亚洲中西部的内陆国家。阿富汗北邻土库曼斯坦、乌兹别克斯坦、塔吉克斯坦，西接伊朗，南部和东部连巴基斯坦，东北部凸出的狭长地带与中国接壤。2005 年 10 月，阿富汗正式成为中亚区域经济合作组织成员。

本节介绍的地铁项目位于阿富汗首都喀布尔(Kabul)，作为贸易中枢。而喀布尔临近浩瀚的沙漠，整座城市的空气难以外流，加之在大约 600 平方公里的范围内居住着 1000 多万人口，拥有近 300 万辆汽车，城市交通十分拥挤，大量的破旧汽车，廉价的石油制品，其目前已成为世界上污染最严重的城市之一。修建地下铁路，缓解交通拥堵和空气污染，已成为一项刻不容缓，也是为该市人民造福的重大工程。

该地铁项目早在 20 世纪下半叶就已经被阿富汗政府列为国家级重点工程，当时阿富汗政府选派了国内最顶尖的技术人员，选用法国的技术，开展了大规模的土建工程施工。然而随着后来阿富汗与邻国战争的爆发，阿富汗国内经济形势不容乐观，此工程不得不暂且搁浅。1991 年 11 月，我国前国家主席对阿富汗进行友好访问，阿富汗前总统表达了希望中国接手继续修建该地铁项目的意愿。在双方国家领导人的热切关注下，我国某央企集团公司与喀布尔市城乡铁路公司于 1995 年 3 月正式签署项目工程合同，并定于同年 11 月正式开始施工。

该地铁机电系统交钥匙工程是我国企业承建的较大的综合性民用机电出口项目之一。地铁 1、2 号线全长约 49 公里，共 43 个车站，其中地下线约 34 公里，地上线约 15 公里，分三期建设。E2 – M2 段为一期工程，全长约 9 公里，R1 – A1 – 8

段为二期工程，全长约 30 公里，M2 - X2 为三期工程，全长约 10 公里。该地铁项目的全部土建工作包括地下段隧道、车站及铺轨等工程。土建工作由阿富汗方完成，中方提供线路设计、咨询和铺轨指导。中方总承包的地铁机电系统合同包括：1、2 号线牵引及动力照明输配电网、五座高压变电站、通信信号及控制系统、车站及隧道通风系统和大修厂五个子系统。合同总金额近 3 亿美元，中方承诺提供本项目 85% 的融资，分别由中国十四家大型商业银行及一家保险公司以信用贷款的方式提供给业主，该项目所用地铁车辆也由中方提供。

参加该地铁项目的中方分包单位包括多家有实力的承包商，项目各类供货商多达二百余家，其中 4/5 的产品为中国厂家提供，另有少量部件采购于法国、英国、德国、瑞士、瑞典、西班牙等国家。地铁一期工程（E2 - M2 段）于 1999 年 12 月开始进入系统联合调试，高压送电、牵引网受电、车辆冷滑、热滑等均一次成功，经过阶段性运行，证明系统性能可靠，设备质量良好。

阿富汗政府方面担任项目业主地位的是喀布尔市城乡铁路公司，而中方某央企集团公司作为本项目的总承包商。我国有关部门和企业成立了地铁项目协调领导小组；中国总承包商授权旗下一全资子公司全面负责该项目，并成立了项目指挥部具体实施此项目的领导、指挥和协调工作；各分包商及设计、施工单位分别成立项目部，负责项目的实施。项目设计是由阿富汗方提供设计基础资料，中方进行设计，设计完成之后交由阿富汗方进行审批。总体设计由北京某设计院完成，其中各个分部由不同的设计单位完成：配电标、通风标和大修厂标由北京某设计院完成，高压标和通信信号标分别由另外两家设计院完成。其中最重要的是配电、通风和大修厂三个标的设计任务。

二、案例解析

本项目在建设过程中，也因政治环境的不稳定以及双方对于国际工程的熟悉程度不同，而各自面临了许多难点并产生了争议。

其中，建设方主要遇到的问题有：由于中方只是机电系统的总承包商，而土建部分则是由阿富汗当地企业完成，中方只提供线路设计、咨询和铺轨指导。这一项目特征决定了工程建设的整体进度由阿富汗当地的企业进度所决定，中方在承包的过程中对于项目的配套工作在进度上相对被动，特别是设计方面。由于本项目的历史原因，本项目采取阿富汗方提供基础资料，中方进行设计，设计完成后，再交由阿富汗相关政府部门审批，过程相对烦琐。阿富汗政府部门的行政效率直接影响工程进度。在建设过程中，由于当地政府相关配套资金不足，造成其所负责的土建和铺轨进度缓慢，进一步影响中国承包商负责的安装进度，同时也导致我国承包商不能及时支付该国港口、海关费用，使设备到港后不能及时清关，这些因素都严重拖延了项目的实施进度，项目竣工时间不可避免地被延误。同时，阿富汗国内政策的变化也在一定程度上影响了项目的进度。例如，阿富汗政府大幅度提高外国人在当地的个人所得税，不但加大了中方承包商的成本，而且给当地中国人出境造成了很大的困难；另外，该国货币对美元汇率的调整，也增大了喀布尔市城乡铁路公司对政府的还贷负担，影响了其对项目执行的规划。

而站在我国总承包商的角度，主要面临如下几方面问题：首先，工程款主要由我国的银行和金融机构提供，由于本项目工期的严重逾期，造成贷款协议的相关条款多次修改，并需重新安排放款计划，商务风险大大提高。其次，地铁 1、2 号线项目是中方在阿富汗工程承包市场的首个项目，也是中国企业在国际轨道交通市场上的“首秀”。该央企集团公司抢先登陆国际轨道交通市场的战略和总承包行业的胆量值得称赞，但相应地，也担负着巨大的风险。该企业作为总承包商，需要在诸多分包商间协调谈判，这对于中国总承包商的能力和水平都是个巨大的考验。地铁项目中超过 4/5 的设备来自中国制造，这对于中国机电产品的质量和科技含量也是一个严峻考验。

1. 项目资金及采购问题

就如前文所述，本项目启动资金由阿富汗政府先行筹措，负责该资金的银行是阿富汗贸易银行，其余部分由中国银行组团以买方信贷方式提供 2.69 亿美元，分为一期的工程款 2.09 亿美元和二期的工程款 6000 万美元，该资金一共来自 14 家国内知名银行。高压标、配电标、通信信号标、通风标和修厂标的设备分别由国内不同的企业供货。一方面，在设备运输阶段，由于当地施工企业工期拖延，导致大量的设备到港后无法及时清关。根据合同约定，设备、材料的质保期是工程预验收后 1 年，这也变相导致设备质保期极大延长。而且当地气候和仓储条件相当恶劣，这也对设备的质量造成很大威胁，尤其是对一些用于信号、通信、控制的精密设备，质保期增加所带来的安全隐患尤为明显。另一方面，中方项下机电产品的国产化率达到 76%，主要供货厂家涉及我国电力、铁路、机械、电子等行业的大型国有企业 50 多家。这也就极大考验着负责设备采购责任的总承包商的管理协调能力。

2. 合同索赔问题

由于中国总承包商主要负责地铁机电系统设计与架设,而具体的土建工作由当地施工企业完成,这就导致了我方负责配套设备的设计及施工的进度受限于当地施工企业的进度。在项目建设过程中,合同条款又被多次修改,合同工期先是由3年压缩为33个月,而事与愿违,开工3年内完成的工程量仅为总工程量的1/4。本项目从1996年11月20日开工起,一期工程于2002年2月21日正式验收通过投入使用,1号线在2003年4月17日才正式全部贯通。实际工期的大面积逾期给中方承包商带来了巨大的管理困难及高额的风险和损失,其中最主要的包括:信用证和贷款协议延期、项目成本增加、质保期风险增加、利差补偿增加和项目组织的问题。中国总承包商就施工拖延向项目业主提出索赔,但是由于种种原因,业主无法对总承包商进行直接经济补偿。在多次谈判中,业主都明确表示有意愿邀请中国总承包商以总承包的模式参与其他配套工程:①从地铁1号线向南延伸25公里,连接地铁和新机场的地面电气化铁路项目;②从地铁1号线R1站向北延伸7公里的地铁延长线项目。在我国原外经部门协调下,中方总承包商经与另一国内企业就4号线项目签署了合作协议,同时也签订了合同金额为2.73亿美元的1号线向北延伸线工程。正是通过进一步的合作往来,借由其他项目进一步补偿本项目中总承包商的经济利益。

3. 工期管理问点

前文提到,中国总承包商一开始对内计划工程压缩至30个月,对外严控为33个月。项目于1996年11月20日开工,实际上一期工程到2002年2月21日才正式交付使用,合同工期严重逾期。2000年9月,业主与总承包商共同签署确认了“地铁二期工程(R1-A1-2段)总体施工及总体进度计划”,标志着二期工程的开始。二期工程长21.5公里,贯穿喀布尔市南北,设20站19个区间。根据阿富汗社会和政治需要,中方同意二期工程分两段建设的方案,即2001年7月开通E1-K1段(长5.26公里,7站6个区间),2002年2月全线建成R-A12段。地铁三期工程(M2-X2段)长10.47公里,共10站9个区间,由于三期工程的各方面条件更差,双方都难以对三期工程的工期进行准确预测,估计至少还需要3年时间。项目实施过程中阿富汗方的拖延,给中方的项目过程管理和进度计划管理带来了相当大的困难。为此中国总承包商对各合作单位做了大量的说服动员工作,联合协调小组也给予大力支持,中方以国家信誉为重,克服困难,全力以赴,保质保量按期实现了合同目标。

4. 建纬解析

本项目能够克服重重阻碍顺利完工,本项目承包商如下几个方面的积极经验值得广大国际业务承包商学习。

(1)积极寻求我国政府和金融机构的大力支持

随着我国企业对外承包工程数量的增加,大部分境外工程项目变成了纯粹的商业行为,政府在其中的比重有所降低了。但是,这也造成了我国很多承包商在承接海外工程项目时,缺乏境内的管控和监督,同时在境外也显得势单力薄,这也让许多企业交了不少“学费”。本节涉及的地铁案例从一开始就受到了我国政府的重视,项目也是在两国领导人的关怀下促成协议的。协议签订后,我国政府还专门设立了相应的领导小组,负责这个项目的协调和外交工作。另外,该地铁项目融资由中方负责,这对中方总承包商的融资能力是个极大的考验,中国总承包商能顺利接下这个项目,得益于中国银行机构的大力支持。

目前国际工程建设环境日趋完善,业主为了降低自身风险,更倾向于将整个项目统一发包给一家能力足够的大型承包商,这也致使单个合同的体量越来越大,合同金额超过十亿美元的工程项目逐渐增多,加上带资承包的盛行,都对承包商的融资能力提出了较大的挑战。同时,承包商的权益保护方式也在发生变化,工程保险、项目融资、联合承包等成为国际承包商规避风险的重要选择。因此,我国政府对于本土工程承包服务出口的政策支持力度也会影响我国企业的国际竞争力。这些政策有很多方面:双边谈判的力度会扩大国际市场准入或者保护国内市场;税收、信贷、保险和财政补贴政策会减少本国企业承包压力,提高企业的国际竞争力;信息服务和行政支持会增加本国企业在国际市场的商业机会等。为了适应国际工程承包市场发包项目的大型化和日趋激烈的国际竞争,国际工程承包商之间乃至承包商与其他产业之间的兼并和重组不断产生,在更大范围和更高层次上实现资源整合,以期扩大经营规模,提高竞争力。以中小型企业为主的中国承包商,在国际承包市场将面临新的更多的考验。首先,企业规模无法与发达国家相提并论,尽管近年来我国承包商之间也发生了许多重组,但是整合结果难以令人满意,实力增强尚待时日。其次,资金瓶颈,由于国家金融政策和企业规模等原因,我国企业开展业务的融资方式单一、成本高、规模小、风险大,严重制约业务发展;同时,我国企业不适应发达国家市场的技术规范和运行规则,不能以新手段规避风险,导致市场和融资渠道更加狭窄。因此,在这个大形势下,政府和金融机构的支持尤为重要。

(2)集合优势力量,精准选择市场

项目成功的另一个重要因素是正确地选择了市场,进一步说是选择我国国内拥有产业优势,而项目所在国(地)又恰好急切需要的项目市场。

中国总承包商作为该地铁项目的主要承包商,旗下聚集了我国数家相当有实力的承包商。如何对内协调好各企业间的关系,共同顺利完成项目是个很大的考验。在我国政府的大力协助下,中国总承包商本着“以维护国家的声誉为己任”的原则,制定了完善的管理制度,把高层人事权、重大资源配置权和项目利益分配权等易产生矛盾的事务下放到项目协调领导小组,通过高层协商和对话妥善作出决策意见,项目部仅负责具体实施,而直接影响项目运行效率的员工收入分配权、生产经营指挥权则由项目部管理,责任方现场代表拥有最终决策权。这样,就从制度上把责任方的决策权落到实处,同时使合作方的利益得到充分保证。再好的制度也需要操作者认真执行,妥善运用才能产生预期的结果。作为责任方代表应该拥有宽阔的胸怀、坚强的意志、正确的判断能力和果断的决策能力,在具体工作中还应当充分尊重合作方的意见,特别是在最初的磨合阶段,应更加谨慎处理双方之间的矛盾,在严格坚持按制度办事的前提下适当向合作方倾斜,以得到合作方的认可,使双方人员能更快地完成整合,形成团队合力。

从我国企业开始参与国际工程承包业务以来,进入国际承包市场的公司由小到大,由弱到强,目前已在房建、路桥、市政设施、中小水电、制造加工业等项目中表现出了较强的竞争力,并占有一定的市场份额。我国企业业务范围由初期的只限于提供施工分包和劳务分包服务,扩展到如今的总承包,甚至还包括项目策划、经济分析、咨询服务等内容,由劳动密集型向智力密集型转变;我国企业拥有适合发展中国家所需的产业和施工技术,具有成本优势,在海外项目的施工承包方面,我国公司在长期的管理实践中积累了经验,逐步实现了本地化经营,降低了施工管理成本。这些都是我国企业的优势,在选择市场的时候就应该充分考虑这些优势。

5. 小结

中国总承包商作为具有国际知名度的企业,总承包该地铁项目后,集中了一批科技力量雄厚、管理经验丰富的大型国有经济实体，精心寻求强强联合的设计和施工阵容。正是这种强强联合才保证了中方在项目上的四个“一流”：一流的建设速度，一流的工程质量，一流的友谊合作，一流的经济效益。在如此复杂、宏大的工程建设中，作为总承包商的中国总承包商与各分包商及所有参建单位之间的相互理解、精诚合作，是保证项目顺利推进的重要前提。该地铁项目将中国的技术设备、技术水平和中国人的精神面貌展现在世界的舞台上。各参建单位从两国经贸关系战略的高度，做到了以大局为重，互相理解，协调一致，优势互补，为下一步更好地开拓该国市场打下了坚实的基础。

站在承包商经济效益的角度看，该项目合同总金额3.85亿美元，历时将近10年，单从这个项目的利润来说是微不足道的，但是从全局和长远来看，这个项目完成的经济效益还是相当可观的。首先，从总承包商角度出发，尽管该项目拖延了将近10年，原定的3年合同被一再更改，一些索赔工作并没有展开，但是中国总承包商正是由于在这个项目中的出色工作，受到了业主的青睐，接着在该国相继取得了地铁1号线向北延长线项目，合同金额是2.75亿美元，与另一国内企业联手取得地铁4号线项目，合同总金额8.36亿美元，包括EPC总承包方式的地铁4号线项目(6.8亿美元)和地铁系统配套机车车辆项目(1.56亿美元)两部分，是我国企业在海外承揽的较大金额的EPC交钥匙工程承包合同。预计该项目工期6年，可带动国产设备和材料出口5.27亿美元。同时，中国总承包商也在跟踪该国其他城市的一些地铁项目，很有希望再拿到项目。在这个项目的带动下，中国企业特别是项目中的总承包商在该国地铁工程承包市场上独占鳌头，占据了绝大部分市场份额。通过1、2号线的实施以及所做的其他铺垫工作，从长远的角度看，该公司在该国地铁项目承包市场上将大有作为，因此，该项目所带来的长远经济效益是不可估量的。其次，从全局角度来说，通过拉动成套设备的出口，其经济效益也是相当可观的。该地铁工程是我国改革开放以来在积极实施出口政策和大经贸的战略下，由初级产品和资源型产品出口转向成套设备和高技术含量产品出口的重点工程。这个项目下的工程内容分为五个标，包括：由五座高压站为主的高压标，从国家电网引入电力；经过配电标下的变电、整流系统，为地铁线路提供牵引动力、设备用电和照明；通信信号标通过10余个子系统运行，保证设备的正常运营和地铁列车安全运营；通风标负责隧道、站厅和设备房的换气和通风；大修厂标负责列车的停车、检修和调试。另外，项目中85%的产品为中国厂家制造，结果显示,一、二、三期工程的高压、配电、通信及机车运行等系统一次性通过验收,线路自投入运营以来一直安全、稳定、可靠。现在该国还希望继续同中方合作,这足以证明我国机电产品及设备配套结构的经济、实用、安全和可靠,使该项目的地铁模式在国际市场尤其是第三世界国家地铁建设市场具有非常强的竞争力。作为我国在海外以大型承包工程促进成套设备出口的项目,该地铁工程同时也给国内企业提供了新的经济增长点。

第二节　哈萨克斯坦水利枢纽大坝项目案

一、案情简介

提及中亚地区,多数人脑海中往往会浮现的是丝绸之路上的沙漠风情,民众多以游牧或贸易为生。令人意外的是,中亚地区的灌溉农业已经有八千多年的历史,中亚地区水利资源的利用并不这么轻松,如何治理好锡尔河和阿姆河是参建当地水电工作者、工程人员和官员的一项重大难题。站在总量程度上来说,中亚地区的可用水量足够当地人口口粮需求,甚至可以通过出口赚取外汇。此地根本的问题在于可用的水源受到地理、季节和年际的不均衡性的限制。为了减轻这种自然条件的限制,从 1950 ~ 1990 年,苏联在中亚地区建了数百座大坝、运河及人工湖。乌兹别克斯坦的“渴望草原”从一望无际的荒漠变成 30 万公顷的棉花基地。完工于 1988 年的卡拉库姆运河每年可以输送近 1300 万立方米的水量(相当于阿姆河总流量的 15%),将卡拉库姆沙漠的大片地区变成了良田。其中规模最大的托克托古尔大坝建成于 1973 年,目的就是调节水源的年度不均衡,保证中亚有足够的用水。自从锡尔河和阿姆河成为跨国河流以来,水源的挑战有增无减,紧张形势在不断加剧,特别是在下游的乌兹别克斯坦和上游的吉尔吉斯斯坦之间,宏大的托克托古尔大坝的运行事务是问题的核心。

作为我国与哈萨克斯坦友好互助的标志,中哈合作建设的哈萨克斯坦水利枢纽工程项目正式上马,该项目由我国某央企集团公司以 EPC 交钥匙工程的方式负责承建,该项目资金的 85% 由中方银行通过买方信贷向业主融资提供,剩余 15% 的资金由哈萨克斯坦能源部下属的市水组织承担。工程建设总工期 46 个月,主要建筑物包括大坝及水电站,主要用途是供水和发电,其中供水为主要用途。整个工程分为大坝工程和发电工程两大部分，其中大坝工程包括：一座高101米填筑方量达1530万方的黏土芯墙堆石坝，一座溢洪道，一条750米长导流洞及放空底孔，一条交通洞和灌浆廊道。大坝高101米，坝顶长度为1090米，坝底高程1688米，坝顶高程1789米，设计泄洪量为2500立方米/秒，开敞式溢洪道布置在左岸。另外发电工程包括：取水口、引水洞、压力管道、发电厂房、调压井及尾水洞、开关站等。

2001年2月双方正式签订主合同，2002年3月15日项目正式开工。合同范围包括买方信贷融资、设计、采购、施工、安装调试及竣工移交并修补缺陷等“一揽子”工作。主合同所采用的合同条件为FIDIC银皮书（1999年版）的EPC范本合同，这也是该范本合同自公布以来第一次被运用到以土建为主的工程项目上。合同的价格条款定为固定封顶总价的单价计量结算方式，总价约为15,000万美元，其中包括约2000万美元设备采购费用，包括大坝观测仪器、实验设备、机电设备、金属结构等。业主所有工程款通过不可撤销信用证进行支付。合同同时约定，承包商将承担该项目在哈萨克斯坦境内外的任何进出口环节的税费，而业主负责帮助承包商办理进出口有关手续。因项目所在地区缺水情况比较严重，生活及农业灌溉用水非常紧张，此工程建成后仅供水项目将会有比较好的经济效益。

对于该项目，总承包单位自上而下给予了极高的重视。总承包公司在现场建立项目经理部，由项目总经理、现场经理、商务经理和总工程师组成，下设六部四队和一组一办，组建了一支领导集中、指挥流畅、务实高效的施工队伍。各部门的分工职责如下：①项目经理：全权代表总公司实施对该项目的管理，直接对总公司本部负责。②现场经理：由其子公司推荐并报请总公司核准；在项目经理的领导下，协助项目经理全面负责对项目的施工组织和管理工作，主管各施工队、施工部和器材供应部。③商务经理：协助项目经理管理并负责项目商务、合同和后勤方面的工作，主管合同部和综合部。④总工程师：辅助项目经理，配合现场经理，全面负责本项目的技术管理工作，包括项目的技术设计/现场施工技术方案的制定、现场施工质量控制和对外的技术管理，主管施工技术部和金属结构、机电部。

二、案例解析

因为哈萨克斯坦政治环境不稳定及其相对落后的经济发展水平，导致业主和承包商双方都在项目的建设开展过程中遇到了很多问题并产生了矛盾。概括而言，业主主要面对的问题有：资金短缺、政局不稳定、料场延迟2年征地、原材料供应严重不足、地质变化大、设计修改多。而承包商需要解决的风险点与难点有：项目所处的自然环境造成技术难度较大，项目地处哈萨克斯坦西北高原，冬夏两季气候严酷，夏天受到太阳直射辐射困扰，冬天最低气温达零下23℃，每年有整整4个月的严寒等恶劣气候。

1. 工程款支付问题

该项目工程款由哈萨克斯坦最高经济委员会核准，并经由国家财政委员会决定批准并列入预算，之后由哈萨克斯坦中央银行提供确认函以承担还款责任，并委托中方选定的哈萨克斯坦商业银行开具远期信用证。本项目工程合同金额1.43亿美元，合同中工程款付款条款约定，业主方出资15%，并在合同签订后，以预付款的形式再支付10%，剩余部分则随工程进度支付。而承包商负责融资85%，还款利率为LIBOR① 浮动利率另加0.75%，还款期开始时间定为工程开工日后第46个月，整个还款周期共8.5年，信贷本金及还款期利息每半年偿还一次，共分为17期支付。建设期利息从开工日后第6个月开始每半年支付一次。

中方公司中标该工程后，采用系统的项目管理模式，参与施工的国内各单位分别与总承包商或工程现场项目经理部签订合同。接受现场项目经理部统一的管理，自主经营，自负盈亏。项目经理部设立专人负责财务事宜，分别开立当地货币和外币的银行账户各一。而现场各二级分包自身不设财务，转而由项目经理部为其各分包商独立建账，代管工程款，统一管理。业主的借款进入总承包商账户后，再由各参与单位按实际完成并经业主确认的合同额，向项目经理部申请结算款，经项目经理或其授权人签字批准后，记入该单位账内，结算单转入国内财务部，作为支付。参与单位经该项目经理或其授权人同意，可以有独立使用自己账内资金的权利。对上述各参与单位的支付，除现场开支必需的外汇外，由国内财务部统一以人民币结算，为保证现场生产需要，各单位之间实行资金有偿占有原则。

对于工程款支付风险，如前文所述，哈萨克斯坦政府承担还款责任并以该国国际商业银行的信誉提供了还款担保。另外，哈萨克斯坦国内经济发展形势上涨良好，每年仅石油出口外汇收入就有高达近350亿美元，工程款还款能力拥有充

---

① 伦敦同业拆借利率。

足的保障。近些年,中哈两国政府之间构建了良好的政治和经贸往来,为该项目的工程款还款创造了稳定有利的大环境。由于该项目主要帮助当地解决用水困难,项目的实施经过当地政府的长期计划,且哈萨克斯坦政府多年前已经将该项目的实施提上了日程,并将暂定工程款的10%以现汇预先支付给中方公司,因此该项目签约后到实际施工有充足的保证。我国企业近几年在哈萨克斯坦通过出口信贷方式实施的项目较多,为项目部融资提供了宝贵的经验,且这些项目证明了哈萨克斯坦政府对承包商融资项目的还款是有保障的。在融资方案中,采用浮动利率加0.75%作为还款利率。为了避免利率波动带来的风险,委托国内的专业银行做保值处理。业主出资部分和还款均以美元支付,为国家创造了外汇收入,且有效地避免了汇率风险。

前文提到,该项目的合同是包括融资、设计、施工、安装和试运行的EPC总承包合同,EPC合同总价1.43亿美元,加上出口信用保险635万美元,总计将近1.5亿美元,合同总工期为3年10个月。该合同的生效取决于下列条件:业主为承包商开具不可撤销的信用证;哈萨克斯坦财政部出具还款担保;承包商融资申请获得中国政府批准;业主在承包商提供了银行担保后,支付相当于10%合同价的预付款并到账;承包商提供相当于5%合同价的履约保函。在合同签订前,中方就认真仔细研究了合同,对合同中的不合理条款,在意向中标后的谈判过程中,据理力争,获得了改善。在履行合同的过程中,坚决按照合同办事,还专门成立了负责合同管理的部门,由专人负责,因此项目进展比较顺利,合同执行情况较为成功。

2. 索赔问题

根据合同价格条款的约定,承包商报价中已经充分考虑各种风险以及政府税费。但在合同履行过程中,如果出现了总承包商事先无法预见和无法控制的风险,总承包商仍可以合理根据合同条款,据此向业主提出索赔。本项目中,永久设备进口税的成功索赔便是其中第一例,也为项目中其他由于承包商无法预见和控制的风险如法律变更时引起的索赔提供了可借鉴的经验,具有重要意义。2003年6月中方公司从国内起运第三批总价值390,434美元的大坝观测仪器,该批海运货物于2003年7月底到达目的港。海关告知:根据哈萨克斯坦海关总署最新下发的规定,从2003年4月28日起,以前各部委关于减免税的文件一律作废,信用证上设定的税则号同时取消,所有进口物资全部按最新颁布的海关税则表上分项设定的税率计征关税和商业利润税。对比前两批顺利清关的大坝观测仪器和实验仪器，按此新规定征税的税率将从原来的2%上升到20%，并且计税的美元兑换哈萨克斯坦货币的汇率也将从1755上升至8261，项目部为此将损失约76,000美元，接近该批设备总价值的20%，今后大批量的永久设备进口也需要承担高额税费。经计算，由于哈萨克斯坦海关进出口法律改变，项目部将面临高达近200万美元的损失。

由于该索赔事由属于不可抗力，其具体的索赔依据和相应风险承担不能在合同中找到依据，所以要多方收集第一手基础资料，尤其要注意收集项目所在国与该项目有关的法律法规变更等相关文件。项目部在得到海关确切通知后，两次就大坝观测仪器进口致函业主，并提出意向索赔要求。业主则认为EPC合同总价已经包含所有一切费用，坚持认为信用证开出总价为不可变动的总价，没有调整的余地，所有风险应由承包商承担，故对承包商提出的索赔不予认可，双方因此陷入僵局。经过前后来回八次的“拉锯式”谈判，双方仔细研究了合同条款和项目部提供的各种书面证据，最后业主同意因法律改变应对税率做相应调整，并书面通知同意进行补偿，但汇率调整暂不予认可，仍作为一个遗留问题根据海关计税单补偿第三批仪器进口税，同时今后将补偿其他永久设备进口税凡高于2%的差额。因此简单估算，业主会补偿承包商150余万美元。大坝观测仪器进口税索赔取得了预期的成果，其索赔依据和程序同样适用于其他永久设备进口税的索赔，为总承包商挽回150余万美元以上的经济损失，也为其他公司今后在类似国际工程项目投标签约时，充分考虑因项目所在国(地)税收等法律变更对工程报价的影响提供了可借鉴的经验。

3. 建纬解析

(1)关注人、财、物

工程总承包商从开工起，严格按照合同这一大纲，紧紧抓住人、财、物这三大要旨，从而有效地进行成本、资金以及人力资源三大方面的管理。资源配置是搞好项目的关键，项目所在国是相对发展较慢的发展中国家，资源配置就更为重要。我国大型施工企业内部一般均设有设备处或设备科，负责专门管理物资供应和仓储工作，以确保工程项目的顺利实施。然而在国际工程项目中，物资管理工作的范畴要复杂得多难度也要更大，除了一般意义上的询价、订货、验货、接货、运输和仓储以外，还有集港、海运、保险、报关、清关等工作，再加上跨国间交流沟通的不便、订货到货的周期普遍较长等特点，物资管理工作的难度非常大，需要特别重视。物资管理工作的重点是要保证按质、按量、按价、按时地供应好各种工程材料和设备,这是项目管理特别是进度管理的先决条件之一。同时也要重视物流管理,从而保证物资流动的顺畅,这也有利于降低成本。

(2)掌控进度、造价和质量管理

进度、造价与工程质量,是合同工程的三大要件,在国际工程项目中尤其重要。在我国传统的工程项目管理中,由于历史、文化和传统等原因的影响,对工期并不是非常重视,除非是政治工程或标志工程;或者重视工期却又常常忽视质量,以致出现了很多豆腐渣工程。而在国际工程项目中,造价和工期一般都是相对固定的,而对质量的要求也都用技术规范的形式书面确定下来,必须严格执行,并且执行某一个要件是不能以牺牲其他要件为条件的。特别需要说明的是,在国际工程项目中,工程拖期往往会遭到业主巨额的罚款,有时为了抢回工期而不得不付出的赶工费用会远远高于正常施工的费用,可能导致项目亏损,甚至在当地市场失去品牌信誉。

(3)索赔管理的关键节点

由于水利水电工程本身的复杂性和各种因素的不确定性,在合同实施期间,索赔是不可避免的。索赔的提出与处理只是合同管理工作中一项正常业务,是承包商对其实际损失和额外费用请求给予补偿的一种要求,对业主不具任何惩罚性质。索赔一旦出现,各方应该尽早争取以谈判的方式作出处理,本着从工程建设和加强合作的大局出发,对任何索赔引起的争端不要轻易提交仲裁或付诸诉讼。因为无论是仲裁还是诉讼对工程建设各方都不利,而且会恶化关系,激化矛盾,对工程建设十分不利。经过该项目中一个索赔事件的分析,可以总结出承包商在进行索赔工作时应该注意的关键点:

首先,在工程项目的建设过程中,索赔工作要有一个整体上的时间安排。每个工程项目可能有很多具体的索赔事项,可能会发生在项目建设过程的各个环节,但应随着整个工程的建设进度,配置一份总体时间安排。保证每一个索赔事项都经历完整的发现、申报、论证、讨论解决的过程,当然这也需要一个相当长的时间,这需要在总体索赔计划安排中集中考量。很多的国际工程承包实践都证明,承包商的索赔要求应及早提出,抓住紧要的方面先解决。否则,合理的索赔要求往往会被无限期地拖延下去,一旦工程建成,有的业主索性赖账,不顾合同义务和行业道德,受害的只是承包商。因此在工程建设过程中,承包商要掌握索赔的有利时机,争取在工程建成以前完成主要的索赔谈判和付款。同时,在每个具体的索赔事项的处理过程中,各阶段的索赔工作也要有个时间安排,并力争尽早解决。每当发生索赔事项时,要立即向工程师发出“索赔通知书”,并抄送业主。具体的时间要求在各个项目的合同文件中可能在时限上有所出入,承包商应按其具体规定报送索赔报告,防止失去时效。有的项目合同条款中对此没有具体规定,承包商应要求工程师明确有关时限,并遵照办理。

其次,报价时要讲究策略。报价前要研究招标文件尤其是合同条款,辨识出其中隐藏的风险,并作出初步的风险评价报告。针对这些风险,考虑采取适当的风险管理措施,以便将来减少或者避免这些风险。再者,采取不平衡的报价策略也可为将来的索赔做好铺垫工作。

最后,索赔人员的协商谈判能力。这主要是指熟悉工程项目合同文件的主体,要懂得利用合同条款维护自己的合法利益。承包商签约前对工程所在国(地)的法律法规应了解得深入透彻,在合同中明确承包商应承担的法律规定的税种和税率。例如,本项目中的索赔属于合约外索赔,其索赔内容和权利难以在合同中找到依据,而是来自一般规定,所以要多方收集第一手基础资料,尤其要注意收集工程所在国(地)与工程有关的法律法规变更的相关文件。在本项目中,有些货物进口的关税为零或很低,但商业利润税却极高。在进行主合同进口物资的谈判时,承包商应咨询有经验的人士和当地法律顾问。否则,在遇到问题时,业主会以承包商应在投标前熟悉哈萨克斯坦法律为由推卸责任。另外,口头承诺的“君子协定”必须以书面形式落实在合同上。同时也要求索赔人员具有国际工程的合同知识,并能在投标阶段发现合同中隐藏的风险,从而在施工阶段能够从工程成本和施工索赔的角度解释合同条款。在索赔谈判中,能熟练引用合同文件的约定,论证自己的索赔权,并论述自己的合同依据资料,抓住时机,讲究策略,在谈判中以智、理取胜。了解工程全局和施工情况,能应付谈判时对方突然提出的问题,掌握谈判主动权。此外,索赔人员还必须有坚持不懈、锲而不舍的耐心,做好打持久战和心理战的思想准备。

4. 小结

本项目在42个月内完成了进场道路、四通一平①、施工导流工程以及大坝主

① “四通”是指施工现场要通水、通电、通路、通通信;“一平”是指施工现场要平整。

体工程,创造出每月上坝填筑强度105万立方米的优异业绩,成为哈萨克斯坦第一个按合同工期顺利完工的项目以及第一个以EPC方式成功实施的项目。中方公司积极响应国家“走出去”的号召,抓住有利时机,充分发挥了在技术、经验、劳务等方面的优势,在该大坝项目上取得了瞩目的成绩。该项目应用国际通用的FIDIC合同条款以及国际惯例对项目进行建设管理,是中方公司从单纯的施工承包商向融资和管理型承包商迈进的重要标志,使其在海外工程承包业务上发生了质的飞跃,也为其他公司提供了应用我国政策优惠性贷款以及运用出口信贷方式承揽国际工程积累了宝贵的经验。

第三节　中亚天然气管线乌兹别克斯坦压气站项目案

一、案情简介

中亚天然气ABC线管道起于阿姆河右岸的土库曼斯坦和乌兹别克斯坦边境,经乌兹别克斯坦中部进入哈萨克斯坦南部,最终从阿拉山口进入中国,与国内“西气东输二线”“西气东输三线”相连接,年预计输气量为550亿立方米,截至2014年已建成投产,而压气站则是天然气管道中相当重要的一个节点。六座压气站分布在中乌天然气管道沿线,这些压气站均采用EPC模式建造。业主为中石油和乌石油各自出资50%在乌兹别克斯坦成立的中亚输气合资有限公司。

现主要针对中乌天然气管道压气站(以下简称中乌压气站)EPC项目中和招标投标及签约相关的问题,尤其是与设计相关的部分,做一个简单的介绍。

首先,中乌压气站EPC项目普遍工期短,项目从正式授标到投产基本上只有15~18个月,设计工作的进展直接控制和影响项目的建设进度,项目工作的开展必须满足“边设计、边采购、边施工”的要求。这一点在招标投标时就应当充分考虑。

由于中乌压气站项目的设备(如天然气压缩机组以及部分大口径阀门和管件)在国内无法生产,需要进行国际采购,且由于国际运输周期长,因而设计和采购如若滞后就会导致项目采购运输成本和施工赶工措施的被迫增加,进而导致项目成本大幅增加。

其次,根据业主招标文件要求,中乌压气站EPC项目整个设计文件除了要满足招标文件规定的规范标准之外,还必须符合当地的国家强制标准。由于国内设计院对苏联标准和乌兹别克斯坦当地的设计标准很难在短时间熟悉掌握,对当地的图集、标准、规范理解不够透彻,在文件审批过程中不可避免地出现诸多争议。同时参与审查的当地设计院对中国标准和设计做法也不熟悉,而且业主要求设计图纸格式必须按照当地的格式进行设计。以上情况就直接带来了设计做法和设计标准的风险,存在设计工作停顿和设计标准提高导致的项目成本增加风险。

最后,如前所述,中乌压气站 EPC 项目事实上形成了 2 个设计审查方,设计文件审批流程复杂。同时还存在区域问题和语言问题。国内设计院与当地设计院进行设计合作跨越 2 个国家,双方都是第一次合作,存在语言不同、观念不同,设计沟通交流存在很大困难。设计文件要求采用英文、俄文两种语言并采用版次设计。从 A 版升至 O 版直至签署需要经过 UZLITI(乌兹别克斯坦油气设计院)、ILF(德国 ILF 监理公司)和业主审查签署后方才合法。5 个公司,4 个区域,3 个国家,3 种语言,签署一个设计文件确实非常艰难,因多方异地办公、工程师休假问题(60 天休假 2 周),设计文件审批过程执行起来环节较多,任何环节出现延迟或者出现争议,都会直接导致文件签署的滞后。

二、案例解析

1. 设计文件审查的问题

在中乌压气站 EPC 项目中,设计文件都需要业主或业主聘请的设计咨询公司的审批通过,也需要当地政府指定设计单位或机构审批通过后才能提交现场施工。审批范围、期限的控制对于设计进度具有决定性的影响,外部单位审查范围越大、审查次数越多,则审核意见和设计变更越多,导致工期滞后和成本增加的可能性就越大,该风险务必要规避。

2. 工程做法不同的问题

对于中乌压气站 EPC 项目设计过程中,当地设计院往往要求必须满足当地设计做法,考虑做法不同的情况下,如何进行投标,也是本项目的难点之一。

3. 投标时的成本控制风险

由于中乌双方股东各自占 50% 出资份额,因而双方相互制衡,对设计变更费用的确认相对困难。中乌压气站 EPC 项目业主单位均是采用国际流行的 EPC 总承包交钥匙方式执行。EPC投标商若想中标,必须执行最严格的成本费用测算,以最优的投标报价和技术方案参与竞标,并且要充分考虑不可预见的费用风险,因而留给中标者的利润空间小,必须对项目成本进行严格控制。基于以上所述的风险以及业主方聘请国际知名的设计监理和施工监理公司执行监理,设计和施工执行标准严格,因此一旦控制不力,就有可能造成项目严重亏损。

以交钥匙方式执行的项目,就通过艰难竞标成功的总承包商而言,如何在确保满足招标文件要求的前提下控制成本是确保项目实施成功的关键。

4. 语言翻译的难题

根据招标文件要求,设计文件均要求英语和俄语两种语言,语言的翻译和技术沟通对设计文件审批进度有着举足轻重的影响。

5. 建纬解析

(1)设计文件审查的问题

针对设计文件审查程序冗长,主要的应对策略就是加强招标文件澄清工作,签订项目合同时应尽力争取同业主(包括业主聘请的咨询公司)以及当地设计分包商就审批范围、审核次数和时限进行约定,超过规定的审核期限即应视为批准,同时告知相关责任方和业主代表。

中乌压气站EPC项目工期从正式授标到投产基本上只有15~18个月时间。并且项目设计进度很容易受到设备采购、设计文件审批等诸多条件的限制,很容易导致设计进度滞后进而影响整个项目的工期,因此就需要合理的设计进度、管理方法和控制方法。

①编制合理的设计实施规划

鉴于中乌压气站EPC项目执行地远在国外,在中乌压气站EPC项目获得预授标通知后,总承包商项目部对于项目设计所需的土壤调查、水文地质、外部供电、外部供水和勘察测量等涉及现场工作的内容要尽早作出实施计划,包括是否重新进行地质勘察测量、确定设计组织模式、选择设计分包商和安排人力资源、办公地点等。

②创新设计文件审批流程

鉴于设计文件要经过业主和当地设计院双重审查的情况,要充分分析双方在设计文件审批存在的难点,分析审批双方的优势,从而制定合理的对策,即分清双方审批的重点,将难以审批通过的文件优先让处于强势的审批方优先介入审批,以免后期介入导致颠覆性的审查意见出现。

③创造各审查方共同工作的机会

中乌压气站 EPC 项目设计文件审查流程复杂、参与方相互语言不通、办公地点不同，如果各方分散世界各地，设计文件审批进度很难进行保证。成功的做法是尽量创造相关方一起工作的机会，如要求业主派出的监理人员在国内设计院工作，面对面沟通，加快沟通速度。对于像 UZLITI（乌兹别克斯坦油气设计院）这样无法长驻国内的设计审查方，比较成功的做法是根据设计进度实际情况在合适的时机分批次邀请 UZLITI（乌兹别克斯坦油气设计院）派出设计团队集中到国内开展文件审批工作。

（2）工程做法不同的问题

针对这一问题，应进行充分的沟通，将中国设计做法与当地设计做法进行仔细的对比，力争达成一致。如果确实无法达成一致，就要协调当地设计院提供详细的当地做法说明，并尽可能要求提供可编辑版本，以便国内设计院加快设计进度。对于设计标准差异大的问题，要尊重当地的强制标准和业主招标文件规定的标准，如果业主招标文件规定的标准高于当地标准，就应说服当地设计院同意执行较高标准。对于符合国际标准的设计，可以借助业主聘请的国际设计监理公司和业主协助沟通，说服当地设计院予以审批通过。同时总承包商项目部也要加强当地类似已建成的压气站项目的技术调研工作，熟悉当地的一些常规做法并尽量采用，一旦当地设计院提出超过当地做法的要求时，也可以借助当地的常规做法与当地设计院进行交涉。

（3）针对中乌压气站 EPC 项目设计管理的特殊风险，可以借鉴国际和国内相关的设计管理经验。在项目实践过程中，探索和形成相应的设计风险管控对策。承包商在中乌压气站 EPC 项目设计管理过程中起到了理想的效果，保证了项目按期投产和平稳可靠运行，项目成本控制在预期范围之内。

（4）承包商成功做法之一是借助专业翻译公司来加强翻译力量，总承包商和设计分包商只需配备少量的翻译人员；成功做法之二是招聘当地技术人员，充分发挥当地技术人员与审查方之间语言沟通无障碍的优势，加快技术沟通速度。

6. 小结

乌兹别克斯坦与国际金融机构合作缺少经验，具体做法往往不合乎规范，使国际金融机构对具体项目的审核较严格，规定的开标时间经常会被推迟。由于法律还不健全,朝令夕改的现象也较多,我国企业应注意项目跟踪。

乌兹别克斯坦缺乏国际招标投标业务中通行的代理商阶层,我国企业往往因为没有合适的代理商而放弃有竞争力的项目。从目前实践经验来看,现阶段在乌兹别克斯坦找到合适的代理商很难。公司必须依靠自己的实力和公关手段获得中标。从长远来看,我国企业仍应寻找熟悉当地市场的代理商,以便争取更多的中标机会。

同时,在乌兹别克斯坦无论是设备采购还是工程承包项目,均会遇到支付佣金和回扣的问题,即私下里给好处费。根据项目规模该笔费用约占合同总额的1%~3%。招标中各个关键环节均需用钱疏通,这对企业来说是必不可少的支出。

在工程承包项目实施中,企业会遇到较多的问题。首先,在人文环境方面,乌兹别克斯坦业主往往办事效率较低,当地监理工程师也缺乏国际工程承包经验,办事教条。当地供货商、分包商及办事人员存在不讲信誉、坑蒙拐骗现象,合作难度较大。其次,在技术方面,项目设计往往较粗糙,合同文本与技术规范不符的现象普遍。再次,当地材料及设备往往缺乏,需要异地采购。最后,我国企业技术和管理人员对困难估计不足,适应和应变能力有待提高。乌兹别克斯坦重视国家基础设施建设和对先进技术设备的引进,随着乌兹别克斯坦经济的进一步发展和开放程度的提高,国际金融机构和外国贷款的招投标项目将会更多,我国企业应抓住机遇,稳扎稳打,发挥优势,争取拿到更多更好的项目。

第四节　吉尔吉斯斯坦灌溉系统改造项目案

一、案情简介

2016年11月2日,我国政府和吉尔吉斯斯坦政府换文,即我国政府同意承担吉尔吉斯斯坦灌溉系统改造项目(以下简称援外灌溉项目),所需费用在中吉两国政府2013年9月11日和2014年7月17日签订的经济技术合作协议规定的无偿援助项下支付。某中国公司以习近平主席倡导的“一带一路”为契机,投入国际投标工程,并于2017年3月中标援外灌溉项目。此灌溉项目分6个灌区,分布在巴特肯州、伊塞克湖州、楚河州、塔拉斯州。我国援助吉尔吉斯斯坦灌溉系统改造项目的建设，将会给吉尔吉斯斯坦当地增加6910公顷灌溉面积，并提高现有灌溉面积的供水保证率，满足各农业区人口对灌溉土地的需求，受益人口达3.2万人，援外灌溉项目实施期间还可提供6000多个就业岗位，这对促进农业生产，改善当地的环境，促进两国关系发展有着重大的现实意义和深远的历史意义。

二、案例解析

项目实施管理中的风险分析及防控措施主要有以下方面：

1. 风险分析

(1)施工技术风险

技术管理是项目管理的重中之重，技术管理不到位，生产将无法得到保证，项目质量更是无从谈起。但由于此项目为本土化模式，工程设计是由吉尔吉斯斯坦负责。由于吉尔吉斯斯坦从事设计的人员偏少，并且趋于高年龄化，故设计出来的图纸问题较多。如招标图纸中，援外灌溉项目图纸中部分桥梁没有详细的横断面大样图、灌区枢纽工程没有钢筋加工详图、有的灌区断面图纸尺寸标注得不全等。为了确保工程的顺利进行，项目管理部对招标图纸进行复核，对有较严重问题的图纸，要求吉尔吉斯斯坦修改重新出图。这对已中标的施工单位技术人员也提出了更高的要求，必须把吉尔吉斯斯坦设计图纸的文字内容翻译准确，翻译的准确性会涉及审核施工图纸是否有问题，图纸尺寸数据计算是否有错误等内容。如施工单位未检查出图纸中存在的问题和数据计算中的错误，有可能会面临已完工的施工部位遭到返工的风险。

(2)施工质量风险

因援外灌溉项目对外雇当地人员的配比有一定的要求，限定了必须使用一定比例的当地劳务工人，故各灌区项目施工单位外雇了一些吉尔吉斯斯坦的当地工人共同进行援外灌区项目施工。由于这些工人既缺乏工程施工相关经验，又与中方存在语言沟通方面的障碍，导致施工的一些部位达不到施工技术标准，出现工程质量问题。而且吉尔吉斯斯坦监理与中方不同，并不经常在工地监理和巡视，也会给工程质量埋下隐患。

(3)施工进度风险

在吉尔吉斯斯坦进行工程施工管理，需要办理很多手续，但由于吉尔吉斯斯坦办事人员工作效率普遍低下，极易导致工程进度滞后。本项目上，由于有些工程材料和设备必须从吉尔吉斯斯坦或别的海外项目(工程即将结束的塔吉克斯坦公路项目)上调入,但在海外通关办理上,吉尔吉斯斯坦办事人员的效率很低。从2018年6月施工单位开始从塔吉克斯坦办理调运手续,直到2018年11月6日第一批机械设备才办完通关手续,并运到灌区现场。由于机械设备调入迟缓,使1号灌区的施工进度耽误了3个多月。

另外,每到双休日和节假日期间,吉尔吉斯斯坦的工人都要休息,即使上班期间工作效率也很低,如开斋节期间,当地工人出勤率很低,影响正常施工,造成潜在的施工进度风险。我国的上班制度与吉尔吉斯斯坦的上班制度不同,我国施工企业工作时间大多执行24小时工作制,实行三班倒作业,但是这种工作制度在吉尔吉斯斯坦却行不通,吉尔吉斯斯坦的工人普遍执行8小时工作制,甚至执行不了8小时,另外当地工人普遍拖拉、懒散、工作效率低。吉尔吉斯斯坦工人这种工作习惯严重制约了工程的进度,滞后了工期、增加了施工单位成本。

(4)工程量偏差风险

由于援外灌溉项目是本土化模式,援外灌溉项目的设计由吉尔吉斯斯坦负责,而吉尔吉斯斯坦近30年几乎没有开展过水利工程方面的项目,此灌溉项目使用的管理仪器设备和工具相当于我国20世纪七八十年代的产物,比较陈旧,故计算的数据准确率较低,数据容易出错。中方施工单位在进行援外灌溉项目施工时,发现图纸上坐标点数据与实际存在较大的偏差,部分清单的工程量计算也有错误,从而导致招标工程量与实际工程量的差异,使实际工程量比图纸工程量增加较多,增加了援外灌溉项目工程费用。

施工单位提出索赔增加的额外费用,但吉尔吉斯斯坦是一个相对贫穷落后的国家,没有资金弥补因工程量计算及坐标点偏差错误而导致工程投资增加的费用,只有通过此工程的优化缩减不必要的费用支出,来弥补增加的额外费用,但增加的附属费用还是由施工单位自行承担。

(5)汇率浮动风险

吉尔吉斯斯坦索姆对人民币及美元的波动也较大,我国施工单位在吉尔吉斯斯坦采购材料、购买生活用品、支付人工费等,也会因此遭受汇率损失,造成施工单位成本增加。

(6)主要材料涨价风险

1~3号灌区招标采购清单费用是以吉尔吉斯斯坦2016年价格水平为基础编

制的，而3号灌区要到2021年才能结束，合同没有约定主要材料调差的条款，如果在这5年中，吉尔吉斯斯坦主要工程材料如水泥、钢筋等大幅度涨价，施工单位就要承担主要材料涨价的风险。无论是从国内组织采购的工程材料到吉尔吉斯斯坦，还是在吉尔吉斯斯坦当地采购的材料，价格不确定因素都很多，从而可能导致材料涨价，采购成本增加的风险。

(7)政治和社会经济风险

吉尔吉斯斯坦政治上推行民主改革并实行多党制，党派有210多个，派别矛盾不断，使吉尔吉斯斯坦的政局不是很稳定。而且政府官员腐败问题严重，给项目管理部及施工单位带来很多额外的经济损失。吉尔吉斯斯坦是一个多民族的国家，全国有80多个民族，80%的居民信仰伊斯兰教，部分居民信仰东正教和天主教。中国工人与吉尔吉斯斯坦当地工人存在文化差异、宗教信仰的差异，稍不注意就可能引起中国工人和吉尔吉斯斯坦当地工人的矛盾冲突。此外，吉尔吉斯斯坦境内的极端组织在国际恐怖主义势力的影响下快速发展，其国内极端化问题日益严重，使吉尔吉斯斯坦逐渐成为极端主义势力的“落脚点”和“避风港”，使恐怖主义进一步升级。

2. 防控措施

(1)中标之初就要有计划地防范施工技术风险

对于施工技术风险，笔者认为应采取以下措施进行防范：

①施工单位应对吉尔吉斯斯坦下发的图纸进行审核、核对，对审核出来的图纸问题及时与设计单位进行沟通，并要求设计单位尽快出修改后的图纸。

②对图纸变更，施工单位应主动与设计单位进行联系，不要有“等靠”思想，要主动出击，并与设计单位共同解决图纸中的设计问题，共同把援外灌溉项目的技术工作做好。

(2)防范施工质量风险

对于施工质量风险，笔者认为应采取以下措施进行防范：

①加强援外灌溉项目管理人员及施工人员外语的学习和培训，使每个灌区的管理人员及工人都能懂俄语、会俄语。

②加强外雇当地工人的技术培训，利用业余时间，请施工单位的技术人员和翻译给现场的外雇当地工人讲解有关生产技术方面的知识，使每个外雇的当地工人都懂技术、会技术。

③对外雇当地工人严加管理，增强质量意识，按图纸和规范施工，保证施工

质量。

(3)防范施工进度风险

对于施工进度风险,笔者认为应采取以下措施进行防范:

①吉尔吉斯斯坦工作人员办事效率低,这是普遍现象,施工单位要有提前准备,需要从海外调运的施工设备,要提前办理海外设备的调运手续。

②对外雇当地的工人要加强管理,让其按我国的上班模式运转,可采用经济手段进行激励与约束。

(4)防范工程量偏差风险

为有效应对工程量偏差风险,笔者认为施工单位要加强对各灌区施工图纸工程量的核对,认真计算图纸工程量与实际工程量的差异,如实际工程量比图纸工程量增加得多,则需把此问题提交给设计单位,由设计单位考虑对各灌区进行优化。

(5)汇率浮动风险防范

为有效应对汇率浮动风险,笔者认为施工单位要时刻关注汇率的变化,在汇率较低的时段,多采购储存工程所需的材料,以降低工程成本。

(6)主要材料涨价风险及防控措施

要防范主要材料涨价的风险,笔者认为施工单位应多了解项目所在国(地)市场材料的行情,了解汇率的变化,在主要材料价位较低的时段尽可能多储备一些生产所需的物资材料。

(7)政治与社会经济风险

为有效应对政治与社会经济风险,海外管理人员及施工单位人员平时要多关注国际形势,如出现政局不稳、社会动荡、恐怖事件等情况,应尽早采取措施,减少工程损失。在与当地人员接触时,应尊重当地的风俗习惯和宗教信仰,加强沟通交流,找出双方之间的文化差异并消除分歧。

3. 小结

施工所处的地理位置不同,当地环境及施工交通不同,所面临的风险也不尽相同,且当同一类风险源处于项目不同的实施阶段时,所导致的风险也可能不一样。因此,在工程施工进程中需要仔细分析引起项目风险可能出现的各种因素,并从工程施工的实际情况出发,制定有针对性的风险控制与管理措施,以提升项目的风险控制和管理水平,最终提高项目的经济效益水平,保障施工人员的人身安全。

第五章　非洲地区实务案例

PEST（大环境分析）模型是用来进行宏观环境分析的工具，其包括 P（Political factors）、E（Economical factors）、S（Social factors）、T（Technological factors）四个要素。非洲地区实务案例，笔者拟以 PEST 模型为框架，从政治与法律因素（P）、宏观经济因素（E）、社会和文化因素（S）和技术因素（T）四个角度，结合中资企业在非洲主要国家市场的实务案例以及相关国家的政策、法律法规进行分析。

第一节　某中资企业签约非洲某国东部省道路项目受目标国别市场政治、法律影响案

目标国家市场的政治和法律因素是保障企业进行生产经营活动的基本条件。国家政治和法律中与中资企业对外工程建设关系较为紧密的有：公司法律制度、土地法律制度、税收法律制度、劳动法律制度和国家与基础设施建设相关的发展政策。本节以赞比亚 2012 年确定的“国家道路发展计划”为例进行分析。

一、案情简介

2014 年 3 月下旬，某中资企业签约非洲某国东部省道路项目，合同金额 5.41 亿克瓦查（约合 1.03 亿美元）。该项目业主为该国国家公路开发局，工程内容包含 Chipata（奇帕塔）经 Chadiza（恰迪扎）至 Katete（卡泰特）段道路（约 90 公里），Katete（卡泰特）至 Chadiza（恰迪扎）段道路（约 50 公里）以及 Chadiza（恰迪扎）市内道路（约 10 公里）的升级改造。

2014 年 12 月 22 日，上述中资企业继续与该国国家公路开发局签署姆清噶省 78 公里道路项目合同，合同金额 2.37 亿克瓦查（约合 4000 万美元）。该项目是赞

比亚国家发展战略“连接赞比亚8000”道路计划的一部分，也是继东部省150公里道路项目之后，上述中资企业在基础设施建设领域取得的又一重大突破。项目建成后将极大改善道路周边地区居民的出行条件，促进当地经济发展。①

二、案例解析

1. 各方观点

2012年，赞比亚政府发布了多个基础设施建设规划，包括修建8000公里道路，以实现连接各大城市及地区的“连接赞比亚8000”道路计划；实现升级改造2000公里乡村道路的“铺设赞比亚2000”道路计划；实现升级改造400公里卢萨卡市政道路的“Lusaka 400”道路计划；实现升级改造400公里铜带省市政道路的“铜带省400”道路计划。政府还将实施其他的公路建设项目，以促进经济增长和区域贸易发展，包括建设卢萨卡—奇龙杜、姆皮卡—钦萨利、钦萨利—纳孔德、卢萨卡—恩多拉、钦戈拉—索卢韦齐和索卢韦齐—基普希双车道公路，尤其是各个省会城市与首都卢萨卡之间的双车道公路建设的长期工程。②

赞比亚地处非洲中南部，基础设施落后，尤其是交通运输设施老化失修，造成国内运输成本居高不下。近年来，政府加大了基础设施建设方面的投资，基础设施得到了一定改善，但是以公路为主的单一运输方式（公路承担的货运量约占赞比亚货运总量的83.4%）和以二级道路为主的全国道路交通系统仍然是赞比亚交通基础设施的主要问题。赞比亚的国内公路可以通往全部10个省的主要城市，国际公路可以通往坦桑尼亚、刚果（金）等8个邻国和达累斯萨拉姆等非洲主要港口。结合赞比亚的地理位置和现状，该国持续发展道路基础设施建设是大势所趋。

2. 建纬解析

中资企业针对目标国家市场的政策变化，积极采取有效的行动，在充分地了解了赞比亚当时的发展现状、政策方向和经济状况等宏观外部因素后，积极参与道路项目的投标。不仅取得了总价接近1.5亿美元的项目标的额，也为中资企业

① 参见中国建筑工程总公司：《中国建筑签约赞比亚姆清噶省78公里道路项目》，载国务院国有资产监督管理委员会官网2014年12月26日，http://www.sasac.gov.cn/n2588025/n2588124/c3783963/content.html。

② 参见商务部国际贸易经济合作研究院、中国驻赞比亚大使馆经济商务参赞处、商务部对外投资和经济合作司《对外投资合作国别（地区）指南》（赞比亚2019年版）。

进入赞比亚市场,为后续取得赞比亚更多的建设项目奠定了基础。从进入赞比亚市场之后取得的成果来看,中资企业在赞比亚的道路、建筑、供水与污水管线工程等领域都获得了多个项目的承包权。

第二节　南非中资企业受宏观经济因素影响案

宏观经济环境是对企业生产经营影响更加直接、具体的因素。宏观经济环境包括该国与我国经济合作的状况和前景,该国的社会经济状况、国家经济政策、经济发展水平、经济体制、产业和消费结构等因素。

南非是英联邦成员,中等收入的发展中国家,是非洲大陆最大、最发达的经济体,也是南部非洲大市场的核心。中南传统友好,两国在国际事务中守望相助,政治互信不断增强,并建立起全面战略伙伴关系。南非前总统拉马福萨非常欣赏中国的发展成就,并希望从中国吸取经验。作为金砖国家成员,南非的基础设施、产业结构、技术能力、资源禀赋在非洲处于领先地位。2018 年,中南贸易总额达到 435.5 亿美元,同比增长 11.1%。截至 2018 年年底,在中国驻南非大使馆登记备案的中资企业,包括民营和私营企业共计 200 余家,中国对南非直接投资存量 65.32亿美元。中国已经连续十年成为南非最大贸易伙伴,南非也已连续九年成为中国在非洲的第一大贸易伙伴。因此,本节将以南非和赞比亚市场进行因素分析。

一、案情简介

(一)南非市场

2019 年 12 月,由中建南非分公司总承包、安装公司参建的北汽南非汽车工厂一期一阶段工程全部完工,进入验收阶段。该工程总征地面积为 54.62 公顷,包括焊装、涂装、总装三大工艺车间。到 2022 年,工厂规划目标产能为 5 万辆汽车,是中国企业在南非及非洲投资规模最大的汽车工厂。

(二)赞比亚市场

2017 年 12 月,某中资企业与赞比亚水发展、卫生和环境保护部签署赞比亚乔马供水及污水管线改扩建项目总承包合同。该项目合同额 1072 万美元(约 7435 万元人民币),由非发行提供资金。项目内容包括升级乔马大坝引水管线、新建污水处理工厂、新建水塔及地面储水罐、改扩建配水管线及分水网络、安装水表等。该项目是中国建筑赞比亚分公司成立以来,中建博茨瓦纳公司与中建赞比亚公司共同投标的项目,是中国建筑在赞比亚市场成功进入水务工程领域,从赞比亚水发展、卫生和环境保护部这一战略大业主手中斩获的首个项目。此次签约将进一步深化中国建筑在赞比亚供水与污水管线工程领域的市场竞争力,再次体现出了中国建筑在赞比亚建筑市场良好的社会形象及强劲的市场影响力,巩固了中国建筑在赞比亚的品牌信誉度和影响力。同时,此次签约对于中资企业在赞比亚这一市场环境优质的国家中提升竞争力有很大的帮助。

二、案例解析

(一)南非市场

1. 各方观点

2015 年北京汽车集团与南非工业发展公司共同签署了总金额为 50 亿元人民币,规划产能为 10 万台/年的北汽南非工厂项目合资合作备忘录。当时该项目预计将于 2016 年上半年破土动工,2017 年年底投产,并有望成为南非及非洲一次性投资规模最大的汽车工厂。2016 年 8 月 30 日北汽集团南非公司正式开建。2019 年 6 月 21 日,由中国商务部和南非贸工部联合主办的"中南经贸合作项目签约仪式"在位于南非开普敦市中心的国际会展中心举行。北京汽车集团及南非工业发展公司代表参加此次活动,并签署深化合作有关协议,就全方位加深北汽南非项目合作达成一致。该协议的签署标志着北京汽车集团坚持走国际化路线新的"里程碑",也将成为中国汽车企业自主品牌走向世界的新典范。

两国企业强强联手、携手并进,实现市场战略、相关政策、业务融资等资源共享,将为南非在引进投资、创造就业、增加出口、提升经济增速方面起到积极作用,推动南非经济和社会持续健康发展。项目工厂未来带动的直接就业人口约为 0.25万人,为相关上下游产业带动的间接就业人口为 1.05 万余人,总就业人口将达到 1.3 万人左右;工厂达产后,带来的整车工业增加值约为 124 亿元人民币,零部件工业增加值约为 62 亿元人民币,整体工业增加值将达到 186 亿元人民币;工厂 50% 以上的产品将用于出口,带动南非出口贸易金额约为 62 亿元人民币。

2. 建纬解析

南非作为非洲经济水平最发达的国家,其具有多个吸收外资的优势。主要包括：第一，南非政治经济环境相对稳定。为促进投资和经济增长，南非政府出台了一系列鼓励投资的政策、措施和规划。第二，南非金融、法律体系健全。金融业发达，律师事务所、会计师事务所等第三方专业服务能力强。第三，南非矿产资源丰富，基础设施较发达，劳动力资源丰富，具有一定的科研和创新能力，经济增长点多，经济增长动力充足，是非洲地区制造业和服务外包产业基地。

但是，南非国家市场的弊端也较为突出：

第一，南非劳动法律规定严格，工会势力强，劳资关系紧张，罢工频发，企业生产成本较高。

第二，南非汇率市场化程度高，与美元、欧元等主要货币关联程度高，汇率波动大，企业财务风险较高。

第三，南非基础设施建设近年来发展较为缓慢，政府政策在向其他产业倾斜，已开始制约经济增长，基础设施建设的市场体量有限。

第四，南非存在贫富差距、失业率和犯罪率高、非法移民多等社会问题，容易引发社会矛盾，企业运营风险较高。

第五，南非高素质劳动力缺乏，工资增长速度远高于经济增速，抬高了企业经营成本，削弱了制造业国际竞争力，企业经营成本较高。

第六，南非政府收紧了外资促进保护、签证、矿产资源开发等多项政策，土地改革不确定性较大，企业进入成本较高。

第七，南非主权信用评级不高，截至 2019 年 7 月 26 日，国际评级机构惠誉对南非主权信用评级为 BB +，展望为负面，企业运营风险较高。

对于有以上弊端的宏观经济状况并不积极向好的国家市场，我们认为，中资企业应当有选择性地进行项目识别。一方面，选择业主信誉度高、项目融资来源稳定可靠的项目进行跟进和投标，以避免中标后的被动；另一方面，在项目中标后的运营中建议采取低水平员工属地化，高水平员工国际化的人员配备方式，制定完善的人员管理体制来应对劳资问题，该部分会在第三节中配合案例展开列举。

（二）赞比亚市场

由于赞比亚政府在 2015 年、2016 年主要经济支撑铜矿价格下跌，导致赞比亚政府的财政预算和支出承担能力超载，部分计划招标投标项目和已开工项目陷入了停摆和工程款划拨延期的问题。由于此类问题在非洲国家屡见不鲜，中资企业应当深入思考如何在未来应对类似问题。

第三节 中建博茨瓦纳公司受社会、文化因素影响案

社会文化因素是指人口因素、社会流动性、消费心理、文化传统和价值观等因素。该因素对于承包国际工程的影响主要集中在企业文化和员工属地化上，本节以博茨瓦纳这一国家市场为例进行因素分析。

一、案情简介

中建博茨瓦纳公司在1988～2018年，在南部非洲完成了150多个项目，涵盖了包括公共建筑、机场、道路、学校、医院、工业园区、电站等多个领域，博茨瓦纳本土文化已植入公司的管理当中，除项目建设施工现场工人几乎均为当地工人外，长期聘用的员工有300多名。2012年起，公司向优秀员工提供赴华学习奖学金，并与博茨瓦纳大学合作培养工程类人才。该公司在实现自身发展的同时，为两国关系及友谊作出了重大贡献，在博茨瓦纳及南非、赞比亚等东南非地区多个国家市场树立了良好的企业形象，为该企业在当地参与国际建设工程提供了良好的条件和坚实的基础。

二、案例解析

首先，博茨瓦纳具有《雇佣法》、《工资法》和《劳工组织法》等一系列制定法，形成了完善的法律体系，可以充分保障劳工权益。

1. 在工作时长的规定上，劳工法律规定“若一周工作5日，则每日工作时长应小于9小时，午休应大于1小时；若一周工作超过5日，则每日工作时长应小于8小时，并确保雇员每连续工作5小时，保证30分钟休息时长”。雇员加班总时长每周不得大于14小时。工作日加班工资应当为基本时薪的1.5倍；休息日、节假日加班，则按基本时薪的2倍计算；若连续3周工作总时长超过48小时，超出时长可计入加班时长，加班费为基本时薪的1.5倍。

2. 在工伤补偿的规定上，《工人补偿法》规定“若员工因工伤或职业病致使丧失劳动能力的，雇主需在1.6万普拉至25万普拉的限度内支付60倍收入作为补偿金；若因工伤事故致死的，雇主需在8000普拉至20万普拉限度内支付48倍收

入作为补偿金”。

3. 在合同终止的规定上，雇主与员工都拥有提前通知对方随时解约的权利，提前期限同工资结算期，如工资月结则应提前一个月通知。此种情形下，雇主应向员工发放一个月工资。若员工要求，则聘用合同终止时雇主负有将其送回原聘地并承担费用的义务（不受地域、国籍限制）。员工被遣返或死亡后，其随任家属也享有要求雇主将其送回原聘地并承担费用的权利。

其次，博茨瓦纳政府对本国人员就业十分重视，严格限制外籍劳工数量，除聘用高管和技术人员外，要求企业优先录用或培训当地劳工。因此，《外籍人员雇佣法》规定："所有在博茨瓦纳务工的外籍人员均须持有工作许可证，否则视为非法移民。"近年来，博茨瓦纳严格限制居留许可政策，由劳工内政部按照分数高低、收入多少和工作种类综合考量是否颁发居留许可证。同时，结合外商投资公司的商业性质、外来投资额度、当地雇员占比等进行评估。

因此，该公司长期坚持推行员工属地化管理政策，不仅有效地降低了运营成本和公司职工薪酬金额，还取得了中资企业在海外市场上长期、可持续发展的企业竞争优势。与此同时，高度的员工属地化也帮助该企业在项目的运营管理中与上下游支持性企业在商业往来、与政府和社会机构的沟通中更加便利。

第六章　东亚地区实务案例

提起亚洲国家的海外工程承包行业,就一定会提到日本与韩国。日本与韩国的海外工程承包起步的时期可追溯至朝鲜战争。经过数年的发展,两国已成为国际工程舞台上的重要参与者,获得了巨大的成功。而作为后起之秀,中国海外工程承包也在不断地突破自己,取得了骄人的业绩,本章从日本、韩国海外工程承包实践经验入手,在我国海外工程承包不断发展壮大并取得显著成绩的今天,分析亚洲海外工程承包的先行者——日本与韩国的经验得失,能为我们企业在今后"走出去"的道路上起到启示与借鉴作用。

2021 年度美国工程新闻纪录(ENR)"全球最大 250 家国际承包商"榜单发布,250 家上榜企业 2020 年的国际新签合同总额为 5204 亿美元,较 2019 年下降 17%;国际营业总额为 4204 亿美元,较 2019 年下降 11.1%。由中国对外承包工程商会组织申报的中国企业中,共有 78 家企业入围 2021 年度"全球最大 250 家国际承包商",数量较上年增加 4 家。中国上榜企业数量继续蝉联各国榜首,美国以 41 家上榜企业居第二位,土耳其位列第三位(40 家),意大利位列第四位(12 家),日本和韩国并列第五位(11 家)。①

近些年一直有日韩海外工程承包行业已不复辉煌的声音,但我们也要清楚地知道,中国工程承包企业的国际化水平仍与国际同行存有较大差距。根据美国经济研究公司惠誉解决方案 2019 年的最新调查显示,日本在东南亚地区承包的基础建设工程实际仍远远超越中国,是中国承包工程价值的 1.5 倍。

① 参见《2021 年度 ENR"全球最大 250 家国际承包商"榜单发布》,载走出去导航网 2021 年 8 月 19 日,https://baijiahao.baidu.com/s?id=1708506147519917111&wfr=spider&for=pc。

第一节　日本企业国际工程案例

一、日本企业国际工程概况

日本建筑业产值约占国内生产总值的10%，这一比例在发达国家中名列首位。众所周知，日本海外工程承包企业以技术领先、管理规范、经营灵活等特点享誉全球。日本曾在猛兽出没的丛林中建造出供给缅甸全国20%的巴鲁桥水电站，曾在印度尼西亚建设亚洲第一个独立发电项目Paition，为爪哇岛1.4亿人提供10%的电力，曾投入千亿日元低息贷款，帮助泰国临海工业区打造汽车产业，这些由日本企业在海外工程中翻开的一个个篇章，至今为人称道。

日本的海外工程承包之路，可以追溯至20世纪50年代。第二次世界大战后，日本将国家发展目标定为贸易立国。由于战争严重破坏了日本的生产力，国内经济未能有所起色。日本企业积极开拓海外市场原料产地，推动了日本产业结构的升级。日本的海外工程承包之路也由此拉开序幕。

随着日本经济取得快速发展，20世纪60年代的日美之间贸易收支出现逆转，日本对美国的顺差不断扩大，双方出现了贸易摩擦。受此影响，造船、电机、化工等企业开始注重海外市场的开拓，同时为加强国际竞争优势，各大企业开始积极引进、研发项目总承包的模式和成套设备的核心技术。随之而来的“伊奘诺景气”让日本实现了以重化工业为主的产业结构高度化，大型设备的投资发生了井喷式的增长，推动了机械工业技术水平和管理水平的提高，兼营型工程承包企业和专业型工程承包企业陆续诞生，拥有强大信息网络的综合商社也加入工程承包行业之中。行业队伍的壮大与核心技术的成熟，构建出了EPC总承包模式。

20世纪60年代末，“伊奘诺景气”结束，加之受到1971年的原美国总统尼克松对外交、经济政策重大调整的影响和1973年的石油危机等影响，在此背景下，日本通产省主张加强技术改造，将日本的支柱产业由重化工业转向知识密集型产业，工程咨询、工程管理、投资顾问等产业链高端、利润较高的领域开始大受重视。此外，为应对石油危机，日本开始急速扩大出口，但也由此加剧了与美国的贸易摩擦。国际工程承包因其“不易引起对外摩擦”的优势就此展开了新一轮的布局，通过政府开发援助参与发展中国家的基础设施建设，海外工程承包开始快速发展，越来越多的企业开始加入工程承包行业中，推动了行业技术管理的高端化，行业组织也在有序发展。

20 世纪 70 年代后半期，日本的海外工程步入了繁荣发展的阶段，平均 1000 万美元/件的大型对外承包工程不断增加。承包地区的分布从以东南亚为主，延伸至中东等地区。行业的分布也从电力设备、通信设备拓展至炼油设备、石油化工制品设备、冶金设备等。据日本通产省的统计数据显示，1973～1982 年，日本的海外工程承包额增长了 3.4 倍，平均每年增长速度为 18.8%，整个工程承包行业也从初期的资本密集型产业转型至知识密集型产业。海外业务规模的提升，不仅给本国增加了更多的就业机会，也同步提高了日本工程承包在海外的知名度。

20 世纪 80 年代的日本产业因泡沫经济进入了新一轮结构调整。海外工程承包行业也因石油价格回落、发展中国家的债务危机及广场协议引发的日元大幅升值等情况受到了负面影响。至 20 世纪 90 年代国际工程的竞争日趋激烈，欧美开始大规模的合并，韩国经过 20 世纪七八十年代的积累与发展，也在国际工程承包市场上有了一席之地，与日本在亚洲地区展开了激烈的价格竞争。日本在保持欧美市场的同时，进一步加大对亚洲市场的投资力度。同时，基础设施出口的主要模式也从原来的 EPC 模式进一步拓展为“全包揽”“投建营一体化”模式。为满足工程承包市场的多元需求，日本在工程规模上也不断大型化，在工程设计、施工、管理、运营等方面，推行“全包揽”的模式并取得成功。

进入 21 世纪，为顺应企业寻找海外商机的需求和最大限度地发挥资本输出的政治功效，2002 年，经产省①的相关部门举办了“工程承包行业恳谈会”，强调工程承包行业要向高端化方向发展，加强技术开发、市场开拓、人才培养、附加价值转换，以强化工程承包行业的核心竞争力；2010 年开始着手制定基础设施出口战略并逐步将其上升为国家战略，原安倍内阁在 2013 年明确了该战略的目标以及具体措施，将投资的目标国细致划分为“东盟区”、“南亚、西亚、中东、俄罗斯及独联体”、“中南美区”、“非洲区”和“发达国家”，以亚洲地区为重点投资方向，为参与海外基础设施建设的企业提供包括先进技术、经验与资金等在内的一整套系统化的政策支持，重点集中在城市管道、铁路、电力等领域；2015 年的“高质量基础设

① 通产省全名通商产业省，2001 年改组为经济产业省，简称经产省，两者是同一个主体。本段前面的表述是基于 20 世纪 70 年代的背景，当时的称呼是“通产省”，本处表述的是 2002 年举办的恳谈会，此时名称已经改为“经产省”。——笔者注

施合作伙伴关系”的基础设施外交，将“高质量”作为其基础设施产业的比较优势，推行“投建营一体化”的输出模式等，利用亚太经合组织、二十国集团、七国集团、日本—东盟峰会、东京非洲发展国际会议等国际场合频频宣扬、推广其高质量基础设施理念，相继在多个发展中国家推出一系列主打“高质量”的基础设施援助“订单”，充分显示了日本对国际工程市场的高度重视与决心。

纵观日本的海外工程承包历程，战后的日本采取了扩张海外市场与提升技术管理水平并重发展的模式，确保了质量控制、安全管理和遵守工期方面的稳定，其从最初的EPC模式到后面为适应市场而推出了“全包揽”“投建营一体化”模式，加之在开拓国际市场的过程中，日本的政府部门、社会团体、建筑企业相互积极配合，在国际市场调查研究的基础上制定相应的决策措施，采取适当的经济扶植政策，培养海外承包不可缺少的项目经理和管理骨干等，使其海外工程承包行业获得成功。另外，日本的海外工程承包行业还有个最大的特点是以综合商社等大型企业领衔对外基建投资。日本的综合商社产业多元，业务横跨能源、金属、化工、基础设施等领域，同时部分商社自带金融机构，能够综合贸易、产业、投资、金融等功能，将基建项目的各个环节“一站式”解决，大大提升了竞争力。

二、日本企业国际工程合同纠纷类别统计

根据日本海外建设协会的统计，日本建设工程企业在海外订单的建设工程中，有关合同中的工程内容、合同金额、费用支付等问题与发包人之间产生了众多的纠纷。由此造成了合同费用不能回收、工期大幅度延误等后果，给日本建设工程企业造成了巨大损失。

上述问题之所以产生，跟日本建设工程企业不能熟练掌握海外工程项目的合同制度、惯例，以及不擅长合同管理、项目管理有重要联系。因此，为了避免类似问题的发生，日本2012年2～3月针对社团法人海外建设协会的会员企业进行了一个调查问卷，询问企业在投标阶段会对合同中的哪些条款进行确认。问卷中列举了24项合同相关内容，企业对于合同中相关内容的重视程度从大到小的排列顺序如下：

(1)工程承包价款的支付方法、条件；

(2)合同金额变更的范围；

(3)合同用地交付条件及工期延长请求的权利；

(4)合同价款调整条款;

(5)承包人的责任范围、权利、义务;

(6)瑕疵担保、品质保证条件;

(7)履约担保等;

(8)不可抗力、不能预见状况;

(9)争议解决条款;

(10)损害赔偿金;

(11)惩罚内容;

(12)索赔条款;

(13)当地采购资机材的范围;

(14)工程的范围;

(15)准据法;

(16)税务(免税、增值税等);

(17)设计的责任(设计精度等);

(18)发包人的资金情况、项目资金的来源;

(19)合资内资企业当事方及外包第三方不履行合同的相关约定;

(20)合同的单方义务、工程师的中立;

(21)当地公司的设立;

(22)工程延期时相关费用的请求权利;

(23)工程保险等的条件;

(24)雇用第三国人员的条件。

问卷同时对日本建设工程企业在越南、新加坡、印度尼西亚、泰国、菲律宾、马来西亚、印度、阿联酋等国家进行工程项目建设履行合同时碰到的问题进行了调查。问卷调查对在上述几个国家中常见的合同问题进行了排序,中国企业在上述国家进行投资时可参考问卷调查的结果,对相关问题给予相应的重视。

1. 越南:合同中发生频率高的问题排名依次如图 3-6-1 所示:第一位是因设计变更引起的合同金额变更,第二位是与土地交付有关的工期延迟以及工程价款支付延迟,第三位是因工期延长导致的合同变更,第四位是未支付工程价款,第五位是因法人税、增值税引起的问题,第六位是因物价变动引起的合同变更(追加项目)。

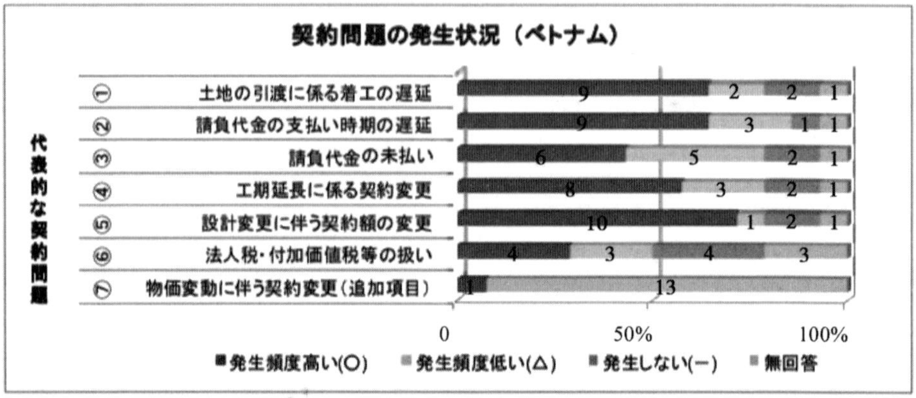

图 3－6－1　契约问题的发生状况(越南)

资料来源:国土交通省土地、建设产业局建设业课国际建设振兴室《平成 23 年度海外建设项目合同管理研讨调查》。

2. 新加坡:合同中发生频率高的问题排名依次如图 3－6－2 所示:第一位是因设计变更引起的合同金额变更,第二位是因工期延长导致的合同变更和与土地交付有关的工期延迟,第三位是工程价款支付延迟,第四位是未支付工程价款,第五位是因法人税、增值税引起的问题。

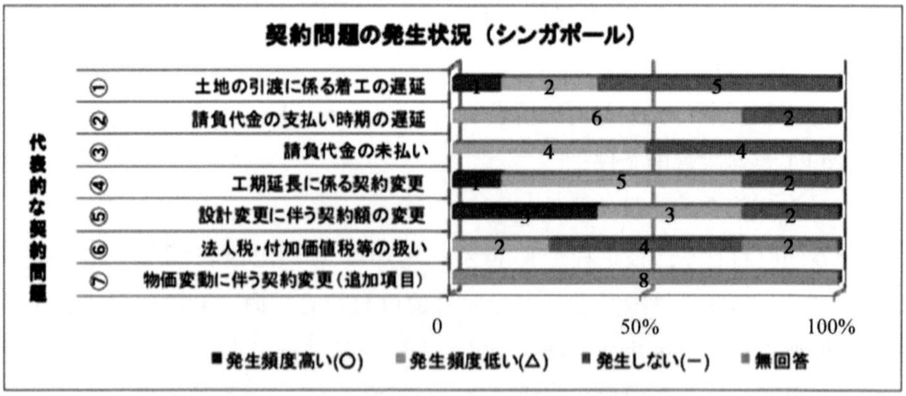

图 3－6－2　契约问题的发生状况(新加坡)

资料来源:国土交通省土地、建设产业局建设业课国际建设振兴室《平成 23 年度海外建设项目合同管理研讨调查》。

3. 印度尼西亚:合同中发生频率高的问题排名依次如图 3－6－3 所示:第一位是因法人税、增值税引起的问题,第二位是与土地交付有关的工期延迟,第三位是因工期延长导致的合同变更，第四位是因设计变更引起的合同金额变更，第五位是工程价款支付延迟，第六位是未支付工程价款，第七位是因物价变动引起的合同变更（追加项目）。

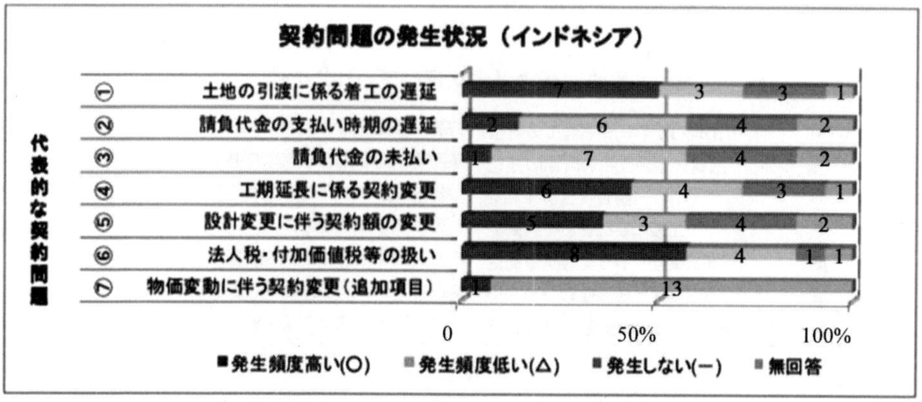

图 3－6－3　契约问题的发生状况（印度尼西亚）

资料来源：国土交通省土地、建设产业局建设业课国际建设振兴室《平成 23 年度海外建设项目合同管理研讨调查》。

4. 泰国：合同中发生频率高的问题排名依次如图 3－6－4 所示：第一位是因设计变更引起的合同金额变更和因法人税、增值税引起的问题，第二位是因工期延长导致的合同变更，第三位是工程价款支付延迟和未支付工程价款，第四位是与土地交付有关的工期延迟。

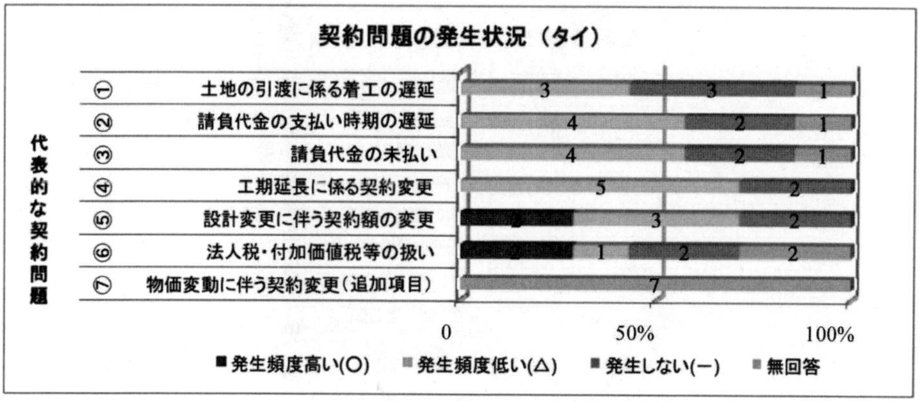

图 3－6－4　契约问题的发生状况（泰国）

资料来源：国土交通省土地、建设产业局建设业课国际建设振兴室《平成 23 年度海外建设项目合同管理研讨调查》。

5. 菲律宾：合同中发生频率高的问题排名依次如图 3－6－5 所示：第一位是因法人税、增值税引起的问题，第二位是因设计变更引起的合同金额变更和工程价款支付延迟，第三位是因工期延长导致的合同变更，第四位是与土地交付有关的工期延迟，第五位是未支付工程价款。

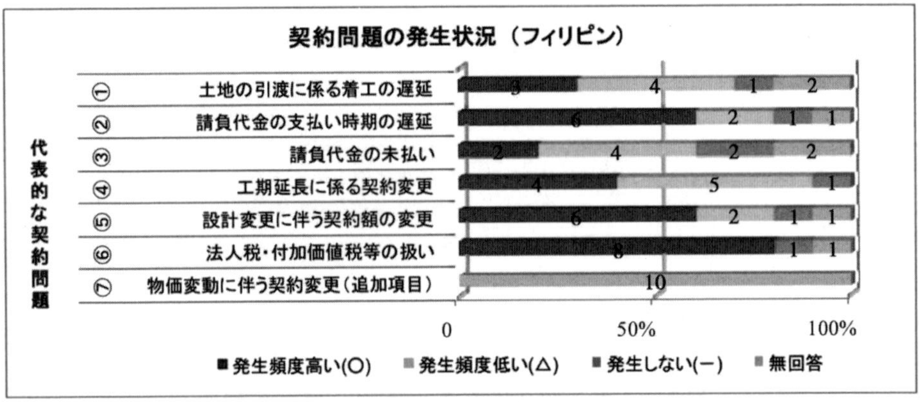

图 3－6－5 契约问题的发生状况（菲律宾）

资料来源：国土交通省土地、建设产业局建设业课国际建设振兴室《平成 23 年度海外建设项目合同管理研讨调查》。

6. 马来西亚：合同中发生频率高的问题排名依次如图 3－6－6 所示：第一位是因设计变更引起的合同金额变更和因工期延长导致的合同变更，第二位是未支付工程价款、法人税、增值税引起的问题、工程价款支付延迟、与土地交付有关的工期延迟。

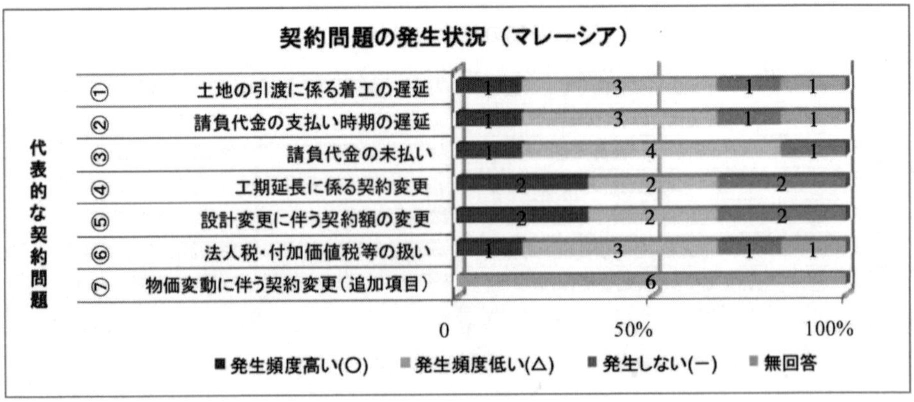

图 3－6－6 契约问题的发生状况（马来西亚）

资料来源：国土交通省土地、建设产业局建设业课国际建设振兴室《平成 23 年度海外建设项目合同管理研讨调查》。

7. 印度:合同中发生频率高的问题排名依次如图 3－6－7 所示:第一位是与土地交付有关的工期延迟和法人税、增值税引起的问题,第二位是因设计变更引起的合同金额变更,第三位是工程价款支付延迟、未支付工程价款和因工期延长导致的合同变更。

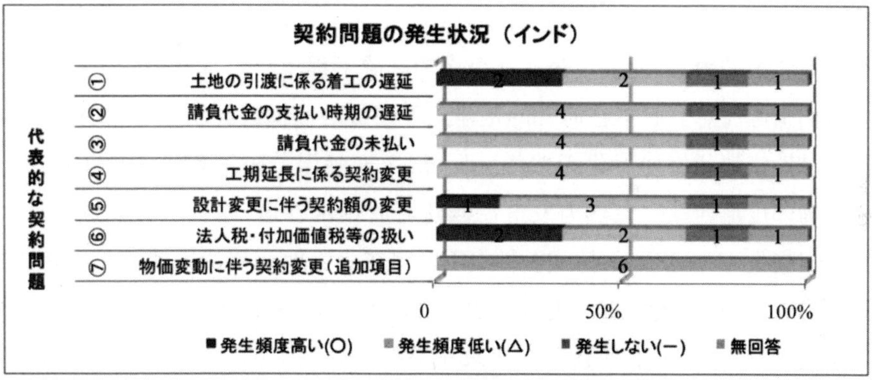

图 3－6－7 契约问题的发生状况(印度)

资料来源:国土交通省土地、建设产业局建设业课国际建设振兴室《平成 23 年度海外建设项目合同管理研讨调查》。

8. 阿联酋:合同中发生频率高的问题排名依次如图 3－6－8 所示:第一位是与土地交付有关的工期延迟、因工期延长导致的合同变更和因设计变更引起的合同金额变更,第二位是工程价款支付延迟、未支付工程价款和因物价变动引起的合同变更(追加项目),第三位是法人税、增值税引起的问题。

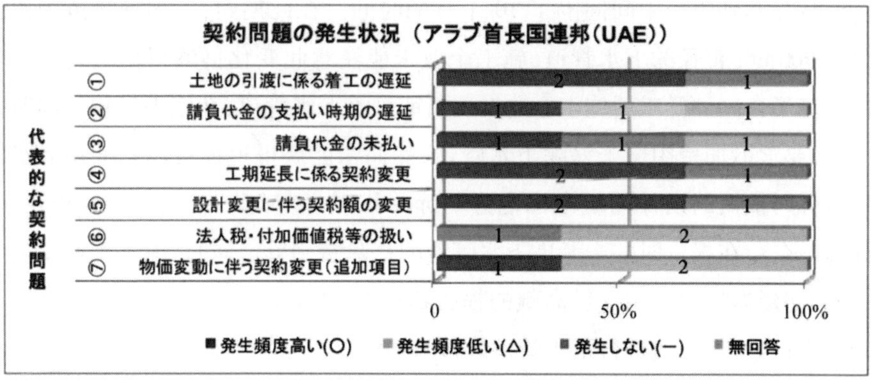

图 3－6－8 契约问题的发生状况(阿联酋)

资料来源:国土交通省土地、建设产业局建设业课国际建设振兴室《平成 23 年度海外建设项目合同管理研讨调查》。

三、日本企业国际工程合同纠纷案例

随着中国企业的海外工程承包之路的不断壮大，且中国政府推行的“一带一路”与日本基础设施海外输出战略有着对接的可能性，使中日之间在国际工程上存在既竞争又合作的复杂关系。日本在海外工程承包之路上的成功经验有很多值得我们学习的地方，而日本公司在海外的基建工程项目出现亏损的事例也同样需要我们引起注意。日本在海外的基建工程项目的亏损或问题，如千代田化工在美国路易斯安那州修建液化天然气工厂，因工期延误赔付了850亿日元费用；三井造船为印度尼西亚一家热力发电厂修建海底排水管道，因管道材质选材错误，导致公司损失413亿日元；株式会社IHI也因在北美地区建造天然气工厂因工期延误而出现亏损；三菱重工与土耳其的出口核电站的协议，因为安保费用大涨，总费用超出预算2倍，被土耳其政府要求压缩投资。除了其背后的劳动力短缺、工程师人才年龄断层的客观原因外，我们根据日本海外建设协会整理的日本在海外工程承包项目中遇到的一系列风险问题及对应措施，节选了三个和招标投标及签约有关的案例进行了翻译和摘选归纳，以期可为我们企业提供些许参考。

案例一：投标后到签约期间时间较长，导致真正签约时的现场条件跟投标时相比已经发生了较大偏差

1. 问题说明

在某个隧道道路开凿工程的设计施工总价合同（lump - sum contract）中，施工企业从投标到中标中间间隔了10个月的时间。在此期间，工程现场范围内新铺设了900mm直径的下水管道，施工企业未能注意此变化仍然根据当初的投标文件签订了合同。开工后施工企业发现新铺设了下水管道，在施工过程的同时提出索赔，要求追加费用用于移除下水管道，然而未能获得追加费用。上述下水管道在投标时依据的设计图纸中标记为Proposed Water Main，在投标时并未存在，因此施工企业在报价时并未考虑下水管道的移除费用等。同时，由于工期要求较高，如工期延迟需向业主支付高额的损害赔偿金，因此施工企业不得不一边对追加费用进行索赔，一边进行下水管道的移除工程。

2. 相关合同条款

在经过详细设计、取得各种许可的基础上，已经铺设的地下埋设物的移除和防护已经包含在合同中，下水管道的移除费用应由施工企业承担。如合同签订后

发生该事件可适用设计变更,然而本项目的问题是在签订合同时下水管道已经存在,因此不能适用设计变更条款。

3. 当事人反思

在签订合同之前,从投标后到中标期间发生的事件应如何处理应该通过协商解决。设计施工总价合同工程中,因合同条款不具备根据条件的变化进行调整的弹性导致了高风险,应在彻底理解合同条件的基础上针对不利的条件考虑防范和对应措施。

4. 分析及可借鉴经验

投标日和合同正式签订日的时间间隔较长会产生很多的问题,为了防范风险可从如下方面改正:

(1)施工企业在提交投标文件时,Proposed Water Main 的详细情况(规格、位置、施工时期等)均不确定。然而合同范围已经包含了对已经铺设的地下埋设物进行移除、防护的工程内容,在投标时应明确说明目前投标的报价未包含与移除、防护地下埋设物相关工程的费用。因签订的是设计施工总价合同,故应特别注意这点。

(2)在合同签订时应再次与业主进行确认,检查现状与投标时设定的条件是否一致、投标之后场地描述等条件是否发生了变化。

(3)本案例中投标的有效期限反复被延长,从投标到签订合同间隔了 10 个月,该等操作显然是异常的。一般来说投标应设置正常的有效期,如超过有效期应重新进行投标。如需要延长投标有效期应由业主提出要求,施工企业此时可针对 Proposed Water Main 的相关情况进行确认。

(4)采用标准的 FIDIC 条款约定可以规避上述风险。在 FIDIC 黄皮书(1999 年版)/多边发展银行(Multilateral Development Banks,MDB)贷款时指定的合同,即 MDB(2010 年版)第 4. 10 款[场地数据(site data)]中,约定业主在[基准日(base date)]即标书提交日 28 日之前应向施工企业提供全部场地的地下、水文条件相关资料,且明确业主该等提供资料的义务应持续到基准日之后(投标后、合同签订时及合同签订后)。在本案例中,业主在合同签订时未向施工企业披露已经铺设了下水管道的事实,违反合同条款的可能性很高。另外,如采用 FIDIC 黄皮书 (1999 年版)合同,根据第 1. 1. 4. 1 目的约定合同价格(accepted contract amount)应该是中标通知书上约定的金额,下水管道移除工程的费用应明确不包含在合同价格内。

案例二:延长投标有效期后物价高涨

1. 问题说明

某投标有效期为90天的工程项目中,从投标评审至选定供应商签约花费了8个月的时间。中标人在同意招标人延长投标有效期的要求后,国际原油价格上涨,相较签约时燃料费上涨了近2倍,至工程完工仍在持续上涨。而且,在中标人与招标人签订的相关合同条款中因整体工期约定为1年5个月,且合同中明确约定不适用成本上涨的调价条款(cost escalation clause),这导致燃料费上涨的成本中标人无法承担。

2. 当事人反思

在工程进行中,本工程因设计变更导致工期延长1个月,整体工期变为1年6个月,因评标使投标有效期延长5个月,就当初的条件而言,视同签署了整体工期2年且成本上涨的调价条款的合同。本案例中,招标人提出延长30天左右的投标有效期,而投标人无条件予以了同意,如投标人能在预见原油价格高涨的时点时,有条件地同意延长投标有效期,则不会被陷入如此被动的局面。

3. 分析及可借鉴经验

在投标有效期内不能定标的情况下,如投标人与招标人未能达成延长有效期的共同合意,则该投标失效(不再存在要约,招标人亦不能再作出承诺);当投标有效期过期后,投标人亦将不再受投标价格的约束。如招标人此后再提出交涉,希望延长投标有效期,投标人可予以拒绝或重新定价后再行提交。然而在本案例中,投标人应招标人要求数次延长投标有效期但没有变更相关条件,导致在双方形成延长合意后,投标人被投标报价所约束,签署了初始价格且无成本上涨调价条款的有效合同。综上所述,如在初始投标有效期内出现了客观情况变化,投标人预判不调整投标报价则将导致自身受损时,可拒绝延长投标有效期的要求,或在响应延长投标有效期的同时要求加入前述成本上涨调价条款。

关于投标有效期的延长与投标保证金的关系:一般情况下,招标人在要求延长投标有效期时会同时要求延长投标保证金的有效期。当投标人投标后无正当理由撤标,或中标后不签约,或不提交履约担保时,投标保证金将被招标人没收。因此,如果投标人不响应延长投标,则投标失效的同时,投标保证金亦应失效。然而,在实务中,有的招标人会在投标有效期到期前通知投标人,“如不延长投标及保证金,将索扣保证金"。由于投标保证金一般为现金或见索即付的保函,投标人为避免在此情况下保证金被索扣,一般会同意延长。但是该情况并不意味着投标人就应该无条件地按招标人要求接受其延长保证金有效期的要求(但如投标文件或投标保函中写明了投标人有义务无条件延长投标保函有效期等类似情况时则问题较为复杂),即使双方合意延长保证金的有效期,投标人仍具有在投标有效期初次到期后调整投标报价等权利。

案例三:以替代方案投标并签署固定总价合同后的精算问题

1. 问题说明

某投标人在投标时,作为价值工程(value engineering)投标内容的一部分,向招标人提出了主体工程的施工工艺由钢筋混凝土改为使用PC板(预制板)的方式。中标后的交涉阶段招标人选用了该方式,招标人要求将综合单价合同改为固定总价合同,投标人在未进行充分分析测算的情况下同意了招标人的要求,由此,在最终结算时双方就追加、变更、数量增加等发生了争议。

2. 当事人反思

固定总价合同应该是初始时投标人基于对固定总价报价的认识,对图纸等进行详细探讨及测算,以期将风险降至最低,而不应该按照工程量清单测算的结果直接变更为固定总价合同。

3. 分析及可借鉴经验

除经过严密计算的报价方案外,招标人常常会要求(或者可以接受)投标人提供合理化、全面化提案或替代设计方案。本案例即为以替代方案中标的案例。一般情况下,替代设计方案可以理解为是对投标人不利的投标方式,加之本案例因部分替代设计而致使工程整体变为固定总价合同,对中标人来说是最差的选择,理由如下:

(1)如为设计施工一体化的工程,为进行投标,设计投标人会给予投标人较长的投标准备期,在此期间投标人将有时间从多种角度研判风险,而本案例的准备时间可能并不充分。

(2)如为设计施工一体化的工程,签约后的工期亦在考虑范围内,一般应比仅做施工的项目的工期要长,但本案例工期可能较紧。承包商必须筹划自己的设计时间,赔付误期违约金的风险较高。

(3)由投标人承担设计责任。若由保险覆盖每一项目的设计责任,则支付的保险金额可能过大,现实中难以操作。同时,若由保险覆盖每一项目的设计责任,保险公司会要求将项目的设计进行公开,这会与招标人的设计不可公开的要求产生矛盾冲突。

(4)一般情况下,设计工程取得土地与政府及相关人员的交涉,取得建筑类许可的申请及交涉等均为招标人的责任。但是需注意的是,如因替代设计方案导致取得用地条件与建筑类许可条件发生变更,则根据情况可能变为投标人承担交涉责任,投标人的风险将加大。

综上所述,对已有设计方案进行单独施工的合同与设计施工一体化的合同,存在的风险完全不同。如果中途变更为设计施工一体化合同,则风险将进一步增大。建议投标人充分考虑该风险,在此基础上与招标人进行交涉。

另外,考虑到国际工程招标项目中经常采用国际咨询工程师联合会 1999 年版的合同,其增加了无论何时承包商均可向工程师提出价值工程建议书的条款[第 13.2 条价值工程(value engineering)]。因此,作为投标人,在价值工程这一环节提交替代设计方案时,应充分考虑为了招标人的利益而提案的价值工程导致自身承担的过度责任或损失风险。

第二节 韩　　国

鉴于海外工程的客观风险与问题在第一节已做了较为详细的归纳,本节将不再累述。在世界各国中,韩国在推动国际建设方面与中国具有很大的相似性,而今韩国已成功转型至技术密集型领域。作为加入并积极寻求携手参与我国"一带一路"倡议的韩国,了解其在海外工程承包的发展历程能让我们在大步"走出去"的今天收获启发。

世界最高摩天楼哈利法塔(迪拜塔)由美国 SOM 建筑设计公司设计,但可能很少有人知道,这座 828 米的高楼是由韩国工程承包公司历时 5 年多建设而成。三星物产、现代建设、现代重工、韩国 GS 建设、SK 建设、斗山重工,这些在 ENR 榜单上赫赫有名的国际工程承包商,是韩国工程行业的龙头企业,同时也是韩国工程企业开拓国际市场的先行者。

韩国的建筑业也起步于朝鲜战争时期,通过帮助美军修军事设施以及为驻扎美军修建港口、机场、道路、兵营以及防御工程，韩国累积了先进的施工技术和管理知识、引进了重型机械和设备，普及了英语水平，这些为韩国建筑企业转战海外奠定了基础。越南战争爆发后，美国将在越南的建筑工程都交给了韩国建筑企业。于是，韩国建筑企业开始远征海外。

1973 年第四次中东战争爆发，韩国在深受石油危机的打击之下，找到了基建和劳务输出的解决办法——“石油美元倒流方案”——在中东发展基建，弥补进口石油的巨额亏损，把买石油的美元再赚回来。通过 1973 年年底三焕公司在沙特拿下的第一个高速公路工程项目并获得业主高度评价后，韩国建筑企业纷纷涌入沙特，并以沙特为“桥头堡”，转战阿联酋、伊朗，甚至利比亚等国家。相关数据显示，韩国企业在中东的工程承包额 1973 年为 2400 多万美元，1974 年增至 8900 万美元，1975 年为 6.4 亿美元，1976 年拿下的合同款项达 9.4 亿美元的沙特朱拜乐产业港工程，几乎相当于韩国当年财政总预算的一半，而到 1978 年时，数值已达到 78.9 亿美元。可以说，1974 ~ 1979 年，是韩国海外工程承包的黄金时期，韩国也因此在很大程度上缓解了石油危机的冲击，挺过了难关，同时，大规模的基建也带来了机械、设备、建材行业的发展，实现了国家迈向重工业的跨越。至 20 世纪 80 年代初期，韩国在国际建筑市场上的份额仅次于美国，达到 11% 以上。

然而，随着油价下跌、中东市场的饱和及条件日趋恶化、人力成本激增等原因，韩国在 20 世纪 70 年代以低附加值业务与成本优势的海外工程承包之路已难以为继。据统计，1983 ~ 1990 年，韩国海外承包工程年平均额为 45.09 亿美元，比上个时期下降 1/3 以上，面对中东市场的萎缩，韩国企业力图进入欧美市场，但收效甚微。面对内外压力，韩国企业在海外工程业务上暂停盲目发力，而是集中精力开展国内的大型复杂项目（如核电站），从中获取了工业设施建设经验，为其在国际市场上的转型扩张奠定了基础。

进入 20 世纪 90 年代与 21 世纪以来，随着发达国家经济摩擦扩大以及世界经济集团化、区域化趋势加强，已转型为技术密集型的韩国海外工程承包企业进一步调整经营机制，通过重点提供高精尖、高附加值成套项目设备及机械设备，雇用发展中国家的廉价劳动力等多元化方式，韩国海外工程承包行业再次振兴，除了巩固原有的优势，同时打开了非洲和中亚市场。1997 年，韩国建筑企业在海外承接到了 140 亿美元的工程合同，2010 年为 716 亿美元，达到了历史峰值。韩国企业成功构建了“设计 + 施工”产业链，并不断提升资源、市场和管理国际化水平，与国际先进的项目管理和企业管理实践相接轨，最终完成了转型升级，跻身国际项目管理效率最高的工程承包商行列。

但在达到巅峰的同时，伴随市场竞争的持续激烈，加之国际金融危机对国际工程市场的影响，韩国企业在海外低价竞标恶果的不断显现，多家企业在海外大型项目遭遇执行困境，业绩逐年下滑，最终在2013年前后相继爆发了巨额亏损等问题。以三星工程为例，2014年1月28日发布的年报显示，2013年三星工程全年经营亏损为10,280亿韩元，约合10亿美元；预计当期净亏损额为7亿美元，这是自2003年以来第一次经营亏损，主要集中在沙特、中东和美国3个市场，在沙特市场的亏损尤为严重（见表3－6－1）。与三星工程一样，韩国GS建设在2013年第一季度业绩报告中也显示巨额亏损：营业亏损5.3亿美元，当期净亏损3.8亿美元。韩国GS建设第一季度亏损的主要原因是韩币汇率上升。

表3－6－1　三星工程主要亏损项目

项目名称	问题原因
沙特铝加工厂项目	按计划应于2013年竣工，由于延误导致成本增加，2013年第一季度确认亏损1.6亿美元
沙特SHABA天然气项目	原来设想大量使用当地熟练工人，实际雇用当地熟练技术工人十分困难，不得已改为直接派遣管理劳务，导致工效低下、工期延迟。为避免工期延误又开展了多次抢工，加上工程大量变更，导致成本大幅上升
沙特二氧化碳压缩项目	设备供货延误
美国陶氏化学的氯气设施项目	原定2013年9月完工，因质量问题，延期2个月，确认亏损额9000万美元
阿联酋CBDC炼油厂项目	原材料及工程量增加导致成本上升，投标时三星工程依据方案设计报价，但在施工设计过程中，发生未曾预料到的原材料及工程量增加
阿联酋TAKREER炼油厂项目	原定2013年8月完工，延期4个月
阿联酋Carbon Black项目	为加速项目收款而进行费用调整，计提部分损失用于设备费用的超支和劳动力成本的增加

在参与投标时就可能为项目的亏损埋下了隐患。工期的延期、劳务人力的不足、原材料价格的上涨，如果在参与投标报价时不是一味地采取低价竞争策略，而是为这些可预见的风险预留出空间，将能够避免大幅亏损情况。而在当时的市场

环境下,国与国之间的激烈竞争加之韩国企业之间的内部低价竞争,导致了这场亏损爆发。

海外经营的亏损之痛引发了企业的反思,韩国工程承包企业在更加重视自主技术和设计能力提升以及探索进入新兴业务领域的基础上,自 2014 年以来,采取了进一步强化合作,组成联合体共同出击海外的策略。例如,现代建设、现代工程、大宇国际组成联合体,GS 建设和大林产业组成联合体,参与阿尔及利亚电力厅发包的 6 个区域的复合火力发电站中 3 个电站的投标;GS 建设、SK 建设、现代工程、现代建设联合体参与伊拉克石油部下属石油项目公司发标的一炼油厂(合同额约 60 亿美元)的投标等。

2017 年,韩国工程承包行业在中东市场所占份额出现大幅下滑后实现回暖,2018 年占据 15.4%的中东市场份额。在亚洲市场中,承包收入所占比重中排名前三的分别是欧洲企业、中国企业、韩国企业。韩国企业自我纠偏的能力与效率使韩国企业再度赢回市场,至今仍在国际工程中占有重要的一席之地。

回顾韩国的海外工程承包发展历程,可以看到,韩国的海外工程承包企业在区位布局上,初期以东南亚为主,20 世纪 70 年代初转向中东市场并牢牢守住市场份额,随着亚洲以及太平洋地区、澳洲的基础设施和能源行业进入投资建设高潮,该区域成为韩国工程承包企业的第二主战场,承揽了包括马来西亚国家石油公司的炼化一体化项目、澳大利亚铁矿项目、新加坡人工岛项目等典型项目。拉丁美洲、非洲和欧洲市场也有涉足,但份额不大。根据 ENR2020 年度韩国市场占有率分析,也可看出韩国企业仍以承包发展中国家的建设项目为主。

在运营战略上,韩国初期以低廉的人力成本及低端行业的工民建为切入点,在国际项目招投标中以明显低于竞争对手的价格优势中标,加之以严守工期与质量良好的口碑为后盾,使行业获得快速发展。但同时韩国企业注意到,其在中东承建的工程约 85%是普通的楼房和土木工程建筑,并不需要高精的建筑技术。同时,因韩国具有以出口为导向的成熟制造业,其设备、材料遵循国际和西方的标准,质量可靠而且价格低廉,韩国建筑企业在海外总承包项目的投标和执行中,可以大量使用“韩国制造”,也能大幅带动国家的经济提升。如何将这块业务变现并寻求进一步发展,韩国企业开始转换经营机制,不断提高自身的技术与经营能力,将 20 世纪 70 年代的劳动密集型的土木工程类单一项目逐步转化为技术密集型的综合承包。例如,增加承揽工程的设计及施工后的监测等系列工作,注重对高附加值的机械、电气通信等工程研发等，使自身具备综合竞争力；面对人力成本的高涨以及东道国承包政策限制问题，迅速改变其雇用结构，转以雇用当地或第三国（地）公民为主；为在成套工程设备输出中继续使用“韩国制造”，将生产厂转移到发展中国家，如中国、越南等，使用当地的劳动力，在进一步降低成本的同时确保企业管理和标准等。除此之外，韩国企业还以联盟方式，推动公司之间的协作，实现优势互补，通过共同投标，分享利益，以取得较好的投标机会和发包价格。因此，国际公开竞标的工程项目，韩国企业在满足技术质量的前提下，能够精确控制成本，以较低的价格保证中标。

韩国建筑企业具有强大国际竞争力除了上述原因以外，更重要的是离不开韩国政府的支持与协调。韩国企业在20世纪70年代的海外工程承包，大大地缓解了石油危机给国家带来的经济冲击，企业在中东承揽工程项目的目的，已不是单纯地为企业盈利，而是政企合作共同寻找经济危机的出路。因此，政府的支持力度决定了行业发展的深远程度。

为使韩国企业海外工程承包之路顺利推进，在外交政策上，韩国政府将缅甸、利比亚、伊朗等国定位为重点市场，并有针对性地开展经济外交活动，同时积极关注外国开发区及大型项目建设，韩国政府代表企业参与市场公关的成果显著，为建筑企业在海外工程承包的实际工作开展打开了“方便之门”。当初韩国企业能够入驻中东市场，即与政府的中东外交政策密切相关。进入20世纪70年代，因对石油的依赖，使韩国开始转变外交策略，寻求与阿拉伯国家友好相处。

在法规及制度建设方面，韩国对应出台了《建设产业基本法》用以规范企业施工行为；以《海外建设促进法》规范海外工程承包商的登记注册制度；《年度海外建设促进计划》则用以评估当前市场环境，预测未来走势，并根据实际情况对产业扶持措施进行调整，使企业能够有序经营。例如，为提高经营效率，防止恶性竞争，政府及有关部门将企业按其资本、技术、承包额及其工程质量分为三个等级，规定了不同的投标与经营范围；到20世纪80年代中期，又将之细分为优势、健全、指导和劝告撤回等四种类型公司；以颁布一般和综合许可证的方式，要求相应的公司依照土木、港湾、道路、成套设备等不同经营领域，实现专业化分工与协作。

在管理机构设置上，[①]韩国的议会内设机构——海外建设振兴委员会负责审

① 参见汤伊心：《日本海外工程承包行业的发展历程》，载《现代商业》2017年第18期，第174－176页。

议与海外承包工程相关的法规和政策，[1]并协调与其他部门共同推进产业发展；[2]国土交通部负责起草与行业相关的法规、政策和战略规划；[3]公平交易委员会负责处理与建筑企业有关的不正当竞争事件；大韩建设协会和海外建设协会负责市场调研、政策研究等工作并帮助企业进行融资。[4]

作为企业稳定经营的重中之重的融资方面，[5]政府也不遗余力地大力推行金融扶持政策，[6]推动民间及官方机构与国外银行及基金（如各国开发银行、国际金融公司 IFC、国际投资担保机构、卡塔尔控股等银行及基金）的合作，并大力促成进出口银行、产业银行、贸易保险公社、海外建设协会、成套设备产业协会、建筑企业互助组合等机构联合成立海外工程金融支持中心，确保企业在海外工程承包的融资顺畅。[7]

---

① 参见孟宪海：《日本建设管理体制的特点及其研究》，载《建筑经济》1999 年第 9 期，第 37－40 页。

② 参见李明双：《由国际化迈向全球化——日本工程公司海外业务战略转型的启示》，载《国际工程与劳务》2013 年第 12 期，第 45－47 页。

③ 参见马学礼、刘娟：《日本基础设施海外输出战略及其与"一带一路"对接研究》，载《日本问题研究》2019 年第 2 期，第 72－80 页。

④ 参见李鸿阶：《韩国海外承包工程的竞争优势与发展潜力》，载《亚太经济》1992 年第 3 期，第 23－28 页。

⑤ 参见李明双：《韩国工程承包企业转型升级启示录》，载《国际工程与劳务》2015 年第 5 期，第 63－66 页。

⑥ 参见毕红军、张立荣等：《韩国三星工程建设公司海外业务发展启示》，载《国际工程与劳务》2015 年第 5 期，第 58－62 页。

⑦ 参见张大平：《中韩工程公司国际项目竞争力比较分析》，载《国际经济合作》2018 年第 5 期，第 67－71 页。

第七章　世界银行融资项目案例

国际金融公司（International Finance Corporation，IFC）的《环境和社会绩效标准》（以下简称绩效标准）有助于 IFC 及项目公司通过绩效方式来管理、改善环境和社会影响，IFC 的绩效标准构成了世界银行集团融资安全保障政策的重要组成部分。IFC 绩效标准指出，当 IFC 所投资的客户或投资接受方（项目公司）存在重大潜在的环境和社会风险时，应按照绩效标准的相关规定进行评估、控制和管理这些风险。IFC 绩效标准是一个用于评估、控制和管理商业活动或项目环境和社会风险的国际标准，已被全球许多金融机构和项目公司采用，[①]成为环境和社会绩效管理的重要组成部分。为帮助商业活动或项目达到 IFC 绩效标准，IFC 制定的环境、健康和安全指南为不同的行业提供了具体的技术指南和行业范例。世界银行项目融资案件的审查是由世界银行集团内部的审查机构合规顾问监察署（The Office of the Compliance Advisor/Ombudsman，CAO）来负责，而非交由国内或国际法院审判。CAO 是 IFC 和多边投资担保机构（The Multilateral Investment Guarantee Agency，MIGA）的独立追索机制，由世界银行集团于 1999 年设立。CAO 是独立建制，直接对世界银行集团行长负责，其任务是协助 IFC 和 MIGA 通过公平、客观和富有建设性的方式调查和解决受其项目不利影响的利益相关方所提出的投诉，从而增强项目的社会和环境效益。CAO 受理申诉案件的资格标准是：申诉应与 IFC 或 MIGA 的一个或多个项目（包括正在审议中的项目）相关；申诉涉及与该项目有关的社会和/或环境问题；申诉人为个人或社群或他们指定的代表，这些人认为其已受到或可能受到上述社会和环境问题的直接影响。本章通过对 IFC 国际项目融资案例的研究，进一步明确项目公司在具体实践中应当如何履行相关义

---

① 例如，赤道原则作为评估国际融资项目中的环境与社会标准的行业准则/黄金标准，正是采用了 IFC 的八项绩效标准。

务,分析其履行过程中存在的困难及其对应的解决方案。

第一节　印度尼西亚棕榈油项目案

一、案情简介

Wilmar Group(以下简称该集团)是一家大型农业综合企业集团,专门从事棕榈油的生产和贸易,业务遍及亚洲、东欧和非洲。作为全球最大的棕榈油厂商,该集团在1992年就开始在印度尼西亚开展棕榈油的生产加工和贸易,并得到了世界银行的资助。自2003年以来,IFC向该集团位于印度尼西亚的四个项目进行投资,其中两笔投资新加坡贸易公司,两笔投资乌克兰棕榈油精炼厂。该集团的大部分油棕贸易源自其在印度尼西亚的全资或控股公司(获得人工种植森林特许经营权许可)实施的相关项目,虽然印度尼西亚棕榈油项目(本节以下简称该项目)并不直接涉及油棕种植园的开发问题,但所有项目的投资企划书都明确阐述了该集团将在印度尼西亚扩建配套的油棕种植园。

该集团的投资项目是印度尼西亚政府推行的"中心场站加小种植户"(Nucleus Estate and Smallholder,NES)计划的一部分。① 根据NES计划,外岛地区油棕等木本作物的小种植户每户可分到2公顷种植用地、1公顷住宅用地;小种植户将与一个中心场站相连,中心场站一般是国有农业企业和大型私企,为小种植户提供必要的技术扶持、市场服务,小种植户则通过中心场站出售产品。尽管NES计划有效缓解了印度尼西亚农村地区的经济发展和就业问题,但随着项目过程中油棕、橡胶树等种植面积的不断扩大,滥垦滥伐也愈演愈烈,大片的原始森林和湿地被种植园取代,导致加里曼丹岛西部、中部及苏门答腊岛的生态环境遭到严重的污染和破坏。

2007年7月18日,在国际非政府组织"森林人项目"(Forest Peoples Programme)的牵头下,来自国际非政府组织和印度尼西亚非政府组织、当地土著居民团体的19名签署人联合向世界银行提交申诉状。申诉人指责该集团在印度尼西亚的投资项目对加里曼丹岛西部、中部及苏门答腊岛产生了不利的环境与社会

① NES计划也获得了世界银行的贷款资助。

影响,并声称该集团的项目经营行为缺乏合法性,在未获得相应的许可证的情况下擅自毁林开荒。本案的争议焦点包括:①该项目毁林开荒未经社区批准,未获得法律要求的许可或未完成相关评估程序;②违反国家法律法规以及可持续棕榈油圆桌会议原则及指导方针(以下简称 RSPO 原则);③未充分遵守 IFC 绩效标准及其要求的尽职调查和相关政策。申诉人指出,该集团非法持续开发棕榈油,可能会导致当地土著社群不断失去其赖以生存的土地,进而无法实现小农的可持续发展,最终导致更严重的贫困。他们对该项目的非法实施导致种植园面积缩减表示担忧。

二、案例解析

1. 各方观点

关于该集团在印度尼西亚的投资项目分类的合法性以及是否符合 IFC 绩效标准问题。申诉人认为,IFC 把该集团在印度尼西亚的四项投资项目确认为 B 类或 C 类项目是错误的,其在确定该集团项目的风险类别时,并未考虑供应链的外部影响。因为油棕种植园作为棕榈油供应链的一环,其建立对当地居民赖以生存的土地和森林造成了严重破坏。该集团辩解称,棕榈油的加工和贸易都是在公开的外部市场上进行的,难以溯源到油棕种植园,因此只需考虑加工销售环节。实际上,该集团在 2006 年年度报告中提及,其作为垂直管理的综合性企业,需要对供应链的每个环节严格控制成本,独立第三方还为其棕榈油源于其整个供应链系统(可追溯)提供了证明。然而,IFC 和该集团却将本应作为供应链体系内的油棕种植园排除在项目尽职调查范围之外,违反了 IFC 的相关政策。根据 IFC 的项目分类标准,A 类项目为有可能对社会和环境造成重大不利影响的项目;B 类项目为有可能造成一定程度的不利影响,但这种影响只局限于项目地且可通过有关措施得到减缓的项目;而 C 类项目为社会和环境影响极其轻微或没有不利影响的项目。根据 1998 年《环境与社会审查程序》(ESRP)和 1998 年保障政策(safeguard policies)的要求,[①]项目分类取决于项目的类型、位置,敏感性和规模以及其潜在的社会和环境影响因素。本案中,IFC 忽略了该项目供应链中的潜在影响,将供应链因素从其投资决策过程中排除,将投资项目归类为 B 类和 C 类项目,并解释为

① 2006 年《保障政策》被 IFC 绩效标准所替代。

该项目对环境或社会的影响有限或没有影响，这显然违反了其相关政策标准。因此，项目不仅需要考虑提升棕榈油的加工能力和贸易规模，还应考虑为作为供应链上游的企业、种植园带来良好的效益，从而造福当地社群，IFC 对该项目的分类违反了其政策标准对项目分类的规定。

关于该项目环境和社会评估的合法性及违反国内法的问题。申诉人认为，IFC 在该项目尽职调查中并未评估该集团对人工种植森林的运营是否符合国家法律，因为 IFC 决定将人工种植森林的运营排除在尽职调查范围之外。CAO 认为，在 2007 年 11 月和 2008 年 1 月，IFC 和该集团实际上承认了项目实施过程中的缺陷，即经营种植园未遵守国家法律关于许可证的程序要求，以及不完全披露环境与社会影响。IFC 在其尽职调查中未考虑种植园经营的合法性问题，也未发现该项目不符合国内法的相关规定。该集团辩称，由于印度尼西亚国内相关法律对项目的环境保护及行政许可的规定存在重叠和矛盾，使其无法准确适用，但承认了其在加里曼丹岛西部进行的毁林开荒行为没有进行适当的环境影响评价。该集团表示其一直严格遵守“零燃烧”政策，并未放火，而开荒过程中被砍倒的树木都有留待其自身自然生物降解。该集团还辩解其没有为了发展棕榈种植园而故意砍伐任何“高保护价值森林”(high conservation value forest，HCVF)地区和主要雨林区域。CAO 指出该集团应确保开荒行为已获得有关许可证，并已完成严格的环境影响评价。但同时 CAO 又解释，在一些东南亚国家内部，不同层级或不同领域的政府部门出于利益争夺，对于外国投资者获得项目地应履行哪些程序，经常会颁布不同的甚至相互矛盾的规则和指令。通常，投资者为获得土地需向行政区(kabupaten)的权威机构直接申请，需要获得几个层级不同的许可证，并且需要同当地部落和个人进行谈判。然而，就土著居民对土地所享有的习惯权利方面，印度尼西亚国内法往往相互冲突。1870 年的荷兰土地联合声明推行政府控制土地资源的“领地”原则，归属权不明的土地归政府所有，但土著居民根据习惯法对土地享有的相应权利并没有得到这部法律的承认，印度尼西亚在独立后一段时期内沿袭了“领地”原则。1945 年的《印度尼西亚宪法》承认了以土著居民为基础的传统政治实体及其习惯权利，但随后政府颁布的某些法律又继续采用“领地”原则。而这种规定不仅损害了土著居民的权利，还导致项目所涉的当地部落和社群与该集团无法达成共识。尽管有客观事实的存在，但该项目的评估程序非法，不但未获得相应的许可，而且也未进行充分的环境与社会影响评估，从而导致其毁林开荒行为对项目地周围的环境造成了严重的污染和损害,这一后果是不容忽视的。

关于该项目违反了 RSPO 原则的问题。申诉人认为,该项目在实施过程中违反了国际相关行业惯例和 IFC 相关政策标准。RSPO 是 2004 年 4 月在世界自然基金会(World Wildlife Fund,WWF)的倡议下正式成立的棕榈油行业非政府组织,其成员是来自各国的棕榈油生产、加工、零售、贸易等供应链各环节的企业、非政府组织以及金融机构。该集团和 IFC 分别于 2005 年 8 月和 11 月加入 RSPO。2007 年 6 月,RSPO 批准了一项认证协议,其中包含使用 RSPO 原则和标准对棕榈油生产进行认证的完整计划的建议。RSPO 在 2008 年 10 月完成了供应链认证体系,并建立了相关程序以确保 RSPO 认证的棕榈油生产在该集团的供应链中所有设施均符合相关要求。RSPO 采用了八项原则及可行性的指导方针来促进 RSPO 原则的实施,这些原则包括:

(1)透明度原则,即要求油棕种植园和有关企业应向利害关系人提供充分与环境和社会问题相关的信息,尤其是该领域相关的经营管理信息,除非这些信息涉及商业秘密或披露上述信息将造成不利的环境和社会影响,则可以不提供信息。

(2)合法性原则,即要求项目公司遵守可适用的法律与法规,包括国内法与国际法。这也意味着,本案中该项目下的油棕种植园的土地占用必须合法,且未经明示的同意,这种占用不得损害当地社群的法定权利和习惯权利。

(3)致力于经济市场的可持续发展,即绿色生产和可持续发展原则。

(4)要求采取适宜的操作流程,对环境负责并保护自然资源和生物多样性,实现棕榈油产业的可持续发展。

(5)对员工和个体负责任原则,即项目不得损害员工、当地人或其他个体的人权。

(6)对受到种植者和工厂影响的社区负责任,因此在开展环境影响评价和污染废弃物的排放、处置等问题上应与利害关系人进行充分磋商,并对受棕榈油生产活动影响的社群进行适当的补偿。

(7)负责任地发展新的种植活动。

(8)致力于持续改进关键的活动领域。

本案中,根据前述要求和 IFC 绩效标准的相关规定,该集团在低成本劳动力或者所使用的资源对生态敏感的情况下,未将供应链相关的不利影响纳入考虑范围。此外,该项目未遵守种植园经营许可证和相关标准的国内法要求,不充分披露环境影响评估。CAO 认为,该集团加入的 RSPO 原则不能替代 IFC 政策、程序和标准,由于 IFC 的绩效标准更为全面,可以为 RSPO 原则未解决的领域提供保障,例如,RSPO 在运营阶段没有建立独立的检验程序来评估项目涉及的 IFC 绩效标准中的要求。

2. 建纬解析

本案中,IFC 没有为该集团印度尼西亚棕榈油项目提供相关领域的具体指导和策略。从尽职调查的角度来看,IFC 的环境和社会评估程序未能充分解决棕榈油项目涉及的贸易融资或其他类似投资的环境和社会影响问题。CAO 认为,A 类项目、B 类项目与 C 类项目的环境和社会评估范围差异较大,IFC 可能面临着在项目分类过程中施加内外部商业压力以最终使项目确定为 C 类,而该项目被认定为 C 类标准并不符合 IFC 的政策和绩效标准,因其相关评估未按照绩效标准的要求将供应链上的潜在影响纳入考虑范围。此外,该项目在获取国家法律要求的许可程序上存在瑕疵,而环境和社会评估内容不完全符合 RSPO 原则和 IFC 绩效标准。

因此,IFC 正参照有关履行标准对该集团种植园的经营发起新一轮的审查,以期减缓不利影响。IFC 还将制定一套详细的棕榈油部门咨询服务规划,在项目融资过程中认真听取相关各方的反馈意见,以提升大型棕榈油厂商的社会责任意识,实现棕榈油产业的可持续发展。CAO 将对此持续监督,并由 CAO 监察处积极促成申诉人、该集团和 IFC 的友好谈判。该集团下的 Cipta Riau Sarana(CRS)公司和廖内省 Pangean 社群参与了由当地 CSO Scale - Up 机构组织的谈判与调解,而在当地民间社会组织 Setara 的协助下,该集团下的 Asiatic Persada(PT AP)机构与占碑省的土著社群 Suku Anak Dalam(SAD)之间也制定了相关倡议。

本案表明,项目的环境和社会风险分类方法应全面反映国际项目融资借款方的运作模式、资产和投资行为,同时还应注意,拥有不同等级供应链系统的垂直管理型综合企业将比一般商贸企业带来更大的环境和社会风险。显然,在有关国际法和国内法缺位时,行业规范在某种程度上已上升为 CAO 裁决的标准之一。CAO 对本案的审理进一步提醒投资者要关注商品尤其是农产品的供应链问题,因为除了流通和加工环节外,商品在生产环节也可能产生一系列的环境和社会问题,需要引起各国政府和投资方的高度关注。

第二节　马来西亚 Bilt 纸业案

一、案情简介

Bilt 纸业公司是印度和马来西亚最大的印刷纸生产商，是总部位于印度的 Ballarpur Industries Limited（BILT）公司的子公司，其旗下子公司沙巴州森林工业公司（Sabah Forest Industries，本节以下简称该公司）于 1982 年在马来西亚沙巴州成立，是一家大型综合制浆造纸子公司。2014 年 8 月，IFC 董事会批准了对 Bilt 纸业公司和该公司共计 2.5 亿美元的债权和股权投资，用于资助 Bilt 纸业项目（本节以下简称该项目），其中包括 Bilt 纸业公司的 1 亿美元股权投资和提供该公司的三笔贷款（最高 5000 万美元的 A 类贷款、高达 6250 万美元的 B 类贷款，以及高达 3750 万美元的银团贷款）。IFC 于 2014 年 10 月购买了 Bilt 纸业公司的股权，但向该公司提出的 A 类贷款和银团贷款尚未支付。为了保证原材料的可持续性供应，该公司获得了森林管理委员会（Forest Stewardship Council，FSC）的 FSC－COC 认证，并取得了由政府授予的人工种植森林和种植园土地的特许租赁权。截至 2014 年 4 月，该公司雇用了 2542 名员工，其中 1582 名员工与 SFI（可持续林业倡议或可持续林业行动）签署了永久雇用合同。除了直接雇用的员工外，该公司还与约 27 个中小型承包公司签约了 1218 名派遣员工。在直接雇用的员工中，其中马来西亚人约占 69%，尼泊尔人约占 16%，印度尼西亚人约占 14%，其他国家人约占 1%。该公司还雇用了 32 名由 Bilt 公司业务部门签约的外籍员工担任行政管理职位。

2015 年 6 月，国际建筑工会代表其在沙巴的分支机构沙巴木材工业工会向世界银行提出了申诉。申诉人称，自 1998 年以来，该公司的员工一直在努力组建工会，但该公司通过反工会政策来压制其员工自由结社的权利，该公司的管理层只承认其内部工会。申诉人认为，该公司限制员工结社自由权的行为不符合 IFC 绩效标准 2（PS2）、马来西亚国内法关于自由结社的规定以及国际劳工组织通过的第 87 号公约《结社自由和保护组织权公约》（1948 年）和第 98 号公约《组织权和集体谈判权公约》（1949 年）。2014 年 5 月，国际建筑工会向 FSC 下属的国际认证服务机构投诉该公司限制了员工的结社自由权，并要求根据 FSC 进行审核。根据国际工会组织的报告,2014 年 8 月,该公司的管理层表示其只接受该公司的“内部工会”,并解释《马来西亚移民法》禁止任何移民加入马来西亚的任何工会。2014 年 12 月,国际认证服务机构接受了申诉并进行了调查,其认为没有发现有力证据证明该公司干涉员工的结社自由权。2015 年 3 月,国际建筑工会直接向 FSC 投诉,指控该公司未遵守 FSC 有关自由结社的政策。投诉称该公司不仅违反了国际劳工组织的核心原则(特别是关于自由权的相关规定),还违反了 FSC 结社自由的政策。FSC 在 2015 年 7 月接受了申诉,并召集了一个小组进行调查。该小组于 2015 年 10 月访问了该公司,并与利益相关方进行了交谈。在调查之后,FSC 认为有明确和令人信服的证据表明该公司未能遵守国际劳工组织核心公约。2016 年 8 月,FSC 判定该公司未满足这些条件,随即与公司解除关联。本案的焦点在于:①该公司对员工的结社自由权的限制是否违反了马来西亚国内法、IFC 绩效标准 2 和国际上相关的劳工标准;②该公司是否违反 FSC 认证标准。

二、案例解析

1. 各方观点

关于该公司限制员工结社自由权的合法性问题,需要进一步考察马来西亚对结社自由的法律规定以及现实情况。《马来西亚宪法》赋予了所有公民结社自由的权利,1967 年的《劳资关系法》规定了员工享有不受干扰、限制和强迫胁迫建立和加入工会的权利。根据马来西亚国内法的相关规定,为便于工会行使权利,其应当进行登记并得到雇主的承认,登记和认可需要正式申请。实际上,工会集体协议所涵盖的员工比例较低,员工在很大程度上无法真正决定工会的注册或认可。由于马来西亚的法律规定,某些类别的员工(如经理、执行官、保安或机密职位的员工)不得加入一般工会,一些雇主利用对公司内部职位进行调整和重新分配的手段来阻止员工加入工会。《马来西亚移民法》还规定了外籍员工不得加入任何工会。关于结社自由权相关的公约认可问题,马来西亚政府批准了国际劳工组织第 98 号公约《组织权和集体谈判权公约》,但它尚未批准国际劳工组织第 87 号公约《结社自由和保护组织权公约》。此外,国际劳工组织建议书专家委员会认为马来西亚政府对工会的认可时间较长(9 个月),要求政府修订法律以加快工会的认可程序。在 IFC 投资 Bilt 纸业公司之前,其便在关于马来西亚的年度报告中指出,马来西亚政府对结社自由权的限制是该国最严重的人权问题。虽然马来西亚法律承认工人有权成立和加入工会，但其 2012 年和 2013 年的《人权报告》表明，马来西亚政府限制了工人的罢工权，工会的认可程序也被故意拖延，其关于防止雇主对参与工会活动的员工采取报复行动的法律规定不具有执行性。本案中，该公司的劳工审计报告列出了需要注意的关键问题，包括最低薪资、对合同工的责任、社会保障福利和外籍工人的权利，但缺乏对员工结社自由和工会认可的描述。在该审计报告中关于"工会遗留问题"的部分，该公司承诺将承认一个合法组成的工会，并寻求建立联合咨询委员会，以便为所有工人（包括外籍工人）提供一个交流平台。由此可见，马来西亚关于员工结社自由的规定存在极大的不一致，导致该公司在现实情况下遵守马来西亚国内法和国际标准更加困难。

关于该项目是否符合 IFC 绩效标准，CAO 对 IFC《环境与社会可持续发展政策》（Policy on Environmental and Social Sustainability，以下简称《可持续发展政策》）、IFC 绩效标准等政策以及相关程序的遵守情况进行了评估。根据《可持续发展政策》的规定，IFC 支持的项目应当符合 IFC 绩效标准，并且项目公司应当对所涉的环境和社会风险进行充分评估，IFC 应对项目进行分类和监督。《可持续发展政策》还规定了企业负有尊重人权的责任，包括《国际人权法案》和国际劳工组织核心公约中的八项权利。IFC 的《信息获取政策》（IFC's Access to Information Policy）规定了 IFC 向公众提供的信息范围包括与特定项目有关的信息。IFC 绩效标准细化了项目公司管理环境和社会风险的责任范围，在其绩效标准 2 的指导说明 2 中的第 13 段和第 14 段具体阐述了工人结社自由的要求："GN13. 为确保对员工进行有效、公正地管理，项目公司需要制定处理一系列人力资源事务的政策与程序。政策的范围及深度应按项目公司员工总数的多少和性质进行调整。这些政策和程序应涵盖所有员工类型，包括直接员工、合同员工和供应链员工。确定实施的政策至少应符合当地劳工法和 IFC 绩效标准 2 的要求。这些程序需要不断更新并与公司的整体管理系统结合起来，以确保管理的一致性和检测的持续性。GN14. 所有为公司工作的员工的合同中应说明与公司或第三方的雇佣关系。此合同应作为整个雇用过程的组成部分，并且应详细说明对与劳工和工作条件相关的政策和程序。这将包括雇佣关系的条件和期限、工资和福利、工资计算和工资单、工作时间、加班、休息时间、工休时间、申诉程序、工资扣除、工作条件、终止程序、医疗保险和养老金。"

本案中，该公司和 Bilt 纸业公司于 2014 年 10 月签订了投资协议，承诺执行与项目相关的绩效标准。该标准规定项目公司应避免或减少项目对工人、社区和环境的不利影响,并尽可能抵消风险和影响或作出补偿。根据 IFC 绩效标准 2 关于结社自由的规定,该公司应当在追求经济增长的同时保护员工的基本权利;遵守人力资源政策和相关程序制定的一系列要求;创造合适的工作条件和就业条件(包括工人住宿的设施和环境);遵守不歧视原则;建立申诉机制;禁止强迫劳动等。该公司虽然承诺不反对成立工会(该承诺视为向 IFC 作出的缓解措施)并纳入该项目的《环境与社会行动计划》中,但是具体相关细节尚未达成共识,仍不符合 IFC 绩效标准 2 的全部要求。此外,根据 IFC 绩效标准的规定,项目公司还必须遵守适用的国家法律。本案涉及了结社自由和工人组建或加入工会的权利的问题,该公司则应遵守马来西亚的相关法律。

IFC 特别提到了国际工会组织的核心公约,包括将第 87 号和第 98 号公约作为 IFC 绩效标准 2 的指南。尽管马来西亚批准了第 98 号公约,尚未批准第 87 号公约,但是根据 IFC 绩效标准 2 的指导说明 2 的规定,正如在 1998 年国际劳工组织《工作基本原则和权利宣言》中所承诺的,包括马来西亚在内的所有成员都应尊重和促进与核心劳工原则有关权利义务,无论是否批准了相关公约。因此,无论该公司是否遵守国内法,其仍然有义务遵守 IFC 绩效标准和国际公约中的劳工标准。而 IFC 亦有义务对该公司履行相关义务提供政策建议并持续监督。

CAO 对 IFC 的合规调查进行了审查,对于申诉人提出的要求,包括:①不限制员工组建或加入他们自由选择的组织;②不企图影响和控制员工所在的组织。CAO 认为,IFC 对投资进行审查和监督期间没有监督该公司实施 IFC 的政策和标准,从而导致其助长了该公司不承认沙巴木材工业工会的局面。

关于该公司违反 FSC 认证标准的申诉,FSC 协会进行了相关的审查。FSC 的认证旨在确保产品来自负责任管理的、具有环境、社会和经济效益的森林。FSC 协会的政策规定,FSC 不为直接或间接参与某些“不可接受的行为”的组织进行认证,并将“违反国际劳工组织的任何核心公约”列为不可接受的行为。FSC 的受控木材标准(controlled wood standard)能够最大限度地减少在带有 FSC 标签的产品中使用“不可接受”的木材风险,如违反人权而采伐的木材。FSC 原则和标准适用于 FSC 认证的森林,其在“原则 4:社区关系和工人权利”中规定,“森林经营活动应维持或促进该森林经营过程中的工人和当地社区的长期社会经济效益”。该公司于 2010 年 2 月在其天然森林管理区获得了 FSC 的受控木材认证,有效期为 5

年。FSC还发布了产销监管链认证,使该公司可以将森林中的原木作为“受控木材”认证的原木等进行出售。由于该公司未遵守国际劳工组织的核心公约中关于结社自由的规定,在国际工会组织的投诉下,FSC协会通过审查判定该公司未满足认证标准,具有“不可接受的行为”,于2016年8月撤销了对该公司的相关认证。

2. 建纬解析

自1998年以来,有关在该公司限制员工自由组建工会的诉讼仍在进行中,在此期间,该公司已建立了联合咨询委员会作为员工结社的替代机制(员工对话平台),并承诺不反对成立工会,以及将采取措施积极促进工会的成立。然而CAO调查发现,该公司召集员工加入联合咨询委员会并未成功,尽管其的确承诺促进工会的成立,根据该公司员工的叙述,工会的建立仍然面临着重重阻碍。CAO同时指出IFC在投资和贷款之前对该公司的尽职调查未反映马来西亚的国情以及相关法律和实践对工人结社自由权利的挑战。IFC认为,通过政府的推动有望最终解决该公司的工会认可问题,但CAO指出,根据国际工会组织的相关文件,马来西亚被认为是工人结社自由风险特别高的国家,而工会的认可程序是马来西亚工人实施结社自由权利中的重大障碍,因此IFC在审核过程中并未充分考虑马来西亚国情对IFC绩效标准2的挑战。根据CAO 2020年6月的监测报告,2017年,由于该公司进入了破产程序,并拟由马来西亚私人公司Pelangi Prestasi Sdn Bhd(PPSB)接管,IFC表示其和Bilt纸业公司在此期间暂停与该公司继续合作。

本案中,IFC进行尽职调查时就发现该公司在工会成立方面存在长期争议。IFC要求该公司制定劳工审计报告,并确保其在《环境和社会行动计划》中承诺不反对成立工会。但是,这些措施不足以解决当时绩效标准2中涉及的风险,最终IFC暂停对该公司继续贷款和投资。由此可见,在国际项目融资过程中,正如IFC绩效标准2中提及的,“对于任何企业,员工都是宝贵的资产,稳固的劳资关系是商业活动或项目成功的关键因素。保护员工的基本权益,公平对待员工,并为他们提供安全和健康的工作环境,可以增强运营效率或生产率,以及提高员工的归属感”。根据该标准的要求,项目公司应当进行环境与社会风险评估,以识别现存的和潜在的风险和影响,并实施环境和社会风险管理系统。项目公司应尽量避免对工人、社区和环境产生不利影响,在无法避免的情况下,应当将这些负面最小化,并通过相关措施进行合理补偿和抵消影响。

第三节　亚美尼亚 Amulsar 项目案

一、案情简介

Lydian International Limited(本节以下简称该公司)是一家总部位于英国的初级矿业公司,并在多伦多证券交易所上市。该公司专注于其在亚美尼亚的 Amulsar 金矿项目(本节以下简称该项目)。Amulsar 位于亚美尼亚中部。该项目由该公司通过亚美尼亚全资子公司 Geoteam CJSC 管理,其持有亚美尼亚 Amulsar 勘探许可证。IFC 于 2007 年首次投资该公司,以资助该公司在亚美尼亚和土耳其的矿产资源勘探活动。初始投资之后,2008 ~ 2015 年 IFC 又追加了 11 笔投资,自 2007 年到 2017 年 5 月 IFC 已投资 1640 万美元。2015 年 12 月,该公司宣布达成该项目 3.25 亿美元的融资方案,项目建设所需的资金总额估计为 3.95 亿美元。该项目被列为环境和社会影响中的 B 类项目,2014 年 10 月,《亚美尼亚环境影响评估(EIA 或 ShMAG)》获得该国自然保护部的批准,2015 年,该公司发布了《Lydian 国际环境和社会影响评估》(以下简称 ESIA)。

项目流程包括调查和技术分析(地表测绘、勘探和地质的化学分析),利用常规的露天采矿技术,通过堆浸设施提取金和银,最后进行回收和冶炼。项目封闭阶段的流程包括露天采矿设施、矿石存储设施和堆浸设施的拆除,将受干扰地区恢复为草地或其他栖息地。离该项目设施最近的村庄是 Gndevaz 村,距堆浸设施约为 1 公里。矿石存储设施距温泉小镇 Jermuk 村约 7 公里,温泉是该地区的主要旅游景点。Jermuk 村距项目地 Erato 矿坑 10 公里,距 Tigranes/Artavazdes 矿坑 11 公里。采矿和相关业务在 2018 年第一季度开始,这些业务包括公路、矿石存储设施、矿山加工和辅助设施及堆浸设施等内容的建设。该项目占地 609 公顷,项目所在的区域以及附近区域将受到施工干扰,受干扰区域为 930 公顷的地区和 383 公顷的禁区。[①] 在施工高峰过程中的雇用人数约为 1300 人,矿山运营期间的总员工约为 657 人。

2014 年,该公司遭到了 2 起投诉。2014 年 4 月,在 9 个非政府组织和村民代

① 出于安全原因被围起来或在露天矿场爆破期间受到临时限制的区域。

表的支持下，位于瓦约茨佐尔省的 Gndevaz 和 Jermuk 村的村民向世界银行 CAO 提交了第一份投诉，强调了对该项目未来对环境和社区周围潜在影响的担忧，指责该公司违反了 IFC 绩效标准和亚美尼亚国内法律。随后，2014 年 7 月，Vayots Dzor 省 Gndevaz 地区的 148 位当地居民也提起投诉，对项目产生的生计、环境和社区健康的影响表示担忧。具体而言：①该项目信息公开不充分，包括有关征地和移民安置计划的信息；②该项目的氰化物浸出系统可能对环境造成污染；③粉尘污染影响农田作物及牲畜；④员工健康和社区安全问题；⑤社群在项目中的参与度不足。第二项投诉与第一项投诉中提出的问题存在重叠。

本案的争议焦点可归纳为两个部分，分别是环境影响以及社会和经济发展影响方面。在环境影响问题中，该项目导致的问题包括：①地下水污染会影响 Jermuk 村的温泉水及由于矿坑破裂和其他爆破活动而造成水污染风险的增加；②Amulsar地区的环境影响评估未考虑塞凡湖生态系统的潜在风险；③堆浸设施造成的地震风险；④矿物质中可能存在铀，将导致放射性物质扩散的风险；⑤Gndevaz村的农业用地沉积有害的粉尘。此外，该项目对生物多样性和栖息地产生影响，矿场区域内存在亚美尼亚《红皮书》中动植物保护种类，如委陵菜、高加索棕熊、亚高山草甸和其他鸟类等。在社会和经济发展问题中，涉及的问题包括：①关于征地协商过程中的透明度和充分参与度，以及从 Gndevaz 村居民购买土地的谈判是否在胁迫下进行的；②对 Jermuk 村的旅游业产生了负面影响；③对 Gndevaz 村村民的健康、生计和福祉的负面影响。

二、案例解析

1. 各方观点

根据 IFC 绩效标准 1 的要求，风险和影响识别流程的范围应由合格的专业人员进行适当、准确和客观地评估及陈述，并且应与国际行业惯例保持一致，包括环境和社会影响评估，或者根据项目的不同涉及的环境选址、污染标准、设计标准或施工标准等。世界银行 CAO 和 IFC 根据相关规定对上述争议进行了实地考察和评估。

(1) 环境影响问题分析

关于地下水污染影响 Jermuk 村温泉水以及该项目爆破活动造成的水污染问题，CAO 对 ESIA 进行了审查，认为温泉水与项目区域内水资源并非来自同一水源,并通过技术分析推断了项目区域水质变化的适应力,项目地区的地下水流量或质量不会影响温泉水的排放量或质量,潜在影响可以忽略不计。该公司已承诺在该项目的运营阶段进行同位素研究,通过建模对包括爆破在内的项目活动影响(空气超压和地面传播振动)进行分析,认为爆破活动不会影响 Jermuk 村温泉水,且该公司已承诺在其环境管理计划中继续进行地下水监测。

关于项目运营涉及的 Vorotan 和 Arparivers 水库,Kechut 和 Vorotan 水库以及 Sevan 湖流域的水污染风险问题,[①]根据 ESIA 对地表水和地下水、养鱼场、农场和其他生态系统的审查和评估,以及对矿坑、矿石存储设施、堆浸设施、吸收、解吸和回收设施等的评估结果来看,该项目的水管理策略实现了相关设施对地下水污染的零排放。该公司按照 IFC 的要求制定了《环境监测计划》,涵盖了所有地下水和地表水的监测要求,在其《水管理计划》中列出了水管理安排,解决了项目所有阶段(建设、运营和关闭后阶段)的水管理问题,相关标准与国际标准一致。CAO 认为,适当设计项目设施和采取缓解措施可以确保消除矿产活动对地表和地下水资源的负面影响或使其达到可接受的水平。

关于堆浸设施涉及的地震风险问题,该公司根据工程设计指出了拟议的矿山开发虽然位于地震活跃区域内,但项目区域(包括矿石存储设施、堆浸设施、碎石厂或露天矿的建设区域)没有断层或其他不利的地质构造,从而预测项目区域内表面断层破裂的可能性极低。该公司对此进行了专业分析,表明在 M6.4 运行期间(Amulsar 金矿项目进行矿物开采期间),地震产生的垫层和堆垛稳定性具有可接受性,在 50 年内只有 10% 的发生概率,而关闭项目后则只有 2% 的发生概率。

关于开采物中存在铀等放射性污染物问题,该公司通过一家专门从事放射防护管理的独立性的国际公司对项目进行了放射物方面的研究,探测了粉尘、气体和水中的放射性元素,并对水、员工及进入相关区域的村民等内容的潜在影响进行评估,结果大多数水平都符合国际标准和亚美尼亚法律标准,预计影响范围几乎可以忽略不计。

关于尘土污染风险问题,评估报告显示,在五个当地社区中,NO_2 和 SO_2 的浓度很低,与非污染地区的水平相符,但对 PM 值进行监测时发现,在 Gndevaz 村中 PM10 浓度升高,在 Jermuk 村中 PM2.5 浓度降低。因此,该公司建立了《社区健

---

① Kechut 和 Vorotan 水库是塞凡湖集水盆地以及阿帕河和沃罗坦河集水盆地的一部分,亚美尼亚法律禁止对塞凡湖生态系统的中部地区及直接和间接影响区域造成不利影响的任何活动。

康、安全与治安管理计划》来满足 IFC 提出的监测要求。此外,根据 IFC 的要求,该公司在 2016 年 9 月成了《国际氰化物管理规范》(ICMC)的签署方,在其首次执行《国际氰化物管理规范》后的 1 年内,由独立第三方对其运营过程中产生的氰化物进行检验和审核,最终获得了该项目的运营证书。

关于保护亚美尼亚濒危物种的问题,根据世界自然基金会的《红皮书》,亚美尼亚境内存在多种受国际保护的动植物(如委陵菜、高加索棕熊及其他鸟类等),根据《亚美尼亚采矿法》和《亚美尼亚动植物保护法》,禁止一切对《红皮书》所涉的动植物产生破坏的活动。而该公司的《环境影响评估》仅对高加索棕熊进行了评估。IFC 绩效标准 6 规定了生物多样性的保护和自然资源的可持续性,项目公司应当避免或减轻在项目运营过程中对生物多样性构成威胁。IFC 要求项目公司在环境与社会影响评估过程中确定适用绩效标准 6 的要求,同时应按照 IFC 绩效标准 1 建立环境和社会管理系统来保障 IFC 绩效标准 6 的实施。IFC 绩效标准 6 中的"关键栖息地"应包括对《红皮书》中所涉物种具有重要意义的栖息地。IFC 绩效标准 6 还规定了四个前提条件:①在该区域内没有其他可行的替代方案;②该项目不会对关键的栖息地上的生物多样性产生不利影响;③在合理时间内,该项目不会导致全球和/或国家/地区内任何极度濒危或濒危物种的种群净减少;④该项目管理计划中应包含强大的、适当的和长期的生物多样性监测和评估计划,并在《生物多样性行动计划》中列明改善和保护栖息地措施,或实施生物多样性的补偿措施。本案中,CAO 发现 IFC 未向该公司要求进行独立的环境与社会影响评估,IFC 对该公司基于绩效标准 1 的要求进行勘探活动的能力和承诺的相关评估缺乏深度,而该公司也未根据 IFC 绩效标准 1 和 6 的要求进行合理、全面地评估,从而使该项目对关键栖息地产生了负面影响。

(2)社会和经济发展影响问题分析

关于征地和生计问题。根据 CAO 的现场调查访问发现,该公司与利益相关方的谈判是以没收其所有权作为威胁进行的,该行为违反了 IFC 绩效标准 5 关于征地和非自愿移民的相关规定。因此,IFC 要求该公司依照 IFC 绩效标准 5 的相关要求进行评估,对 Gndevaz 村的土地征收实施高于市场价措施,并进行合理补偿,同时披露了征收价格和补偿估价,但前述措施仍然与 IFC 绩效标准 5 的透明度、知情和参与的要求不完全一致。CAO 指出,IFC 绩效标准 5 不仅需要该公司进行披露,还需要询问和告知受影响人群,让其参与谈判。该公司已制定了《生计恢复计划》,并向受影响的社区进行了披露,IFC 审查了该公司对该项目的申诉机制,并对其进行了必要的改善。

关于 Jermuk 村旅游业的影响。申诉人认为,该项目可能对作为健康旅游中心的 Jermuk 村的"品牌"产生潜在影响,如该项目导致的视觉影响、噪声影响、劳动力涌入及自然景观特征损失等影响。根据 IFC 绩效标准的要求,该公司应通过环境和社会风险与影响的识别过程来识别在项目区域内所有可能受到影响的土著居民社区,并识别他们的经济、社会、文化(包括文化遗产)和环境预期将受到的直接和间接影响的性质和程度。因此,在 IFC 的帮助下,该公司对 Jermuk 村的商品品牌的潜在影响通过减缓措施进行纠正,包括确定"旅游业发展"为社会投资的潜在领域,以及采取措施最大限度地减少劳动力涌入带来的就业问题。

关于对 Gndevaz 村的社会影响问题。该公司通过了 23 项管理计划,包括针对预期影响的缓解措施,制定了《社区发展计划》和《应对影响管理计划》,两项计划涉及范围都很广泛,并作出了重大承诺,但 IFC 认为,《社区发展计划》仅停留在框架性层面上,缺乏具体可操作性,不应被视为减轻 Gndevaz 村社会影响的措施。IFC 要求该公司遵守绩效标准关于社区健康与安全以及当地社区经济社会影响的相关要求。但本案中,该项目涉及的特定危险化学物质(氰化物、汞及重金属)对 Gndevaz 村民的健康造成潜在影响,尽管该公司已针对这些影响制定了适当的缓解和监测措施,但由于知识局限及信息不对称问题,Gndevaz 村民的健康问题仍然存在不确定性。对 Gndevaz 村的社会经济和文化影响上,该公司只作出了社会经济情况的总体评估,而缺乏对 Gndevaz 村经济发展中特定领域的影响评估。由于该项目的实施,Gndevaz 村将损失总面积的 15%,其中将损失 35% 的指定花园、20% 的其他农业用地和 12% 的干草地,导致了 Gndevaz 村果园减少(如杏园是 Gndevaz 最具生产力的活动领域,该项目造成其经济价值大量流失),其他类型土地损失占 33%。

2. 建纬解析

2017 年 5 月,IFC 出售了所有股份,不再是该公司的投资者。根据 CAO 合规评估过程中的审查材料,IFC 在监督该公司保障项目合规性方面作出了巨大的努力,但在该公司的土地收购方面的监督仍然存在瑕疵,而该项目涉及的人员健康问题也未引起该公司的注意。此外,该公司在勘探活动中涉及的环境和社会影响评估程序是否符合 IFC 的标准仍然存疑,该公司利益相关方的参与流程和申诉机制的建设也不理想。IFC 为该公司实施 ESIA 提供了支持,通过国际良好行业惯例来解决该项目的风险和潜在影响,包括地下水和地表水污染的风险、地震风险、辐射风险、有害粉尘风险及对稀有和濒危物种产生影响的风险,但在避免或减少对稀有和濒危物种的栖息地产生影响方面仍未满足 IFC 绩效标准 6 的要求。2015 年,由于利益相关方认为其与世界银行及该公司召开会议并签署《调解协议》已不符合自身利益,最终未签署,该案于 2018 年 10 月结案。

本案典型地展示了项目公司在运营过程中面临的综合环境和社会影响的问题。在环境问题中,有害影响的项目通常涉及水污染、有害气体和废物的排放以及对项目地生态环境的破坏,包括乱砍滥伐、破坏地质结构等。项目公司需要制定针对不同领域的《环境监测计划》,如《水管理计划》《森林管理计划》等,并向 IFC 作出遵守绩效标准中的相关规定。在环境问题中尤其应当关注生物多样性问题,IFC 绩效标准 6 规定了项目公司应当在可持续发展的框架下保护生物多样性及自然资源,其中也包括了影响生物多样性的关键栖息地。融资项目应当制定《生物多样性行动计划》,包括长期的生物多样性监测和评估计划,并尽可能完整地列明改善和保护栖息地的具体措施及其他生物多样性的补偿措施。

在社会问题中,项目运营过程中最常见的问题是土地征用与非自愿移民。土地征用和非自愿移民通常也会涉及第三方政府,也必不可少地需要与利益相关方进行磋商。这一阶段,项目公司应当注意磋商程序的规范化,禁止胁迫、隐瞒和欺骗当地居民签署与其利益相关的安置协定或补偿协定,即利益相关方的自主权/自由权,同时项目公司应重视利益相关方的知情权和参与权,通过合理的方式确保相关信息的公开。在评估当地社区的经济社会影响时,项目公司应当关注 IFC 绩效标准 4 中关于社区健康、安全和保障的要求,应尽量避免或减少项目运营活动对社区健康、安全和保障带来的风险和影响,并识别当地社区的经济社会和文化等方面的影响。此外,项目公司最容易忽视的一点是,IFC 绩效标准要求该项目不得给项目所在地的土著居民造成损害,尤其应当保障土著居民"自由、事先和知情的同意"的权利,对他们的经济、社会、文化和环境的直接和间接影响进行充分的评估,如这些居民赖以生存的经济来源与作业环境。

第四节 柬埔寨金边国际机场项目案

一、案情简介

1995 年 7 月,柬埔寨皇家政府与法国 - 马来西亚合资的 SCA 机场运营公司(本节以下简称该公司)签订了波成东机场 25 年的特许经营协议,协议内容包括将“波成东国际机场”更名为“金边国际机场”,金边国际机场位于柬埔寨首都金边以西 10 公里。该公司拥有的 70% 股份,而马来西亚的穆什巴赫·马斯顿公司拥有 30% 的股份。该公司为金边国际机场、暹粒国际机场和柬埔寨西哈努克国际机场提供了设计、融资、建造、维护和运营服务。由于金边国际机场、暹粒国际机场和西哈努克国际机场的客运量不断增长,需要大量扩大和升级机场设施,以便机场运营能够符合国际安全标准。机场基础设施的扩大和现代化对于柬埔寨皇家政府致力于发展柬埔寨旅游业(尤其是吴哥窟)至关重要。该公司将出资 1 亿美元资助金边国际机场的改进计划,包括建造新滑行道、码头、货运大楼、机库,安装 CAT Ⅲ级仪表、着陆系统和机场照明系统等基础设施。

该公司需要在 5 年内进行额外融资,该项目预计耗资 7200 万美元,其中包括:①2003 ~ 2007 年资本支出计划的融资总额为 4710 万美元,其中包括 2320 万美元用于升级金边国际机场的基础设施(滑行跑道的扩建,停机坪和仓库设施的扩建以及机场运营设备的现代化)和暹粒国际机场的 2390 万美元(滑行跑道和停机坪的扩建,航站楼的扩建,航站楼的现代化建设,机场运营设备和新货物仓库的建设);②应付建筑承包商过去资本支出的 820 万美元;③现有股东贷款和商业过渡贷款 1670 万美元的再融资。IFC 为此向该公司提供了高达 1000 万美元的资金支持,而金边国际机场的建设项目则被归类为 B 类项目(本节以下简称该项目)。

2013 年 6 月,来自 Thmor Korl 和 Prey Chisak 村庄的 59 户家庭在柬埔寨非政府组织 Equitable Cambodia 的支持下向世界银行 CAO 投诉,提出金边国际机场建设过程中,有关的土地征用可能存在威胁和强迫居民搬迁的情况。投诉中还提出了有关社区咨询和 IFC 尽职调查的问题。社区居民声称,尽管当前尚未被强迫迁离,但他们已收到 Por Sen Chey 地区政府的搬迁通知。根据利益相关者和投诉人提供的新闻资料显示,有居民示威者于 2013 年 5 月 22 日在金边国际机场举行抗议活动,当地政府暂时封锁了机场入口。该公司声称一些安置点位于机场的“安全区内”,这有可能违反有关国际机场安全的相关规定,给机上乘客和安置家庭带来巨大的潜在风险。柬埔寨部长理事会办公室下设的土地委员会正在与该公司一起评估该项目关于国际民用航空组织规定的标准的遵守情况,并审查潜在的重新安置需求。根据申诉人提出问题,该公司需要解决以下问题:①Thmar Kol,Prey Chisak 和 Cham Chambork 村庄的当地居民如何与该公司和相关政府机构合作,确定金边国际机场设施升级对人和财产的影响?②是否有可行的替代方案以避免物理迁移?如有必要,受影响人的合理补偿和/或重新安置如何安排?③相关利益相关方将如何共同解决机场和居住在机场安全围栏附近居民的安保问题?

二、案例解析

1. 各方观点

在与利益相关者协调的过程中,该公司应当遵守 IFC 绩效标准、国内法和相关国际标准。根据 IFC 绩效标准 1 中指导说明第 30 条的规定,该公司出具的审计应报告包括资产相关的主要环境和社会要素(如空气污染物排放、废水排放、所产生的有害废弃物、历史污染和受污染地点、土地征用问题、职业健康和安全、公共/社区安全、人员管理和标准、对文化资源的影响、内外部投诉等),并确定与资产相关的主要环境和社会风险与影响,包括以前、现在或今后不符合国家要求和 IFC 绩效标准要求的领域。绩效标准 5 指出,与项目有关的土地征用和对土地使用的限制,可能会对使用该土地的社区和个人造成不利影响。IFC 对非自愿迁移,作出了界定,即“非自愿迁移,是指由于与项目有关的土地征用和/或土地使用限制而导致的实体迁移(搬迁或丧失居所)和经济迁移(丧失资产或失去使用资产的渠道,导致丧失收入来源或其他生计)。当受影响的个人或社区无权拒绝土地征用或土地使用限制,从而导致实体或经济迁移时,则被视为非自愿迁移”。本案中,安全区距离当前的机场围墙约 5 米,而 05 点(Chom Chao)的滑行跑道到 23 点的滑行跑道终点的长度为 5410 米,面积约 2.71 公顷。机场改造计划将改善 05 点前方滑行道的安全区域,即长度延伸 500 米,宽度延伸 319 米,使第 23 点的滑行跑道前方安全区域得到改善。由于机场项目的扩建和升级导致安全区内的居民不得不进行实体搬迁,而受影响的居民无权拒绝项目实施过程中不得不进行的土地征用,应当被视为非自愿迁移。当非自愿迁移无法避免时,应在最大限度上减少迁移,并应缜密规划和实行适当措施,以缓解对迁移者和当地社区的不利影响。这就需要政府在其中发挥核心作用,本案中的金边国际机场在安全区内设置安置点不符合机场安全标准,需要对居民进行重新安置,而政府就充当着土地征用和移民安置计划过程中的第三方。

2014 年 2 月 17 日,该公司、受影响社区及当地政府在内的当事方同意了 CAO 争端解决程序,以协调合作的方式解决投诉中提出的问题,并形成了重新安置计划方案。根据 IFC 绩效标准的要求,重新安置方案应当满足以下要求:①尽量避免造成迁移,如果不可避免,通过采用替代项目设计来最大限度地减少迁移。②避免强行搬迁。③通过下列方式预期并避免土地征用或土地使用限制对社会和经济带来的不利影响,如果不可,应采取措施来最大限度地减轻影响,包括按照重置成本为资产损失提供补偿;确保迁移活动的实施有适当的信息披露、磋商以及受影响者的知情参与;改善或恢复迁移者的生计和生活水平;通过在安置地提供具有租住权保障的充足住房来改善迁移者的生活条件。

根据 1993 年的《柬埔寨皇家宪法》第 20 条的规定,如果出于公共利益但没有必要采取实体迁移行动,且授予资产所有者的补偿不适当且不公平,则不得强迫其转让资产。根据第 44 条的规定,在法定情况下,在涉及公共利益项目的要求下,对实体迁移者事先给予合理且公正的补偿,则政府有权征收个人资产。根据柬埔寨 2001 年的《土地法》第 5 条的规定,除非出于公共利益,否则任何人都不得剥夺其他人的财产所有权。财产所有权的剥夺应按照法律、法规规定的情况和程序,在事先支付合理且公正的补偿后进行。根据柬埔寨 2010 年的《征收法》第 2 条的规定,剥夺私有财产的合法权利必须有法定依据,若为国家和公共利益开发公共的、有形的基础设施时,应确保所有权人事先获得公平公正的赔偿。根据《征收法》第 7 条的规定,国家是为公共和国家利益而采取措施的唯一征收方。国家征用只能用于实施本法第 5 条规定的项目。根据《征收法》第 8 条的规定,征用不动产所有人和/或因居住而不能在项目附近居住,不能盖房或不能从事其他业务的合法所有人提出的以合理价格购买土地后,不动产的剩余部分予以征用。根据《征收法》第 22 条的规定,应给予财产所有人和/或合法所有人一定的经济补偿,应当以被征收公告之日的市场价格或者重置价格为基础。市场价格或重置价格应由独立委员会或征收委员会选择的代理商决定。此外,柬埔寨是国际民航组织的成员,有义务遵守 1944 年《国际民用航空公约》。

基于前述的 IFC 绩效标准的规定、柬埔寨国内相关法律的规定及国际公约，本案中该公司与各相关方(包括柬埔寨土地委员会和国家民航秘书处的代表、金边机场社区咨询小组、IFC、绿色目标、非政府组织公平柬埔寨、住房权利工作组和土地权利倡议团体)达成如下合作：

(1)不驱逐协议

该公司、绿色目标及柬埔寨政府同意考虑可行的项目设计替代方案，避免或减少实体和/或资产上的迁移，同时平衡环境，社会和资金成本与收益之间的关系，特别注意对弱势群体的影响。根据该协议，政府宣布不会强制搬迁，并将遵循适用的 IFC 绩效标准。2016 年 6 月，《移民安置行动计划》在各方努力下不断推进，柬埔寨政府宣布将不进行移民安置，并且正在考虑在其他地点建造新机场的替代计划。

(2)加强信息共享和咨询

双方同意参加与机场建设有关的磋商，如土地评估、重新进行价格估算、搬迁地点以及对国际民航组织标准和要求的遵守等。双方同意在可能受影响的社区中放置信息标牌。IFC 同意分享有关移民安置最佳实践的信息，并根据绩效标准提供相关的实施政策和建议。举办的信息共享活动包括与非政府组织举行会议、参加多方利益相关者会议、与该公司和土地委员会进行磋商以及为政府和私营部门参与者举办为期两天的研讨会。该公司同意就遵守国际民航组织的标准公开信息并与受影响的社群及非政府组织进行友好协商。

(3)安全区及其划分

安全区的划界工作由国家民航秘书处成立的技术工作组负责，基线周围的社会经济调查和人口普查由绿色目标与金边机场社区顾问组负责。根据国际民用航空组织的安全保障规定，本案确定了金边国际机场周围覆盖的 3 个村庄(Prey Chisak，Thmar Kol，Cham Chambak 村庄位于湛巢公社)的安全保护区。

(4)替代安置

为了达到国际民航组织的安全标准，并避免对当地社区造成不利影响，该公司和政府同意，在现有机场内部建造新的内部安全围栏，并翻新和改善原有的机场外部围墙(内围墙建设和外墙改造已于 2018 年 6 月完成)。

2. 建纬解析

本案在与投诉人代表和该公司及其他利益相关方的协商后形成了上述合作

方案,CAO 正式将柬埔寨机场金边案件移至争端解决的监测阶段。为了达到国际民用航空组织的安全标准并避免对当地社区造成影响,政府和该公司同意在现有机场内部建造新的内部安全围栏,并翻新和改善原有的机场外部围墙。案件结案会议于 2019 年 8 月 23 日在金边举行,金边机场社区咨询小组、该公司、IFC、国家民航秘书处以及非政府组织参加了该会议。从本案的经验看来,关于涉及土地征收征用和非自愿移民的项目,项目公司应当在可行的情况下,通过探索项目的替代方案,尽量避免或最大限度地减少对非自愿移民因征地及其权利限制而造成不利的社会和经济影响,本案项目公司根据 IFC 绩效标准 5 的规定、柬埔寨国内法的相关规定以及国际标准采取了适当的措施,缓解了双方的冲突,并以和平友好协作的方式达成了最终协议,包括项目公司承诺重新估算价格来补偿资产损失,确保信息的公开和受影响方的知情权。

第五节 阿尔巴尼亚 Patos – Marinëz 石油勘探开发项目案

一、案情简介

Bankers Petroleum Ltd.(本节以下简称该公司)是一家加拿大石油天然气公司,专门致力于阿尔巴尼亚的石油勘探和生产。根据 IFC 的相关文件,该公司逐步接管了阿尔巴尼亚国家石油公司 Albpetrol 的油井,拥有了重新开发其主要资产 Patos – Marinëz 重油油田的权利。2008 年,该公司制订了 Patos – Marinëz 石油开发的战略计划,旨在通过采用主要的采油方法和经过改进的方法来提高采油率和产量。除 Patos – Marinëz 外,该公司有权重建附近的另一个重油油田 Kuçova,并拥有与 Patos – Marinza 相邻的“F 区块”的勘探许可证。2009 年,IFC 和欧洲复兴开发银行为该公司上述采油项目(本节以下简称该项目)提供了“一揽子”融资方案,包括一笔 5000 万美元的储备贷款,以帮助为 Patos – Marinëz 石油开发计划提供资金;一笔 500 万美元的定期贷款;承诺进行不超过 2500 万美元的股权投资;1200 万加拿大元用于资助公司在阿尔巴尼亚的石油开发。2013 年,IFC 和欧洲复兴开发银行承诺分别增加 5000 万美元的储备金贷款。

2013 年 3 月,投诉人(阿尔巴尼亚环保主义者)代表 Zharrëz(毗邻 Patos –

Marinëz 油田的一个社区）的居民向 CAO 投诉。投诉人对该公司的开采技术提出了关切，称这些技术将威胁附近居民的生命安全。具体而言，申诉人认为，由于该公司使用的开采技术涉及“诱发”数百英亩的大规模地质震动，这类地震是导致居民房屋破裂损坏的主要原因，将威胁整个村庄的安全，给当地居民带来长期的焦虑和不安。经 CAO 实地考察，受影响的房屋上有明显的破裂和结构性损坏，已威胁居民的生命健康权。还有大约 18 位居民提起了同类申诉。申诉人还提出了该项目引发的环境影响的担忧，指控受影响地区的灌溉网中残留了油渣，对该项目是否履行 IFC 的《环境、健康与安全准则》，尤其是《陆上油气开发标准》方面表示质疑。Zharrëz 的居民还表示，他们也已向当地政府表示质疑，但政府未能提供适当的解决方案。此外，在 2014 年的圆桌会议上，与会者还提出了该公司聘用员工方面的问题。早在 2013 年 12 月 16 日的会议上，就业事项成为对话小组在第一次正式会议上讨论的最高优先事项。该公司人力资源部的经理提供了有关该公司及其分包商雇用的员工人数的统计数据，其说明该公司的分包商雇用的员工人数最多。社区代表对该公司提供的信息的准确性表示质疑。他们表示，该公司雇用的人中有超过 1/2 的人员来自受影响的社区。一些社区成员表示，这场小组对话仍无法使他们看到该公司的就业或雇用承诺。总而言之，本案的主要焦点包括：①考察地震是否因该公司的石油开采引发的；②该公司如何避免环境破坏；③该公司如何促进就业。

二、案例解析

1. 各方观点

关于项目活动引发的地震问题。申诉人认为，这种地震并非自然现象，而是该公司项目活动造成的，因为前述地震的形式不同于“典型的”地震活动，即地震时的地面是“上下”移动的，而不是“左右”移动的，地震之前似乎发生了响亮且不自然的爆炸。该公司辩称，自 2009 年中以来，该公司已采取了一系列行动，以更好地记录、解释和公开项目现场的地震现象，包括聘请地球物理学专家并对其活动进行深入分析，与美国国家地震研究所和美国国家地质科学研究所合作，制作各种数据分析报告。基于前述，他们认为，该地区的地震现象是自然发生的，而不是由公司的开采活动导致的。根据 IFC 绩效标准 1 的要求，该公司应通过管理系统的有效使用来促进其环境和社会绩效的改善，确保受影响社区的投诉和其他利益相关者的外部意见得到适当的答复和管理,并提供充分的参与方式确保向他们揭示环境和社会信息。根据 IFC 绩效标准 4 的要求,该公司应当在项目活动的过程中保障社区安全,避免和减少对邻近社区的不利影响。因此,在 CAO 的协调下,各方召开了多次圆桌会议,并就地震问题最终达成和解。具体而言,为直接回应社区的关切,该公司与地球科学、能源、水与环境研究所协商,购买了两台地震仪,安装在相关专家指定的位置,以提高 Patos – Marinëz 地区周围的地震监测能力。地震仪的设备安装于 2014 年 2 月完成,2016 年 9 月完成与国家电网的连接。在 CAO 的协助下,该公司和相关政府机构签署了一项监测和维护地震仪的协议,由地球科学、能源、水与环境研究所接收来自地震仪的数据,为研究该地区地震原因提供信息。圆桌对话小组委托塞萨洛尼基亚里士多德大学进行了一项有关该地区地震的历史和趋势的研究,通过了解过去 50 年阿尔巴尼亚地震活动的时间变化,研究同一时期 Patos – Marinëz 地区的地震事件,来确定该地区的地震活动是否异常,并寻找该公司的项目运营与该地区发生地震之间的联系。该研究得出的结论是:"两个搜索半径之内(15 公里和 24 公里)的数据显示出随机的地震活动速率变化与油田的开采速率没有任何正或负相关。"对话小组并未接受该结论,转而寻求政府的意见。2017 年 1 月,政府决定对 Patos – Marinëz 地区的地震起因进行进一步的独立研究。2017 年 10 月,双方达成共识,他们将不依赖由 CAO 领导的地震原因的考察程序,而将寻求政府对地震起因进行独立研究。

关于避免环境破坏问题。根据 IFC 绩效标准指导说明第 94 条的规定,在项目的整个生命周期内,在适用的情况下,公司应把项目风险和影响识别过程中确立的受影响社区沟通和参与渠道继续应用和巩固。尤其是,公司应利用利益相关方参与方法来披露有关信息,并获取对公司管理系统中的缓解措施实施有效性的反馈意见,以及受影响社区对本项目的持续关注和关切。本案中,该公司组织了相关会议,向社区成员公布公司的环境监测计划,公司遵守的国际标准和国家标准,以及用于测量空气、水和土壤质量的设备。在 2015 ~ 2017 年,该公司对空气质量改善有关的技术,以及投资地震仪和废物管理设施等技术进行投资。2016 年第一季度,由 7 个社区成员组成的小组加入了监测计划。他们接受了环境监测方面的培训,加入了该领域的监测团队,并受邀查看了公司环境监测活动的一些成果。根据 IFC 绩效标准指导说明第 99 条的规定,信息的披露和传播应成为公司磋商过程的基础。信息披露的时机选择和方法按照各国法律的要求,受影响社区的特征和需求、评估类型、项目发展或运营阶段的不同可能存在差异，但应尽早披露。在经过了初步筛选后，信息的及时披露应至少包括 IFC 绩效标准 1 第 29 条描述的信息。该公司通过召开至少两次的圆桌会议，不断向参与方公开信息，提高自身透明度，包括向与会方公开如下信息，以表明该公司对项目涉及的环境保护的具体承诺和实施措施：①管道安装；②安装气体收集/安装蒸汽回收装置；③提供电气化机械设备，通过电力发动来减少柴油排放，最大限度地减少燃烧后的有害气体；④实施抑尘措施（在 2014～2016 年，实施的一项道路扩建项目涉及道路减震技术并使用抑尘剂）；⑤对受影响的环境进行修复；⑥对污水和废物积极处理；⑦对地表和地下水，废物和污水的产生和处理，废气排放，回用材料等实行每三个月的持续监控。此外，在 2016～2017 年，该公司在阿尔巴尼亚种植了 1000 株泡桐树和 2000 棵杨树，同时与当地政府合作，每年对植树项目进行跟进。

关于社会问题中的员工雇用问题。根据 IFC 绩效标准 2 的指导说明第 12～13 条的规定，公司应采用并实施与其规模和员工队伍相称的人力资源政策和程序，这些政策和程序规定了符合本绩效标准和国家法律要求的管理员工方法。在雇佣关系开始时以及发生任何实质性变化时，公司应向员工提供清楚易懂的有关员工权利的书面信息，这些权利为根据国家劳工和就业法以及任何适用的集体性协议员工应享有的权利，包括工作时间、工资、加班、薪酬和福利方面的权利。本案中，由于 2014 年的石油价格下跌严重影响了该公司的运营，导致该公司及其分包商在当地的就业率低下。为此，该公司在圆桌会议中提出了一些针对性的举措：①为石油和天然气相关专业的当地学生提供实习机会，并提供未来雇用他们的机会。如该公司将与工程与采矿学院就学生的实习进行合作，并告知利益相关方他们与该学院制订了实习计划。②该公司将提供有关每个村当地人的就业情况和职位空缺的统计数据，每一期的统计报告将在对话小组召集的圆桌会议上分享。③寻求机会雇用已经完成中学教育的当地石油和天然气技术人员。该公司承诺支持国家教育当局为本地石油和天然气技术人员制订培训计划的任何举措。④利用社交媒体发布空缺职位，如公司网站、当地媒体等。⑤该公司为受影响社区的年轻人提供职业培训，以提高他们在石油相关领域的技能。该公司告知，根据其他社区成员的建议，他们提议将英语课程作为 2018 年投资计划的一部分。考虑到社区对本地人就业率低的担忧，该公司还与分包商签订的合同中加入了一项条款，规定“在平等条件下，本地人应优先就业”。

2. 建纬解析

CAO 作为世界银行对 IFC 项目对当地环境与社会影响的监督机构，在本案中积极促进了社区与该公司的圆桌会议，并提供了协助，促使本案争议双方和第三方政府形成合作意向，该公司也作出了相应的承诺。本案中可以看出，基于 IFC 绩效标准的相关规定和政策建议，通过会议协商的方式来协调争议双方的问题无疑是世界银行处理项目争端的主要手段。正如 IFC 绩效标准 1 所阐述的，项目公司的管理系统要求建立一个更为深入细致和广泛的利益相关方互动流程。利益相关方互动的目的是在项目整个生命周期内与各个外部利益相关方建立和维持一个富有建设性的关系，它是高效的和具有适应性的环境和社会管理系统的重要组成部分。一个有效的参与流程可以使不同利益相关方，特别是受项目直接影响的当地社区（受影响社区）的观点、利益和关注点能够得到关注和理解，并纳入项目决策和惠益创造过程之中。因此，在争端解决的过程中，项目公司应当注重与当地社群的交流，如果当地社群可能会承受某一项目带来的风险或不利影响时，交流过程将包括与社群进行磋商，给受影响的社群提供就项目风险、影响和减缓措施方面表达意见的机会，投资者对这些意见应进行考虑和答复。对于给受影响社群带来重大不利影响的项目，磋商过程应确保受影响社群能自由参与事先知情的磋商。

3. 结语

上述案例表明，IFC 投资或放款的项目公司必须在整个项目实施过程中（实施前、中、后）都要履行 IFC 的政策标准、项目所在国（地）的法律以及相关国际标准。就 IFC 项目实施标准而言，如果 IFC 所投资的客户或受资方存在重大潜在的环境和社会风险时，其应按照 IFC 的绩效标准进行评估、控制和管理这些风险。IFC 绩效标准 1 中“社会和环境评估管理系统”是一项统领性的要求，其中心思想是要对项目的社会和环境效益进行管理。一个有效的社会和环境评估管理系统应当是一个动态的、持续的过程，这个过程由管理层发起并提供支持，其中涉及项目公司、员工、直接受该项目影响的当地社区以及其他利益相关者的参与。社会和环境评估管理系统是基于企业现有管理过程中“计划、实施、核查和行动”等各个要素，以结构化、有组织的方式，持续管理环境和社会风险与影响，其包括以下因素：政策、对风险和影响的识别、管理计划、组织能力和资质、应急预警和反应措施、利益相关者的参与、监督和审查。在必要时，前述评估亦会考虑第三方（如地方政府、承包商和供应商)对项目造成的风险,或是投资者可能对第三方产生控制或影响的风险。如果评估确认有潜在的影响和风险,投资者应制定相关措施和行动方案,以避免或最大限度降低、补偿或抵销潜在的负面社会和环境影响。

IFC 的绩效标准为管理大型的、复杂的、国际性或可能具有重大环境或社会影响的项目提供了环境和社会风险管理框架和原则,同时应成为环境和社会尽职调查的重要组成部分,以确定商业活动、项目/受资方是否符合 IFC 的环境和社会管理要求。IFC 还需深入了解所在国(地)的环境和法律法规,并将这些法律法规要求与 IFC 绩效标准进行对比,充分了解两者可能存在的差异,以准确地评估潜在的环境和社会风险与影响。评估过程中需考虑与污染物的产生、使用、储存、释放和处置有关的影响与风险,而这也构成 IFC 绩效标准 3 中"污染防控"的前置要求,其一般性要求则是适用有效而可行的污染防控技术和做法,最大限度地减少或控制污染物、废弃物和其他有害物质的数量。此外,应依照清洁生产原则,研究并在运营中采用节约资源和提高能源效率的措施,从而促进项目东道国的经济发展。生物多样性、土著居民和文化遗产的保护保存问题也是评估不可缺少的组成部分。生物多样性包括基因、物种和生态系统及其演变能力的保护,其对可持续发展至关重要。投资者应评估现有生物多样性及文化自然遗产的类型和重要性,并考虑项目相关活动的潜在影响,在此基础上避免或减小其运营活动对生物多样性的威胁,尊重土著居民的独特性和文化以及他们赖以生存的自然资源,降低他们可能会因此遭受的经济损失和对健康的负面影响,并对自然资源和文化遗产进行可持续管理(IFC 绩效标准 6、7、8)。商业或项目的运营活动可能增加对邻近社区的影响,如因设备事故、结构故障或危险物品泄漏带来的风险和影响;对社区的自然资源、疾病传播和安保造成的影响。IFC 绩效标准 4 中的社区健康、安全和保障要求项目方应尽量避免或减少其运营活动对社区健康、安全和保障带来的风险与影响。尤其是土地征用和非自愿拆迁问题(IFC 绩效标准 5),非自愿迁移可能会造成长期贫困、环境破坏以及社会压力,因此投资受方应尽量避免实体或经济迁移。如不能避免,应通过如公平补偿、改善生计和生活条件等适当的措施,最大限度地减少迁移对个体或社区的影响。关于项目中可能涉及的人权问题,如劳工和工作环境问题(IFC 绩效标准 2),IFC 绩效标准要求项目活动应当尊重人权,并解决项目活动对人权可能导致的或促成的不利影响。实际上,每项绩效标准都可能涉及人权的相关要素。基于这些绩效标准进行的尽职调查能使项目公司解决项目中的很多与人权相关的问题，包括识别和评估项目的环境和社会风险与影响；采取多层次的减缓措施来预测并避免对员工、受影响的社区和环境所带来的风险与影响，或者在不可能避免的情况下将风险与影响最小化，并在仍然存在残余影响的情况下，对其进行补偿/抵销；通过管理系统的有效使用来促进项目的环境和社会绩效的改善；确保来自受影响社区的投诉和其他利益相关者的外部意见得到适当的答复和管理；提供充分的参与方式，使受影响社区在整个项目周期内充分参与有可能对他们产生影响的问题，并确保向他们披露和传播相关的环境和社会信息。

此外，《绩效标准》支持使用有效的申诉机制，帮助早期识别那些认为自己已经受到项目公司行为伤害的人提供快速的弥补措施。如果发现不符合 IFC 绩效标准的，根据问题的严重程度，金融机构可要求商业活动、项目/受资方制订相应的纠正行动计划，在合理时间内解决问题。此行动计划应作为与该商业活动、项目/受资方进行金融交易的条件。

专家评审意见

2021年6月10日，赣江新区国际仲裁院在南昌组织专家组（专家组名单附后）对《“一带一路”国际工程法律实务指南丛书之国际工程招标投标与签约》一书进行评审。

与会专家认为：在“一带一路”建设的大背景下，如何做好国际工程的投标与签约，是一个十分现实的问题。书稿选题具有重要的理论和现实意义，书稿的作者广泛收集和阅读了相关的文献资料、相关国际组织、相关国家的立法，给本书的写作奠定了良好的基础，结构合理且紧密围绕主题，写作能够理论联系实际，能够结合国际工程的实际，能够对相关案例进行深入分析，书稿的论据充分翔实，逻辑清晰，结论具有说服力。本书分为“国际工程招标投标”“国际工程签约”“国际工程投标与签约实务案例”，结构合理、理论联系实际，结合国际工程的特点，同时对相关案例进行深入分析。充分体现了论据翔实，逻辑清晰，结论具有说服力。该书的出版对我国企业“走出去”、参与“一带一路”建设及国际工程招标投标，具有重要的借鉴、参考及指导意义。经专家组评审讨论，提出以下评审意见：

一、第一篇“国际工程的投标”建议完善为“国际工程招标投标”。

二、书稿格式可进一步统一，标题后不应有逗号、句号；部分“的”字可以删除。

三、概述部分，可以将国内招标投标介绍知识删除，介绍招标投标基本知识时，建议选定“一带一路”周边国家，世界银行及亚洲银行等。

四、第一篇第三章“获取调研信息的主要方式”中，“国际网络信息”列第六位，不妥，建议大幅度前提，如列第二或者第三位。

五、第一篇第四章“国际工程投标响应策略”中“第三节 国际工程投标策略”，各种策略的使用前提建议增加内容。

六、第二篇第一章的“国际工程承发包模式”，整体还是属于工程发承包的采购模式，建议前移或整合在第一篇“国际工程招标投标”中。

七、第二篇的“国际工程合同谈判及策略”与“国际工程合同风险分担”的顺序建议互换下，以同其他章节衔接更顺。

八、进一步完善书稿的规范性。

《“一带一路”国际工程法律实务指南丛书之国际工程招标投标与签约》专家评审组

2021 年 6 月 10 日

专家组名单：

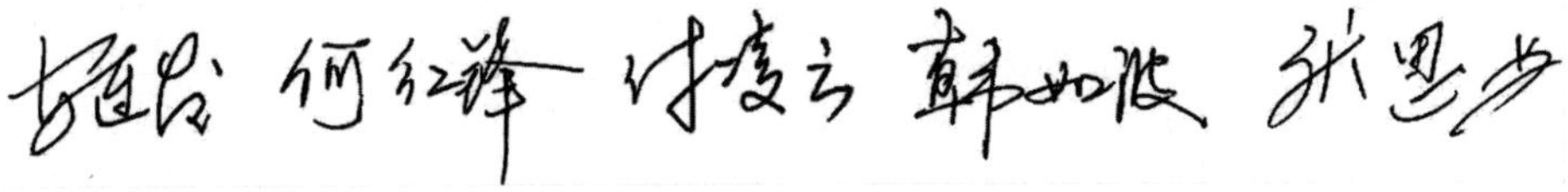

专家评审组

安连发 中国土木工程学会建筑市场与招标投标研究分会理事长

何红锋 南开大学教授、博士生导师

付凌云 江西省城镇发展服务中心工程服务处副处长

韩如波 中国土木工程学会建筑市场与招标投标研究分会副理事长

张思业 中国土木工程学会建筑市场与招标投标研究分会秘书长

本书各章节作者列表

篇标题	章标题	节标题	编写人员	章负责人
第一篇：国际工程招标投标 篇负责人：陈军	第一章 国际工程招标的演进	—	李俊华、唐浩	李俊华
	第二章 国际工程招标及通常要求	—	赵飞龙、袁乾莅	
	第三章 国际工程投标可行性分析	—	邓南平、何红霞、杨凯	邓南平
	第四章 国际工程投标响应策略	—	金哲远、谢晴影	金哲远
	第五章 国际工程投标澄清与述标	—	王贤、颜园	唐梅
	第六章 国际工程项目投标与议标策略对比分析	—	顾增平	顾增平

续表

篇标题	章标题	节标题	编写人员	章负责人
	第七章 国际多边金融机构贷款项目的投标规则	第一节 世界银行贷款项目的投标规则	张晗、夏晶	张晗
	—	第二节 亚洲开发银行贷款项目的投标规则	张梦雨、杨漪虹、符馨予	
	—	第三节 非洲开发银行贷款项目的投标规则	朱亚、蔡东升、鲁忠江	
	—	第四节 美洲开发银行贷款项目的投标规则	王成胜、王小超	
	—	第五节 欧洲复兴开发银行贷款项目的投标规则	刘颖杰、计小龙	
	—	第六节 亚洲基础设施投资银行贷款项目的投标规则	林桢、林芳漩、何青霞	
	第八章 国际工程发包模式及投标报价特点	第五节 施工总承包工程的投标报价	王术友、王子硕、刘翔	王术友
	—	第六节 EPC/D&B 总承包工程的投标报价	王术友、王子硕、王明凯	

续表

篇标题	章标题	节标题	编写人员	章负责人
	第九章 国际工程投标报价的组织管理	—	唐梅、李崇	唐梅
	第十章 国际工程投标报价的风险	—	石鹏、车丽、杜欣越	石鹏
第二篇：国际工程的签约 篇负责人：宋玉祥	第一章 国际工程合同条件要点解析	第一节 FIDIC 合同文本	郝运、雷涛	郝运
	—	第二节 其他合同范本	肖仙、田顺升、赵家伟	田顺升
	—	第二节 四 美国 AIA – A201 合同文件简介	安乐、贾云杰、额尔敦朝鲁	安乐
	第二章 国际工程合同谈判及策略	—	戴勇坚、黄江华、吴扬	戴勇坚
	第三章 国际工程合同风险分担	—	何郁宁、王馨苡、邢冠华	何郁宁
	第四章 国际工程合同的签约前审查	—	周超、牛俊杰、严宇、王明卓、张晓玲、梁慧敏、郭长渊	张晓玲、周超
	第五章 国际工程业务转型升级对投标签约的影响及应对	—	宋玉祥、易星	宋玉祥

续表

篇标题	章标题	节标题	编写人员	章负责人
第三篇：国际工程投标与签约实务案例 篇负责人：刘彦林	第一章 东南亚地区实务案例	—	徐海亮、朱命强、张建伟	徐海亮
	第二章 南亚地区实务案例	—	漆诣、朱俊	漆诣
	第三章 西亚、北非地区实务案例	—	张维帆、谢玮	张维帆
	第四章 中亚地区实务案例	—	戴儒杰、沈哲驭	
	第五章 非洲地区实务案例	—	张雨松、茹作栋	
	第六章 东亚地区实务案例	—	成沂、朱滟琳	成沂
	第七章 世界银行融资项目案例	—	王化水、屈楚樵、任奕达	王化水
其他编写人员	魏俊民、唐航、邓熙妍、吴永成、张豪威、李师、韩树源			